編輯委員會

主　　編　任繼愈
常務副主編　方廣錩
副　主　編　李際寧　張志清
編委（按姓氏筆畫排列）　王克芬　王姿怡　吴玉梅　胡新英　陳　穎　黄　霞（常務）　程佳羽　劉玉芬

出版委員會

主　任　詹福瑞
副主任　陳　力
委　員（按姓氏筆畫排列）　李　健　姜　紅　郭又陵　徐　蜀　孫　彦

攝製人員（按姓氏筆畫排列）

于向洋　王富生　王遂新　谷韶軍　張　軍　張紅兵　張　陽　曹　宏　郭春紅　楊　勇　嚴　平

原件修整人員（按姓氏筆畫排列）

朱振彬　杜偉生　李　英　胡玉清　胡秀菊　張　平　劉建明

目錄

門釋道宣述
四分戒本者蓋是開萬行之通衢引三乘之正軌也自法王利見和濟在緣程上
聖之栖遑悼凡小之沉溺故能闡不諱之門示秘密深術張無問之說顯初學津
塗遂靜處而興教源集衆而宣玄範前明由序廣陳發趣之功後列大宗
盛羅攝護所被約時數演通行於是永導含潔等聞正法由茲久住但以
時來不覺情愛兩流鍾陳秘體之後律部分枝言喻致使教文隨結理任
情移雲飛二部五部之殊山張十八五百之異取其源始所被無非討情
窮其要之心俱通道業逮乎曹魏之末戒本創傳終其於隨運之初
莫改者衆或依梵本或寫綜文或以義求或以緣接雖按請說成務蒙然鑑
同前旅翳昏後學梵本則文旨乖乎方言未離准律則得在宗歸失於辭
相義求雖有深會未靜論端緣接似是且周正在別見原夫正戒之禁
唯佛制開賢聖緘然但知祗奉故律論所述咸宗本經自餘任班曾未
栖庋敘總諸見師心者多學空普緣良所眼未可令斯戒本繁略隱義局文
用則失儀捨則非據若不顯相人難具依余少仰門內軌昔在帝
京周流講肆伏膺請業載紀相尋何嘗不執卷臨文慨斯壅結遂以大
唐貞觀四年初季庚寅之歲薄遊巖藏讀歷諸律宗但見誦語綸綜
之要寧聞決正之心間以戒律廢興妙濟跡解約之情通本棲無文可依自
未思知遠高謀有務事用無施幾羅七五之名妄居一字之首思述行藏
有博學生知行名雙顯而神用莫准情取天乖余意之所未安義當依法
為定則諍論自殄何疾繁詞今識取依律本具錄正經仍從佛解即為注
述文唯一卷同昔所傳持犯兩明令便異各庶令初後衆學愚智齊遵乎廓
知則具三種持律精練則是一師大化以斯用求或濟為拯又以戒名緣起
妄說非無若不鏡曉於歸虛託故隨戒類引列刪要補之俾夫顯相

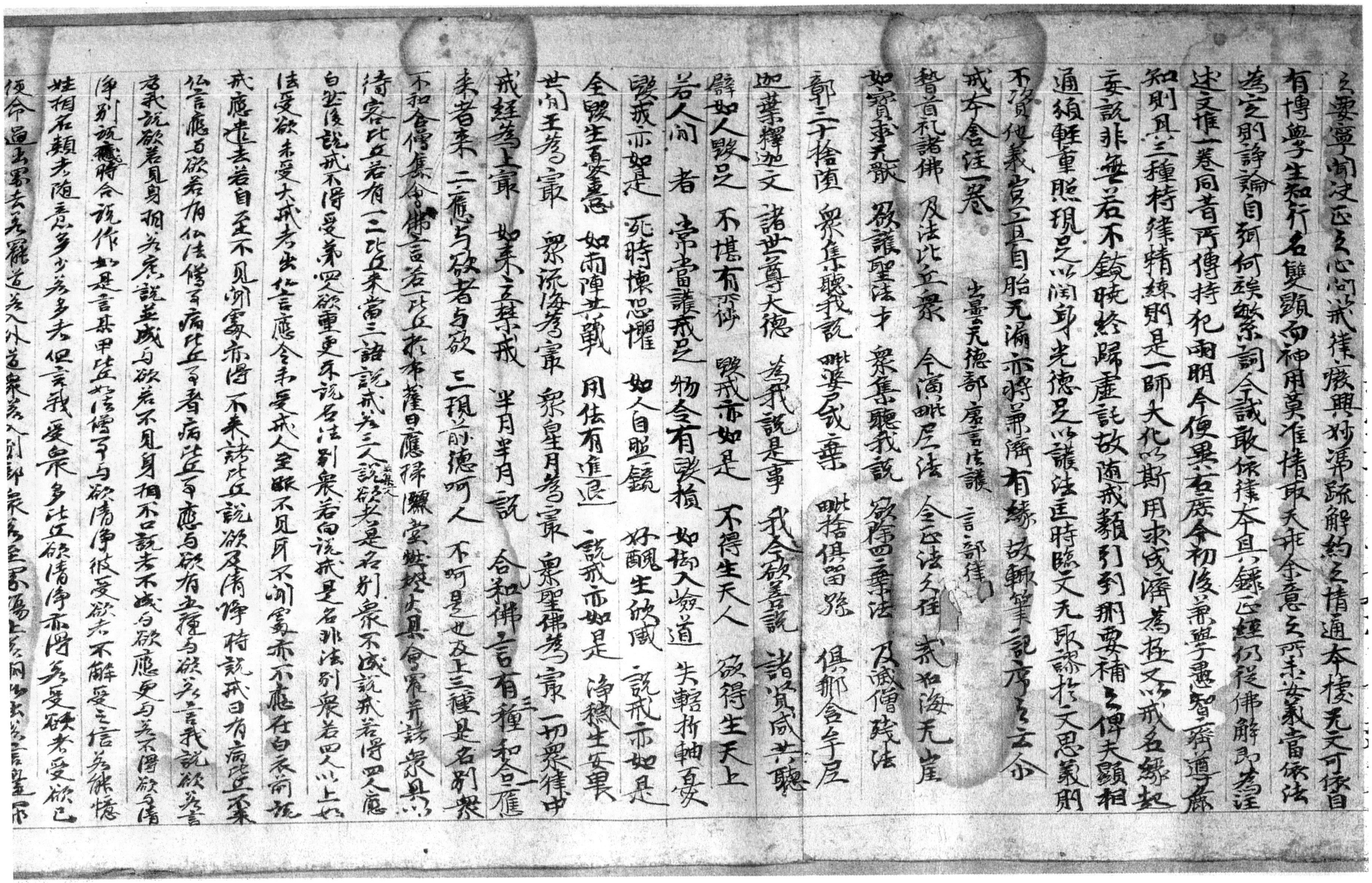

BD05853 號 1　比丘含注戒本序
BD05853 號 2　比丘含注戒本

（17–2）

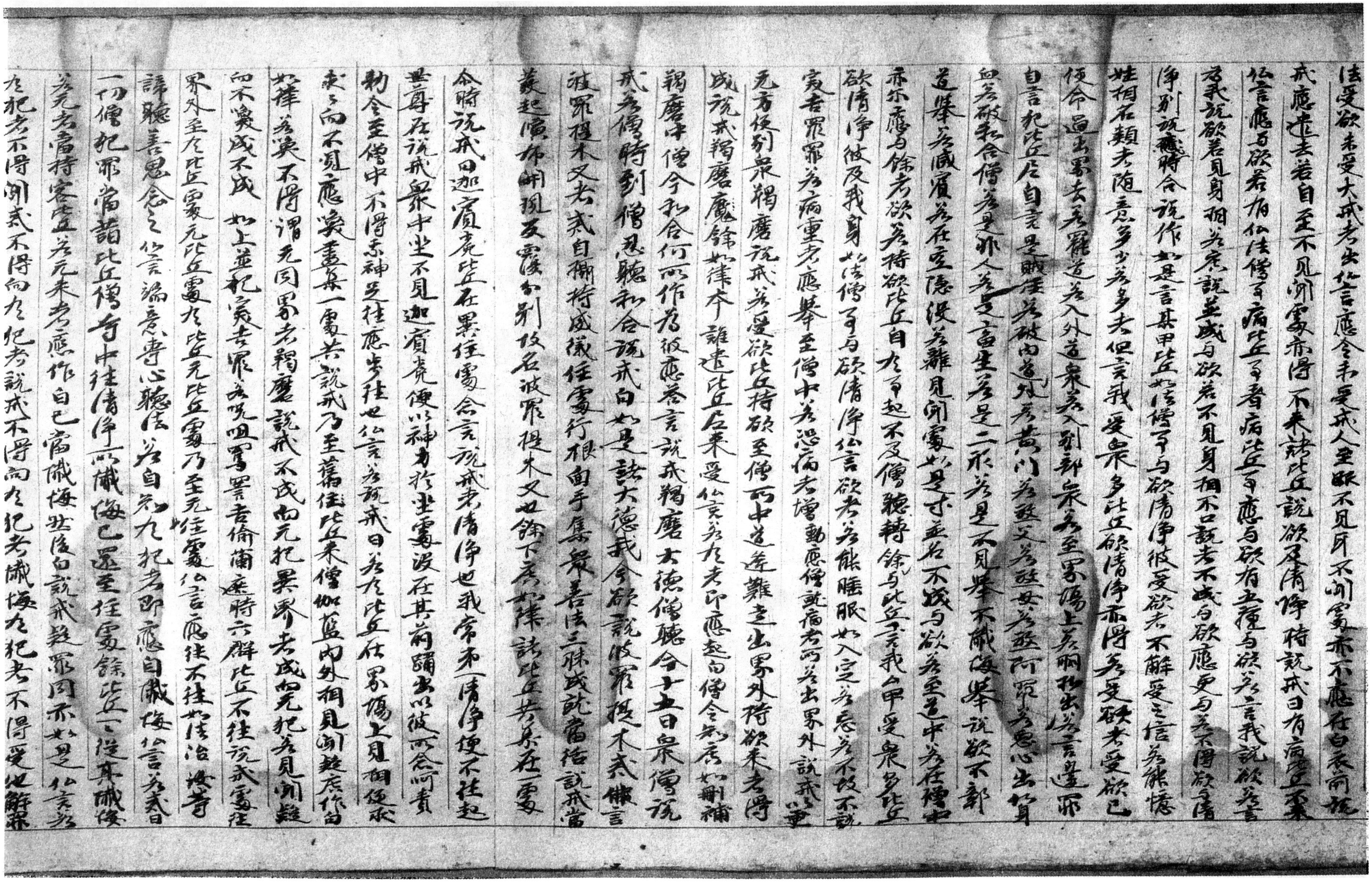

BD05853號2　比丘含注戒本

（17–3）

如律者異不得謂无同界者羯磨說戒不成而无犯異界者成而无犯者見開避
而不異成不成　如上並犯異者罪者呪咀羯磨者偷蘭遮時六群比丘不往說戒處往
界外至无比丘處无比丘處乃至无住處佛言應往不往如法治　設普
誦聽善思念之　答端意專心聽法　若自知有犯者即應自懺悔佛言若戒日
一切僧犯罪當詣比丘僧寺中往清淨所懺悔已還至住處餘比丘一從其懺悔
若无者當持寄比丘若无來者應作自已當懺悔然後白說戒疑罪同亦如是佛言若
有犯者不得聞戒不得向有犯者說戒不得向有犯者懺悔有犯者不得受他解罪
是名二種有人　不犯者黑然黑然者知諸大德清淨若喜悅者黑然若恐者說有
衆中有犯罪者不自見犯諸比丘或言偷蘭遮者佛言不得強逼僧應說戒　若有他
問者亦如是答　佛言如一比丘相問答不應苦　如是諸比丘在於衆中乃至三問憶
念有罪不懺悔者得故妄語故妄語佛說障道法若彼比丘憶念有罪不懺悔者
得安樂憶念懺悔得安樂得神果安樂諸大德我已說戒經序今問諸大德如是三
問　諸大德是中清淨黑然故是事如是持　諸大德是四波羅夷法半月半
月說戒經中來　婬戒緣　尒時世尊在毗舍離時迦蘭陀村須提那子持信出家後還
本村其母以財勸令舍道至三不從以父往勸復言我能修行不淨常懷慚愧憂愁諸
比丘呵責已往白世尊集諸比丘知時儀令以取自言種種呵責已告諸比丘當以結戒集
十句義一攝取於僧二令僧歡喜三令僧安樂四未信者令信五已信者令增長六難調者令
調七慚愧者得安樂八斷現在有漏九斷未來有漏十令正法久住故便制此戒要令隨結如常說
若比丘　佛言名比丘者名乞比丘相似比丘自稱比丘善來比丘乞著割截衣比丘破結使比丘善
來比丘受大戒白四羯磨如法成就得處所比丘是中比丘名受大戒白四羯磨如法成就得處所
住比丘法中是謂比丘義　共比丘　名餘比丘戒乎大戒白四羯磨如法成就得處所比丘法中是比丘
比丘諸義　同戒　我為諸弟子結戒已寧死不犯是中共餘比丘一戒同等戒是名同戒義　若不
還戒　若自癲狂心亂痛惱所纏若聾啞若邊地人若向舍戒若中國邊地人若舍不靜想若戲笑
舍若天龍鬼神若睡眠人若死人若自不語若前人不解如是不名舍戒若言我捨佛法和上
戒律學事若言受居家法作淨人優婆塞沙彌外道若伏默佛法僧乃至學事讚歎家
業如是了了說是名捨戒　戒羸不自悔　佛言若有餘比丘不樂淨行聽捨戒
還家蕩欲出家修淨行應度出家受大戒　有戒羸不捨戒若愁憂不樂
梵行常懷慚愧厭比丘法意樂在俗便言我念父母兄弟婦兒園田家業乃至非沙門釋
子是為戒羸不捨戒何者戒羸而捨戒若作言我欲捨戒便即捨故　犯不淨行
是婬欲法也從道入道從道入非道若限齊盡入若以婬心乃至入如毛頭波羅夷

戒律學耳子多言要居家作學人優婆塞沙彌外道異狀欲似作僧乃至十事子持讃毀家
業如是了說是名捨戒　戒羸不自悔　佛言若有餘比丘不樂淨行聽捨戒
還家為欲出家修淨行應度出家受大戒有戒羸不捨戒若愁憂不樂
梵行常懷慙愧厭比丘法意樂在便言我念父母婦兒商田家業乃至非沙門釋
子是為戒羸不捨戒何者戒羸而捨戒若作言我欲捨戒便即捨故　犯不淨行
是婬欲法也從道入道從道入非道若限齊盡入若以婬心乃至入如毛頭波羅夷
方便而不入偷蘭遮　乃至共畜生　可行婬處者是中比丘以婬意向人非人畜生
男女三處々々行不淨初入便犯有隔無隔四句亦尒若睡眠若死死未壞多未壞亦尒若
若為怨家將至人女令入三處三時中隨一時受樂者犯有隔無隔亦尒乃至男子亦尒乃至
無形多未壞亦尒若為怨家彊捉比丘道中行不淨隨三時中受者犯乃至有隔無隔亦
尒若屍半壞及骨間持淫等中犯偷蘭遮若道作道想若道疑若道想一切波羅夷非
非道々想々疑偷蘭遮　是比丘波羅夷　譬如斷人頭不可復起比丘亦復如是犯此法
者不復成比丘故名也比丘尼波羅夷式叉摩那沙彌沙彌尼突吉羅滅擯不犯者若睡
眠無所覺知不受樂一切無有婬意癡狂心亂痛惱　不共住　有二共住同一羯磨同一說戒
不得於是二事中住故　二盜戒緣　尒時仏在羅閱城耆闍崛山有檀尼迦比丘在閑
淨處止草屋々為人將作薪持去便作令成赤色瓦屋為仏呵責勅諸比丘打破便
至王守材人所詐宣王勅取彼要材持去為王臣人民比丘呵責世尊因呵制戒
若比丘　空義如上　若在村落　村有四種一者周匝垣墻二者柵籬三者籬不周四者四
周有屋　若閑淨處　村外閑淨地是也處　有多若地々上處若乘處若擔處虛空若上若
村若阿蘭若處若田若處所若船若水處若私度關塞不輸稅若取地寄信物若取水若
楊枝若園樹菓草木無足衆生為主二足四足多足若同財若為同若守若遮要道等
是也　不与物　他不捨也若他物想他護想有主想非己物非暫用非同意故盜心取
賊心取也有五種黑闇心耶心曲戾心恐怯心常有盜他物心又五種取決定取恐怯取寄物
取見便々取倚託取或依親厚強力若以言辭辯說誑惑而取　隨不与取法　王法
若取五錢若直五錢物應死佛隨王法制　若為王　得自在不屬人　王大臣　種々大臣輔佐
王也　所捉若繫若縛若驅出國汝是賊汝癡無所知是比丘波羅夷　若方
便教人求五錢得者犯減五錢偷蘭遮若能教一々教乎不相應者犯有主相取五錢若過者
犯重有錢得者犯減五錢偷蘭遮若能教所教乎不相應乎犯有主相取五錢若過者
犯主疑偷蘭無主々想若疑可偷蘭遮若犯五錢相當心境偷蘭遮不當者突吉羅　下四
衆如前犯不犯者与想取己有想糞掃想暫取親厚意是　不共住　如上說　三

若取五錢若直五錢物應死佛隨王法制 若為王 得自在不屬人 王大臣 種種大臣輔佐
者也 所捉若殺若縛若驅出國汝是賊汝癡汝無所知是比丘波羅夷 若方
便教人取五錢得者犯減五錢偷蘭遮若能教一方教乎不相應身犯者主相取五錢若過者
犯重方便得者犯減五錢偷蘭遮若能教所教身不相應身犯有主相取五錢若過者
犯重疑偷蘭遮無主之想若疑一切偷蘭遮若犯五錢相當心境偷蘭遮不當者突吉羅下四
衆如前犯不犯者與相取已有想曹無掃想暫取輒用是 不共住 如上說 三
殺人戒緣 仏在毗舍離与諸比丘說不淨觀彼集定覺厭患身命嘆死勸死有
難提比丘受雇衣鉢便斷他命彼魔女已日殺六十人為諸居士嫌訶仏知其事
便以無數方便呵責諸比丘修梵行者謗佛如前已制戒 若比丘故自手斷 殺者若
自殺若教人若遣使殺若往來使殺若重使殺若展轉使殺若求男子殺若教
人求持刀人殺若教求持刀人殺若口說若身現相身口俱現相若遣書若教遣書若坑陷
若倚撥若與藥若安殺具 人命 說初識至後識而斷其命 持刀与人嘆譽死快
勸死咄男子用此惡活為寧死不生作如是思惟種種方便嘆譽死是比丘波
羅夷 若比丘如上殺法及餘方便死者犯重方便不殺偷蘭遮若天龍神鬼畜生中有解人語者
若有變形者方便求殺者偷蘭遮不能變形突吉羅下四衆如前說不犯者若擲杖病人无害
心而殺者 不共住 四大妄語戒緣 仏在毗舍離時世穀貴乞食難得集僧告言當隨同所親友
安居諸在婆求河邊安居者便共稱讚得上人法諸信居士減食分施与安居竟攝衣持鉢往至仏
所為聖慰問六衆答隨呵制 若比丘實無所知 謂實无覺 自稱言 自稱說有信戒施
聞智慧辯 我得上人法 人法者人陰人界人入上人法者諸法出要成就若得善果自言念在身若止
觀念若持戒若少欲若不放逸若精進若得定若正受若有道若修若慧若見 我已入聖智勝
法我知是我見是彼於異時若問若不問欲自清淨故作是說我實不知不見言
知言見虛誑妄語除增上慢 時有比丘得少心自為得道後便自謗諮白佛佛言增上慢人不
犯是比丘波羅夷 若如是虛向人說前人知者波羅夷不知者偷蘭若遣手印遣使若書若作
知相者亦尔若不能變形畜生向說得吉羅若實得道向不同意比丘說吉羅下四衆如前說不
犯者増上慢業報得不言我得戲笑說疾疾說屏處說欲說此錯說彼 不共住 諸大德我
已說四波羅夷法若比丘犯一一波羅夷法不得與諸比丘共住如前後亦如是是
比丘得波羅夷罪不應共住今問諸大德是中清淨不 如是三說 諸大德是中
清淨默然故是事如是持 諸大德是三十僧伽婆尸沙法半月半月說戒經中
來 一故作不淨戒緣 佛在舍衛城有迦留陀夷比丘欲意熾盛身色瘦悴獨處一房好床
蓐種施飲食豐足隨念作失諸根悅豫顏色光澤諸比丘等過白仏便無數呵責
已制戒也 [illegible]

比丘得波羅夷罪不應共住今問諸大德是中清淨不 如是三說 諸大德是中
清淨默然故是事如是持 諸大德是三十僧伽婆尸沙法半月半月說戒經中
來 一故出不淨戒緣 佛在舍衛國有迦留陀夷欲意熾盛身色憔悴獨處一房好床
蓐被施敷具飲食豐足隨念作失諸根悅豫顏色光澤諸比丘等過白佛無數呵責
已制此戒也 若比丘故弄 意思弄形 陰 前境有六若於內色內外色若水若風若空隨方便弄出
失精除夢中 亂意睡眠有五過失一者惡夢二者諸天不護三者心不入法四者不思惟明相五者夢
中失精 善意睡眠有五功德即反上句 僧伽婆尸沙 若方便弄不失者偷蘭比丘自相教若失犯偷蘭
不失者突吉羅 若故逆捉三種者犯不犯者一切不作犯意 二觸女人戒緣 佛在舍衛國時迦留陀
夷以佛制前戒故在門外伺諸婦女將至房中捉捫摸嗚不樂者嗔罵呵責諸
比丘等過白佛呵責往世尊呵佛便集僧制戒 若比丘婬欲意 愛染污心 與女人 謂活新死少不壞
四種也身 從髮至足 相觸 若捉摩重摩或牽推或逆摩順摩或舉或下捉或捺若餘觸方便
若捉手若髮若觸一一身分者僧伽婆尸沙 若比丘往觸四種女但著犯僧殘若女來觸比
丘動身受樂亦同犯若不動身吉羅若先有染心偷蘭方有衣相觸偷蘭俱有衣吉羅
若與二形相觸偷蘭黃門欲心觸男子及衣缽坐具乃至自觸身及以畜生一切吉羅是波羅夷下
三眾吉羅不犯者有所取與戲笑相解等是 三與女人麤語戒緣 佛在舍衛國時迦留
陀夷以聞佛制前二戒故將請婦女入房中以欲心向彼麤惡語諸比丘等過白佛呵制此戒
若比丘婬欲意與女人 人命有智命根不斷 麤惡婬欲語 麤惡者非梵行婬欲語者稱說
二道好惡若求若教他求若問若答若解若說若教若罵求者言與我二道作如是事
若復作餘語次第如是解 若隨麤惡婬欲語僧伽婆尸沙 若一反麤惡語僧殘
隨語多少說而了了者一一僧殘不了了偷蘭 若與畫印遣使作相令彼女知僧殘不知偷蘭
除大小便道說餘處好惡偷蘭黃門二形麤語知者偷蘭畜生不能變形者偷男子麤語
一切吉羅足偷蘭下三眾吉羅及至下戒亦爾不犯者為說不淨觀若毗尼次經問答無欲心者也
向女人索婬欲供養戒緣 佛在舍衛國時迦留陀夷以聞佛前制戒故便於門外伺諸婦女將
入房自讚嘆身若能持欲供養諸女呵諸比丘等過白佛因制此戒 若比丘婬欲意於女人前 女人如上
嘆身 嘆身端正好顏色我是剎帝利乃至居士婆羅門種 言大妹我修梵行 梵行離穢濁也 持戒精
進 不缺不穿漏無染汙也 修善法 樂閑淨處時到乞食著糞埽衣作餘食法不食一坐食
一摶食塚間坐露坐樹下坐常坐隨坐持三衣唄嘆多聞能說法持毗尼坐禪 可持是婬欲法供
養我 如是供養第一最 僧伽婆尸沙 若作如上自譽已供養我來不說婬欲者偷蘭
離犯如前戒說不犯者若比丘語女人言此處妙尊最上此比丘精進持戒修善法汝等應身

作女人者女人供養戒緣　佛在舍衛國時迦留陀夷以聞佛前制戒故便入外道諸婦女時
入房自讚嘆身言持婬欲供養諸女可嗟比丘舉過白佛因制此戒　若比丘婬欲意於女人前　女人以上自
嘆身　嘆身端正好顏色我是剎帝利　刹利者是婆羅門種　言大姊我修梵行　前修離欲清淨也　持戒精
進　不飲不穿漏無染汙也　修善法　樂閑淨處時到乞食着糞掃衣作餘食法不食一坐食
一摶食塚間坐露坐樹下坐常坐隨坐持三衣唄嗄多聞能說法持毗尼坐禪　可持是婬欲法供
養我　如是供養第一最　僧伽婆尸沙　若作如上自舉已供養我來不說婬欲者偷蘭遮
難犯　如前戒說　不犯者若比丘語女人言此處妙尊最上此比丘精進持戒修善法汝等應以身
口意業慈供養彼女意謂為我於業身若說毗尼時言汝等供養彼謂業身者錯說不犯　五媒
人戒緣　佛在羅閱城有迦羅比丘本是大臣善知俗法城中嫁娶盡往諮問時婚娶家得好者
便願迦羅受於喜樂諸居士譏呵言若欲結婚者可往沙門釋子中聞諸比丘舉過白佛因制
此戒　若比丘往來彼此媒嫁　所應可和合者是也　持男意語女　女人有廿種母護父
護兄護姊護兄姊護自護法護姓護宗親護自樂婢與衣婢與財同作業婢水所漂婢不輸
稅婢放去婢客作婢他護婢疊方得婢是也男子亦有廿種並同上列　若為成婦事若為
私通事乃至須臾頃　僧伽婆尸沙　若受彼語處處往彼說不還報偷蘭遮還報僧
殘若使書指印現相隨媒嫁多少說而一一返僧殘若不了偷蘭除二道說餘身處處授語
媒嫁者偷蘭若非人黃門二根媒者偷蘭若畜生及人男女言說　若持他書往看若為白衣作
餘使一切善眾比丘尼同犯不犯者若男女先已通後而離別為和合為父母病患繫閉看
書持往信心精進俗人亦爾仏法比丘使亦爾　六無主自為己過量房緣　佛在羅閱祇聽諸
比丘私房屋有曠野國比丘私造大房乞求煩多惱亂居士又有比丘自斫神樹彼神白仏佛
曠野城迦葉以事白佛佛以神事呵責又以畜生譬緣喻制戒也　若比丘自求作房處自
作屋　迦葉以事白佛以神事呵責又以畜生屋者房也　無主彼無有人若一人若兩若眾多
自為己　自求索不為僧　當應量作是中量者　長十二佛磔手內廣七磔手當將諸
比丘指授處　所彼比丘看無難無妨處已到僧中修草屋偏露右肩右膝着地合掌白大
德僧聽我某甲比丘自求作屋無主自為己我從眾僧乞知無難處無妨處如是第二第三
說　彼比丘當指示處所　介時眾僧當觀此比丘若我信者即當聽使作若不可信一切眾僧
往看若僧不去遣僧中可信者看若彼處有妨難不應與處分若無者應與處分眾中
應着堪能作羯磨者若上坐若次坐若誦律若不誦律應作白大德僧聽某甲比丘自乞作屋
無主自為己今從眾僧乞處分無難無妨處僧今與某甲比丘處分無難無妨處誰諸長老忍
僧與某甲比丘處分無難無妨處者默然若不忍者說僧已忍與某甲比丘處分無難無
妨處竟僧忍默然故是事如是持　作房應知初安石若土墼還圍乃至最後泥治訖者是
無難處　[illegible]

訖 彼比丘當指示處所 介時衆僧當觀此比丘若我信者即當聽使作若不可信一切衆僧
往看若僧不去遣僧中可信者看若彼處有妨難不應与處分若无者應与處分衆中
應看堪能作羯磨者若上坐若次坐若誦律若不誦律應作白大德僧聽某甲比丘自乞作屋
无主自爲己今從衆僧乞處分无難无妨處僧今与某甲比丘處分无難无妨處誰諸長老忍
僧与某甲比丘處分无難无妨處者黙然若不忍者說僧已忍与某甲比丘處分无難无
妨處竟僧忍黙然故是事如是持作房應知初安石若土墼泥團乃至最後泥治訖者是
无難處 有虎狼師子諸悪獸下至蟻子若此比丘不爲此諸虫獸所惱應請治平地若有木樹株
枳棘藤當使人堀出若有坑坎溝渠陂池處當使填滿若畏水淹漬當豫設堤防若地爲人所認
當共斷當无使地有語是爲難處 无妨處 若通草車迴轉往來 若比丘有難處
妨處自求作屋无主自爲己不將諸比丘指示處所若過量作者僧伽婆尸
沙 若妨難二處作者二突吉羅不處分過量二僧殘 五有无者有犯使他作成亦尔爲他作
成者二偷蘭二吉羅若以縄絣地作受教者過量作者犯 若不還報又問如法者並
犯 比丘尼偷蘭 不犯者如量作減量作僧處分无難處无妨處如法絣作若爲僧爲佛
爲講堂草菴葉菴小容身屋若作多人住屋如法者 七有主爲己不處分造房戒緣
佛在拘睒弥國時填王爲尊者闡陀造屋便斫路中神樹多人止息者俗人呵已諸比丘舉過白
佛 仏呵已若斫神樹吉羅便制此戒 若比丘欲作大房 大者多用財物作房者屋也 有主 若一
若二若衆多人 爲己作 自爲己身作 當將餘比丘往指授處所 彼比丘亦上知已應至僧中
乞 上處分等已從僧三乞文同於上以有主爲異 彼比丘應指授處所 衆僧觀察彼人有信有
智慧即信彼与羯磨若不信者亦上遣往与羯磨文准前 无難處 師子熊羆等若不爲彼
所嬈者應亦上平治乃至畏識認應先斷了 无妨處 中間容草車迴轉者 若比丘有
難處有妨處作大房有主爲己作不將餘比丘往指授處所僧伽婆
尸沙 釋闕通如前戒唯无量爲異 八无根波羅夷謗戒緣 佛在羅閱祇耆闍
沓婆得羅漢已爲僧知事仏讃第一時慈地比丘衆中得悪房悪臥具著請又得悪食便
令妹尼慈地誹仏重謗 問取自言已舉過白佛因制此戒 若比丘瞋恚所覆故 有十
悪法因緣故瞋十事中以一一生瞋 非波羅夷比丘以无根波羅夷法謗 根有三
根見根聞根疑根者實見犯梵行見偷五錢見斷人命若他見從彼聞是爲見根
聞根者聞犯梵行聞偷五錢聞斷人命聞自言得上人法若彼說從聞是爲聞根疑根者有二
種生疑從見生者若見与婦女人入林出林无衣裸形男根不淨汚身手捉刀血汚与悪知識爲
伴從聞生疑者若在闇地若聞床聲若聞草蓐轉側聲若聞身動聲若聞共語聲若交會
語聲若聞犯梵行聲若聞言我偷五錢若聞言我煞人若聞我得上人法除此三根已更以餘

惡法因緣故瞋十事中以一一生瞋　非波羅夷比丘以无根波羅夷法謗　根者三
根見根聞根疑根者實見犯梵行見偷五錢見斷人命若他見從彼聞是爲見根
聞根者聞犯梵行聞偷五錢聞斷人命聞自言得上人法若彼說從聞是爲根疑根者有二
種生疑從見生者若見与婦女人入林出林无衣裸形男根不淨汙身手捉刀血汙与惡知識爲
伴從聞生疑者若在闇地若聞床聲若聞草蓐轉側聲若聞身動聲若聞共語聲若交會
語聲若聞犯梵行聲若聞言我偷五錢若聞言我煞人若聞我得上人法除此三根已更以餘
法謗者是謂无根也　欲壞彼清淨行　謂言衆僧滅殯此人我得安樂住　若於異時舊
若不問　佛勑諸比丘問彼謗者言汝事實不若以无根法謗他獲大罪　知此事无根說
彼比丘言清淨人无此事　我瞋恚故作是語　猶前得惡房惡食瞋恨故便謗彼也
若比丘作是語者僧伽婆尸沙　若以无根罪謗說而了了者僧殘不了了者偷蘭遮書使作知相
了了不了了亦尔若以十三難事謗者亦尔除此非比丘法更以餘无根法謗随所犯若謗比丘尼亦同僧
犯下衆者吉羅在犯僧殘不犯者三根說實戲笑說疾疾說獨說淨處說錯說並也　九假根
波羅夷謗戒緣　佛在羅閱祇時慈地比丘從耆闍崛山下見羺羊共母羊行婬便言即此羺
羊即是沓婆比丘母羊即是慈地比丘尼便語諸比丘我今親見諸比丘詰問已便舉過白仏制戒
若比丘以瞋恚故於異分事中取片　異分者若異異罪若異異人若本在家時若假譬　非
波羅夷比丘以无根波羅夷法謗欲壞彼清淨行彼於異時若問若不問知是以異分事
中取片是比丘自言我瞋恚故作是語僧伽婆尸沙　辯相開通並同前戒　十破
僧違諫戒緣　佛在弥尼瘦國度八釋子已還詣占波國並得增上地唯提婆達得神足誑佛衆
羅閱祇時提婆教王害父事既發覺惡名流布利養斷絶便又別衆食爲仏訶責因即破僧
舉過誡諫制此戒　若比丘欲壞和合　一羯磨同說戒也　僧　四比丘若五若十乃至无數　方便
受壞和合僧法堅持不捨　破者破有十八事法非法律非律犯若輕若重有殘无殘麁惡
非麁惡常所行非常所行制非制說非說住破僧法者即律十八事是也　彼比丘應諫是比丘
言大德莫壞和合僧莫方便壞和合僧莫方便壞僧法堅持不捨大德應与
僧和合歡喜不諍同一師學如水乳合於佛法中有增益安樂住　應語可舍
此事莫令僧作訶諫而犯重罪若用語者善若不用語復令餘比丘比丘尼優婆塞優婆
夷王若大臣種種異道沙門婆羅門求若餘方比丘聞知其人信用言者應來　是比丘如
是諫時堅持不捨彼比丘應三諫捨此事故乃至三諫捨者善　彼比丘作白已應
更求乃至一羯磨二羯磨亦尔　不捨者僧伽婆尸沙　白竟捨三偷蘭乃至白竟捨者一
偷蘭白未竟捨者吉羅一切未白前受破僧法堅持不舍並吉羅比丘尼僧殘不犯者初諫
便捨若五非羯磨作訶諫非法非律非佛所教若破惡友知識若欲破僧者若作非法非

此事莫令僧作訶諫而犯重罪若用諫者善若不用諫復令餘比丘比丘尼優婆塞優婆
夷王若大臣種種異道沙門婆羅門求若餘方比丘聞知其人信用言者應來 是比丘如
是諫時堅持不捨彼比丘應三諫捨此事故乃至三諫捨者善 彼比丘作白已應
更求乃至一羯磨二羯磨亦尔 不捨者僧伽婆尸沙 白二竟捨三偷蘭乃至白竟捨者一
偷蘭白未竟捨者一突吉羅一切未白前受破僧法堅持不舍並一突吉羅比丘尼僧殘不犯者初語
便捨若非羯磨作訶諫非法非律非佛所教若破惡友知識若欲破僧者若作非法羯磨
若為僧塔和尚知識作損減破者不犯 十一助破僧違諫戒緣 佛在羅閱祇時提婆達故
執此五法盡形受乞食著糞掃衣露地不食穌鹽魚及肉教諸比丘衆僧諫時伴比丘助破諫
僧比丘舉過白仏說制戒也 若比丘有餘伴黨 若四人若過四人有二種順從者以法教
授增戒增心增慧誦習誦誦水受衣食順從者給與衣被飲食牀臥具病瘦醫藥
若一若二若三乃至無數 助伴黨語比丘若一二三若衆多 彼比丘語是比丘言大德
莫諫此比丘是法語比丘律語比丘此比丘所說我等喜樂此比丘所說我等忍
可彼比丘應諫是比丘言大德莫作是說言此比丘是法語比丘律語比丘
此比丘所說我等喜樂此比丘所說我等忍可然此比丘非法語比丘律語比丘
大德莫欲壞和合僧汝等當樂欲和合僧大德與僧和合歡喜不諍同一師
學如水乳合於佛法中有增益安樂住是比丘如是諫時堅持不捨彼比丘
應三諫捨此事故乃至三諫捨者善不捨僧伽婆尸沙 釋預如上 十二汙
家擯謗違諫戒緣 佛在舍衛國時阿溼婆及富那婆娑在羇連聚落行惡行汙他家
比丘舉過白佛便令舍利弗目連往彼擯舉當作法時謗僧不受以過白仏遣呵諫犯制戒
若比丘依聚落 村有四種如上 若城邑住 屬王也 汙他家 家者有男有女汙他家者有
四事一依家汙家從一家得物與一家所得物處聞之不喜所與物處思當報恩即作是言
若有與我當報之之不與我者我何故與二者依利養汙家若比丘如法得利乃至鉢中之餘或
與一居士不與一居士彼得者即生念當報其恩若不與我我何故與三者依親友汙家若比丘依王
若大臣或為一居士或不為一居士所為者即思報恩其為我者當供養不為我者我不供養四者依
僧伽藍汙家若比丘取僧花果與一居不與一居士彼得者思當供養不與我不供養 行惡行
彼比丘作如是非法行自種花樹自溉灌自摘花自作花鬘自以線貫花鬘自持花自持花鬘與人
若復教人作如上事若彼村落中有婦女若童女共同一牀坐起同一器飲食言語戲笑或自歌
舞倡伎或他作己唱和或俳說或彈鼓簧吹貝作衆鳥鳴或走或揚跛行或嘯或自作弄身或受
雇戲笑是名行惡行 汙他家亦見亦聞行惡行亦見亦聞 時有衆多比丘於彼遊行止宿
朝著衣持鉢入村乞食法服齊整行步庠序低目直前不左右顧視以次乞食諸居士見已自相

僧伽藍汙家若比丘取僧花果与一居士不与一居士彼得者思當供養不与我不供養 行惡行
彼比丘作如是非法行自種花樹自溉灌自擿花自作鬘自以綫貫爲鬘自持花自持鬘与人
若復教人作如上事爲彼村落中有婦女爲童女共同一牀坐起同一器飲食言語戲嘆或自歌
舞倡伎或他作已唱和或俳說或彈鼓簧吹貝作衆鳥鳴或走或跛行或嘯或自作弄身或受
雇戲笑是名行惡行 汙他家名見聞行惡行名見名聞 時有衆多比丘於彼遊行止宿晨
朝著衣持鉢入村乞食法服齊整行步庠序低目直前不左右顧視以次乞食諸居士見已自相
謂言此是何人低目而行不左右顧視不言笑不周接善言問訊我等不應与其飲食 我
等阿濕婆二人与人周接反上所言應与飲食供養彼於覊連乞食困乃得之往至仏所問言
作止安樂不衆僧和合不与飲食爲苦耶彼具白仏仏便遣可設擯言 諸比丘當語是比丘言
大德汙他家行惡行汙他家名見名聞行惡行名見名聞大德汝汙他家行惡行
今可遠此聚落去不須住此 時舍利弗爲諸居士說法令當信樂食訖具僧爲彼比丘作
作舉舉已作憶念憶念已与罪如上作羯磨已驅出聚落當作法時二比丘謗僧言更有餘同
犯罪比丘不驅而獨驅我便作是言 是比丘語彼比丘作如是語大德諸比丘有愛
有恚有怖有癡有如是同罪比丘有驅者有不驅者 時舍利弗還白世尊具陳謗
事佛便遣可令設諫言 諸比丘報言大德莫作是語言僧有愛有恚有怖有癡
有如是同罪比丘有驅者有不驅者而諸比丘不愛不恚不怖不癡大德汙他家
行惡行汙他家名見名聞行惡行名見名聞是比丘如是諫時堅持不捨彼比丘應
三諫捨此事故乃至三諫捨者善不捨者僧伽婆尸沙 若未白前言有愛有恚怖
癡突吉羅若不看者持往及爲白衣信使一切吉羅同僧犯爲初諫時捨非法呵諫爲与
父母与病人与少兒与任身人与牢獄繫人与寺中客作者是若種花樹自取花乃至教人
貫花持供養佛法僧者一切不犯爲人所打被賊虎狼怨獅子難雲若擔對來於中走避
者不犯爲度河溝渠坑跳躑者不犯爲同伴在後還顧不見有嘆不犯若爲父母病爲二婦人若閉
牢獄爲篤信優婆塞有病繫閉看書持往若爲塔僧病比丘事與持書往反 十三惡性拒僧
違諫戒緣 佛在俱睒彌國時尊者闡陀惡性不受人語諸比丘設諫違拒反言我應教諸比丘大
德何以故我聖主得正覺故并說水風二喻比丘可責舉過白仏便設諫制戒 若比丘惡性不受
人語不受人教誨也 於戒法中 以戒律如法教授者有七犯聚波羅提提木叉僧伽婆尸沙波逸提波羅提提
捨尼偷蘭遮突吉羅惡說也 諸比丘如法諫已 如法如律如仏所教 自身不受諫語言諸大德
莫向我說若好若惡我亦不向諸大德說若好若惡諸大德且止莫諫我彼比
丘諫是比丘言大德莫自身不受諫語大德自身當受諫語大德如法諫諸
比丘諸比丘亦如法諫大德如是佛弟子衆得增益展轉相教展轉懺悔是比丘

人語不受人教語也 於戒法中 以戒律如法教授者有七犯聚波羅夷僧伽婆尸沙波逸提波羅提提
捨尼偷蘭遮突吉羅惡說之 諸比丘如法諫已 如法如律如佛所教 自身不受諫語言諸大德
莫向我說若好若惡我亦不向諸大德說若好若惡諸大德且止莫諫我彼比
丘諫是比丘言大德莫自身不受諫語大德自身當受諫語大德如法諫諸
比丘諸比丘亦如法諫大德如是佛弟子眾得增益展轉相教展轉懺悔是比丘
如是諫時堅持不捨彼比丘應三諫捨是事故乃至三諫捨者善不捨者僧伽婆
尸沙 若未白前惡性不受人語一切吉羅同犯不犯者若初諫便捨非法呵諫非法非律非
佛所制者若無智人呵諫時語彼言汝和尚阿闍梨所行亦尔汝可更學問誦經若其事實是者解
說者 諸大德我已說十三僧伽婆尸沙法九初犯四乃至三諫若比丘犯一一法知而
覆藏應強與波利婆沙行波利婆沙竟增上與六夜摩那埵行摩那埵已
餘有出罪法應廿僧中出是比丘罪若少一人不滿廿眾出是比丘罪是比丘
罪不得除諸比丘亦可呵此是時今問諸大德是中清淨不 三說 諸大德是中清淨
默然故是事如是持 諸大德是二不定法半月半月說戒經中來 屏處不定
緣 佛在舍衛國時迦留陀夷[illegible]先白衣時有親友婦名齋優婆夷俱亞端政各有繫意迦
留陀夷時到請彼家與共獨屏處坐說非法語時毗舍佉母聞見疾白往日所制戒
若比丘共女人 人共有智未命終 獨一 一女 在屏處 有二種一者見屏若坐若霧若黑闇中不相見
二聞屏者乃至常語不聞聲處 覆處 上有物作蓋也 障處 若樹若牆壁若籬若衣及餘物障也
可作婬處 得容行婬處 坐說非法語 說婬欲法者 有住信優婆夷 信佛法僧歸依佛法僧不殺
不盜不邪婬不妄語不飲酒善憶持事不錯所說有實而不虛妄 於三法中一一法說若波
羅夷若僧伽婆尸沙若波逸提是坐比丘自言我犯是罪於三法中應
一一治若波羅夷若僧伽婆尸沙若波逸提如住信優婆夷所說應如法
治是比丘是名不定法 是中自言所趣向所到處若坐若臥若作 若不自言屏如憂
婆私所說治 二露處不定之緣 佛在舍衛國時迦留陀夷家家初犯此戒緣起如前戒
但以露處二罪為異也 若比丘共女人露現處 謂無牆壁及餘物障 不可作婬處 不容行婬處 坐
作麤惡語 說婬欲不淨行義者讚嘆二道好惡也 有住信優婆私於二法中以一一法說若僧伽婆尸沙若
波逸提是坐比丘自言我犯是事於二法中一一法治若僧伽婆尸沙若波逸提
如住信優婆私所說應如法治是比丘是名不定法 是中若自言所趣向處所
到處若坐若臥不自言應如憂婆私所說治是中無定法故言不定 諸大德我已說二不定
法今問諸大德是中清淨不 三說 諸大德是中清淨默然故是事如是持 諸大
德是卅尼薩耆波逸提法半月半說戒經中來 一畜長衣過日戒 佛在舍衛久聽比丘持

BD05853號2 比丘含注戒本 （17–13）

作麁惡語 說好名為惡 譏嫌三道好惡也 有任信憂婆塞私於二法中以一一法說若僧伽婆尸沙若
波逸提是坐比丘自言我犯是事於二法中一一法治若僧伽婆尸沙若波逸提
如住信憂婆夷所說應如法治是比丘是名不定法 是中善自言所趣向處所
到處羞若卧若不自言應如憂婆私所說治是中不定法故言不定 諸大德我已說二不定
法今問諸大德是中清淨不 三說 諸大德是中清淨嘿然故是事如是持 諸大
德是卅尼薩耆波逸提法半月半月說戒經中來 佛在舍衛國聽比丘持
三衣不得長時六群比丘畜長衣或早起衣或中時衣或晡時衣故常經營莊嚴如是衣服藏舉盈
白仏仏便何以制此戒因斷重制 若比丘衣已竟 三衣也 迦絺那衣已出 謂出功德衣外 畜長衣經十日
衣者有十種長衣者長如來八指為廣四指是 不淨施得畜若過十日 初制不得畜長衣因阿難
得貴價衣欲以奉大迦葉恐犯戒白仏以迦葉十日當還故仏言聽畜長衣齊十日 尼薩耆波逸
提 若不得衣若淨施若遣与人若失若故壞若作非衣若作親厚意取若妄去八八作句反上並
尼薩耆波逸提 若捨墮衣不捨更貿餘衣一尼薩耆波逸提一突吉羅比捨墮衣應捨与僧若衆多人若
一人不得別衆捨不成捨突吉羅比丘尼同犯下三衆乃至下三衆戒並犯吉羅不犯者十日內若轉淨施若遣与
人若賊奪想不淨施不犯若奪衣失衣取著若他与著若他与作被不犯若持衣者遠行水澇道斷如是不
淨施不遣与人不犯 二離衣宿戒 仏在舍衛國時六群比丘持衣付嘱親友比丘往人間遊行披曬付比丘數數出
曬之諸比丘以言佛聽比丘畜三衣不得長汝是誰衣具答被可白仏重責制此戒也 若比丘衣已竟迦
絺那衣已出 並如上解 三衣中 僧伽梨鬱多羅僧安陀會三衣者有十種如上說 離一一衣異
處宿 不失衣僧伽藍裏有一界失衣者僧伽藍裏有若干界如是樹場車船村舍堂庫倉界亦如
僧伽藍有四種如上樹者与人等足蔭覆跏趺坐場者於中治五穀處車者若車迴轉處船界
亦爾村者有四種堂者多敞露庫者積藏諸車乘輦與財寶之物倉者儲積米穀 阿蘭若者无
界八樹中間之別七弓弓長四肘量量也 僧伽藍界亦小彼僧伽藍界亦小彼樹界乃至庫藏倉界亦
如是餘者作句亦如是僧伽藍界若在僧伽藍邊以中人若用石若博擲所及處是名界乃至庫藏
亦爾若比丘置衣在僧伽藍中乃至在樹下宿明相未出若捨衣若手捉衣若至擲石所及處若不捨
衣若不手擲石所及處明相出隨所離衣宿尼薩耆波逸提 除僧羯磨 時有比丘得乾痟病糞掃衣 僧伽梨重有因緣事人間遊
行不堪持行以事白仏令三乞已僧 尼薩耆波逸提 除三衣離餘衣突吉羅比丘尼同犯者僧作 羯磨明相未出若手捉衣若至擲石及處若
白二結揵
奪想若失想若水漂想斷路難若惡獸若強力者所執或命難梵行難若不捨衣乃至不至擲石
所及處不犯 三月望衣過限戒 佛在舍衛國有比丘僧伽梨故爛壞欲十日間更不能辦佛言聽畜長衣 若乃至滿足故時六群比丘取同者不足衣說淨點淨之奇人間遊行諸比丘
舉過白佛便呵責制戒 若比丘衣已竟迦絺那衣已出若比丘得非時衣 時者无迦絺那衣自恣後一月若迦絺那
衣自恣後五月非時者 若過此限者也 欲須便受受已疾疾成衣若足者善 若十日中同衣足者我衣 寄緣諍若睦作衣若淨
施者与人若不我割如上者並 吉隨衣多少並犯捨墮 若不足者得畜一月為滿足故 若同衣不足至十日同衣足即十日 應如上作違者至十二日滿衣並

BD05853號2　比丘含注戒本　　（17–14）

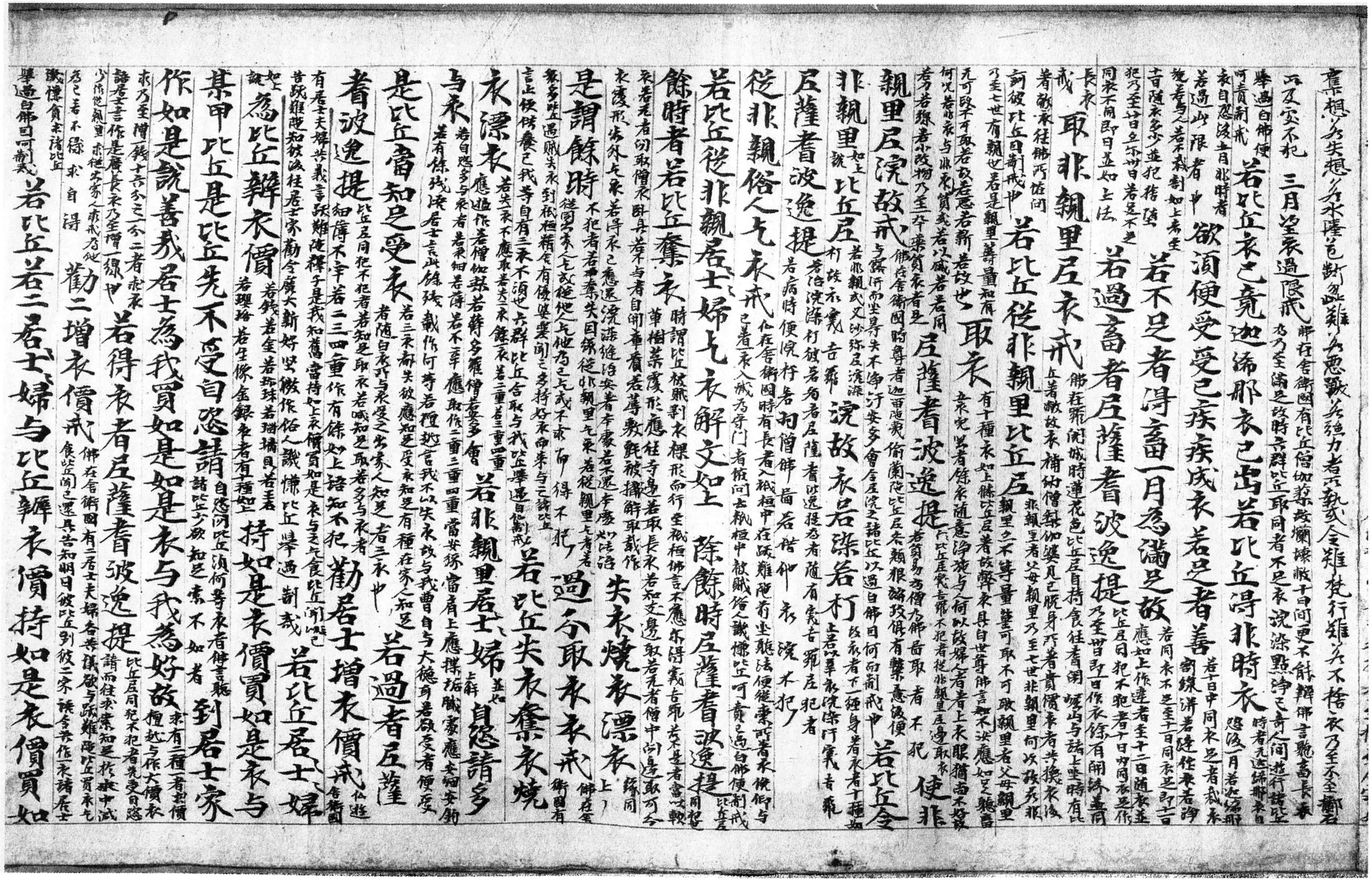
三月望衣過限戒
若比丘衣已竟迦絺那衣已出若比丘得非時衣
欲須便受受已疾疾成衣若足者善
若不足者得畜一月為滿足故
若過畜者尼薩耆波逸提
取非親里尼衣戒
若比丘從非親里比丘尼
取衣　尼薩耆波逸提　使非
親里尼浣故衣戒　若比丘令
非親里比丘尼　浣故衣若染若打
尼薩耆波逸提
從非親俗人乞衣戒
若比丘從非親居士居士婦乞衣解文如上　除餘時尼薩耆波逸提
餘時者若比丘奪衣　失衣燒衣漂衣
是謂餘時　過分取衣衣戒
若比丘失衣奪衣燒
衣漂衣　若非親里居士居士婦　自恣請多
与衣
是比丘當知足受衣　若過者尼薩
耆波逸提　勸居士增衣價戒
若比丘居士居士婦
為比丘辦衣價　持如是衣價買如是衣与
某甲比丘是比丘先不受自恣請　到居士家
作如是說善哉居士為我買如是如是衣与我為好故
若得衣者尼薩耆波逸提
勸二增衣價戒
若比丘若二居士居士婦与比丘辦衣價持如是衣價買如

BD05853號2　比丘含注戒本　（17–15）

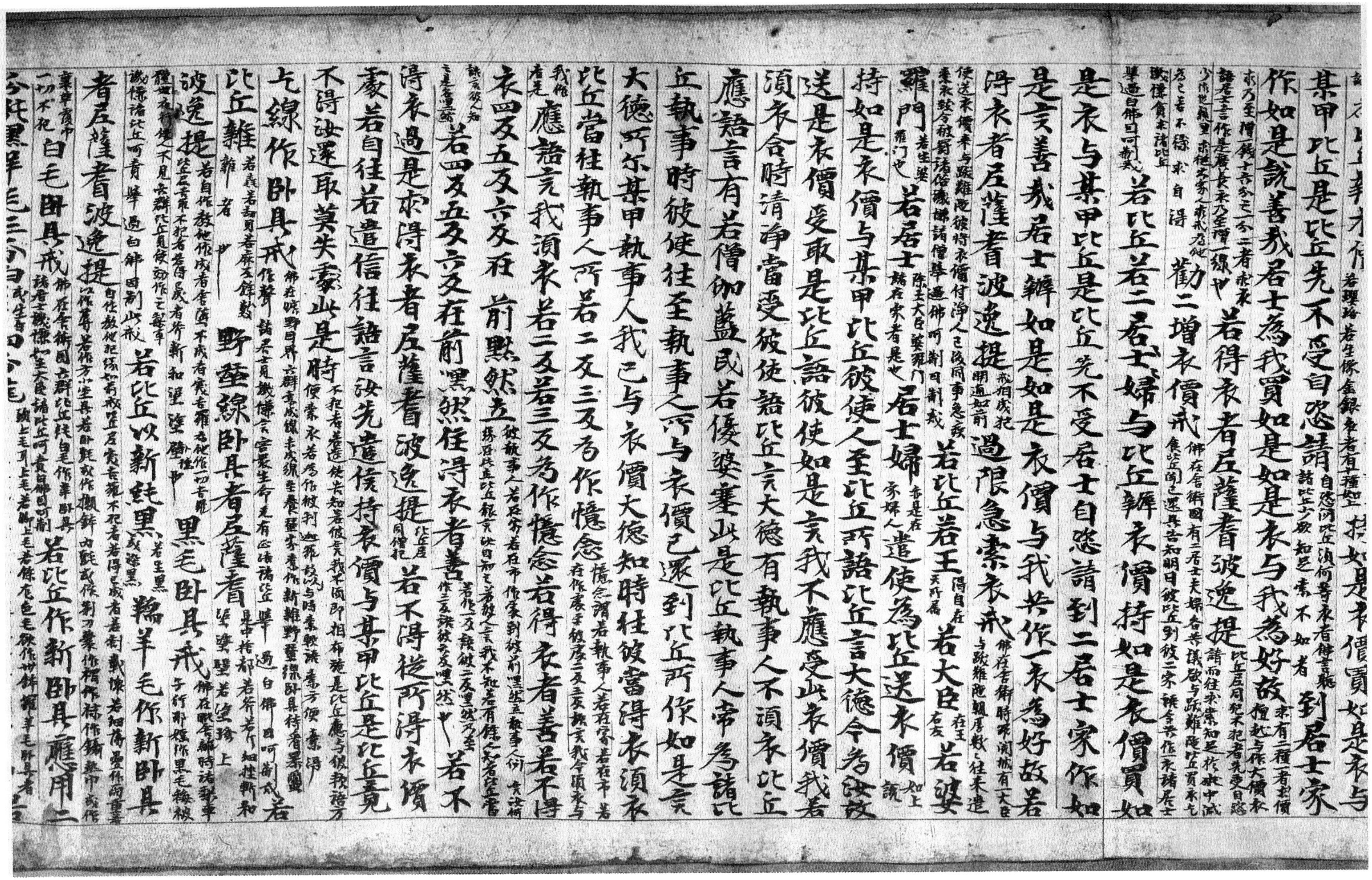

BD05853 號 2　比丘含注戒本　（17–16）

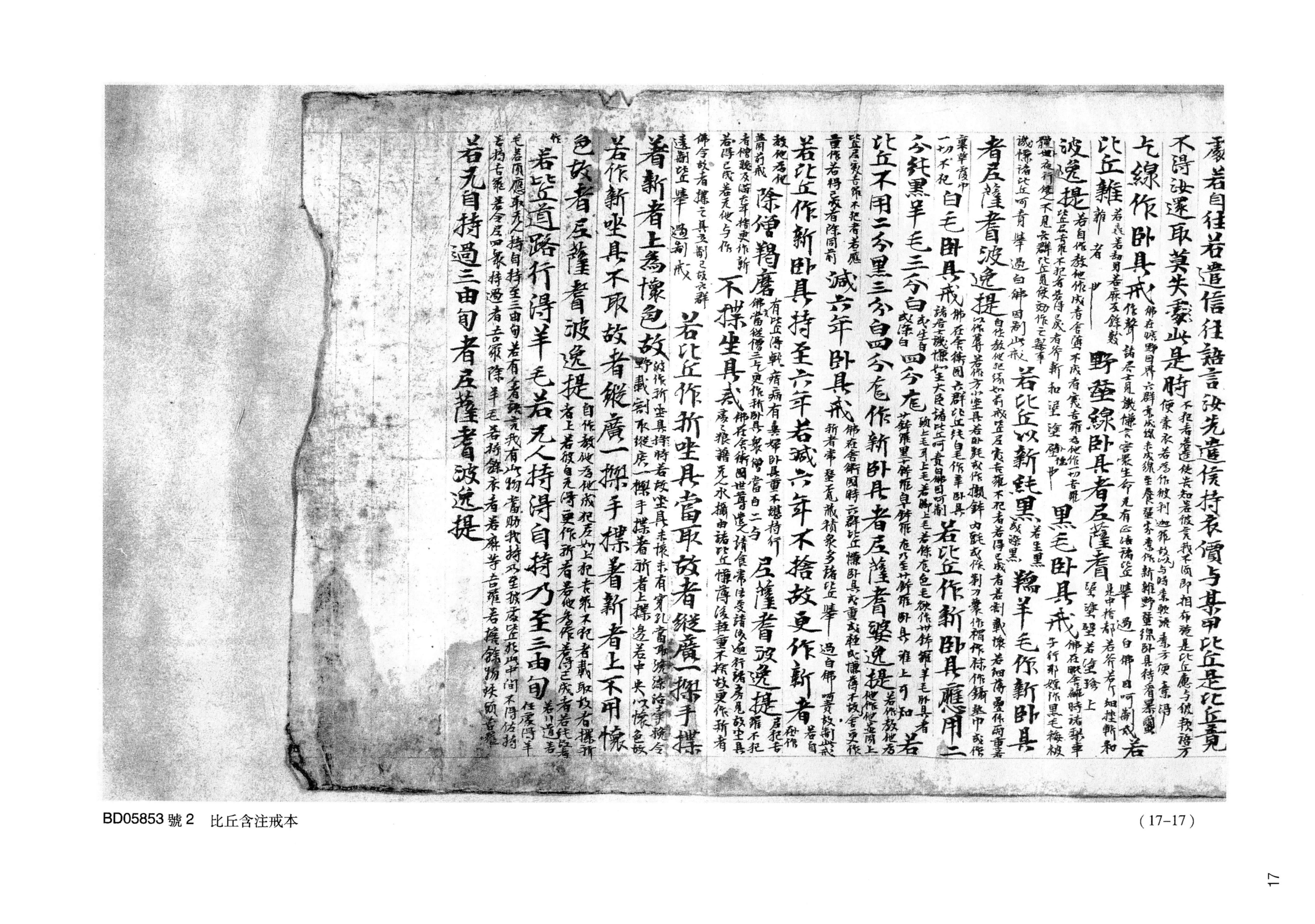

處若自往若遣信往語言汝先遣使持衣價与某甲比丘是比丘竟

不得汝還取莫失處此是時

乞線作卧具戒 若

比丘雜 野蠶綿卧具者尼薩耆

波逸提 黑毛卧具戒

若比丘以新純黑羺羊毛作新卧具

者尼薩耆波逸提 若比丘作新卧具應用二

白毛卧具戒 若

分純黑羊毛三分白四分尨

比丘不用二分黑三分白四分尨作新卧具者尼薩耆婆逸提

減六年卧具戒

若比丘作新卧具持至六年若減六年不捨故更作新者

除僧羯磨 尼薩耆波逸提

不揲坐具戒

若比丘作新坐具當取故者縱廣一搩手揲

著新者上為壞色故

若作新坐具不取故者縱廣一搩手揲著新者上不用壞

色故者尼薩耆波逸提

若比丘道路行得羊毛若無人持得自持乃至三由旬

若無自持過三由旬者尼薩耆波逸提

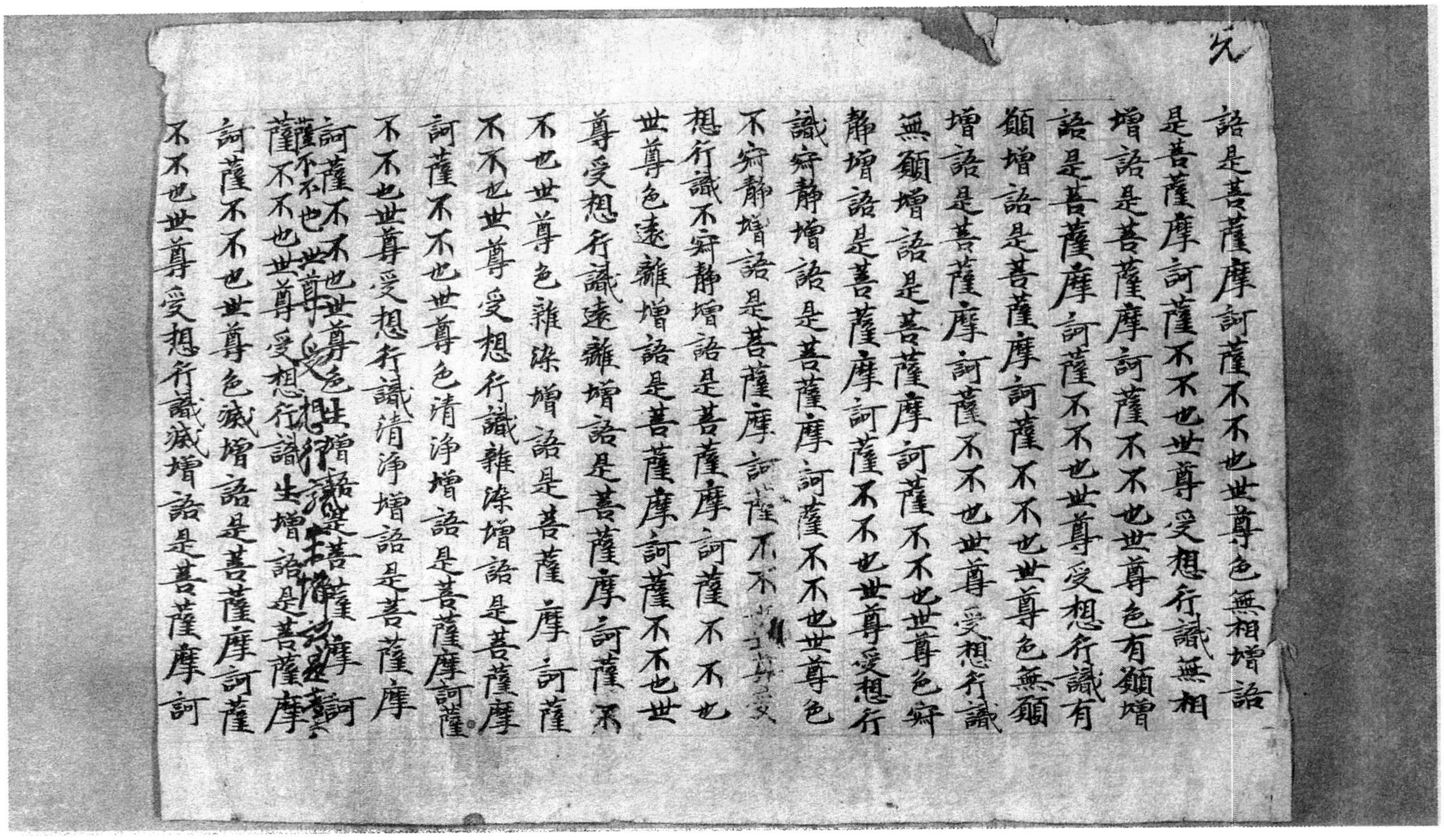

兌
語是菩薩摩訶薩不不也世尊色無相增語
是菩薩摩訶薩不不也世尊受想行識無相
增語是菩薩摩訶薩不不也世尊色有願增
語是菩薩摩訶薩不不也世尊受想行識有
願增語是菩薩摩訶薩不不也世尊色無願
增語是菩薩摩訶薩不不也世尊受想行識
無願增語是菩薩摩訶薩不不也世尊色寂
靜增語是菩薩摩訶薩不不也世尊受想行
識寂靜增語是菩薩摩訶薩不不也世尊色
不寂靜增語是菩薩摩訶薩不不也世尊受
想行識不寂靜增語是菩薩摩訶薩不不也
世尊色遠離增語是菩薩摩訶薩不不也世
尊受想行識遠離增語是菩薩摩訶薩不
不也世尊色雜染增語是菩薩摩訶薩
不不也世尊受想行識雜染增語是菩薩摩
訶薩不不也世尊色清淨增語是菩薩摩訶薩
不不也世尊受想行識清淨增語是菩薩摩
訶薩不不也世尊色生增語是菩薩摩訶
薩不不也世尊受想行識生增語是菩薩摩
訶薩不不也世尊色滅增語是菩薩摩訶薩
不不也世尊受想行識滅增語是菩薩摩訶

BD05854 號　大般若波羅蜜多經（兌廢稿）卷四〇七　（1–1）

世尊色遠又
世尊色遠又離增語是菩薩摩訶薩不也世

BD05854 號背　雜寫　（1–1）

中
等為他人說其福勝彼何
以故須菩提一切諸佛及諸佛阿耨多羅三
藐三菩提法皆從此經出須菩提所謂佛法
者即佛法
須菩提於意云何須陀洹能作是念我得
須陀洹果不須菩提言不也世尊何以故須陀
洹名為入流而无所入不入色聲香味觸法是
名須陀洹須菩提於意云何斯陀含能作
是念我得斯陀含果不須菩提言不也世
尊何以故斯陀含名一往來而實无往來是名斯
陀含須菩提於意云何阿那含能作是念
得阿那含果不須菩提言不也世尊何以故
阿那含名為不來而實无來是故名阿那含
須菩提於意云何阿羅漢能作是念我得
阿羅漢道不須菩提言不也世尊何以故
實有法名阿羅漢世尊若阿羅漢是念
我得阿羅漢道即為著我人衆生壽者
尊佛說我得无諍三昧人中最為第一是
第一離欲阿羅漢我不作是念我是離欲
阿羅漢離欲阿羅漢我不作是念我是離
欲阿羅漢世尊我若作是念我阿羅漢道世
尊則不說須菩提是樂阿蘭那行者以須菩
提實无所行而名須菩提是樂阿蘭那那行
佛告須菩提於意云何如來昔在然燈佛所
於法有所得不世尊如來在登燈佛所於法
實无所得須菩提於意云何菩薩莊嚴佛
土不不也世尊何以故莊嚴佛土者則非莊

BD05855號　金剛般若波羅蜜經　（5–1）

尊則不說須菩提是樂阿蘭那行者以須菩
提實无所行而名須菩提是樂阿蘭那那行
佛告須菩提於意云何如來昔在然燈佛所
於法有所得不世尊如來在登燈佛所於法
實无所得須菩提於意云何菩薩莊嚴佛
土不不也世尊何以故莊嚴佛土者則非莊
嚴是名莊嚴是故須菩提諸菩薩摩訶薩應
如是生淨清心不應住色生心不應住聲香味
觸法生心應无所住而生其心須菩提譬如有
人身如須弥山王於意云何是身為大不須
菩提言甚大世尊何以故佛說非身是名大
身須菩提如恒何中所有沙數如是沙等恒
何於意云何是諸恒何沙寧為多不須菩
提言甚多世尊但諸恒何尚多无數何況其沙
須菩提我今實言告汝若有善男子善
女人以寶滿尒所恒何沙數三千大千世
界以用布施得福多不須菩提言甚多世尊
佛告須菩提若善男子善女人於此經中乃
至受持四句偈等為他人說而此福德勝前福
德復次須菩提隨說是經乃至四句偈等
當知此處一切世間天人阿脩羅皆應供養如
佛塔廟何況有人盡能受持讀誦須菩提
當知是人成就最上第一希有之法若是經典
所在之處則為有佛若尊重弟子
尒時須菩提白佛言世尊當何名此經我等
云何奉持佛告須菩提是經名為金剛般
若波羅蜜以是名字汝當奉持所以者何須
菩提佛說般若波羅蜜則非般若波羅蜜須
菩提於意云何如來有說法不須菩提白佛
言世尊如來无所說須菩提於意云何三千
大千世界所有微塵是來說非微塵是名微
塵如來說世界非世界是名世界須菩提於

BD05855號　金剛般若波羅蜜經　（5–2）

云何奉持佛告須菩提是經名為金剛般
若波羅蜜以是名字汝當奉持所以者何須
菩提佛說般若波羅蜜則非般若波羅蜜須
菩提於意云何如来有所說法不須菩提白佛
言世尊如来无所說須菩提於意云何三千
大千世界所有微塵是来說非微塵是名微
塵如来說世界非世界是名世界須菩提於
意云何可以卅二相見如来不不也世尊不
可以卅二相得見如来何以故如来說卅二相
即是以卅二相是名卅二相須菩提若有善男子
善女人以恒河沙等身命布施若復有人於此
經中乃至受持四句偈等為他人說其福甚
多尒時須菩提聞說是經深解義趣涕淚
悲泣而白佛言希有世尊佛說如是甚深經
典我從昔来所得慧眼未曾得聞如是之
經世尊若復有人得聞是經信心清淨則
生實相當知是人成就第一希有功德世尊
是實相者則是非相是故如来說名實相世尊
我今得聞如是經典信解受持不足為難
若當来世後五百歲其有衆生得聞經信
解受持是人則為第一希有何以故此人无我
相人相衆生相壽者相所以者何我相即是
非相人相衆生相壽者相即是非相何以故離
一切諸相則名諸佛
佛告須菩提如是如是若復有人得聞是
經不驚不怖不畏當知是人甚為希有何以
故須菩提如来說第一波羅蜜非第一波羅
蜜是名第一波羅蜜須菩提忍辱波羅
蜜如来說非忍辱波羅蜜何以故須菩提如我
昔為歌利王割截身體我於尒時无我相
无人相无衆生相无壽者相何以故我於

BD05855號　金剛般若波羅蜜經　（5–3）

佛告須菩提如是如是若復有人得聞是
經不驚不怖不畏當知是人甚為希有何以
故須菩提如来說第一波羅蜜非第一波羅
蜜是名第一波羅蜜須菩提忍辱波羅
蜜如来說非忍辱波羅蜜何以故須菩提如我
昔為歌利王割截身體我於尒時无我相
无人相无衆生相无壽者相何以故我於
往昔節節支解時若有我相人相衆生相壽
者相應生瞋恨須菩提又念過去於五百
世作忍辱仙人於尒所世无我相无人相无衆
生相无壽者相是故須菩提菩薩應離一
切相發阿耨多羅三藐三菩提心不應住色
生心不應住聲香味觸法生心應生无所
住心若心有住則為非住是故佛說菩薩心不
應住色布施須菩提菩薩為利益一切衆
生應如是布施如来說一切諸相即是非相又
說一切衆生則非衆生須菩提如来是真語
者實語者如語者不誑語者不異語者須菩提
如来所得法此法无實无虛須菩提若菩薩心
住於法而行布施如人入闇則无所見若菩薩心
不住法而行布施如人有目日光明照見種種色
須菩提當来之世若有善男子善女人
能於此經受持讀誦則為如来以佛智慧
悉知是人悉見是人皆得成就无量无邊功德
得須菩提若有善男子善女人初日分以恒
何沙等身命布施中日分復以恒何沙等身
布施後日分亦以恒何沙等身布施如是无
量百千万億劫以身布施若復有人聞此經
典信心不逆其福勝彼何況書寫受持讀
誦為人解說須菩提以要言之是經有不可
思議不可稱量无邊功德如来為發大乘者
說為發最上乘者說若有人

BD05855號　金剛般若波羅蜜經　（5–4）

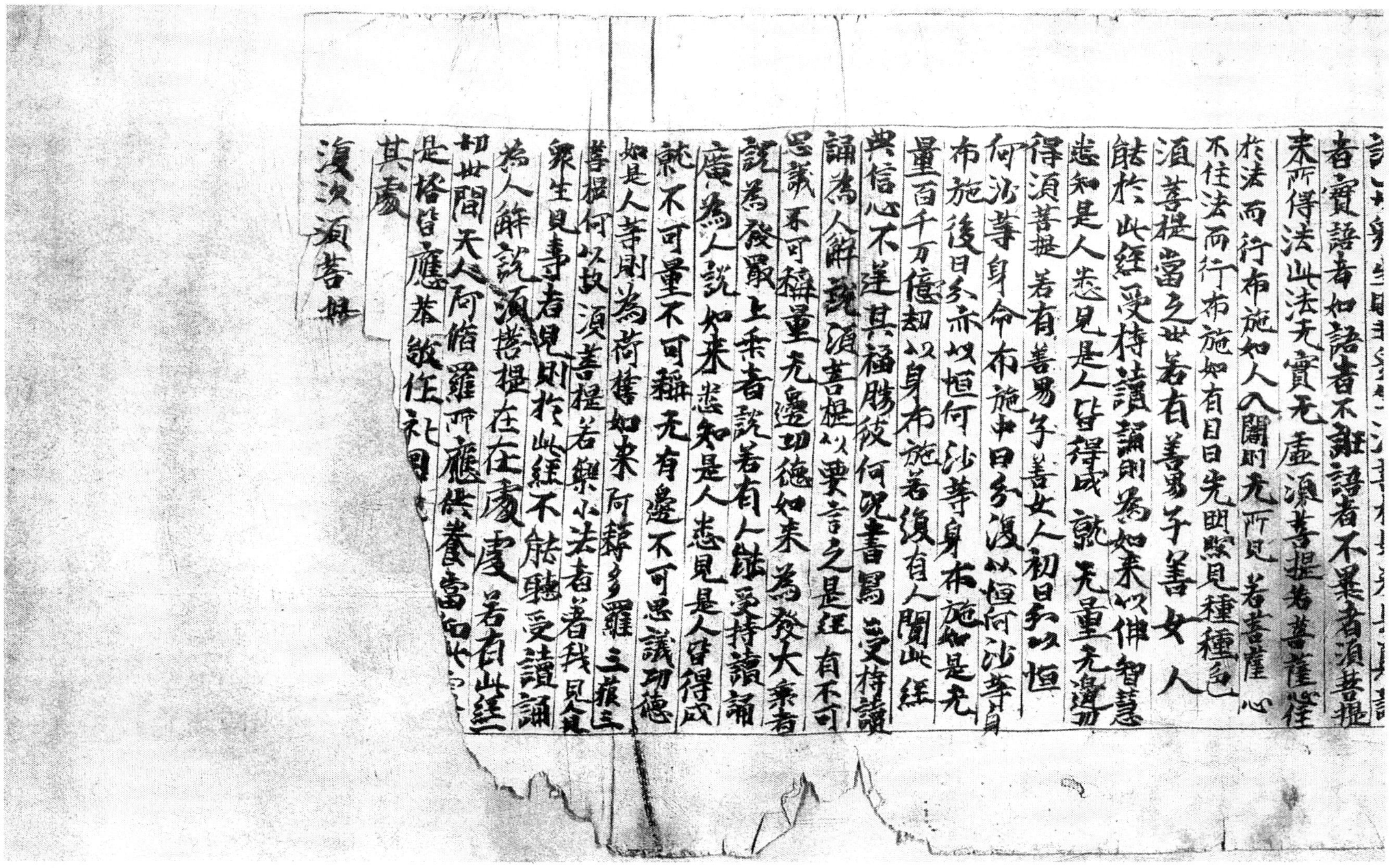

者實語者如語者不誑語者不異者須菩提
來所得法此法无實无虛須菩提若菩薩住
於法而行布施如人入闇則无所見若菩薩心
不住法而行布施如有目日光明照見種種色
須菩提當來之世若有善男子善女人
能於此經受持讀誦則為如來以佛智慧
悉知是人悉見是人皆得成就无量无邊功
德須菩提若有善男子善女人初日分以恒
河沙等身命布施中日分復以恒河沙等身
布施後日分亦以恒河沙等身布施如是无
量百千万億劫以身布施若復有人聞此經
典信心不逆其福勝彼何況書寫受持讀
誦為人解說須菩提以要言之是經有不可
思議不可稱量无邊功德如來為發大乘者
說為發最上乘者說若有人能受持讀誦
廣為人說如來悉知是人悉見是人皆得成
就不可量不可稱无有邊不可思議功德
如是人等則為荷擔如來阿耨多羅三藐三
菩提何以故須菩提若樂小法者著我見人見
衆生見壽者見則於此經不能聽受讀誦
為人解說須菩提在在處處若有此經
一切世間天人阿修羅所應供養當知此
則為是塔皆應恭敬作禮圍
其處
復次須菩提

BD05855 號　金剛般若波羅蜜經　（5–5）

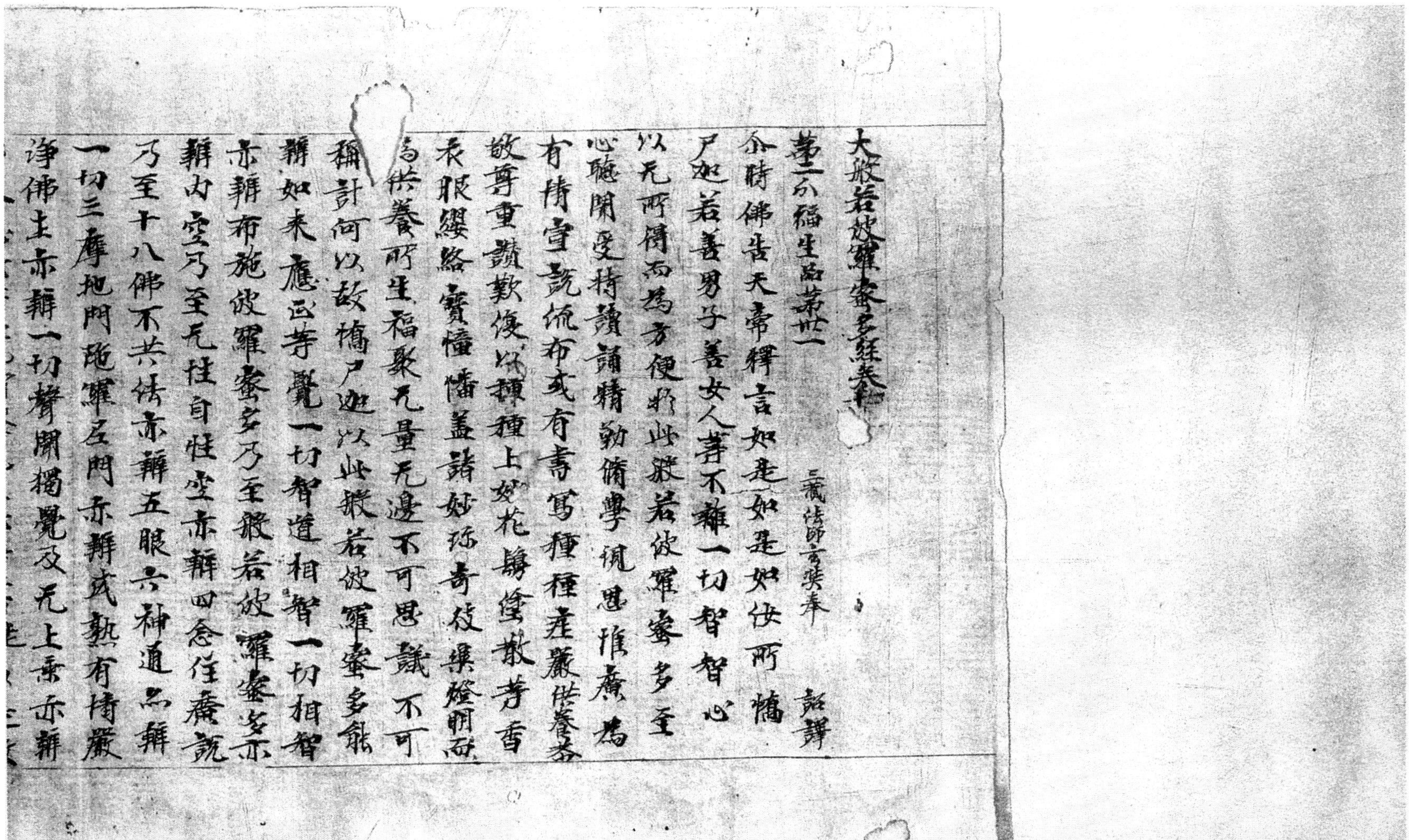

大般若波羅蜜多經卷第
第三分福生品第廿一　三藏法師玄奘奉　詔譯
尒時佛告天帝釋言如是如是如汝所說憍
尸迦若善男子善女人等不離一切智智心
以无所得而為方便於此般若波羅蜜多至
心聽聞受持讀誦精勤脩學如理思惟廣為
有情宣說流布或有書寫種種莊嚴供養恭
敬尊重讚歎復以種種上妙花鬘塗散等香
衣服瓔珞寶幢幡蓋諸妙珍奇伎樂燈明而
為供養所生福聚无量无邊不可思議不可
稱計何以故憍尸迦以此般若波羅蜜多能
辦如來應正等覺一切智道相智一切相智
亦辦布施波羅蜜多乃至般若波羅蜜多亦
辦内空乃至无性自性空亦辦四念住廣說
乃至十八佛不共法亦辦五眼六神通亦辦
一切三摩地門陁羅尼門亦辦成熟有情嚴
淨佛土亦辦一切聲聞獨覺及无上乘亦辦

BD05856 號　大般若波羅蜜多經卷四二九　（5–1）

辦如來應正等覺一切智道相智一切相智
亦辦布施波羅蜜多乃至般若波羅蜜多亦
辦內空乃至无性自性空亦辦四念住廣說
乃至十八佛不共法亦辦五眼六神通亦辦
一切三摩地門陁羅尼門亦辦成熟有情嚴
淨佛土亦辦一切聲聞獨覺及无上乘亦辦
如來應正等覺所證无上正等菩提以是故
憍尸迦若善男子善女人等不離一切智智
心以无所得而為方便於此般若波羅蜜多
至心聽聞受持讀誦精勤修學如理思惟廣
為有情宣說流布或有書寫種種莊嚴乃至
燈明而為供養以前所造窣堵波福比此福
聚百分不及一千分不及一百千分不及一乃
至鄔波尼殺曇分亦不及一何以故憍尸
迦若此般若波羅蜜多甚深經典人中流布
即此世間佛寶法寶苾芻僧寶終不隱沒若
此般若波羅蜜多甚深經典人中住者世間
常有十善業道若四靜慮四无量四无色定
若布施波羅蜜多乃至般若波羅蜜多若內
空乃至无性自性空若四念住廣說乃至十
八佛不共法若一切三摩地門陁羅尼門若
一切智道相智一切相智若剎帝利大族婆
羅門大族長者大族居士大族若四大王眾
天乃至非想非非想處天若聲聞乘獨覺乘
无上乘若預流一來不還阿羅漢獨覺若菩
薩摩訶薩成熟有情嚴淨佛土若諸如來應
正等覺證得无上正等菩提轉妙法輪度无

BD05856 號　大般若波羅蜜多經卷四二九　（5–2）

八佛不共法若一切三摩地門陁羅尼門若
一切智道相智一切相智若剎帝利大族婆
羅門大族長者大族居士大族若四大王眾
天乃至非想非非想處天若聲聞乘獨覺乘
无上乘若預流一來不還阿羅漢獨覺若菩
薩摩訶薩成熟有情嚴淨佛土若諸如來應
正等覺證得无上正等菩提轉妙法輪度无
量眾如是勝事終不隱沒
第二分功德品第卅二
尒時三千大千世界所有四大王眾天乃至
色究竟天同聲共白天帝釋言大仙於是甚
深般若波羅蜜多應受應持應讀應誦應精
勤修學應如理思惟應供養恭敬尊重讚歎
何以故大仙若受持讀誦精勤修學如理思
惟供養恭敬尊重讚歎如是般若波羅蜜多
則令一切惡法損減善法增益亦令一切天
眾增益諸阿素洛朋黨損減亦令一切佛眼
法眼僧眼不滅亦令一切佛種法種僧種不
斷大仙當知由三寶種不斷絕故世間便有
布施波羅蜜多乃至般若波羅蜜多亦有內
空乃至无性自性空亦有四念住廣說乃至
十八佛不共法亦有一切三摩地門陁羅尼門
亦有一切智道相智一切相智亦有預流
果乃至阿羅漢果亦有獨覺菩提亦有菩薩
摩訶薩行亦有无上正等菩提是故大仙於
此般若波羅蜜多應受持讀誦精勤修學如
理思惟供養恭敬尊重讚歎

BD05856 號　大般若波羅蜜多經卷四二九　（5–3）

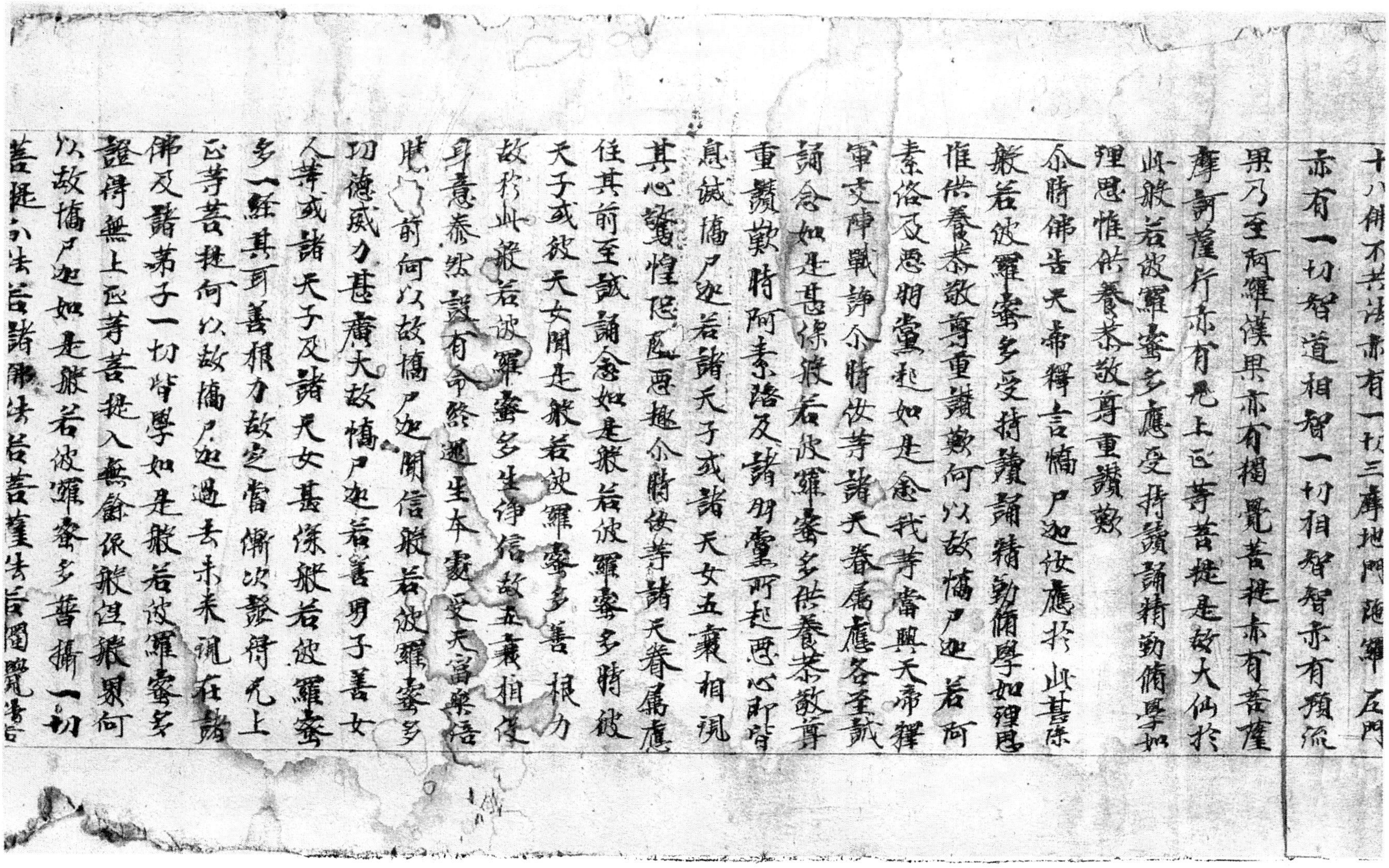
十八佛不共法亦有一切三摩地門陀羅尼門
亦有一切智道相智一切相智智亦有預流
果乃至阿羅漢果亦有獨覺菩提亦有菩薩
摩訶薩行亦有无上正等菩提是故大仙於
此般若波羅蜜多應受持讀誦精勤脩學如
理思惟供養恭敬尊重讚歎
尒時佛告天帝釋言憍尸迦汝應於此甚深
般若波羅蜜多受持讀誦精勤脩學如理思
惟供養恭敬尊重讚歎何以故憍尸迦若阿
素洛及惡朋黨起如是念我等當與天帝釋
軍交陣戰諍尒時汝等諸天眷屬應至誠
誦念如是甚深般若波羅蜜多供養恭敬尊
重讚歎時阿素洛及諸朋黨所起惡心即皆
息滅憍尸迦若諸天子或諸天女五衰相現
其心驚惶恐墮惡趣尒時汝等諸天眷屬應
住其前至誠誦念如是般若波羅蜜多時彼
天子或彼天女聞是般若波羅蜜多善根力
故於此般若波羅蜜多生淨信故五衰相沒
身意泰然設有命終還生本處受天富樂倍
勝前何以故憍尸迦聞信般若波羅蜜多
功德威力甚廣大故憍尸迦若善男子善女
人等或諸天子及諸天女暫緣般若波羅蜜
多一經其耳善根力故定當漸次證得无上
正等菩提何以故憍尸迦過去未來現在諸
佛及諸弟子一切皆學如是般若波羅蜜多
證得無上正等菩提入無餘依般涅槃界何
以故憍尸迦如是般若波羅蜜多普攝一切
菩提分法若諸佛法若菩薩法若獨覺法若

BD05856 號　大般若波羅蜜多經卷四二九　（5–4）

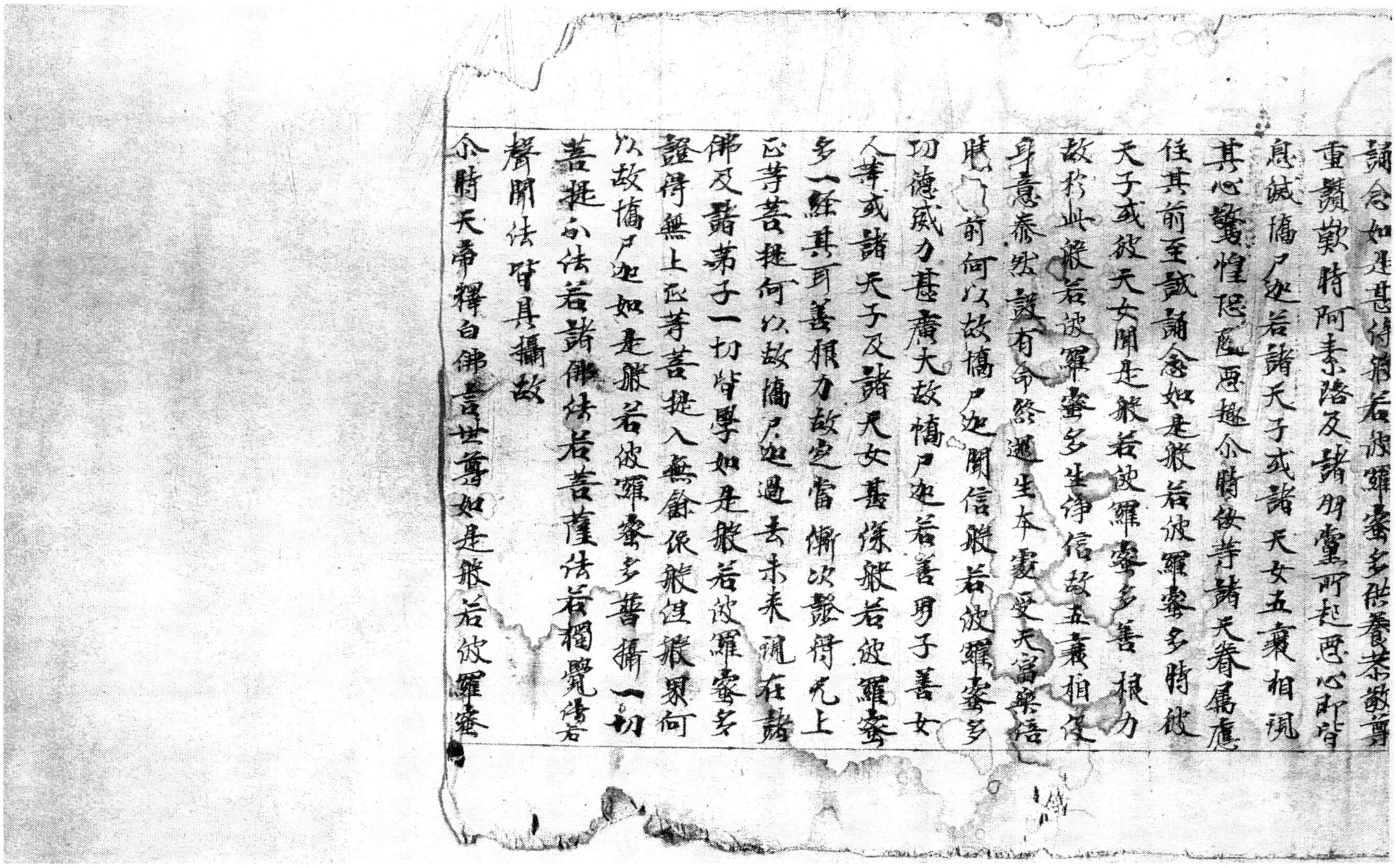
誦念如是甚深般若波羅蜜多供養恭敬尊
重讚歎時阿素洛及諸朋黨所起惡心即皆
息滅憍尸迦若諸天子或諸天女五衰相現
其心驚惶恐墮惡趣尒時汝等諸天眷屬應
住其前至誠誦念如是般若波羅蜜多時彼
天子或彼天女聞是般若波羅蜜多善根力
故於此般若波羅蜜多生淨信故五衰相沒
身意泰然設有命終還生本處受天富樂倍
勝前何以故憍尸迦聞信般若波羅蜜多
功德威力甚廣大故憍尸迦若善男子善女
人等或諸天子及諸天女暫緣般若波羅蜜
多一經其耳善根力故定當漸次證得无上
正等菩提何以故憍尸迦過去未來現在諸
佛及諸弟子一切皆學如是般若波羅蜜多
證得無上正等菩提入無餘依般涅槃界何
以故憍尸迦如是般若波羅蜜多普攝一切
菩提分法若諸佛法若菩薩法若獨覺法若
聲聞法皆具攝故
尒時天帝釋白佛言世尊如是般若波羅蜜

BD05856 號　大般若波羅蜜多經卷四二九　（5–5）

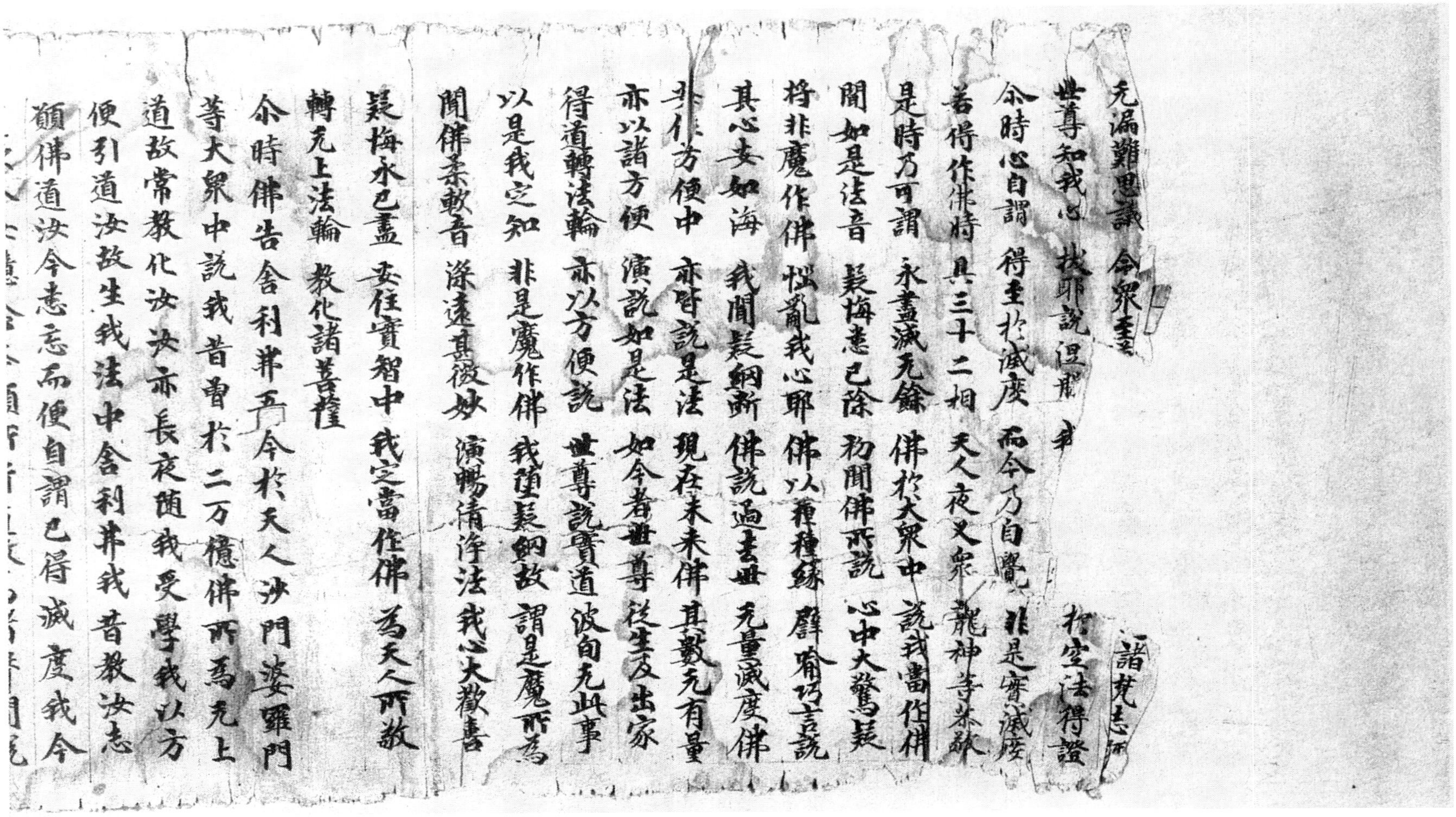

无漏難思議　令衆至道　……諸梵志師
世尊知我心　拔邪說涅槃　我　於空法得證
爾時心自謂　得至於滅度　而今乃自覺　非是實滅度
若得作佛時　具三十二相　天人夜叉衆　龍神等恭敬
是時乃可謂　永盡滅无餘　佛於大衆中　說我當作佛
聞如是法音　疑悔悉已除　初聞佛所說　心中大驚疑
將非魔作佛　惱亂我心耶　佛以種種緣　譬喻巧言說
其心安如海　我聞疑網斷　佛說過去世　无量滅度佛
安住方便中　亦皆說是法　現在未來佛　其數无有量
亦以諸方便　演說如是法　如今者世尊　從生及出家
得道轉法輪　亦以方便說　世尊說實道　波旬无此事
以是我定知　非是魔作佛　我墮疑網故　謂是魔所為
聞佛柔軟音　深遠甚微妙　演暢清淨法　我心大歡喜
疑悔永已盡　安住實智中　我定當作佛　為天人所敬
轉无上法輪　教化諸菩薩
爾時佛告舍利弗　吾今於天人沙門婆羅門
等大衆中說　我昔曾於二万億佛所　為无上
道故　常教化汝　汝亦長夜隨我受學　我以方
便引導汝故　生我法中　舍利弗　我昔教汝志
願佛道　汝今悉忘　而便自謂已得滅度　我今

BD05857號　妙法蓮華經卷二　（28–1）

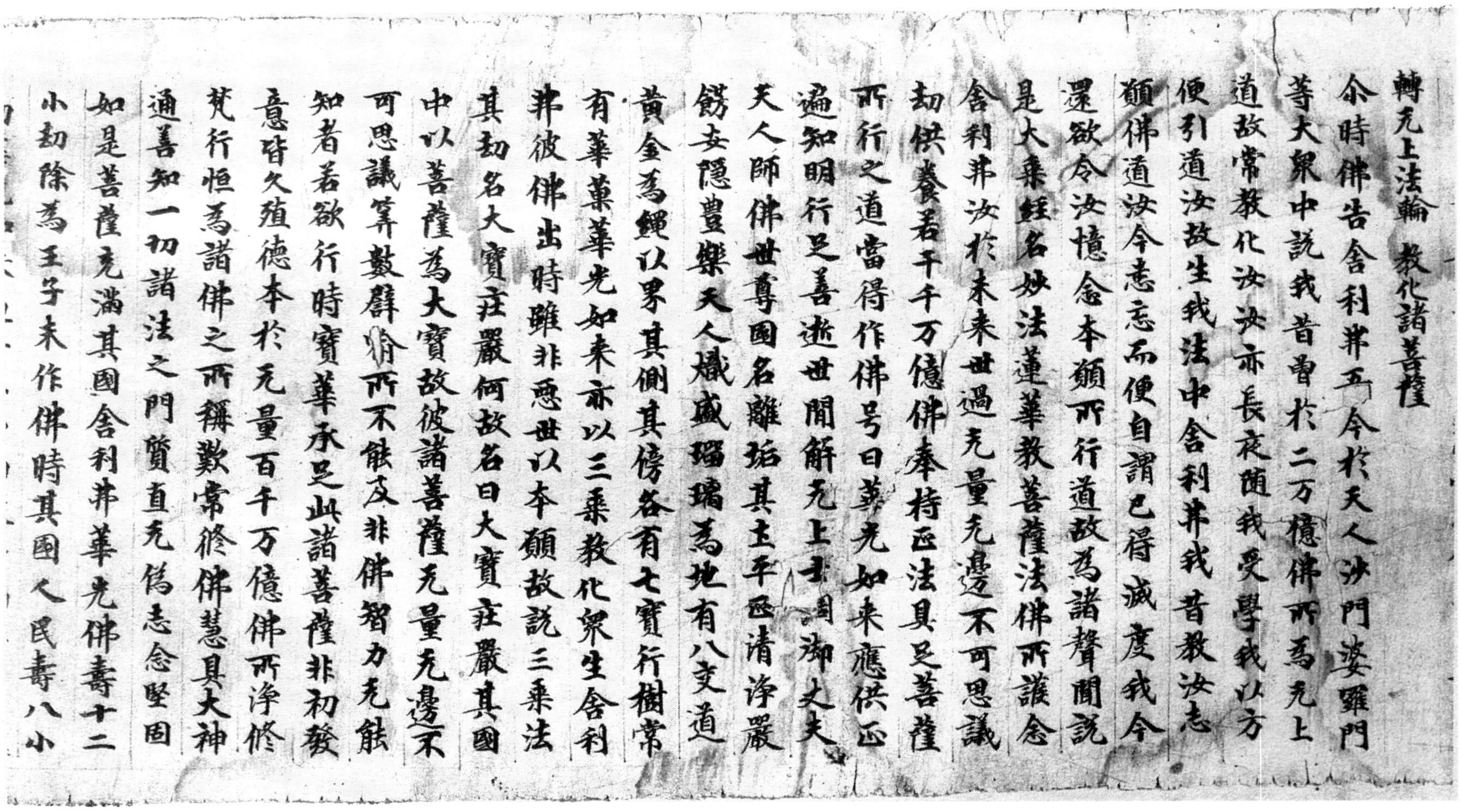

轉无上法輪　教化諸菩薩
爾時佛告舍利弗　吾今於天人沙門婆羅門
等大衆中說　我昔曾於二万億佛所　為无上
道故　常教化汝　汝亦長夜隨我受學　我以方
便引導汝故　生我法中　舍利弗　我昔教汝志
願佛道　汝今悉忘　而便自謂已得滅度　我今
還欲令汝憶念本願所行道故　為諸聲聞說
是大乘經　名妙法蓮華教菩薩法佛所護念
舍利弗　汝於未來世過无量无邊不可思議
劫　供養若干千万億佛　奉持正法　具足菩薩
所行之道　當得作佛　号曰華光如來應供正
遍知明行足善逝世間解无上士調御丈夫
天人師佛世尊　國名離垢　其土平正　清淨嚴
飾　安隱豐樂　天人熾盛　瑠璃為地　有八交道
黃金為繩　以界其側　其傍各有七寶行樹　常
有華菓　華光如來亦以三乘教化衆生　舍利
弗　彼佛出時雖非惡世　以本願故說三乘法
其劫名大寶莊嚴　何故名曰大寶莊嚴　其國
中以菩薩為大寶故　彼諸菩薩无量无邊不
可思議　筭數譬喻所不能及　非佛智力无能
知者　若欲行時　寶華承足　此諸菩薩非初發
意　皆久殖德本　於无量百千万億佛所淨修
梵行　恒為諸佛之所稱歎　常修佛慧　具大神
通　善知一切諸法之門　質直无偽　志念堅固
如是菩薩充滿其國　舍利弗　華光佛壽十二
小劫　除為王子未作佛時　其國人民壽八小

BD05857號　妙法蓮華經卷二　（28–2）

意皆久殖德本於无量百千万億佛所淨脩梵行恒為諸佛之所稱歎常脩佛慧具大神通善知一切諸法之門質直无偽志念堅固如是菩薩充滿其國舍利弗華光佛壽十二小劫除為王子未作佛時其國人民壽八小劫華光如來過十二小劫授堅滿菩薩阿耨多羅三藐三菩提記告諸比丘是堅滿菩薩次當作佛号曰華足安行多陁阿伽度阿羅訶三藐三佛陁其佛國土亦復如是舍利弗是華光佛滅度之後正法住世三十二小劫像法住世亦三十二小劫尒時世尊欲重宣此義而說偈言

舍利弗來世　成佛普智尊　号名曰華光　當度无量眾
供養无數佛　具足菩薩行　十力等功德　證於无上道
過无量劫已　劫名大寶嚴　世界名離垢　清淨无瑕穢
以瑠璃為地　金繩界其道　七寶雜色樹　常有華菓實
彼國諸菩薩　志念常堅固　神通波羅蜜　皆已悉具足
於无數佛所　善學菩薩道　如是等大士　華光佛所化
佛為王子時　棄國捨世榮　於冣末後身　出家成佛道
華光佛住世　壽十二小劫　其國人民眾　壽命八小劫
佛滅度之後　正法住於世　三十二小劫　廣度諸眾生
正法滅已盡　像法三十二　舍利廣流布　天人普供養
華光佛所為　其事皆如是　其兩足聖尊　冣勝无倫疋
彼即是汝身　宜應自欣慶

尒時四部眾比丘比丘尼優婆塞優婆夷天龍夜叉揵闥婆阿脩羅迦樓羅緊那羅摩睺羅伽等大眾見舍利弗

BD05857號　妙法蓮華經卷二　（28–3）

正法滅已盡　像法三十二　舍利廣流布　天人普供養
華光佛所為　其事皆如是　其兩足聖尊　冣勝无倫疋
彼即是汝身　宜應自欣慶

尒時四部眾比丘比丘尼優婆塞優婆夷天龍夜叉揵闥婆阿脩羅迦樓羅緊那羅摩睺羅伽等大眾見舍利弗於佛前受阿耨多羅三藐三菩提記心大歡喜踊躍无量各各脫身所著上衣以供養佛釋提桓因梵天王等與无數天子亦以天妙衣天曼陁羅華摩訶曼陁羅華等供養於佛所散天衣住虛空中而自迴轉諸天伎樂百千万種於虛空中一時俱作雨眾天華而作是言佛昔於波羅柰初轉法輪今乃復轉无上冣大法輪尒時諸天子欲重宣此義而說偈言

昔於波羅柰　轉四諦法輪　分別說諸法　五眾之生滅
今復轉冣妙　无上大法輪　是法甚深奧　少有能信者
我等從昔來　數聞世尊說　未曾聞如是　深妙之上法
世尊說是法　我等皆隨喜　大智舍利弗　今得受尊記
我等亦如是　必當得作佛　於一切世間　冣尊无有上
佛道叵思議　方便隨宜說　我所有福業　今世若過世
及見佛功德　盡迴向佛道

尒時舍利弗白佛言世尊我今无復疑悔親於佛前得受阿耨多羅三藐三菩提記是諸千二百心自在者昔住學地佛常教化言我法能離生老病死究竟涅槃是學无學人亦各自以離我見及有无見等謂得涅槃而今

BD05857號　妙法蓮華經卷二　（28–4）

尒時舍利弗白佛言世尊我今无復疑悔親
於佛前得受阿耨多羅三藐三菩提記是諸
千二百心自在者昔住學地佛常教化言我
法能離生老病死究竟涅槃是學无學人亦
各自以離我見及有无見等謂得涅槃而今
於世尊前聞所未聞皆墮疑惑善哉世尊願
為四衆說其因緣令離疑悔尒時佛告舍利
弗我先不言諸佛世尊以種種因緣譬喻言
辭方便說法皆為阿耨多羅三藐三菩提耶
是諸所說皆為化菩薩故然舍利弗今當復
以譬喻更明此義諸有智者以譬喻得解舍
利弗若國邑聚落有大長者其年衰邁財富
无量多有田宅及諸僮僕其家廣大唯有一
門多諸人衆一百二百乃至五百人止住其
中堂閣朽故墻壁隤落柱根腐敗梁棟傾危
周帀俱時歘然火起焚燒舍宅長者諸子若
十二十或至三十在此宅中長者見是大火
從四面起即大驚怖而作是念我雖能於此
所燒之門安隱得出而諸子等於火宅內樂
著嬉戲不覺不知不驚不怖火來逼身苦痛
切己心不猒患无求出意舍利弗是長者作
是思惟我身手有力當以衣裓若以几案從
舍出之復更思惟是舍唯有一門而復狹小
諸子幼稚未有所識戀著戲處或當墮落為
火所燒我當為說怖畏之事此舍已燒宜時
疾出无令為火之所燒害作是念已如所思

BD05857號　妙法蓮華經卷二　（28–5）

是思惟我身手有力當以衣裓若以几案從
舍出之復更思惟是舍唯有一門而復狹小
諸子幼稚未有所識戀著戲處或當墮落為
火所燒我當為說怖畏之事此舍已燒宜時
疾出无令為火之所燒害作是念已如所思
惟具告諸子汝等速出父雖憐愍善言誘喻
而諸子等樂著嬉戲不肯信受不驚不畏了
无出心亦復不知何者是火何者為舍云何
為失但東西走戲視父而已尒時長者即作
是念此舍已為大火所燒我及諸子若不時
出必為所焚我今當設方便令諸子等得免
斯害父知諸子先心各有所好種種珍玩奇
異之物情必樂著而告之言汝等所可玩好
希有難得汝若不取後必憂悔如此種種羊
車鹿車牛車今在門外可以遊戲汝等於此
火宅宜速出來隨汝所欲皆當與汝尒時諸
子聞父所說珍玩之物適其願故心各勇鋭
互相推排競共馳走爭出火宅是時長者見
諸子等安隱得出皆於四衢道中露地而坐
无復障礙其心泰然歡喜踊躍時諸子等各
白父言父先所許玩好之具羊車鹿車牛車
願時賜與舍利弗尒時長者各賜諸子等一
大車其車高廣衆寶莊校周帀欄楯四面懸
鈴又於其上張設幰蓋亦以珍奇雜寶而嚴
飾之寶繩交絡垂諸華瓔重敷綩綖安置丹
枕駕以白牛膚色充潔形體姝好

BD05857號　妙法蓮華經卷二　（28–6）

白父言父先所許玩好之具羊車鹿車牛車
願時賜與舍利弗尒時長者各賜諸子等一
大車其車高廣衆寶莊校周帀欄楯四面懸
鈴又於其上張設幰蓋亦以珎竒雜寶而嚴
飾之寶繩交絡垂諸華瓔重敷綩綖安置丹
枕駕以白牛膚色充潔形體姝好有大筋力
行步平正其疾如風又多僕從而侍衛之所
以者何是大長者財富无量種種諸藏悉皆
充溢而作是念我財物无極不應以下劣小
車與諸子等今此幼童皆是吾子愛无偏黨
我有如是七寶大車其數无量應當等心各
各與之不宜差別所以者何以我此物周給
一國猶尚不匱何況諸子是時諸子各乘大
車得未曾有非本所望舍利弗於汝意云何
是長者等與諸子珎寶大車寧有虛妄不舍
利弗言不也世尊是長者但令諸子得免火
難全其軀命非為虛妄何以故若全身命便
為已得玩好之具况復方便於彼火宅而拔
濟之世尊若是長者乃至不與㝡小一車猶
不虛妄何以故是長者先作是意我以方便
令子得出以是因緣无虛妄也何况長者自
知財富无量欲饒益諸子等與大車佛告舍
利弗善哉善哉如汝所言舍利弗如來亦復
如是則為一切世間之父於諸怖畏衰惱憂
患无明闇蔽永盡无餘而悉成就无量知見
力无所畏有大神力及智慧力具足方便智

BD05857 號　妙法蓮華經卷二　（28–7）

以是因緣无虛妄也何况長者自
知財富无量欲饒益諸子等與大車佛告舍
利弗善哉善哉如汝所言舍利弗如來亦復
如是則為一切世間之父於諸怖畏衰惱憂
患无明闇蔽永盡无餘而悉成就无量知見
力无所畏有大神力及智慧力具足方便智
慧波羅蜜大慈大悲常无懈惓恒求善事利
益一切而生三界朽故火宅為度衆生生老
病死憂悲苦惱愚癡闇蔽三毒之火教化令
得阿耨多羅三藐三菩提見諸衆生為生老
病死憂悲苦惱之所燒煑亦以五欲財利故
受種種苦又以貪著追求故現受衆苦後受
地獄畜生餓鬼之苦若生天上及在人間貧
窮困苦愛別離苦怨憎會苦如是等種種諸
苦衆生沒在其中歡喜遊戲不覺不知不驚
不怖亦不生猒不求解脫於此三界火宅東
西馳走雖遭大苦不以為患舍利弗佛見此
已便作是念我為衆生之父應拔其苦難與
无量无邊佛智慧樂令其遊戲舍利弗如來
復作是念若我但以神力及智慧力捨於方
便為諸衆生讚如來知見力无所畏者衆生
不能以是得度所以者何是諸衆生未免生
老病死憂悲苦惱而為三界火宅所燒何由
能解佛之智慧舍利弗如彼長者雖復身手
有力而不用之但以慇懃方便免濟諸子火
宅之難然後各與珎寶大車如來亦復如是
雖有力无所畏而不用之

BD05857 號　妙法蓮華經卷二　（28–8）

老病死憂悲苦惱而為三界火宅所燒何由
能解佛之智慧舍利弗如彼長者雖復身手
有力而不用之但以慇懃方便免濟諸子火
宅之難然後各與珍寶大車如來亦復如是
雖有力无所畏而不用之但以智慧方便於
三界火宅拔濟衆生為說三乘聲聞辟支佛
佛乘而作是言汝等莫得樂住三界火宅勿
貪麁弊色聲香味觸也若貪著生愛則為所
燒汝等速出三界當得三乘聲聞辟支佛佛乘
我今為汝保任此事終不虛也汝等但當勤
脩精進如來以是方便誘進衆生復作是言
汝等當知此三乘法皆是聖所稱歎自在无
繫无所依求乘是三乘以无漏根力覺道禪
定解脫三昧等而自娛樂便得无量安隱快
樂舍利弗若有衆生內有智性從佛世尊聞
法信受慇懃精進欲速出三界自求涅槃是
名聲聞乘如彼諸子為求羊車出於火宅若
有衆生從佛世尊聞法信受慇懃精進求自
然慧樂獨善寂深知諸法因緣是名辟支佛
乘如彼諸子為求鹿車出於火宅若有衆生
從佛世尊聞法信受勤修精進求一切智佛
智自然智无師智如來知見力无所畏愍念
安樂无量衆生利益天人度脫一切是名大
乘菩薩求此乘故名為摩訶薩如彼諸子為
求牛車出於火宅舍利弗如彼長者見諸子
等安隱得出火宅到无畏處自惟財富无量

[illegible]
智自然智无師智如來知見力无所畏愍念
安樂无量衆生利益天人度脫一切是名大
乘菩薩求此乘故名為摩訶薩如彼諸子為
求牛車出於火宅舍利弗如彼長者見諸子
等安隱得出火宅到无畏處自惟財富无量
等以大車而賜諸子如來亦復如是為一切
衆生之父若見无量億千衆生以佛教門出
三界苦怖畏險道得涅槃樂如來爾時便作
是念我有无量无邊智慧力无畏等諸佛法
藏是諸衆生皆是我子等與大乘不令有人
獨得滅度皆以如來滅度而滅度之是諸衆
生脫三界者悉與諸佛禪定解脫等娛樂之
具皆是一相一種聖所稱歎能生淨妙第一
之樂舍利弗如彼長者初以三車誘引諸子
然後但與大車寶物莊嚴安隱第一然彼長
者无虛妄之咎如來亦復如是无有虛妄初
說三乘引導衆生然後但以大乘而度脫之
何以故如來有无量智慧力无所畏諸法之
藏能與一切衆生大乘之法但不盡能受舍
利弗以是因緣當知諸佛方便力故於一佛
乘分別說三佛欲重宣此義而說偈言
譬如長者　有一大宅　其宅久故　而復頓弊
堂舍高危　柱根摧朽　梁棟傾斜　基陛隤毀
牆壁圮坼　泥塗褫落　覆苫亂墜　椽梠差脫
周障屈曲　雜穢充遍　有五百人　止住其中
鵄梟鵰鷲　烏鵲鳩鴿　蚖虵蝮蠍　蜈蚣蚰蜒

乘分別說三佛欲重宣此義而說偈言
譬如長者 有一大宅 其宅久故 而復頓弊
堂舍高危 柱根摧朽 梁棟傾斜 基陛隤毀
牆壁圮坼 泥塗褫落 覆苫亂墜 椽梠差脫
周障屈曲 雜穢充遍 有五百人 止住其中
鵄梟鵰鷲 烏鵲鳩鴿 蚖蛇蝮蠍 蜈蚣蚰蜒
守宮百足 鼬貍鼷鼠 諸惡虫輩 交橫馳走
屎尿臭處 不淨流溢 蜣蜋諸虫 而集其上
狐狼野干 咀嚼踐蹋 鱭齧死屍 骨肉狼藉
由是羣狗 競來搏撮 飢羸慞惶 處處求食
鬪爭摣掣 嘊喍嗥吠 其舍恐怖 變狀如是
處處皆有 魑魅魍魎 夜叉惡鬼 食噉人肉
毒虫之屬 諸惡禽獸 孚乳產生 各自藏護
夜叉競來 爭取食之 食之既飽 惡心轉熾
鬪爭之聲 甚可怖畏 鳩槃荼鬼 蹲踞土埵
或時離地 一尺二尺 往反遊行 縱逸嬉戲
捉狗兩足 撲令失聲 以腳加頸 怖狗自樂
復有諸鬼 其身長大 裸形黑瘦 常住其中
發大惡聲 叫呼求食 復有諸鬼 其咽如針
復有諸鬼 首如牛頭 或食人肉 或復噉狗
頭髮蓬亂 殘害兇險 飢渴所逼 叫喚馳走
夜叉餓鬼 諸惡鳥獸 飢急四向 窺看窗牖
如是諸難 恐畏无量 是朽故宅 屬于一人
其人近出 未久之間 於後宅舍 欻然火起
四面一時 其焰俱熾 棟梁椽柱 爆聲震裂
摧折墮落 牆壁崩倒 諸鬼神等 揚聲大叫

BD05857號　妙法蓮華經卷二　（28–11）

夜叉餓鬼 諸惡鳥獸 飢急四向 窺看窗牖
如是諸難 恐畏无量 是朽故宅 屬于一人
其人近出 未久之間 於後宅舍 欻然火起
四面一時 其焰俱熾 棟梁椽柱 爆聲震裂
摧折墮落 牆壁崩倒 諸鬼神等 揚聲大叫
鵰鷲諸鳥 鳩槃荼等 周慞惶怖 不能自出
惡獸毒虫 藏竄孔穴 毗舍闍鬼 亦住其中
薄福德故 為火所逼 共相殘害 飲血噉肉
野干之屬 並已前死 諸大惡獸 競來食噉
臭烟熢㶿 四面充塞 蜈蚣蚰蜒 毒蛇之類
為火所燒 爭走出穴 鳩槃荼鬼 隨取而食
又諸餓鬼 頭上火然 飢渴熱惱 周慞悶走
其宅如是 甚可怖畏 毒害火災 眾難非一
是時宅主 在門外立 聞有人言 汝諸子等
先因遊戲 來入此宅 稚小无知 歡娛樂著
長者聞已 驚入火宅 方宜救濟 令无燒害
告喻諸子 說眾患難 惡鬼毒虫 災火蔓莚
眾苦次第 相續不絕 毒蛇蚖蝮 及諸夜叉
鳩槃荼鬼 野干狐狗 鵰鷲鵄梟 百足之屬
飢渴惱急 甚可怖畏 此苦難處 況復大火
諸子无知 雖聞父誨 猶故樂著 嬉戲不已
是時長者 而作是念 諸子如此 益我愁惱
今此舍宅 无一可樂 而諸子等 耽湎嬉戲
不受我教 將為火害 即便思惟 設諸方便
告諸子等 我有種種 珍玩之具 妙寶好車
羊車鹿車 大牛之車 今在門外 汝等出來

BD05857號　妙法蓮華經卷二　（28–12）

今此舍宅　无一可樂　而諸子等　耽湎嬉戲
不受我教　將為火害　即便思惟　設諸方便
告諸子等　我有種種　珍玩之具　妙寶好車
羊車鹿車　大牛之車　今在門外　汝等出來
吾為汝等　造作此車　隨意所樂　可以遊戲
諸子聞說　如此諸車　即時奔競　馳走而出
到於空地　離諸苦難　長者見子　得出火宅
住於四衢　坐師子座　而自慶言　我今快樂
此諸子等　生育甚難　愚小无知　而入險宅
多諸毒虫　魑魅可畏　大火猛焰　四面俱起
而此諸子　貪樂嬉戲　我已救之　令得脫難
是故諸人　我今快樂　尒時諸子　知父安坐
皆詣父所　而白父言　願賜我等　三種寶車
如前所許　諸子出來　當以三車　隨汝所欲
今正是時　唯垂給與　長者大富　庫藏眾多
金銀琉璃　車𤦲馬瑙　以眾寶物　造諸大車
莊校嚴飾　周帀欄楯　四面懸鈴　金繩交絡
真珠羅網　張施其上　金華諸瓔　處處垂下
眾綵雜飾　周帀圍繞　柔軟繒纊　以為茵褥
上妙細氎　價直千億　鮮白淨潔　以覆其上
有大白牛　肥壯多力　形體姝好　以駕寶車
多諸儐從　而侍衛之　以是妙車　等賜諸子
諸子是時　歡喜踊躍　乘是寶車　遊於四方
嬉戲快樂　自在无礙　告舍利弗　我亦如是
眾聖中尊　世間之父　一切眾生　皆是吾子
深著世樂　无有慧心　三界无安　猶如火宅

多諸儐從　而侍衛之　以是妙車　等賜諸子
諸子是時　歡喜踊躍　乘是寶車　遊於四方
嬉戲快樂　自在无礙　告舍利弗　我亦如是
眾聖中尊　世間之父　一切眾生　皆是吾子
深著世樂　无有慧心　三界无安　猶如火宅
眾苦充滿　甚可怖畏　常有生老　病死憂患
如是等火　熾然不息　如來已離　三界火宅
寂然閑居　安處林野　今此三界　皆是我有
其中眾生　悉是吾子　而今此處　多諸患難
唯我一人　能為救護　雖復教詔　而不信受
於諸欲染　貪著深故　以是方便　為說三乘
令諸眾生　知三界苦　開示演說　出世間道
是諸子等　若心決定　具足三明　及六神通
有得緣覺　不退菩薩　汝舍利弗　我為眾生
以此譬喻　說一佛乘　汝等若能　信受是語
一切皆當　得成佛道　是乘微妙　清淨第一
於諸世間　為无有上　佛所悅可　一切眾生
所應稱讚　供養礼拜　无量億千　諸力解脫
禪定智慧　及佛餘法　得如是乘　令諸子等
日夜劫數　常得遊戲　與諸菩薩　及聲聞眾
乘此寶乘　直至道場　以是因緣　十方諦求
更无餘乘　除佛方便　告舍利弗　汝諸人等
皆是吾子　我則是父　汝等累劫　眾苦所燒
我皆濟拔　令出三界　我雖先說　汝等滅度
但盡生死　而實不滅　今所應作　唯佛智慧
若有菩薩　於是眾中　能一心聽　諸佛實法

乘此寶乘 直至道場 以是因緣 十方諦求
更无餘乘 除佛方便 告舍利弗 汝諸人等
皆是吾子 我則是父 汝等累劫 衆苦所燒
我皆濟拔 令出三界 我雖先說 汝等滅度
但盡生死 而實不滅 今所應作 唯佛智慧
若有菩薩 於是衆中 能一心聽 諸佛實法
諸佛世尊 雖以方便 所化衆生 皆是菩薩
若人小智 深著愛欲 為此等故 說於苦諦
衆生心喜 得未曾有 佛說苦諦 真實无異
若有衆生 不知苦本 深著苦因 不能暫捨
為是等故 方便說道 諸苦所因 貪欲為本
若滅貪欲 无所依止 滅盡諸苦 名第三諦
為滅諦故 修行於道 離諸苦縛 名得解脫
是人於何 而得解脫 但離虛妄 名為解脫
其實未得 一切解脫 佛說是人 未實滅度
斯人未得 无上道故 我意不欲 令至滅度
我為法王 於法自在 安隱衆生 故現於世
汝舍利弗 我此法印 為欲利益 世間故說
在所遊方 勿妄宣傳 若有聞者 隨喜頂受
當知是人 阿惟越致 若有信受 此經法者
是人已曾 見過去佛 恭敬供養 亦聞是法
若人有能 信汝所說 則為見我 亦見於汝
及比丘僧 并諸菩薩 斯法華經 為深智說
淺識聞之 迷惑不解 一切聲聞 及辟支佛
於此經中 力所不及 汝舍利弗 尚於此經
以信得入 況餘聲聞 其餘聲聞 信佛語故

BD05857號　妙法蓮華經卷二　（28–15）

若人有能 信汝所說 則為見我 亦見於汝
及比丘僧 并諸菩薩 斯法華經 為深智說
淺識聞之 迷惑不解 一切聲聞 及辟支佛
於此經中 力所不及 汝舍利弗 尚於此經
以信得入 況餘聲聞 其餘聲聞 信佛語故
隨順此經 非己智分 又舍利弗 憍慢懈怠
計我見者 莫說此經 凡夫淺識 深著五欲
聞不能解 亦勿為說 若人不信 毀謗此經
則斷一切 世間佛種 或復顰蹙 而懷疑惑
汝當聽說 此人罪報 若佛在世 若滅度後
其有誹謗 如斯經典 見有讀誦 書持經者
輕賤憎嫉 而懷結恨 此人罪報 汝今復聽
其人命終 入阿鼻獄 具足一劫 劫盡更生
如是展轉 至无數劫 從地獄出 當墮畜生
若狗野干 其形頊瘦 黧黮疥癩 人所觸嬈
又復為人 之所惡賤 常困飢渴 骨肉枯竭
生受楚毒 死被瓦石 斷佛種故 受斯罪報
若作駱駝 或生驢中 身常負重 加諸杖捶
但念水草 餘无所知 謗斯經故 獲罪如是
有作野干 來入聚落 身體疥癩 又无一目
為諸童子 之所打擲 受諸苦痛 或時致死
於此死已 更受蟒身 其形長大 五百由旬
聾騃无足 宛轉腹行 為諸小虫 之所唼食
晝夜受苦 无有休息 謗斯經故 獲罪如是
若得為人 諸根闇鈍 矬陋攣躄 盲聾背傴
有所言說 人不信受 口氣常臭 鬼魅所著
貧窮下賤 為人所使 多病痟瘦 无所依怙

BD05857號　妙法蓮華經卷二　（28–16）

於此死已　更受蟒身　其形長大　五百由旬
聾騃无足　宛轉腹行　為諸小虫　之所唼食
晝夜受苦　无有休息　謗斯經故　獲罪如是
若得為人　諸根闇鈍　矬陋攣躄　盲聾背傴
有所言說　人不信受　口氣常臭　鬼魅所著
貧窮下賤　為人所使　多病痟瘦　无所依怙
雖親附人　人不在意　若有所得　尋復忘失
若修醫道　順方治病　更增他疾　或復致死
若自有病　无人救療　設服良藥　而復增劇
若他反逆　抄劫竊盜　如是等罪　橫羅其殃
如斯罪人　永不見佛　衆聖之王　說法教化
如斯罪人　常生難處　狂聾心亂　永不聞法
於无數劫　如恒河沙　生輒聾瘂　諸根不具
常處地獄　如遊園觀　在餘惡道　如己舍宅
駝驢猪狗　是其行處　謗斯經故　獲罪如是
若得為人　聾盲瘖瘂　貧窮諸衰　以自莊嚴
水腫乾痟　疥癩癰疽　如是等病　以為衣服
身常臭處　垢穢不淨　深著我見　增益瞋恚
婬欲熾盛　不擇禽獸　謗斯經故　獲罪如是
告舍利弗　謗斯經者　若說其罪　窮劫不盡
以是因緣　我故語汝　无智人中　莫說此經
若有利根　智慧明了　多聞強識　求佛道者
如是之人　乃可為說　若人曾見　億百千佛
殖諸善本　深心堅固　如是之人　乃可為說
若人精進　常修慈心　不惜身命　乃可為說
若人恭敬　无有異心　離諸凡愚　獨處山澤

BD05857 號　妙法蓮華經卷二　（28–17）

如是之人　乃可為說　若人曾見　億百千佛
殖諸善本　深心堅固　如是之人　乃可為說
若人精進　常修慈心　不惜身命　乃可為說
若人恭敬　无有異心　離諸凡愚　獨處山澤
如是之人　乃可為說　又舍利弗　若見有人
捨惡知識　親近善友　如是之人　乃可為說
若見佛子　持戒清潔　如淨明珠　求大乘經
如是之人　乃可為說　若人无瞋　質直柔耎
常愍一切　恭敬諸佛　如是之人　乃可為說
復有佛子　於大衆中　以清淨心　種種因緣
譬喻言辭　說法无礙　如是之人　乃可為說
若有比丘　為一切智　四方求法　合掌頂受
但樂受持　大乘經典　乃至不受　餘經一偈
如是之人　乃可為說　如人至心　求佛舍利
如是求經　得已頂受　其人不復　志求餘經
亦未曾念　外道典籍　如是之人　乃可為說
告舍利弗　我說是相　求佛道者　窮劫不盡
如是等人　則能信解　汝當為說　妙法華經

妙法蓮華經信解品第四

尒時慧命須菩提摩訶迦延（栴）摩訶迦葉摩
訶目揵連從佛所聞未曾有法世尊授舍利
弗阿耨多羅三藐三菩提記發希有心歡喜
踊躍即從座起整衣服偏袒右肩右膝著地
一心合掌曲躬恭敬瞻仰尊顏而白佛言我
等居僧之首年並朽邁自謂已得涅槃无所
堪任不復進求阿耨多羅三藐三菩提世尊

BD05857 號　妙法蓮華經卷二　（28–18）

非阿耨多羅三藐三菩提記發希有心歡喜
踊躍即從座起整衣服偏袒右肩右膝著地
一心合掌曲躬恭敬瞻仰尊顏而白佛言我
等居僧之首年並朽邁自謂已得涅槃无所
堪任不復進求阿耨多羅三藐三菩提世尊
往昔說法既久我時在座身體疲懈但念空
无相无作於菩薩法遊戲神通淨佛國土成
就眾生心不喜樂所以者何世尊令我等出
於三界得涅槃證又今我等年已朽邁於佛
教化菩薩阿耨多羅三藐三菩提不生一念
好樂之心我等今於佛前聞授聲聞阿耨多
羅三藐三菩提記心甚歡喜得未曾有不謂
於今忽然得聞希有之法深自慶幸獲大善
利无量珎寶不求自得世尊我等今者樂說
譬喻以明斯義譬若有人年既幼稚捨父逃
逝久住他國或十二十至五十歲年既長大
加復窮困馳騁四方以求衣食漸漸遊行遇
向本國其父先來求子不得中止一城其家
大富財寶无量金銀瑠璃珊瑚虎珀頗梨珠
等其諸倉庫悉皆盈溢多有僮僕臣佐吏民
象馬車乘牛羊无數出入息利乃遍他國商
估賈客亦甚眾多時貧窮子遊諸聚落經歷
國邑遂到其父所止之城父每念子與子離
別五十餘年而未曾向人說如此事但自思
惟心懷悔恨自念老朽多有財物金銀珎寶
倉庫盈溢无有子息一旦終沒財物散失无

BD05857 號　妙法蓮華經卷二　　（28–19）

估賈客亦甚眾多時貧窮子遊諸聚落經歷
國邑遂到其父所止之城父每念子與子離
別五十餘年而未曾向人說如此事但自思
惟心懷悔恨自念老朽多有財物金銀珎寶
倉庫盈溢无有子息一旦終沒財物散失无
所委付是以慇懃每憶其子復作是念我若
得子委付財物坦然快樂无復憂慮世尊爾
時窮子傭賃展轉遇到父舍住立門側遙見
其父踞師子床寶几承足諸婆羅門剎利居
士皆恭敬圍繞以真珠瓔珞價直千萬莊嚴
其身吏民僮僕手執白拂侍立左右覆以寶
帳垂諸華幡香水灑地散眾名華羅列寶物
出內取與有如是等種種嚴飾威德特尊窮
子見父有大力勢即懷恐怖悔來至此竊作
是念此或是王或是王等非我傭力得物之
處不如往至貧里肆力有地衣食易得若久
住此或見逼迫強使我作作是念已疾走而
去時富長者於師子座見子便識心大歡喜
即作是念我財物庫藏今有所付我常思念
此子无由見之而忽自來甚適我願我雖年
朽猶故貪惜即遣傍人急追將還爾時使者
疾走往捉窮子驚愕稱怨大喚我不相犯何
為見捉使者執之逾急強牽將還于時窮子
自念无罪而被囚執此必定死轉更惶怖悶
絕躄地父遙見之而語使言不須此人勿強
將來以冷水灑面令得醒悟莫復與語所以

BD05857 號　妙法蓮華經卷二　　（28–20）

於猶故貪惜即遣傍人急追將還尒時使者
疾走往捉窮子驚愕稱怨大喚我不相犯何
為見捉使者執之逾急強牽將還于時窮子
自念无罪而被囚執此必定死轉更惶怖悶
絕躃地父遥見之而語使言不須此人勿強
將來以冷水灑面令得醒悟莫復與語所以
者何父知其子志意下劣自知豪貴為子所
難審知是子而以方便不語他人云是我子
使者語之我今放汝隨意所趣窮子歡喜得
未曾有從地而起往至貧里以求衣食尒時
長者將欲誘引其子而設方便密遣二人形
色顦顇无威德者汝可詣彼徐語窮子此有
作處倍與汝直窮子若許將來使作若言欲
何所作便可語之雇汝除糞我等二人亦共
汝作時二使人即求窮子既已得之具陳上
事尒時窮子先取其價尋與除糞其父見子
愍而怪之又以他日於窓牖中遥見子身羸
瘦顦顇糞土塵坌污穢不淨即脫瓔珞細軟
上服嚴飾之具更著麤弊垢膩之衣塵土坌
身右手執持除糞之器狀有所畏語諸作人
汝等勤作勿得懈息以方便故得近其子後
復告言咄男子汝常此作勿復餘去當加汝
價諸有所須瓫器米麵鹽酢之屬莫自疑難
亦有老弊使人須者相給好自安意我如汝
父勿復憂慮所以者何我年老大而汝少壯
汝常作時无有欺怠瞋恨怨言都不見汝有

BD05857號　妙法蓮華經卷二　　(28–21)

復告言咄男子汝常此作勿復餘去當加汝
價諸有所須瓫器米麵鹽酢之屬莫自疑難
亦有老弊使人須者相給好自安意我如汝
父勿復憂慮所以者何我年老大而汝少壯
汝常作時无有欺怠瞋恨怨言都不見汝有
此諸惡如餘作人自今已後如所生子即時
長者更與作字名之為兒尒時窮子雖欣此
遇猶故自謂客作賤人由是之故於二十年
中常令除糞過是已後心相體信入出无難
然其所止猶在本處世尊尒時長者有疾
自知將死不久語窮子言我今多有金銀珎寶
倉庫盈溢其中多少所應取與汝悉知之我
心如是當體此意所以者何今我與汝便為
不異宜加用心无令漏失尒時窮子即受教
勅領知衆物金銀珎寶及諸庫藏而无希取
一飡之意然其所止故在本處下劣之心亦
未能捨復經少時父知子意漸已通泰成就
大志自鄙先心臨欲終時而命其子并會親
族國王大臣剎利居士皆悉已集即自宣言
諸君當知此是我子我之所生於某城中捨
吾逃走跉跰辛苦五十餘年其本字某我名
某甲昔在本城懷憂推覓忽於此間遇會得
之此實我子我實其父今我所有一切財物
皆是子有先所出內是子所知世尊是時窮
子聞父此言即大歡喜得未曾有而作是念

BD05857號　妙法蓮華經卷二　　(28–22)

諸君當知此是我子我之所生於某城中捨
吾逃走跉跰辛苦五十餘年其本字某我名
某甲昔在本城懷憂推覓忽於此間遇會得
之此實我子我實其父今我所有一切財物
皆是子有先所出内是子所知世尊是時窮
子聞父此言即大歡喜得未曾有而作是念
我本无心有所希求今此寶藏自然而至世
尊大富長者則是如來我等皆似佛子如來
常說我等爲子世尊我等以三苦故於生死
中受諸熱惱迷惑无知樂著小法今日世尊
令我等思惟蠲除諸法戲論之糞我等於中
勤加精進得至涅槃一日之價既得此已心
大歡喜自以爲足便自謂言於佛法中勤精進
故所得弘多然世尊先知我等心著弊欲樂
於小法便見縱捨不爲分別汝等當有如來
知見寶藏之分世尊以方便力說如來智慧
我等從佛得涅槃一日之價以爲大得於此
大乘无有志求我等又因如來智慧爲諸菩
薩開示演說而自於此无有志願所以者何
佛知我等心樂小法以方便力隨我等說而
我等不知真是佛子今我等方知世尊於佛
智慧无所悋惜所以者何我等昔來真是佛
子而但樂小法若我等有樂大之心佛則爲
我說大乘法於此經中唯說一乘而昔於菩
薩前毀呰聲聞樂小法者然佛實以大乘教
化是故我等說本无心有所希求今法王大

BD05857號　妙法蓮華經卷二　（28–23）

智慧无所悋惜所以者何我等昔來真是佛
子而但樂小法若我等有樂大之心佛則爲
我說大乘法於此經中唯說一乘而昔於菩
薩前毀呰聲聞樂小法者然佛實以大乘教
化是故我等說本无心有所希求今法王大
寶自然而至如佛子所應得者皆已得之尒
時摩訶迦葉欲重宣此義而說偈言
我等今日　聞佛音教　歡喜踊躍　得未曾有
佛說聲聞　當得作佛　无上寶聚　不求自得
譬如童子　幼稚无識　捨父逃逝　遠到他土
周流諸國　五十餘年　其父憂念　四方推求
求之既疲　頓止一城　造立舍宅　五欲自娛
其家巨富　多諸金銀　車璖馬瑙　真珠瑠璃
象馬牛羊　輦輿車乘　田業僮僕　人民衆多
出入息利　乃遍他國　商估賈人　无處不有
千萬億衆　圍繞恭敬　常爲王者　之所愛念
羣臣豪族　皆共宗重　以諸緣故　往來者衆
豪富如是　有大力勢　而年朽邁　益憂念子
夙夜惟念　死時將至　癡子捨我　五十餘年
庫藏諸物　當如之何　尒時窮子　求索衣食
從邑至邑　從國至國　或有所得　或无所得
飢餓羸瘦　體生瘡癬　漸次經歷　到父住城
傭賃展轉　遂至父舍　尒時長者　於其門内
施大寶帳　處師子座　眷屬圍繞　諸人侍衛
或有計算　金銀寶物　出内財產　注記券疏
窮子見父　豪貴尊嚴　謂是國王　若國王等

BD05857號　妙法蓮華經卷二　（28–24）

傭賃展轉 遂至父舍 尒時長者 於其門内
施大寶帳 處師子座 眷屬圍繞 諸人侍衛
或有計算 金銀寶物 出内財産 注記券疏
窮子見父 豪貴尊嚴 謂是國王 若國王等
驚怖自怪 何故至此 覆自念言 我若久住
或見逼迫 强駈使作 思惟是已 馳走而去
借問貧里 欲往傭作 長者是時 在師子座
遥見其子 默而識之 即勅使者 追捉將來
窮子驚喚 迷悶躃地 是人執我 必當見殺
何用衣食 使我至此 長者知子 愚癡狹劣
不信我言 不信是父 即以方便 更遣餘人
眇目矬陋 无威德者 汝可語之 云當相雇
除諸糞穢 倍與汝價 窮子聞之 歡喜隨來
為除糞穢 淨諸房舍 長者於牖 常見其子
念子愚劣 樂為鄙事 於是長者 著弊垢衣
執除糞器 往到子所 方便附近 語令勤作
既益汝價 并塗足油 飲食充足 薦席厚暖
如是苦言 汝當勤作 又以軟語 若如我子
長者有智 漸令入出 經二十年 執作家事
示其金銀 真珠頗梨 諸物出入 皆使令知
猶處門外 止宿草菴 自念貧事 我无此物
父知子心 漸已曠大 欲與財物 即聚親族
國王大臣 剎利居士 於此大衆 說是我子
捨我他行 經五十歲 自見子來 已二十年
昔於某城 而失是子 周行求索 遂來至此
凡我所有 舍宅人民 悉以付之 恣其所用

BD05857 號　妙法蓮華經卷二　（28–25）

猶處門外 止宿草菴 自念貧事 我无此物
父知子心 漸已曠大 欲與財物 即聚親族
國王大臣 剎利居士 於此大衆 說是我子
捨我他行 經五十歲 自見子來 已二十年
昔於某城 而失是子 周行求索 遂來至此
凡我所有 舍宅人民 悉以付之 恣其所用
子念昔貧 志意下劣 今於父所 大獲珍寶
并及舍宅 一切財物 甚大歡喜 得未曾有
佛亦如是 知我樂小 未曾說言 汝等作佛
而說我等 得諸无漏 成就小乘 聲聞弟子
佛勅我等 說冣上道 修習此者 當得成佛
我承佛教 為大菩薩 以諸因緣 種種譬喻
若干言辭 說无上道 諸佛子等 從我聞法
日夜思惟 精勤修習 是時諸佛 即授其記
汝於來世 當得作佛 一切諸佛 祕藏之法
但為菩薩 演其實事 而不為我 說斯真要
如彼窮子 得近其父 雖知諸物 心不希取
我等雖說 佛法寶藏 自无志願 亦復如是
我等内滅 自謂為足 唯了此事 更无餘事
我等若聞 淨佛國土 教化衆生 都无欣樂
所以者何 一切諸法 皆悉空寂 无生无滅
无大无小 无漏无為 如是思惟 不生喜樂
我等長夜 於佛智慧 无貪无著 无復志願
而自於法 謂是究竟 我等長夜 修習空法
得脫三界 苦惱之患 住冣後身 有餘涅槃
佛所教化 得道不虛 則為已得 報佛之恩
我等雖為 諸佛子等 說菩薩法 以求佛道

BD05857 號　妙法蓮華經卷二　（28–26）

无大无小 无漏无為 如是思惟 不生喜樂
我等長夜 於佛智慧 无貪无著 无復志願
而自於法 謂是究竟 我等長夜 修習空法
得脫三界 苦惱之患 住最後身 有餘涅槃
佛所教化 得道不虛 則為已得 報佛之恩
我等雖為 諸佛子等 說菩薩法 以求佛道
而於是法 永无願樂 導師見捨 觀我心故
初不勸進 說有實利 如富長者 知子志劣
以方便力 柔伏其心 然後乃付 一切財物
佛亦如是 現希有事 知樂小者 以方便力
調伏其心 乃教大智 我等今日 得未曾有
非先所望 而今自得 如彼窮子 得无量寶
世尊我今 得道得果 於无漏法 得清淨眼
我等長夜 持佛淨戒 始於今日 得其果報
法王法中 久修梵行 今得无漏 无上大果
我等今者 真是聲聞 以佛道聲 令一切聞
我等今者 真阿羅漢 於諸世間 天人魔梵
普於其中 應受供養 世尊大恩 以希有事
憐愍教化 利益我等 无量億劫 誰能報者
手足供給 頭頂礼敬 一切供養 皆不能報
若以頂戴 兩肩荷負 於恒沙劫 盡心恭敬
又以美饍 无量寶衣 及諸臥具 種種湯藥
牛頭栴檀 及諸珎寶 以起塔廟 寶衣布地
如斯等事 以用供養 於恒沙劫 亦不能報
諸佛希有 无量无邊 不可思議 大神通力
无漏无為 諸法之王 能為下劣 忍于斯事

BD05857號 妙法蓮華經卷二 (28–27)

憐愍教化 利益我等 无量億劫 誰能報者
手足供給 頭頂礼敬 一切供養 皆不能報
若以頂戴 兩肩荷負 於恒沙劫 盡心恭敬
又以美饍 无量寶衣 及諸臥具 種種湯藥
牛頭栴檀 及諸珎寶 以起塔廟 寶衣布地
如斯等事 以用供養 於恒沙劫 亦不能報
諸佛希有 无量无邊 不可思議 大神通力
无漏无為 諸法之王 能為下劣 忍于斯事
取相凡夫 隨宜為說 諸佛於法 得最自在
知諸衆生 種種欲樂 及其志力 隨所堪任
以无量喻 而為說法 隨諸衆生 宿世善根
又知成熟 未成熟者 種種籌量 分別知已
於一乘道 隨宜說三

妙法蓮華經卷第二

BD05857號 妙法蓮華經卷二 (28–28)

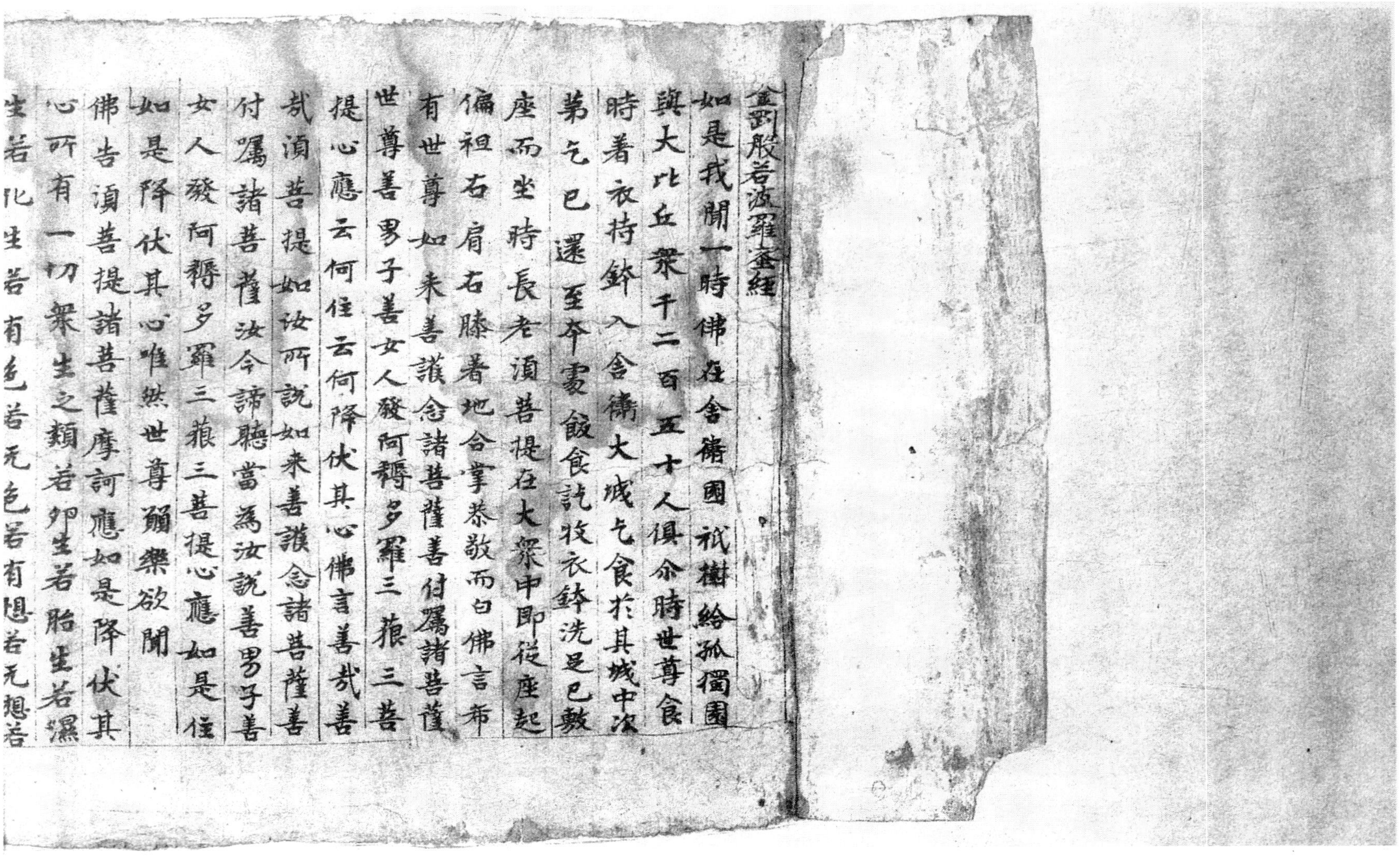
金剛般若波羅蜜經
如是我聞一時佛在舍衛國祇樹給孤獨園
與大比丘衆千二百五十人俱尒時世尊食
時著衣持鉢入舍衛大城乞食於其城中次
第乞已還至本處飯食訖收衣鉢洗足已敷
座而坐時長老須菩提在大衆中即從座起
偏袒右肩右膝著地合掌恭敬而白佛言希
有世尊如來善護念諸菩薩善付囑諸菩薩
世尊善男子善女人發阿耨多羅三藐三菩
提心應云何住云何降伏其心佛言善哉善
哉須菩提如汝所說如來善護念諸菩薩善
付囑諸菩薩汝今諦聽當為汝說善男子善
女人發阿耨多羅三藐三菩提心應如是住
如是降伏其心唯然世尊願樂欲聞
佛告須菩提諸菩薩摩訶薩應如是降伏其
心所有一切衆生之類若卵生若胎生若濕
生若化生若有色若无色若有想若无想若

BD05858 號　金剛般若波羅蜜經　（6–1）

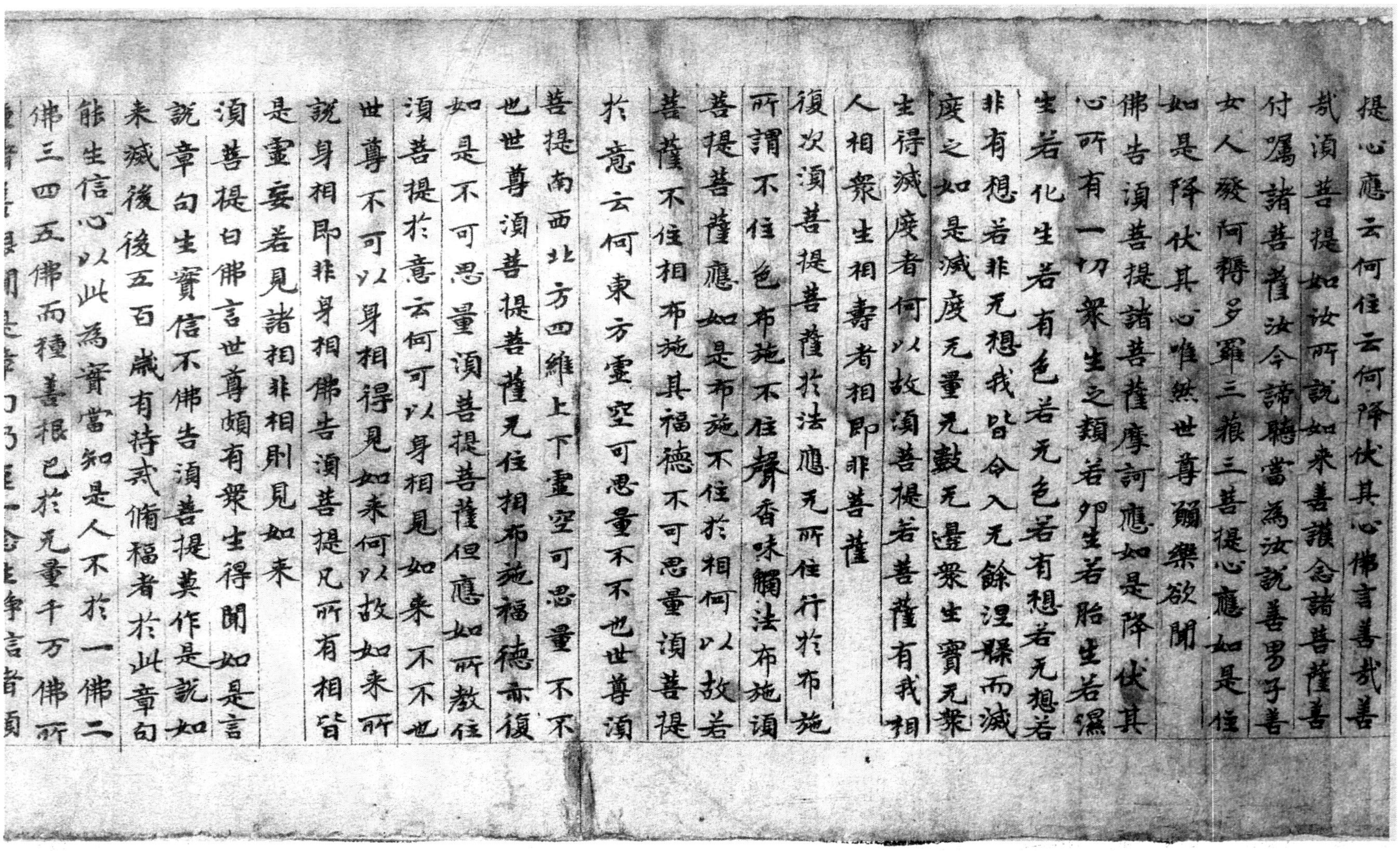
提心應云何住云何降伏其心佛言善哉善
哉須菩提如汝所說如來善護念諸菩薩善
付囑諸菩薩汝今諦聽當為汝說善男子善
女人發阿耨多羅三藐三菩提心應如是住
如是降伏其心唯然世尊願樂欲聞
佛告須菩提諸菩薩摩訶薩應如是降伏其
心所有一切衆生之類若卵生若胎生若濕
生若化生若有色若无色若有想若无想若
非有想若非无想我皆令入无餘涅槃而滅
度之如是滅度无量无數无邊衆生實无衆
生得滅度者何以故須菩提若菩薩有我相
人相衆生相壽者相即非菩薩
復次須菩提菩薩於法應无所住行於布施
所謂不住色布施不住聲香味觸法布施須
菩提菩薩應如是布施不住於相何以故若
菩薩不住相布施其福德不可思量須菩提
於意云何東方虛空可思量不不也世尊須
菩提南西北方四維上下虛空可思量不不
也世尊須菩提菩薩无住相布施福德亦復
如是不可思量須菩提菩薩但應如所教住
須菩提於意云何可以身相見如來不不也
世尊不可以身相得見如來何以故如來所
說身相即非身相佛告須菩提凡所有相皆
是虛妄若見諸相非相則見如來
須菩提白佛言世尊頗有衆生得聞如是言
說章句生實信不佛告須菩提莫作是說如
來滅後後五百歲有持戒脩福者於此章句
能生信心以此為實當知是人不於一佛二
佛三四五佛而種善根已於无量千万佛所
種諸善根聞是章句乃至一念生淨信者須

BD05858 號　金剛般若波羅蜜經　（6–2）

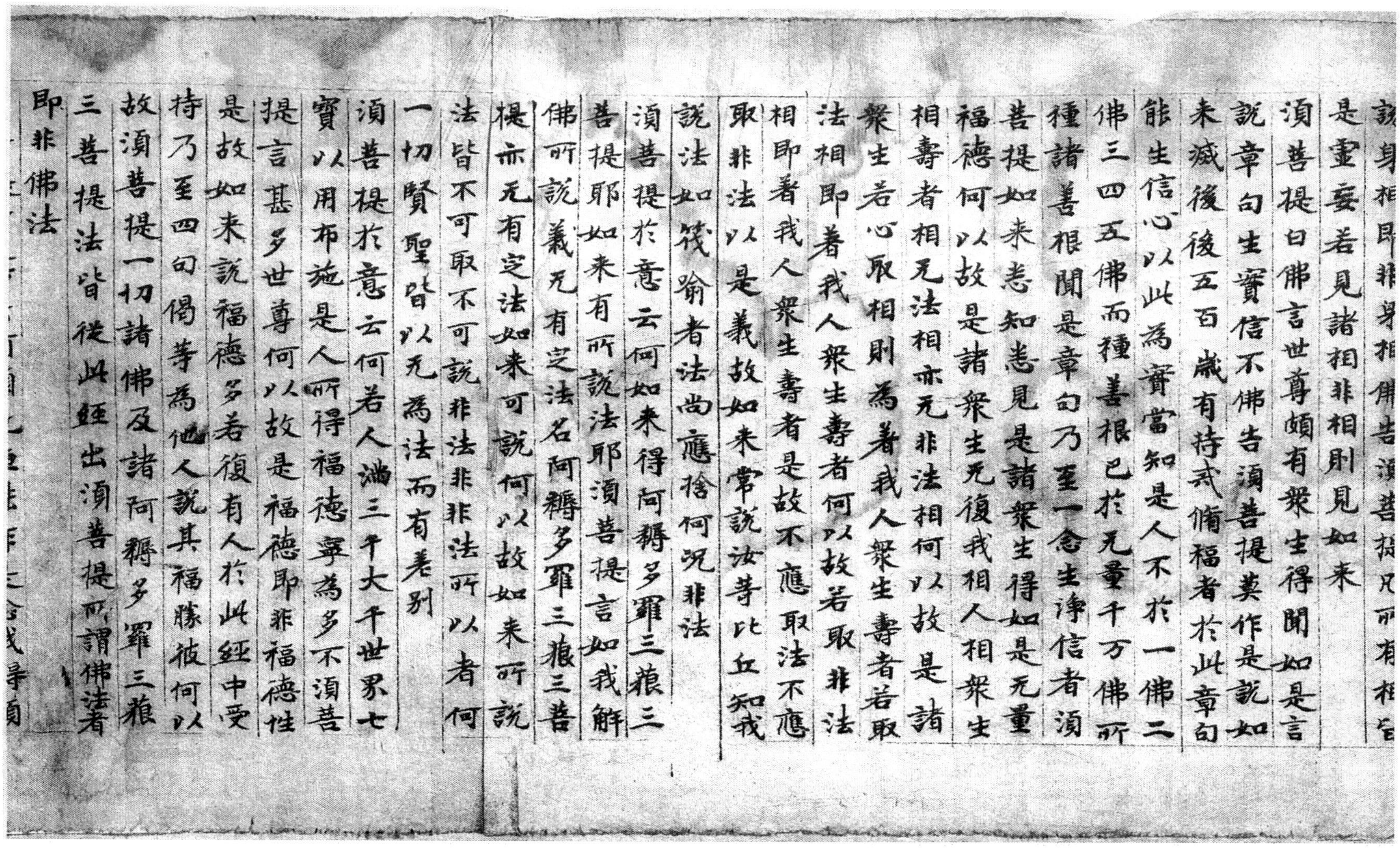
說身相即非身相佛告須菩提凡所有相皆
是虛妄若見諸相非相則見如来
須菩提白佛言世尊頗有衆生得聞如是言
說章句生實信不佛告須菩提莫作是說如
来滅後後五百歲有持戒脩福者於此章句
能生信心以此為實當知是人不於一佛二
佛三四五佛而種善根已於无量千万佛所
種諸善根聞是章句乃至一念生淨信者須
菩提如来悉知悉見是諸衆生得如是无量
福德何以故是諸衆生无復我相人相衆生
相壽者相无法相亦无非法相何以故是諸
衆生若心取相則為著我人衆生壽者若取
法相即著我人衆生壽者何以故若取非法
相即著我人衆生壽者是故不應取法不應
取非法以是義故如来常說汝等比丘知我
說法如筏喻者法尚應捨何況非法
須菩提於意云何如来得阿耨多羅三藐三
菩提耶如来有所說法耶須菩提言如我解
佛所說義无有定法名阿耨多羅三藐三菩
提亦无有定法如来可說何以故如来所說
法皆不可取不可說非法非非法所以者何
一切賢聖皆以无為法而有差別
須菩提於意云何若人滿三千大千世界七
寶以用布施是人所得福德寧為多不須菩
提言甚多世尊何以故是福德即非福德性
是故如来說福德多若復有人於此經中受
持乃至四句偈等為他人說其福勝彼何以
故須菩提一切諸佛及諸阿耨多羅三藐
三菩提法皆從此經出須菩提所謂佛法者
即非佛法

BD05858號　金剛般若波羅蜜經　（6–3）

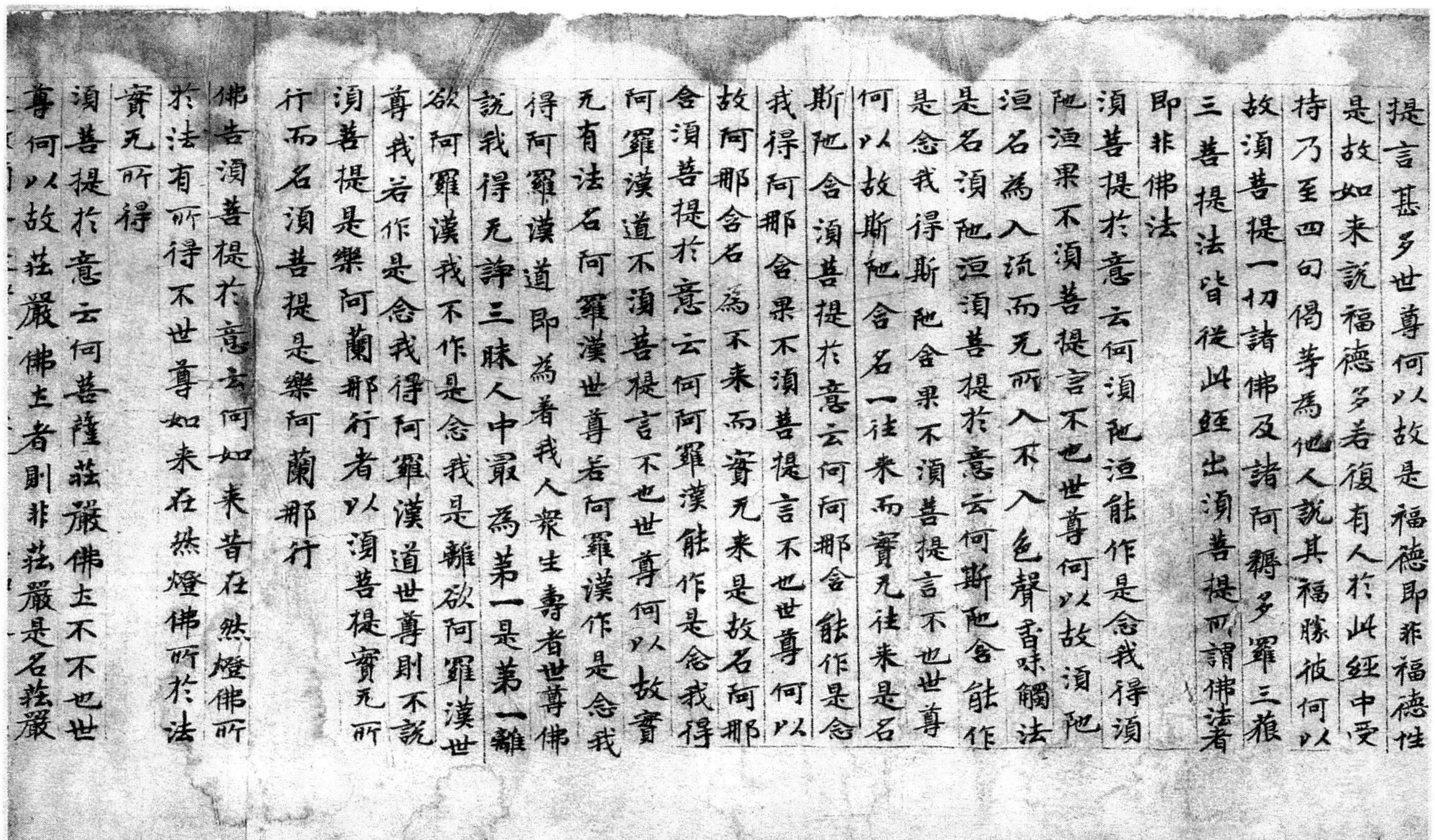
提言甚多世尊何以故是福德即非福德性
是故如来說福德多若復有人於此經中受
持乃至四句偈等為他人說其福勝彼何以
故須菩提一切諸佛及諸阿耨多羅三藐
三菩提法皆從此經出須菩提所謂佛法者
即非佛法
須菩提於意云何須陁洹能作是念我得須
陁洹果不須菩提言不也世尊何以故須陁
洹名為入流而无所入不入色聲香味觸法
是名須陁洹須菩提於意云何斯陁含能作
是念我得斯陁含果不須菩提言不也世尊
何以故斯陁含名一往来而實无往来是名
斯陁含須菩提於意云何阿那含能作是念
我得阿那含果不須菩提言不也世尊何以
故阿那含名為不来而實无来是故名阿那
含須菩提於意云何阿羅漢能作是念我得
阿羅漢道不須菩提言不也世尊何以故實
无有法名阿羅漢世尊若阿羅漢作是念我
得阿羅漢道即為著我人衆生壽者世尊佛
說我得无諍三昧人中最為第一是第一離
欲阿羅漢我不作是念我是離欲阿羅漢世
尊我若作是念我得阿羅漢道世尊則不說
須菩提是樂阿蘭那行者以須菩提實无所
行而名須菩提是樂阿蘭那行
佛告須菩提於意云何如来昔在然燈佛所
於法有所得不世尊如来在然燈佛所於法
實无所得
須菩提於意云何菩薩莊嚴佛土不不也世
尊何以故莊嚴佛土者則非莊嚴是名莊嚴

BD05858號　金剛般若波羅蜜經　（6–4）

佛告須菩提於意云何如来昔在然燈佛所
於法有所得不世尊如来在然燈佛所於法
實无所得
須菩提於意云何菩薩莊嚴佛土不不也世
尊何以故莊嚴佛土者則非莊嚴是名莊嚴
是故須菩提諸菩薩摩訶薩應如是生清淨
心不應住色生心不應住聲香味觸法生
心應无所住而生其心須菩提譬如有人身
如須弥山王於意云何是身為大不須菩提
言甚大世尊何以故佛說非身是名大身
須菩提如恒河中所有沙數如是沙等恒河
於意云何是諸恒河沙寧為多不須菩提言
甚多世尊但諸恒河尚多无數何况其沙須
菩提我今實言告汝若有善男子善女人以
七寶滿尒所恒河沙數三千大千世界以用
布施得福多不須菩提言甚多世尊佛告須
菩提若善男子善女人於此經中乃至受持
四句偈等為他人說而此福德勝前福德
復次須菩提隨說是經乃至四句偈等當知
此處一切世間天人阿脩羅皆應供養如佛
塔廟何况有人盡能受持讀誦須菩提當
知是人成就最上第一希有之法若是經典
所在之處則為有佛若尊重弟子
尒時須菩提白佛言世尊當何名此經我等
云何奉持佛告須菩提是經名為金剛般若
波羅蜜以是名字汝當奉持所以者何須菩
提佛說般若波羅蜜則非般若波羅蜜須菩
提於意云何如来有所說法不須菩提白佛
言世尊如来无所說須菩提於意云何三千

BD05858 號　金剛般若波羅蜜經　（6–5）

波羅蜜以是名字汝當奉持所以者何須菩
提佛說般若波羅蜜則非般若波羅蜜須菩
提於意云何如来有所說法不須菩提白佛
言世尊如来无所說須菩提於意云何三千
大千世界所有微塵是為多不須菩提言甚
多世尊須菩提諸微塵如来說非微塵是名
微塵如来說世界非世界是名世界須菩提
於意云何可以三十二相見如来不不也世
尊不可以三十二相得見如来何以故如来
說三十二相即是非相是名三十二相
須菩提若有善男子善女人以恒河沙等身
命布施若復有人於此經中乃至受持四句
偈等為他人說其福甚多
尒時須菩提聞說是經深解義趣涕淚悲泣
而白佛言希有世尊佛說如是甚深經典我
從昔来所得慧眼未曾得聞如是之經世尊
若復有人得聞是經信心清淨則生實相當
知是人成就第一希有功德世尊是實相者
則是故如来說名實相世尊我今得
解受持不足為難若當来世
得聞是經信解受持是
此人无我相人相
何我相即是非相人
人非相可

BD05858 號　金剛般若波羅蜜經　（6–6）

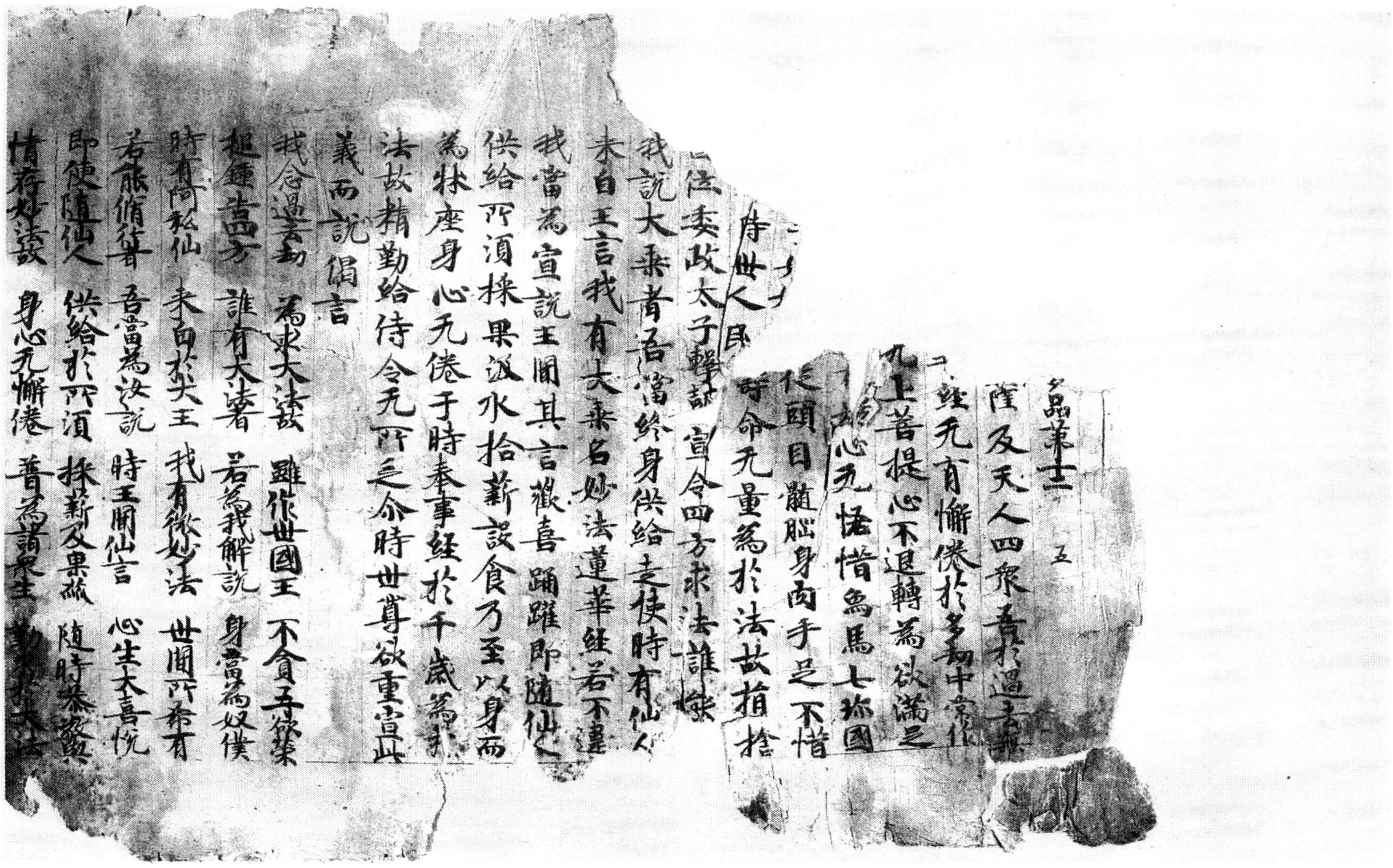

名品第十二　五
薩及天人四衆吾於過去无量
經无有懈倦於多劫中常作
无上菩提心不退轉爲欲滿之
心无恡惜象馬七珎國
從頭目髓腦身肉手足不惜
時世人民壽命无量爲於法故捐捨
位委政太子擊鼓宣令四方求法誰能
我說大乘者吾當終身供給走使時有仙人
來白王言我有大乘名妙法蓮華經若不違
我當爲宣說王聞其言歡喜踊躍即隨仙人
供給所須採果汲水拾薪設食乃至以身而
爲牀座身心无倦于時奉事經於千歲爲於
法故精勤給侍令无所乏尒時世尊欲重宣此
義而說偈言
我念過去劫　爲求大法故　雖作世國王　不貪五欲樂
搥鍾告四方　誰有大法者　若爲我解說　身當爲奴僕
時有阿私仙　來白於大王　我有微妙法　世間所希有
若能脩行者　吾當爲汝說　時王聞仙言　心生大喜悅
即便隨仙人　供給於所須　採薪及果蓏　隨時恭敬與
情存妙法故　身心无懈倦　普爲諸衆生　勤求於大法

BD05859號　妙法蓮華經（八卷本）卷五　　（26–1）

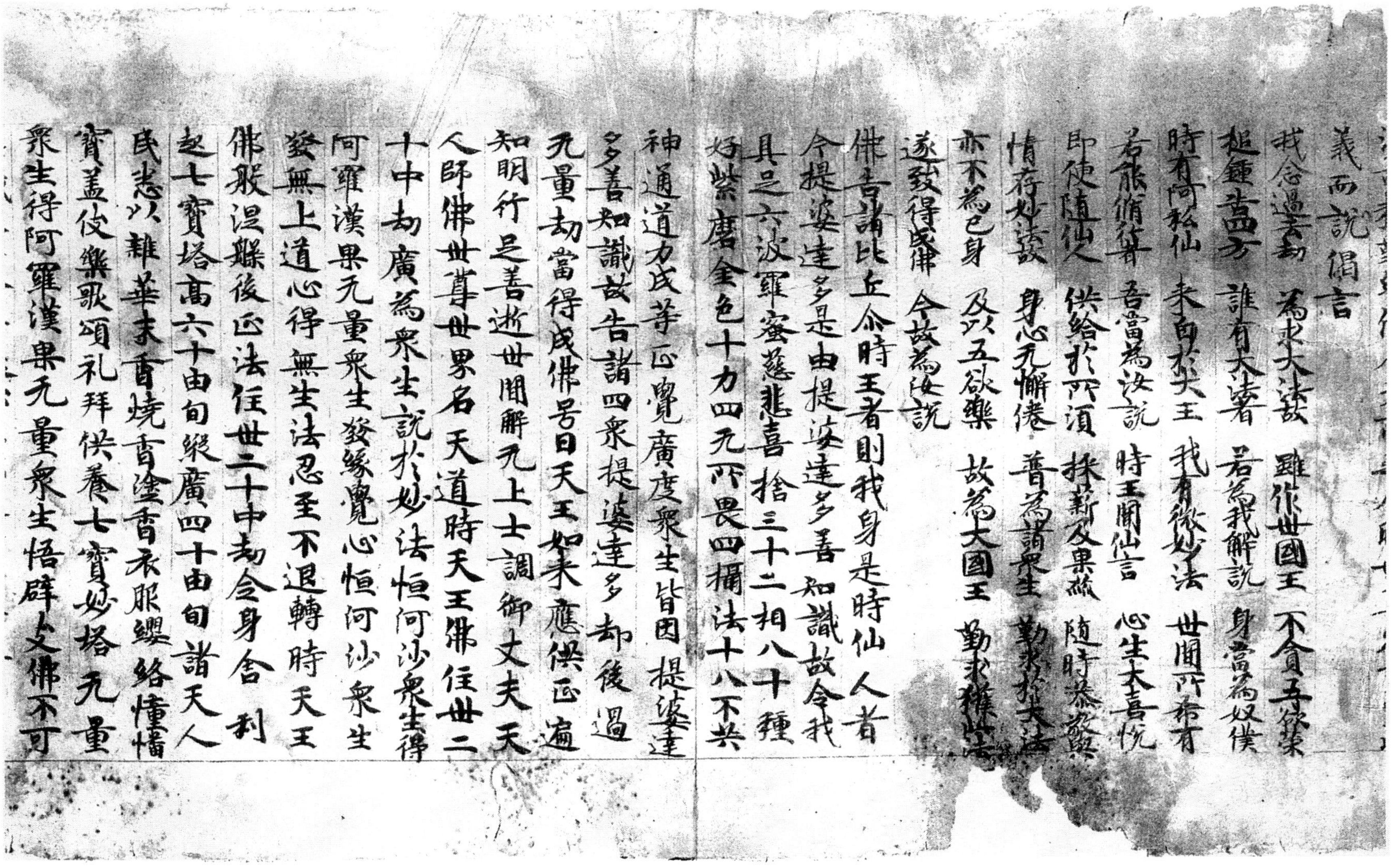

義而說偈言
我念過去劫　爲求大法故　雖作世國王　不貪五欲樂
搥鍾告四方　誰有大法者　若爲我解說　身當爲奴僕
時有阿私仙　來白於大王　我有微妙法　世間所希有
若能脩行者　吾當爲汝說　時王聞仙言　心生大喜悅
即便隨仙人　供給於所須　採薪及果蓏　隨時恭敬與
情存妙法故　身心无懈倦　普爲諸衆生　勤求於大法
亦不爲己身　及以五欲樂　故爲大國王　勤求獲此法
遂致得成佛　今故爲汝說
佛告諸比丘尒時王者則我身是時仙人者
今提婆達多是由提婆達多善知識故令我
具足六波羅蜜慈悲喜捨三十二相八十種
好紫磨金色十力四无所畏四攝法十八不共
神通道力成等正覺廣度衆生皆因提婆達
多善知識故告諸四衆提婆達多却後過
无量劫當得成佛号曰天王如來應供正遍
知明行足善逝世間解无上士調御丈夫天
人師佛世尊世界名天道時天王佛住世二
十中劫廣爲衆生說於妙法恒河沙衆生得
阿羅漢果无量衆生發緣覺心恒河沙衆生
發无上道心得无生法忍至不退轉時天王
佛般涅槃後正法住世二十中劫全身舍利
起七寶塔高六十由旬縱廣四十由旬諸天人
民悉以雜華末香燒香塗香衣服瓔珞幢幡
寶蓋伎樂歌頌禮拜供養七寶妙塔无量
衆生得阿羅漢果无量衆生悟辟支佛不可

BD05859號　妙法蓮華經（八卷本）卷五　　（26–2）

菩無上道心得無生法忍至不退轉得天王
佛般涅槃後正法住世二十中劫全身舍利
起七寶塔高六十由旬縱廣四十由旬諸天人
民悉以雜華末香燒香塗香衣服瓔珞幢幡
寶蓋伎樂歌頌禮拜供養七寶妙塔無量
衆生得阿羅漢果無量衆生悟辟支佛不可
思議衆生發菩提心至不退轉佛告諸比丘
未來世中若有善男子善女人聞妙法華經
提婆達多品淨心信敬不生疑惑者不墮地
獄餓鬼畜生生十方佛前所生之處常聞此
經若生人天中受勝妙樂若在佛前蓮華化
生於時下方多寶世尊所從菩薩名曰智積
白多寶佛當還本土釋迦牟尼佛告智積曰
善男子且待須臾此有菩薩名文殊師利可
與相見論說妙法可還本土
爾時文殊師利坐千葉蓮華大如車輪俱來
菩薩亦坐寶蓮華從於大海娑竭羅龍宮自
然踊出住虛空中詣靈鷲山從蓮華下至於
佛所頭面敬禮二世尊足脩敬已畢往智積
所共相慰問却坐一面智積菩薩問文殊師
利仁往龍宮所化衆生其數幾何文殊師利
言其數無量不可稱計非口所宣非心所測
且待須臾自當有證所言未竟無數菩薩坐
寶蓮華從海踊出詣靈鷲山住在虛空此諸
菩薩皆是文殊師利之所化度具菩薩行皆
共論說六波羅蜜本聲聞人在虛空中說聲
聞行今皆脩行大乘空義文殊師利謂智積

言其數無量不可稱計非口所宣非心所測
且待須臾自當有證所言未竟無數菩薩坐
寶蓮華從海踊出詣靈鷲山住在虛空此諸
菩薩皆是文殊師利之所化度具菩薩行皆
共論說六波羅蜜本聲聞人在虛空中說聲
聞行今皆脩行大乘空義文殊師利謂智積
曰於海教化其事如此今時智積菩薩以偈
讚曰
大智德勇健　化度無量衆　今此諸大會　及我皆已見
演暢實相義　開闡一乘法　廣度諸群生　令速成菩提
文殊師利言我於海中唯常宣說妙法華經
智積問文殊師利言此經甚深微妙諸經中
寶世所希有頗有衆生勤加精進脩行此經
速得佛不文殊師利言有娑竭羅龍王女年
始八歲智慧利根善知衆生諸根利鈍得陀
羅尼諸佛所說甚深秘藏悉能受持深入禪
定了達諸法於剎那頃發菩提心得不退轉
辯才無礙慈念衆生猶如赤子功德具足心念
口演微妙廣大慈悲仁讓志意和雅能至
菩提智積菩薩言我見釋迦如來於無量劫
難行苦行積功累德求菩薩道未曾止息
觀三千大千世界乃至無有如芥子許非是菩
薩捨身命處爲衆生故然後乃得成菩提道
不信此女於須臾頃便成正覺言論未訖時
龍王女忽現於前頭面禮敬却住一面以偈
讚曰

觀三千大千世界乃至无有如芥子許非是菩
薩捨身命處為衆生故然後乃得成菩提道
不信此女於須臾頃便成正覺言論未訖時
龍王女忽現於前頭面礼敬却住一面以偈
讃曰
深達罪福相　遍照於十方　微妙淨法身　具相三十二
以八十種好　用莊嚴法身　天人所戴仰　龍神咸恭敬
一切衆生類　无不宗奉者　又聞成菩提　唯佛當證知
我闡大乘教　度脫苦衆生
時舍利弗語龍女言汝謂不久得无上道是
事難信所以者何女身垢穢非是法器云何
能得无上菩提佛道懸曠經无量劫勤苦積
行具脩諸度然後乃成又女人身猶有五鄣
一者不得作梵天王二者帝釋三者魔王四
者轉輪聖王五者佛身云何女身速得成佛
尒時龍女有一寶珠價直三千大千世界持以
上佛佛即受之龍女謂智積菩薩尊者舍利
弗言我獻寶珠世尊納受是事疾不答言甚
疾女言以汝神力觀我成佛復速於此當時
衆會皆見龍女忽然之間變成男子具菩薩
行即往南方无垢世界坐寶蓮華成等正覺
三十二相八十種好普為十方一切衆生演
說妙法尒時娑婆世界菩薩聲聞天龍八部
人與非人皆遙見彼龍女成佛普為時會人
天說法心大歡喜悉遙礼敬无量衆生聞法
解悟得不退轉无量衆生得授道記无垢世

BD05859號　妙法蓮華經（八卷本）卷五　（26–5）

行即往南方无垢世界坐寶蓮華成等正覺
三十二相八十種好普為十方一切衆生演
說妙法尒時娑婆世界菩薩聲聞天龍八部
人與非人皆遙見彼龍女成佛普為時會人
天說法心大歡喜悉遙礼敬无量衆生聞法
解悟得不退轉无量衆生得授道記无垢世
界六反震動娑婆世界三千衆生住不退地三
千衆生發菩提心而得授記智積菩薩及
舍利弗一切衆會嘿然信受
妙法蓮華經勸持品第十三
尒時藥王菩薩摩訶薩及大樂說菩薩摩
訶薩與二万菩薩眷屬俱皆於佛前作是誓言
唯願世尊不以為慮我等於佛滅後當奉持
讀誦說此經典後惡世衆生善根轉少多增
上慢貪利供養增不善根遠離解脫雖難可
教化我等當起大忍力讀誦此經持說書寫
種種供養不惜身命尒時衆中五百阿羅漢
得授記者白佛言世尊我等亦自誓願於異
國土廣說此經復有學无學八千人得授記
者從座而起合掌向佛作是誓言世尊我等
亦當於他國土廣說此經所以者何是娑婆國
中人多弊惡懷增上慢功德淺薄瞋濁諂
曲心不實故
尒時佛姨母摩訶波闍波提比丘尼與學无
學比丘尼六千人俱從座而起一心合掌瞻
仰尊顏目不暫捨於時世尊告憍曇弥何故
憂色而視如來汝心將无謂我不說汝名授

BD05859號　妙法蓮華經（八卷本）卷五　（26–6）

中人多弊惡懷增上慢功德淺薄瞋濁諂
曲心不實故
尒時佛姨母摩訶波闍波提比丘尼與學无
學比丘尼六千人俱從座而起一心合掌瞻
仰尊顏目不暫捨於時世尊告憍曇弥何故
憂色而視如來汝心將无謂我不說汝名授
阿耨多羅三藐三菩提記耶憍曇弥我先揔
說一切聲聞皆已授記今汝欲知記者將來
之世當於六万八千億諸佛法中為大法師
及六千學无學比丘尼俱為法師汝如是漸漸
具菩薩道當得作佛号一切眾生憙見如
來應供正遍知明行足善逝世間解无上士
調御丈夫天人師佛世尊憍曇弥是一切眾
生憙見佛及六千菩薩轉次授記得阿耨
多羅三藐三菩提尒時羅睺羅母耶輸陁羅
比丘尼作是念世尊於授記中獨不說我名佛
告耶輸陁羅汝於來世百千万億諸佛法中
脩菩薩行為大法師漸具佛道於善國中當
得作佛号具足千万光相如來應供正遍知
明行足善逝世間解无上士調御丈夫天人
師佛世尊佛壽无量阿僧祇劫尒時摩訶波
闍波提比丘尼及耶輸陁羅比丘尼并其眷屬
皆大歡喜得未曾有即於佛前而說偈言
世尊導師　安隱天人　我等聞記　心安具足
諸比丘尼　說是偈已　白佛言世尊我等亦能於
他方國廣宣此經

BD05859號　妙法蓮華經（八卷本）卷五　（26–7）

師佛世尊佛壽无量阿僧祇劫尒時摩訶波
闍波提比丘尼及耶輸陁羅比丘尼并其眷屬
皆大歡喜得未曾有即於佛前而說偈言
世尊導師　安隱天人　我等聞記　心安具足
諸比丘尼　說是偈已　白佛言世尊我等亦能於
他方國廣宣此經
尒時世尊視八十万億那由他諸菩薩摩訶
薩是諸菩薩皆是阿惟越致轉不退法輪得
諸陁羅尼即從座起至於佛前一心合掌而
作是念若世尊告勑我等持說此經者當如
佛教廣宣斯法復作是念佛今默然不見告
勑我當云何時諸菩薩敬順佛意并欲自滿
本願便於佛前作師子吼而發誓言世尊我
等於如來滅後周旋往反十方世界能令眾生
書寫此經受持讀誦解說其義如法脩行
正憶念皆是佛之威力唯願世尊在於他方
遙見守護即時諸菩薩俱同發聲而說偈言
唯願不為慮　於佛滅度後　恐怖惡世中　我等當廣說
有諸无智人　惡口罵詈等　及加刀杖者　我等皆當忍
惡世中比丘　邪智心諂曲　未得謂為得　我慢心充滿
或有阿練若　納衣在空閑　自謂行真道　輕賤人間者
貪著利養故　與白衣說法　為世所恭敬　如六通羅漢
是人懷惡心　常念世俗事　假名阿練若　好出我等過
而作如是言　此諸比丘等　為貪利養故　說外道論議
自作此經典　誑惑世間人　為求名聞故　分別於是經
常在大眾中　欲毀我等故　向國王大臣　婆羅門居士

BD05859號　妙法蓮華經（八卷本）卷五　（26–8）

或有阿練若　納衣在空閑　自謂行真道　輕賤人間者
貪著利養故　與白衣說法　為世所恭敬　如六通羅漢
是人懷惡心　常念世俗事　假名阿練若　好出我等過
而作如是言　此諸比丘等　為貪利養故　說外道論議
自作此經典　誑惑世間人　為求名聞故　分別於是經
常在大衆中　欲毀我等故　向國王大臣　婆羅門居士
及餘比丘衆　誹謗說我惡　謂是邪見人　說外道論議
我等敬佛故　悉忍是諸惡　為斯所輕言　汝等皆是佛
如此輕慢言　皆當忍受之
濁劫惡世中　多有諸恐怖　惡鬼入其身　罵詈毀辱我
我等敬信佛　當著忍辱鎧　為說是經故　忍此諸難事
我不愛身命　但惜无上道　我等於來世　護持佛所囑
世尊自當知　濁世惡比丘　不知佛方便　隨宜所說法
惡口而顰蹙　數數見擯出　遠離於塔寺　如是等衆惡
念佛告勑故　皆當忍是事
諸聚落城邑　其有求法者　我皆到其所　說佛所囑法
我是世尊使　處衆无所畏　我當善說法　願佛安隱住
我於世尊前　諸來十方佛　發如是誓言　佛自知我心

妙法蓮華經安樂行品第十四

尒時文殊師利法王子菩薩摩訶薩白佛言
世尊是諸菩薩甚為難有敬順佛故發大誓
願於後惡世護持讀誦是法華經世尊菩薩
摩訶薩於後惡世云何能說是經佛告文殊
師利若菩薩摩訶薩於後惡世欲說是經當
安住四法一者安住菩薩行處親近處能為
衆生演說是經文殊師利云何名菩薩摩訶
薩行處若菩薩摩訶薩住忍辱地柔和善順

BD05859號　妙法蓮華經（八卷本）卷五　（26–9）

願於後惡世護持讀誦是法華經世尊菩薩
摩訶薩於後惡世云何能說是經佛告文殊
師利若菩薩摩訶薩於後惡世欲說是經當
安住四法一者安住菩薩行處親近處能為
衆生演說是經文殊師利云何名菩薩摩訶
薩行處若菩薩摩訶薩住忍辱地柔和善順
而不卒暴心亦不驚又復於法无所行而觀
諸法如實相亦不行不分別是名菩薩摩訶
薩行處云何名菩薩摩訶薩親近處菩薩
摩訶薩不親近國王王子大臣官長不親近諸
外道梵志尼揵子等及造世俗文筆讚詠外
書及路伽耶陁逆路伽耶陁者亦不親近諸
有凶戲相扠相撲及那羅等種種變現之戲
又不親近旃陁羅及畜猪羊雞狗田獵漁捕
諸惡律儀如是人等或時來者則為說法无
所希望又不親近求聲聞比丘比丘尼優婆
塞優婆夷亦不問訊若於房中若經行處若
在講堂中不共住止或時來者隨宜說法无
所希求文殊師利又菩薩摩訶薩不應於女
人身取能生欲想相而為說法亦不樂見若入
他家不與小女處女寡女等共語亦復不
近五種不男之人以為親厚不獨入他家若有
有因緣須獨入時但一心念佛若為女人說
法不露齒笑不現胷臆乃至為法猶不親厚
況復餘事不樂畜年少弟子沙弥小兒亦不
樂與同師常好坐禪在於閑處修攝其心文

BD05859號　妙法蓮華經（八卷本）卷五　（26–10）

近五種不男之人以為親厚不獨入他家若有
因緣須獨入時但一心念佛若為女人說
法不露齒笑不現胷臆乃至為法猶不親厚
況復餘事不樂畜年少弟子沙弥小兒亦不
樂與同師常好坐禪在於閑處修攝其心文
殊師利是名初親近處復次菩薩摩訶薩觀
一切法空如實相不顛倒不動不退不轉如
虛空無所有性一切語言道斷不生不出不
起無名無相實無所有無量無邊無礙無障
但以因緣有從顛倒生故說常樂觀如是法
相是名菩薩摩訶薩第二親近處尔時世
尊欲重宣此義而說偈言
若有菩薩　於後惡世　無怖畏心　欲說是經
應入行處　及親近處　常離國王　及國王子
大臣官長　凶險戲者　及旃陀羅　外道梵志
亦不親近　增上慢人　貪著小乘　三藏學者
破戒比丘　名字羅漢　及比丘尼　好戲笑者
深著五欲　求現滅度　諸優婆夷　皆勿親近
若是人等　以好心來　到菩薩所　為聞佛道
菩薩則以　無所畏心　不懷希望　而為說法
寡女處女　及諸不男　皆勿親近　以為親厚
亦莫親近　屠兒魁膾　田獵魚捕　為利殺害
販肉自活　衒賣女色　如是之人　皆勿親近
凶險相撲　種種嬉戲　諸婬女等　盡勿親近
莫獨屏處　為女說法　若說法時　無得戲笑
入里乞食　將一比丘　若无比丘　一心念佛

寡女處女　及諸不男　皆勿親近　以為親厚
亦莫親近　屠兒魁膾　田獵魚捕　為利殺害
販肉自活　衒賣女色　如是之人　皆勿親近
凶險相撲　種種嬉戲　諸婬女等　盡勿親近
莫獨屏處　為女說法　若說法時　無得戲笑
入里乞食　將一比丘　若无比丘　一心念佛
是則名為　行處近處　以此二處　能安樂說
又復不行　上中下法　有為无為　實不實法
亦不分別　是男是女　不得諸法　不知不見
是則名為　菩薩行處
一切諸法　空無所有　無有常住　亦无起滅
是名智者　所親近處
顛倒分別　諸法有无　是實非實　是生非生
在於閑處　脩攝其心　安住不動　如須弥山
觀一切法　皆無所有　猶如虛空　无有堅固
不生不出　不動不退　常住一相　是名近處
若有比丘　於我滅後　入是行處　及親近處
說斯經時　無有怯弱
菩薩有時　入於靜室　以正憶念　隨義觀法
從禪定起　為諸國王　王子臣民　婆羅門等
開化演暢　說斯經典　其心安隱　无有怯弱
文殊師利　是名菩薩　安住初法　能於後世
說法華經
又文殊師利如來滅後於末法中欲說是經
應住安樂行若口宣說若讀經時不樂說
人及經典過亦不輕慢諸餘法師不說他人好

文殊師利 是名菩薩 安住初法 能於後世
說法華經
又文殊師利如來滅後於末法中欲說是經
應住安樂行 若口宣說若讀經時不樂說
人及經典過 亦不輕慢諸餘法師 不說他人好
惡長短 於聲聞人亦不稱名說其過惡 亦不
稱名讚歎其美 又亦不生怨嫌之心 善脩如是
安樂心故 諸有聽者不逆其意 有所難問不
以小乘法答 但以大乘而為解說 令得一
切種智 尒時世尊欲重宣此義而說偈言
菩薩常樂 安隱說法 於清淨地 而施牀座
以油塗身 澡浴塵穢 著新淨衣 內外俱淨
安處法座 隨問為說
若有比丘 及比丘尼 諸優婆塞 及優婆夷
國王王子 群臣士民 以微妙義 和顏為說
若有難問 隨義而答 因緣譬喻 敷演分別
以是方便 皆使發心 漸漸增益 入於佛道
除嬾惰意 及懈怠想 離諸憂惱 慈心說法
晝夜常說 无上道教 以諸因緣 无量譬喻
開示眾生 咸令歡喜
衣服臥具 飲食醫藥 而於其中 无所希望
但一心念 說法因緣 願成佛道 令眾亦尒
是則大利 安樂供養
我滅度後 若有比丘 能演說斯 妙法華經
心無嫉恚 諸惱障礙 亦无憂愁 及罵詈者
又无怖畏 加刀杖等 亦无擯出 安住忍故
智者如是 善脩其心 能住安樂 如我上說

衣服臥具 飲食醫藥 而於其中 无所希望
但一心念 說法因緣 願成佛道 令眾亦尒
是則大利 安樂供養
我滅度後 若有比丘 能演說斯 妙法華經
心無嫉恚 諸惱障礙 亦无憂愁 及罵詈者
又无怖畏 加刀杖等 亦无擯出 安住忍故
智者如是 善脩其心 能住安樂 如我上說
其人功德 千万億劫 筭數譬喻 說不能盡
又文殊師利菩薩摩訶薩於後末世法欲滅
時受持讀誦斯經典者 無懷嫉妬諂誑之
心 亦勿輕罵學佛道者求其長短 若比丘比丘
尼優婆塞優婆夷求聲聞者求辟支佛者求
菩薩道者 无得惱之令其疑悔 語其人言 汝
等去道甚遠 終不能得一切種智 所以者何
汝是放逸之人 於道懈怠故 又亦不應戲論
諸法有所諍競 當於一切眾生起大悲想 於
諸如來起慈父想 於諸菩薩起大師想 於
十方諸大菩薩常應深心恭敬禮拜 於一切眾
生平等說法 以順法故不多不少 乃至深愛
法者亦不為多說 文殊師利 是菩薩摩訶薩
於後末世法欲滅時 有成就是第三安樂行
者 說是法時无能惱亂 得好同學共讀誦是
經 亦得大眾而來聽受 聽已能持 持已能誦
誦已能說 說已能書 若使人書 供養經卷
恭敬尊重讚歎 尒時世尊欲重宣此義而說
偈言
若欲說是經 當捨嫉恚慢 諂誑邪偽心 常脩質直行

經亦得大衆而來聽受聽已能持持已能誦
誦已能說說已能書若使人書供養經卷
恭敬尊重讚歎尒時世尊欲重宣此義而說
偈言
若欲說是經　當捨嫉恚慢　諂誑邪僞心　常脩質直行
不輕蔑於人　亦不戲論法　不令他疑悔　云汝不得佛
是佛子說法　常柔和能忍　慈悲於一切　不生懈怠心
十方大菩薩　愍衆故行道　應生恭敬心　是則我大師
於諸佛世尊　生无上父想　破於憍慢心　說法无障礙
第三法如是　智者應守護　一心安樂行　无量衆所敬
又文殊師利菩薩摩訶薩於後末世法欲滅
時有持是法華經者於在家出家人中生大
慈心於非菩薩人中生大悲心應作是念如
是之人則為大失如來方便隨宜說法不聞不
知不覺不問不信不解其人雖不問不信不解
是經我得阿耨多羅三藐三菩提時隨在
何地以神通力智慧力引之令得住是法中
文殊師利是菩薩摩訶薩於如來滅後有
成就此第四法者說是法時无有過失常為
比丘比丘尼優婆塞優婆夷國王王子大臣人
民婆羅門居士等供養恭敬尊重讚歎虛
空諸天為聽法故亦常隨侍若在聚落城邑
空閑林中有人來欲難問者諸天晝夜常為
法故而衛護之能令聽者皆得歡喜所以者
何此經是一切過去未來現在諸佛神力所
護故文殊師利是法華經於无量國中乃至

BD05859號　妙法蓮華經（八卷本）卷五　（26–15）

空閑林中有人來欲難問者諸天晝夜常為
法故而衛護之能令聽者皆得歡喜所以者
何此經是一切過去未來現在諸佛神力所
護故文殊師利是法華經於无量國中乃至
名字不可得聞何況得見受持讀誦文殊師
利譬如強力轉輪聖王欲以威勢降伏諸國
而諸小王不順其命時轉輪王起種種兵而
往討伐王見兵衆戰有功者即大歡喜隨功
賞賜或與田宅聚落城邑或與衣服嚴身之
具或與種種珍寶金銀琉璃車𤦲馬瑙珊瑚
虎珀象馬車乘奴婢人民唯髻中明珠不以
與之所以者何獨王頂上有此一珠若以與
之王諸眷屬必大驚怪文殊師利如來亦復
如是以禪定智慧力得法國土王於三界而諸
魔王不肯順伏如來賢聖諸將與之共戰其
有功者心亦歡喜於四衆中為說諸經令其
心悅賜以禪定解脫无漏根力諸法之財又
復賜與涅槃之城言得滅度引導其心令
皆歡喜而不為說是法華經文殊師利如轉
輪王見諸兵衆有大功者心甚歡喜以此難
信之珠久在髻中不妄與人而今與之如來
亦復如是於三界中為大法王以法教化一
切衆生見賢聖軍與五陰魔煩惱魔死魔共
戰有大功勳滅三毒出三界破魔網尒時如來
亦大歡喜此法華經能令衆生至一切智一
切世間多怨難信先所未說而今說之文

BD05859號　妙法蓮華經（八卷本）卷五　（26–16）

切衆生見賢聖軍與五陰魔煩惱魔死魔共
戰有大功勳滅三毒出三界破魔網尒時如来
亦大歡喜此法華經能令衆生至一切智一
切世間多怨難信先所未說而今說之文
殊師利此法華經是諸如来第一之說於諸
說中最為甚深末後賜與如彼强力之王久
護明珠今乃與之文殊師利此法華經諸佛
如来祕密之藏於諸經中最在其上長夜守
護不妄宣說始於今日乃與汝等而敷演之
尒時世尊欲重宣此義而說偈言
常行忍辱　哀愍一切　乃能演說　佛所讚經
後末世時　持此經者　於家出家　及非菩薩
應生慈悲　斯等不聞　不信是經　則為大失
我得佛道　以諸方便　為說此經　令住其中
譬如强力　轉輪之王　兵戰有功　賞賜諸物
象馬車乘　嚴身之具　及諸田宅　聚落城邑
或與衣服　種種珍寶　奴婢財物　歡喜賜與
如有勇健　能為難事　王解髻中　明珠賜之
如来亦尒　為諸法王　忍辱大力　智慧寶藏
以大慈悲　如法化世　見一切人　受諸苦惱
欲求解脫　與諸魔戰　為是衆生　說種種法
以大方便　說此諸經　既知衆生　得其力已
末後乃為　說是法華　如王解髻　明珠與之
此經為尊　衆經中上　我常守護　不妄開示
今正是時　為汝等說
我滅度後　求佛道者　欲得安隱　演說斯經

BD05859號　妙法蓮華經（八卷本）卷五　（26–17）

以大方便　說此諸經　既知衆生　得其力已
末後乃為　說是法華　如王解髻　明珠與之
此經為尊　衆經中上　我常守護　不妄開示
今正是時　為汝等說
我滅度後　求佛道者　欲得安隱　演說斯經
應當親近　如是四法　讀是經者　常无憂惱
又无病痛　顏色鮮白　不生貧窮　卑賤醜陋
衆生樂見　如慕賢聖　天諸童子　以為給使
刀杖不加　毒不能害　若人惡罵　口則閉塞
遊行無畏　如師子王　智慧光明　如日之照
若於夢中　但見妙事　見諸如来　坐師子座
諸比丘衆　圍繞說法　又見龍神　阿脩羅等
數如恒沙　恭敬合掌　自見其身　而為說法
又見諸佛　身相金色　放无量光　照於一切
以梵音聲　演說諸法　佛為四衆　說无上法
見身處中　合掌讚佛　聞法歡喜　而為供養
得陀羅尼　證不退智　佛知其心　深入佛道
即為授記　成最正覺　汝善男子　當於来世
得无量智　佛之大道　國土嚴淨　廣大无比
亦有四衆　合掌聽法　又見自身　在山林中
脩習善法　證諸實相　深入禪定　見十方佛
諸佛身金色　百福相莊嚴　聞法為人說　常有是好夢
又夢作國王　捨宮殿眷屬　及上妙五欲　行詣於道場
在菩提樹下　而處師子座　求道過七日　得諸佛之智
成无上道已　起而轉法輪　為四衆說法　經千万億劫
說无漏妙法　度无量衆生　後當入涅槃　如煙盡燈滅

BD05859號　妙法蓮華經（八卷本）卷五　（26–18）

諸佛身金色　百福相莊嚴　聞法為人説　常有是好夢
又夢作國王　捨宮殿眷属　及上妙五欲　行詣於道場
在菩提樹下　而處師子座　求道過七日　得諸佛之智
成无上道已　起而轉法輪　為四衆説法　經千万億劫
説无漏妙法　度无量衆生　後當入涅槃　如煙盡燈滅
若後惡世中　説是第一法　是人得大利　如上諸功徳
妙法蓮華經從地踊出品第十五
尒時他方國土諸來菩薩摩訶薩過八恒河
沙數於大衆中起立合掌作礼而白佛言世
尊若聽我等於佛滅後在此娑婆世界勤加
精進護持讀誦書寫供養是經典者當於此
土而廣説之尒時佛告諸菩薩摩訶薩衆止
善男子不須汝等護持此經所以者何我娑婆
世界自有六万恒河沙等菩薩摩訶薩一一
菩薩各有六万恒河沙眷属是諸人等能
於我滅後護持讀誦廣説此經佛説是時娑
婆世界三千大千國土地皆震裂而於其中
有无量千万億菩薩摩訶薩同時踊出是
諸菩薩身皆金色三十二相无量光明先盡在
此娑婆世界之下此界虚空中住是諸菩薩
聞釋迦牟尼佛所説音聲從下發来一一菩
薩皆是大衆唱導之首各將六万恒河沙眷
属况將五万四万三万二万一万恒河沙等
眷属者况復乃至一恒河沙半恒河沙四分
之一乃至千万億那由他分之一况復千万億
那由他眷属况復億万眷属况復千万百万

属况將五万四万三万二万一万恒河沙等
眷属者况復乃至一恒河沙半恒河沙四分
之一乃至千万億那由他分之一况復千万億
那由他眷属况復億万眷属况復千万百万
乃至一万况復一千一百乃至一十况復將
五四三二一弟子者况復單己樂遠離行
如是等比无量无邊筭數譬喻所不能知是
諸菩薩從地出已各詣虚空七寶妙塔多
寶如来釋迦牟尼佛所到已向二世尊頭面礼
足及至諸寶樹下師子座上佛所亦皆作礼
右繞三帀合掌恭敬以諸菩薩種種讃法而
以讃歎住在一面欣樂瞻仰於二世尊是諸
菩薩摩訶薩從初踊出以諸菩薩種種讃
法而讃於佛如是時間經五十小劫是時釋迦
牟尼佛默然而坐及諸四衆亦皆默然五十
小劫佛神力故令諸大衆謂如半日尒時四
衆亦以佛神力故見諸菩薩遍滿无量百千
万億國土虚空是菩薩衆中有四導師一名
上行二名無邊行三名淨行四名安立行是
四菩薩於其衆中最為上首唱導之師在
大衆前各共合掌觀釋迦牟尼佛而問訊言世
尊少病少惱安樂行不所應度者受教易不不
令世尊生疲勞耶尒時四大菩薩而説偈言
世尊安樂　少病少惱　教化衆生　得无疲惓
又諸衆生　受化易不　不令世尊　生疲勞耶
尒時世尊於菩薩大衆中而作是言如是如

令世尊生疲勞耶尒時四大菩薩而說偈言
世尊安樂 少病少惱 教化衆生 得无疲惓
又諸衆生 受化易不 不令世尊 生疲勞耶
尒時世尊於菩薩大衆中而作是言如是如
是諸善男子如來安樂少病少惱諸衆生
等易可化度无有疲勞所以者何是諸衆生世
世已來常受我化亦於過去諸佛供養尊重
種諸善根此諸衆生始見我身聞我所說即
皆信受入如來慧除先脩習學小乘者如
是之人我今亦令得聞是經入於佛慧尒時諸
大菩薩而說偈言
善哉善哉 大雄世尊 諸衆生等 易可化度
能問諸佛 甚深智慧 聞已信行 我等隨喜
於時世尊讚歎上首諸大菩薩善哉善哉
善男子汝等能於如來發隨喜心尒時弥勒
菩薩及八千恒河沙諸菩薩衆皆作是念我等
從昔已來不見不聞如是大菩薩摩訶薩衆
從地踊出住世尊前合掌供養問訊如來時
弥勒菩薩摩訶薩知八千恒河沙諸菩薩
等心之所念并欲自決所疑合掌向佛以偈問言
无量千万億 大衆諸菩薩 昔所未曾見 願兩足尊說
是從何所來 以何因緣集 巨身大神通 智慧叵思議
其志念堅固 有大忍辱力 衆生所樂見 為從何所來
一一諸菩薩 所將諸眷屬 其數无有量 如恒河沙等
或有大菩薩 將六万恒沙 如是諸大衆 一心求佛道
是諸大師等 六万恒河沙 俱來供養佛 及護持是經
將五万恒沙 其數過於是 四万及三万 二万至一万

BD05859號　妙法蓮華經（八卷本）卷五　（26–21）

其志念堅固 有大忍辱力 衆生所樂見 為從何所來
一一諸菩薩 所將諸眷屬 其數无有量 如恒河沙等
或有大菩薩 將六万恒沙 如是諸大衆 一心求佛道
是諸大師等 六万恒河沙 俱來供養佛 及護持是經
將五万恒沙 其數過於是 四万及三万 二万至一万
一千一百等 乃至一恒沙 半及三四分 億万分之一
千万那由他 万億諸弟子 乃至於半億 其數復過上
百万至一万 一千及一百 五十與一十 乃至三二一
單己无眷屬 樂於獨處者 俱來至佛所 其數轉過上
如是諸大衆 若人行籌數 過於恒沙劫 猶不能盡知
是諸大威德 精進菩薩衆 誰為其說法 教化而成就
從誰初發心 稱揚何佛法 受持行誰經 脩習何佛道
如是諸菩薩 神通大智力 四方地震裂 皆從中踊出
世尊我昔來 未曾見是事 願說其所從 國土之名号
我常遊諸國 未曾見是衆
我於此衆中 乃不識一人 忽然從地出 願說其因緣
今此之大會 无量百千億 是諸菩薩衆 皆欲知此事
是諸菩薩衆 本末之因緣 无量德世尊 唯願決衆疑
尒時釋迦牟尼分身諸佛從无量千万億他方
國土來者在於八方諸寶樹下師子座上
結加趺坐其佛侍者各各見是菩薩大衆於
三千大千世界四方從地踊出住於虛空各白
其佛言世尊此諸无量无邊阿僧祇菩薩
大衆從何所來尒時諸佛各告侍者諸善男
子且待須臾有菩薩摩訶薩名曰弥勒釋迦
牟尼佛之所授記次後作佛已問斯事佛今
答之汝等自當因是得聞尒時釋迦牟尼佛

BD05859號　妙法蓮華經（八卷本）卷五　（26–22）

三千大千世界四方從地踊出住於虛空各白
其佛言世尊此諸无量无邊阿僧祇菩薩
大衆從何所來尒時諸佛各告侍者諸善男
子且待須臾有菩薩摩訶薩名曰弥勒釋迦
牟尼佛之所授記次後作佛已問斯事佛今
荅之汝等自當因是得聞尒時釋迦牟尼佛
告弥勒菩薩善哉善哉阿逸多乃能問佛如
是大事汝等當共一心被精進鎧堅固意如
來今欲顯發宣示諸佛智慧諸佛自在神
通之力諸佛師子奮迅之力諸佛威猛大慧
之力尒時世尊欲重宣此義而說偈言
當精進一心　我欲說此事　勿得有疑悔　佛智叵思議
汝今出信力　住於忍善中　昔所未聞法　今皆當得聞
我今安慰汝　勿得懷疑懼　佛无不實語　智慧不可量
所得第一法　甚深叵分別　如是今當說　汝等一心聽
尒時世尊說此偈已告弥勒菩薩我今於此大
衆宣告汝等阿逸多是諸大菩薩摩訶薩
无量无數阿僧祇從地踊出汝等昔所未見者
我於是娑婆世界得阿耨多羅三藐三菩
提已教化示導是諸菩薩調伏其心令發道
意此諸菩薩皆於是娑婆世界之下此界虛
空中住於諸經典讀誦通利思惟分別正憶
念阿逸多是諸善男子等不樂在衆多有所
說常樂靜處勤行精進未曾休息亦不依止
人天而住常樂深智无有鄣礙亦常樂於諸
佛之法一心精進求无上慧尒時世尊欲重
宣此義而說偈言

BD05859號　妙法蓮華經（八卷本）卷五

（26–23）

意此諸菩薩皆於是娑婆世界之下此界虛
空中住於諸經典讀誦通利思惟分別正憶
念阿逸多是諸善男子等不樂在衆多有所
說常樂靜處勤行精進未曾休息亦不依止
人天而住常樂深智无有鄣礙亦常樂於諸
佛之法一心精進求无上慧尒時世尊欲重
宣此義而說偈言
阿逸汝當知　是諸大菩薩　從无數劫來　脩習佛智慧
悉是我所化　令發大道心　此等是我子　依止是世界
常行頭陀事　志樂於靜處　捨大衆憒丙　不樂多所說
如是諸子等　學習我道法　晝夜常精進　為求佛道故
在娑婆世界　下方空中住
志念力堅固　常勤求智慧　說種種妙法　其心无所畏
我於伽耶城　菩提樹下坐　得成最正覺　轉无上法輪
尒乃教化之　令初發道心　今皆住不退　悉當得成佛
我今說實語　汝等一心信　我從久遠來　教化是等衆
尒時弥勒菩薩摩訶薩及无數諸菩薩等心
生疑惑怪未曾有而作是念云何世尊於少
時間教化如是无量无邊阿僧祇諸大菩薩
令住阿耨多羅三藐三菩提即白佛言世尊
如來為太子時出於釋宮去伽耶城不遠坐
於道場得成阿耨多羅三藐三菩提從是已
來始過四十餘年世尊云何於此少時大作
佛事以佛勢力以佛功德教化如是无量大
菩薩衆當成阿耨多羅三藐三菩提世尊此
大菩薩衆假使有人於千万億劫數不能盡
不得其邊斯等久遠以來於无量无邊諸

BD05859號　妙法蓮華經（八卷本）卷五

（26–24）

來始過四十餘年世尊云何於此少時大作
佛事以佛勢力以佛功德教化如是无量大
菩薩衆當成阿耨多羅三藐三菩提世尊此
大菩薩衆假使有人於千万億劫數不能盡
不得其邊斯等久遠以來於无量无邊諸
佛所殖諸善根成就菩薩道常脩梵行世尊
如此之事世所難信譬如有人色美髮黑年廿
五指百歲人言是我子其百歲人亦指年少
言是我父生育我等是事難信佛亦如是
得道已來其實未久而此大衆諸菩薩等已
於无量千万億劫爲佛道故勤行精進善入
出住无量百千万億三昧得大神通久脩梵行
善能次第集諸善法巧於問荅人中之寶
一切世間甚爲希有今日世尊方云得佛道時
初令發心教化示導令向阿耨多羅三藐三
菩提世尊得佛未久乃能作此大功德事我
等雖復信佛隨宜所說佛所出言未曾虚
妄佛所知者皆悉通達然諸新發意菩薩
於佛滅後若聞是語或不信受而起破法罪業
因緣唯然世尊願爲解說除我等疑及未來
世諸善男子聞此事已亦不生疑尒時弥勒
菩薩欲重宣此義而說偈言
佛昔從釋種　出家近伽耶　坐於菩提樹　尒來尚未久
此諸佛子等　其數不可量　久已行佛道　住神通智力
善學菩薩道　不染世間法　如蓮華在水　從地而踊出
皆起恭敬心　住於世尊前　是事難思議　云何而可信
佛得道甚近　所成就甚多　願爲除衆疑　如實分別說

菩薩欲重宣此義而說偈言
佛昔從釋種　出家近伽耶　坐於菩提樹　尒來尚未久
此諸佛子等　其數不可量　久已行佛道　住神通智力
善學菩薩道　不染世間法　如蓮華在水　從地而踊出
皆起恭敬心　住於世尊前　是事難思議　云何而可信
佛得道甚近　所成就甚多　願爲除衆疑　如實分別說
譬如少壯人　年始二十五　示人百歲子　髮白而面皺
是等我所生　子亦說是父　父少而子老　舉世所不信
世尊亦如是　得道來甚近　是諸菩薩等　志固无怯弱
從无量劫來　而行菩薩道　巧於難問荅　其心无所畏
忍辱心決定　端正有威德　十方佛所讚　善能分別說
不樂在人衆　常好在禪定　爲求佛道故　於下空中住
我等從佛聞　於此事无疑　願佛爲未來　演說令開解
若有於此經　生疑不信者　即當墮惡道　願今爲解說
是无量菩薩　云何於少時　教化令發心　而住不退地

妙法蓮華經卷第五

女一切所有施於彼者是爲菩薩維摩詰言
我已捨矣汝便將去令一切衆生得法願具
足於是諸女問維摩詰我等云何止於魔宮
維摩詰言諸姊有法門名無盡燈汝等當學
無盡燈者譬如一燈然百千燈冥者皆明明
終不盡如是諸姊夫一菩薩開道百千衆生
令發阿耨多羅三藐三菩提心於其道意亦
不滅盡隨所說法而自增益一切善法是名
無盡燈也汝等雖住魔宮以是無盡燈令無
數天子天女發阿耨多羅三藐三菩提心者爲
報佛恩亦大饒益一切衆生爾時天女頭面
礼維摩詰足隨魔還宮忽然不現世尊維
摩詰有如是自在神力智慧辯才故我不任
詣彼問疾
佛告長者子善得汝行詣維摩詰問疾善得
白佛言世尊我不堪任詣彼問疾所以者何
憶念我昔自於父舍設大施會供養一切沙
門婆羅門及諸外道貧窮下賤孤獨乞人期
滿七日時維摩詰來入會中謂我言長者子
夫大施會不當如汝所設當爲法施之會何
用是財施會爲我言居士何謂法施之會法
施會者無前無後一時供養一切衆生是名法
[illegible]

BD05860 號　維摩詰所說經卷上　（3–1）

憶念我昔自於父舍設大施會供養一切沙
門婆羅門及諸外道貧窮下賤孤獨乞人期
滿七日時維摩詰來入會中謂我言長者子
夫大施會不當如汝所設當爲法施之會何
用是財施會爲我言居士何謂法施之會法
施會者無前無後一時供養一切衆生是名法
施之會何謂也謂以菩提起於慈心以救衆
生起大悲心以持正法起於喜心以攝智慧
行於捨心以攝慳貪起檀波羅蜜以化犯
戒起尸波羅蜜以無我法起羼提波羅蜜以
離身心相起毗梨耶波羅蜜以菩提相起禪
波羅蜜以一切智起般若波羅蜜教化衆生而
起於空不捨有爲法而起無相示現受生而
起無作護持正法起方便力以度衆生起
四攝法以敬事一切起除慢法於身命財起
三堅法於六念中起思念法於六和敬起質
直心正行善法起於淨命心淨歡喜起近賢
聖不憎惡人起調伏心以出家法起於深心
以如說行起於多聞以無諍法起空閑處趣
向佛慧起於宴坐解衆生縛起修行地以具
相好及淨佛土起福德業知一切衆生心念
如應說法起於智業知一切法不取不捨入
一相門起於慧業斷一切煩惱一切鄣礙一
切不善法起一切善業以得一切智慧一切
善法起於一切助佛道法如是善男子是爲
法施之會若菩薩住是法施會者爲大施主
亦爲一切世間福田世尊維摩詰說是法時婆

BD05860 號　維摩詰所說經卷上　（3–2）

如應說法起於智業知一切法不取不捨入
一相門起於慧業斷一切煩惱一切鄣礙一
切不善法起一切善業以得一切智慧一切
善法起於一切助佛道法如是善男子是為
法施之會若菩薩住是法施會者為大施主
亦為一切世間福田世尊維摩詰說是法時婆
羅門衆中二百人皆發阿耨多羅三藐三菩
提心我時心得清淨嘆未曾有稽首礼維
摩詰足即解瓔珞價直百千以上之不肯
取我言居士願必納受隨意所與維摩詰乃
受瓔珞分作二分持一分施會中一最下乞
人持一分奉彼難勝如來一切衆會皆見光
明國土難勝如來又見珠瓔在彼佛上變成
四柱寶臺四面嚴飾不相鄣蔽時維摩詰現
神變已作是言若施主等心施一最下乞人
猶如如來福田之相無所分別等手大悲不
求果報是則名曰具足法施城中一最下乞
人見是神力聞其所說即發阿耨多羅三藐
三菩提心故我不任詣彼問疾如是諸菩薩
各各向佛說其本緣稱述維摩詰所言皆曰
不任詣彼問疾

維摩詰經卷上

BD05860 號　維摩詰所說經卷上　（3–3）

[illegible]
佘時盧舍那佛為此大衆[illegible]品第十[illegible]百千恒河沙不
可說法門中心地如毛頭許是過去一切佛
已說未來佛當說現在佛今說三世菩薩
已學當學今學我已百劫修行是心地號吾
為盧舍那汝諸佛轉我所說與一切衆生開心
地道時蓮華臺藏世界赫赫天光師子座
上盧舍那佛放光光告千華上佛持我心地
法門品而去復轉為千百億釋迦及一切衆生
次第說我上心地法門品汝等受持讀誦一
心而行佘時千華上佛千百億釋迦從蓮華
藏世界赫赫師子座起各各辭退舉身放光
不可思議光光皆化无量佛一時以无量青黃
白華供養盧舍那佛受持上說心地法門品
竟各各從此蓮華藏世界而沒沒已入體性
虛空華光三昧還本源世界閻浮提菩提樹
下從體性虛空華光三昧出出已方坐金剛
千光王座及妙光堂說十世界海復從座
起至帝釋宮說十住復至炎天中說十行復
從坐起至四天中說十迴向復從坐起至化
[illegible]

BD05861 號　梵網經盧舍那佛說菩薩心地戒品第十卷下　（3–1）

白華供養盧舍那佛受持上說心地法門品
竟各各從此蓮華藏世界而沒沒已入體性
虛空華光三昧還本原世界閻浮提菩提樹
下從體性虛空華光三昧出出已方坐金剛
千光王座坐及妙光堂說十世界海復從座
起至帝釋宮說十住復至炎天中說十行復
從坐起至四天中說十迴向復從坐起至化
樂天說十禪定復從坐起至他化天說十地
復至一禪中說十金剛復至二禪中說十忍
復至三禪中說十願復至四禪中摩醯首羅
天王宮說我本原蓮華藏世界盧舍那佛所
說心地法門品其餘千百億釋迦亦復如是
无二无別如賢劫品中說尒時釋迦從初現
蓮華藏世界東方來入天宮中說魔受化
經已下生閻浮提迦夷羅國母名摩耶父字白
淨吾名悉達七歲出家三十成道號吾為釋
迦牟尼佛於寂滅道場坐金剛華光座乃至
摩醯首羅天王宮其中次第十住處所說時
佛觀諸大梵天王網羅幢因為說无量世界猶
如網孔一一世界各各不同別異无量佛教
門亦復如是吾今來此世界八千反為此
娑婆世界坐金剛座乃至摩醯首羅天王
宮是中一切大眾略開心地竟復從天王宮下
至閻浮提菩提樹下為此地上一切眾生凡
夫癡闇之人說本盧舍那佛心地中初發心
中常所誦一戒光明金剛寶戒是一切佛本
原一切菩薩本原佛性種子一切眾生皆有

BD05861 號　梵網經盧舍那佛說菩薩心地戒品第十卷下　（3–2）

蓮華藏世界東方來入天宮中說魔受化
經已下生閻浮提迦夷羅國母名摩耶父字白
淨吾名悉達七歲出家三十成道號吾為釋
迦牟尼佛於寂滅道場坐金剛華光座乃至
摩醯首羅天王宮其中次第十住處所說時
佛觀諸大梵天王網羅幢因為說无量世界猶
如網孔一一世界各各不同別異无量佛教
門亦復如是吾今來此世界八千反為此
娑婆世界坐金剛座乃至摩醯首羅天王
宮是中一切大眾略開心地竟復從天王宮下
至閻浮提菩提樹下為此地上一切眾生凡
夫癡闇之人說本盧舍那佛心地中初發心
中常所誦一戒光明金剛寶戒是一切佛本
原一切菩薩本原佛性種子一切眾生皆有
佛性一切意識色心是情是心皆入佛性戒
中當當常有因故有當當常住法身如是十
波羅提木叉出於世界是法戒是三世一切
眾生頂戴受持吾今當為此大眾重說十无
盡戒品一切眾生戒本原自性清淨

BD05861 號　梵網經盧舍那佛說菩薩心地戒品第十卷下　（3–3）

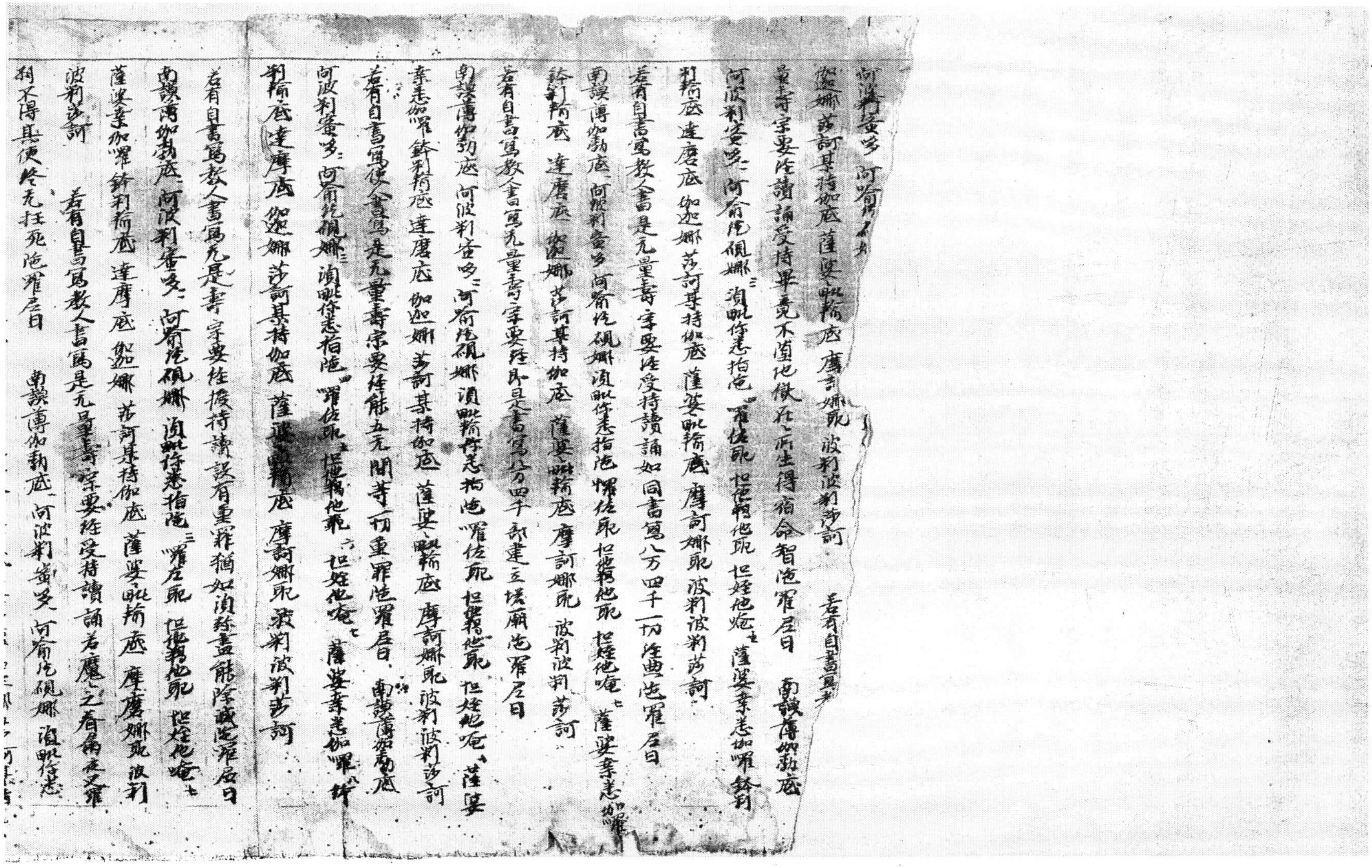

BD05862 號　無量壽宗要經　　（4–1）

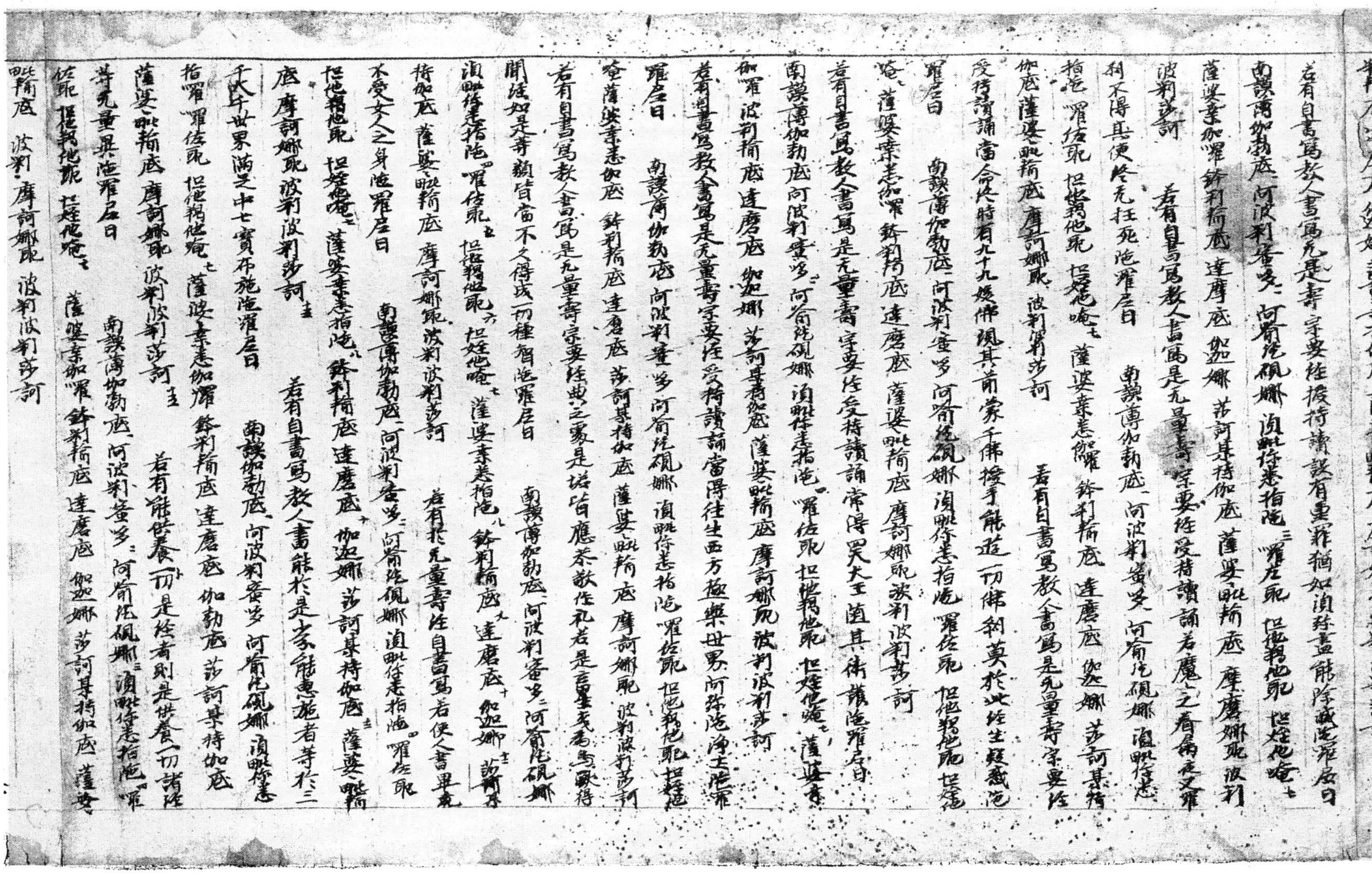

BD05862 號　無量壽宗要經　　（4–2）

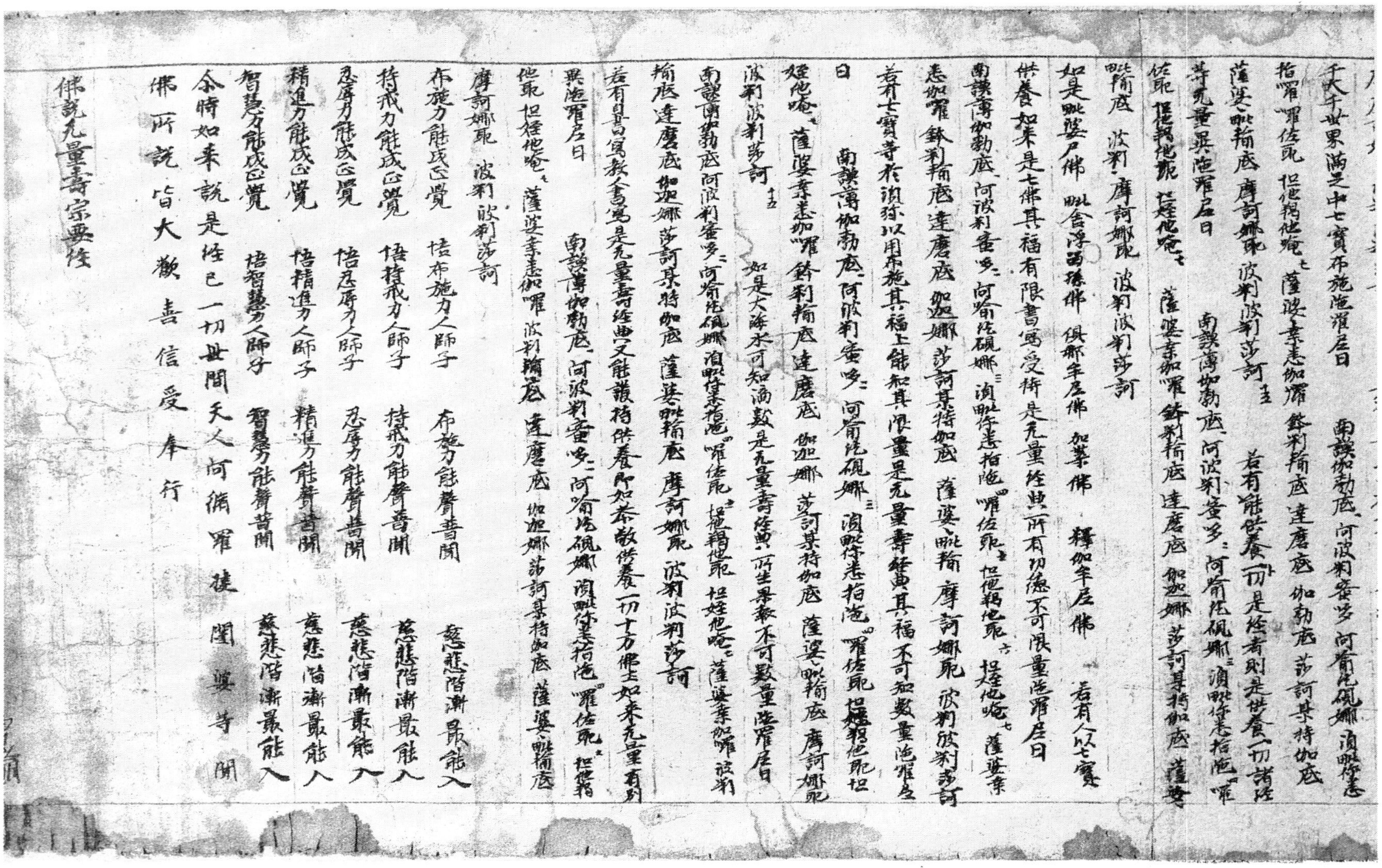

BD05862 號　無量壽宗要經　（4–3）

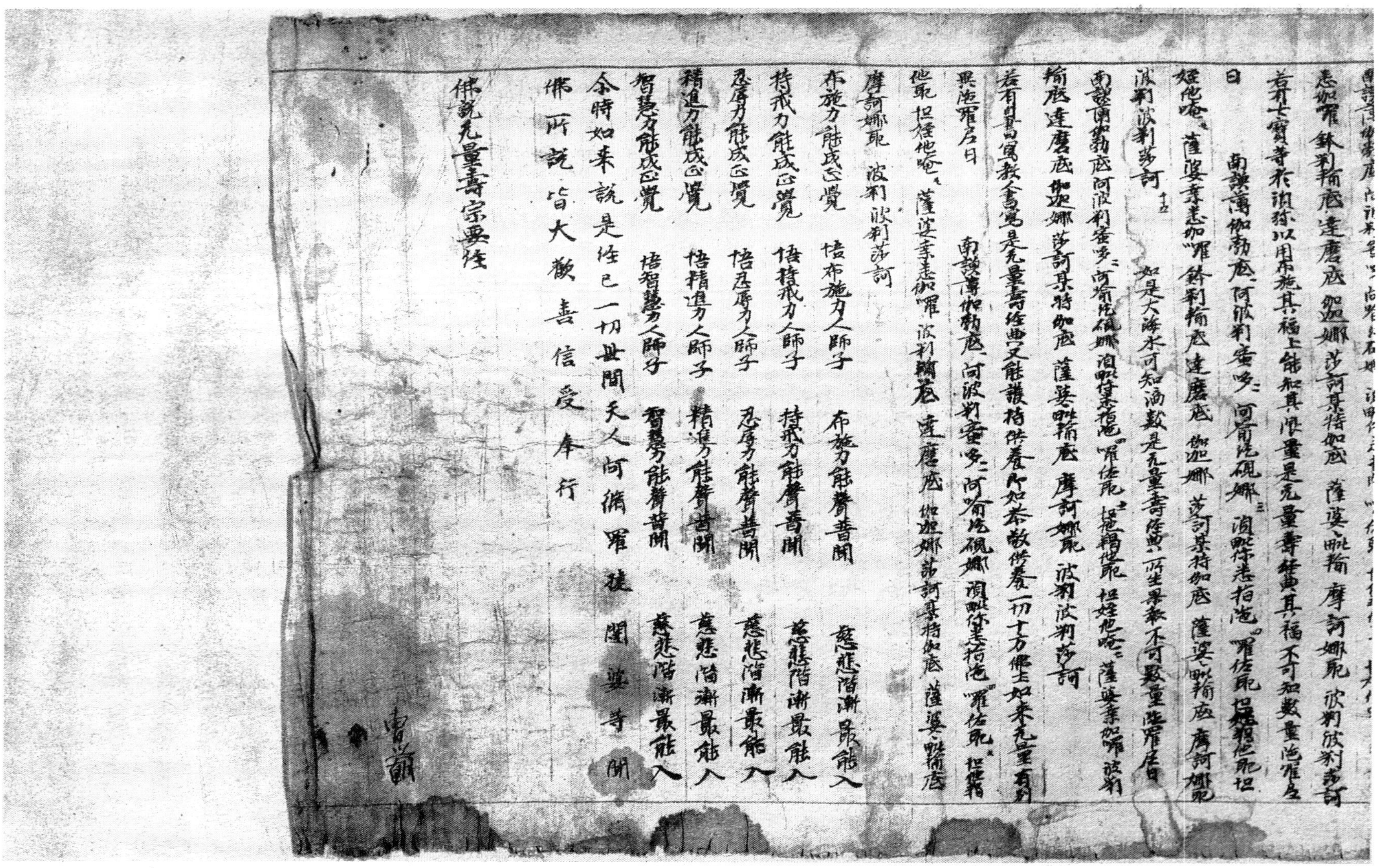

BD05862 號　無量壽宗要經　（4–4）

佛告樹神尒時流水長者子於天自在光王
國內治一切衆生無量苦患已令其身體平
復如本受諸快樂以病除故多設福業修
行布施尊重恭敬是長者子作如是言善
哉善哉長者能大增長福德之事能益衆
生無量壽命汝今真是大醫之王善治衆生
無量重病必是菩薩善解方藥善女天時
長者子有妻名曰水空龍藏而生二子一名水
空二名水藏是時長者子將是二子次第遊行城邑
聚落最後到一大空澤中見諸虎狼狗犬鳥
獸多食肉血者皆一向馳奔而去時長者子作
是念言是諸禽獸何因緣故一向馳走我當隨
後逐而觀之時長者子遂便隨逐見一池其
水枯涸於其池中多有諸魚時長者子見
是魚已生大悲心時有樹神示現半身作如是
言善哉善哉大善男子此魚可愍汝可與水
是故號汝名為流水復有二緣名為流水一
能流水二能與水汝今應當隨名定實時長

BD05863號　金光明經卷四

（22–1）

是念言是諸禽獸何因緣故一向馳走我當隨
後逐而觀之時長者子遂便隨逐見一池其
水枯涸於其池中多有諸魚時長者子見
是魚已生大悲心時有樹神示現半身作如是
言善哉善哉大善男子此魚可愍汝可與水
是故號汝名為流水復有二緣名為流水一
能流水二能與水汝今應當隨名定實時長
者子問樹神言汝此魚頭數為有幾所樹神
答言其數具足滿十千善女天尒時流水
聞是數已倍復增益生大悲心善女天時此空
池為日所曝唯少水在是十千魚將入死門四
向婉轉見是長者心生恃賴隨是長者所至
方面隨逐瞻視目未曾捨是時長者馳趣
四方推求索水了不能得便四顧望見有大
樹尋取枝葉還到池上與作陰涼作陰涼已
復更推求是池中水本從何來即出四向周
遍求覓莫知水處復更疾走遠至餘處見
大河名曰水生尒時復有諸餘惡人為捕此
魚故於上流懸嶮之處決棄其水不令下過
然其決處懸嶮難補計當修治經九十日百
千人功猶不能成況我一身時長者子速疾
還反至大王所頭面礼拜却坐一面合掌向王
說其因緣作如是言我為大王國土人民治
種種病漸漸遊行至彼空澤見有一池其
水枯涸有十千魚為日所曝今日困厄將死
不久惟願大王借二十大象令得其水濟彼
魚命如我與諸病人壽命尒時大王即勅大

BD05863號　金光明經卷四

（22–2）

說其因緣作如是言我為大王國土人民治
種種病漸漸遊行至彼空澤見有一池其
水枯涸有十千魚為日所曝令日困厄將死
不久唯願大王借二千大象令得其水濟彼
魚命如我與諸病人壽命尒時大王即勑大
臣速疾供給尒時大臣奉王告勑語是長者
善哉大士汝今自可至象廄中隨意選取利
益眾生令得快樂是時流水及其二子將二
十大象從治城人借索皮囊疾至彼河上流
決處盛水象負馳疾奔還至空澤池從象
背上下其囊水瀉置池中水遂彌滿還復如本
長者子於池四邊傍佯而行是魚尒時亦復
隨逐循岸而行時長者子復作是念是魚何
緣隨我而行是魚必為飢火所惱復欲從我
求索飲食我今當與善女天尒時水流長者
子告其二子言汝取一象家大力者速往家中
啟父長者家中所有可食之物及是父母飲
噉之分及以妻子奴婢之分一切聚集悉載象
上急速來還尒時二子如父教勑乘家大
象往至家中白其祖父說如上事尒時二子
收取家中可食之物載象背上疾還父所至
空澤池時長者子見其子還心生歡喜踊躍
無量從子邊取飲食之物散著池中與魚食
已即自思惟我今已能與此魚食令其飽滿未
來之世當施法食復更思惟曾聞過去空閑
之處有一比丘讀誦大乘方等經典其經中
說[illegible]

空澤池時長者子見其子還心生歡喜踊躍
無量從子邊取飲食之物散著池中與魚食
已即自思惟我今已能與此魚食令其飽滿未
來之世當施法食復更思惟曾聞過去空閑
之處有一比丘讀誦大乘方等經典其經中
說若有眾生臨命終時得聞寶勝如來名號
即生天上我今當為是十千魚解說甚深十
二因緣亦當稱說寶勝佛名時閻浮提中有
二種人一者深信大乘方等二者毀呰不生
信樂時長者子作是思惟我今當入池水之
中為是諸魚說深妙法思惟是已即便入水
作如是言南无過去寶勝如來應供正遍知
明行足善逝世間解無上士調御丈夫天人師
佛世尊寶勝如來本往昔時行菩薩道作是
誓願若有眾生於十方界臨命終時聞我名
者當令是輩即命終已尋得上生三十三天
尒時流水復為是魚解說如是甚深妙法所
謂無明緣行行緣識識緣名色名色緣六入
六入緣觸觸緣受受緣愛愛緣取取緣有有
緣生生緣老死憂悲苦惱善女天尒時流水
長者子及其二子說是法已即共還家是長
者子復於後時賓客聚會醉酒而臥尒時
其地卒大震動時十千魚同日命終即命終
已生忉利天既生天已作是思惟我等以何善
業因緣得生於此忉利天中復相謂言我等
先於閻浮提內墮畜生中受於魚身流水長
者與我等水[illegible]

其地卒大震動時十千魚同日命終即命終
已生忉利天既生天已作是思惟我等以何善
業因緣得生於此忉利天中復相謂言我等
先於閻浮提內墮畜生中受於魚身流水長
者與我等水及以飲食復為我等解說甚深
十二因緣并稱寶勝如來名号以是因緣令
我等輩得生此天是故我等今當往至長者
子所報恩供養尒時十千天子從忉利天下
閻浮提至流水長者子大醫王家時長者子
在樓屋上露卧睡眠是十千天子以十千真
珠天妙瓔珞置其頭邊復以十千置其足邊
復以十千置右脅邊復以十千置左脅邊雨
曼陁羅華摩訶曼陁羅華積至于膝種種
天樂出妙音聲閻浮提中有睡眠者皆悉覺
悟流水長者子亦從睡悟是十千天子於上
空中飛騰遊行天自在光王國內處處皆雨
天妙蓮華是諸天子復至本處空澤池所復
雨天華便從此沒還忉利宮隨意自在受天
五欲時閻浮提過是夜已天自在光王問諸大
臣今夜何緣示現如是淨妙瑞相有大光明
大臣答言大王當知忉利諸天於流水長者
子家雨四十千真珠瓔珞及不可計曼陁羅
華王即告臣卿可往至彼長者家善言誘
喚令使來大臣受勑即至其家宣王教令喚
是長者是時長者尋至王所王問長者何緣
示現如是瑞相長者子言我必定知是十千
魚其命已終時大王言今可遣人審實是事

BD05863號　金光明經卷四　（22-5）

子家雨四十千真珠瓔珞及不可計曼陁羅
華王即告臣卿可往至彼長者家善言誘
喚令使來大臣受勑即至其家宣王教令喚
是長者是時長者尋至王所王問長者何緣
示現如是瑞相長者子言我必定知是十千
魚其命已終時大王言今可遣人審實是事
尒時流水尋遣其子至彼池所看是諸魚
死活定實尒時其子聞是語已向於彼池既
至池已見其池中多有摩訶曼陁羅華積聚
成積其中諸魚悉皆命終見已即還白其父
言彼諸魚等悉已命終尒時流水知是事已復
往王所作如是言是十千魚悉皆命終王聞
是已心生歡喜尒時世尊告道場菩提樹神
善女天欲知尒時流水長者子今我身是長
子水空羅睺羅是次子水藏今阿難是時十
千魚者今十千天子是是故我今為其受
阿耨多羅三藐三菩提記尒時樹神現半身
者今汝身是

金光明經捨身品第十七

尒時道場菩提樹神復白佛言世尊我聞世
尊過去脩行菩薩道時具受無量百千苦
行捐捨身命肉血骨髓唯願世尊少說往昔
苦行因緣為利眾生受諸快樂尒時世尊即現
神足神足之力故令此大地六種震動於大講堂眾
會之中有七寶塔從地踊出眾寶羅網彌
滿其上尒時大眾見是事已生希有心尒
時世尊即從坐起禮拜是塔恭敬圍繞還就

BD05863號　金光明經卷四　（22-6）

昔行因緣爲利衆生受諸快樂尒時世尊即現
神足神之力故令此大地六種震動於大講堂衆
會之中有七寶塔從地踊出衆寶羅網弥
滿其上尒時大衆見是事已生希有心尒
時世尊即從坐起礼拜是塔恭敬圍繞還就
本處尒時道場菩提樹神白佛言世尊如來
世雄出現於世常爲一切之所恭敬於諸衆生
最勝最尊何因緣故礼拜是塔佛言善女
天我本脩行菩薩道時我身舍利安止是
塔因由是身令我早成阿耨多羅三藐三菩
提尒時佛告尊者阿難汝可開塔取中舍利
示此大衆是舍利者乃是無量六波羅蜜功
德所勳尒時阿難聞佛教勅即往塔所礼拜
供養開其塔戶見其塔中有七寶函以手開
函見其舍利色妙紅白而白佛言世尊是中舍
利其色紅白佛告阿難汝可持來此是大王
真身舍利尒時阿難即舉寶函還至佛所
持以上佛尒時佛告一切大衆汝等今可礼是
舍利此舍利者是戒定慧之所勳脩甚難可
得最上福田尒時大衆聞是語已心懷歡喜
即從坐起合掌恭敬頂礼菩薩大士舍利尒
時世尊欲爲大衆斷疑網故說是舍利往昔
因緣阿難過去之世有王名曰摩訶羅陁脩行
善法善治國土無有怨敵時有三子端正微
妙形色殊特威德第一第一太子名曰摩訶
波那羅次子名曰摩訶提婆小子名曰摩

時世尊欲爲大衆斷疑網故說是舍利往昔
因緣阿難過去之世有王名曰摩訶羅陁脩行
善法善治國土無有怨敵時有三子端正微
妙形色殊特威德第一第一太子名曰摩訶
波那羅次子名曰摩訶提婆小子名曰摩
訶薩埵是三王子於諸園林遊戲觀看次第
漸到一大竹林憩駕止息第一王子作如是言
我於今日心其怖懅於是林中將無衰損第
二王子復作是言我於今日不自惜身但離
所愛心憂愁耳第三王子復作是言我於今
日獨無怖懅亦無愁惱山中空寂神仙所讚
是處閑静能令行人安隱受樂時諸王子
說是語已轉復前行見有一虎適産七日而
有七子圍繞周匝飢餓窮悴身體羸損命
將欲絶第一王子見是虎已作如是言怪哉此
虎産來七日七子圍繞不得求食若爲飢逼
必還噉子第三王子言此虎經常所食何物
第一王子言此虎唯食雜熱肉血第三王子
言君等誰能與此虎食第二王子言此虎
飢餓身體羸瘦窮困頓乏餘命無幾不容餘
處爲其求食設餘求者命必不濟誰能爲此
不惜身命第一王子言一切難捨不過己身第
三王子言我等今者以貪惜故於此身命不
能放捨智慧薄少故於是事而生驚怖若諸
大士欲利益他生大悲心爲衆生者捨此身
命不足爲難時諸王子心大愁憂久住視之

不惜身命第一王子言一切難捨不過己身第
三王子言我等今者以貪惜故於此身命不
能放捨智慧薄少故於是事而生驚怖若諸
大士欲利益他生大悲心爲衆生者捨此身
命不足爲難時諸王子心大愁憂久住視之
目未曾捨作是觀已尋便離去尒時第三王
子作是念言我今捨身時已到矣何以故我
從昔來多棄是身都無所爲亦常愛護處之
屋宅又復供給衣服飲食卧具醫藥象馬車
乘隨時將養令無所乏而不知恩反生怨害
然復不免無常敗壞復次是身不堅無所利
益可惡如賊猶若行廁我於今日當使此身
作无上業於生死海中作大橋梁復次若捨
此身則捨無量癰疽瘑疾百千怖畏是身唯
有大小便利是身不堅如水上沫是身不淨多
諸虫户是身不淨筋纏血塗皮骨髓腦共相
連持如是觀察甚可患猒是故我今應當
捨離以求寂滅无上涅槃永離憂患无常變
異生死休息無諸塵累無量禪定智慧功德
具足成就微妙法身百福莊嚴諸佛所讚證
成如是無上法身與諸衆生無量法樂是時
王子勇猛堪任作是大願以上大悲動脩其
心慮其二兄心懷怖懼或恐固遮爲作留難即
便語言兄等今者可與眷屬還其所止尒
時王子摩訶薩埵還至虎所脫身衣裳置竹
枝上作是誓言我今爲利諸衆生故證於

BD05863號　金光明經卷四　（22–9）

王子勇猛堪任作是大願以上大悲動脩其
心慮其二兄心懷怖懼或恐固遮爲作留難即
便語言兄等今者可與眷屬還其所止尒
時王子摩訶薩埵還至虎所脫身衣裳置竹
枝上作是誓言我今爲利諸衆生故證於
冣勝无上道故大悲不動捨難捨故爲求菩
提知所讚故欲度三有諸衆生故欲滅生死
怖畏惱熱故是時王子作是誓已即自放身
卧餓虎前是時王子以大慈力故虎無能爲王
子復作如是念言虎今羸瘦身無勢力不能
得我身血肉食即起求刀周遍求之了不能
得即以乾竹刺頸出血於高山上投身虎前
是時大地六種震動日無精光羅睺羅阿脩
羅王授持鄣蔽又雨雜華種種妙香時虚
空有諸餘天見是事已心生歡喜歎未曾
有讚言善哉善哉大士汝今真是行大悲者
爲衆生故能捨難捨於諸學人第一勇健汝
已爲得諸佛所讚常樂住處不久當證無惱
無熱清淨涅槃是虎尒時見血流出汙王子
身即便舐血噉食其肉唯留餘骨尒時第一
王子見地大動爲第二王子而說偈言
震動大地　及以大海　日無精光　如有覆蔽
於上虚空　雨於華香　必是我弟　捨所愛身
第二王子　復說偈言
彼虎産來　已經七日　七子圍遶　窮無飲食
氣力羸損　命不去遠　小弟大悲　知其窮悴

BD05863號　金光明經卷四　（22–10）

[illegible]
震動大地　及以大海　日無精光　如有覆蔽
於上虛空　雨於華香　必是我弟　捨所愛身
第二王子　復說偈言
彼虎產來　已經七日　七子圍繞　窮無飲食
氣力羸損　命不云遠　小弟大悲　知其窮悴
懼不堪任　還食其子　必定捨身　以救彼命
時二王子心大愁怖涕泣悲歎容貌憔悴復
共相將還至虎所見弟所著衣服衣裳皆悉
在一竹枝之上骸骨髮爪布散狼藉流血處
處遍汙其地見已悶絕不自勝持投身骨上
良久乃悟即起舉手號天而哭我弟幼稚才
能過人特為父母之所愛念奄忽捨身以飴
餓虎我今還宮父母設問當云何荅我寧在
此併命一處不忍見是骸骨髮爪何心捨離
還見父母妻子眷屬朋友知識時二王子悲
號懊惱漸捨而去時小王子所將侍從各散
諸方𠀋相謂言今者我天為何所在尒時王
妃於睡中夢乳被割牙齒墮落得三鴿鶵一為
鷹食尒時王妃大地動時即便驚悟心大愁
怖而說偈言
今日何故　大地大水　一切皆動　物不安所
日無精光　如有覆蔽　我心憂畏　目睫瞤動
如我今者　所見瑞相　必有災異　不祥苦惱
於是王妃說是偈已時有青衣在外已聞王
子消息心驚惶怖尋即入內啓白王妃作如
是言向者在外聞諸徒從推覓王子不知所

今日何故　大地大水　一切皆動　物不安所
日無精光　如有覆蔽　我心憂畏　目睫瞤動
如我今者　所見瑞相　必有災異　不祥苦惱
於是王妃說是偈已時有青衣在外已聞王
子消息心驚惶怖尋即入內啓白王妃作如
是言向者在外聞諸徒從推覓王子不知所
在王妃聞已生大憂惱涕泣滿目至大王所我
於向者傳聞外人失我最小所愛之子大
王聞已而復悶絕悲哽苦惱收淚而言如何
今日失我心中所愛重者尒時世尊欲重宣
此義而說偈言
我於往昔　無量劫中　捨所重身　以求菩提
若為國王　及作王子　常捨難捨　以求菩提
我念宿命　有大國王　其王名曰　摩訶陁羅
是王有子　能大布施　其子名曰　摩訶薩埵
復有二兄　長者名曰　大波那羅　次名大天
三人同遊　至一空山　見新產虎　飢窮無食
時勝大王　生大悲心　我今當捨　所重之身
此虎或為　飢餓所逼　僅能還食　自所生子
即上高山　自投虎前　為令虎子　得全性命
是時大地　及諸大山　皆悉震動　驚諸虫狩
虎狼師子　四散馳走　世間皆闇　無有光明
是時二兄　故在竹林　心懷憂惱　愁苦涕泣
漸漸推求　遂至虎所　見虎虎子　血汙其口
又見骸骨　髮毛爪齒　處處迸血　狼藉在地
以灰塵土　自坌其身　忘失正念　生狂癡心
[illegible]

虎狼師子　四散馳走　世間皆闇　無有光明
是時二兄　故在竹林　心懷憂惱　愁苦涕泣
漸漸推求　遂至虎所　見虎虎子　血汙其口
又見骸骨　髮毛爪齒　處處迸血　狼藉在地
以灰塵土　自塗其身　忘失正念　生狂癡心
所將侍從　覩見是事　亦生悲慟　失聲號哭
手以冷水　共相噴灑　然後穌息　失聲號哭
是時王子　當捨身時　正值後宮　妃后綵女
眷屬五百　共相娛樂　王妃是時　兩乳汁出
一切枝節　痛如針刺　心生愁惱　如失愛子
於是王妃　疾至王所　其聲微細　悲泣而言
大王今當　諦聽諦聽　憂愁盛火　今來燒我
我今二乳　俱時汁出　身體苦切　如被針刺
我見如是　不祥瑞相　恐更不復　見所愛子
今以身命　奉上大王　願速遣人　求覓我子
夢三鴿鶵　在我懷抱　其最小者　可適我心
有鷹飛來　奪我而去　夢見是事　即生憂惱
我今愁怖　恐命不濟　願速遣人　推求我子
是時王妃　說是語已　即時悶絕　而復躄地
王聞是語　復生憂惱　以不得見　所愛子故
其王大臣　及諸眷屬　悉皆聚集　在王左右
哀哭悲號　聲動天地　尒時城內　所有人民
聞是聲已　驚愕而出　各相謂言　今是王子
為活來耶　為已死亡　如是大士　常出軟語
為眾所愛　今難可見　已有諸人　入林推求
不久自當　得定消息　諸人尒時　慞惶如是

哀哭悲號　聲動天地　尒時城內　所有人民
聞是聲已　驚愕而出　各相謂言　今是王子
為活來耶　為已死亡　如是大士　常出軟語
為眾所愛　今難可見　已有諸人　入林推求
不久自當　得定消息　諸人尒時　慞惶如是
而復悲號　哀動神祇
尒時大王　即從坐起　以水灑妃　良久乃穌
還得正念　微聲問王　我子今者　為死活耶
尒時王妃　念其子故　倍復懊惱　心无暫捨
可惜我子　形色端正　如何一旦　捨我終亡
云何我身　不先竟沒　而見如是　諸苦惱事
善子妙色　猶淨蓮華　誰壞汝身　使令分離
將非是我　昔日怨讎　挾本業緣　而殺汝耶
我子面目　淨如滿月　不圖一旦　遇斯禍對
寧使我身　破碎如塵　不令我子　喪失身命
我所見夢　已為得報　值我無情　能堪是苦
如我所夢　牙齒墮落　二乳一時　汁自流出
必定是我　失所愛子　夢三鴿鶵　鷹奪一去
三子之中　必定失一　尒時大王　即告其妃
我今當遣　大臣使者　周遍東西　推求覓子
汝今且可　莫大憂愁　大王如是　慰喻妃已
即便嚴駕　出其宮殿　心生愁惱　憂苦所切
雖在大眾　顏貌憔悴　即出其城　覓所愛子
尒時亦有　無量諸人　哀號動地　尋從王後
是時大王　既出城已　四向顧望　求覓其子
煩寃心亂　靡知所在　最後遙見　有一信來

即使嚴駕 出其宮殿 心生愁惱 憂悲所切
雖在大衆 顏貌憔悴 即出其城 覓所愛子
尒時亦有 無量諸人 哀號動地 尋從王後
是時大王 既出城已 四向顧望 求覓其子
煩冤心亂 靡知所在 最後還見 有一信來
頭蒙塵土 血汙其衣 灰糞塗身 悲號而至
尒時大王 摩訶羅陁 見是使已 倍生懊惱
舉手號叫 仰天而哭 先所遣臣 尋復來至
既至王所 作如是言 願王莫愁 諸子猶在
不久當至 令王得見 須臾之頃
見王愁悴 顏貌憔悴 身所著衣 垢膩塵汙
大王當知 一子已終 二子雖存 哀悴無頼
第三王子 見虎新產 飢窮七日 恐還食子
見是虎已 深生悲心 發大誓願 當度衆生
於未來世 證成菩提 即上高山 投身餓虎
虎飢所逼 便起噉食 一切血肉 已為都盡
唯有骸骨 狼藉在地 是時大王 聞臣語已
轉復悶絕 失念躃地 憂愁盛火 熾然其身
諸臣眷屬 亦復如是 以水灑王 良久乃蘇
復起舉手 號天而哭 復有臣來 而白王言
向於林中 見王二子 愁憂愁毒 悲號涕泣
迷悶失志 自投於地 臣即求水 灑其身上
良久之頃 乃還蘇息 望見四方 大火熾然
扶持暫起 尋復躃地 舉手悲哀 號天而哭
卞復讚嘆 其弟功德 是時大王 以離愛子
其心迷悶 氣息微然 憂惱涕泣 並復思惟

迷悶失志 自投於地 臣即求水 灑其身上
良久之頃 乃還蘇息 望見四方 大火熾然
扶持暫起 尋復躃地 舉手悲哀 號天而哭
卞復讚嘆 其弟功德 是時大王 以離愛子
其心迷悶 氣息微然 憂惱涕泣 並復思惟
是東小子 我所愛重 無常大鬼 奄便吞食
其餘二子 今雖存在 而為憂火 之所焚燒
或能為是 喪失命根 我宜速往 至彼林中
迎載諸子 急還宮殿 其母在後 憂苦逼切
心肝分裂 或能失命 若見二子 慰喻其心
可使終保 餘年壽命 尒時大王 駕乘名象
與諸侍從 欲至彼林 即於中路 見其二子
號吞和地 稱弟名字 時王即前 抱持二子
悲號涕泣 隨路還宮 速令二子 覲見其母
佛告樹神 汝今當知 尒時王子 摩訶薩埵
捨身飴虎 今我身是 尒時大王 摩訶羅陁
於今父王 輸頭檀是 尒時王妃 今摩耶是
第一王子 今弥勒是 第二王子 今調達是
尒時虎者 今瞿夷是 時虎七子 今五比丘
及舍利弗 目揵連是
尒時大王摩訶羅陁及其妃后悲號涕泣悉
皆脫身御服瓔珞與諸大衆往至林中收
其舍利即於此處起七寶塔是時王子摩
訶薩埵臨捨命時作是誓願願我舍利於未
來世過筭數劫常為衆生而作佛事說是經
時無量阿僧祇天及人發阿耨多羅三藐三菩

皆脫身御服瓔珞與諸大衆往至林中扵
其舍利即於此處起七寶塔是時王子摩
訶薩埵臨捨命時作是誓願願我舍利於未
來世過筭數劫常為衆生而作佛事說是經
時無量阿僧祇天及人發阿耨多羅三藐三菩
提心樹神是名礼塔往昔因緣尒時佛神力故
是七寶塔即沒不現

金光明經讚佛品第十八

尒時無量百千万億諸菩薩衆從此世界至
金寶蓋山王如來國土到彼土已五體投地為
佛作礼却一面立向佛合掌異口同音而讚嘆
曰

如來之身 金色微妙 其明照曜 如金山王
身淨柔軟 如金蓮華 無量妙相 以自莊嚴
隨形之好 光飾其體 淨潔無比 如紫金色
圓足無垢 如淨滿月 其音清徹 妙如梵聲
師子吼聲 大雷震聲 六種清淨 微妙音聲
迦陵頻伽 孔雀之聲 清淨無垢 威德具足
百福相好 莊嚴其身 光明遠照 無有齊限
智慧寂滅 無諸愛習 世尊成就 無量功德
譬如大海 須弥寶山 為諸衆生 生憐愍心
於未來世 能與快樂 如來所說 第一深義
能令衆生 寂滅安樂 能與衆生 無量快樂
能演無上 甘露妙法 能開無上 甘露法門
能入一切 無患窟宅 能令衆生 悉得解脫
度於三有 無量苦海 安住正道 無諸憂苦

BD05863號　金光明經卷四　（22-17）

譬如大海 須弥寶山 為諸衆生 生憐愍心
於未來世 能與快樂 如來所說 第一深義
能令衆生 寂滅安樂 能與衆生 無量快樂
能演無上 甘露妙法 能開無上 甘露法門
能入一切 無患窟宅 能令衆生 悉得解脫
度於三有 無量苦海 安住正道 無諸憂苦
如來世尊 功德智慧 大慈悲力 精進方便
如是無量 不可稱計 我等今者 不能說喻
諸天世人 於無量劫 盡思度量 不能得知
如來所有 功德智慧 無量大海 一渧少分
我今略讚 如來功德 百千億分 不能宣一
若我功德 得聚集者 迴與衆生 證無上道

尒時信相菩薩即於此會從坐而起偏袒右
肩右膝著地合掌向佛而說讚言

世尊百福 相好微妙 功德千數 莊嚴其身
色淨遠照 視之無厭 如日千光 弥滿虛空
光明熾盛 無量無邊 猶如無數 珎寶大聚
其明五色 青紅赤白 琉璃頗梨 如融真金
光明赫弈 通徹諸山 悉能遠照 無量佛土
能滅衆生 無量苦惱 又與衆生 上妙快樂
諸根清淨 微妙第一 衆生見者 無有厭足
髮紺柔軟 猶孔雀項 如諸蜂王 集在蓮華
清淨大悲 功德莊嚴 無量三昧 及以大慈
如是功德 悉已聚集 相好妙色 嚴飾其身
種種功德 助成菩提
如來悉能 調伏衆生 令心柔軟 受諸快樂

BD05863號　金光明經卷四　（22-18）

髮紺柔軟　猶孔雀項　如諸蜂王　集在蓮華
清淨大悲　功德莊嚴　無量三昧　及以大慈
如是功德　悉已聚集　相好妙色　嚴飾其身
種種功德　助成菩提
如来悉能　調伏衆生　令心柔軟　受諸快樂
種種深妙　功德莊嚴　亦為十方　諸佛所讚
其光遠照　遍於諸方　猶如日明　充滿虛空
功德成就　如須弥山　在在示現　於諸世界
齒白齊整　猶如珂雪　其德如日　處空明顯
眉間豪相　右旋婉轉　光明流出　如琉璃珠
其色微妙　如日處空
尒時道場菩提樹神復說讚曰
南无清淨　無上正覺　甚深妙法　隨順覺了
遠離一切　非法非道　獨拔而出　成佛正覺
習有非有　本性清淨
希有希有　如来功德　希有希有　如来大海
希有希有　如須弥山　希有希有　佛無邊行
希有希有　佛出於世　如優曇華　時一現耳
希有如来　無量大悲　釋迦牟尼　為人中日
為欲利益　諸衆生故　宣說如是　妙寶經典
善哉如来　諸根寂滅　而復遊入　善寂大城
無垢清淨　甚深三昧　入於諸佛　所行之處
一切聲聞　身皆空寂　而是世尊　行處亦空
如是一切　无量諸法　推本性相　亦皆空寂
一切衆生　性相亦空　狂愚心故　不能覺知
我常念佛　樂見世尊　常作誓願　不離佛日

無垢清淨　甚深三昧　入於諸佛　所行之處
一切聲聞　身皆空寂　而是世尊　行處亦空
如是一切　无量諸法　推本性相　亦皆空寂
一切衆生　性相亦空　狂愚心故　不能覺知
我常念佛　樂見世尊　常作誓願　不離佛日
我常於地　長跪合掌　其心戀慕　欲見於佛
我常脩行　寂上大悲　哀泣雨淚　欲見於佛
我常渴仰　欲見於佛　為是事故　憂火燒然
唯願世尊　賜我慈悲　清冷法水　以滅是火
世尊慈愍　悲心無量　願使我身　常得見佛
世尊常護　一切人天　是故我今　渴仰欲見
聲聞之身　猶如虛空　焚幻響化　如水中月
衆生之性　如夢所見　如来行處　淨如琉璃
入於無上　甘露法處　能與衆生　無量快樂
如来行處　微妙甚深　一切衆生　無能知者
五通神仙　及諸聲聞　一切緣覺　亦不能知
我今不疑　佛所行處　唯願慈悲　為我現身
尒時世尊　從三昧起　以微妙音　而讚歎言
善哉善哉　樹神善女　汝於今日　快說是言
金光明經囑累品第十九
尒時釋迦牟尼佛從三昧起現大神力以右
手摩諸大菩薩摩訶薩頂與諸天王及龍
王二十八部散脂鬼神大將軍等而作是言我
於無量百千万億恒河沙劫脩集是金光明
微妙經典汝等當受持讀誦廣宣此法復於
閻浮提内無令斷絶若有善男子善女人於

手摩諸大菩薩摩訶薩頂與諸天王及龍
王二十八部散脂鬼神大將軍等而作是言我
於無量百千万億恒河沙劫脩集是金光明
微妙經典汝等當受持讀誦廣宣此法復於
閻浮提內無令斷絕若有善男子善女人於
未來世中有受持讀誦此經典者汝等諸天
常當擁護當知是人於未來世無量百千人
天之中常受快樂於未來世值遇諸佛疾得
證成阿耨多羅三藐三菩提
尒時諸大菩薩及天龍王二十八部散脂大將
等即從座起到於佛前五體投地俱發聲
言如世尊勑當具奉行如是三白如世尊勑
當具奉行於是散脂大將軍而白佛言如世
尊若後未來世中有受持是經若自書若使
人書我當與此二十八部諸鬼神等常當隨侍
擁衛隱蔽其身是說法者皆悉消滅諸惡令
得安隱願不有慮
尒時釋迦牟尼佛現大神力十方無量世界
皆六種震動是時諸佛皆大歡喜囑累是
經故讚美持法者現無量神力於是無量無
邊阿僧祇菩薩摩訶薩大衆及信相菩薩金
金光金藏常悲法上等及四天大王千千天子
與道場菩提樹神堅牢等及一切世間天人
阿脩羅等聞佛所說皆發無上菩提之道
踊躍歡喜作礼而去
金光明經卷第四

BD05863號　金光明經卷四　（22–21）

擁衛隱蔽其身是說法者皆悉消滅諸惡令
得安隱願不有慮
尒時釋迦牟尼佛現大神力十方無量世界
皆六種震動是時諸佛皆大歡喜囑累是
經故讚美持法者現無量神力於是無量無
邊阿僧祇菩薩摩訶薩大衆及信相菩薩金
金光金藏常悲法上等及四天大王千千天子
與道場菩提樹神堅牢等及一切世間天人
阿脩羅等聞佛所說皆發無上菩提之道
踊躍歡喜作礼而去
金光明經卷第四

BD05863號　金光明經卷四　（22–22）

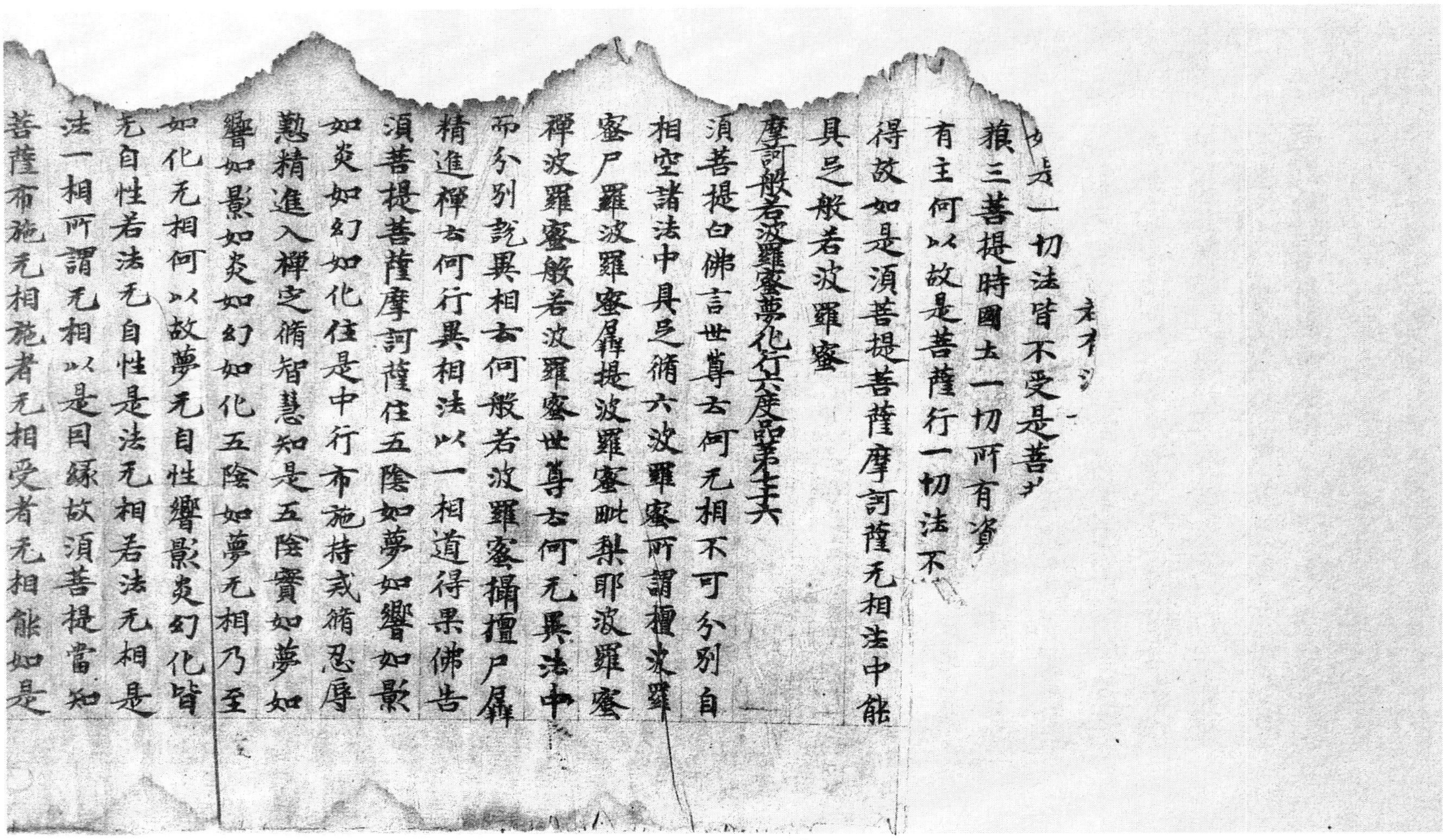

衣不沒……
如是一切法皆不受是善……
狼三菩提時國土一切所有資
有主何以故是菩薩行一切法不
得故如是須菩提菩薩摩訶薩无相法中能
具足般若波羅蜜
摩訶般若波羅蜜夢化行六度品第七十六
須菩提白佛言世尊云何无相不可分別自
相空諸法中具足脩六波羅蜜所謂檀波羅
蜜尸羅波羅蜜羼提波羅蜜毗梨耶波羅蜜
禪波羅蜜般若波羅蜜世尊云何无異法中
而分別說異相云何般若波羅蜜攝檀尸羼
精進禪云何行異相法以一相道得果佛告
須菩提菩薩摩訶薩住五陰如夢如響如影
如炎如幻如化住是中行布施持戒脩忍辱
懃精進入禪定脩智慧知是五陰實如夢如
響如影如炎如幻如化五陰如夢无相乃至
如化无相何以故夢无自性響影炎幻化皆
无自性若法无自性是法无相若法无相是
法一相所謂无相以是因緣故須菩提當知
菩薩布施无相施者无相受者无相能如是

BD05864號　摩訶般若波羅蜜經卷二三　（2–1）

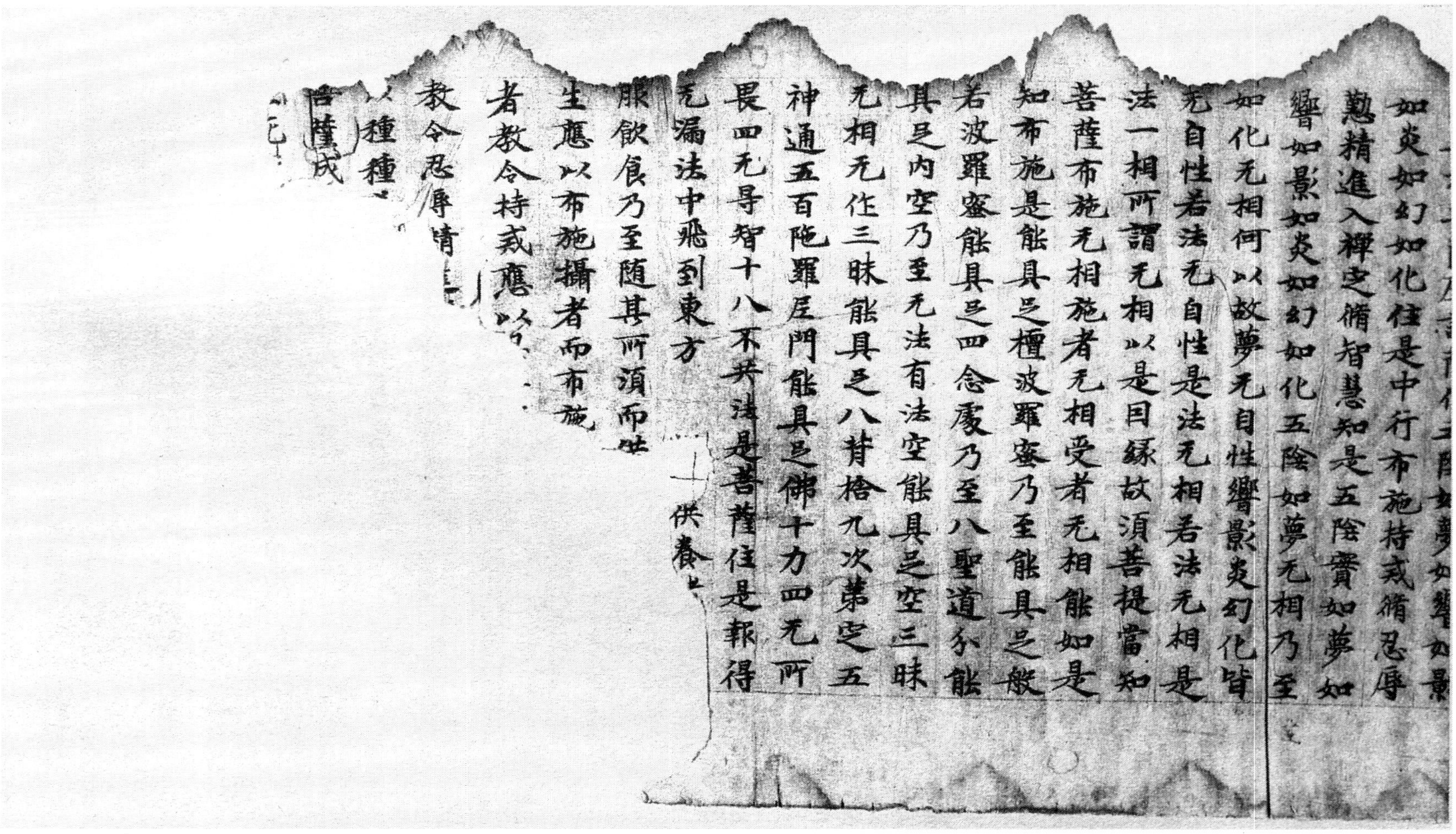

……陰如夢如響如影
如炎如幻如化住是中行布施持戒脩忍辱
懃精進入禪定脩智慧知是五陰實如夢如
響如影如炎如幻如化五陰如夢无相乃至
如化无相何以故夢无自性響影炎幻化皆
无自性若法无自性是法无相若法无相是
法一相所謂无相以是因緣故須菩提當知
菩薩布施无相施者无相受者无相能如是
知布施是能具足檀波羅蜜乃至能具足般
若波羅蜜能具足四念處乃至八聖道分能
具足內空乃至无法有法空能具足空三昧
无相无作三昧能具足八背捨九次第定五
神通五百陁羅尼門能具足佛十力四无所
畏四无㝵智十八不共法是菩薩住是報得
无漏法中飛到東方……供養……
服飲食乃至隨其所須而供
生應以布施攝者而布施
者教令持戒應以
教令忍辱精
……種種……
菩薩成

BD05864號　摩訶般若波羅蜜經卷二三　（2–2）

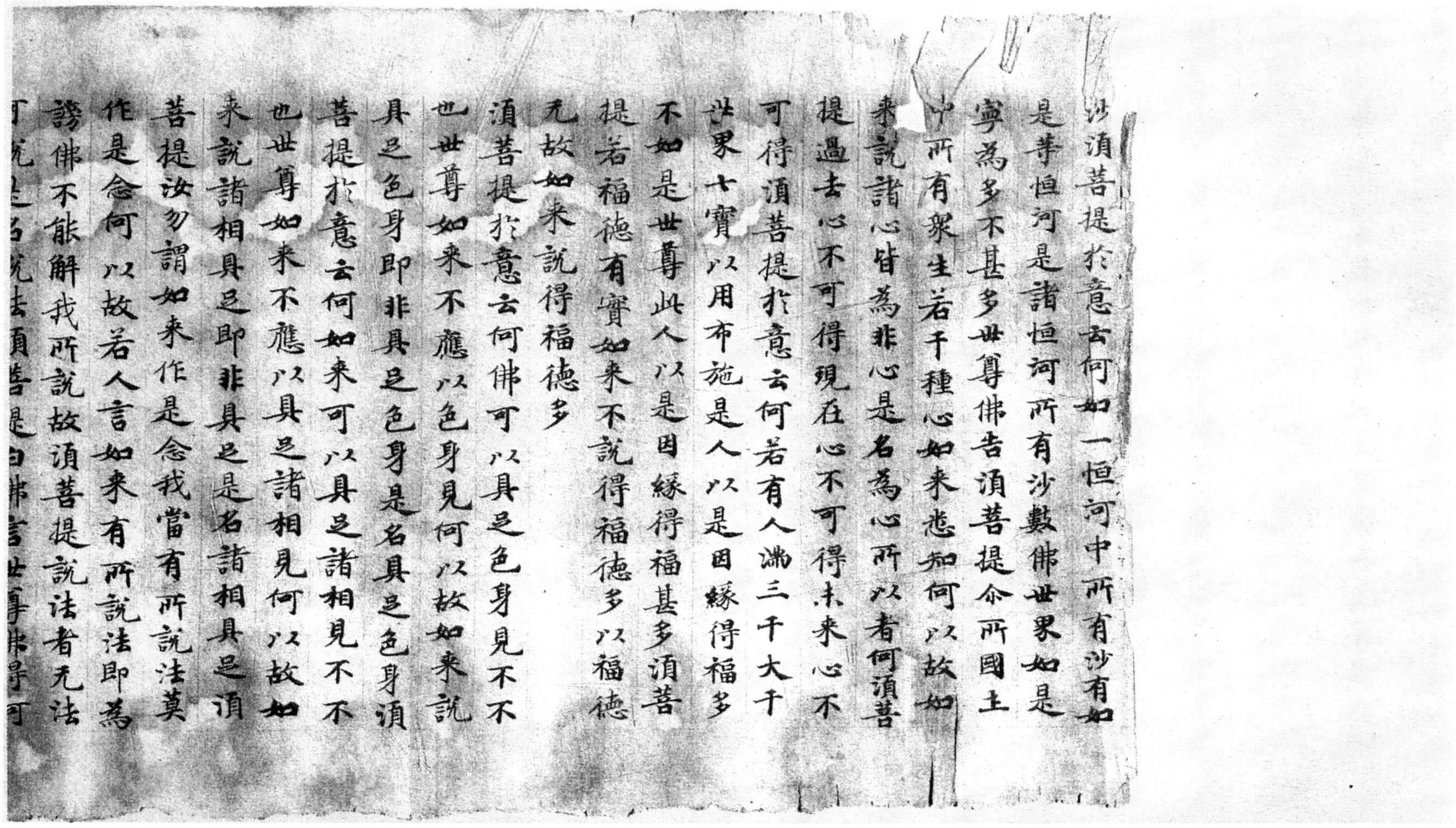

沙須菩提於意云何如一恒河中所有沙有如
是等恒河是諸恒河所有沙數佛世界如是
寧為多不甚多世尊佛告須菩提尒所國土
中所有衆生若干種心如来悉知何以故如
来說諸心皆為非心是名為心所以者何須菩
提過去心不可得現在心不可得未来心不
可得須菩提於意云何若有人滿三千大千
世界七寶以用布施是人以是因緣得福多
不如是世尊此人以是因緣得福甚多須菩
提若福德有實如来不說得福德多以福德
无故如来說得福德多
須菩提於意云何佛可以具足色身見不不
也世尊如来不應以色身見何以故如来說
具足色身即非具足色身是名具足色身須
菩提於意云何如来可以具足諸相見不不
也世尊如来不應以具足諸相見何以故如
来說諸相具足即非具足是名諸相具足須
菩提汝勿謂如来作是念我當有所說法莫
作是念何以故若人言如来有所說法即為
謗佛不能解我所說故須菩提說法者无法
可說是名說法須菩提白佛言世尊佛得阿

BD05865 號　金剛般若波羅蜜經　（5–1）

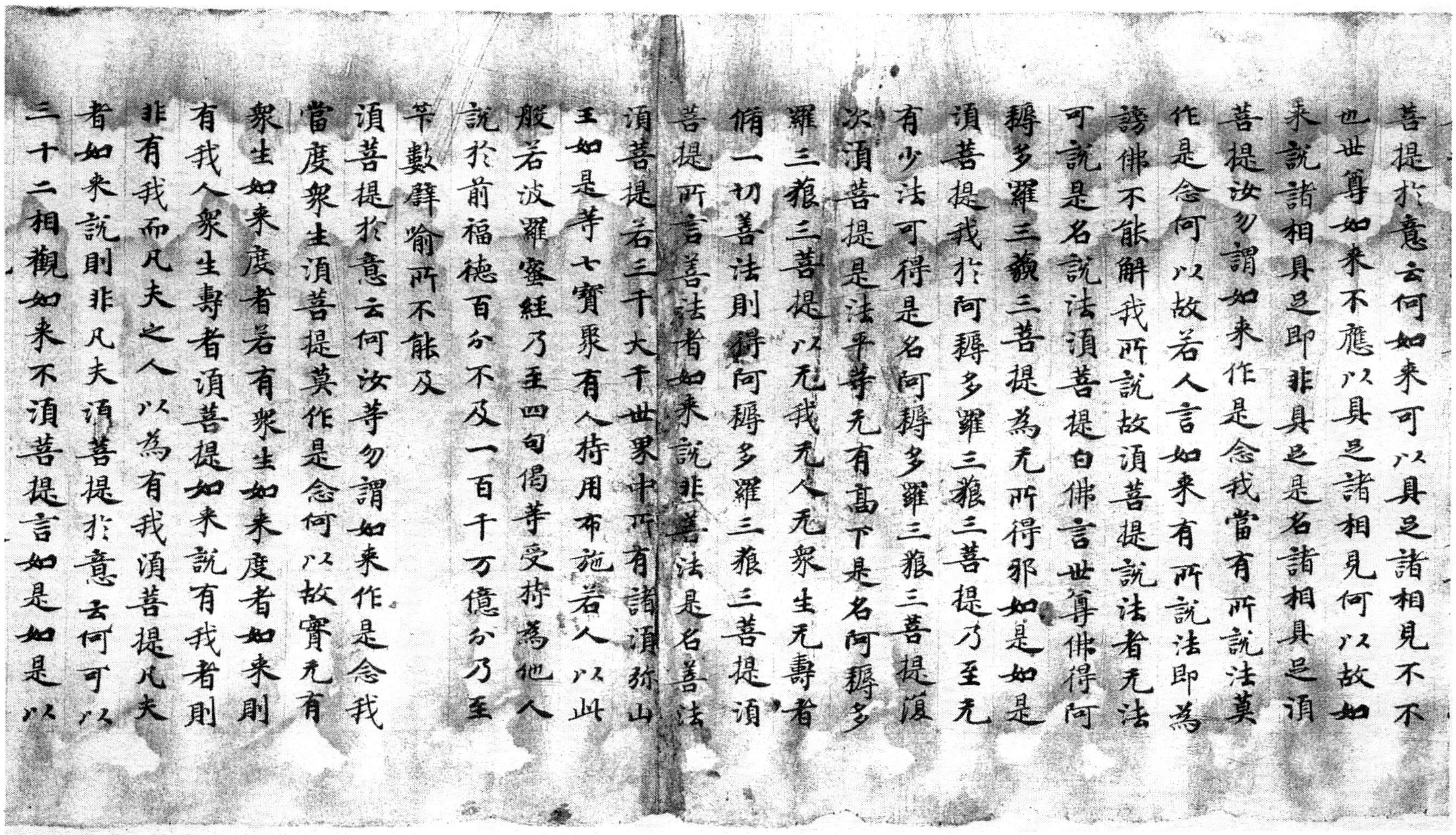

菩提於意云何如来可以具足諸相見不不
也世尊如来不應以具足諸相見何以故如
来說諸相具足即非具足是名諸相具足須
菩提汝勿謂如来作是念我當有所說法莫
作是念何以故若人言如来有所說法即為
謗佛不能解我所說故須菩提說法者无法
可說是名說法須菩提白佛言世尊佛得阿
耨多羅三藐三菩提為无所得耶如是如是
須菩提我於阿耨多羅三藐三菩提乃至无
有少法可得是名阿耨多羅三藐三菩提復
次須菩提是法平等无有高下是名阿耨多
羅三藐三菩提以无我无人无衆生无壽者
脩一切善法則得阿耨多羅三藐三菩提須
菩提所言善法者如来說非善法是名善法
須菩提若三千大千世界中所有諸須弥山
王如是等七寶聚有人持用布施若人以此
般若波羅蜜經乃至四句偈等受持為他人
說於前福德百分不及一百千万億分乃至
筭數譬喻所不能及
須菩提於意云何汝等勿謂如来作是念我
當度衆生須菩提莫作是念何以故實无有
衆生如来度者若有衆生如来度者如来則
有我人衆生壽者須菩提如来說有我者則
非有我而凡夫之人以為有我須菩提凡夫
者如来說則非凡夫須菩提於意云何可以
三十二相觀如来不須菩提言如是如是以

BD05865 號　金剛般若波羅蜜經　（5–2）

當度衆生須菩提莫作是念何以故實无有
衆生如來度者若有衆生如來度者如來則
有我人衆生壽者須菩提如來說有我者則
非有我而凡夫之人以為有我須菩提凡夫
者如來說則非凡夫須菩提於意云何可以
三十二相觀如來不須菩提言如是如是以
三十二相觀如來佛言須菩提若以三十二
相觀如來者轉輪聖王則是如來須菩提白
佛言世尊如我解佛所說義不應以三十二
相觀如來尒時世尊而說偈言
若以色見我 以音聲求我 是人行邪道 不能見如來
須菩提汝若作是念如來不以具足相故得
阿耨多羅三藐三菩提須菩提莫作是念如
來不以具足相故得阿耨多羅三藐三菩提
須菩提汝若作是念發阿耨多羅三藐三菩
提者說諸法斷滅莫作是念何以故發阿耨
多羅三藐三菩提者於法不說斷滅相須菩
提若菩薩以滿恒河沙等世界七寶布施若
復有人知一切法无我得成於忍此菩薩勝
前菩薩所得功德須菩提以諸菩薩不受福
德故須菩提白佛言世尊云何菩薩不受福
德須菩提菩薩所作福德不應貪著是故說
不受福德須菩提若有人言如來若來若去
若坐若卧是人不解我所說義何以故如來
者无所從來亦无所去故名如來須菩提若
善男子善女人以三千大千世界碎為微塵

BD05865號　金剛般若波羅蜜經　（5–3）

德故須菩提白佛言世尊云何菩薩不受福
德須菩提菩薩所作福德不應貪著是故說
不受福德須菩提若有人言如來若來若去
若坐若卧是人不解我所說義何以故如來
者无所從來亦无所去故名如來須菩提若
善男子善女人以三千大千世界碎為微塵
於意云何是微塵衆寧為多不甚多世尊何
以故若是微塵衆實有者佛則不說是微塵
衆所以者何佛說微塵衆則非微塵衆是名
微塵衆世尊如來所說三千大千世界則非
世界是名世界何以故若世界實有則是一
合相如來說一合相則非一合相是名一合
相須菩提一合相者則是不可說但凡夫之人
貪著其事須菩提若人言佛說我見人見衆
生見壽者見須菩提於意云何是人解我所
說義不世尊是人不解如來所說義何以故
世尊說我見人見衆生見壽者見即非我見
人見衆生見壽者見是名我見人見衆生見
壽者見須菩提發阿耨多羅三藐三菩提心
者於一切法應如是知如是見如是信解不
生法相須菩提所言法相如來說即非法相
是名法相須菩提若有人以滿无量阿僧祇
世界七寶持用布施若有善男子善女人發
菩薩心者持於此經乃至四句偈等受持讀
誦為人演說其福勝彼云何為人演說不取
於相如如不動何以故
一切有為法 如夢幻泡影 如露亦如電 應作如是觀

BD05865號　金剛般若波羅蜜經　（5–4）

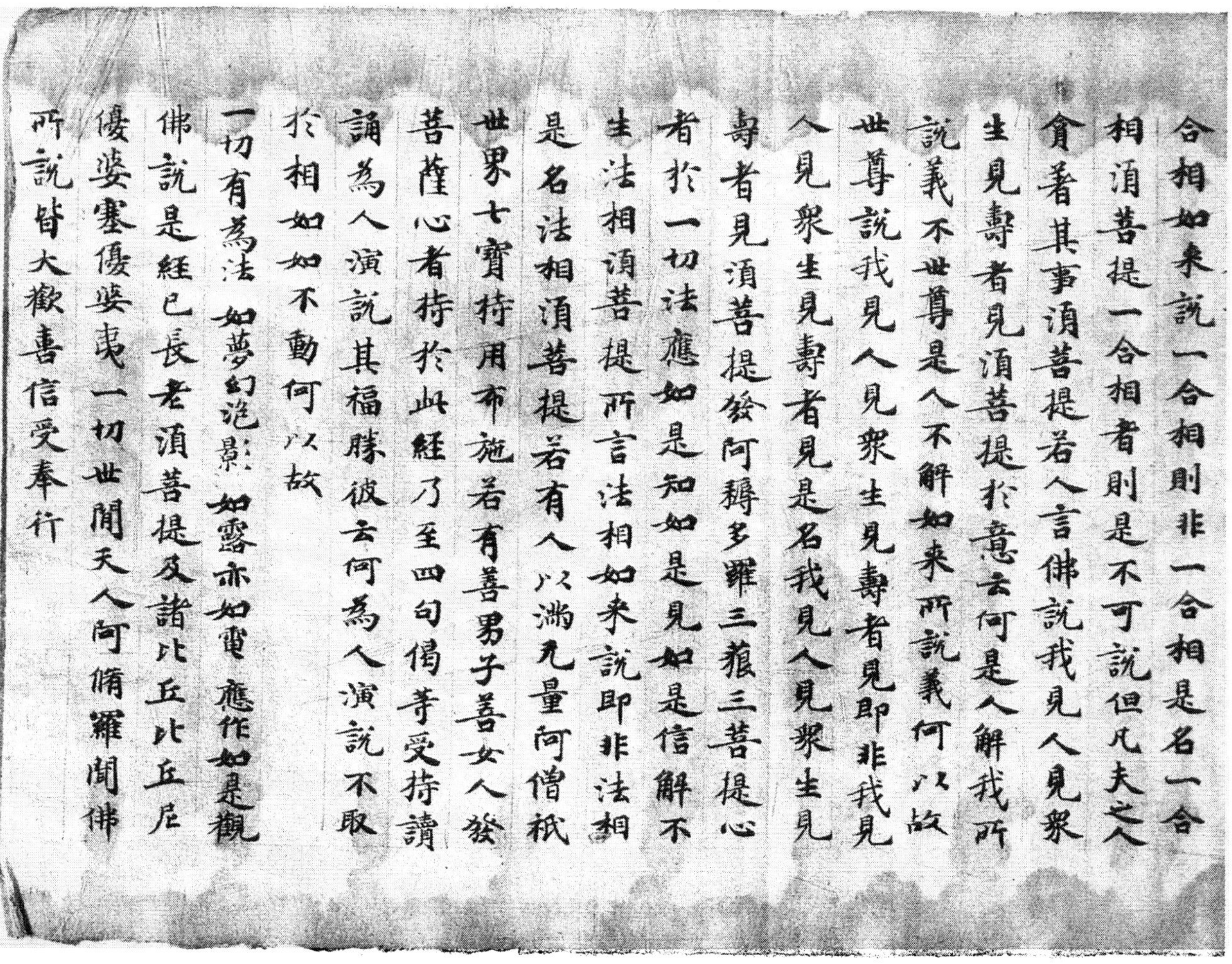

合相如来說一合相則非一合相是名一合
相須菩提一合相者則是不可說但凡夫之人
貪著其事須菩提若人言佛說我見人見衆
生見壽者見須菩提於意云何是人解我所
說義不世尊是人不解如来所說義何以故
世尊說我見人見衆生見壽者見即非我見
人見衆生見壽者見是名我見人見衆生見
壽者見須菩提發阿耨多羅三藐三菩提心
者於一切法應如是知如是見如是信解不
生法相須菩提所言法相如来說即非法相
是名法相須菩提若有人以滿无量阿僧祇
世界七寶持用布施若有善男子善女人發
菩薩心者持於此經乃至四句偈等受持讀
誦為人演說其福勝彼云何為人演說不取
於相如如不動何以故
一切有為法　如夢幻泡影　如露亦如電　應作如是觀
佛說是經已長老須菩提及諸比丘比丘尼
優婆塞優婆夷一切世間天人阿脩羅聞佛
所說皆大歡喜信受奉行

BD05865 號　金剛般若波羅蜜經　（5–5）

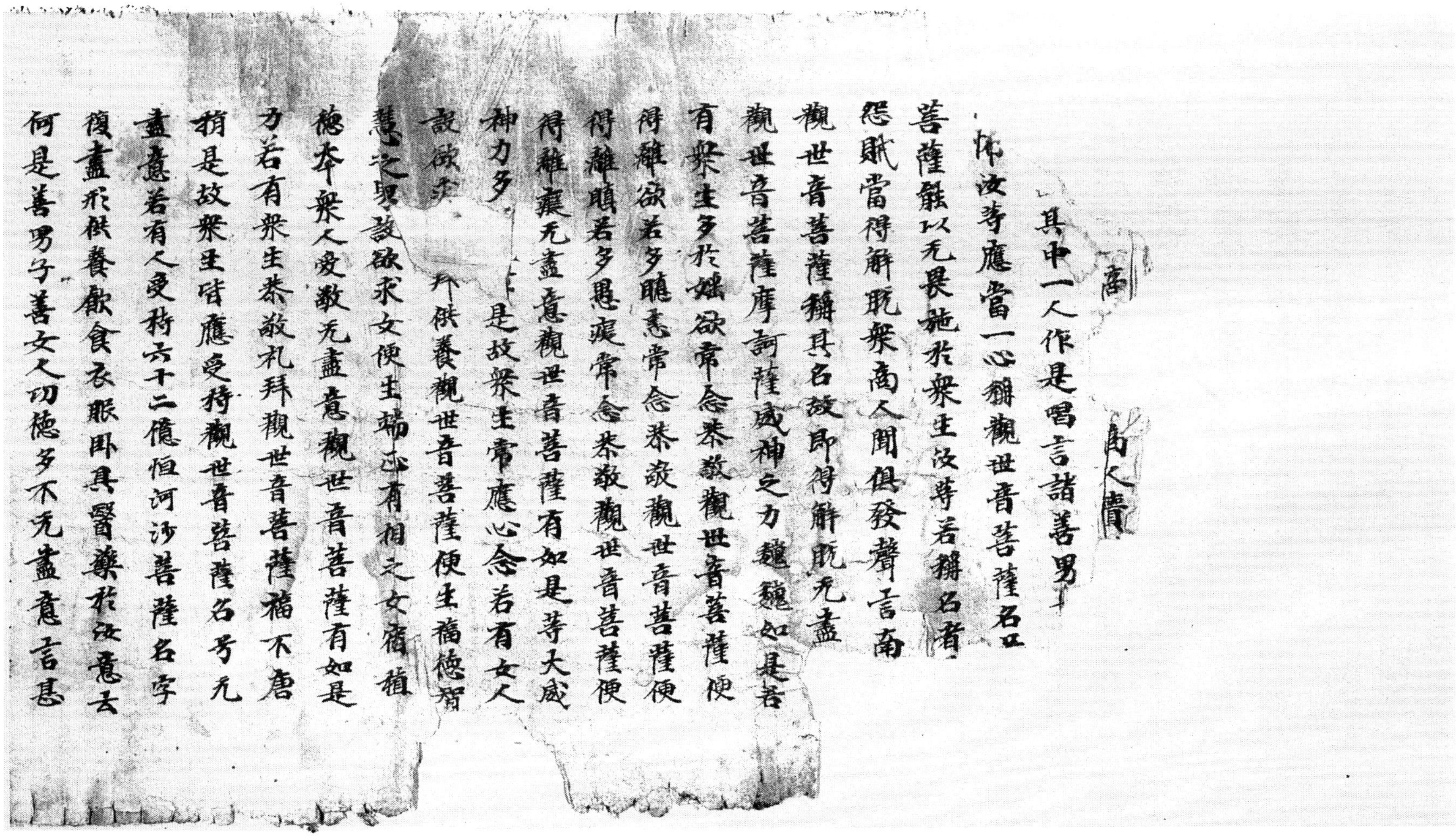

商　商人賷
其中一人作是唱言諸善男
怖汝等應當一心稱觀世音菩薩名口
菩薩能以无畏施於衆生汝等若稱名者
怨賊當得解脫衆商人聞俱發聲言南
觀世音菩薩稱其名故即得解脫无盡
觀世音菩薩摩訶薩威神之力巍巍如是若
有衆生多於婬欲常念恭敬觀世音菩薩便
得離欲若多瞋恚常念恭敬觀世音菩薩便
得離瞋若多愚癡常念恭敬觀世音菩薩便
得離癡无盡意觀世音菩薩有如是等大威
神力多　是故衆生常應心念若有女人
設欲求　拜供養觀世音菩薩便生福德智
慧之男設欲求女便生端正有相之女宿殖
德本衆人愛敬无盡意觀世音菩薩有如是
力若有衆生恭敬礼拜觀世音菩薩福不唐
捐是故衆生皆應受持觀世音菩薩名号无
盡意若有人受持六十二億恒河沙菩薩名字
復盡形供養飲食衣服臥具醫藥於汝意云
何是善男子善女人功德多不无盡意言甚

BD05866 號　妙法蓮華經卷七　（6–1）

德本衆人愛敬无盡意觀世音菩薩有如是
力若有衆生恭敬礼拜觀世音菩薩福不唐
捐是故衆生皆應受持觀世音菩薩名号无
盡意若有人受持六十二億恒河沙菩薩名字
復盡形供養飲食衣服卧具醫藥於汝意云
何是善男子善女人功德多不无盡意言甚
多世尊佛言若復有人受持觀世音菩薩名
号乃至一時礼拜供養是二人福正等无異於
百千万億劫不可窮盡无盡意受持觀世音
菩薩名号得如是无量无邊福德之利无
盡意菩薩白佛言世尊觀世音菩薩云何
遊此娑婆世界云何而為衆生說法方便之
力其事云何佛告无盡意菩薩善男子若有
國土衆生應以佛身得度者觀世音菩薩即
現佛身而為說法應以辟支佛身得度者即
現辟支佛身而為說法應以聲聞身得度者即
現聲聞身而為說法應以梵王身得度者即
現梵王身而為說法應以帝釋身得度者
即現帝釋身而為說法應以自在天身得度
者即現自在天身而為說法應以大自在天身
得度者即現大自在天身而為說法應以天大
将軍身得度者即現天大将軍身而為說法應
以毗沙門身得度者即現毗沙門身而為說法
應以小王身得度者即現小王身而為說法應
以長者身得度者即現長者身而為說法應

BD05866號　妙法蓮華經卷七　（6–2）

得度者即現大自在天身而為說法應以天大
将軍身得度者即現天大将軍身而為說法應
以毗沙門身得度者即現毗沙門身而為說法
應以小王身得度者即現小王身而為說法應
以長者身得度者即現長者身而為說法應
以居士身得度者即現居士身而為說法應
以宰官身得度者即現宰官身而為說法應
以婆羅門身得度者即現婆羅門身而為說
法應以比丘比丘尼優婆塞優婆夷身得度者
即現比丘比丘尼優婆塞優婆夷身而為說
法應以長者居士宰官婆羅門婦女身得
度者即現婦女身而為說法應以童男童
女身得度者即現童男童女身而為說法
應以天龍夜叉乾闥婆阿脩羅迦樓羅緊那
羅摩睺羅伽人非人等身得度者即皆現
之而為說法應以執金剛神得度者即現執
金剛神而為說法无盡意是觀世音菩薩成
就如是以種種形遊諸國土度脫衆生是故汝
等應當一心供養觀世音菩薩是觀世音菩
薩摩訶薩於怖畏急難之中能施无畏是故此
娑婆世界皆号之為施无畏者无盡意菩薩
白佛言世尊我今當供養觀世音菩薩即解
頸衆寶珠瓔珞價直百千兩金而以與之作
是言仁者受此法施珎寶瓔珞時觀世音
菩薩不肯受之无盡意復白觀世音菩薩

BD05866號　妙法蓮華經卷七　（6–3）

白佛言世尊我今當供養觀世音菩薩即解
頸衆寶珠瓔珞價直百千兩金而以與之作
是言仁者受此法施珎寶瓔珞時觀世音
菩薩不肯受之无盡意復白觀世音菩薩
言仁者愍我故受此瓔珞尒時佛告觀世音
菩薩當愍此无盡意菩薩及四衆天龍夜
叉乾闥婆阿脩羅迦樓羅緊那羅摩睺羅
伽人非人等故受是瓔珞即時觀世音菩薩
愍諸四衆及於天龍人非人等受其瓔珞分
作二分一分奉釋迦牟尼佛一分奉多寶佛
塔无盡意觀世音菩薩有如是自在神力遊
於娑婆世界尒時无盡意菩薩以偈問曰
世尊妙相具　我今重問彼　佛子何因緣　名為觀世音
具足妙相尊　偈答无盡意　汝聽觀音行　善應諸方所
弘誓深如海　歷劫不思議　侍多千億佛　發大清淨願
我為汝略說　聞名及見身　心念不空過　能滅諸有苦
假使興害意　推落大火坑　念彼觀音力　火坑變成池
或漂流巨海　龍魚諸鬼難　念彼觀音力　波浪不能沒
或在須彌峯　為人所推墮　念彼觀音力　如日虛空住
或被惡人逐　墮落金剛山　念彼觀音力　不能損一毛
或值怨賊遶　各執刀加害　念彼觀音力　咸即起慈心
或遭王難苦　臨刑欲壽終　念彼觀音力　刀尋段段壞
或囚禁枷鎖　手足被杻械　念彼觀音力　釋然得解脫
呪詛諸毒藥　所欲害身者　念彼觀音力　還著於本人
或遇惡羅剎　毒龍諸鬼等　念彼觀音力　時悉不敢害

BD05866號　妙法蓮華經卷七　　（6–4）

或值怨賊遶　各執刀加害　念彼觀音力　咸即起慈心
或遭王難苦　臨刑欲壽終　念彼觀音力　刀尋段段壞
或囚禁枷鎖　手足被杻械　念彼觀音力　釋然得解脫
呪詛諸毒藥　所欲害身者　念彼觀音力　還著於本人
或遇惡羅剎　毒龍諸鬼等　念彼觀音力　時悉不敢害
若惡獸圍遶　利牙爪可怖　念彼觀音力　疾走无邊方
蚖蛇及蝮蠍　氣毒煙火燃　念彼觀音力　尋聲自迴去
雲雷鼓掣電　降雹澍大雨　念彼觀音力　應時得消散
衆生被困厄　无量苦逼身　觀音妙智力　能救世間苦
具足神通力　廣修智方便　十方諸國土　无剎不現身
種種諸惡趣　地獄鬼畜生　生老病死苦　以漸悉令滅
真觀清淨觀　廣大智慧觀　悲觀及慈觀　常願常瞻仰
无垢清淨光　慧日破諸闇　能伏災風火　普明照世間
悲體戒雷震　慈意妙大雲　澍甘露法雨　滅除煩惱焰
諍訟經官處　怖畏軍陣中　念彼觀音力　衆怨悉退散
妙音觀世音　梵音海潮音　勝彼世間音　是故須常念
念念勿生疑　觀世音淨聖　於苦惱死厄　能為作依怙
具一切功德　慈眼視衆生　福聚海无量　是故應頂礼
尒時持地菩薩即從坐起前白佛言世尊若有
衆生聞是觀世音菩薩品自在之業普門示現
神通力者當知是人功德不少佛說是普門品
時衆中八万四千衆生皆發无等等阿耨多羅
三藐三菩提心
妙法蓮華經陀羅尼品第二十六
尒時藥王菩薩即從座起偏袒右肩合掌向佛
而白佛言世尊若善男子善女人有能受持

BD05866號　妙法蓮華經卷七　　（6–5）

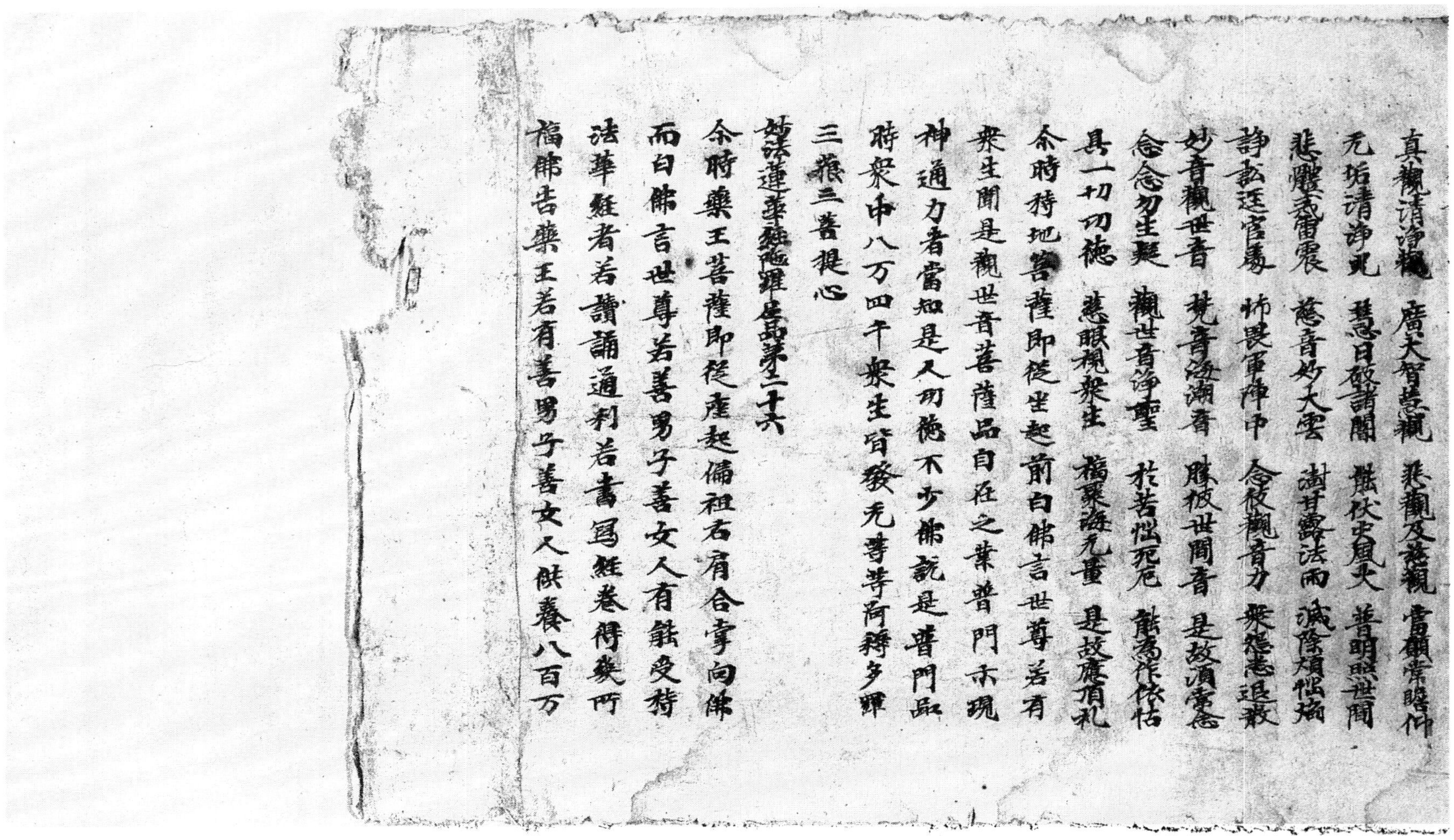
真觀清淨觀　廣大智慧觀　悲觀及慈觀　常願常瞻仰
无垢清淨光　慧日破諸闇　能伏災風火　普明照世間
悲體戒雷震　慈意妙大雲　澍甘露法雨　滅除煩惱焰
諍訟經官處　怖畏軍陣中　念彼觀音力　衆怨悉退散
妙音觀世音　梵音海潮音　勝彼世間音　是故須常念
念念勿生疑　觀世音淨聖　於苦惱死厄　能為作依怙
具一切功德　慈眼視衆生　福聚海无量　是故應頂禮
尒時持地菩薩即從座起前白佛言世尊若有
衆生聞是觀世音菩薩品自在之業普門示現
神通力者當知是人功德不少佛說是普門品
時衆中八万四千衆生皆發无等等阿耨多羅
三藐三菩提心
妙法蓮華經陀羅尼品第二十六
尒時藥王菩薩即從座起偏袒右肩合掌向佛
而白佛言世尊若善男子善女人有能受持
法華經者若讀誦通利若書寫經卷得幾所
福佛告藥王若有善男子善女人供養八百万

BD05866號　妙法蓮華經卷七　　（6–6）

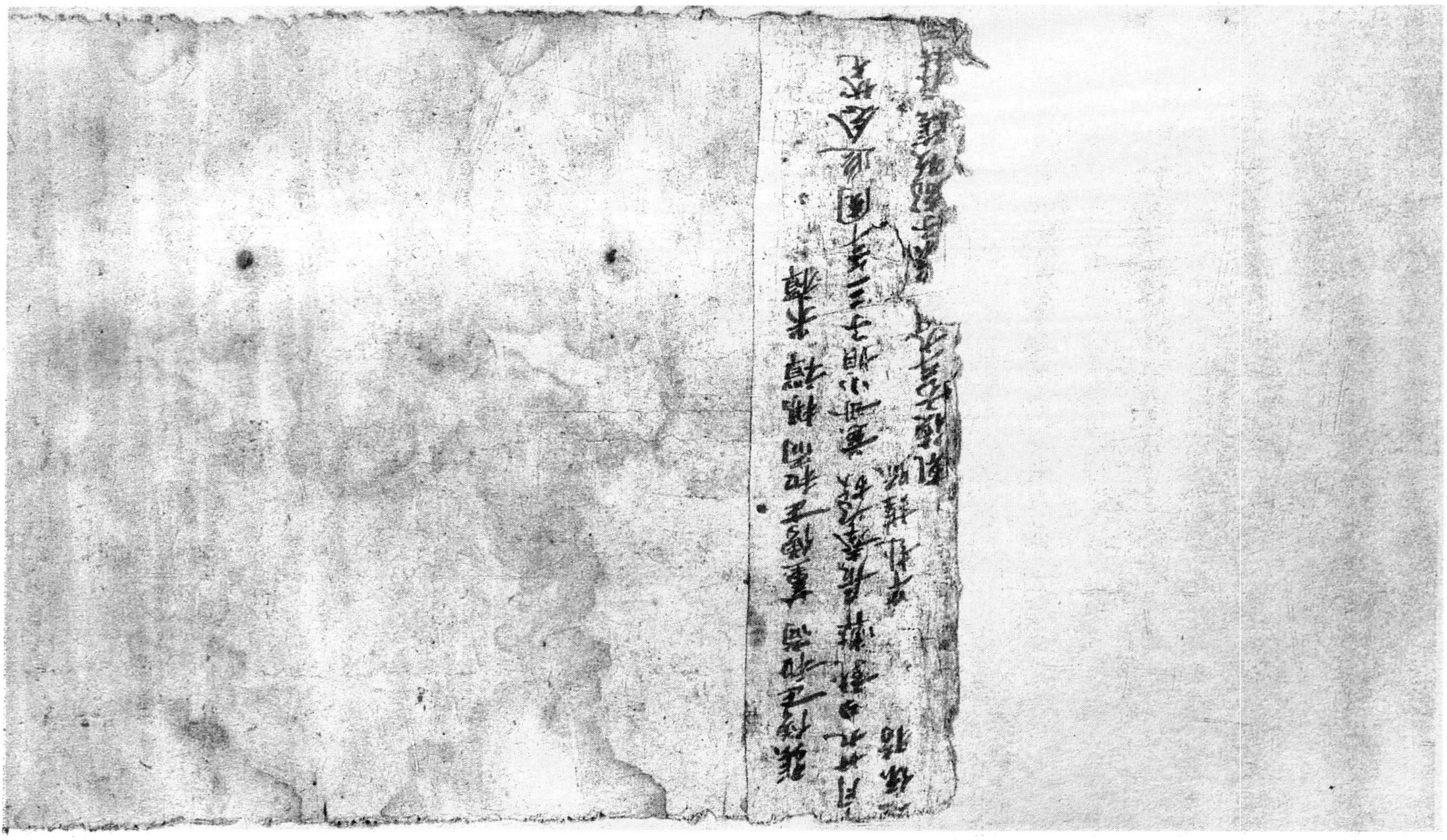

BD05866號背　乾德六年陰存祐為母追念三周年請僧疏（擬）　　（1–1）

訶薩耶
有相若無相增語非菩薩
眼處有相無相若耳鼻舌
有相無相尚畢竟不可得性非有故
況有眼處有相無相增語及耳鼻舌身意處
有相無相增語此增語既非有如何可言即
眼處若有相若無相增語是菩薩摩訶薩即
耳鼻舌身意處若有相若無相增語是菩薩
摩訶薩善現汝復觀何義言即眼處若有願
若無願增語非菩薩摩訶薩即耳鼻舌身意
處若有願若無願增語非菩薩摩訶薩耶世
尊若眼處有願無願若耳鼻舌身意處有願
無願尚畢竟不可得性非有故況有眼處有
願無願增語及耳鼻舌身意處有願無願增
語此增語既非有如何可言即眼處若有願
若無願增語是菩薩摩訶薩即耳鼻舌身意
處若有願若無願增語是菩薩摩訶薩善現
汝復觀何義言即眼處若寂靜若不寂靜增
語非菩薩摩訶薩即耳鼻舌身意處若寂靜
若不寂靜增語非菩薩摩訶薩耶世尊若眼
處寂靜不寂靜若耳鼻舌身意處寂靜不寂
靜尚畢竟不可得性非有故況有眼處寂靜

BD05867 號　大般若波羅蜜多經卷二四　（19–1）

語此增語既非有如何可言即眼處若有願
若無願增語是菩薩摩訶薩即耳鼻舌身意
處若有願若無願增語是菩薩摩訶薩善現
汝復觀何義言即眼處若寂靜若不寂靜增
語非菩薩摩訶薩即耳鼻舌身意處若寂靜
若不寂靜增語非菩薩摩訶薩耶世尊若眼
處寂靜不寂靜若耳鼻舌身意處寂靜不寂
靜尚畢竟不可得性非有故況有眼處寂靜
不寂靜增語及耳鼻舌身意處寂靜不寂靜
增語此增語既非有如何可言即眼處若寂
靜若不寂靜增語是菩薩摩訶薩即耳鼻舌
身意處若寂靜若不寂靜增語是菩薩摩訶
薩善現汝復觀何義言即眼處若遠離若不
遠離增語非菩薩摩訶薩即耳鼻舌身意處
若遠離若不遠離增語非菩薩摩訶薩耶世
尊若眼處遠離不遠離若耳鼻舌身意處遠
離不遠離尚畢竟不可得性非有故況有眼
處遠離不遠離增語及耳鼻舌身意處遠離
不遠離增語此增語既非有如何可言即眼
處若遠離若不遠離增語是菩薩摩訶薩即
耳鼻舌身意處若遠離若不遠離增語是菩
薩摩訶薩善現汝復觀何義言即眼處若有
為若無為增語非菩薩摩訶薩即耳鼻舌身
意處若有為若無為增語非菩薩摩訶薩耶
世尊若眼處有為無為若耳鼻舌身意處有
為無為尚畢竟不可得性非有故況有眼處
有為無為增語及耳鼻舌身意處有為無為

BD05867 號　大般若波羅蜜多經卷二四　（19–2）

耳鼻[illegible]
薩摩訶薩善現汝復觀何義言即眼處若有
為若無為增語非菩薩摩訶薩即耳鼻舌身
意處若有為若無為增語非菩薩摩訶薩耶
世尊若眼處有為無為若耳鼻舌身意處有
為無為尚畢竟不可得性非有故況有眼處
有為無為增語及耳鼻舌身意處有為無為
增語此增語既非有如何可言即眼處若有
為若無為增語是菩薩摩訶薩即耳鼻舌身
意處若有為若無為增語是菩薩摩訶薩善
現汝復觀何義言即眼處若有漏若無漏增
語非菩薩摩訶薩即耳鼻舌身意處若有漏
若無漏增語非菩薩摩訶薩耶世尊若眼處
有漏無漏若耳鼻舌身意處有漏無漏尚畢
竟不可得性非有故況有眼處有漏無漏增
語及耳鼻舌身意處有漏無漏增語此增語
既非有如何可言即眼處若有漏若無漏增
語是菩薩摩訶薩即耳鼻舌身意處若有漏
若無漏增語是菩薩摩訶薩善現汝復觀何
義言即眼處若生若滅增語非菩薩摩訶薩
即耳鼻舌身意處若生若滅增語非菩薩摩
訶薩耶世尊若眼處生滅若耳鼻舌身意處
生滅尚畢竟不可得性非有故況有眼處生
滅增語及耳鼻舌身意處生滅增語此增語
既非有如何可言即眼處若生若滅增語是
菩薩摩訶薩即耳鼻舌身意處若生若滅增
語是菩薩摩訶薩善現汝復觀何義言即眼

BD05867號　大般若波羅蜜多經卷二四　（19–3）

訶[illegible]
生滅尚畢竟不可得性非有故況有眼處生
滅增語及耳鼻舌身意處生滅增語此增語
既非有如何可言即眼處若生若滅增語是
菩薩摩訶薩即耳鼻舌身意處若生若滅增
語是菩薩摩訶薩善現汝復觀何義言即眼
處若善若非善增語非菩薩摩訶薩即耳鼻
舌身意處若善若非善增語非菩薩摩訶薩
耶世尊若眼處善非善若耳鼻舌身意處善
非善尚畢竟不可得性非有故況有眼處善
非善增語及耳鼻舌身意處善非善增語此
增語既非有如何可言即眼處若善若非善
增語是菩薩摩訶薩即耳鼻舌身意處若善
若非善增語是菩薩摩訶薩善現汝復觀何
義言即眼處若有罪若無罪增語非菩薩摩
訶薩即耳鼻舌身意處若有罪若無罪增語
非菩薩摩訶薩耶世尊若眼處有罪無罪若
耳鼻舌身意處有罪無罪尚畢竟不可得性
非有故況有眼處有罪無罪增語及耳鼻舌
身意處有罪無罪增語此增語既非有如何
可言即眼處若有罪若無罪增語是菩薩摩
訶薩即耳鼻舌身意處若有罪若無罪增語
是菩薩摩訶薩善現汝復觀何義言即眼處
若有煩惱若無煩惱增語非菩薩摩訶薩即
耳鼻舌身意處若有煩惱若無煩惱增語非
菩薩摩訶薩耶世尊若眼處有煩惱無煩惱
若耳鼻舌身意處有煩惱無煩惱尚畢竟不可
得性非有故況有眼處有煩惱無煩惱增語

BD05867號　大般若波羅蜜多經卷二四　（19–4）

若有煩惱若無煩惱增語非菩薩摩訶薩即
耳鼻舌身意處若有煩惱若無煩惱增語非
菩薩摩訶薩耶世尊若眼處有煩惱無煩惱
若耳鼻舌身意處有煩惱無煩惱尚畢竟不可
得性非有故况有眼處有煩惱無煩惱增語
及耳鼻舌身意處有煩惱無煩惱增語此增
語既非有如何可言即眼處若有煩惱若無
煩惱增語是菩薩摩訶薩即耳鼻舌身意處
若有煩惱若無煩惱增語是菩薩摩訶薩善
現汝復觀何義言即眼處若世間若出世間
增語非菩薩摩訶薩即耳鼻舌身意處若世
間若出世間增語非菩薩摩訶薩耶世尊若
眼處世間出世間若耳鼻舌身意處世間出
世間尚畢竟不可得性非有故况有眼處世
間出世間增語及耳鼻舌身意處世間出世
間增語此增語既非有如何可言即眼處若
世間若出世間增語是菩薩摩訶薩即耳鼻
舌身意處若世間若出世間增語是菩薩摩
訶薩善現汝復觀何義言即眼處若雜染若
清淨增語非菩薩摩訶薩即耳鼻舌身意處
若雜染若清淨增語非菩薩摩訶薩耶世尊
若眼處雜染清淨若耳鼻舌身意處雜染清
淨尚畢竟不可得性非有故况有眼處雜染
清淨增語及耳鼻舌身意處雜染清淨增語
此增語既非有如何可言即眼處若雜染若
清淨增語是菩薩摩訶薩即耳鼻舌身意處
若雜染若清淨增語是菩薩摩訶薩善現汝

BD05867 號　大般若波羅蜜多經卷二四　（19–5）

淨尚畢竟不可得性非有故况有眼處雜染
清淨增語及耳鼻舌身意處雜染清淨增語
此增語既非有如何可言即眼處若雜染若
清淨增語是菩薩摩訶薩即耳鼻舌身意處
若雜染若清淨增語是菩薩摩訶薩善現汝
復觀何義言即眼處若屬生死若屬涅槃增
語非菩薩摩訶薩即耳鼻舌身意處若屬生
死若屬涅槃增語非菩薩摩訶薩耶世尊若
眼處屬生死屬涅槃若耳鼻舌身意處屬生
死屬涅槃尚畢竟不可得性非有故况有眼
處屬生死屬涅槃增語及耳鼻舌身意處屬
生死屬涅槃增語此增語既非有如何可言
即眼處若屬生死若屬涅槃增語是菩薩摩
訶薩即耳鼻舌身意處若屬生死若屬涅槃
增語是菩薩摩訶薩善現汝復觀何義言即
眼處若在內若在外若在兩間增語非菩薩
摩訶薩即耳鼻舌身意處若在內若在外若
在兩間增語非菩薩摩訶薩耶世尊若眼處
在內在外在兩間若耳鼻舌身意處在內在
外在兩間尚畢竟不可得性非有故况有眼
處在內在外在兩間增語及耳鼻舌身意處
在內在外在兩間增語此增語既非有如何
可言即眼處若在內若在外若在兩間增語
是菩薩摩訶薩即耳鼻舌身意處若在內若
在外若在兩間增語是菩薩摩訶薩善現汝
復觀何義言即眼處若可得若不可得增語
非菩薩摩訶薩即耳鼻舌身意處若可得若
不可得增語非菩薩摩訶薩耶世尊若眼處

BD05867 號　大般若波羅蜜多經卷二四　（19–6）

是菩薩摩訶薩即耳鼻舌身意處若在內若
在外若在兩間增語是菩薩摩訶薩善現汝
復觀何義言即眼處若可得若不可得增語
非菩薩摩訶薩即耳鼻舌身意處若可得若
不可得增語非菩薩摩訶薩耶世尊若眼處
可得不可得若耳鼻舌身意處可得不可得
尚畢竟不可得性非有故況有眼處可得 不
可得增語及耳鼻舌身意處可得不可得增
語此增語既非有如何可言即眼處若可得
若不可得增語是菩薩摩訶薩即耳鼻舌身
意處若可得若不可得增語是菩薩摩訶薩
復次善現汝觀何義言即色處增語非菩薩
摩訶薩即聲香味觸法處增語非菩薩摩訶
薩耶具壽善現答言世尊若色處若聲香味
觸法處尚畢竟不可得性非有故況有色處
增語及聲香味觸法處增語此增語即非有
如何可言即色處增語是菩薩摩訶薩即聲
香味觸法處增語是菩薩摩訶薩善現汝復
觀何義言即色處若常若無常增語非菩薩
摩訶薩即聲香味觸法處若常若無常增語
非菩薩摩訶薩耶世尊若色處常無常若聲
香味觸法處常無常尚畢竟不可得性非有
故況有色處常無常增語及聲香味觸法處
常無常增語此增語即非有如何可言即色
處若常若無常增語是菩薩摩訶薩即聲香
味觸法處若常若無常增語是菩薩摩訶薩
善現汝復觀何義言即色處若樂若苦增語

BD05867 號　大般若波羅蜜多經卷二四　（19–7）

故況有色處常無常增語及聲香味觸法處
常無常增語此增語即非有如何可言即色
處若常若無常增語是菩薩摩訶薩即聲香
味觸法處若常若無常增語是菩薩摩訶薩
善現汝復觀何義言即色處若樂若苦增語
非菩薩摩訶薩即聲香味觸法處若樂若苦
增語非菩薩摩訶薩耶世尊若色處樂苦若
聲香味觸法處樂苦尚畢竟不可得性非有
故況有色處樂苦增語及聲香味觸法處樂
苦增語此增語即非有如何可言即色處若
樂若苦增語是菩薩摩訶薩即聲香味觸法
處若樂若苦增語是菩薩摩訶薩善現汝復
觀何義言即色處若我若無我增語非菩薩
摩訶薩即聲香味觸法處若我若無我增語
非菩薩摩訶薩耶世尊若色處我無我若聲
香味觸法處我無我尚畢竟不可得性非有
故況有色處我無我增語及聲香味觸法處
我無我增語此增語既非有如何可言即色
處若我若無我增語是菩薩摩訶薩即聲香
味觸法處若我若無我增語是菩薩摩訶薩
善現汝復觀何義言即色處若淨若不淨增
語非菩薩摩訶薩即聲香味觸法處若淨若
不淨增語非菩薩摩訶薩耶世尊若色處淨
不淨若聲香味觸法處淨不淨尚畢竟不可
得性非有故況有色處淨不淨增語及聲香
味觸法處淨不淨增語此增語既非有如何
可言即色處若淨若不淨增語是菩薩摩訶

BD05867 號　大般若波羅蜜多經卷二四　（19–8）

得性非有故況有色處淨不淨增語及聲香
味觸法處淨不淨增語此增語既非有如何
可言即色處若淨若不淨增語是菩薩摩訶
薩即聲香味觸法處若淨若不淨增語是菩
薩摩訶薩善現汝復觀何義言即色處若空
若不空增語非菩薩摩訶薩即聲香味觸法
處若空若不空增語非菩薩摩訶薩耶世尊
若色處空不空若聲香味觸法處空不空尚
畢竟不可得性非有故況有色處空不空增
語及聲香味觸法處空不空增語此增語既
非有如何可言即色處若空若不空增語是
菩薩摩訶薩即聲香味觸法處若空若不空
增語是菩薩摩訶薩善現汝復觀何義言即
色處若有相若無相增語非菩薩摩訶薩即
聲香味觸法處若有相若無相增語非菩薩
摩訶薩耶世尊若色處有相無相若聲香味
觸法處有相無相尚畢竟不可得性非有故
況有色處有相無相增語及聲香味觸法處
有相無相增語此增語既非有如何可言即
色處若有相若無相增語是菩薩摩訶薩即
聲香味觸法處若有相若無相增語是菩薩
摩訶薩善現汝復觀何義言即色處若有願
若無願增語非菩薩摩訶薩即聲香味觸法
處若有願若無願增語非菩薩摩訶薩耶世
尊若色處有願無願若聲香味觸法處有願
無願尚畢竟不可得性非有故況有色處有
願無願增語及聲香味觸法處有願無願增

BD05867號　大般若波羅蜜多經卷二四　（19–9）

若無願增語非菩薩摩訶薩即聲香味觸法
處若有願若無願增語非菩薩摩訶薩耶世
尊若色處有願無願若聲香味觸法處有願
無願尚畢竟不可得性非有故況有色處有
願無願增語及聲香味觸法處有願無願增
語此增語既非有如何可言即色處若有願
若無願增語是菩薩摩訶薩即聲香味觸法
處若有願若無願增語是菩薩摩訶薩善現
汝復觀何義言即色處若寂靜若不寂靜增
語非菩薩摩訶薩即聲香味觸法處若寂靜
若不寂靜增語非菩薩摩訶薩耶世尊若色
處寂靜不寂靜若聲香味觸法處寂靜不寂
靜尚畢竟不可得性非有故況有色處寂靜
不寂靜增語及聲香味觸法處寂靜不寂靜
增語此增語既非有如何可言即色處若寂
靜若不寂靜增語是菩薩摩訶薩即聲香味
觸法處若寂靜若不寂靜增語是菩薩摩訶
薩善現汝復觀何義言即色處若遠離若不
遠離增語非菩薩摩訶薩即聲香味觸法處
若遠離若不遠離增語非菩薩摩訶薩耶世
尊若色處遠離不遠離若聲香味觸法處遠
離不遠離尚畢竟不可得性非有故況有色
處遠離不遠離增語及聲香味觸法處遠離
不遠離增語此增語既非有如何可言即色
處若遠離若不遠離增語是菩薩摩訶薩即
聲香味觸法處若遠離若不遠離增語是菩
薩摩訶薩善現汝復觀何義言即色處若有
為若無為增語非菩薩摩訶薩即聲香味觸

BD05867號　大般若波羅蜜多經卷二四　（19–10）

不遠離增語此增語既非有如何可言即色
處若遠離若不遠離增語是菩薩摩訶薩即
聲香味觸法處若遠離若不遠離增語是菩
薩摩訶薩善現汝復觀何義言即色處若有
為若無為增語非菩薩摩訶薩即聲香味觸
法處若有為若無為增語非菩薩摩訶薩耶
世尊若色處有為無為若聲香味觸法處有
為無為尚畢竟不可得性非有故況有色處
有為無為增語及聲香味觸法處有為無為
增語此增語既非有如何可言即色處若有
為若無為增語是菩薩摩訶薩即聲香味觸
法處若有為若無為增語是菩薩摩訶薩善
現汝復觀何義言即色處若有漏無漏增
語非菩薩摩訶薩即聲香味觸處若有漏
若無漏增語非菩薩摩訶薩耶世尊若色處
有漏無漏若聲香味觸法處有漏無漏尚畢
竟不可得性非有故況有色處有漏無漏增
語及聲香味觸法處有漏無漏增語此增語
既非有如何可言即色處若有漏若無漏增
語是菩薩摩訶薩即聲香味觸法處若有漏
若無漏增語是菩薩摩訶薩善現汝復觀何
義言即色處若生若滅增語非菩薩摩訶薩
即聲香味觸法處若生若滅增語非菩薩摩
訶薩耶世尊若色處生滅若聲香味觸法處
生滅尚畢竟不可得性非有故況有色處生
滅增語及聲香味觸法處生滅增語此增語
既非有如何可言即色處若生若滅增語是

BD05867 號　大般若波羅蜜多經卷二四　（19–11）

即聲香味觸法處若生若滅增語非菩薩摩
訶薩耶世尊若色處生滅若聲香味觸法處
生滅尚畢竟不可得性非有故況有色處生
滅增語及聲香味觸法處生滅增語此增語
既非有如何可言即色處若生若滅增語是
菩薩摩訶薩即聲香味觸法處若生若滅增
語是菩薩摩訶薩善現汝復觀何義言即色
處若善若非善增語非菩薩摩訶薩即聲香
味觸法處若善若非善增語非菩薩摩訶薩
耶世尊若色處善非善若聲香味觸法處善
非善尚畢竟不可得性非有故況有色處善
非善增語及聲香味觸法處善非善增語此
增語既非有如何可言即色處若善若非善
增語是菩薩摩訶薩即聲香味觸法處若善
若非善增語是菩薩摩訶薩善現汝復觀何
義言即色處若有罪若無罪增語非菩薩摩
訶薩即聲香味觸法處若有罪若無罪增語
非菩薩摩訶薩耶世尊若色處有罪無罪若
聲香味觸法處有罪無罪尚畢竟不可得性
非有故況有色處有罪無罪增語及聲香味
觸法處有罪無罪增語此增語既非有如何
可言即色處若有罪若無罪增語是菩薩摩
訶薩即聲香味觸法處若有罪若無罪增語
是菩薩摩訶薩善現汝復觀何義言即色處
若有煩惱若無煩惱增語非菩薩摩訶薩即
聲香味觸法處若有煩惱若無煩惱增語非
菩薩摩訶薩耶世尊若色處有煩惱無煩惱
若聲香味觸法處有煩惱無煩惱尚畢竟不

BD05867 號　大般若波羅蜜多經卷二四　（19–12）

訶薩即聲香味觸法處若有罪若無罪增語
是菩薩摩訶薩善現汝復觀何義言即色處
若有煩惱若無煩惱增語非菩薩摩訶薩即
聲香味觸法處若有煩惱若無煩惱增語非
菩薩摩訶薩耶世尊若色處有煩惱無煩惱
若聲香味觸法處有煩惱無煩惱尚畢竟不
可得性非有故況有色處有煩惱無煩惱增
語及聲香味觸法處有煩惱無煩惱增語此
增語既非有如何可言即色處若有煩惱若
無煩惱增語是菩薩摩訶薩即聲香味觸法
處若有煩惱若無煩惱增語是菩薩摩訶薩
善現汝復觀何義言即色處若世間若出世
間增語非菩薩摩訶薩即聲香味觸法處若
世間若出世間增語非菩薩摩訶薩耶世尊
若色處世間出世間若聲香味觸法處世間
出世間尚畢竟不可得性非有故況有色處
世間出世間增語及聲香味觸法處世間出
世間增語此增語既非有如何可言即色處
若世間若出世間增語是菩薩摩訶薩即聲
香味觸法處若世間若出世間增語是菩薩
摩訶薩善現汝復觀何義言即色處若雜染
若清淨增語非菩薩摩訶薩即聲香味觸法
處若雜染若清淨增語非菩薩摩訶薩耶世
尊若色處雜染清淨若聲香味觸法處雜染
清淨尚畢竟不可得性非有故況有色處雜
染清淨增語及聲香味觸法處雜染清淨增
語此增語既非有如何可言即色處若雜染
若清淨增語是菩薩摩訶薩即聲香味觸法

BD05867 號　大般若波羅蜜多經卷二四　（19–13）

若清淨增語非菩薩摩訶薩即聲香味觸法
處若雜染若清淨增語非菩薩摩訶薩耶世
尊若色處雜染清淨若聲香味觸法處雜染
清淨尚畢竟不可得性非有故況有色處雜
染清淨增語及聲香味觸法處雜染清淨增
語此增語既非有如何可言即色處若雜染
若清淨增語是菩薩摩訶薩即聲香味觸法
處若雜染若清淨增語是菩薩摩訶薩善現
汝復觀何義言即色處若屬生死若屬涅槃
增語非菩薩摩訶薩即聲香味觸法處若屬
生死若屬涅槃增語非菩薩摩訶薩耶世尊
若色處屬生死屬涅槃若聲香味觸法處屬
生死屬涅槃尚畢竟不可得性非有故況有
色處屬生死屬涅槃增語及聲香味觸法處
屬生死屬涅槃增語此增語既非有如何可
言即色處若屬生死若屬涅槃增語是菩薩
摩訶薩即聲香味觸法處若屬生死若屬涅
槃增語是菩薩摩訶薩善現汝復觀何義言
即色處若在內若在外若在兩間增語非菩
薩摩訶薩即聲香味觸法處若在內若在外
若在兩間增語非菩薩摩訶薩耶世尊若色
處在內在外在兩間若聲香味觸法處在內在
外在兩間尚畢竟不可得性非有故況有色
處在內在外在兩間增語及聲香味觸法處
在內在外在兩間增語此增語既非有如何
可言即色處若在內若在外若在兩間增語
是菩薩摩訶薩即聲香味觸法處若在內若
在外若在兩間增語是菩薩摩訶薩善現汝

BD05867 號　大般若波羅蜜多經卷二四　（19–14）

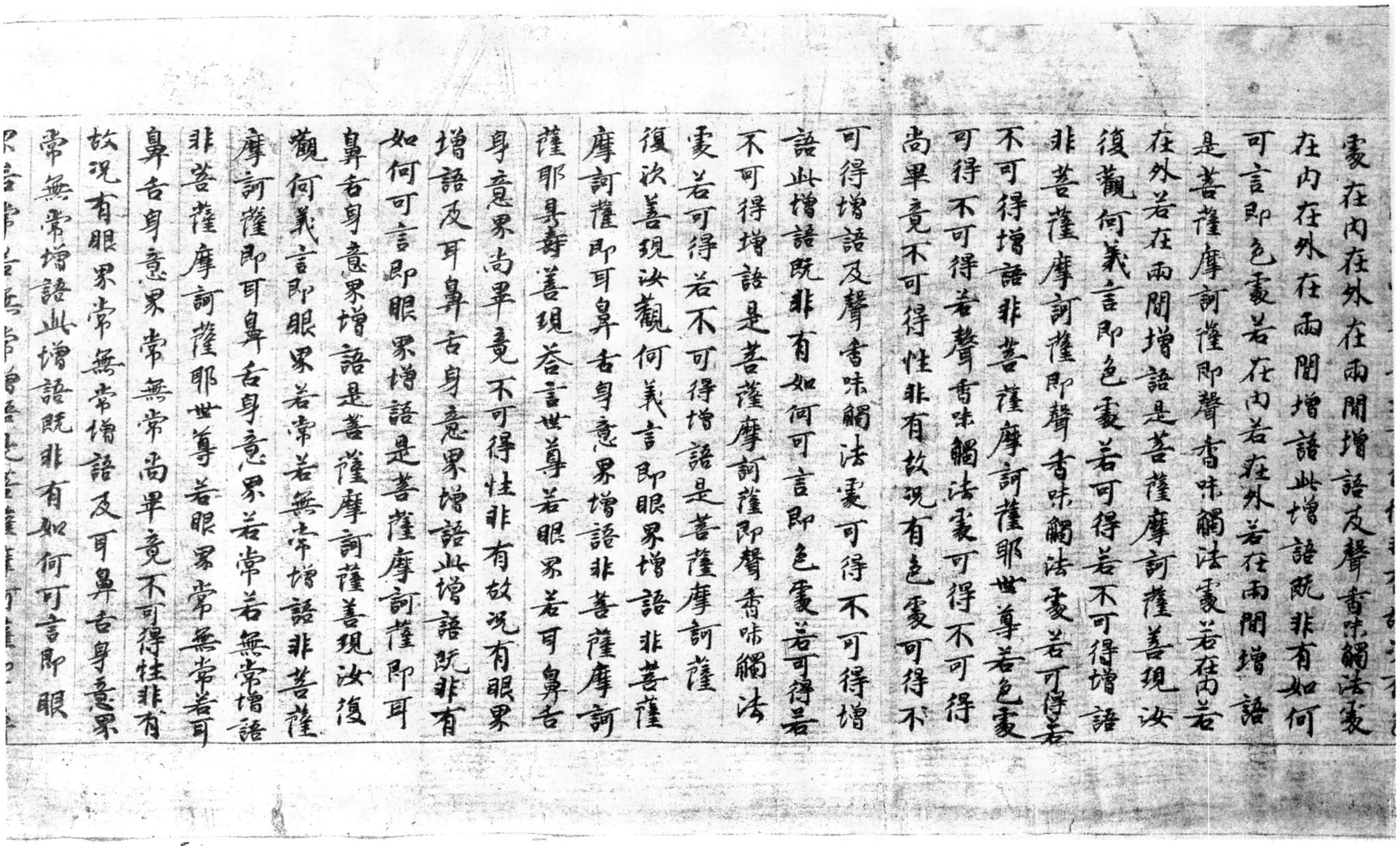
處在內在外在兩間增語及聲香味觸法處
在內在外在兩間增語此增語既非有如何
可言即色處若在內若在外若在兩間增語
是菩薩摩訶薩即聲香味觸法處若在內若
在外若在兩間增語是菩薩摩訶薩善現汝
復觀何義言即色處若可得若不可得增語
非菩薩摩訶薩即聲香味觸法處若可得若
不可得增語非菩薩摩訶薩耶世尊若色處
可得不可得若聲香味觸法處可得不可得
尚畢竟不可得性非有故況有色處可得不
可得增語及聲香味觸法處可得不可得增
語此增語既非有如何可言即色處若可得若
不可得增語是菩薩摩訶薩即聲香味觸法
處若可得若不可得增語是菩薩摩訶薩
復次善現汝觀何義言即眼界增語非菩薩
摩訶薩即耳鼻舌身意界增語非菩薩摩訶
薩耶具壽善現荅言世尊若眼界若耳鼻舌
身意界尚畢竟不可得性非有故況有眼界
增語及耳鼻舌身意界增語此增語既非有
如何可言即眼界增語是菩薩摩訶薩即耳
鼻舌身意界增語是菩薩摩訶薩善現汝復
觀何義言即眼界若常若無常增語非菩薩
摩訶薩即耳鼻舌身意界若常若無常增語
非菩薩摩訶薩耶世尊若眼界常無常若耳
鼻舌身意界常無常尚畢竟不可得性非有
故況有眼界常無常增語及耳鼻舌身意界
常無常增語此增語既非有如何可言即眼

BD05867號　大般若波羅蜜多經卷二四　（19–15）

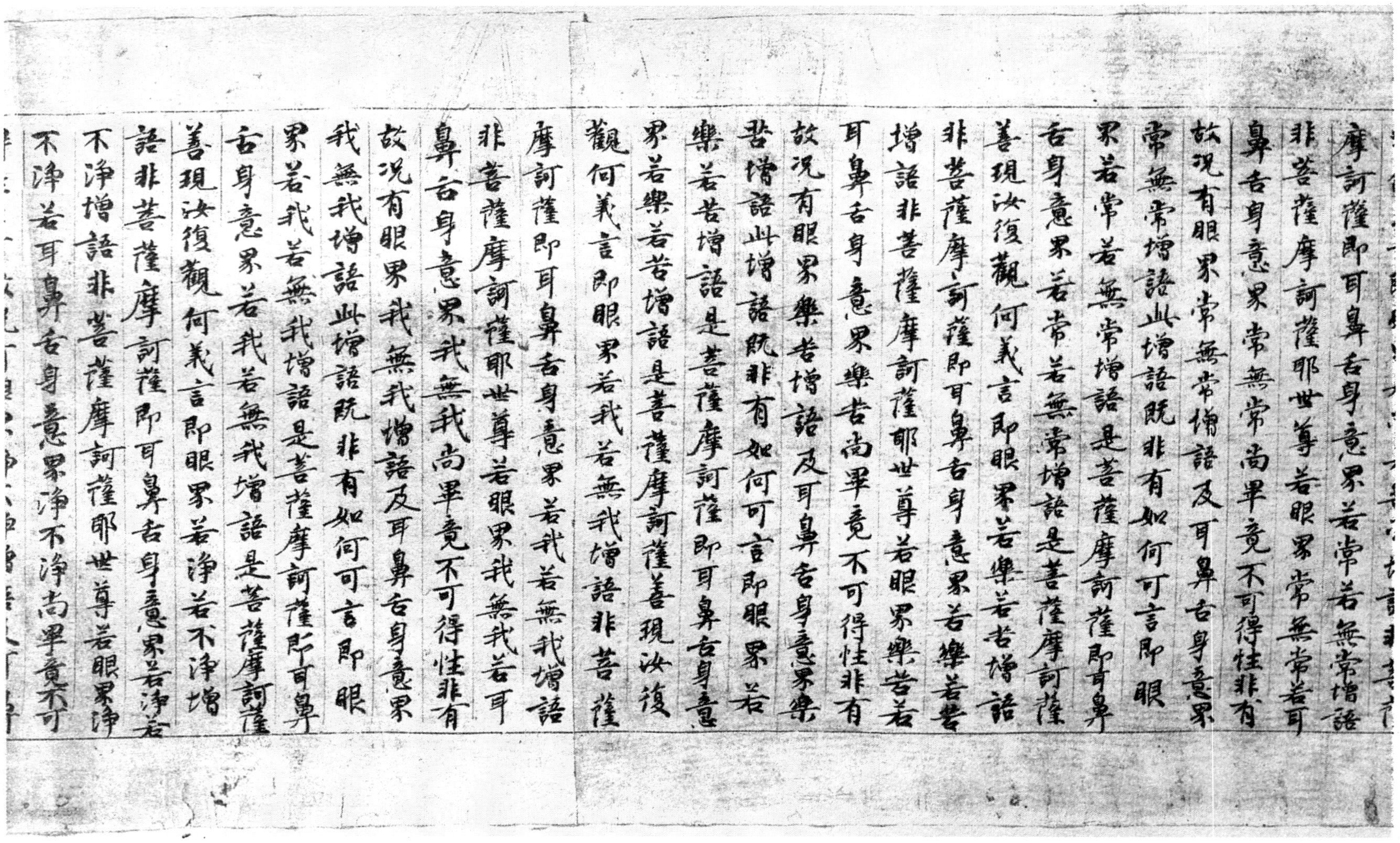
摩訶薩即耳鼻舌身意界若常若無常增語
非菩薩摩訶薩耶世尊若眼界常無常若耳
鼻舌身意界常無常尚畢竟不可得性非有
故況有眼界常無常增語及耳鼻舌身意界
常無常增語此增語既非有如何可言即眼
界若常若無常增語是菩薩摩訶薩即耳鼻
舌身意界若常若無常增語是菩薩摩訶薩
善現汝復觀何義言即眼界若樂若苦增語
非菩薩摩訶薩即耳鼻舌身意界若樂若苦
增語非菩薩摩訶薩耶世尊若眼界樂苦若
耳鼻舌身意界樂苦尚畢竟不可得性非有
故況有眼界樂苦增語及耳鼻舌身意界樂
苦增語此增語既非有如何可言即眼界若
樂若苦增語是菩薩摩訶薩即耳鼻舌身意
界若樂若苦增語是菩薩摩訶薩善現汝復
觀何義言即眼界若我若無我增語非菩薩
摩訶薩即耳鼻舌身意界若我若無我增語
非菩薩摩訶薩耶世尊若眼界我無我若耳
鼻舌身意界我無我尚畢竟不可得性非有
故況有眼界我無我增語及耳鼻舌身意界
我無我增語此增語既非有如何可言即眼
界若我若無我增語是菩薩摩訶薩即耳鼻
舌身意界若我若無我增語是菩薩摩訶薩
善現汝復觀何義言即眼界若淨若不淨增
語非菩薩摩訶薩即耳鼻舌身意界若淨若
不淨增語非菩薩摩訶薩耶世尊若眼界淨
不淨若耳鼻舌身意界淨不淨尚畢竟不可

BD05867號　大般若波羅蜜多經卷二四　（19–16）

舌身意界若我若無我增語是菩薩摩訶薩
善現汝復觀何義言即眼界若淨若不淨增
語非菩薩摩訶薩即耳鼻舌身意界若淨若
不淨增語非菩薩摩訶薩耶世尊若眼界淨
不淨若耳鼻舌身意界淨不淨尚畢竟不可
得性非有故況有眼界淨不淨增語及耳鼻
舌身意界淨不淨增語此增語既非有如何
可言即眼界若淨若不淨增語是菩薩摩訶
薩即耳鼻舌身意界若淨若不淨增語是菩
薩摩訶薩善現汝復觀何義言即眼界若空
若不空增語非菩薩摩訶薩即耳鼻舌身意
界若空若不空增語非菩薩摩訶薩耶世尊
若眼界空不空若耳鼻舌身意界空不空尚
畢竟不可得性非有故況有眼界空不空增
語及耳鼻舌身意界空不空增語此增語既
非有如何可言即眼界若空若不空增語是
菩薩摩訶薩即耳鼻舌身意界若空若不空
增語是菩薩摩訶薩善現汝復觀何義言即
眼界若有相若無相增語非菩薩摩訶薩即
耳鼻舌身意界若有相若無相增語非菩薩
摩訶薩耶世尊若眼界有相無相若耳鼻舌
身意界有相無相尚畢竟不可得性非有故
況有眼界有相無相增語及耳鼻舌身意界
有相無相增語此增語既非有如何可言即
眼界若有相若無相增語是菩薩摩訶薩即
耳鼻舌身意界若有相若無相增語是菩薩
摩訶薩善現汝復觀何義言即眼界若有願
若無願增語非菩薩摩訶薩即耳鼻舌身意

BD05867 號　大般若波羅蜜多經卷二四　(19–17)

況有眼界有相無相增語及耳鼻舌身意界
有相無相增語此增語既非有如何可言即
眼界若有相若無相增語是菩薩摩訶薩即
耳鼻舌身意界若有相若無相增語是菩薩
摩訶薩善現汝復觀何義言即眼界若有願
若無願增語非菩薩摩訶薩即耳鼻舌身意
界若有願若無願增語非菩薩摩訶薩耶世
尊若眼界有願無願若耳鼻舌身意界有願
無願尚畢竟不可得性非有故況有眼界有
願無願增語及耳鼻舌身意界有願無願增
語此增語既非有如何可言即眼界若有願
若無願增語是菩薩摩訶薩即耳鼻舌身意
界若有願若無願增語是菩薩摩訶薩善現
汝復觀何義言即眼界若寂靜若不寂靜增
語非菩薩摩訶薩即耳鼻舌身意界若寂靜
若不寂靜增語非菩薩摩訶薩耶世尊若眼
界寂靜不寂靜若耳鼻舌身意界寂靜
不寂靜尚畢竟不可得性非有故況有眼
界寂靜不寂靜增語及耳鼻舌身意界寂
靜不寂靜增語此增語既非有如何可言
即眼界若寂靜若不寂靜增語是菩薩摩訶
薩即耳鼻舌身意界若寂靜若不寂靜增語
是菩薩摩訶薩善現汝復觀何義言即眼界
若遠離若不遠離增語非菩薩摩訶薩即耳
鼻舌身意界若遠離若不遠離增語非菩薩
摩訶薩耶世尊若眼界遠離不遠離若耳鼻
舌身意界遠離不遠離尚畢竟不可得性非
有故況有眼界遠離不遠離增語及耳鼻舌

BD05867 號　大般若波羅蜜多經卷二四　(19–18)

語非菩薩摩訶薩即耳鼻舌身意界若寂靜
若不寂靜增語非菩薩摩訶薩耶世尊若眼
界寂靜不寂靜若耳鼻舌身意界寂靜
不寂靜尚畢竟不可得性非有故況有眼
界寂靜不寂靜增語及耳鼻舌身意界寂
靜不寂靜增語此增語既非有如何可言
即眼界若寂靜若不寂靜增語是菩薩摩訶
薩即耳鼻舌身意界若寂靜若不寂靜增語
是菩薩摩訶薩善現汝復觀何義言即眼界
若遠離若不遠離增語非菩薩摩訶薩即耳
鼻舌身意界若遠離若不遠離增語非菩薩
摩訶薩耶世尊若眼界遠離不遠離若耳鼻
舌身意界遠離不遠離尚畢竟不可得性非
有故況有眼界遠離不遠離增語及耳鼻舌
身意界遠離不遠離增語此增語既非有如
何可言即眼界若遠離若不遠離增語是菩
薩摩訶薩即耳鼻舌身意界若遠離若不遠
離增語是菩薩摩訶薩

大般若波羅蜜多經卷第廿四

BD05867 號　大般若波羅蜜多經卷二四　（19–19）

十方[illegible]
世尊由我供養觀音[illegible]
如幻聞熏聞修金剛三昧與佛如來同慈
力故令我身成卅二應入諸國土世尊若諸
菩薩入三摩地進修无漏勝解現圓我現佛
身而為說法令其解脫若諸有學寂靜妙明
勝妙現圓我於彼前現獨覺身而為說法令
其解脫若諸有學斷十二緣緣斷勝性勝妙
現圓我於彼前現緣覺身而為說法令其解
脫若諸有學得四諦空修道入滅勝性現圓
我於彼前現聲聞身而為說法令其解脫若
諸眾生欲心明悟不犯欲塵欲身清淨我於
彼前現梵王身而為說法令其解脫若諸眾
生欲為天主統領諸天我於彼前現帝釋身而
為說法令其成就若諸眾生欲身自在遊行
十方我於彼前現自在天身而為說法令其
成就若諸眾生欲身自在飛行虛空我於彼
前現大自在天身而為說法令其成就若諸
眾生愛統鬼神救護國土我於彼前現天大
[illegible]

BD05868 號　大佛頂如來密因修證了義諸菩薩萬行首楞嚴經卷六　（15–1）

生欲爲天主統領諸天我於彼前現帝釋身而
爲說法令其成就若諸衆生欲身自在遊行
十方我於彼前現自在天身而爲說法令其
成就若諸衆生欲身自在飛行虛空我於彼
前現大自在天身而爲說法令其成就若諸
衆生愛統鬼神救護國土我於彼前現天大
將軍身而爲說法令其成就若諸衆生愛統
世界保護衆生我於彼前現四天王身而爲
說法令其成就若諸衆生愛生天宮驅使鬼
神我於彼前現四天王國太子身而爲說法令
其成就若諸衆生樂爲人主我於彼前現人
王身而爲說法令其成就若諸衆生愛主族
姓世間推讓我於彼前現長者身而爲說法
令其成就若諸衆生愛談名言清淨其居我
於彼前現居士身而爲說法令其成就若諸衆
生愛治國土剖斷邦邑我於彼前現宰官身
而爲說法令其成就若諸衆生愛諸數術攝
衛自居我於彼前現婆羅門身而爲說法令
其成就若有男子好學出家持諸戒律我
於彼前現比丘身而爲說法令其成就若有
女子好學出家持諸禁戒我於彼前現比丘
尼身而爲說法令其成就若有男子樂持五
戒我於彼前現優婆塞身而爲說法令其成
就若復女子五戒自居我於彼前現優婆夷身
而爲說法令其成就若有女人內政立身以
脩家國我於彼前現女主身及國夫人命婦大
家而爲說法令其成就若有衆生不壞男根
我於彼前現童男身而爲說法令其成就若

BD05868號　大佛頂如來密因修證了義諸菩薩萬行首楞嚴經卷六　（15–2）

戒我於彼前現優婆塞身而爲說法令其成
就若復女子五戒自居我於彼前現優婆夷身
而爲說法令其成就若有女人內政立身以
脩家國我於彼前現女主身及國夫人命婦大
家而爲說法令其成就若有衆生不壞男根
我於彼前現童男身而爲說法令其成就若
有處女愛樂處身不求侵暴我於彼前現童
女身而爲說法令其成就若有諸天樂出天
倫我現天身而爲說法令其成就若有諸龍
樂出龍倫我現龍身而爲說法令其成就
若有藥叉樂度本倫我於彼前現藥叉身而
爲說法令其成就若乾闥婆樂脫其倫我於
彼前現乾闥婆身而爲說法令其成就若阿
脩羅樂脫其倫我於彼前現阿脩羅身而
爲說法令其成就若緊陁羅樂脫其倫我於
彼前現緊那羅身而爲說法令其成就若摩
呼羅伽樂脫其倫我於彼前現摩呼羅身而
爲說法令其成就若諸衆生樂人脩人我現
人身而爲說法令其成就若諸非人有形无
形有想无想樂度其倫我於彼前皆現其
身而爲說法令其成就是名妙淨卅二應入
國土身皆以三昧聞薰聞脩无作妙力自
在成就
世尊我復以此聞薰聞脩金剛三昧无作妙
力與諸十方三世六道一切衆生同悲仰故
令諸衆生於我身心獲十四種无畏功德一
者由我不自觀音以觀觀者令彼十方苦惱

BD05868號　大佛頂如來密因修證了義諸菩薩萬行首楞嚴經卷六　（15–3）

在成就
世尊我復以此聞熏聞脩金剛三昧无作妙
力與諸十方三世六道一切衆生同悲仰故
令諸衆生於我身心獲十四種无畏功德一
者由我不自觀音以觀觀者令彼十方苦惱
衆生觀其音聲即得解脫二者知見旋復令
諸衆生設入大火火不能燒三者觀聽旋復
令諸衆生大水所漂水不能溺四者斷滅妄
想心无煞害令諸衆生入諸鬼國鬼不能害
五者熏聞成聞六根消復同於聲聽能令衆
生臨當被害刀段段壞使其兵戈猶如割水
亦如吹光性无搖動六者聞熏精明明遍法
界則諸幽暗性不能令能令衆生藥叉羅剎
鳩槃荼鬼及毗舍遮富單那等雖近其傍目
不能視七者音性圓銷觀聽返入離諸塵妄
能令衆生禁繫枷鎖所不能著八者滅音圓
聞遍生慈力能令衆生經過險路賊不能劫
九者熏聞離塵色所不劫能令一切多婬衆生
遠離貪欲十者純音無塵根境圓融无對所
對能令一切忿恨衆生離諸瞋恚十一者銷
塵旋明法界身心猶如瑠璃朗徹无礙能令
一切昏鈍性鄣諸阿顛迦永離癡暗十二者
融形復聞不動道場涉入世間不壞世界能
遍十方供養微塵諸佛如來各各佛邊爲法
王子能令法界无子衆生欲求男者誕生福
德智慧之男十三者六根圓通明照無二含
十方界立大圓鏡空如來藏承順十方微塵

BD05868 號　大佛頂如來密因修證了義諸菩薩萬行首楞嚴經卷六　（15–4）

融形復聞不動道場涉入世間不壞世界能
遍十方供養微塵諸佛如來各各佛邊爲法
王子能令法界无子衆生欲求男者誕生福
德智慧之男十三者六根圓通明照無二含
十方界立大圓鏡空如來藏承順十方微塵
如來祕密法門受領无失能令法界無子衆
生欲求女者誕生端正福德柔順衆人愛敬
有相之女十四者此三千大千世界百億日
月現住世間諸法王子有六十二恒河沙數
脩法垂範教化衆生隨順衆生方便智慧各
各不同由我所得圓通本根發妙耳門然
後身心微妙含容遍周法界能令衆生持我
名号與彼共持六十二恒河沙諸法王子二人
福德正等无異世尊我一号名與彼衆多名
号無異由我脩習得真圓通是名十四施
無畏力福備衆生
世尊我又獲是圓通脩證无上道故又能善
獲四不思議无作妙德一者由我初獲妙妙
聞心心精遺聞見聞覺知不能分隔成一圓
融清淨寶覺故我能現衆多妙容能說无邊
祕密神呪其中或現一首三首五首七首九
首十一首如是乃至一百八首千首萬首八
万四千爍迦囉首二臂四臂六臂八臂十臂
十二臂十四臂十六十八廿至廿四如是乃至
一百八臂千臂万臂八万四千母陀羅臂二目
三目四目九目如是乃至一百八目千目万目
八万四千清淨寶目或慈或威或定或慧救護

BD05868 號　大佛頂如來密因修證了義諸菩薩萬行首楞嚴經卷六　（15–5）

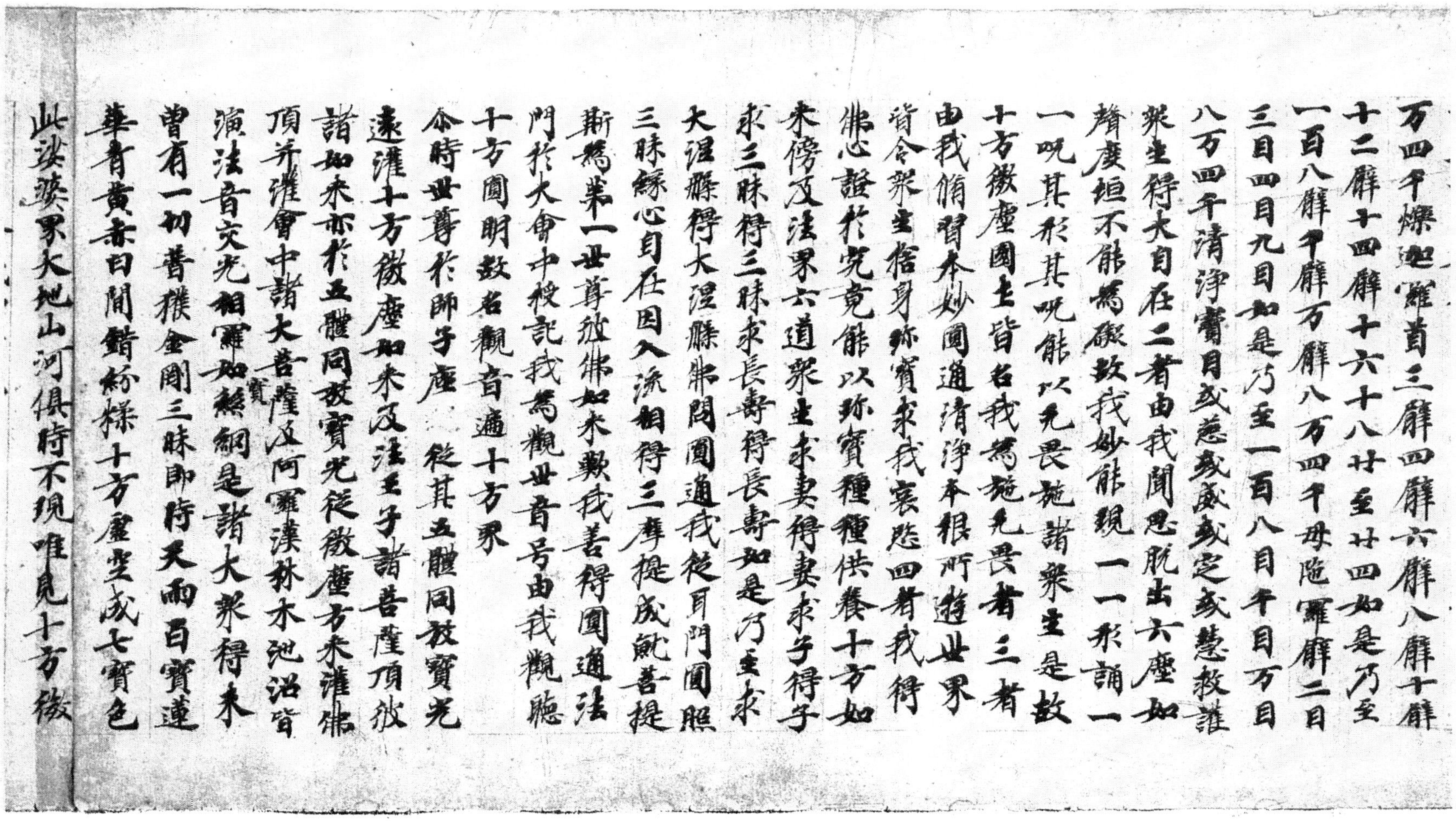
万四千爍迦囉首三臂四臂六臂八臂十臂
十二臂十四臂十六十八廾至廾四如是乃至
一百八臂千臂万臂八万四千母陁羅臂二目
三目四目九目如是乃至一百八目千目万目
八万四千清淨寶目或慈或威或定或慧救護
衆生得大自在二者由我聞思脫出六塵如
聲度垣不能為礙故我妙能現一一形誦一
一呪其形其呪能以无畏施諸衆生是故
十方微塵國土皆名我為施无畏者三者
由我脩習本妙圓通清淨本根所遊世界
皆令衆生捨身珍寶求我哀愍四者我得
佛心證於究竟能以珍寶種種供養十方如
來傍及法界六道衆生求妻得妻求子得子
求三昧得三昧求長壽得長壽如是乃至求
大涅槃得大涅槃佛問圓通我從耳門圓照
三昧緣心自在因入流相得三摩提成就菩提
斯為第一世尊彼佛如來歎我善得圓通法
門於大會中授記我為觀世音号由我觀聽
十方圓明故名觀音遍十方界
尒時世尊於師子座　從其五體同放寶光
遠灌十方微塵如來及法王子諸菩薩頂彼
諸如來亦於五體同放寶光從微塵方來灌佛
頂并灌會中諸大菩薩及阿羅漢林木池沼皆
演法音交光相羅如寶絲網是諸大衆得未
曾有一切普獲金剛三昧即時天雨百寶蓮
華青黃赤白間錯紛糅十方虛空成七寶色
此娑婆界大地山河俱時不現唯見十方微

BD05868 號　大佛頂如來密因修證了義諸菩薩萬行首楞嚴經卷六　（15–6）

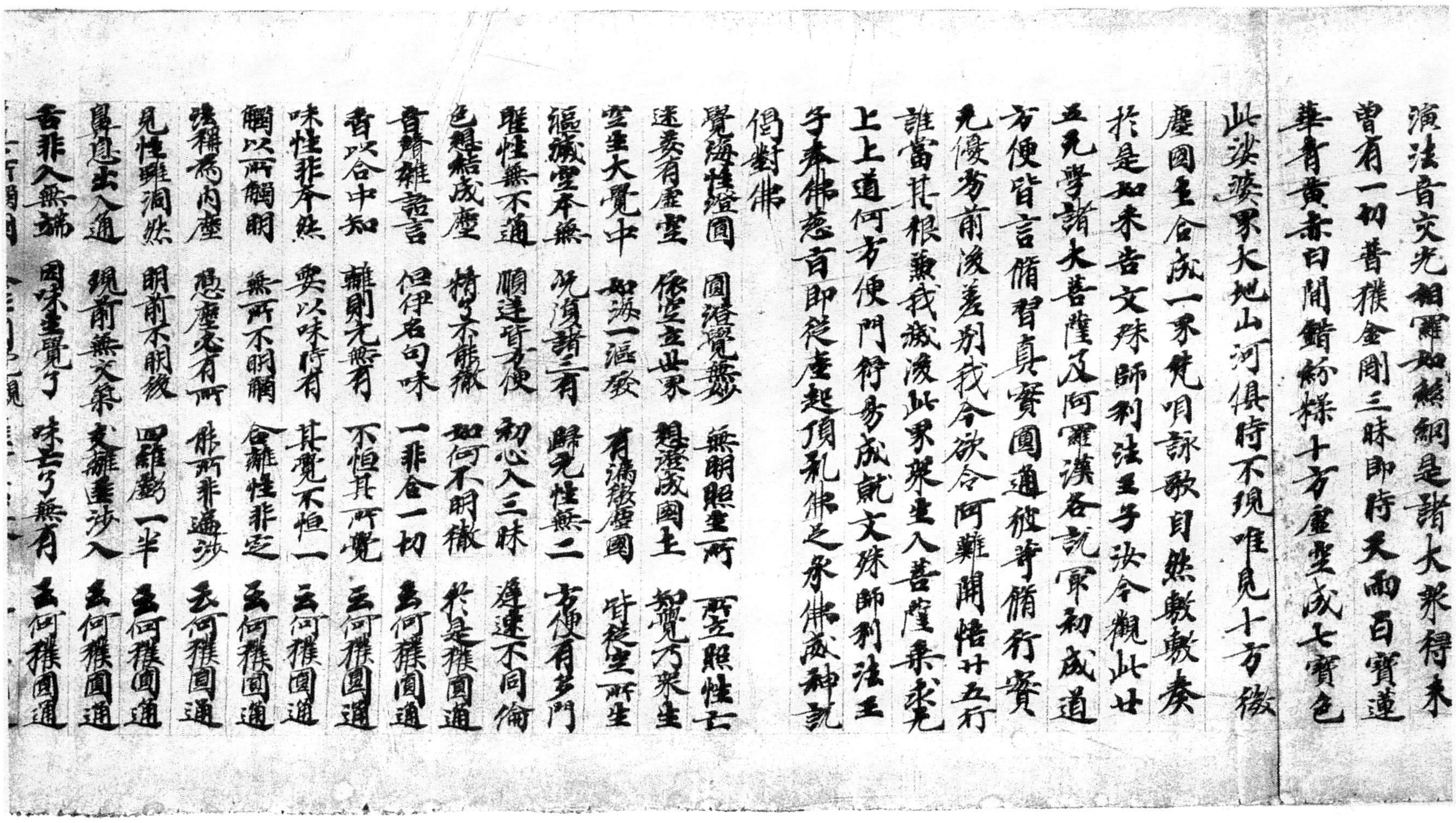
演法音交光相羅如寶絲網是諸大衆得未
曾有一切普獲金剛三昧即時天雨百寶蓮
華青黃赤白間錯紛糅十方虛空成七寶色
此娑婆界大地山河俱時不現唯見十方微
塵國土合成一界梵唄詠歌自然敷奏
於是如來告文殊師利法王子汝今觀此廾
五无學諸大菩薩及阿羅漢各說冣初成道
方便皆言脩習真實圓通彼等脩行實
无優劣前後差別我今欲令阿難開悟廾五行
誰當其根兼我滅後此界衆生入菩薩乘求无
上上道何方便門得易成就文殊師利法王
子奉佛慈旨即從座起頂禮佛足承佛威神說
偈對佛
覺海性澄圓　圓澄覺元妙　元明照生所　所立照性亡
迷妄有虛空　依空立世界　想澄成國土　知覺乃衆生
空生大覺中　如海一漚發　有漏微塵國　皆依空所生
漚滅空本无　況復諸三有　歸元性無二　方便有多門
聖性無不通　順逆皆方便　初心入三昧　遲速不同倫
色想結成塵　精了不能徹　如何不明徹　於是獲圓通
音聲雜語言　但伊名句味　一非含一切　云何獲圓通
香以合中知　離則元無有　不恒其所覺　云何獲圓通
味性非本然　要以味時有　其覺不恒一　云何獲圓通
觸以所觸明　無所不明觸　合離性非定　云何獲圓通
法稱為內塵　憑塵必有所　能所非遍涉　云何獲圓通
見性雖洞然　明前不明後　四維虧一半　云何獲圓通
鼻息出入通　現前無交氣　支離匪涉入　云何獲圓通
舌非入無端　因味生覺了　味亡了無有　云何獲圓通

BD05868 號　大佛頂如來密因修證了義諸菩薩萬行首楞嚴經卷六　（15–7）

阿難又諸世界六道衆生其心不煞則不隨
其生死相續汝修三昧本出塵勞煞心不除
塵不可出縱有多智禪慧現前如不斷煞
必落神道上品之人為大力鬼中品為飛行
夜叉諸鬼帥等下品當為地行羅刹彼諸鬼
神亦有徒衆各各自謂成無上道我滅度後
末法之中多此鬼神熾盛世間自言食肉得
菩提路阿難我令比丘食五淨肉此肉皆我
神力化生本無命根汝婆羅門地多蒸濕加
以沙石草菜不生我以大悲神力所加因大
慈悲假名為肉汝得其味奈何如來滅度
之後食衆生肉名為釋子汝等當知是食肉
人縱得心開似三摩地皆大羅刹報終必沉
生死苦海非佛弟子如是之人相煞相吞相
食未已云何是人得出三界汝教世人修三
摩地次斷煞生亦名如來先佛世尊第二決
定清淨明誨是故阿難若不斷煞修禪定者
譬如有人自塞其耳高聲大叫求人不聞此
等名為欲隱彌露清淨比丘及諸菩薩於岐路
行不踏生草況以手拔云何大悲取諸衆生
血肉充食若諸比丘不服東方絲綿絹帛及
是此土靴履裘毳乳酪醍醐如是比丘於世
真脫酬還宿債不遊三界何以故服其身分
皆為彼緣如人食其地中百穀足不離地必使
身心於諸衆生若身身分身心二途不服不
食我說是人真解脫者如我此說名為佛說
不如此說即波旬說

BD05868 號　大佛頂如來密因修證了義諸菩薩萬行首楞嚴經卷六　（15–12）

真脫酬還宿債不遊三界何以故服其身分
皆為彼緣如人食其地中百穀足不離地必使
身心於諸衆生若身身分身心二途不服不
食我說是人真解脫者如我此說名為佛說
不如此說即波旬說
阿難又復世界六道衆生其心不偷則不隨其
生死相續汝修三昧本出塵勞偷心不除塵
不可出縱有多智禪定現前如不斷偷必落
邪道上品精靈中品妖魅下品邪人諸魅所
著彼等群邪亦有徒衆各各自謂成無上
道我滅度後末法之中多此妖邪熾盛世間
潛匿奸欺稱善知識各自謂已得上人法詃
惑無識恐令失心所過之處其家耗散我教比丘
循方乞食令其捨貪成菩薩道諸比丘等不
自熟食寄於殘生旅泊三界示一往還去已無
返云何賊人假我衣服裨販如來造種種業
皆言佛法卻非出家具戒比丘為小乘道
由是疑誤無量衆生墮無間獄若我滅後其
有比丘發心決定修三摩提能於如來形像
之前身燃一燈燒一指節及於身上爇一香
炷我說是人無始宿債一時酬畢長揖世間
永脫諸漏雖未即明無上覺路是人於法
已決定心若不為此捨身微因縱成無為必還
生人酬其宿債如我馬麥正等無異汝教
世人修三摩地後斷偷盜是名如來先佛世
尊第三決定清淨明誨是故阿難若不斷
偷修禪定者譬如有人水灌漏卮欲求其滿

BD05868 號　大佛頂如來密因修證了義諸菩薩萬行首楞嚴經卷六　（15–13）

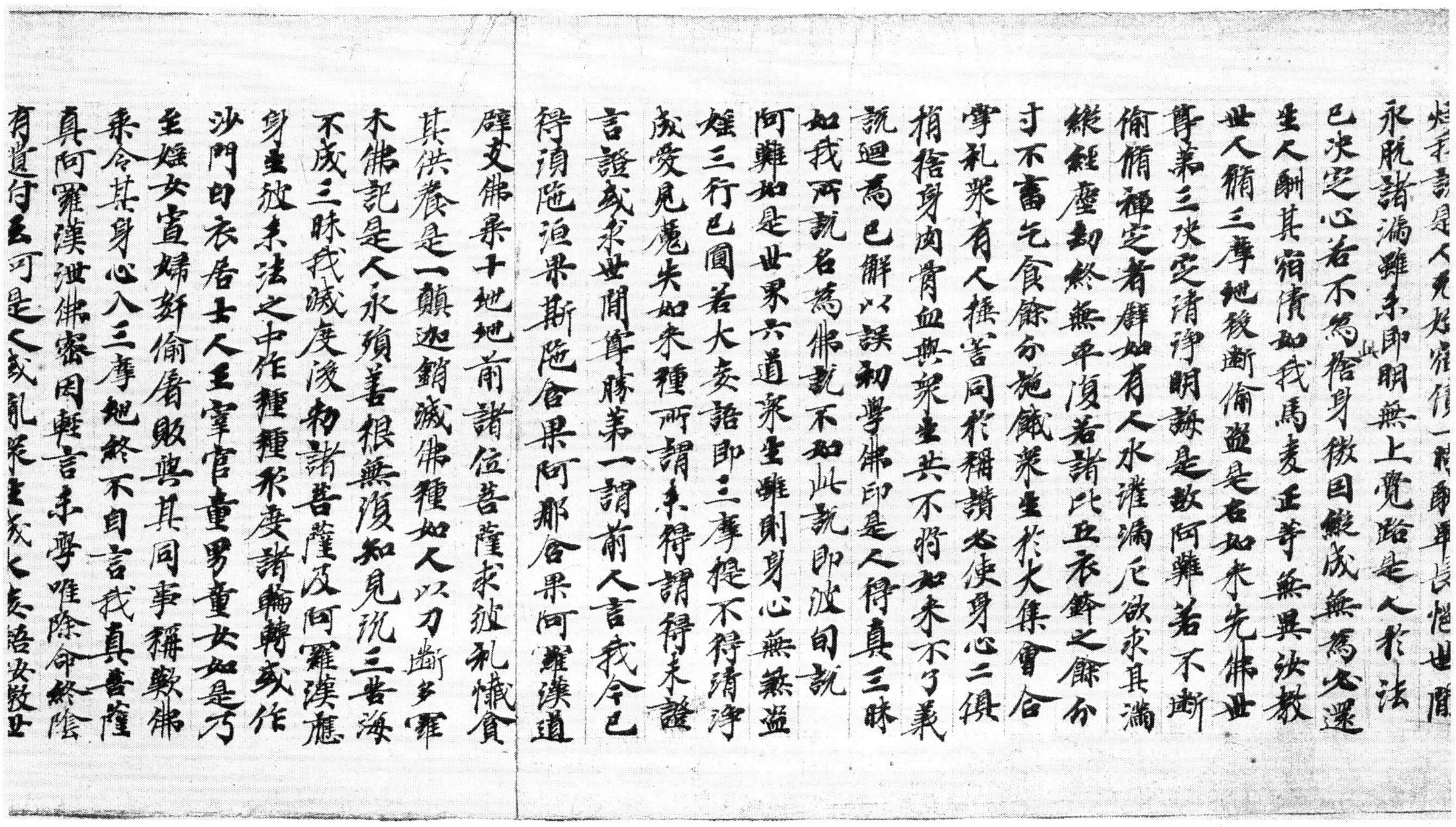
炷我說是人无始宿債一時酬畢長揖世間
永脫諸漏雖未即明無上覺路是人於法
已決定心若不為捨身微因縱成無為必還
生人酬其宿債如我馬麥正等無異汝教
世人脩三摩地後斷偷盜是名如來先佛世
尊第三決定清淨明誨是故阿難若不斷
偷脩禪定者譬如有人水灌漏卮欲求其滿
縱經塵劫終無平復若諸比丘衣鉢之餘分
寸不畜乞食餘分施餓眾生於大集會合
掌禮眾有人捶詈同於稱讚必使身心二俱
捐捨身肉骨血與眾生共不將如來不了義
說迴為己解以誤初學佛印是人得真三昧
如我所說名為佛說不如此說即波旬說
阿難如是世界六道眾生雖則身心無殺盜
婬三行已圓若大妄語即三摩提不得清淨
成愛見魔失如來種所謂未得謂得未證
言證或求世間尊勝第一謂前人言我今已
得須陀洹果斯陀含果阿那含果阿羅漢道
辟支佛乘十地地前諸位菩薩求彼禮懺貪
其供養是一顛迦銷滅佛種如人以刀斷多羅
木佛記是人永殞善根無復知見沉三苦海
不成三昧我滅度後勅諸菩薩及阿羅漢應
身生彼末法之中作種種形度諸輪轉或作
沙門白衣居士人王宰官童男童女如是乃
至婬女寡婦姦偷屠販與其同事稱歎佛
乘令其身心入三摩地終不自言我真菩薩
真阿羅漢泄佛密因輕言未學唯除命終陰
有遺付云何是人惑亂眾生成大妄語汝教世

BD05868 號　大佛頂如來密因修證了義諸菩薩萬行首楞嚴經卷六　（15–14）

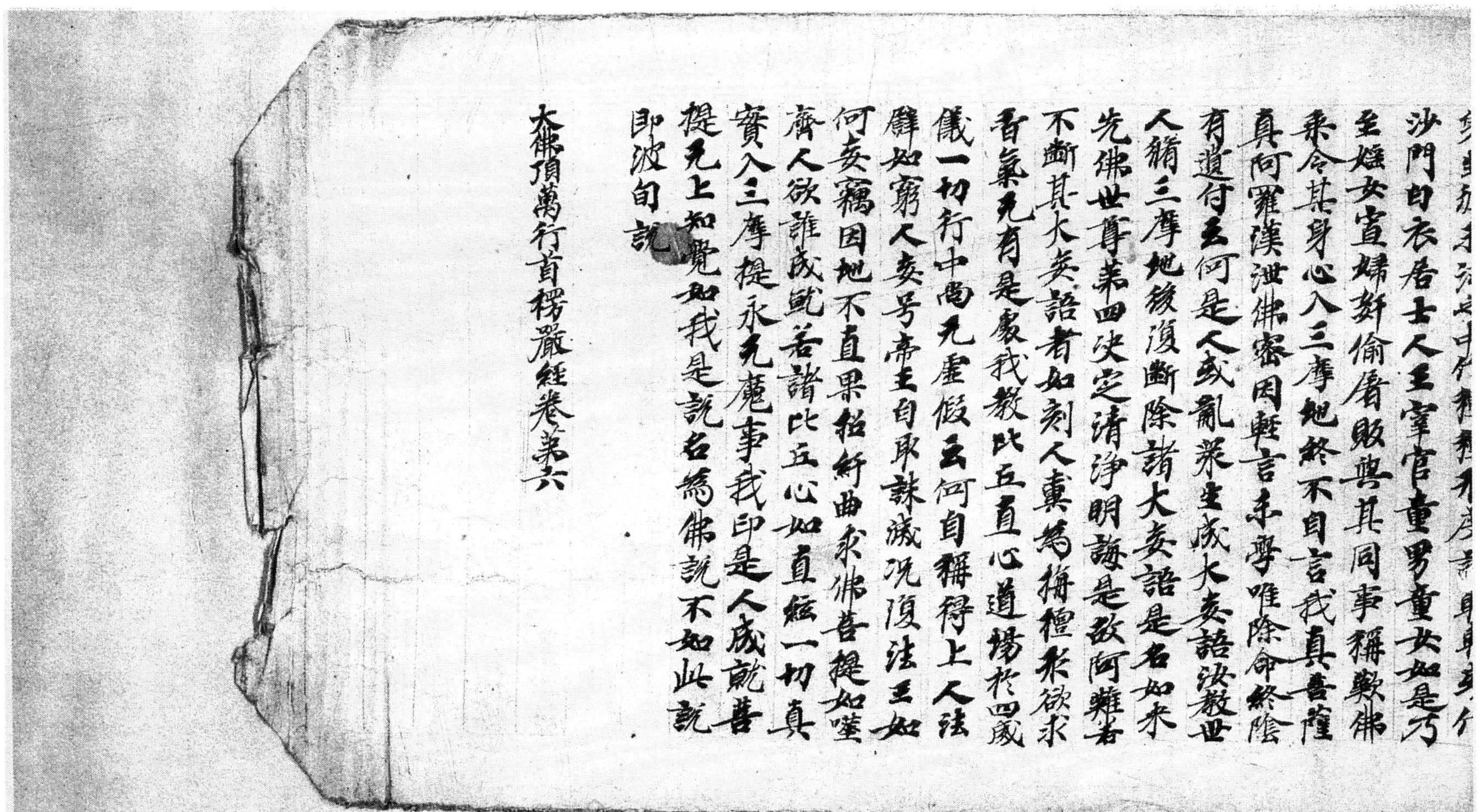
身生彼末法之中作種種形度諸輪轉或作
沙門白衣居士人王宰官童男童女如是乃
至婬女寡婦姦偷屠販與其同事稱歎佛
乘令其身心入三摩地終不自言我真菩薩
真阿羅漢泄佛密因輕言未學唯除命終陰
有遺付云何是人惑亂眾生成大妄語汝教世
人脩三摩地後復斷除諸大妄語是名如來
先佛世尊第四決定清淨明誨是故阿難若
不斷其大妄語者如刻人糞為栴檀形欲求
香氣无有是處我教比丘直心道場於四威
儀一切行中尚无虛假云何自稱得上人法
譬如窮人妄號帝王自取誅滅況復法王如
何妄竊因地不直果招紆曲求佛菩提如噬
臍人欲誰成就若諸比丘心如直絃一切真
實入三摩提永无魔事我印是人成就菩
提无上知覺如我是說名為佛說不如此說
即波旬說

大佛頂萬行首楞嚴經卷第六

BD05868 號　大佛頂如來密因修證了義諸菩薩萬行首楞嚴經卷六　（15–15）

維摩詰所說經卷上　一名不可思議……

佛國品第一

如是我聞一時佛在毗耶……

大比丘衆八千人俱菩薩……

識大智本行皆悉成就諸……

立為護法城受持正法能師……

衆人不請友而安之紹隆三寶……

伏魔怨制諸外道悉已清淨永離……

安住无礙解脫念定總持辯才不……

戒忍辱精進禪定智慧及方便力无不具足

得无所得不起法忍已能隨順轉不退輪善解

法相知衆生根善諸大衆得无所畏功德智慧

以脩其心相好嚴身色像第一捨諸世間所

有飾好名稱高遠踰於須弥深信堅固猶若

金剛法寶普照而雨甘露於衆言音微妙第

一深入緣起斷諸邪見有无二邊无復餘習……

BD05869號　維摩詰所說經卷上　（29–1）

法相知衆生根善諸大衆得无所畏功德智慧

以脩其心相好嚴身色像第一捨諸世間所

有飾好名稱高遠踰於須弥深信堅固猶若

金剛法寶普照而雨甘露於衆言音微妙第

一深入緣起斷諸邪見有无二邊无復餘習演

法无畏猶師子吼其所講說乃如雷震无

有量已過量集衆法寶如海導師了達諸法深妙

之義善知衆生往來所趣及心所行

近无等等佛自在慧十力无畏十八不共關閉

一切諸惡趣門而生五道以現其身為大醫

王善療衆病應病與藥令得服行无量功德

皆成就无量佛土皆嚴淨其見聞者无不

蒙益諸有所作亦不唐捐如是一切功德皆悉具

足其名曰等觀菩薩不等觀菩薩等不等

觀菩薩定自在王菩薩法自在王菩薩法相菩

薩光相菩薩光嚴菩薩大嚴菩薩寶積菩

薩辯積菩薩寶手菩薩寶印手菩薩常舉

手菩薩常下手菩薩常慘菩薩喜根菩薩喜王

菩薩辯音菩薩虛空藏菩薩執寶炬菩薩

寶勇菩薩寶見菩薩帝網菩薩明網菩薩

无緣觀菩薩慧積菩薩寶勝菩薩天王菩薩

壞魔菩薩電德菩薩自在王菩薩功德相嚴

菩薩師子吼菩薩雷音菩薩山相擊音菩薩

香象菩薩白香象菩薩常精進菩薩不休

息菩薩妙生菩薩華嚴菩薩觀世音菩薩

得大勢菩薩梵網菩薩寶杖菩薩无勝菩薩

嚴土菩薩金髻菩薩珠髻菩薩弥勒菩薩文

BD05869號　維摩詰所說經卷上　（29–2）

[illegible]菩薩[illegible]嚴
菩薩師子吼菩薩雷音菩薩山相擊音菩薩
香象菩薩白香象菩薩常精進菩薩不休
息菩薩妙生菩薩華嚴菩薩觀世音菩薩
得大世（勢）菩薩梵綱菩薩寶杖菩薩无勝菩薩
嚴土菩薩金髻菩薩珠髻菩薩彌勒菩薩文
殊師利法王子菩薩如是三万二千人俱
復有万梵天王尸棄等從餘四天下來詣佛所
而聽法復有万二千天帝亦從餘四天下來在
會坐并餘大威力諸天龍神夜叉乹闥婆
阿脩羅迦樓羅緊那羅摩睺羅伽等悉來
會坐諸比丘比丘尼優婆塞優婆夷俱來會
坐彼時佛與无量百千之衆恭敬圍繞而為
說法譬如須弥山王顯于大海安處衆寶
師子之座蔽於一切諸來大衆
佘時毗耶離城有長者子名曰寶積與五百
長者子俱持七寶蓋來詣佛所頭面礼足各
以其蓋共供養佛佛之威神令諸寶蓋合成
一蓋遍覆三千大千世界而此世界廣長之
相悉於中現又此三千大千世界諸須弥山雪
山目真隣陁山摩訶目真隣陁山香山寶
山金山黑山鐵圍山大鐵圍山大海江河川
流泉源及日月星辰天宮龍宮諸尊神宮悉
現於寶蓋中又十方諸佛諸佛說法亦現於
寶蓋中佘時一切大衆覩佛神力嘆未曾
有合掌礼佛瞻仰尊顏目不暫捨長者
子寶積即於佛前以偈頌曰

BD05869 號　維摩詰所說經卷上　（29–3）

流泉源及日月星辰天宮龍宮諸尊神宮悉
現於寶蓋中又十方諸佛諸佛說法亦現於
寶蓋中佘時一切大衆覩佛神力嘆未曾
有合掌礼佛瞻仰尊顏目不暫捨長者
子寶積即於佛前以偈頌曰
目淨脩廣如青蓮　心淨已度諸禪定
久積淨業稱无量　導衆以寂故稽首
既見大聖以神變　普現十方无量土
其中諸佛演說法　於是一切悉見聞
法王法力超群生　常以法財施一切
能善分別諸法相　於第一義而不動
已於諸法得自在　是故稽首此法王
說法不有亦不无　以因緣故諸法生
无我无造无受者　善惡之業亦不亡
始在佛樹力降魔　得甘露滅覺道成
已无心意无受行　而悉摧伏諸外道
三轉法輪於大千　其輪本來常清淨
天人得道此為證　三寶於是現世間
以斯妙法濟群生　一受不退常寂然
度老病死大醫王　當礼法海德无邊
毀譽不動如須弥　於善不善等以慈
心行平等如虛空　孰聞人寶不敬承
今奉世尊此微蓋　於中現我三千界
諸天龍神所居宮　乹闥婆等及夜叉
悉見世間諸所有　十力哀現是化變
衆覩希有皆嘆佛　今我稽首三界尊

BD05869 號　維摩詰所說經卷上　（29–4）

心行平等如虛空　孰聞人寶不敬承
今奉世尊此微蓋　於中現我三千界
諸天龍神所居宮　乾闥婆等及夜叉
悉見世間諸所有　十力哀現是化變
眾覩希有皆歎佛　今我稽首三界尊
大聖法王眾所歸　淨心觀佛靡不欣
各見世尊在其前　斯則神力不共法
佛以一音演說法　眾生隨類各得解
皆謂世尊同其語　斯則神力不共法
佛以一音演說法　眾生各各隨所解
普得受行獲其利　斯則神力不共法
佛以一音演說法　或有恐畏或歡喜
或生厭離或斷疑　斯則神力不共法
稽首十力大精進　稽首已得無所畏
稽首住於不共法　稽首一切大導師
稽首能斷眾結縛　稽首已到於彼岸
稽首能度諸世間　稽首永離生死道
悉知眾生來去相　善於諸法得解脫
不著世間如蓮華　常善入於空寂行
達諸法相無罣礙　稽首如空無所依
尒時長者子寶積說此偈已白佛言世尊
是五百長者子皆已發阿多羅三藐三菩提
心願聞得佛國土清淨唯願世尊說諸菩
薩淨土之行佛言善哉寶積乃能為諸菩
薩問於如來淨土之行諦聽諦聽善思念之
當為汝說於是寶積及五百長者子受教而

BD05869號　維摩詰所說經卷上　（29–5）

是五百長者子皆已發阿多羅三藐三菩提
心願聞得佛國土清淨唯願世尊說諸菩
薩淨土之行佛言善哉寶積乃能為諸菩
薩問於如來淨土之行諦聽諦聽善思念之
當為汝說於是寶積及五百長者子受教而
聽佛言寶積眾生之類是菩薩佛土所以者
何菩薩隨所化眾生而取佛土隨所調伏眾生
而取佛土隨諸眾生應以何國入佛智慧而
取佛土隨諸眾生應以何國起菩薩根而取佛
土所以者何菩薩取於淨國皆為饒益諸眾
生故譬如有人欲於空地造立宮室隨意無
礙若於虛空終不能成菩薩如是為成就眾
生故願取佛國願取佛國者非於空也
寶積當知直心是菩薩淨土菩薩成佛時不
諂眾生來生其國深心是菩薩淨土菩薩成
佛時具足功德眾生來生其國大乘心是菩
薩淨土菩薩成佛時大乘眾生來生其國
布施是菩薩淨土菩薩成佛時一切能捨眾生
來生其國持戒是菩薩淨土菩薩成佛時
行十善道滿願眾生來生其國忍辱是菩
薩淨土菩薩成佛時卅二相莊嚴眾生來生其
國精進是菩薩淨土菩薩成佛時勤脩一切
功德眾生來生其國禪定是菩薩淨土菩薩
成佛時攝心不亂眾生來生其國智慧是菩
薩淨土菩薩成佛時正定眾生來生其國四
無量心是菩薩淨土菩薩成佛時成就慈悲
喜舍眾生來生其國

BD05869號　維摩詰所說經卷上　（29–6）

國精進是菩薩淨土菩薩成時勤脩一切
功德衆生來生其國禪定是菩薩淨土菩薩
成佛時攝心不亂衆生來生其國智慧是菩
薩淨土菩薩成佛時正定衆生來生其國四
无量心是菩薩淨土菩薩成佛時成就慈悲
喜捨衆生來生其國四攝法是菩薩淨土菩
薩成佛時解脫所攝衆生來生其國方便是菩
薩淨土菩薩成佛時於一切法方便无礙衆生
來生其國卅七道品是菩薩淨土菩薩成
佛時念處正勤神足根力覺道衆生來生其
國迴向心是菩薩淨土菩薩成佛時得一切
具足功德國土說除八難是菩薩淨土菩薩
佛成時國土无有三惡八難自守戒行不譏
彼闕是菩薩淨土菩薩成佛時國土无有
犯禁之名十善是菩薩淨土菩薩成佛時命不
中夭大富梵行所言誠諦常以耎語眷屬不
離善和諍訟言必饒益不嫉不恚正見衆生
來生其國如是寶積菩薩隨其直心則能發
行隨其發行則得深心隨其深心則意調伏
隨意調伏則如說行隨如說行則能迴向隨
其迴向則有方便隨其方便則成就衆生隨
成就衆生則佛土淨隨佛土淨則說法淨隨
說法淨則智慧淨隨智慧淨則其心淨隨
其心淨則一切功德淨是故寶積若菩薩欲
得淨土當淨其心隨其心淨則佛土淨
尒時舍利弗承佛威神作是念若菩薩心淨
則佛土淨者我世尊本為菩薩時意豈不淨

成就衆生則佛土淨隨佛土淨則說法淨隨
說法淨則智慧淨隨智慧淨則其心淨隨
其心淨則一切功德淨是故寶積若菩薩欲
得淨土當淨其心隨其心淨則佛土淨
尒時舍利弗承佛威神作是念若菩薩心淨
則佛土淨者我世尊本為菩薩時意豈不淨
而是佛土不淨若此佛知其念即告之言於意
云何日月豈不淨邪而盲者不見對曰不也世
尊是盲者過非日月咎舍利弗衆生罪故
不見如來佛國嚴淨非如來咎舍利弗我此
土淨而汝不見尒時螺髻梵王語舍利弗勿
作是意謂此佛土以為不淨所以者何我見
釋迦牟尼佛土清淨譬如自在天宮舍利
弗言我見此土丘陵坑坎荊蕀砂礫土石諸
山穢惡充滿螺髻梵言仁者心有高下不依
佛慧故見此土為不淨耳舍利弗菩薩於一
切衆生悉皆平等深心清淨依佛智慧則
能見此佛土清淨於是佛以足指按地即時三
千大千世界若干百千珎寶嚴飾譬如寶
莊嚴佛无量功德寶莊嚴土一切大衆歎未
曾有而皆自見坐寶蓮華佛告舍利弗汝且
觀是佛土嚴淨舍利弗言唯然世尊本所不
見本所不聞今佛國土嚴淨悉見佛語舍利
弗我佛國土常淨若此為欲度斯下劣人故示
是衆惡不淨土耳譬如諸天共寶器食隨
其福德飯色有異如是舍利弗若人心淨便

觀是佛土嚴淨舍利弗言唯然世尊本所不
見本所不聞今佛國土嚴淨悉見佛語舍利
弗我佛國土常淨若此為欲度斯下劣人故示
是衆惡不淨土耳譬如諸天共寶器食隨
其福德飯色有異如是舍利弗若人心淨便
見此土功德莊嚴當佛現此國土嚴淨之時
寶積所將五百長者子皆得无生法忍八萬
四千人發阿耨多羅三藐三菩提心佛攝神足
於是世界還復如故求聲聞乘三萬二千天
及人知有為法皆悉无常遠塵離垢得法
眼淨八千比丘不受諸法漏盡意解
方便品第二
爾時毗耶離大城中有長者名維摩詰已
曾供養无量諸佛深殖善本得无生忍辯
才无礙遊戲神通逮諸總持獲无所畏降魔
勞怨入深法門善於智度通達方便大願成
就明了衆生心之所趣又能分別諸根利鈍久
於佛道心已純淑決定大乘諸有所作能善
思量住佛威儀心大如海諸佛咨嗟弟子釋
梵世主所敬欲度人故以善方便居毗耶離資
財无量攝諸貧民奉戒清淨攝諸毀禁以
忍調行攝諸恚怒以大精進攝諸懈怠一心
禪寂攝諸亂意以決定慧攝諸无智雖為白
衣奉持沙門清淨律行雖處居家不著三
界示有妻子常脩梵行現有眷屬常樂遠
離雖服寶飾而以相好嚴身雖復飲食而以禪

BD05869 號　維摩詰所說經卷上　（29–9）

以忍調行攝諸恚怒以大精進攝諸懈怠一心
禪寂攝諸亂意以決定慧攝諸无智雖為白
衣奉持沙門清淨律行雖處居家不著三
界示有妻子常脩梵行現有眷屬常樂遠
離雖服寶飾而以相好嚴身雖復飲食而以禪
悅為味若至博弈戲處輒以度人受諸異道不毀
正信雖明世典常樂佛法一切見敬為供養
中最執持正法攝諸長幼一切治生諧偶雖
獲俗利不以喜悅遊諸四衢饒益衆生入治正
法救護一切入講論處導以大乘入諸學堂
誘開童蒙入諸婬舍示欲之過入諸酒肆能
立其志若在長者長者中尊為說勝法
若在居士居士中尊斷其貪著若在剎利剎
利中尊教以忍辱若在婆羅門婆羅門中
尊除其我慢若在大臣大臣中尊教以正法若
在王子王子中尊示以忠孝若在內官內官
中尊化政宮女若在庶民庶民中尊令興福力
若在梵天梵天中尊誨以勝慧若在帝釋
帝釋中尊示現无常若在護世護世中尊
護諸衆生長者維摩詰以如是等无量方
便饒益衆生其以方便現身有疾以其疾故國王大
臣長者居士婆羅門等及諸王子并餘官屬
无數千人皆往問疾其往者維摩詰因以身
疾廣為說法諸仁者是身无常无強无力无
堅速朽之法不可信也為苦為惱衆病所集
諸仁者如此身明智者所不怙是身如聚沫

BD05869 號　維摩詰所說經卷上　（29–10）

便現身有疾以其疾故國王大
臣長者居士婆羅門等及諸王子并餘官屬
无數千人皆往問疾其往者維摩詰因以身
疾廣為說法諸仁者是身无常无强无力无
堅速朽之法不可信也為苦為惱眾病所集
諸仁者如此身明智者所不怙是身如聚沫
不可撮摩是身如泡不得久立是身如焰從
渴愛生是身如芭蕉中无有堅是身如幻從顛
倒起是身如夢為虛妄見是身如影從業
緣現是身如響屬諸因緣是身如浮雲須臾
變滅是身如電念念不住是身无主為如地
是身无我為如火是身无壽為如風是身
无人為如水是身不實四大為家是身為空
離我我所是身无知如草木瓦礫是身无作風
力所轉是身不淨穢惡充滿是身為虛偽雖
假以澡浴衣食必歸磨滅是身為災百一病
惱是身如丘井為老所逼是身无定為要
死是身如毒虵如怨賊如空聚陰界諸入所
共合成諸仁者此可患厭當樂佛身所以者
何佛身者即法身也從无量功德智慧
生從戒定慧解脫解脫知見生從慈悲喜捨生
從布施持戒忍辱柔和勤行精進禪定解脫三
昧多聞智慧諸波羅蜜生從方便生從六通
生從三明生從卅七道品生從止觀生從十力
四无所畏十八不共法生從斷一切不善法
集一切善法生從真實生從不放逸生從
如是无量清淨法生如來身諸仁者欲得

BD05869號　維摩詰所說經卷上　（29–11）

昧多聞智慧諸波羅蜜生從方便生從六通
生從三明生從卅七道品生從止觀生從十力
四无所畏十八不共法生從斷一切不善法
集一切善法生從真實生從不放逸生從
如是无量清淨法生如來身諸仁者欲得
佛身斷一切眾生病者當發阿耨多羅三藐三
菩提心如是長者維摩詰為諸問疾者
如應說法令无數千人皆發阿耨多羅三藐
三菩提心

弟子品第三

尒時長者維摩詰自念寢疾于牀世尊大慈
寧不垂愍佛知其意即告舍利弗汝行詣
維摩詰問疾舍利弗白佛言世尊我不堪任
詣彼問疾所以者何憶念我昔曾於林中宴
坐樹下時維摩詰來謂我言唯舍利弗不必
是為宴坐也夫宴坐者不於三界現身意是
為宴坐不起滅定而現諸威儀是為宴坐不
捨道法而現凡夫事是為宴坐心不住內亦
不在外是為宴坐於諸見不動而脩行卅七品
是為宴坐不斷煩惱而入涅槃是為宴坐
若能如是坐者佛所印可時我世尊聞是語
默然而止不能加報故我不任詣彼問疾
佛告大目揵連汝行詣維摩詰問疾目連白
佛言世尊我不堪任詣彼問疾所以者何憶
念我昔入毗耶離大城於里巷中為諸居士
說法時維摩詰來謂我言唯大目連為白衣

BD05869號　維摩詰所說經卷上　（29–12）

默然而止不能加報故我不任詣彼問疾
佛告大目揵連汝行詣維摩詰問疾目連白
佛言世尊我不堪任詣彼問疾所以者何憶
念我昔入毗耶離大城於里巷中為諸居士
說法時維摩詰來謂我言唯大目連為白衣
居士說法不當如仁者所說夫說法者當如
法說法无衆生離衆生垢故法无有我離我
垢故法无壽命離生死故法无有人前後際
斷故法常寂然滅諸相故法離於相无所緣
故法无名字言語斷故法无有說離覺觀
故法无形相如虛空故法无戲論畢竟空故法
无我所離我所故法无分別離諸識故法无
有比无相待故法不屬因不在緣故法同法
性入諸法故法隨於如无所隨故法住實際諸
邊不動故法无動搖不依六塵故法无去來
常不住故法順空隨无相應无作法離好
醜法无增損法无生滅法无所歸法過眼耳
鼻舌身心法无高下法常住不動法離一切
觀行唯大目連法相如是豈可說乎夫說法
者无說无示其聽法者无聞无得譬如幻士
為幻人說法當建是意而為說法當了衆生
根有利鈍善於知見无所罣礙以大悲心讚
于大乘念報佛恩不斷三寶然後說法維
摩詰說是法時八百居士發阿耨多羅三藐
三菩提心我无此辯是故不任詣彼問疾
佛告大迦葉汝行詣維摩詰問疾迦葉白佛

BD05869號　維摩詰所說經卷上　（29–13）

根有利鈍善於知見无所罣礙以大悲心讚
于大乘念報佛恩不斷三寶然後說法維
摩詰說是法時八百居士發阿耨多羅三藐
三菩提心我无此辯是故不任詣彼問疾
佛告大迦葉汝行詣維摩詰問疾迦葉白佛
言世尊我不堪任詣彼問疾所以者何憶念
我昔於貧里而行乞食時維摩詰來謂我
言唯大迦葉有慈悲心而不能普捨豪富從
乞迦葉住平等法應次行乞食為不食故
應行乞食為壞和合相故應取揣食為不受
故應受彼食以空聚想入於聚落所見色與
盲等所聞聲與響等所嗅香與風等所食
味不分別受諸觸如智證知諸法如幻相无自
性无他性本自不然今則无滅迦葉若能不捨
八邪入八解脫以邪相入正法以一食施一切供
養諸佛及衆賢聖然後可食如是食者
非有煩惱非離煩惱非入定意非起定意非
住世間非住涅槃其有施者无大福无小福
不為益不為損是為正入佛道不依聲聞迦
葉若如是食為不空食人之施也時我世尊
聞說是語得未曾有即於一切菩薩深起
敬心復作是念斯有家名辯才智慧乃能
如是其誰不發阿耨多羅三藐菩提心我從是
來不復勸人以聲聞辟支佛行是故不任
詣彼問疾
佛告須菩提汝行詣維摩詰問疾須菩提

BD05869號　維摩詰所說經卷上　（29–14）

聞說是語得未曾有即於一切菩薩深起
敬心復作是念斯有家名辯才智慧乃能
如是其誰不發阿耨多羅三藐三菩提心我從是
來不復勸人以聲聞辟支佛行是故不任
詣彼問疾
佛告須菩提汝行詣維摩詰問疾須菩提
白佛言世尊我不堪任詣彼問疾所以者何
憶念我昔入其舍從乞食時維摩詰取我鉢
盛滿飯謂我言唯須菩提若能於食等者諸
法亦等諸法等者於食亦等如是行乞乃
可取食若須菩提不斷婬怒癡亦不與俱不
壞於身而隨一相不滅癡愛起於明脫以五逆
相而得解脫亦不解不縛不見四諦非不見
諦非得果非凡夫非離凡夫法非聖人非不聖
人雖成就一切法而離諸法相乃可取食若須
菩提不見佛不聞法彼外道六師富蘭那迦
葉末伽梨拘賒梨子刪闍夜毗羅胝子阿耆
多翅舍欽婆羅迦羅鳩馱迦旃延尼犍陀
若提子等是汝之師因其出家彼師所墮汝
亦隨墮乃可取食若須菩提入諸邪見不到
彼岸住於八難不得无難同於煩惱離清淨
法汝得无諍三昧一切衆生亦得是定其施
汝者不名福田供養汝者墮三惡道為與
衆魔共一手作諸勞侶汝與衆魔及諸塵
勞等无有異於一切衆生而有怨心謗諸佛
毀於法不入衆數終不得滅度汝若如是

BD05869 號　維摩詰所說經卷上　（29–15）

法汝得无諍三昧一切衆生亦得是定其施
汝者不名福田供養汝者墮三惡道為與
衆魔共一手作諸勞侶汝與衆魔及諸塵
勞等无有異於一切衆生而有怨心謗諸佛
毀於法不入衆數終不得滅度汝若如是
乃可取食時我世尊聞說此語茫然不識是
何言不知以何答便置鉢欲出其舍維摩詰
言唯須菩提取鉢勿懼於意云何如來所作
化人若以是事詰寧有懼不我言不也維摩詰
言一切諸法如幻化相汝今不應有所懼也所
以者何一切言說不離是相至於智者不著文
字故无所懼何以故文字性離无有文字是則
解脫解脫相者則諸法也維摩詰說是法
時二百天子得法眼淨故我不任詣彼問疾
佛告富樓那彌多羅尼子汝行詣維摩詰問
疾富樓那白佛言世尊我不堪任詣彼問疾
所以者何憶念我昔於大林中在一樹下為
諸新學比丘說法時維摩詰來謂我言唯富
樓那先當入定觀此人心然後說法无以穢食
置於寶器當知是比丘心之所念无以瑠璃
同彼水精汝不能知衆生根源无得發起
以小乘法彼自无瘡勿傷之也欲行大道莫
示小徑无以大海內於牛跡无以日光等彼
螢火富樓那此比丘久發大乘心中忘此意
如何以小乘法而教導之我觀小乘智慧微
淺猶如盲人不能分別一切衆生根之利鈍

BD05869 號　維摩詰所說經卷上　（29–16）

以小乘法彼自无瘡勿傷之也欲行大道莫
示小徑无以大海内於牛跡无以日光等彼
螢火富樓那此比丘久發大乘心中忘此意
如何以小乘法而教導之我觀小乘智慧微
淺猶如盲人不能分別一切衆生根之利鈍
時維摩詰即入三昧令此比丘自識宿命
曾於五百佛所殖衆德本迴向阿耨多羅三
藐三菩提即時豁然還得本心於是諸比丘
稽首礼維摩詰足時維摩詰因為說法
於阿耨多羅三藐三菩提不復退轉我念聲
聞不觀人根不應說法是故不任詣彼問疾
佛告摩訶迦旃延汝行詣維摩詰問疾迦旃
延白佛言世尊我不堪任詣彼問疾所以者
何憶念昔者佛為諸比丘略說法要我即
於後敷演其義謂无常義苦義空義无我
義寂滅義時維摩詰來謂我言唯迦旃延无
以生滅心行說實相法迦旃延諸法畢竟不生不
滅是无常義五受陰洞達空无所起是苦義
諸法究竟无所有是空義於我无我而不二
是无我義法本不然今則无滅是寂滅義
說是法時彼諸比丘心得解脫故我不任詣彼問疾
佛告阿那律汝行詣維摩詰問疾阿那律
白佛言世尊我不堪任詣彼問疾所以者何憶
念我昔於一處經行時有梵王名曰嚴淨
與万梵俱放淨光明來詣我所稽首礼作
問我言幾何阿那律天眼所見我即荅言仁者

說是法時彼諸比丘心得解脫故我不任詣彼問疾
佛告阿那律汝行詣維摩詰問疾阿那律
白佛言世尊我不堪任詣彼問疾所以者何憶
念我昔於一處經行時有梵王名曰嚴淨
與万梵俱放淨光明來詣我所稽首礼作
問我言幾何阿那律天眼所見我即荅言仁者
吾見此釋迦牟尼佛土三千大千世界如觀掌
中阿摩勒菓時維摩詰來謂我言唯阿那律
天眼所見為作相耶无作相耶假使作相則
與外道五通等若无作相即是无為不應有
見世尊我時默然彼諸梵聞其言得未曾
有即為作礼而問曰世孰有真天眼者維
摩詰言有佛世尊得真天眼常在三昧悉
見諸佛國不以二相於是嚴淨梵王及其眷屬
五百梵天皆發阿耨多羅三藐三菩提心礼
維摩詰足已忽然不現故我不任詣彼問疾
佛告優波離汝行詣維摩詰問疾優波離白
佛言世尊我不堪任詣彼問疾所以者何憶
念昔者有二比丘犯律行以為恥不敢問佛
來問我言唯優波離我等犯律誠以為恥不
敢問佛願解疑悔得免斯咎我即為其如法
解說時維摩詰來謂我言唯優波離无重
增此二比丘罪當直除滅勿擾其心所以者何
彼罪性不在內不在外不在中間如佛所說
心垢故衆生垢心淨故衆生淨心亦不在內
不在外不在中間如其心然罪垢亦然諸法
亦然不出於如如優波離以心相得解脫時

解說時維摩詰來謂我言唯優波離无重
增此二比丘罪當直除滅勿擾其心所以者何
彼罪性不在内不在外不在中間如佛所說
心垢故衆生垢心淨故衆生淨心亦不在内
不在外不在中間如其心然罪垢亦然諸法
亦然不出於如如優波離以心相得解脫時
寧有垢不我言不也維摩詰言一切衆生心
相无垢亦復如是唯優波離妄想是垢无妄
想是淨顛倒是垢无顛倒是淨取我是垢
不取我是淨優波離一切法生滅不住如幻如
電諸法不相待乃至一念不住諸法皆妄見
如夢如焰如水中月如鏡中像以妄想生其
知此者是名奉律其知此者是名善解於是
二比丘言上智哉是優波離所不及持律之
上而不能說我答言自捨如來未有聲聞及
菩薩能制其樂說之辯其智慧明達爲若
此也時二比丘疑悔即除發阿耨多羅三藐三
菩提心作是願言令一切衆生皆得是辯故
我不任詣彼問疾
佛告羅睺羅汝行詣維摩詰問疾羅睺羅白
佛言世尊我不堪任詣彼問疾所以者何憶
念昔時毗耶離諸長者子來詣我所稽首
作礼問我言唯羅睺羅汝佛之子捨轉輪王位
出家爲道其出家者有何等利我即如法爲
說出家功德之利時維摩詰來謂我言唯羅
睺羅不應說出家功德之利所以者何无利

作礼問我言唯羅睺羅汝佛之子捨轉輪王位
出家爲道其出家者有何等利我即如法爲
說出家功德之利時維摩詰來謂我言唯羅
睺羅不應說出家功德之利所以者何无利
无功德是爲出家有爲法者可說有利有功
德夫出家者爲无爲法无爲法中无利无功
德羅睺羅夫出家者无彼无此亦无中間離
六十二見處於涅槃智者所受聖所行處降
伏衆魔度五道淨五眼得五力立五根不惱
於彼離衆雜惡摧諸外道超越假名出淤泥
无繫著无我所无所受无擾亂内懷喜護彼
意隨禪定離衆過若能如是是真出家於是
維摩詰語諸長者子汝等於正法中宜共出
家所以者何佛世難值諸長者子言居士我
聞佛言父母不聽不得出家維摩詰言然汝
等便發阿耨多羅三藐三菩提心是即出家
是即具足尒時卅二長者子皆發阿耨多羅
三藐三菩提心故我不任詣彼問疾
佛告阿難汝行詣維摩詰問疾阿難白佛言
世尊我不堪任詣彼問疾所以者何憶念昔
時世尊身小有疾當用牛乳我即持鉢詣大
婆羅門家下立時維摩詰來謂我言唯阿
難何爲晨朝持鉢住此我言居士世尊身小
有疾當用牛乳故來至此維摩詰言止止阿
難莫作是語如來身者金剛之體諸惡已斷
衆善普會當有何疾當有何惱默往阿難

婆羅門家門下立時維摩詰來謂我言唯阿
難何為晨朝持鉢住此我言居士世尊身小
有疾當用牛乳故來至此維摩詰言止止阿
難莫作是語如來身者金剛之體諸惡已斷
衆善普會當有何疾當有何惱默往阿難
勿謗如來莫使異人聞此麁言无令大威德
諸天及他方淨土諸來菩薩得聞斯語阿難
轉輪聖王以少福故尚得无病豈況如來无
量福會普勝者哉行矣阿難勿使我等受
斯恥也外道梵志若聞此語當作是念何名為
師自疾不能救而能救諸疾人可密速去勿
使人聞當知阿難諸如來身即是法身非思
欲身佛為世尊過於三界佛身无漏諸漏已
盡佛身无為不墮諸數如此之身當有何疾
時我世尊實懷慚愧得无近佛而謬聽耶即聞
空中聲曰阿難如居士言但為佛出五濁惡
世現行斯法度脫衆生行矣阿難取乳勿慚
世尊維摩詰智慧辯才為若此也是故不任
詣彼問疾如是五百大弟子各各向佛說其
本緣稱述維摩詰所言皆曰不任詣彼問疾

菩薩品第四

於是佛告弥勒菩薩汝行詣維摩詰問疾弥
勒白佛言世尊我不堪任詣彼問疾所以者
何憶念我昔為兜率天王及其眷屬說不
退轉地之行時維摩詰來謂我言弥勒世尊
授仁者記一生當得阿耨多羅三藐三菩提
為用何生得受記乎過去耶未來耶現在耶

勒白佛言世尊我不堪任詣彼問疾所以者
何憶念我昔為兜率天王及其眷屬說不
退轉地之行時維摩詰來謂我言弥勒世尊
授仁者記一生當得阿耨多羅三藐三菩提
為用何生得受記乎過去耶未來耶現在耶
若過去生過去生已滅若未來生未來生未
至若現在生現在生无住如佛所說比丘汝今
即時亦生亦老亦滅若以无生得受記者无
生即是正位於正位中亦无受記亦无得阿耨
多羅三藐三菩提云何弥勒受一生記乎為
從如生得受記耶為從如滅得受記耶若以
如生得受記者如无有生若以如滅得受記
者如无有滅一切衆生皆如也一切法亦如也
衆聖賢亦如也至於弥勒亦如也若弥勒
得受記者一切衆生亦應受記所以者何
夫如者不二不異若弥勒得阿耨多羅三藐
三菩提者一切衆生亦應皆得所以者何一
切衆生即菩提相若弥勒得滅度者一切
衆生亦當滅度所以者何諸佛知一切衆生畢
竟寂滅即涅槃相不復更滅是故弥勒无以
此法誘諸天子實无發阿耨多羅三藐三菩
提心者亦无退者弥勒當令此諸天子捨於
分別菩提之見所以者何菩提者不可以身
得不可以心得寂滅是菩提滅諸相故不觀
是菩提離諸緣故不行是菩提无憶念故
斷是菩提捨諸見故離是菩提離諸妄想

提心者亦无退者弥勒當令此諸天子捨於
分別菩提之見所以者何菩提者不可以身
得不可以心得寂滅是菩提滅諸相故不觀
是菩提離諸緣故不行是菩提无憶念故
斷是菩提捨諸見故離是菩提離諸妄想
故鄣是菩提鄣諸願故不入是菩提无貪著故
順是菩提順於如故住是菩提住法性故至
是菩提至實際故不二是菩提離意法故
等是菩提等虛空故无為是菩提无生住滅
故智是菩提了衆生心行故不會是菩提諸入
不會故不合是菩提離煩惱習故无處是菩
提无形色故假名是菩提名字空故如化是
菩提无取捨故无亂是菩提常自靜故善寂
是菩提性清淨故无取是菩提離攀緣故无
異是菩提諸法等故无比是菩提无可喻故
微妙是菩提諸法難知故世尊維摩詰說是
法時二百天子得无生法忍故我不任詣彼問疾
佛告光嚴童子汝行詣維摩詰問疾光嚴
白佛言世尊我不堪任詣彼問疾所以者何憶
念我昔出毗耶離大城時維摩詰方入城我
即為作礼而問言居士從何來答我言吾
從道場來我問道場者何所是答曰直心
是道場无虛假故發行是道場能辦事故深
心是道場无益功德故菩提心是道場无錯
謬故布施是道場不望報故持戒是道場得
願具故忍辱是道場於諸衆生心无礙故精進

BD05869 號　維摩詰所說經卷上　（29–23）

從道場來我問道場者何所是答曰直心
是道場无虛假故發行是道場能辦事故深
心是道場无益功德故菩提心是道場无錯
謬故布施是道場不望報故持戒是道場得
願具故忍辱是道場於諸衆生心无礙故精進
是道場不懈退故禪定是道場心調柔故智
慧是道場現見諸法故慈是道場等衆生
故悲是道場忍疲苦故喜是道場悅樂法故
捨是道場憎愛斷故神通是道場成就六通
故解脫是道場能皆捨故方便是道場教化
衆生故四攝是道場攝衆生故多聞是道場
如聞行故伏心是道場正觀諸法故卅七品是
道場捨有為法故諦是道場不誑世間故緣
起是道場无明乃至老死皆无盡故諸煩惱
是道場知如實故衆生是道場知无我故一
切法是道場知諸法空故降魔是道場不傾
動故三界是道場无所趣故師子吼是道
場[?]无所畏故力无畏不共法是道場无諸過
故三明是道場无餘礙故一念知一切法是道
場成就一切智故如是善男子菩薩若應諸
波羅蜜教化衆生諸有所作舉足下足當知
皆從道場來住於佛法矣說是法時五百
天人皆發阿耨多羅三藐三菩提心故我不
詣彼問疾
佛告持世菩薩汝行詣維摩詰問疾持世白
佛言世尊我不堪任詣彼問疾所以者何憶

BD05869 號　維摩詰所說經卷上　（29–24）

皆在道場矣住於佛法矣說是法時五百
天人皆發阿耨多羅三藐三菩提心故我不
詣彼問疾
佛告持世菩薩汝行詣維摩詰問疾持世白
佛言世尊我不堪任詣彼問疾所以者何憶
念我昔住於靜室時魔波旬從万二千天女
狀如帝釋鼓樂絃歌來詣我所與其眷屬稽
首我足合掌恭敬於一面立我意謂是帝釋
而語之言善來憍尸迦雖福應有不當自
恣當觀五欲无常以求善本於身命財而
脩堅法即語我言正士受是万二千天女可
備掃灑我言憍尸迦无以此非法之物要
我沙門釋子此非我宜所言未訖維摩詰來
謂非帝釋也是為魔來嬈固汝耳即語魔
言是諸女等可以與我應受魔即驚懼念
維摩詰將无惱我欲隱形去而不能隱盡其
神力亦不得去即聞空中聲曰波旬以女與之
乃可得去魔以畏故俛仰而與尒時維摩詰
語諸女言魔以汝等與我今汝皆當發阿耨
多羅三藐三菩提心即隨所應而為說法令
發道意復言汝等已發道意有法樂可以自
娛不應復樂五欲樂也天女即問何謂法樂
荅言樂常信佛樂欲聽法樂供養衆樂離五
欲樂觀五陰如怨賊樂觀四大如毒蛇樂觀
內入如空聚樂隨護道意樂饒益衆生樂
敬養師樂廣行施樂堅持戒樂忍辱柔和樂勤
集善根樂禪定不亂樂離垢明慧樂廣菩

荅言樂常信佛樂欲聽法樂供養衆樂離五
欲樂觀五陰如怨賊樂觀四大如毒蛇樂觀
內入如空聚樂隨護道意樂饒益衆生樂
敬養師樂廣行施樂堅持戒樂忍辱柔和樂勤
集善根樂禪定不亂樂離垢明慧樂廣菩
提心樂降伏衆魔樂斷諸煩惱樂淨佛國土
樂成就相好故脩諸功德樂嚴道場樂聞深
法不畏樂三脫門不樂非時樂近同學樂於
非同學中心无罣礙樂將護惡知識樂近善知
識樂心喜清淨樂脩无量道品之法是為菩
薩法樂於是波旬告諸女言我欲與汝俱還
天宮諸女言以我等與此居士有法樂我等
甚樂不復樂五欲樂也魔言居士可捨此女
一切所有施於彼者是為菩薩維摩詰言我
以捨矣汝便將去令一切衆生得法願具足於
是諸女問維摩詰我等云何止於魔宮維
魔詰言諸姊有法門名无盡燈汝等當學
无盡燈者譬如一燈然百千燈冥者皆明明終
不盡如是諸姊夫一菩薩開道百千衆生令
發阿耨多羅三藐三菩提心於其道意亦不
滅盡隨所說法而自增益一切善法是名无
盡燈也汝等雖住魔宮以是无盡燈令无數
天子天女發阿耨多羅三藐三菩提心者為
報佛恩亦大饒益一切衆生尒時天女頭面礼
維摩詰足隨魔還宮忽然不現世尊維摩
詰有如是自在神力智慧辯才故我不任
詣彼問疾

盡燈也汝等雖住魔宮以是无盡燈令无數
天子天女發阿耨多羅三藐三菩提心者為
報佛恩亦大饒益一切衆生尒時天女頭面礼
維摩詰足隨魔還宮忽然不現世尊維摩
詰有如是自在神力智慧辯才故我不任
詣彼問疾
佛告長者子善德汝行詣維摩詰問疾善
德白佛言世尊我不堪任詣彼問疾所以者何
憶念我昔自於父舍設大施會供養一切沙
門婆羅門及諸外道貧窮下賤孤獨乞人期
滿七日時維摩詰來入會中謂我言長者子
夫大會不當如汝所設當為法施之會何用
是財施會為我言居士何謂法施之會 法
施會者无前无後一時供養一切衆生是名
法施之會曰何謂也謂以菩提起於慈心以
救衆生起大悲心以持正法起於喜心以攝
智慧行於捨心以攝慳貪起檀波羅蜜以化
犯戒起尸波羅蜜以无我法起羼提波羅蜜
以離身心相起毗梨耶波羅蜜以菩提相起
禪波羅蜜以一切智起般若波羅蜜教化衆
生而起於空不捨有為法而起无相示現受
生而起无作護持正法起方便力以度衆生
起四攝法以敬事一切起除慢法於身命財
起三堅法於六念中起思念法於六和敬起
質直心正行善法起於淨命心淨歡喜起近
賢聖不憎惡人起調伏心以出家法起於深
心以如說行起於多聞以无諍法起空閑處

BD05869號　維摩詰所說經卷上　（29–27）

起三堅法於六念中起思念法於六和敬起
質直心正行善法起於淨命心淨歡喜起近
賢聖不憎惡人起調伏心以出家法起於深
心以如說行起於多聞以无諍法起空閑處
趣向佛慧起於宴坐解衆生縛起脩行地以
具相好及淨佛土起福德業知衆生心念如
應說法起於智業知一切法不取不入一
相門起於慧業斷一切煩惱一切鄣礙一切
不善法起一切善業以得一切智慧一切善
法起於一切助佛道法如是善男子是為法
施之會若菩薩住是法施會者為大施主亦
為一切世間福田世尊維摩詰說是法時婆
羅門衆中二百人皆發阿耨多羅三藐三菩
提心我時心得清淨歎未曾有稽首礼維摩
詰足即解瓔珞價直百千以上之不肯取
我言居士願必納受隨意所與維摩詰乃受
瓔珞分作二分持一分施會中一最下乞人持
一分奉彼難勝如來一切衆會皆見光明國
土難勝如來又見珠瓔在彼佛上變成四
柱寶臺四面嚴飾不相鄣蔽時維摩詰現神
變已作是言若施主等心施一最下乞人猶
如如來福田之相无所分別等于大悲不
求果報是則名曰具足法施城中一最下乞人
見是神力聞其所說即發阿耨多羅三藐三
菩提心故我不任詣彼問疾如是諸菩薩各
各向佛說其本緣稱述維摩詰所言皆曰
不任詣彼問疾

BD05869號　維摩詰所說經卷上　（29–28）

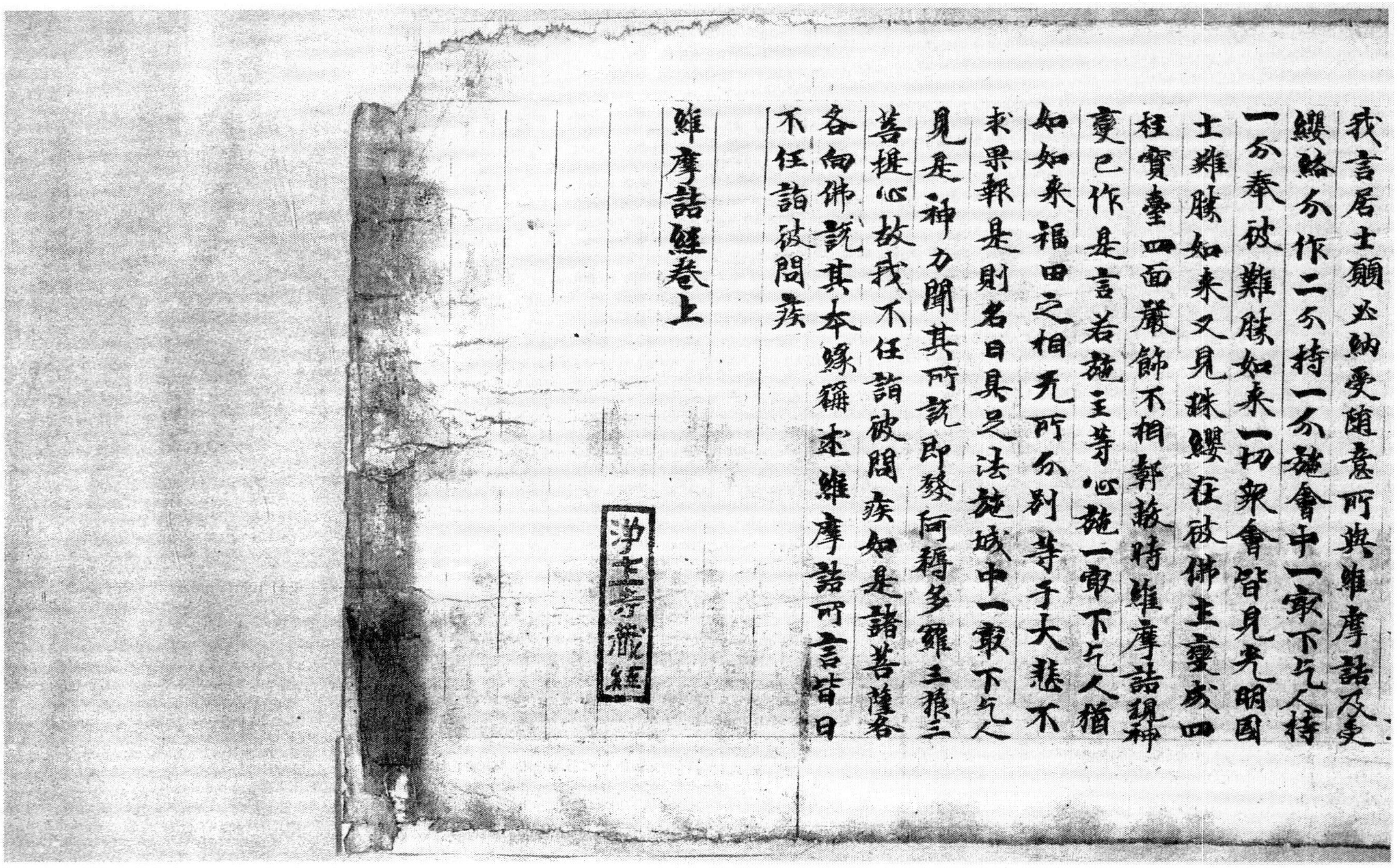

我言居士願必納受隨意所與維摩詰乃受
瓔珞分作二分持一分施會中一最下乞人持
一分奉彼難勝如來一切衆會皆見光明國
土難勝如來又見珠瓔在彼佛上變成四
柱寶臺四面嚴飾不相鄣蔽時維摩詰現神
變已作是言若施主等心施一最下乞人猶
如如來福田之相无所分別等于大悲不
求果報是則名曰具足法施城中一最下乞人
見是神力聞其所說即發阿耨多羅三藐三
菩提心故我不任詣彼問疾如是諸菩薩
各向佛說其本緣稱述維摩詰所言皆曰
不任詣彼問疾

維摩詰經卷上

淨土寺藏經

BD05869 號　維摩詰所說經卷上　　（29–29）

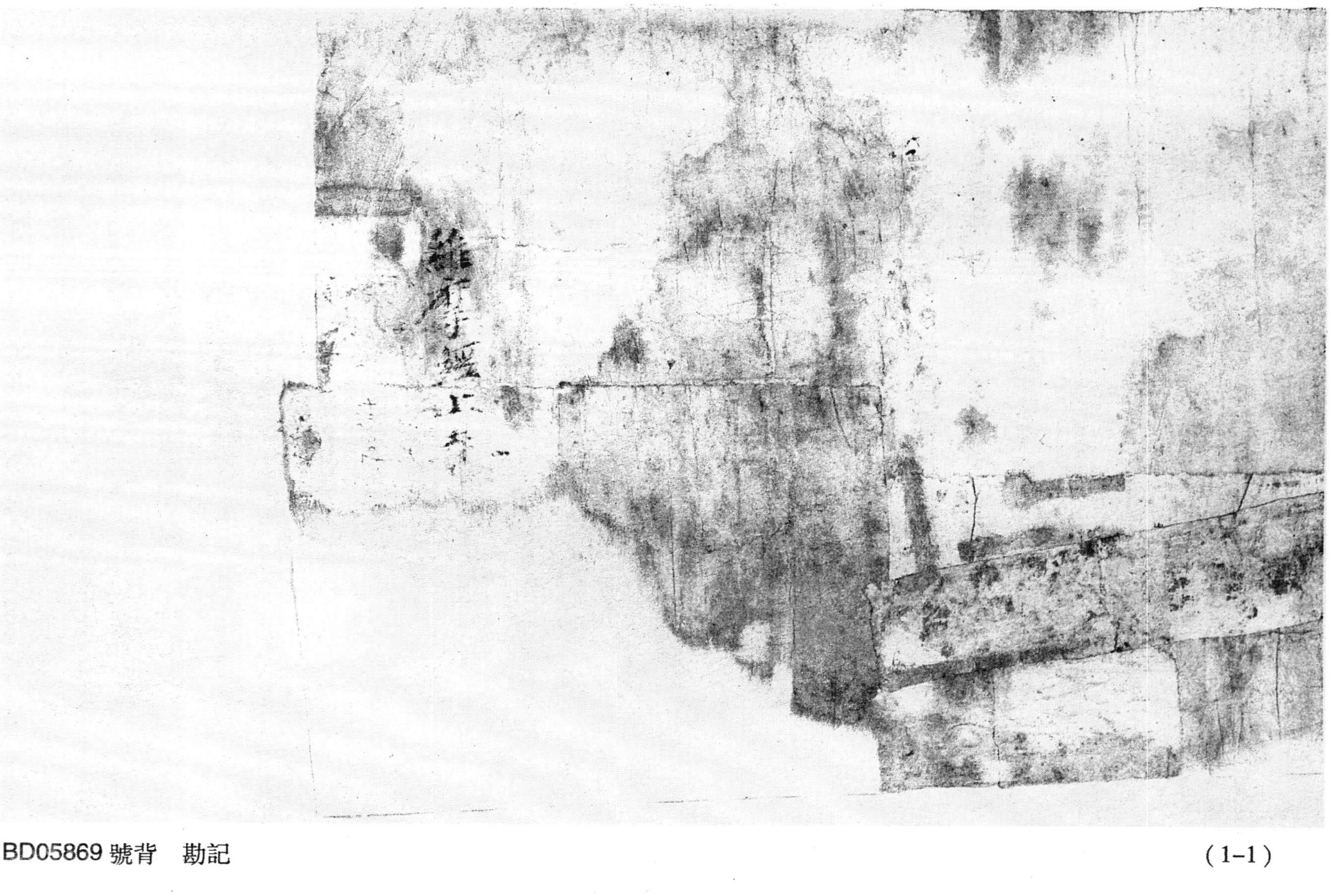

BD05869 號背　勘記　　（1–1）

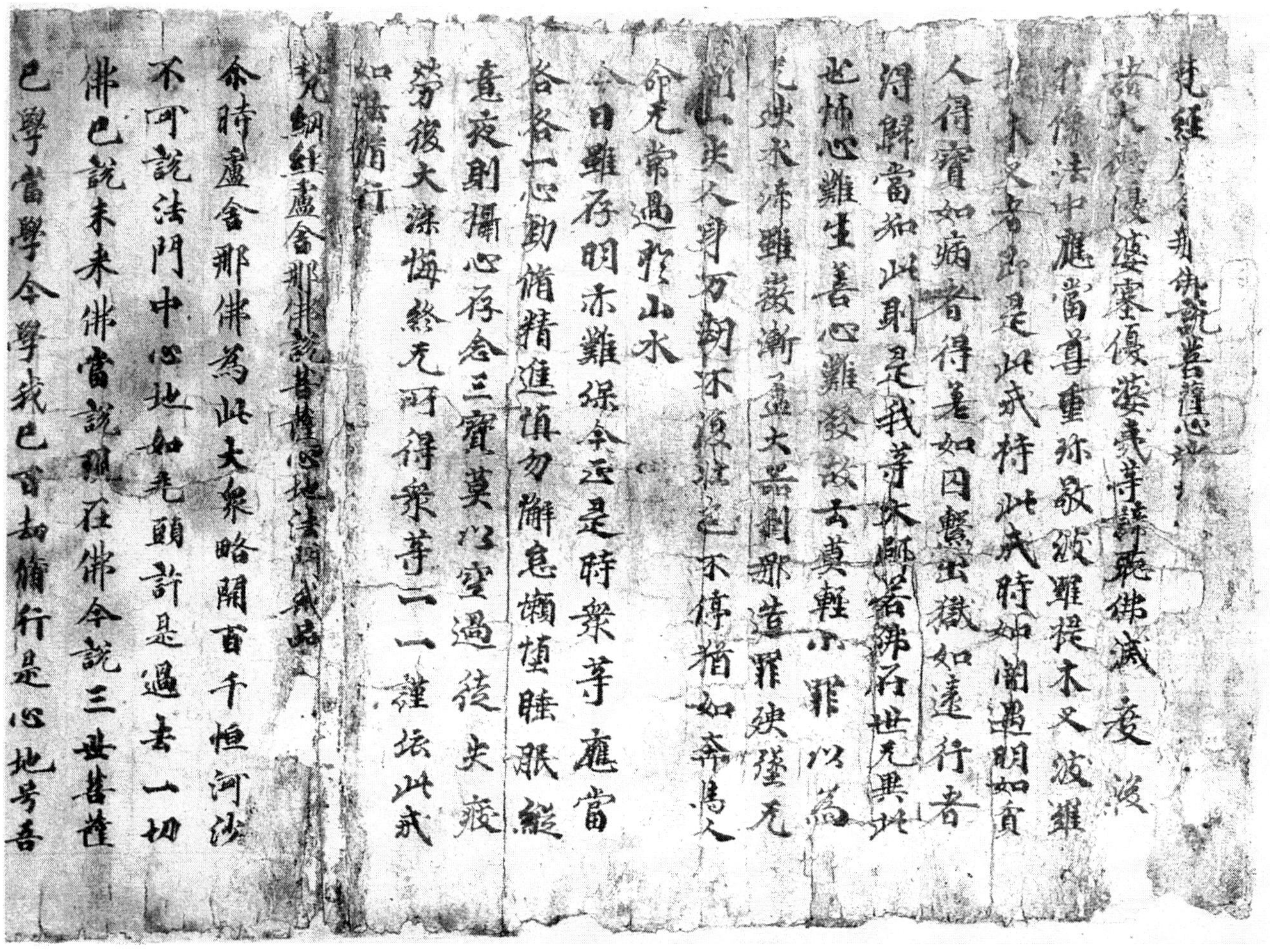

梵經今我佛說菩薩心地
諸大德優婆塞優婆夷等諦聽佛滅度後
於像法中應當尊重敬波羅提木叉波羅
提木叉者即是此戒持此戒時如闇遇明如貧
人得寶如病者得差如囚繫出獄如遠行者
得歸當知此則是我等大師若佛在世无異此
也怖心難生善心難發故云莫輕小罪以為
无殃水渧雖微漸盈大器剎那造罪殃墮无
間一失人身万劫不復壯色不停猶如奔馬人
命无常過於山水
今日雖存明亦難保今是時眾等應當
各各一心勤脩精進慎勿懈怠懶墮睡眠縱
意夜則攝心存念三寶莫以空過徒失疲
勞後大深悔眾等一一謹依此戒
如法脩行
梵網經盧舍那佛說菩薩心地法門戒品
爾時盧舍那佛為此大眾略開百千恒河沙
不可說法門中心地如毛頭許是過去一切
佛已說未來佛當說現在佛今說三世菩薩
已學當學今學我已百劫脩行是心地號吾

BD05870 號 1　梵網經菩薩戒序　（9–1）
BD05870 號 2　梵網經盧舍那佛說菩薩心地戒品第十卷下

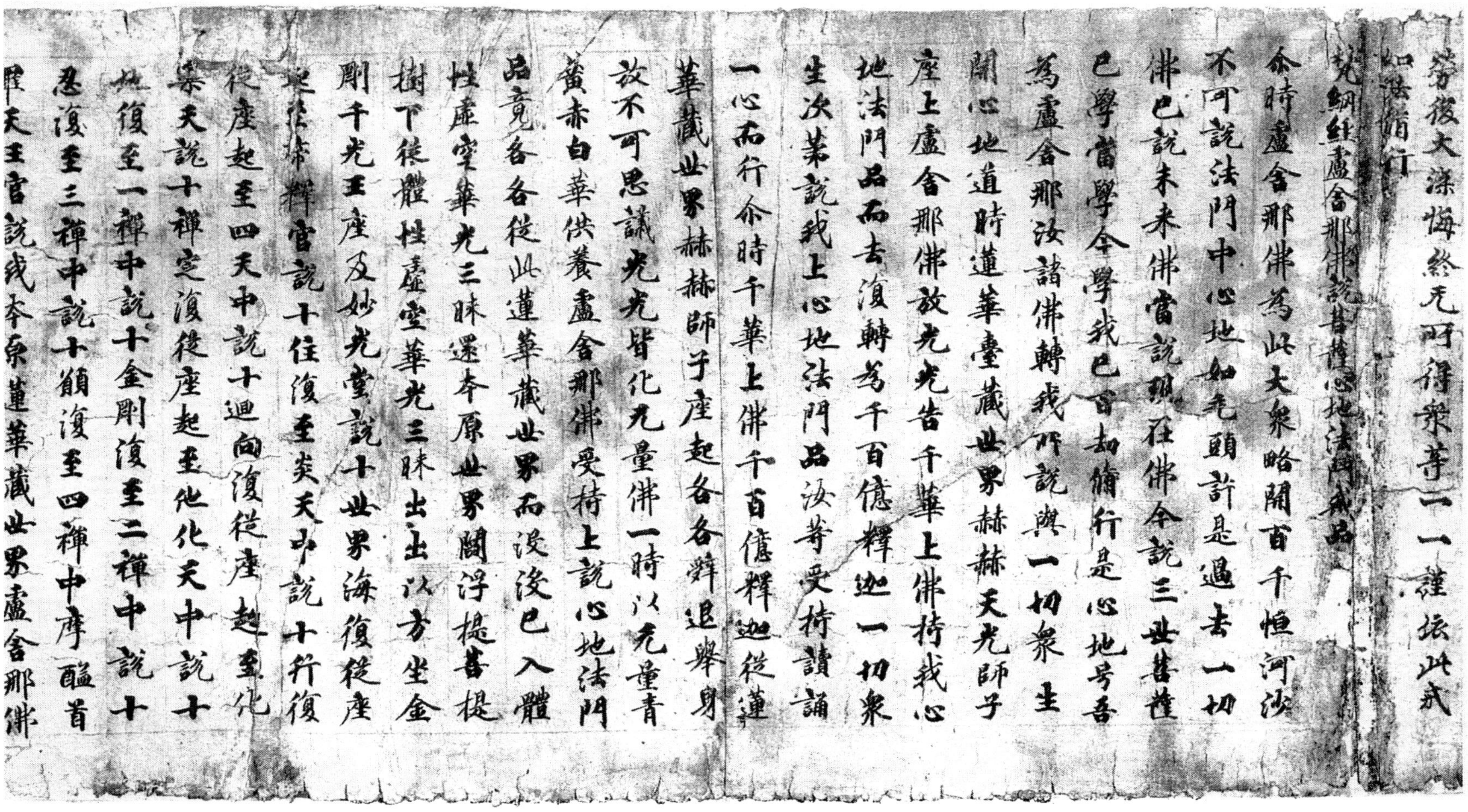

勞後大深悔眾等一一謹依此戒
如法脩行
梵網經盧舍那佛說菩薩心地法門戒品
爾時盧舍那佛為此大眾略開百千恒河沙
不可說法門中心地如毛頭許是過去一切
佛已說未來佛當說現在佛今說三世菩薩
已學當學今學我已百劫脩行是心地號吾
為盧舍那汝諸佛轉我所說與一切眾生
開心地道時蓮華臺藏世界赫赫天光師子
座上盧舍那佛放光光告千華上佛持我心
地法門品而去復轉為千百億釋迦一切眾
生次第說我上心地法門品汝等受持讀誦
一心而行爾時千華上佛千百億釋迦從蓮
華藏世界赫赫師子座起各各辭退舉身
放不可思議光光皆化无量佛一時以无量青
黃赤白華供養盧舍那佛受持上說心地法門
品竟各各從此蓮華藏世界而沒沒已入體
性虛空華光三昧還本原世界閻浮提菩提
樹下從體性虛空華光三昧出出已方坐金
剛千光王座及妙光堂說十世界海復從座
起至帝釋宮說十住復至炎天中說十行復
從座起至四天中說十迴向復從座起至化
樂天說十禪定復從座起至他化天中說十
地復至一禪中說十金剛復至二禪中說十
忍復至三禪中說十願復至四禪中摩醯首
羅天王宮說我本原蓮華藏世界盧舍那佛

BD05870 號 2　梵網經盧舍那佛說菩薩心地戒品第十卷下　（9–2）

從帝釋宮說十住復至炎天中說十行復
從座起至四天中說十迴向復從座起至化
樂天說十禪定復從座起至他化天中說十
地復至一禪中說十金剛復至二禪中說十
忍復至三禪中說十願復至四禪中摩醯首
羅天王宮說我本源蓮華藏世界盧舍那佛
所說心地法門品其餘千百億釋迦亦復如
是无二无別如賢劫品中說
尒時釋迦從初現蓮華藏世界東方來入天
王宮中說魔受化經已下生南閻浮提迦夷
羅國母名摩耶父字白淨吾名悉達七歲出
家三十成道号吾為釋迦牟尼佛於寂滅道
場坐金剛華光王座乃至摩醯首羅天王宮
其中次第十住處所說時佛觀諸大梵天王
網羅幢因為說无量世界猶如網孔一一世界
各各不同別異无量佛教門亦復如是吾今
來此世界八千返為此娑婆世界坐金剛座
乃至摩醯首羅天王宮是中一切大眾略開
心地竟復從天王宮下至閻浮提菩提樹下
為此地上一切眾生凡夫癡闇之人說我本盧
舍那佛心地中初發心中常所誦一戒光明金
剛寶戒是一切佛本源一切菩薩本源佛性
種子一切眾生皆有佛性一切意識色心是
情是心皆入佛性戒中當當常有因故有當
當常住法身如是十波羅提木叉出於世界

BD05870 號 2　梵網經盧舍那佛說菩薩心地戒品第十卷下　（9–3）

舍那佛心地中初發心中常所誦一戒光明金
剛寶戒是一切佛本源一切菩薩本源佛性
種子一切眾生皆有佛性一切意識色心是
情是心皆入佛性戒中當當常有因故有當
當常住法身如是十波羅提木叉出於世界
是法戒是三世一切眾生頂戴受持吾今當
為此大眾重說十无盡藏戒品一切眾生戒
本源自性清淨
我今盧舍那　方坐蓮華臺　周匝千華上　復現千釋迦
一華百億國　一國一釋迦　各坐菩提樹　一時成佛道
如是千百億　盧舍那本身　千百億釋迦　各接微塵眾
俱來至我所　聽我誦佛戒　甘露門則開　是時千百億
還至本道場　各坐菩提樹　誦我本師戒　十重四十八
戒如明日月　亦如瓔珞珠　微塵菩薩眾　由是成正覺
是盧舍那誦　我亦如是誦　汝新學菩薩　頂戴受持戒
受持是戒已　轉授諸眾生　諦聽我正誦　佛法中戒藏
波羅提木叉　大眾心諦信　汝是當成佛　我是已成佛
常作如是信　戒品已具足　一切有心者　皆應攝佛戒
眾生受佛戒　即入諸佛位　位同大覺已　真是諸佛子
大眾皆恭敬　至心聽我誦
尒時釋迦牟尼佛初坐菩提樹下成无上覺
初結菩薩波羅提木叉孝順父母師僧三寶
孝順至道之法孝名為戒亦名制止即口放
无量光明是時百萬億大眾諸菩薩十八梵
六欲天子十六大國王合掌至心聽佛誦一

BD05870 號 2　梵網經盧舍那佛說菩薩心地戒品第十卷下　（9–4）

大衆皆恭敬 至心聽我誦
尒時釋迦牟尼佛初坐菩提樹下成无上覺
初結菩薩波羅提木叉孝順父母師僧三寶
孝順至道之法孝名爲戒亦名制止即口放
无量光明是時百萬億大衆諸菩薩十八梵
六欲天子十六大國王合掌至心聽佛誦一
切諸佛大乘戒告諸菩薩言我今半月半月
自誦諸佛法戒汝等一切發心菩薩亦誦乃
至十發趣十長養十金剛十地諸菩薩亦誦
是故戒光從口出有緣非无因故光光非青
黄赤白黒非色非心非有非无非因果法是
諸佛之本原行菩薩道之根本是大衆諸
佛子之根本是故諸佛子應受持應讀誦善
學佛子諦聽若受佛戒者國王王子百官宰
相比丘比丘尼十八梵六欲天庶民黄門婬
男婬女奴婢八部鬼神金剛神畜生乃至變
化人但解法師語盡受得戒皆名第一清淨
者
佛告諸佛子言有十重波羅提木叉若受菩
薩戒不誦此戒者非菩薩非佛種子我亦如
是誦一切菩薩已學一切菩薩當學一切菩
薩今學我已略說波羅提木叉相貌應當學
敬心奉持
佛告佛子若自殺教人殺方便讚歎殺見作
隨喜乃至呪殺殺因殺緣殺法殺業乃至一

BD05870 號 2　梵網經盧舍那佛說菩薩心地戒品第十卷下　（9–5）

薩戒不誦此戒者非菩薩非佛種子我亦如
是誦一切菩薩已學一切菩薩當學一切菩
薩今學我已略說波羅提木叉相貌應當學
敬心奉持
佛告佛子若自殺教人殺方便讚歎殺見作
隨喜乃至呪殺殺因殺緣殺法殺業乃至一
切有命者不得故殺是菩薩應起常住慈
悲心孝順心方便救護一切衆生而反自恣
心快意殺生者是菩薩波羅夷罪
若佛子自盜教人盜方便盜盜因盜緣
盜法盜業乃至鬼神有主劫賊物一切財
物一針一草不得故盜而菩薩應生佛性孝
順心慈悲心常助一切人生福生樂而反更
盜人物者是菩薩波羅夷罪
若佛子自婬教人婬婬因婬緣婬法婬業一
切女人不得交婬乃至畜生女諸天鬼神女
及非道行婬而菩薩應生孝順心救度一切
衆生淨法與人而反更起一切人婬不擇
畜生乃至母女姊妹六親行婬无慈悲心者
是菩薩波羅夷罪
若佛子自妄語教人妄語方便妄語妄語因
妄語緣妄語法妄語業乃至不見言見見言
不見身心妄語而菩薩常生正語亦生一切
衆生正語正見而反更生一切衆生邪語邪
見邪業者是菩薩波羅夷罪

BD05870 號 2　梵網經盧舍那佛說菩薩心地戒品第十卷下　（9–6）

若佛子自妄語教人妄語方便妄語妄語因
妄語緣妄語法妄語業乃至不見言見見言
不見身心妄語而菩薩常生正語正見亦生一切
衆生正語正見而反更生一切衆生邪語邪
見邪業者是菩薩波羅夷罪
若佛子自酤酒教人酤酒酤酒因酤酒緣酤
酒法酤酒業一切酒不得酤是酒起罪因緣
而菩薩應生一切衆生明達之慧而反更生
衆生顛倒心者是菩薩波羅夷罪
若佛子口自說出家在家菩薩比丘比丘尼
罪過教人說罪過罪過因罪過緣罪過法罪
過業而菩薩聞外道惡人及二乘惡人說佛
法中非法非律常生悲心教化是惡人輩令
生大乘善信而菩薩反更自說佛法中罪過
者是菩薩波羅夷罪
若佛子口自讃毀他亦教人自讃毀他毀他因
毀他緣毀他法毀他業而菩薩應代一切衆
生受加毀辱惡事自向己好事與他人若自
揚己德隱他人好事令他人受毀者是菩
薩波羅夷罪
若佛子自慳教人慳慳因慳緣慳法慳業
而菩薩見一切貧窮人來乞者隨前人所須
一切給與而菩薩以惡心瞋心乃至不施一錢
一針一草有求法者而不為說一句一偈一微
塵許法而反更罵辱者是菩薩波羅夷罪

BD05870 號 2　梵網經盧舍那佛說菩薩心地戒品第十卷下　（9–7）

而菩薩見一切貧窮人來乞者隨前人所須
一切給與而菩薩以惡心瞋心乃至不施一錢
一針一草有求法者而不為說一句一偈一微
塵許法而反更罵辱者是菩薩波羅夷罪
若佛子自瞋教人瞋瞋因瞋緣瞋法瞋業而
菩薩應生一切衆生中善根無諍之事常生悲
心孝順心而反更於一切衆生中乃至於非
衆生中以惡口罵辱加以手打及以刀杖意
猶不息前人求悔善言懺謝猶瞋不解者是
菩薩波羅夷罪
若佛子自謗三寶教人謗三寶謗因謗緣謗
法謗業而菩薩見外道及以惡人一言謗佛
音聲如三百鉾刺心况口自謗不生信心孝
順心而反更助惡人邪見人謗者是菩薩波
羅夷罪
善學諸人者是菩薩十波羅提木叉應
中不應一一犯如微塵許何况具足犯十
有犯者不得現身發菩提心亦失國王
亦失轉輪王位亦失比丘比丘尼位亦
趣十長養十金剛十地佛性常住妙果
皆失墮三惡道中二劫三劫不聞父
名字以是不應一一犯汝等一切諸菩
學當學已學如是十戒應當學敬
持八萬威儀品當廣明
佛告諸菩薩言已說十波羅提木叉

BD05870 號 2　梵網經盧舍那佛說菩薩心地戒品第十卷下　（9–8）

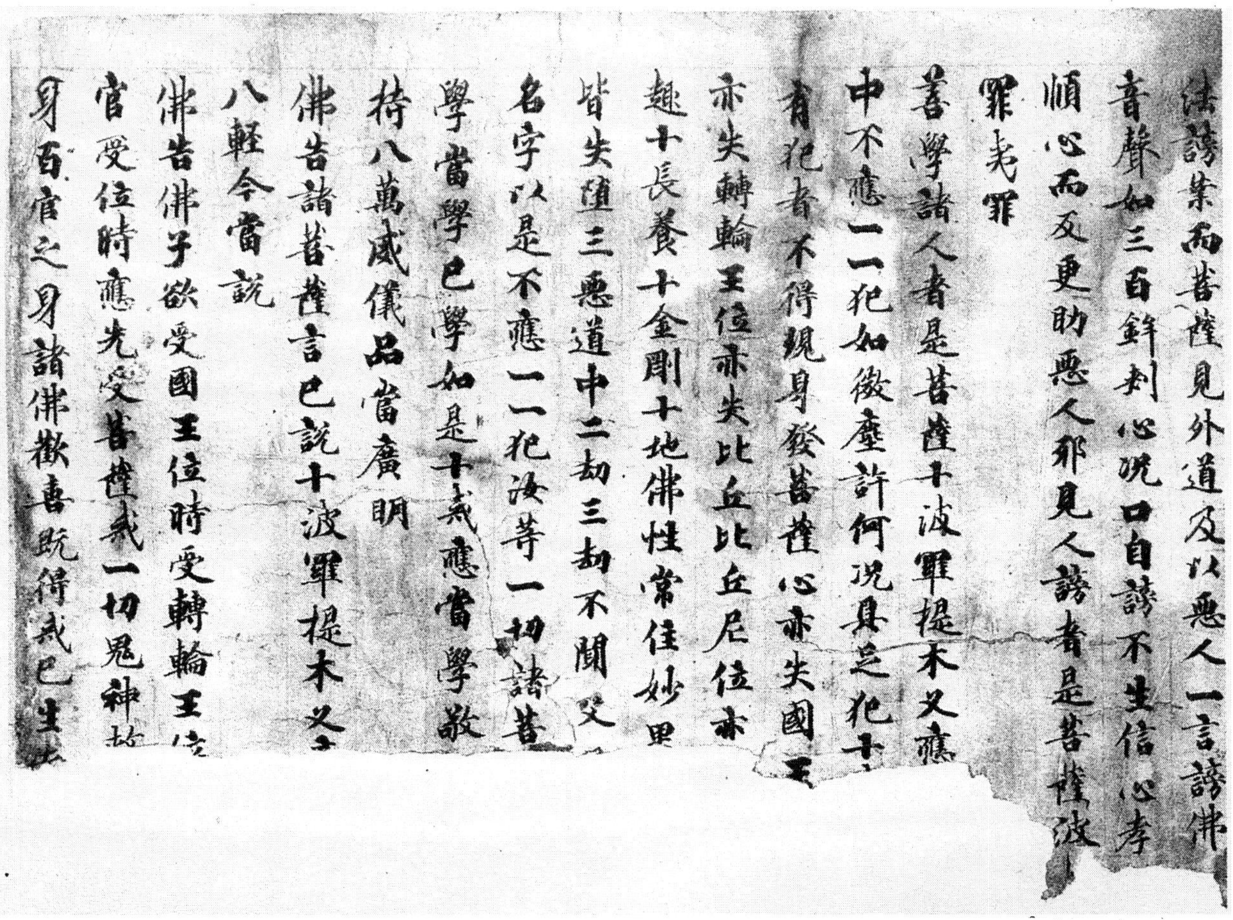
法謗衆而菩薩見外道及以惡人一言謗佛
音聲如三百鉾刺心況口自謗不生信心孝
順心而反更助惡人邪見人謗者是菩薩波
羅夷罪
善學諸人者是菩薩十波羅提木叉應
中不應一一犯如微塵許何況具足犯
有犯者不得現身發菩提心亦失國王
亦失轉輪王位亦失比丘比丘尼位亦
趣十長養十金剛十地佛性常住妙果
皆失墮三惡道中二劫三劫不聞父
名字以是不應一一犯汝等一切諸菩
學當學已學如是十戒應當學敬
持八萬威儀品當廣明
佛告諸菩薩言已說十波羅提木叉
八輕今當說
佛告佛子欲受國王位時受轉輪王
官受位時應先受菩薩戒一切鬼神
身百官之身諸佛歡喜既得戒已生

BD05870 號 2　梵網經盧舍那佛說菩薩心地戒品第十卷下　（9–9）

BD05870 號背 4　燃燈文　（4–1）

BD05870 號背 1　信狀（擬）
BD05870 號背 3　社司轉帖

（4–2）

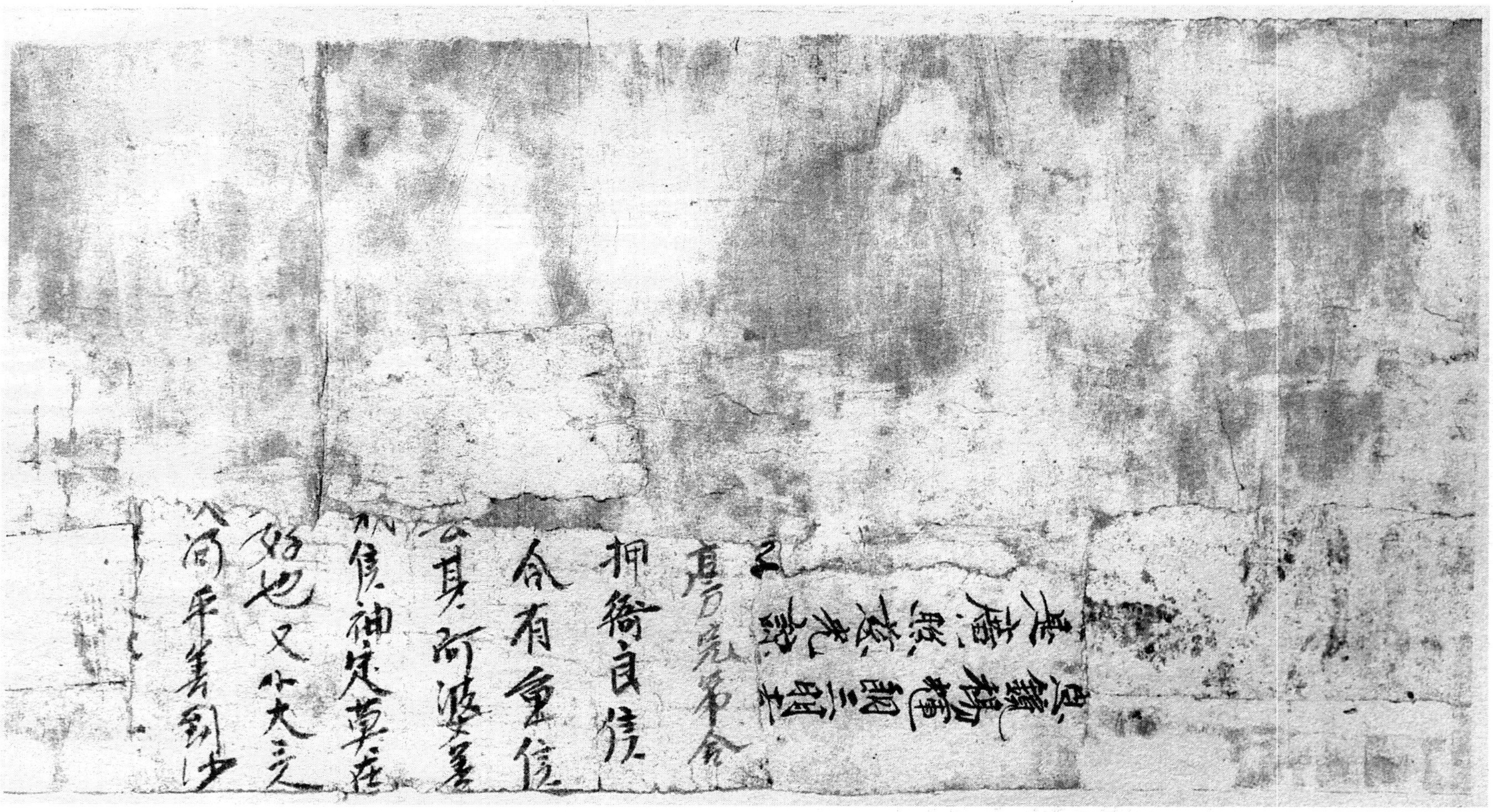

BD05870 號背 1　信狀（擬）
BD05870 號背 2　齋文

（4–3）

BD05870 號背 1　信狀（擬）　　（4–4）
BD05870 號背 2　齋文

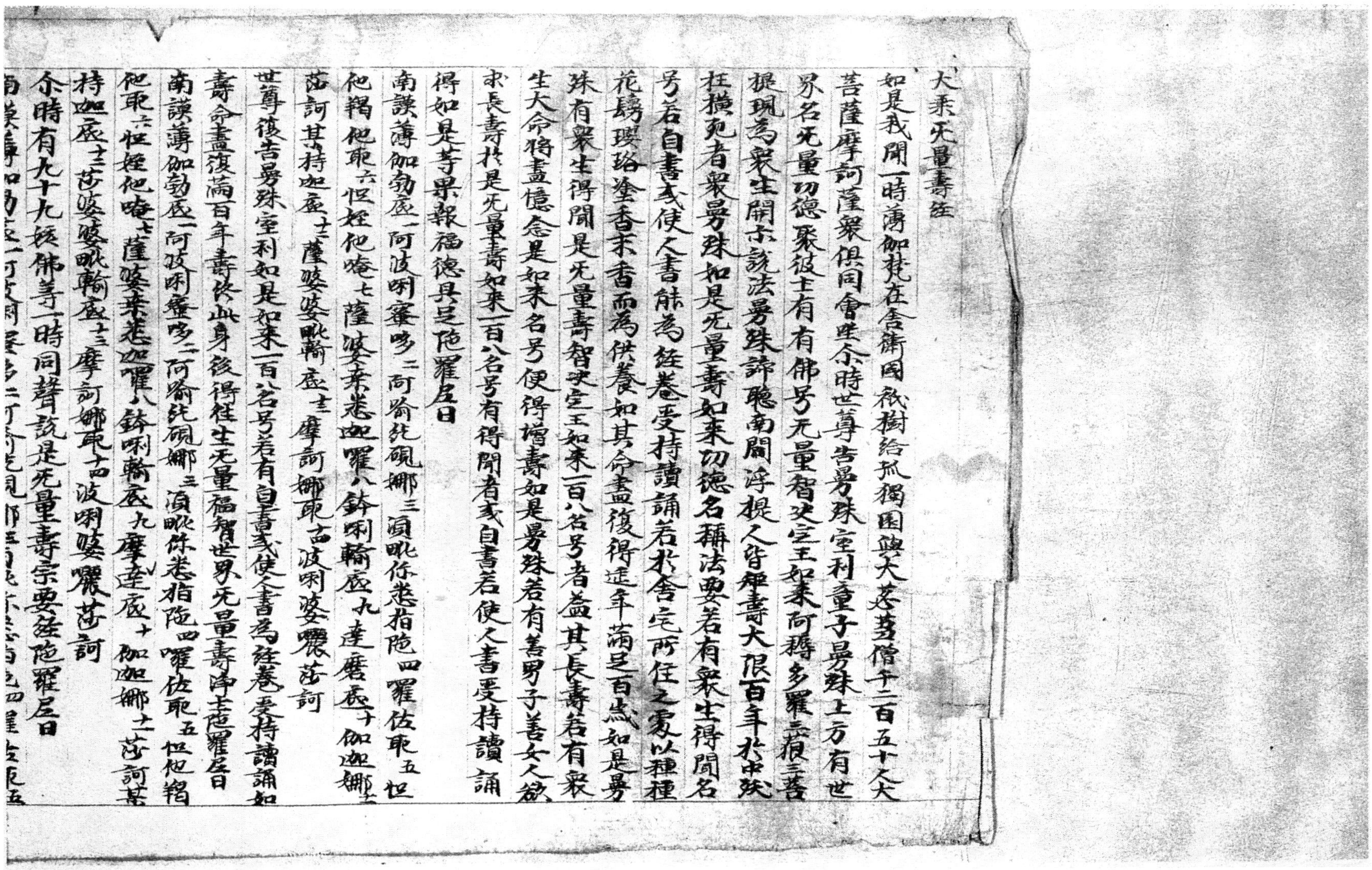

大乘无量壽經
如是我聞一時薄伽梵在舍衛國祇樹給孤獨園與大苾芻僧千二百五十人大
菩薩摩訶薩衆俱同會坐尒時世尊告曼殊室利童子曼殊上方有世
界名无量功德聚彼土有佛号无量智决定王如來阿羅訶三藐三菩
提現為衆生開示說法曼殊諦聽南閻浮提人皆稱壽大限百年於中夭
枉横死者衆曼殊如是无量壽如來功德名稱法要若有衆生得聞名
号若自書或使人書能為經卷受持讀誦若於舍宅所住之處以種種
花鬘瓔珞塗香末香而為供養如其命盡復得延年滿足百歲如是曼
殊有衆生得聞是无量壽智决定王如來一百八名号者益其長壽若有衆
生大命將盡憶念是如來名号便得增壽如是曼殊若有善男子善女人欲
求長壽於是无量壽如來一百八名号有得聞者或自書若使人書受持讀誦
得如是等果報福德具足陀羅尼曰
南謨薄伽勃底一阿波唎蜜哆二阿喻紇硯娜三須毗你悉指陀四囉佐耶五怛
他羯他耶六怛姪他唵七薩婆桑悉迦囉八鉢唎輸底九達磨底十伽迦娜十一
莎訶其持迦底十二薩婆婆毗輸底十三摩訶娜耶十四波唎婆囉莎訶
世尊復告曼殊室利如是如來一百八名号若有自書或使人書為經卷受持讀誦如
壽命盡復滿百年壽終此身後得往生无量福智世界无量壽淨土陀羅尼曰
南謨薄伽勃底一阿波唎蜜哆二阿喻紇硯娜三須毗你悉指陀四囉佐耶五怛他羯
他耶六怛姪他唵七薩婆桑悉迦囉八鉢唎輸底九摩達底十伽迦娜十一莎訶其
持迦底十二莎婆婆毗輸底十三摩訶娜耶十四波唎婆囉莎訶
尒時有九十九殑伽沙佛一時同聲說是无量壽宗要經陀羅尼曰

BD05871 號　無量壽宗要經　　（7–1）

莎訶其持伽底十二 薩婆娑毗輸底十三 摩訶娜耶十四 波唎婆曬莎訶
世尊復告曼殊室利如是如來一百八名号若有自書或使人書爲經卷受持讀誦如
壽命盡復滿百年壽終此身後得往生旡量福智世界旡量壽淨土陁羅尼曰
南謨薄伽勃底一 阿波唎蜜哆二 阿喻紇硯娜三 須毗你悉指陁四 囉佐耶五 怛他羯
他耶六 怛姪他唵七 薩婆桒悉伽囉八 鉢唎輸底九 摩達底十 伽伽娜十一 莎訶其
持伽底十二 莎婆娑毗輸底十三 摩訶娜耶十四 波唎婆曬莎訶
尒時有九十九姟佛等一時同聲說是旡量壽宗要經陁羅尼曰
南謨薄伽勃底一 阿波唎蜜哆二 阿喻紇硯娜三 須毗你悉指陁四 囉佐耶五 怛
怛他羯他耶六 怛姪他唵七 薩婆桒悉囉八 鉢唎輸底九 達磨底十 伽伽娜十一
莎訶其持伽底十二 薩婆娑毗輸底十三 摩訶娜耶十四 波唎婆曬莎訶
尒時復有一百四姟佛一時同聲說是旡量壽宗要經陁羅尼曰
南謨薄伽勃底一 阿波唎蜜哆二 阿喻紇硯娜三 須毗你悉指陁四 囉佐耶五
怛他羯他耶六 怛姪他唵七 薩婆桒悉伽囉八 鉢唎輸底九 達磨底十 伽伽娜十一
莎訶其持伽底十二 薩婆娑毗輸底十三 摩訶娜耶十四 波唎婆曬莎訶
尒時復有七姟佛一時同聲說是旡量壽宗要經陁羅尼曰
南謨薄伽勃底一 阿波唎蜜哆二 阿喻紇硯娜三 須毗你悉指陁四 囉佐耶五 怛
他羯他耶六 怛姪他唵七 薩婆桒悉伽囉八 鉢唎輸底九 達磨底十 伽伽娜十一 莎
訶其持伽底十二 薩婆娑毗輸底十三 摩訶娜耶十四 波唎婆曬莎訶
尒時復有六十姟佛一時同聲說是旡量壽宗要經陁羅尼曰
南謨薄伽勃底一 阿波唎蜜哆二 阿喻紇硯娜三 須毗你悉指陁四 囉佐耶五 怛他羯
他耶六 怛姪他唵七 薩婆桒悉伽囉八 鉢唎輸底九 達磨底十 伽伽娜十一 莎訶
其持伽底十二 薩婆娑毗輸底十三 摩訶娜耶十四 波唎婆曬莎訶十五
尒時復有五十五姟佛一時同聲說是旡量壽宗要經陁羅尼曰
南謨薄伽勃底一 阿波唎蜜哆二 阿喻紇硯娜三 須毗你悉指陁四 囉佐耶五 怛他羯
他耶六 怛姪他唵七 薩婆桒悉伽囉八 鉢唎輸底九 達磨底十 伽伽娜十一 莎訶
其持伽底十二 薩婆娑毗輸底十三 摩訶娜耶十四 波唎婆曬莎訶
尒時復有四十五姟佛一時同聲說是旡量壽宗要經陁羅尼曰
南謨薄伽勃底一 阿波唎蜜哆二 阿喻紇硯娜三 須毗你悉指陁四 囉佐耶五
怛他羯他耶六 怛姪他唵七 薩婆桒悉伽囉八 鉢唎輸底九 達磨底十 伽伽娜

BD05871 號　無量壽宗要經　（7–2）

南謨薄伽勃底一 阿波唎蜜哆二 阿喻紇硯娜三 須毗你悉指陁四 囉佐耶五 怛他羯
他耶六 怛姪他唵七 薩婆桒悉伽囉八 鉢唎輸底九 達磨底十 伽伽娜十一 莎訶
其持伽底十二 薩婆娑毗輸底十三 摩訶娜耶十四 波唎婆曬莎訶
尒時復有四十五姟佛一時同聲說是旡量壽宗要經陁羅尼曰
南謨薄伽勃底一 阿波唎蜜哆二 阿喻紇硯娜三 須毗你悉指陁四 囉佐耶五
怛他羯他耶六 怛姪他唵七 薩婆桒悉伽囉八 鉢唎輸底九 達磨底十 伽伽娜
莎訶其持伽底十二 薩婆娑毗輸底十三 摩訶娜耶十四 波唎婆曬莎訶
尒時復有三十六姟佛一時同聲說是旡量壽宗要經陁羅尼曰
南謨薄伽勃底一 阿波唎蜜哆二 阿喻紇硯娜三 須毗你悉指陁四 囉佐耶五 怛他
羯他耶六 怛姪他唵七 薩婆桒悉伽囉八 鉢唎輸底九 達磨底十 伽伽娜十一 莎訶
其持伽底十二 薩婆娑毗輸底十三 摩訶娜耶十四 波唎婆曬莎訶十五
尒時復有二十五姟佛一時同聲說是旡量壽宗要經陁羅尼曰
南謨薄伽勃底一 阿波唎蜜哆二 阿喻紇硯娜三 須毗你悉指陁四 囉佐耶五
怛他羯他耶六 怛姪他唵七 薩婆桒悉伽囉八 鉢唎輸底九 達磨底十 伽伽娜十一 莎訶
其持伽底十二 薩婆娑毗輸底十三 摩訶娜耶十四 波唎婆曬莎訶十五
尒時復有恒河沙姟佛一時同聲說是旡量壽宗要經陁羅尼曰
南謨薄伽勃底一 阿波唎蜜哆二 阿喻紇硯娜三 須毗你悉指陁四 囉佐耶五 怛他
羯他耶六 怛姪他唵七 薩婆桒悉伽囉八 鉢唎輸底九 達磨底十 伽伽娜十一
莎訶其持伽底十二 薩婆娑毗輸底十三 摩訶娜耶十四 波唎婆曬莎訶
善男子若有書寫教人書寫是旡量壽宗要經記其命盡復得長壽滿年陁羅尼曰
南謨薄伽勃底一 阿波唎蜜哆二 阿喻紇硯娜三 須毗你悉指陁四 囉佐耶五 怛他
羯他耶六 怛姪他唵七 薩婆桒悉囉迦八 鉢唎輸底九 達磨底十 伽伽娜十一
莎訶其持伽底十二 薩婆娑毗輸底十三 摩訶娜耶十四 波唎婆曬莎訶
若有自書寫教人書寫是旡量壽宗要經受持讀誦畢竟不墮地獄在在所生得
宿命智陁羅尼 南謨薄伽勃底一 阿波唎蜜哆二 阿喻紇硯娜三 須毗你悉指陁
囉佐耶五 怛他羯他耶六 怛姪他唵七 薩婆桒悉囉迦八 鉢唎輸底九 達磨底
伽伽娜十一 莎訶其持伽底十二 薩婆娑毗輸底十三 摩訶娜耶十四 波唎婆曬莎訶
若有自書寫教人書寫是旡量壽宗要經受持讀誦如同書寫八万四千切經典陁羅尼曰
南謨薄伽勃底一 阿波唎蜜哆二 阿喻紇硯娜三 須毗你悉指陁四 囉佐耶五 怛他羯他
耶六 怛姪他唵七 薩婆桒悉伽囉八 鉢唎輸底九 達磨底十 伽伽娜十一 莎訶其持

BD05871 號　無量壽宗要經　（7–3）

訶其持𠼪底十二薩婆婆毗輸底十三摩訶娜耶十四波唎婆囉莎訶
若有自書寫教人書寫是无量壽宗要經受持讀誦畢竟不墮地獄在在所生得
宿命智陁羅尼曰　南謨薄伽勃底一阿波唎蜜哆二阿喻紇硯娜三須毗你悉指陁
囉佐耶五怛他羯他耶六怛姪他唵七薩婆桑悉迦囉𠼪八鉢唎輸底九達磨底
伽迦娜十一莎訶其持𠼪底十二薩婆婆毗輸底十三摩訶娜耶十四波唎婆囉莎訶
若有自書寫教人書寫是无量壽宗要經受持讀誦即同書寫八万四千切經典陁羅尼曰
南謨薄伽勃底一阿波唎蜜哆二阿喻紇硯娜三須毗你悉指陁四囉佐耶五怛他羯他
耶六怛姪他唵七薩婆桑悉迦囉八鉢唎輸底九達磨底十伽迦娜十一莎訶其持
𠼪底十二薩婆婆毗輸底十三摩訶娜耶十四波唎婆囉莎訶十五
若有自書寫教人書寫是无量壽宗要經即是書寫八万四千部建立塔廟陁羅尼曰
南謨薄伽勃底一阿波唎蜜哆二阿喻紇硯娜三須毗你悉指陁四囉佐耶五怛
他羯他耶六怛姪他唵七薩婆桑悉迦囉八鉢唎輸底九達磨底十伽迦娜十一莎訶
其持𠼪底十二薩婆婆毗輸底十三摩訶娜耶十四波唎婆囉莎訶十五
若有自書寫教人書寫是无量壽宗要經能消五无間等一切重罪陁羅尼曰
南謨薄伽勃底一阿波唎蜜哆二阿喻紇硯娜三須毗你悉指陁四囉佐耶五怛他
羯他耶六怛姪他唵七薩婆桑悉迦囉八鉢唎輸底九達磨底十伽迦娜十一
莎訶其持𠼪底十二薩婆婆毗輸底十三摩訶娜耶十四波唎婆囉莎訶
若有自書寫教人書寫是无量壽宗要經受持讀誦設有重罪猶如須弥盡能除滅陁羅尼
南謨薄伽勃底一阿波唎蜜哆二阿喻紇硯娜三須毗你悉指陁四囉佐耶五怛他羯
他耶六怛姪他唵七薩婆桑悉迦囉八鉢唎輸底九達磨底十伽迦娜十一莎訶
其持𠼪底十二薩婆婆毗輸底十三摩訶娜耶十四波唎婆囉莎訶　若有自書寫教
人書寫是无量壽宗要經受持讀誦若魔魔之眷屬夜叉羅剎不得其便橫死狂死陁
羅尼曰　南謨薄伽勃底一阿波唎蜜哆二阿喻紇硯娜三須毗你悉指陁四囉佐耶五
怛他羯他耶六怛姪他唵七薩婆桑悉迦囉八鉢唎輸底九達磨底十伽迦娜十一莎
訶其持𠼪底十二薩婆婆毗輸底十三摩訶娜耶十四波唎婆囉莎訶十五
若有自書教人書寫是无量壽宗要經受持讀誦當命終時有九十九姟佛現
其人前豪千佛授手能進一切佛剎莫於此經生於疑惑陁羅尼曰
南謨薄伽勃底一阿波唎蜜哆二阿喻紇硯娜三須毗你悉指陁四囉佐耶五怛他
羯他耶六怛姪他唵七薩婆桑悉迦囉八鉢唎輸底九達磨底十伽迦娜十一莎
訶其持𠼪底十二薩婆婆毗輸底十三磨訶娜耶十四波唎婆囉莎訶十五

BD05871號　無量壽宗要經　（7–4）

怛他羯他耶六怛姪他唵七薩婆桑悉迦囉八鉢唎輸底九達磨底十伽迦娜十一莎
訶其持𠼪底十二薩婆婆毗輸底十三摩訶娜耶十四波唎婆囉莎訶十五
若有自書教人書寫是无量壽宗要經受持讀誦當命終時有九十九姟佛現
其人前豪千佛授手能進一切佛剎莫於此經生於疑惑陁羅尼曰
南謨薄伽勃底一阿波唎蜜哆二阿喻紇硯娜三須毗你悉指陁四囉佐耶五怛他
羯他耶六怛姪他唵七薩婆桑悉迦囉八鉢唎輸底九達磨底十伽迦娜十一莎
訶其持𠼪底十二薩婆婆毗輸底十三磨訶娜耶十四波唎婆囉莎訶十五
若有自書寫教人書寫是无量壽宗要經受持讀誦常得四天大王隨其衛護陁羅尼曰
南謨薄伽勃底一阿波唎蜜哆二阿喻紇硯娜三須毗你悉指陁四囉佐耶五怛他羯
他耶六怛姪他唵七薩婆桑悉迦囉八鉢唎輸底九達磨底十伽迦娜十一莎訶其
持𠼪底十二薩婆婆毗輸底十三摩訶娜耶十四波唎婆囉莎訶十五　若有自書寫
教人書寫是无量壽宗要經受持讀誦當得往生西方极樂世界弥陁淨土陁羅尼曰
南謨薄伽勃底一阿波唎蜜哆二阿喻紇硯娜三須毗你悉指陁四囉佐耶五怛
他羯他耶六怛姪他唵七薩婆桑悉迦囉八鉢唎輸底九達磨底十伽迦娜十一莎
訶其持𠼪底十二薩婆婆毗輸底十三摩訶娜耶十四波唎婆囉莎訶十五
若有方所自書寫使人書寫是无量壽經典之處則為是塔皆應恭敬作禮若
是畜生或為鳥獸得聞是經如是等類皆當不久得成一切種智陁羅尼曰
南謨薄伽勃底一阿波唎蜜哆二阿喻紇硯娜三須毗你悉指陁四囉佐耶五怛他
羯他耶六怛姪他唵七薩婆桑悉迦囉八鉢唎輸底九達磨底十伽迦娜十一莎
訶其持𠼪底十二薩婆婆毗輸底十三摩訶娜耶十四波唎婆囉莎訶十五
若有於是无量壽經自書寫若使人書畢竟不受女人之身陁羅尼曰
南謨薄伽勃底一阿波唎蜜哆二阿喻紇硯娜三須毗你悉指陁四囉佐耶五怛
他羯他耶六怛姪他唵七薩婆桑悉迦囉八鉢唎輸底九達磨底十伽迦娜十一莎
訶其持𠼪底十二薩婆婆毗輸底十三摩訶娜耶十四波唎婆囉莎訶十五
若有能於是經少分能惠施者等於三千大千世界滿中七寶布施陁羅尼曰
南謨薄伽勃底一阿波唎蜜哆二阿喻紇硯娜三須毗你悉指陁四囉佐耶五
怛他羯他耶六怛姪他唵七薩婆桑悉迦囉八鉢唎輸底九達磨底十伽迦娜十一莎
訶其持𠼪底十二薩婆婆毗輸底十三摩訶娜耶十四波唎婆囉莎訶十五
若有自供養是經者則是供養一切諸經等无有異陁羅尼曰
南謨薄伽勃底一阿波唎蜜哆二阿喻紇硯娜三須毗你悉指陁四囉佐耶五
怛他羯他耶六怛姪他唵七薩婆桑悉迦囉八鉢唎輸底九達磨底十伽迦娜十一

BD05871號　無量壽宗要經　（7–5）

訶某持伽底十二薩婆婆毗輸底十三摩訶娜耶十四波唎婆囉莎訶十五
若有能於是經少分能惠施者等於三千大千世界滿中七寶布施陀羅尼曰
南謨薄伽勃底一阿波唎蜜哆二阿喻紇硯娜三須毗你悉指陀四囉佐耶五
怛他羯他耶六怛姪他唵七薩婆桑悉迦囉八鉢唎輸底九達磨底十伽伽娜十一莎
訶某持伽底十二薩婆婆毗輸底十三摩訶娜耶十四波唎婆囉莎訶十五
若有自供養是經者則是供養一切諸經等无有異陀羅尼曰
南謨薄伽勃底一阿波唎蜜哆二阿喻紇硯娜三須毗你悉指陀四囉佐耶五
怛他羯他耶六怛姪他唵七薩婆桑悉迦囉八鉢唎輸底九達磨底十伽伽娜十一
莎訶某持伽底十二薩婆婆毗輸底十三摩訶娜耶十四波唎婆囉莎訶十五
如是毗婆尸佛尸弃佛毗舍浮佛俱留孫佛俱那含牟尼佛迦葉佛釋迦牟尼佛
若有人以七寶供養如是七佛其福有限書寫受持是无量壽經所有功德不可限量陀羅尼曰
南謨薄伽勃底一阿波唎蜜哆二阿喻紇硯娜三須毗你悉指陀四囉佐耶五怛他羯他
耶六怛姪他唵七薩婆桑悉迦囉八鉢唎輸底九達磨底十伽伽娜十一莎訶某持
伽底十二薩婆婆毗輸底十三摩訶娜耶十四波唎婆囉莎訶　若有七寶等於須
彌山用布施其福上能知其限量是无量壽經典其福不可知數陀羅尼曰
南謨薄伽勃底一阿波唎蜜哆二阿喻紇硯娜三須毗你悉指陀四囉佐耶五怛他羯他
耶六怛姪他唵七薩婆桑悉迦囉八鉢唎輸底九達磨底十伽伽娜十一莎訶某持伽
底十二薩婆婆毗輸底十三摩訶娜耶十四波唎婆囉莎訶十五
如四大海水可知滴數是无壽經典所生果報不可數量陀羅尼曰
南謨薄伽勃底一阿波唎蜜哆二阿喻紇硯娜三須毗你悉指陀四囉佐耶五怛他羯
他耶六怛姪他唵七薩婆桑悉迦囉八鉢唎輸底九達磨底十伽伽娜十一莎訶某持
伽底十二薩婆婆毗輸底十三摩訶娜耶十四波唎婆囉莎訶　若有自書寫教人書
寫是无量壽經典又能讀持供養即如恭敬供養一切十方佛土如來无有異陀羅尼曰
南謨薄伽勃底一阿波唎蜜哆二阿喻紇硯娜三須毗你悉指陀四囉佐耶五怛他羯
他耶六怛姪他唵七薩婆桑悉迦囉八鉢唎輸底九達磨底十伽伽娜十一莎訶某持
伽底十二薩婆婆毗輸底十三摩訶娜耶十四波唎婆囉莎訶十五
布施力能成正覺　悟布施力人師子　布施力能聲普聞　慈悲階漸最能入
持戒力能成正覺　悟持戒力人師子　持戒力能聲普聞　慈悲階漸最能入
忍辱力能成正覺　悟忍辱力人師子　忍辱力能聲普聞　慈悲階漸最能入
精進力能成正覺　悟精進力人師子　精進力能聲普聞　慈悲階漸最能入

BD05871號　無量壽宗要經　（7–6）

南謨薄伽勃底一阿波唎蜜哆二阿喻紇硯娜三須毗你悉指陀四囉佐耶五怛他羯他
耶六怛姪他唵七薩婆桑悉迦囉八鉢唎輸底九達磨底十伽伽娜十一莎訶某持
伽底十二薩婆婆毗輸底十三摩訶娜耶十四波唎婆囉莎訶　若有七寶等於須
彌山用布施其福上能知其限量是无量壽經典其福不可知數陀羅尼曰
南謨薄伽勃底一阿波唎蜜哆二阿喻紇硯娜三須毗你悉指陀四囉佐耶五怛他羯他
耶六怛姪他唵七薩婆桑悉迦囉八鉢唎輸底九達磨底十伽伽娜十一莎訶某持伽
底十二薩婆婆毗輸底十三摩訶娜耶十四波唎婆囉莎訶十五
如四大海水可知滴數是无壽經典所生果報不可數量陀羅尼曰
南謨薄伽勃底一阿波唎蜜哆二阿喻紇硯娜三須毗你悉指陀四囉佐耶五怛他羯
他耶六怛姪他唵七薩婆桑悉迦囉八鉢唎輸底九達磨底十伽伽娜十一莎訶某持
伽底十二薩婆婆毗輸底十三摩訶娜耶十四波唎婆囉莎訶　若有自書寫教人書
寫是无量壽經典又能讀持供養即如恭敬供養一切十方佛土如來无有異陀羅尼曰
南謨薄伽勃底一阿波唎蜜哆二阿喻紇硯娜三須毗你悉指陀四囉佐耶五怛他羯
他耶六怛姪他唵七薩婆桑悉迦囉八鉢唎輸底九達磨底十伽伽娜十一莎訶某持
伽底十二薩婆婆毗輸底十三摩訶娜耶十四波唎婆囉莎訶十五
布施力能成正覺　悟布施力人師子　布施力能聲普聞　慈悲階漸最能入
持戒力能成正覺　悟持戒力人師子　持戒力能聲普聞　慈悲階漸最能入
忍辱力能成正覺　悟忍辱力人師子　忍辱力能聲普聞　慈悲階漸最能入
精進力能成正覺　悟精進力人師子　精進力能聲普聞　慈悲階漸最能入
禪定力能成正覺　悟禪定力人師子　禪定力能聲普聞　慈悲階漸最能入
智慧力能成正覺　悟智慧力人師子　智慧力能聲普聞　慈悲階漸最能入
尒時如來說是經已一切世間天人阿脩羅揵闥婆等聞佛所說皆大歡喜信受奉行
佛說无量壽宗要經
四廣談

BD05871號　無量壽宗要經　（7–7）

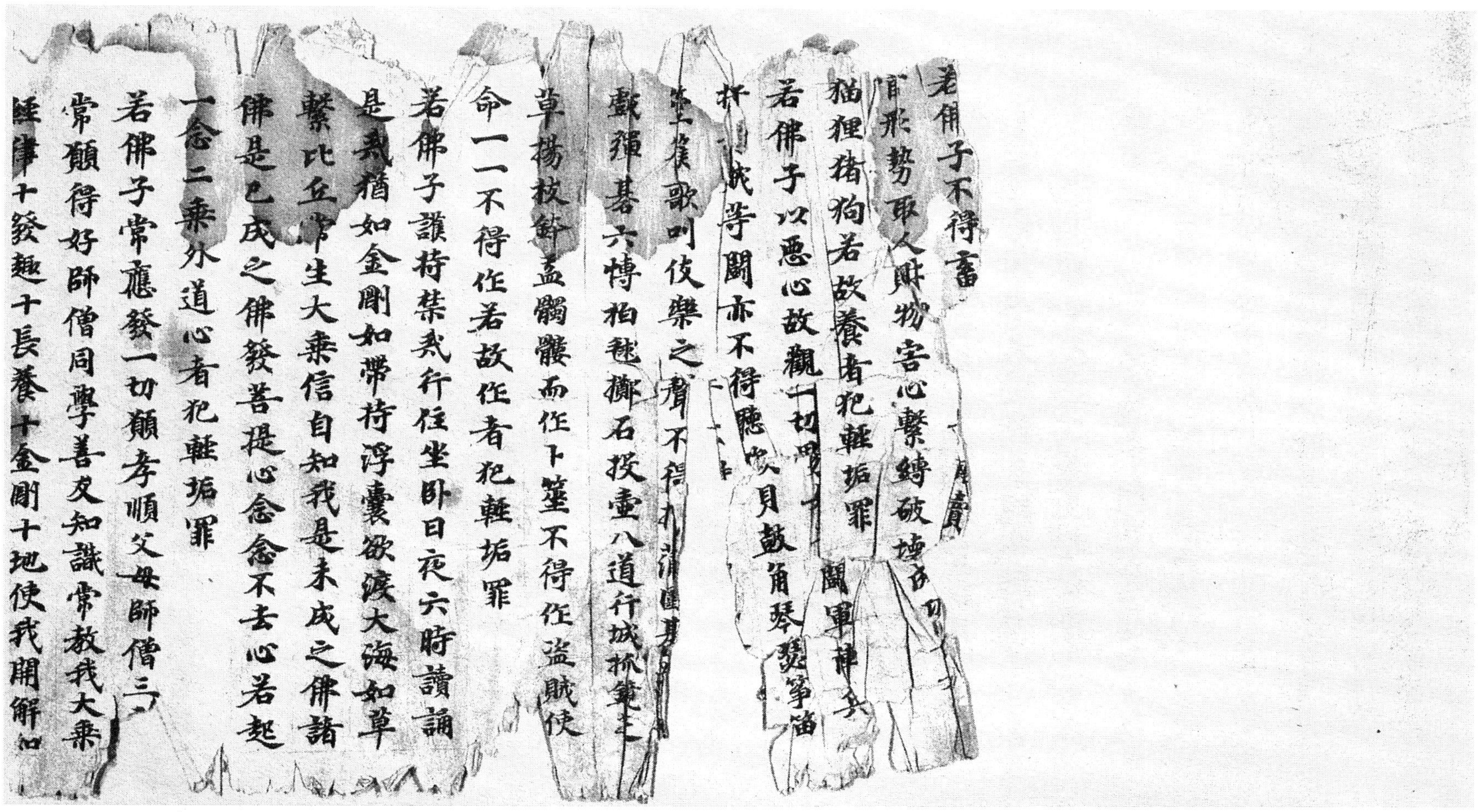
若佛子不得畜
貯形勢取人財物害心繫縛破壞成功
猫狸猪狗若故養者犯輕垢罪
若佛子以惡心故觀一切男[illegible]鬪軍陣兵
將劫賊等鬪亦不得聽吹貝鼓角琴瑟箏笛
箜篌歌叫伎樂之聲不得摴蒱圍碁
戲彈碁六博拍毬擲石投壺八道行城抓鏡蓍
草楊枝鉢盂髑髏而作卜筮不得作盜賊使
命一一不得作若故作者犯輕垢罪
若佛子護持禁戒行住坐卧日夜六時讀誦
是戒猶如金剛如帶持浮囊欲渡大海如草
繫比丘常生大乘信自知我是未成之佛諸
佛是已成之佛發菩提心念念不去心若起
一念二乘外道心者犯輕垢罪
若佛子常應發一切願孝順父母師僧三
常願得好師僧同學善友知識常教我大乘
經律十發趣十長養十金剛十地使我開解如

BD05872號　梵網經盧舍那佛說菩薩心地戒品第十卷下　（8–1）

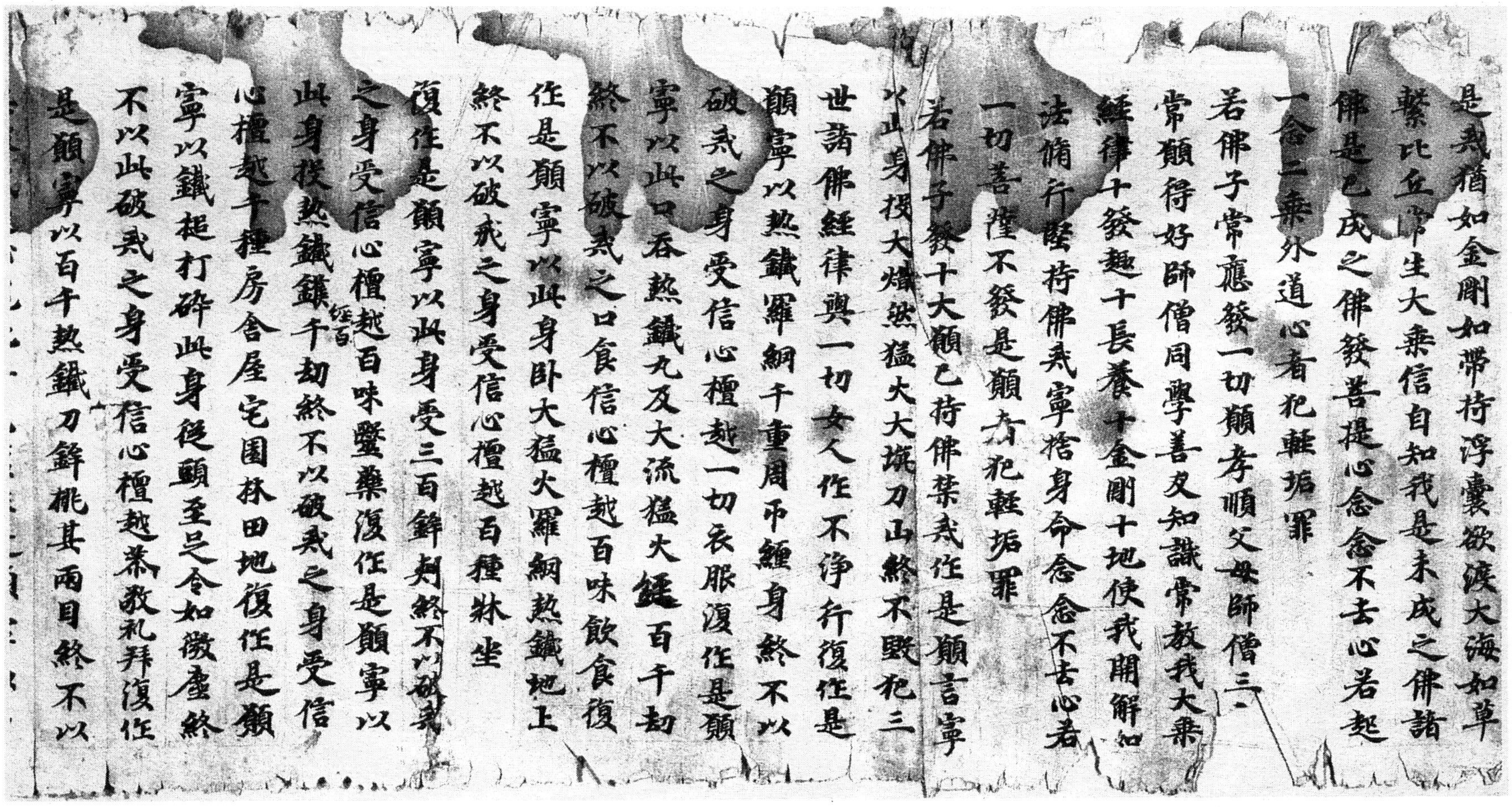
是戒猶如金剛如帶持浮囊欲渡大海如草
繫比丘常生大乘信自知我是未成之佛諸
佛是已成之佛發菩提心念念不去心若起
一念二乘外道心者犯輕垢罪
若佛子常應發一切願孝順父母師僧三
常願得好師僧同學善友知識常教我大乘
經律十發趣十長養十金剛十地使我開解如
法修行堅持佛戒寧捨身命念念不去心若
一切菩薩不發是願者犯輕垢罪
若佛子發十大願已持佛禁戒作是願言寧
以此身投大熾然猛火大坑刀山終不毀犯三
世諸佛經律與一切女人作不淨行復作是
願寧以熱鐵羅網千重周帀纏身終不以
破戒之身受信心檀越一切衣服復作是願
寧以此口呑熱鐵丸及大流猛火經百千劫
終不以破戒之口食信心檀越百味飲食復
作是願寧以此身卧大猛火羅網熱鐵地上
終不以破戒之身受信心檀越百種牀坐
復作是願寧以此身受三百鉾刺終不以破戒
之身受信心檀越百味醫藥復作是願寧以
此身投熱鐵鑊千劫終不以破戒之身受信
心檀越千種房舍屋宅園林田地復作是願
寧以鐵鎚打碎此身從頭至足令如微塵終
不以此破戒之身受信心檀越恭敬禮拜復作
是願寧以百千熱鐵刀鉾挑其兩目終不以

BD05872號　梵網經盧舍那佛說菩薩心地戒品第十卷下　（8–2）

之身受信心檀越百味醫藥復作是願寧以
此身投熱鐵鑊千劫終不以破戒之身受信
心檀越千種房舍屋宅園林田地復作是願
寧以鐵槌打碎此身從頭至足令如微塵終
不以此破戒之身受信心檀越恭敬礼拜復作
是願寧以百千熱鐵刀鉾挑其兩目終不以
此破戒之心視他好色復作是願寧以百
千鐵錐遍身撓刺耳根逕一劫二劫終不以
破戒之心聽好音聲復作是願寧以百千刃
刀割去其鼻終不以破戒之心貪嗅諸香復
作是願寧以百千刃刀割斷其舌終不以破
戒之心食人百味淨食復作是願寧以利斧
斬斫其身終不以破戒之心貪著好觸復作
是願願一切衆生悉得成佛而菩薩若不發
是願者犯輕垢罪
若佛子常應二時頭陁冬夏坐禪結夏安居
常用楊枝澡豆三衣瓶鉢坐具錫杖香爐漉
水囊手巾刀子火燧鑷子繩牀經律佛像菩
薩形像而菩薩行頭陁時及遊方時行來時
百里千里此十八種物常隨其身頭陁者從
正月十五日至三月十五日八月十五日至十
月十五日是二時中十八種物常隨其身
如鳥二翼若布薩日新學菩薩半月半月
布薩誦十重四十八輕戒時於諸佛菩薩形
像前一人布薩即一人誦若二若三乃至百千

BD05872號　梵網經盧舍那佛說菩薩心地戒品第十卷下　（8–3）

正月十五日至三月十五日八月十五日至十
月十五日是二時中十八種物常隨其身
如鳥二翼若布薩日新學菩薩半月半月
布薩誦十重四十八輕戒時於諸佛菩薩形
像前一人布薩即一人誦若二若三乃至百千
人亦一人誦誦者高坐聽者下坐各各被九條
七條五條袈裟結夏安居一一如法若頭陁
時莫入難處若國難惡王土地高下草木深
邃師子虎狼水火惡風劫賊毒虵道路一切
難處悉不得入若頭陁行道乃至夏坐安居
是諸難處皆不得入若故入者犯輕垢罪
若佛子應如法次第坐先受戒者在前坐後
受戒者在後坐不問老少比丘比丘尼貴人
國王王子乃至黃門奴婢皆應先受戒者在
前坐後受戒者隨次第坐莫如外道癡人若
老若少无前无後坐无次第兵奴之法我佛
法中先者先坐後者後坐而菩薩不次第
坐者犯輕垢罪
若佛子常應教化一切衆生建立僧房山林
園田立作佛塔冬夏安居坐禪處所一切行
道處皆應立之而菩薩應為一切衆生講說
大乘經律若疾病國難賊難父母兄弟和上
阿闍梨亡滅之日及三七日四五七日乃至七
七日亦應講說大乘經律齋會求福行來治
生大火所燒大水所漂黑風所吹船舫江河

BD05872號　梵網經盧舍那佛說菩薩心地戒品第十卷下　（8–4）

道處皆應立之而菩薩應為一切衆生講說
大乘經律若疾病國難賊難父母兄弟和上
阿闍梨亡滅之日及三七日四五七日乃至七
七日亦應講說大乘經律齋會求福行來治
生大火所燒大水所漂黑風所吹船舫江河
大海羅剎之難乃至一切罪報七逆八難杻
械枷鎖繫縛其身多婬多瞋多（愚）癡多疾病皆
應讀誦講說大乘經律而新學菩薩若不
尒者犯輕垢罪如是九戒應當學敬心奉持
如梵壇品中廣說
佛言佛子與人受戒時不得簡擇一切國王
王子大臣百官比丘比丘尼信男信女婬男
婬女十八梵六欲天无根二根黃門奴婢一切
鬼神盡得受戒應教身所著袈裟皆使壞
色與道相應皆染使青黃赤黑紫色一切染
衣乃至卧具盡以壞色身所著衣一切染色
若一切國土中人所著（衣）服比丘皆應與其俗
服有異若欲受戒時師應問言汝現身不作
七逆罪不而菩薩法師不得與七逆人現身
受戒七逆者出佛身血煞父母和上阿闍梨
破羯磨轉法輪僧煞聖人若具七遮即身不
得戒餘一切人得受戒出家人法不向國王禮
拜不向父母禮拜六親不敬鬼神不禮但解法
師語有百里千里來求戒者而菩薩法師以

BD05872號　梵網經盧舍那佛說菩薩心地戒品第十卷下　（8–5）

受戒七逆者出佛身血煞父母和上阿闍梨
破羯磨轉法輪僧煞聖人若具七遮即身不
得戒餘一切人得受戒出家人法不向國王禮
拜不向父母禮拜六親不敬鬼神不禮但解法
師語有百里千里來求戒者而菩薩法師以
惡心瞋心而不即與授一切衆生戒者犯輕
垢罪
若佛子教他人起信心時菩薩與他人作教
戒法師者見欲受戒人應教請二師和上阿
闍梨二師應問言汝有七遮罪不若現身有
七遮師不應與受无七遮者得受若有犯十
戒者應教懺悔在佛菩薩形像前日日六時
誦十重四十八輕戒苦到禮三世千佛須見
好相若一七日二三七日乃至一年要見好
相好相者佛來摩頂若見光花種種異相
便得罪滅若无好相雖懺无益是現身不得
戒而得增受戒若犯四十八輕戒者對手懺滅
不同七遮而教戒師於是法中一一好解若不
解大乘經律若輕若重是非之相不解第一
義諦習種性長養性不可壞性道性正性其
中多少觀行出入十禪支於一切行法一一不得
此法中意而菩薩為利養故為名聞故惡求
貪利弟子而詐現解一切經律為供養故是
自欺詐欺詐他人與人受戒者犯輕垢罪
若佛子不得為利養於未受菩薩戒者前外

BD05872號　梵網經盧舍那佛說菩薩心地戒品第十卷下　（8–6）

義諦習種性長養性不可壞性道性正性其
中多少觀行出入十禪支於一切行法一一不得
此法中意而菩薩為利養故為名聞故惡求
貪利弟子而詐現解一切經律為供養故是
自欺誑亦欺誑他人與人受戒者犯輕垢罪
若佛子不得為利養於未受菩薩戒者前外
道惡人前說此千佛大戒邪見人前亦不得
說除國王餘一切人不得說是惡人輩不受佛
戒名為畜生生生不見三寶如木石无心名
為外道邪見人輩木頭无異而菩薩於是惡
人前說七佛教戒者犯輕垢罪
若佛子信心出家受佛正戒故起心毀犯聖
戒者不得受一切檀越供養亦不得國王地
上行不得飲國王水五千大鬼常遮其前鬼
言大賊入房舍城邑宅中鬼復常掃其腳跡
一切世人罵言佛法中賊一切眾生眼不欲
見犯戒之人畜生无異木頭无異若毀正戒
者犯輕垢罪
若佛子常應一心受持讀誦剝皮為紙刺血
為墨以髓為水析骨為筆書寫佛戒木皮穀
紙絹素竹白亦應悉書持常以七寶无價香花一切
雜寶為箱樸盛經律卷若不如法供養者犯
輕垢罪
若佛子常起大悲心若入一切城邑舍宅見
一切眾生唱言汝等眾生盡應受三歸十戒

BD05872號　梵網經盧舍那佛說菩薩心地戒品第十卷下　（8–7）

為墨以髓為水析骨為筆書寫佛戒木皮穀
紙絹素竹白亦應悉書持常以七寶无價香花一切
雜寶為箱樸盛經律卷若不如法供養者犯
輕垢罪
若佛子常起大悲心若入一切城邑舍宅見
一切眾生唱言汝等眾生盡應受三歸十戒
若見牛馬豬羊一切畜生應心念口言汝是
畜生發菩薩心而菩薩入一切處山林川野
皆使一切眾生發菩提心是菩薩若不教
化眾生者犯輕垢罪
若佛子常行教化起大悲心入檀越貴人家
一切眾中不得立為白衣說法應白衣眾前
高座上坐法師比丘不得地立為四眾白衣
說法若說法時法師高坐香花供養四眾聽
者下坐如孝順父母敬順師教如事火婆羅
門其說法者若不如法說者犯輕垢罪
若佛子皆以信心受戒若國王子百官四
部弟子自恃高貴破滅佛法律明作制法
制我四部弟子不聽出家行[illegible]不聽造
立形像佛塔經律破三寶之罪而故作破法
者犯輕垢罪

BD05872號　梵網經盧舍那佛說菩薩心地戒品第十卷下　（8–8）

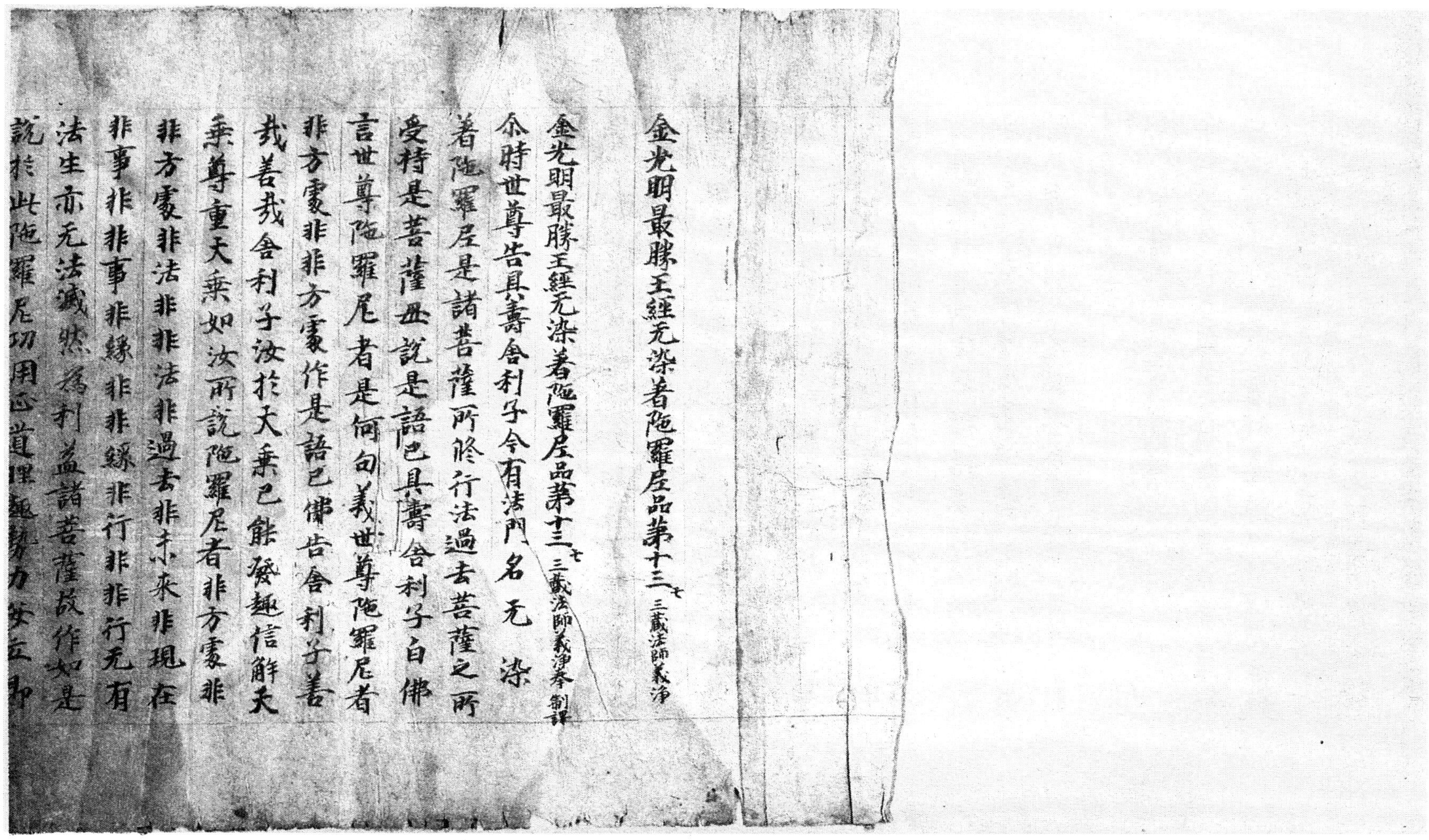
金光明最勝王經无染著陁羅尼品第十三 七 三藏法師義淨
金光明最勝王經无染著陁羅尼品第十三 七 三藏法師義淨奉 制譯
尒時世尊告具壽舍利子今有法門名无染
著陁羅尼是諸菩薩所修行法過去菩薩之所
受持是菩薩母說是語已具壽舍利子白佛
言世尊陁羅尼者是何句義世尊陁羅尼者
非方處非非方處作是語已佛告舍利子善
哉善哉舍利子汝於大乘已能發趣信解大
乘尊重大乘如汝所說陁羅尼者非方處非
非方處非法非非法非過去非未來非現在
非事非非事非緣非非緣非行非非行无有
法生亦无法滅然為利益諸菩薩故作如是
說於此陁羅尼切用正道理趣勢力安立即

BD05873號　金光明最勝王經卷七　（6–1）

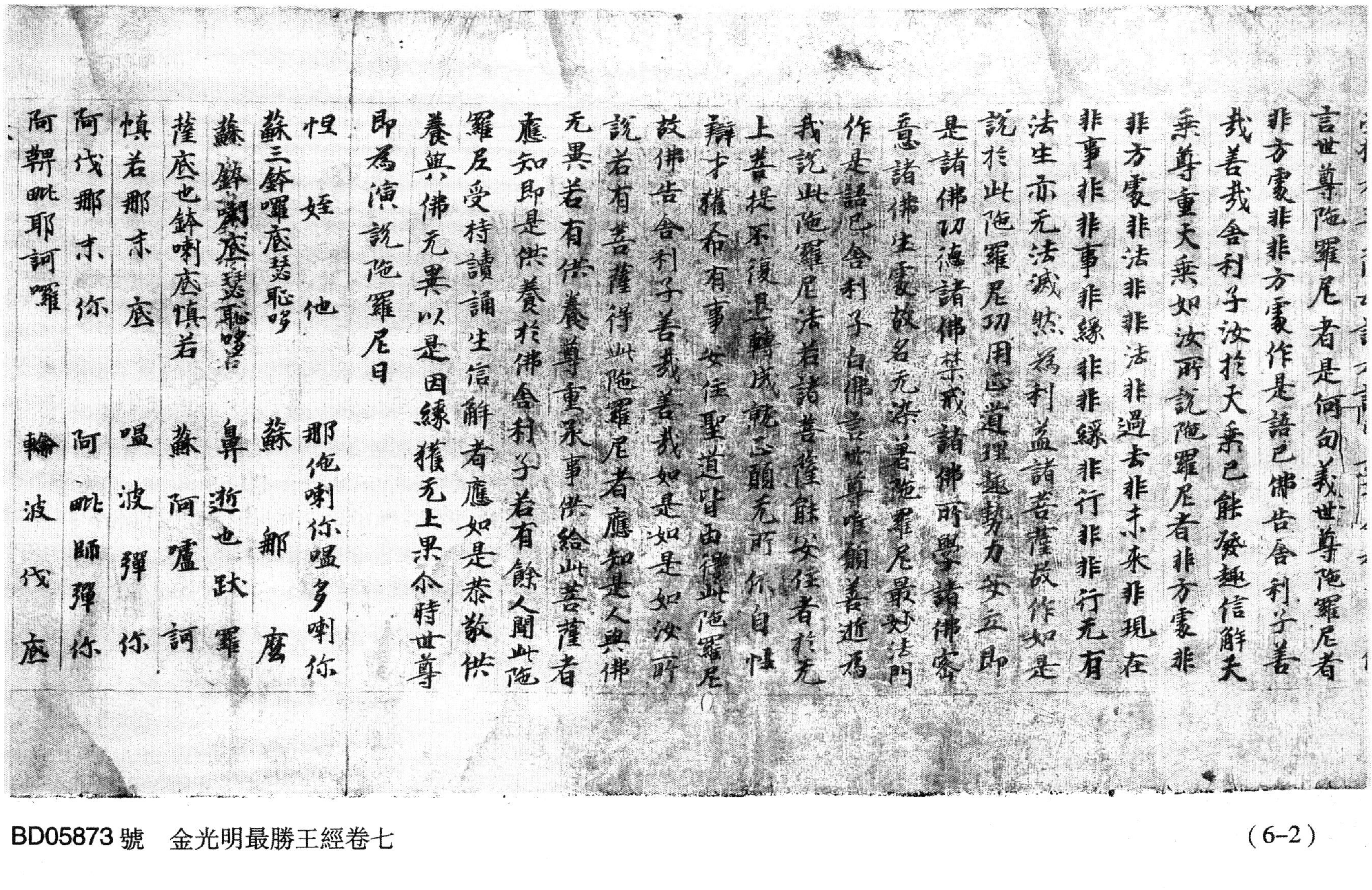
言世尊陁羅尼者是何句義世尊陁羅尼者
非方處非非方處作是語已佛告舍利子善
哉善哉舍利子汝於大乘已能發趣信解大
乘尊重大乘如汝所說陁羅尼者非方處非
非方處非法非非法非過去非未來非現在
非事非非事非緣非非緣非行非非行无有
法生亦无法滅然為利益諸菩薩故作如是
說於此陁羅尼切用正道理趣勢力安立即
是諸佛功德諸佛禁戒諸佛所學諸佛密
意諸佛生處故名无染著陁羅尼最妙法門
作是語已舍利子白佛言世尊唯願善逝為
我說此陁羅尼法若諸菩薩能安住者於无
上菩提不復退轉成就正願无所依自性
辯才獲希有事安住聖道皆由得此陁羅尼
故佛告舍利子善哉善哉如是如是如汝所
說若有菩薩得此陁羅尼者應知是人與佛
无異若有供養尊重承事供給此菩薩者
應知即是供養於佛舍利子若有餘人聞此陁
羅尼受持讀誦生信解者亦應如是恭敬供
養與佛无異以是因緣獲无上果尒時世尊
即為演說陁羅尼曰
怛姪他 那佉喇你嗢多喇你
蘇三鉢囉底瑟恥哆 蘇 鄉 麼
蘇鉢喇底瑟恥哆 鼻 逝也 跋 羅
薩底也鉢喇底慎若 蘇 阿 嚧 訶
慎若 那 末 底 嗢 波 彈 你
阿 伐 那 末 你 阿 毗 師 彈 你
阿 鞞 毗 耶 訶 囉 輪 波 伐 底

BD05873號　金光明最勝王經卷七　（6–2）

即為演説陁羅尼曰
怛姪他 那伲喇你嗢多喇你
蘇三鉢囉底瑟恥哆 蘇 鄔 麼
蘇鉢喇底瑟恥哆若 鼻逝也跋 羅
薩底也鉢喇底慎若 蘇 阿 嚧 訶
慎若那末底 嗢 波 彈 你
阿伐那末你 阿 毗 師 彈 你
阿鞞毗耶訶囉 輸 波 伐 底
蘇尼室喇多引 薄 虎 郡 柱引
阿毗 婆 馱引 莎訶
佛告舍利子此无染着陁羅尼句若有善
薩能善安住能正受持者當知是人若於一劫
若百劫若千劫若百千劫所發正願无有窮
盡身亦不被刀仗毒藥水火猛獸之所損害
何以故舍利子此无染着陁羅尼是過去諸
佛母未來諸佛母現在諸佛母舍利子若復
有人以十阿僧企耶三千大千世界滿中七
寶奉施諸佛及以上妙衣服飲食種種供
養經无數劫若復有人於此陁羅尼乃至一
句能受持者所生之福倍多於彼何以故舍利
子此无染着陁羅尼甚深法門是諸佛母故
時具壽舍利子及諸天衆聞是法已皆大歡
喜咸願受持
金光明最勝王如意寶珠品第十四
尒時世尊於天衆中告阿難陁曰汝等當知
有陁羅尼名如意寶珠遠離一切灾厄亦能
遮止諸惡雷電過去如來應正等覺所共宣
說我於今時於此經中亦為汝等大衆宣說
能於人天為大利益哀愍世間擁護一切令

BD05873號　金光明最勝王經卷七　（6–3）

金光明最勝王如意寶珠品第十四
尒時世尊於天衆中告阿難陁曰汝等當知
有陁羅尼名如意寶珠遠離一切灾厄亦能
遮止諸惡雷電過去如來應正等覺所共宣
說我於今時於此經中亦為汝等大衆宣說
能於人天為大利益哀愍世間擁護一切令
得安樂時諸大衆及阿難陁聞佛語已各各
至誠瞻仰世尊聽受神呪佛言汝等諦聽於
此東方有光明電王名阿揭多南方有光明
電王名設羝嚕西方有光明電王名主多光
北方有光明電王名蘇多末尼若有善男
子善女人得聞如是電王名字及知方處者此
人即便遠離一切怖畏之事及諸灾横悉皆
消殄若於住處書此四方電王名者於所住
處无雷電怖亦无灾厄及諸障惱非時枉死
悉皆遠離尒時世尊即說呪曰
怛姪他 你珥 你珥 你珥
尼民 遠 哩 室哩盧迦盧羯你
室哩輸攞波 你 曷咯叉曷咯 叉
我某甲及此住處一切恐怖所有苦惱 雷
電霹靂及至枉死悉皆遠離莎訶
尒時觀自在菩薩摩訶薩在大衆中即從座
起偏袒右肩合掌恭敬白佛言世尊我今
亦於佛前略說如意寶珠神呪於諸人天為
大利益哀愍世間擁護一切令得安樂有大威
力所求如願即說呪曰
怛姪他 唱 帝 毗唱帝 你唱帝
鉢喇室 體 雞 鉢喇底丁耶蜜室囇

BD05873號　金光明最勝王經卷七　（6–4）

亦於佛前略說如意寶珠神呪於諸人天為
大利益哀愍世間擁護一切令得安樂有大威
力所求如願即說呪曰
怛姪他 唱帝 毗唱帝 你唱帝
鉢喇窒體難 鉢喇底耶丁寧窒囇
戍提目羝毗末囇 鉢喇婆莎活蘇囇
安荼入聲囇般荼囇 税平聲帝
般荼囉婆死你 唱囉羯荼引囇
劫畢囇 氷揭羅惡 綺
達地目企 昌咯义昌咯义
我某甲及此住處一切恐怖所有苦惱乃
至枉死悉皆遠離願我莫見罪惡之事常
蒙諸聖觀自在菩薩大悲威光之所護念莎訶
尒時執金剛秘密主菩薩即從座起合掌恭
敬白佛言世尊我今亦說陁羅尼呪名曰无
勝於諸人天為大利益哀愍世間擁護一切
有大威力所求如願即說呪曰
怛姪他毋你毋你 毋尼囇末底末底
蘇末底莫訶末底 呵呵呵 磨婆以
那悉底帝引波跛 跋析攞波你
悉甜入含姪嘌荼上 莎訶
世尊我此神呪名曰无勝擁護若有男女一
心受持書寫讀誦憶念不忘我於晝夜常
護是人持一切恐怖乃至枉死悉皆遠離尒
時索訶世界主梵天王即從座起合掌恭
敬白佛言世尊我亦有陁羅尼微妙法門於
諸人天為大利益哀愍世間擁護一切有大
威力所求如願即說呪曰

BD05873號　金光明最勝王經卷七　（6–5）

那悉底帝引波跛 跋析攞波你
悉甜入含姪嘌荼上 莎訶
世尊我此神呪名曰无勝擁護若有男女一
心受持書寫讀誦憶念不忘我於晝夜常
護是人持一切恐怖乃至枉死悉皆遠離尒
時索訶世界主梵天王即從座起合掌恭
敬白佛言世尊我亦有陁羅尼微妙法門於
諸人天為大利益哀愍世間擁護一切有大
威力所求如願即說呪曰
怛姪他 醯里弭里地里莎訶
跋囉甜魔布囇 跋囉鉗末 泥
跋囉鉗磨揭鞞 補澀跛僧悉怛囉莎訶
世尊我此神呪名曰梵治悉能擁護持是呪
者令離憂惱及諸罪業乃至枉死悉皆遠離
尒時帝釋天王即從座起合掌恭敬白佛
言世尊我亦有陁羅尼名跋折羅扇你是大
明呪能除一切恐怖厄難乃至枉死悉皆遠
離救苦與樂利益人天即說呪曰
怛姪他毗你婆喇你 畔拖磨彌滯
磨膩你尉撥尒瞿哩 建他哩旃荼哩

BD05873號　金光明最勝王經卷七　（6–6）

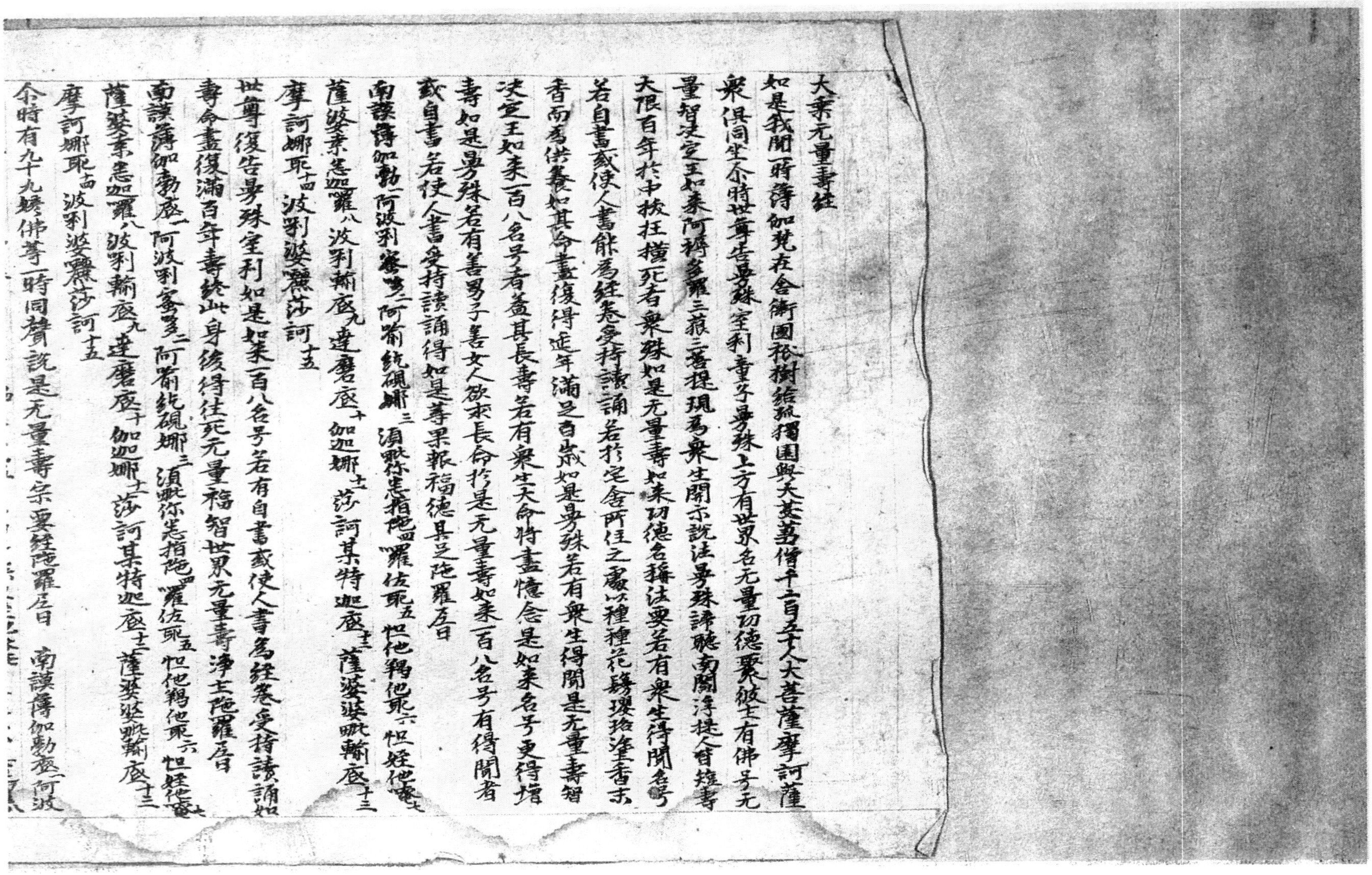
大乘无量壽經
如是我聞一時薄伽梵在舍衛國祇樹給孤獨園與大苾芻僧千二百五十人大菩薩摩訶薩
衆俱同坐尒時世尊告曼殊室利童子曼殊上方有世界名无量功德聚彼土有佛号无
量智決定王如來阿羅訶三藐三菩提現為衆生開示說法曼殊諦聽南閻浮提人皆短壽
大限百年於中夭枉橫死者衆曼殊如是无量壽如來功德名稱法要若有衆生得聞名号
若自書或使人書能為經卷受持讀誦若於宅舍所住之處以種種花鬘瓔珞塗香末
香而為供養如其命盡復得延年滿足百歲如是曼殊若有衆生得聞是无量壽智
決定王如來一百八名号者益其長壽若有衆生大命將盡憶念是如來名号更得增
壽如是曼殊若有善男子善女人欲求長命於是无量壽如來一百八名号有得聞者
或自書若使人書受持讀誦得如是等果報福德具足陀羅尼曰
南謨薄伽勃底一阿波唎蜜多二阿喻紇硯娜三須毗你失指陀四囉佐耶五怛他羯他耶六怛姪他唵七
薩婆桑悉迦囉八波唎輸底九達磨底十伽伽娜十一莎訶某特迦底十二薩婆婆毗輸底十三
摩訶娜耶十四波唎婆囉莎訶十五
世尊復告曼殊室利如是如來一百八名号若有自書或使人書為經卷受持讀誦如
壽命盡復滿百年壽終此身後得往生无量福智世界无量壽淨土陀羅尼曰
南謨薄伽勃底一阿波唎蜜多二阿喻紇硯娜三須毗你失指陀四囉佐耶五怛他羯他耶六怛姪他唵七
薩婆桑悉迦囉八波唎輸底九達磨底十伽伽娜十一莎訶某特迦底十二薩婆婆毗輸底十三
摩訶娜耶十四波唎婆囉莎訶十五
尒時有九十九殑伽佛等一時同聲說是无量壽宗要經陀羅尼曰　南謨薄伽勃底一阿波

BD05874 號　無量壽宗要經　（7–1）

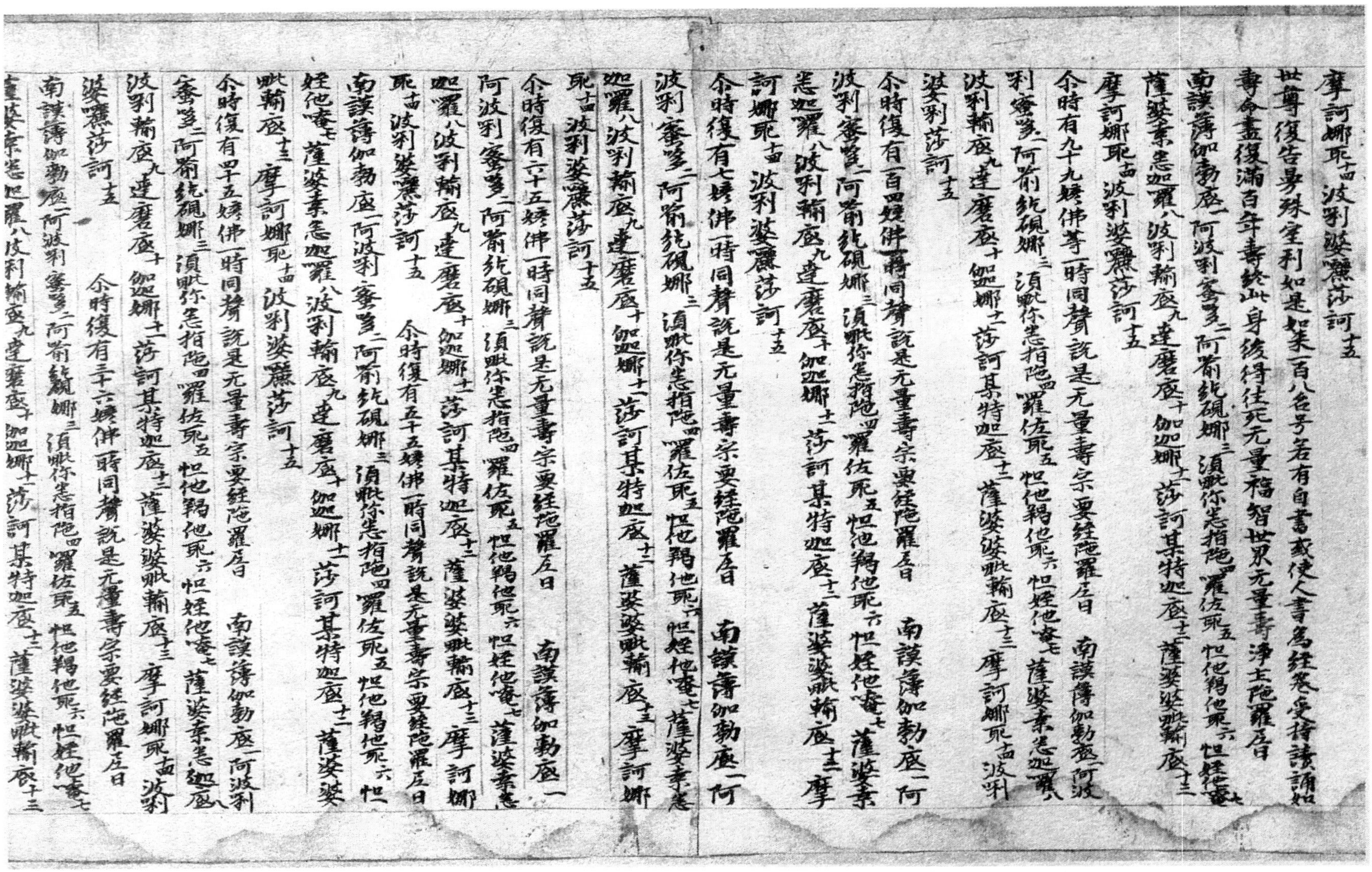
摩訶娜耶十四波唎婆囉莎訶十五
世尊復告曼殊室利如是如來一百八名号若有自書或使人書為經卷受持讀誦如
壽命盡復滿百年壽終此身後得往生无量福智世界无量壽淨土陀羅尼曰
南謨薄伽勃底一阿波唎蜜多二阿喻紇硯娜三須毗你失指陀四囉佐耶五怛他羯他耶六怛姪他唵七
薩婆桑悉迦囉八波唎輸底九達磨底十伽伽娜十一莎訶某特迦底十二薩婆婆毗輸底十三
摩訶娜耶十四波唎婆囉莎訶十五
尒時有九十九殑伽佛等一時同聲說是无量壽宗要經陀羅尼曰　南謨薄伽勃底一阿波
唎蜜多二阿喻紇硯娜三須毗你失指陀四囉佐耶五怛他羯他耶六怛姪他唵七薩婆桑悉迦囉八
波唎輸底九達磨底十伽伽娜十一莎訶某特迦底十二薩婆婆毗輸底十三摩訶娜耶十四波唎
婆囉莎訶十五
尒時復有一百四殑伽佛一時同聲說是无量壽宗要經陀羅尼曰　南謨薄伽勃底一阿
波唎蜜多二阿喻紇硯娜三須毗你失指陀四囉佐耶五怛他羯他耶六怛姪他唵七薩婆桑
悉迦囉八波唎輸底九達磨底十伽伽娜十一莎訶某特迦底十二薩婆婆毗輸底十三摩
訶娜耶十四波唎婆囉莎訶十五
尒時復有七殑伽佛一時同聲說是无量壽宗要經陀羅尼曰　南謨薄伽勃底一阿
波唎蜜多二阿喻紇硯娜三須毗你失指陀四囉佐耶五怛他羯他耶六怛姪他唵七薩婆桑悉
迦囉八波唎輸底九達磨底十伽伽娜十一莎訶某特迦底十二薩婆婆毗輸底十三摩訶娜
耶十四波唎婆囉莎訶十五
尒時復有六十五殑伽佛一時同聲說是无量壽宗要經陀羅尼曰　南謨薄伽勃底一
阿波唎蜜多二阿喻紇硯娜三須毗你失指陀四囉佐耶五怛他羯他耶六怛姪他唵七薩婆桑悉
迦囉八波唎輸底九達磨底十伽伽娜十一莎訶某特迦底十二薩婆婆毗輸底十三摩訶娜
耶十四波唎婆囉莎訶十五　尒時復有五十五殑伽佛一時同聲說是无量壽宗要經陀羅尼曰
南謨薄伽勃底一阿波唎蜜多二阿喻紇硯娜三須毗你失指陀四囉佐耶五怛他羯他耶六怛
姪他唵七薩婆桑悉迦囉八波唎輸底九達磨底十伽伽娜十一莎訶某特迦底十二薩婆婆
毗輸底十三摩訶娜耶十四波唎婆囉莎訶十五
尒時復有四十五殑伽佛一時同聲說是无量壽宗要經陀羅尼曰　南謨薄伽勃底一阿波唎
蜜多二阿喻紇硯娜三須毗你失指陀四囉佐耶五怛他羯他耶六怛姪他唵七薩婆桑悉迦囉八
波唎輸底九達磨底十伽伽娜十一莎訶某特迦底十二薩婆婆毗輸底十三摩訶娜耶十四波唎
婆囉莎訶十五
尒時復有三十六殑伽佛一時同聲說是无量壽宗要經陀羅尼曰
南謨薄伽勃底一阿波唎蜜多二阿喻紇硯娜三須毗你失指陀四囉佐耶五怛他羯他耶六怛姪他唵七
薩婆桑悉迦囉八波唎輸底九達磨底十伽伽娜十一莎訶某特迦底十二薩婆婆毗輸底十三

BD05874 號　無量壽宗要經　（7–2）

毗輸底十三摩訶娜耶十四波唎婆囉莎訶十五
尒時復有卌五姟佛一時同聲說是无量壽宗要經陁羅尼曰 南謨薄伽勃底一阿波唎
蜜多二阿喻紇硯娜三須毗你悉指陁四囉佐耶五怛他羯他耶六怛姪他唵七薩婆桑悉迦囉八
波唎輸底九達磨底十伽迦娜十一莎訶某特迦底十二薩婆婆毗輸底十三摩訶娜耶十四波唎
婆囉莎訶十五 尒時復有三十六姟佛一時同聲說是无量壽宗要經陁羅尼曰
南謨薄伽勃底一阿波唎蜜多二阿喻紇硯娜三須毗你悉指陁四囉佐耶五怛他羯他耶六怛姪他唵七
薩婆桑悉迦囉八波唎輸底九達磨底十伽迦娜十一莎訶某特迦底十二薩婆婆毗輸底十三
摩訶娜耶十四波唎婆囉莎訶十五
尒時復有廿五姟佛一時同聲說是无量壽宗要經陁羅尼曰 南謨薄伽勃底一阿波唎
蜜多二阿喻紇硯娜三須毗你悉指陁四囉佐耶五怛他羯他耶六怛姪他唵七薩婆桑悉迦囉八
波唎輸底九達磨底十伽迦娜十一莎訶某特迦底十二薩婆婆毗輸底十三摩訶娜十四
波唎婆囉莎訶十五
尒時復有恒河沙姟佛一時同聲說是无量壽宗要經陁羅尼曰 南謨薄伽勃底一
阿波唎蜜多二阿喻紇硯娜三須毗你悉指陁四囉佐耶五怛他羯他耶六怛姪他唵七薩婆桑悉
迦囉八波唎輸底九達磨底十伽迦娜十一莎訶某特迦底十二薩婆婆毗輸底十三摩訶娜
耶十四波唎婆囉莎訶十五
善男子若有自書寫教人書寫是无量壽宗要經如其命盡復得長壽而滿百年陁
羅尼曰 南謨薄伽勃底一阿波唎蜜多二阿喻紇硯娜三須毗你悉指陁四囉佐耶五怛他
羯他耶六怛姪他唵七薩婆桑悉迦囉八波唎輸底九達磨底十伽迦娜十一莎訶某特迦底十二
薩婆婆毗輸底十三摩訶娜耶十四波唎婆囉莎訶十五
若有自書寫教人書寫是无量壽宗要經讀誦受持畢竟不墮地獄在在所生得
宿命智陁羅尼曰 南謨薄伽勃底一阿波唎蜜多二阿喻紇硯娜三須毗你悉指陁四
囉佐耶五怛他羯他耶六怛姪他唵七薩婆桑悉迦囉八波唎輸底九達磨底十伽迦娜十一
莎訶某特迦底十二薩婆婆毗輸底十三摩訶娜耶十四波唎婆囉莎訶十五
若有自書教人書寫是无量壽宗要經受持讀誦如同書寫八万四千一切經典陁羅尼曰
南謨薄伽勃底一阿波唎蜜多二阿喻紇硯娜三須毗你悉指陁四囉佐耶五怛他羯他耶六怛
姪他唵七薩婆桑悉迦囉八波唎輸底九達磨底十伽迦娜十一莎訶某特迦底十二薩婆婆
毗輸底十三摩訶娜耶十四波唎婆囉莎訶十五
若有自書寫教人書寫是无量壽宗要經即是書寫八万四千部建立塔廟陁羅尼曰
南謨薄伽勃底一阿波唎蜜多二阿喻紇硯娜三須毗你悉指陁四囉佐耶五怛他羯他耶六怛姪他唵七薩
婆桑悉迦囉八波唎輸底九達磨底十伽迦娜十一莎訶某特迦底十二薩婆婆毗輸底十三摩訶

BD05874 號　無量壽宗要經　（7–3）

若有自書寫教人書寫是无量壽宗要經受持讀誦如同書寫八万四千一切經典陁羅尼曰
南謨薄伽勃底一阿波唎蜜多二阿喻紇硯娜三須毗你悉指陁四囉佐耶五怛他羯他耶六怛
姪他唵七薩婆桑悉迦囉八波唎輸底九達磨底十伽迦娜十一莎訶某特迦底十二薩婆婆
毗輸底十三摩訶娜耶十四波唎婆囉莎訶十五
若有自書寫教人書寫是无量壽宗要經即是書寫八万四千部建立塔廟陁羅尼曰
南謨薄伽勃底一阿波唎蜜多二阿喻紇硯娜三須毗你悉指陁四囉佐耶五怛他羯他耶六怛姪他唵七薩
婆桑悉迦囉八波唎輸底九達磨底十伽迦娜十一莎訶某特迦底十二薩婆婆毗輸底十三摩訶
娜耶十四波唎婆囉莎訶十五
若有自書寫教人書寫是无量壽宗要經能消五无間等一切重罪陁羅尼曰 南謨薄伽勃
底一阿波唎蜜多二阿喻紇硯娜三須毗你悉指陁四囉佐耶五怛他羯他耶六怛他姪他唵七薩婆桑
悉迦囉八波唎輸底九達磨底十伽迦娜十一莎訶某特迦底十二薩婆婆毗輸底十三摩訶
娜耶十四波唎婆囉莎訶十五 若有自書寫教人書寫是无量壽宗要經受持讀
誦設有重罪猶如須弥盡能除滅陁羅尼曰 南謨薄伽勃底一阿波唎蜜多二阿喻紇硯
娜三須毗你悉指陁四囉佐耶五怛他羯他耶六怛姪他唵七薩婆桑悉迦囉八波唎輸底九達磨底十
伽迦娜十一莎訶某特迦底十二薩婆婆毗輸底十三摩訶娜耶十四波唎婆唎莎訶十五
若有自書寫教人書寫是无量壽宗要經受持讀誦若魔魔之眷屬夜叉羅剎不得
其便終无枉死陁羅尼曰 南謨薄伽勃底一阿波唎蜜多二阿喻紇硯娜三須毗你悉指
陁四囉佐耶五怛他羯他耶六怛姪他唵七薩婆桑悉迦囉八波唎輸底九達磨底十伽迦娜十一莎訶
某特迦底十二薩婆婆毗輸底十三摩訶娜耶十四波唎婆唎莎訶十五
若有自書教人書寫是无量壽宗要經受持讀誦當命終時有九十九姟佛現其人
前家千佛授手能遊一切佛剎莫於此經生於疑惑陁羅尼曰 南謨薄伽勃底一
阿波唎蜜多二阿喻紇硯娜三須毗你悉指陁四囉佐耶五怛他羯他耶六怛姪他唵七薩婆桑悉
迦囉八波唎輸底九達磨底十伽迦娜十一莎訶某特迦底十二薩婆婆毗輸底十三摩訶
娜耶十四波唎婆唎莎訶十五 若有自書寫教人書寫是无量壽宗要經受持讀
誦常得四天大王隨其衛護陁羅尼曰 南謨薄伽勃底一阿波唎蜜多二阿喻紇硯
娜三須毗你悉指陁四囉佐耶五怛他羯他耶六怛姪他唵七薩婆桑悉迦囉八波唎輸底九達磨
底十伽迦娜十一莎訶某特迦底十二薩婆婆毗輸底十三摩訶娜耶十四波唎婆囉莎訶十五
若有自書教人書寫是无量壽宗要經受持讀誦當得往生西方極樂世界阿弥
陁淨土陁羅尼曰 南謨薄伽勃底一阿波唎蜜多二阿喻紇硯娜三須毗你悉指陁四
囉佐耶五怛他羯他耶六怛姪他唵七薩婆桑悉迦囉八波唎輸底九達磨底十伽迦娜十一莎

BD05874 號　無量壽宗要經　（7–4）

娜耶十四婆唎婆唎莎訶十五　若有自書寫教人書寫是无量壽宗要經受持讀
誦當得四天大王隨其衛護陁羅尼曰　南謨薄伽勃底一阿波唎蜜哆二阿前紇硯
娜三須毗你悉指陁四羅佐耶五怛他羯他耶六怛姪他唵七薩婆桒悉迦羅八波唎輸底九達磨
底十伽迦娜十一莎訶其特迦底十二薩婆婆毗輸底十三摩訶娜耶十四波唎婆羅莎訶十五
若有自書教人書寫是无量壽宗要經受持讀誦當得往生西方極樂世界阿弥
陁淨土陁羅尼曰　南謨薄伽勃底一阿波唎蜜哆二阿前紇硯娜三須毗你悉指陁四
囉佐耶五怛他羯他耶六怛姪他唵七薩婆桒悉迦羅八波唎輸底九達磨底十伽迦娜十一莎
訶其特迦底十二薩婆婆毗輸底十三摩訶娜耶十四波唎婆羅莎訶十五
若有自書寫使人書寫是无量壽經典之處則為是塔皆應恭敬作礼若
是畜生禽為鳥獸得聞是經如是等類皆當不久得成一切種智陁羅尼曰
南謨薄伽勃底一阿波唎蜜哆二阿前紇硯娜三須毗你悉指陁四羅佐耶五怛他羯他耶六
怛姪他唵七薩婆桒悉迦羅八波唎輸底九達磨底十伽迦娜十一莎訶其特迦底十二薩
婆婆毗輸底十三摩訶娜耶十四波唎婆羅莎訶十五　若有於是无量壽經
自書寫若使人書畢竟不受女人之身陁羅尼曰　南謨薄伽勃底一阿波唎
蜜哆二阿前紇硯娜三須毗你悉指陁四羅佐耶五怛他羯他耶六怛他姪他唵七薩婆桒悉迦羅八
波唎輸底九達磨底十伽迦娜十一莎訶其特迦底十二薩婆婆毗輸底十三摩訶娜耶十四波
唎婆唎莎訶十五　若有能於是經少分能惠施者等於三千大世界滿中七寶布施陁
羅尼　南謨薄伽勃底一阿波唎蜜哆二阿前紇硯娜三須毗你悉指陁四羅佐耶五怛
他羯他耶六怛姪他唵七薩婆桒悉迦羅八波唎輸底九達磨底十伽迦娜十一莎訶其特迦底十二
薩婆婆毗輸底十三摩訶娜耶十四波唎婆羅莎訶十五
若有能供養是經者則是供養一切諸經等无有異陁羅尼曰　南謨薄伽勃底一
阿波唎蜜哆二阿前紇硯娜三須毗你悉指陁四羅佐耶五怛他羯他耶六怛姪他唵七薩婆桒悉
迦羅八波唎輸底九達磨底十伽迦娜十一莎訶其特迦底十二薩婆婆毗輸底十三摩訶娜耶十四
波唎婆羅莎訶十五　如是毗婆尸佛、尸棄佛、毗舍浮佛、俱留孫佛、俱那含
牟尼佛　加葉佛　釋加牟尼佛　若有人以七寶供養如是七佛其福有限書寫受
持是无量壽經典所有功徳不可限量陁羅尼曰
南謨薄伽勃底一阿波唎蜜哆二阿前紇硯娜三須毗你悉指陁四羅佐耶五怛他羯他耶六怛
姪他唵七薩婆桒悉迦羅八波唎輸底九達磨底十伽迦娜十一莎訶其特迦底十二薩婆婆毗
輸底十三摩訶娜耶十四波唎婆羅莎訶十五　若有七寶等於須弥以用布施
其福上能知其限量是无量壽經典其福不可知數陁羅尼曰

BD05874號　無量壽宗要經　（7–5）

牟尼佛　加葉佛　釋加牟尼佛……
持是无量壽經典所有功徳不可限量陁羅尼曰
南謨薄伽勃底一阿波唎蜜哆二阿前紇硯娜三須毗你悉指陁四羅佐耶五怛他羯他耶六怛
姪他唵七薩婆桒悉迦羅八波唎輸底九達磨底十伽迦娜十一莎訶其特迦底十二薩婆婆毗
輸底十三摩訶娜耶十四波唎婆羅莎訶十五　若有七寶等於須弥以用布施
其福上能知其限量是无量壽經典其福不可知數陁羅尼曰
南謨薄伽勃底一阿波唎蜜哆二阿前紇硯娜三須毗你悉指陁四羅佐耶五怛他羯他耶六怛姪他唵七
薩婆桒悉迦羅八波唎輸底九達磨底十伽迦娜十一莎訶其特迦底十二薩婆婆毗輸底十三摩
訶娜耶十四波唎婆羅莎訶十五　如是四大海水可知滴數是无量壽經典所生果報不可數
量陁羅尼曰　南謨薄伽勃底一阿波唎蜜哆二阿前紇硯娜三須毗你悉指
陁四羅佐耶五怛他羯他耶六怛姪他唵七薩婆桒悉迦羅八波唎輸底九達摩底十伽迦娜十一莎
訶其特迦底十二薩婆婆毗輸底十三摩訶娜耶十四波唎婆羅莎訶十五
若有自書使人書寫是无量壽經典又能護持供養即如恭敬供養一切十方佛土如来
无有異別陁羅尼曰
南謨薄伽勃底一阿波唎蜜哆二阿前紇硯娜三須毗你悉指陁四羅佐耶五怛他羯他耶六怛
姪他唵七薩婆桒悉迦羅八波唎輸底九達磨底十伽迦娜十一莎訶其特迦底十二薩婆婆
毗輸底十三摩訶娜耶十四波唎婆羅莎訶十五
若有自人書使人書寫是无量壽經典又能護持供養即如恭敬供養一切十方佛土
如来无有異別陁羅尼曰　南謨薄伽勃底一阿波唎蜜哆二阿前紇硯娜三須毗
你悉指陁四羅佐耶五怛他羯他耶六怛姪他唵七薩婆桒悉迦羅八波唎輸底九達磨底十伽迦
娜十一莎訶其特迦底十二薩婆婆毗輸底十三摩訶娜耶十四波唎婆羅莎訶十五
布施力能成正覺　悟布施力人師子　布施力能聲普聞　慈悲階漸最能入
持戒力能成正覺　悟持戒力人師子　持戒力能聲普聞　慈悲階漸最能入
忍辱力能成正覺　悟忍辱力人師子　忍辱力能聲普聞　慈悲階漸最能入
精進力能成正覺　悟精進力人師子　精進力能聲普聞　慈悲階漸最能入
禪定力能成正覺　悟禪定力人師子　禪定力能聲普聞　慈悲階漸最能入
智慧力能成正覺　悟智慧力人師子　智慧力能聲普聞　慈悲階漸最能入
尒時如來說是經已一切世間天人脩阿羅揵闥婆等聞佛所說皆大歡喜信受奉行
佛說无量壽宗要經

BD05874號　無量壽宗要經　（7–6）

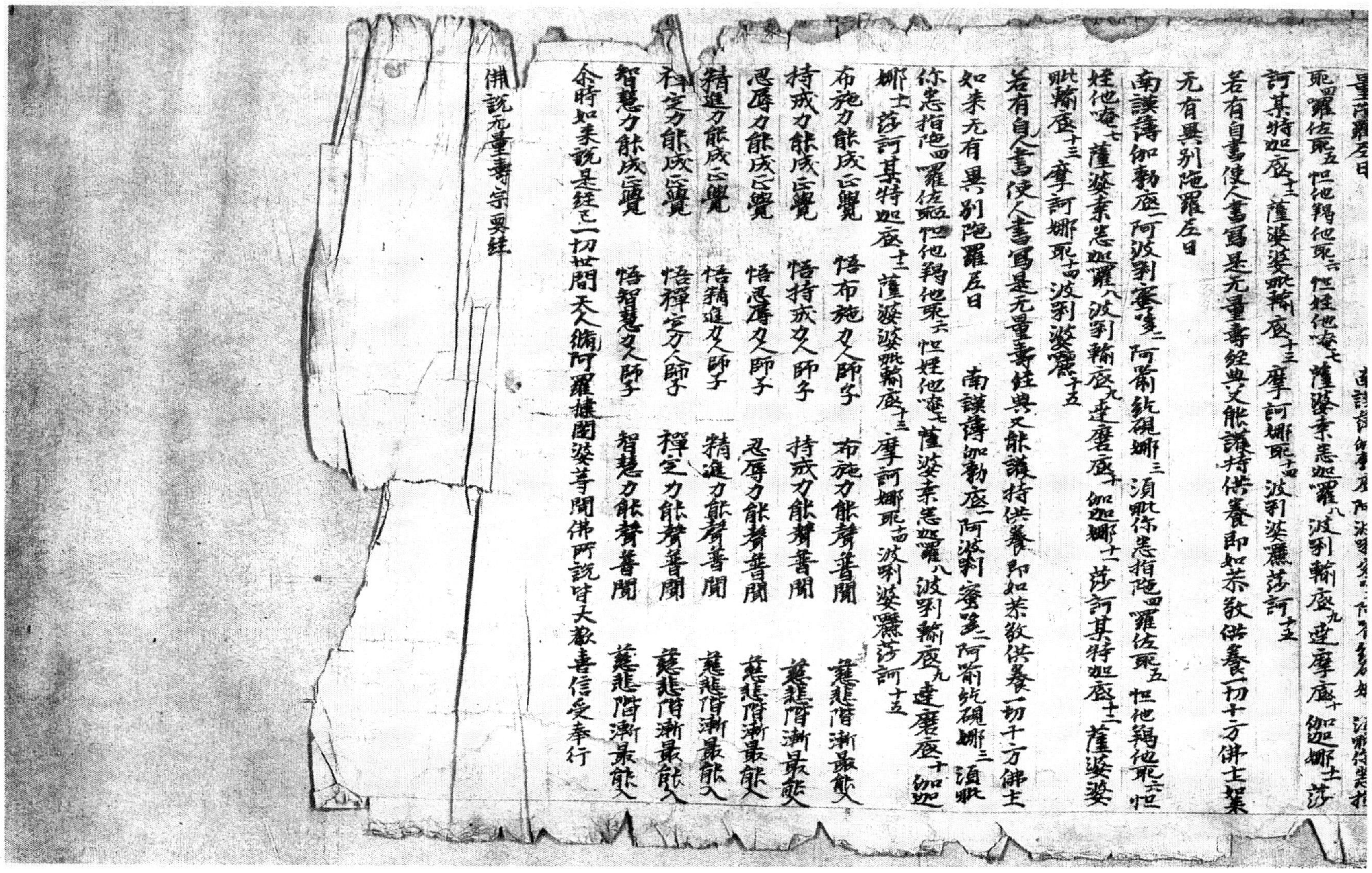

量阿羅尼曰　南謨薄伽勃底[illegible]

耶四羅佐耶五　怛他羯他耶六　怛姪他唵七　薩婆桑悉迦羅八　波唎輸底九　達摩底十　伽迦娜十一　莎

訶其特迦底十二　薩婆婆毗輸底十三　摩訶娜耶十四　波唎婆灑莎訶十五

若有自書使人書寫是无量壽經典又能讓持供養即如恭敬供養一切十方佛土

无有異別陁羅尼曰

南謨薄伽勃底一阿波唎蜜多二阿喻紇硯娜三　須毗你悲指陁四羅佐耶五　怛他羯他耶六　怛

姪他唵七　薩婆桑悉迦羅八　波唎輸底九　達磨底十　伽迦娜十一　莎訶其特迦底十二　薩婆婆

毗輸底十三　摩訶娜耶十四　波唎婆灑莎訶十五

若有自人書使人書寫是无量壽經典又能讓持供養即如恭敬供養一切十方佛土

如來无有異別陁羅尼曰　南謨薄伽勃底一阿波唎蜜多二阿喻紇硯娜三　須毗

你悲指陁四羅佐耶五　怛他羯他耶六　怛姪他唵七　薩婆桑悉迦羅八　波唎輸底九　達磨底十　伽迦

娜十一　莎訶其特迦底十二　薩婆婆毗輸底十三　摩訶娜耶十四　波唎婆灑莎訶十五

布施力能成正覺　悟布施力人師子　布施力能聲普聞　慈悲階漸最能入

持戒力能成正覺　悟持戒力人師子　持戒力能聲普聞　慈悲階漸最能入

忍辱力能成正覺　悟忍辱力人師子　忍辱力能聲普聞　慈悲階漸最能入

精進力能成正覺　悟精進力人師子　精進力能聲普聞　慈悲階漸最能入

禪定力能成正覺　悟禪定力人師子　禪定力能聲普聞　慈悲階漸最能入

智慧力能成正覺　悟智慧力人師子　智慧力能聲普聞　慈悲階漸最能入

尒時如來說是經已一切世間天人脩阿羅揵闥婆等聞佛所說皆大歡喜信受奉行

佛說无量壽宗要經

BD05874 號　無量壽宗要經　（7–7）

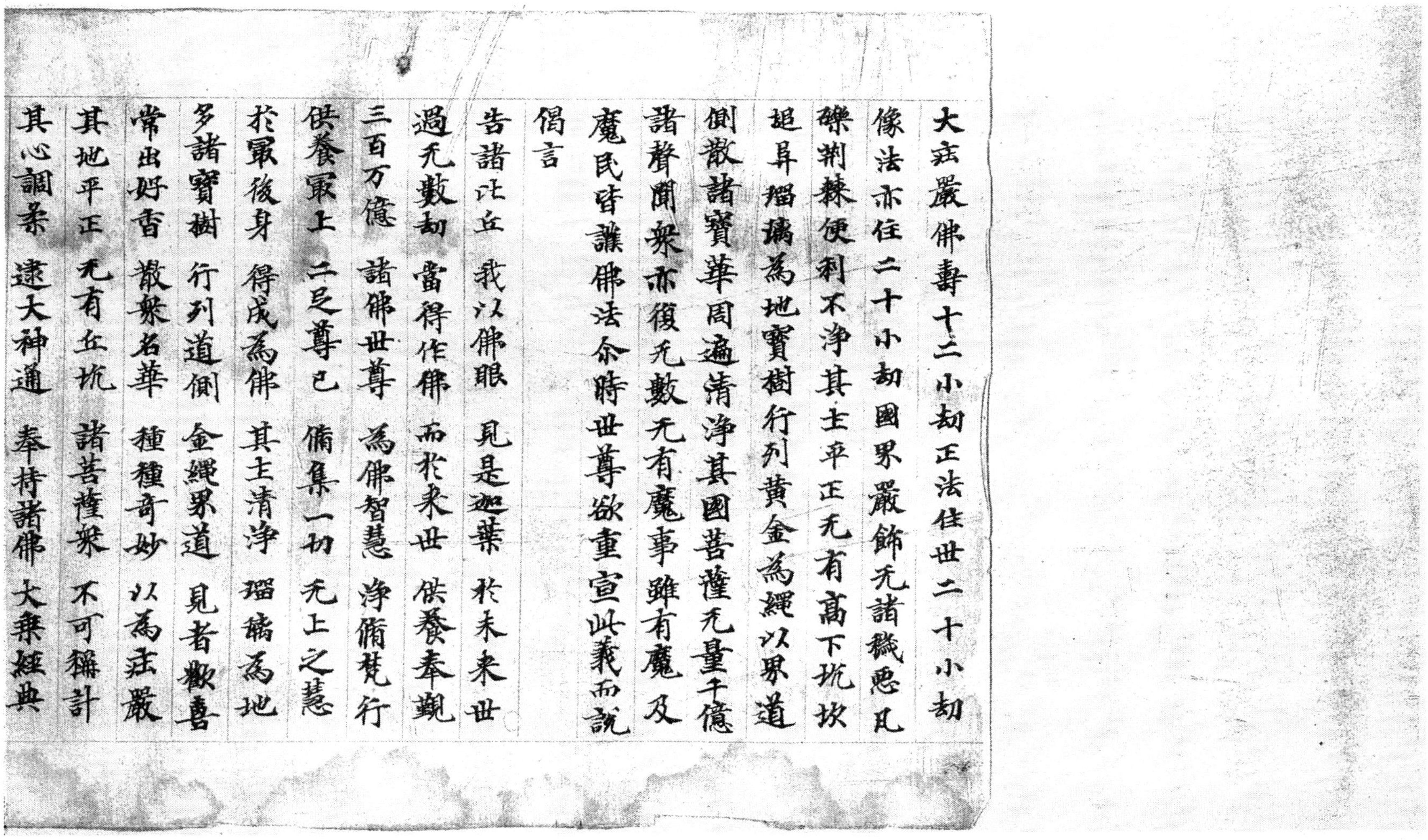

大莊嚴佛壽十二小劫正法住世二十小劫

像法亦住二十小劫國界嚴飾无諸穢惡瓦

礫荊棘便利不淨其土平正无有高下坑坎

堆阜瑠璃爲地寶樹行列黃金爲繩以界道

側散諸寶華周遍清淨其國菩薩无量千億

諸聲聞衆亦復无數无有魔事雖有魔及

魔民皆護佛法尒時世尊欲重宣此義而說

偈言

告諸比丘　我以佛眼　見是迦葉　於未來世

過无數劫　當得作佛　而於來世　供養奉覲

三百万億　諸佛世尊　爲佛智慧　淨脩梵行

供養最上　二足尊已　脩集一切　无上之慧

於最後身　得成爲佛　其土清淨　瑠璃爲地

多諸寶樹　行列道側　金繩界道　見者歡喜

常出好香　散衆名華　種種奇妙　以爲莊嚴

其地平正　无有丘坑　諸菩薩衆　不可稱計

其心調柔　逮大神通　奉持諸佛　大乘經典

BD05875 號　妙法蓮華經卷三　（24–1）

三百万億　諸佛世尊　為佛智慧　淨脩梵行
供養冣上　二足尊已　脩集一切　无上之慧
於冣後身　得成為佛　其土清淨　瑠璃為地
多諸寶樹　行列道側　金繩界道　見者歡喜
常出好香　散衆名華　種種奇妙　以為莊嚴
其地平正　无有丘坑　諸菩薩衆　不可稱計
其心調柔　逮大神通　奉持諸佛　大乘經典
諸聲聞衆　无漏後身　法王之子　亦不可計
乃以天眼　不能數知　其佛當壽　十二小劫
正法住世　二十小劫　像法亦住　二十小劫
光明世尊　其事如是
尒時大目犍連須菩提摩訶迦旃延等皆悉
悚慄一心合掌瞻仰尊顏目不暫捨即共同
聲而說偈言
大雄猛世尊　諸釋之法王　哀愍我等故　而賜佛音聲
若知我深心　見為授記者　如以甘露灑　除熱得清涼
如從飢國來　忽遇大王饍　心猶懷疑懼　未敢即便食
若復得王教　然後乃敢食　我等亦如是　每惟小乘過
不知當云何　得佛无上慧　雖聞佛音聲　言我等作佛
心尚懷憂懼　如未敢便食　若蒙佛授記　尒乃快安樂
大雄猛世尊　常欲安世間　願賜我等記　如飢須教食
尒時世尊知諸大弟子心之所念告諸比丘
是須菩提於當來世奉覲三百万億那由他
佛供養恭敬尊重讚歎常脩梵行具菩薩道
於冣後身得成為佛号曰名相如來應供正

BD05875號　妙法蓮華經卷三　（24–2）

大雄猛世尊　常欲安世間　願賜我等記　如飢須教食
尒時世尊知諸大弟子心之所念告諸比丘
是須菩提於當來世奉覲三百万億那由他
佛供養恭敬尊重讚歎常脩梵行具菩薩道
於冣後身得成為佛号曰名相如來應供正
遍知明行足善逝世間解无上士調御丈夫
天人師佛世尊劫名有寶國名寶生其土平
正頗梨為地寶樹莊嚴无諸丘坑沙礫荊棘
便利之穢寶華覆地周遍清淨其土人民皆
處寶臺珎妙樓閣聲聞弟子无量无邊筭數
譬喻所不能知諸菩薩衆无數千万億那由
他佛壽十二小劫正法住世二十小劫像法
亦住二十小劫其佛常處虛空為衆說法度
脫无量菩薩及聲聞衆尒時世尊欲重宣此
義而說偈言
諸比丘衆　今告汝等　皆當一心　聽我所說
我大弟子　須菩提者　當得作佛　号曰名相
當供无數　万億諸佛　隨佛所行　漸具大道
冣後身得　三十二相　端正姝妙　猶如寶山
其佛國土　嚴淨苐一　衆生見者　无不愛樂
佛於其中　度无量衆　其佛法中　多諸菩薩
皆悉利根　轉不退輪　彼國常以　菩薩莊嚴
諸聲聞衆　不可稱數　皆得三明　具六神通
住八解脫　有大威德　其佛說法　現於无量
神通變化　不可思議　諸天人民　數如恒沙

BD05875號　妙法蓮華經卷三　（24–3）

其佛國土　嚴淨第一　衆生見者　无不愛樂
佛於其中　度无量衆　其佛法中　多諸菩薩
皆悉利根　轉不退輪　彼國常以　菩薩莊嚴
諸聲聞衆　不可稱數　皆得三明　具六神通
住八解脫　有大威德　其佛說法　現於无量
神通變化　不可思議　諸天人民　數如恒沙
皆共合掌　聽受佛語　其佛當壽　十二小劫
正法住世　二十小劫　像法亦住　二十小劫
尒時世尊復告諸比丘衆我今語汝是大迦
旃延於當來世以諸供具供養奉事八千億
佛恭敬尊重諸佛滅後各起塔廟高千由旬
縱廣正等五百由旬以金銀琉璃車𤦲馬瑙
真珠玫瑰七寶合成衆華瓔珞塗香末香燒
香繒蓋幢幡供養塔廟過是已後當復供養
二万億佛亦復如是供養是諸佛已具菩薩
道當得作佛号曰閻浮那提金光如來應供
正遍知明行足善逝世間解无上士調御丈
夫天人師佛世尊其土平正頗梨爲地寶樹
莊嚴黃金爲繩以界道側妙華覆地周遍清
淨見者歡喜无四惡道地獄餓鬼畜生阿脩
羅道多有天人諸聲聞衆及諸菩薩无量万
億莊嚴其國佛壽十二小劫正法住世二十
小劫像法亦住二十小劫尒時世尊欲重宣
此義而說偈言
諸比丘衆　皆一心聽　如我所說　真實无異

羅道多有天人諸聲聞衆及諸菩薩无量万
億莊嚴其國佛壽十二小劫正法住世二十
小劫像法亦住二十小劫尒時世尊欲重宣
此義而說偈言
諸比丘衆　皆一心聽　如我所說　真實无異
是迦旃延　當以種種　妙好供具　供養諸佛
諸佛滅後　起七寶塔　亦以華香　供養舍利
其最後身　得佛智慧　成等正覺　國土清淨
度脫无量　万億衆生　皆爲十方　之所供養
佛之光明　无能勝者　其佛号曰　閻浮金光
菩薩聲聞　斷一切有　无量无數　莊嚴其國
尒時世尊復告大衆我今語汝是大目揵連
當以種種供具供養八千諸佛恭敬尊重諸
佛滅後各起塔廟高千由旬縱廣正等五百
由旬以金銀琉璃車𤦲馬瑙真珠玫瑰七寶
合成衆華瓔珞塗香末香燒香繒蓋幢幡以
用供養過是已後當復供養二百万億諸佛
亦復如是當得成佛号曰多摩羅跋栴檀香
如來應供正遍知明行足善逝世間解无上
士調御丈夫天人師佛世尊劫名喜滿國名
意樂其土平正頗梨爲地寶樹莊嚴散真珠
華周遍清淨見者歡喜多諸天人菩薩聲聞
其數无量佛壽二十四小劫正法住世四十
小劫像法亦住四十小劫尒時世尊欲重宣
此義而說偈言

意樂其土平正頗梨為地寶樹莊嚴散真珠
華周遍清淨見者歡喜多諸天人菩薩聲聞
其數无量佛壽二十四小劫正法住世四十
小劫像法亦住四十小劫尒時世尊欲重宣
此義而說偈言
我此弟子　大目揵連　捨是身已　得見八千
二百万億　諸佛世尊　為佛道故　供養恭敬
於諸佛所　常脩梵行　於无量劫　奉持佛法
諸佛滅後　起七寶塔　長表金剎　華香伎樂
而以供養　諸佛塔廟　漸漸具足　菩薩道已
於意樂國　而得作佛　号多摩羅　栴檀之香
其佛壽命　二十四劫　常為天人　演說佛道
聲聞无量　如恒河沙　三明六通　有大威德
菩薩无數　志固精進　於佛智慧　皆不退轉
佛滅度後　正法當住　四十小劫　像法亦尒
我諸弟子　威德具足　其數五百　皆當授記
於未來世　咸得成佛　我及汝等　宿世因緣
吾今當說　汝等善聽

妙法蓮華經化城喻品第七

佛告諸比丘乃往過去无量无邊不可思議
阿僧祇劫尒時有佛名大通智勝如來應供
正遍知明行足善逝世間解无上士調御丈
夫天人師佛世尊其國名好成劫名大相諸
比丘彼佛滅度已來甚大久遠辟如三千大

BD05875號　妙法蓮華經卷三　（24–6）

阿僧祇劫尒時有佛名大通智勝如來應供
正遍知明行足善逝世間解无上士調御丈
夫天人師佛世尊其國名好成劫名大相諸
比丘彼佛滅度已來甚大久遠辟如三千大
千世界所有地種假使有人磨以為墨過於
東方千國土乃下一點大如微塵又過千國
土復下一點如是展轉盡地種墨於汝等意
云何是諸國土若筭師若筭師弟子能得邊
際知其數不不也世尊諸比丘是人所經國
土若點不點盡末為塵一塵一劫彼佛滅度
已來復過是數无量无邊百千万億阿僧祇
劫我以如來知見力故觀彼久遠猶若今日
尒時世尊欲重宣此義而說偈言
我念過去世　无量无邊劫　有佛兩足尊　名大通智勝
如人以力磨　三千大千土　盡此諸地種　皆悉以為墨
過於千國土　乃下一塵點　如是展轉點　盡此諸塵墨
如是諸國土　點與不點等　復盡末為塵　一塵為一劫
此諸微塵數　其劫復過是　彼佛滅度來　如是无量劫
如來无礙智　知彼佛滅度　及聲聞菩薩　如見今滅度
諸比丘當知　佛智淨微妙　无漏无所礙　通達无量劫
佛告諸比丘大通智勝佛壽五百四十万億
那由他劫其佛本坐道場破魔軍已垂得阿
耨多羅三藐三菩提而諸佛法不現在前如
是一小劫乃至十小劫結跏趺坐身心不動

BD05875號　妙法蓮華經卷三　（24–7）

諸比丘當知 佛智淨微妙 无漏无所礙 通達无量劫
佛告諸比丘大通智勝佛壽五百四十万億
那由他劫其佛本坐道場破魔軍已垂得阿
耨多羅三藐三菩提而諸佛法不現在前如
是一小劫乃至十小劫結加趺坐身心不動
而諸佛法猶不在前尒時忉利諸天先為彼
佛於菩提樹下敷師子座高一由旬佛於此
座當得阿耨多羅三藐三菩提適坐此座時
諸梵天王雨衆天華面百由旬香風時来吹
去萎華更雨新者如是不絶滿十小劫供養
於佛乃至滅度常雨此華四王諸天為供養
佛常擊天鼓其餘諸天作天伎樂滿十小劫
至于滅度亦復如是諸比丘大通智勝佛過
十小劫諸佛之法乃現在前成阿耨多羅三
藐三菩提其佛未出家時有十六子其第一
者名曰智積諸子各有種種珎異翫好之具
聞父得成阿耨多羅三藐三菩提皆捨所珎
往詣佛所諸母涕泣而隨送之其祖轉輪聖
王與一百大臣及餘百千万億人民皆共圍
繞隨至道場咸欲親近大通智勝如来供養
恭敬尊重讃歎到已頭面礼足繞佛畢已一
心合掌瞻仰世尊以偈頌曰
大威德世尊 為度衆生故 於无量億歳 尒乃得成佛
諸願已具足 善哉吉无上 世尊甚希有 一坐十小劫

BD05875號 妙法蓮華經卷三 （24–8）

繞隨至道場咸欲親近大通智勝如来供養
恭敬尊重讃歎到已頭面礼足繞佛畢已一
心合掌瞻仰世尊以偈頌曰
大威德世尊 為度衆生故 於无量億歳 尒乃得成佛
諸願已具足 善哉吉无上 世尊甚希有 一坐十小劫
身體及手足 靜然安不動 其心常憺怕 未曾有散亂
究竟永寂滅 安住无漏法 今者見世尊 安隱成佛道
我等得善利 稱慶大歡喜 衆生常苦惱 盲冥无導師
不識苦盡道 不知求解脫 長夜增惡趣 減損諸天衆
從冥入於冥 永不聞佛名 今佛得最上 安隱无漏法
我等及天人 為得最大利 是故咸稽首 歸命无上尊
尒時十六王子偈讃佛已勸請世尊轉於法
輪咸作是言世尊說法多所安隱憐愍饒益
諸天人民重說偈言
世雄无等倫 百福自莊嚴 得无上智慧 願為世間說
度脫於我等 及諸衆生類 為分別顯示 令得是智慧
若我等得佛 衆生亦復然 世尊知衆生 深心之所念
亦知所行道 又知智慧力 欲樂及脩福 宿命所行業
世尊悉知已 當轉无上輪
佛告諸比丘大通智勝佛得阿耨多羅三藐
三菩提時十方各五百万億諸佛世界六種
震動其國中間幽冥之處日月威光所不能
照而皆大明其中衆生各得相見咸作是言
此中云何忽生衆生又其國界諸天宮殿乃
至梵宮六種震動大光普照遍滿世界勝諸

BD05875號 妙法蓮華經卷三 （24–9）

佛告諸比丘大通智勝佛得阿耨多羅三藐
三菩提時十方各五百万億諸佛世界六種
震動其國中間幽冥之處日月威光所不能
照而皆大明其中衆生各得相見咸作是言
此中云何忽生衆生又其國界諸天宮殿乃
至梵宮六種震動大光普照遍滿世界勝諸
天光尒時東方五百万億諸國土中梵天宮
殿光明照曜倍於常明諸梵天王各作是念
今者宮殿光明昔所未有以何因緣而現此
相是時諸梵天王即各相詣共議此事而彼
衆中有一大梵天王名救一切為諸梵衆而
說偈言
我等諸宮殿 光明昔未有 此是何因緣 宜各共求之
為大德天生 為佛出世間 而此大光明 遍照於十方
尒時五百万億國土諸梵天王與宮殿俱各
以衣裓盛諸天華共詣西方推尋是相見大
通智勝如來處于道場菩提樹下坐師子座
諸天龍王乾闥婆緊那羅摩睺羅伽人非人
等恭敬圍繞及見十六王子請佛轉法輪即
時諸梵天王頭面礼佛繞百千帀即以天華
而散佛上其所散華如須彌山并以供養佛
菩提樹其菩提樹高十由旬華供養已各以
宮殿奉上彼佛而作是言唯見哀愍饒益我
等所獻宮殿願垂納處時諸梵天王即於佛
前一心同聲以偈頌曰

BD05875號　妙法蓮華經卷三　(24–10)

而散佛上其所散華如須彌山并以供養佛
菩提樹其菩提樹高十由旬華供養已各以
宮殿奉上彼佛而作是言唯見哀愍饒益我
等所獻宮殿願垂納處時諸梵天王即於佛
前一心同聲以偈頌曰
世尊甚希有 難可得值遇 具无量功德 能救護一切
天人之大師 哀愍於世間 十方諸衆生 普皆蒙饒益
我等所從來 五百万億國 捨深禪定樂 為供養佛故
我等先世福 宮殿甚嚴飾 今以奉世尊 唯願哀納受
尒時諸梵天王偈讚佛已各作是言唯願世
尊轉於法輪度脫衆生開涅槃道時諸梵天
王一心同聲而說偈言
世雄兩足尊 唯願演說法 以大慈悲力 度苦惱衆生
尒時大通智勝如來黙然許之又諸比丘東南
方五百万億國土諸大梵王各自見宮殿光明
照曜昔所未有歡喜踊躍生希有心即各相
詣共議此事而彼衆中有一大梵天王名曰
大悲為諸梵衆而說偈言
是事何因緣 而現如此相 我等諸宮殿 光明昔未有
為大德天生 為佛出世間 未曾見此相 當共一心求
過千万億土 尋光共推之 多是佛出世 度脫苦衆生
尒時五百万億諸梵天王與宮殿俱各以衣
裓盛諸天華共詣西北方推尋是相見大通
智勝如來處于道場菩提樹下坐師子座諸
天龍王乾闥婆緊那羅摩睺羅伽人非人等

BD05875號　妙法蓮華經卷三　(24–11)

為大德天生　為佛出世間　未曾見此相　當共一心求
過千万億土　尋光共推之　多是佛出世　度脫苦衆生
尒時五百万億諸梵天王與宮殿俱各以衣
裓盛諸天華共詣西北方推尋是相見大通
智勝如來處于道場菩提樹下坐師子座諸
天龍王乾闥婆緊那羅摩睺羅伽人非人等
恭敬圍遶及見十六王子請佛轉法輪時諸
梵天王頭面礼佛繞百千帀即以天華而散
佛上所散之華如須弥山并以供養佛菩提
樹華供養已各以宮殿奉上彼佛而作是言
唯見哀愍饒益我等所獻宮殿願垂納處尒
時諸梵天王即於佛前一心同聲以偈頌曰
聖主天中王　迦陵頻伽聲　哀愍衆生者　我等今敬礼
世尊甚希有　久遠乃一現　一百八十劫　空過无有佛
三惡道充滿　諸天衆减少　今佛出於世　為衆生作眼
世間所歸趣　救護於一切　為衆生之父　哀愍饒益者
我等宿福慶　今得值世尊
尒時諸梵天王偈讚佛已各作是言唯願世
尊慈哀一切轉於法輪度脫衆生時諸梵天
王一心同聲而說偈言
大聖轉法輪　顯示諸法相　度苦惱衆生　令得大歡喜
衆生聞是法　得道若生天　諸惡道减少　忍善者增益
尒時大通智勝如來嘿然許之又諸比丘南
方五百万億國土諸大梵王各自見宮殿光
明照耀昔所未有歡喜踊躍生希有心即各
相詣共議此事以何因緣

BD05875號　妙法蓮華經卷三　（24-12）

大聖轉法輪　顯示諸法相　度苦惱衆生　令得大歡喜
衆生聞是法　得道若生天　諸惡道减少　忍善者增益
尒時大通智勝如來嘿然許之又諸比丘南
方五百万億國土諸大梵王各自見宮殿光
明照耀昔所未有歡喜踊躍生希有心即各
相詣共議此事以何因緣我等宮殿有此光
曜而彼衆中有一大梵天王名曰妙法為諸
梵衆而說偈言
我等諸宮殿　光明甚威曜　此非无因緣　是相宜求之
過於百千劫　未曾見是相　為大德天生　為佛出世間
尒時五百万億諸梵天王與宮殿俱各以衣
裓盛諸天華共詣北方推尋是相見大通智
勝如來處于道場菩提樹下坐師子座諸天
龍王乾闥婆緊那羅摩睺羅伽人非人等恭
敬圍遶及見十六王子請佛轉法輪時諸梵
天王頭面礼佛繞百千帀即以天華而散佛
上所散之華如須弥山并以供養佛菩提樹
華供養已各以宮殿奉上彼佛而作是言唯
見哀愍饒益我等所獻宮殿願垂納處尒時
諸梵天王即於佛前一心同聲以偈頌曰
世尊甚難見　破諸煩惱者　過百三十劫　今乃得一見
諸飢渴衆生　以法雨充滿　昔所未曾覩　无量智慧者
如優曇波羅　今日乃值遇　我等諸宮殿　蒙光故嚴飾
世尊大慈悲　唯願垂納受
尒時諸梵天王偈讚佛已各作是言唯願世

BD05875號　妙法蓮華經卷三　（24-13）

世尊甚難見　破諸煩惱者　過百三十劫　今乃得一見
諸飢渇衆生　以法雨充滿　昔所未曾覩　无量智慧者
如優曇波羅　今日乃值遇　我等諸宮殿　蒙光故嚴飾
世尊大慈悲　唯願垂納受
尒時諸梵天王偈讚佛已各作是言唯願世
尊轉於法輪令一切世間諸天魔梵沙門婆
羅門皆獲安隱而得度脫時諸梵天王一心
同聲以偈頌曰
唯願天人尊　轉无上法輪　擊于大法鼓　而吹大法螺
普雨大法雨　度无量衆生　我等咸歸請　當演深遠音
尒時大通智勝如來嘿然許之西南方乃至
下方亦復如是尒時上方五百万億國土諸
大梵王皆悉自覩所止宮殿光明威曜昔所
未有歡喜踊躍生希有心即各相詣共議此
事以何因緣我等宮殿有斯光明而彼衆中
有一大梵天王名曰尸棄為諸梵衆而說偈
言
今以何因緣　我等諸宮殿　威德光明曜　嚴飾未曾有
如是之妙相　昔所不聞見　為大德天生　為佛出世間
尒時五百万億諸梵天王與宮殿俱各以衣
祴盛諸天華共詣下方推尋是相見大通智
勝如來處于道場菩提樹下坐師子座諸天
龍王乾闥婆緊那羅摩睺羅伽人非人等恭
敬圍繞及見十六王子請佛轉法輪時諸梵

尒時五百万億諸梵天王與宮殿俱各以衣
祴盛諸天華共詣下方推尋是相見大通智
勝如來處于道場菩提樹下坐師子座諸天
龍王乾闥婆緊那羅摩睺羅伽人非人等恭
敬圍繞及見十六王子請佛轉法輪時諸梵
天王頭面礼佛繞百千帀即以天華而散佛
上所散之華如須弥山并以供養佛菩提樹
華供養已各以宮殿奉上彼佛而作是言唯
見哀愍饒益我等所獻宮殿願垂納處時諸
梵天王即於佛前一心同聲以偈頌曰
善哉見諸佛　救世之聖尊　能於三界獄　勉出諸衆生
普智天人尊　哀愍群萌類　能開甘露門　廣度於一切
於昔无量劫　空過无有佛　世尊未出時　十方常闇冥
三惡道增長　阿脩羅亦盛　諸天衆轉減　死多墮惡道
不從佛聞法　常行不善事　色力及智慧　斯等皆減少
罪業因緣故　失樂及樂想　住於邪見法　不識善儀則
不蒙佛所化　常墮於惡道　佛為世間眼　久遠時乃出
哀愍諸衆生　故現於世間　超出成正覺　我等甚欣慶
及餘一切衆　喜歎未曾有　我等諸宮殿　蒙光故嚴飾
今以奉世尊　唯垂哀納受　願以此功德　普及於一切
我等與衆生　皆共成佛道
尒時五百万億諸梵天王偈讚佛已各白佛
言唯願世尊轉於法輪多所安隱多所度脫
時諸梵天王而說偈言

今以奉世尊　唯垂哀納受　願以此功德　普及於一切
我等與衆生　皆共成佛道
尒時五百万億諸梵天王偈讚佛已各白佛
言唯願世尊轉於法輪多所安隱多所度脫
時諸梵天王而說偈言
世尊轉法輪　擊甘露法鼓　度苦惱衆生　開示涅槃道
唯願受我請　以大微妙音　哀愍而敷演　无量劫習法
尒時大通智勝如來受十方諸梵天王及十
六王子請即時三轉十二行法輪若沙門婆
羅門若天魔梵及餘世間所不能轉謂是苦
是苦集是苦滅是苦滅道及廣說十二因緣
法无明緣行行緣識識緣名色名色緣六入
六入緣觸觸緣受受緣愛愛緣取取緣有有
緣生生緣老死憂悲苦惱无明滅則行滅行
滅則識滅識滅則名色滅名色滅則六入滅
六入滅則觸滅觸滅則受滅受滅則愛滅愛
滅則取滅取滅則有滅有滅則生滅生滅則
老死憂悲苦惱滅佛於天人大衆之中說是
法時六百万億那由他人以不受一切法故
而於諸漏心得解脫皆得深妙禪定三明六
通具八解脫第二第三第四說法時千万億
恒河沙那由他等衆生亦以不受一切法故
而於諸漏心得解脫從是已後諸聲聞衆无
量无邊不可稱數尒時十六王子皆以童子
出家而爲沙弥諸根通利智慧明了已曾供

BD05875號　妙法蓮華經卷三　（24–16）

而於諸漏心得解脫皆得深妙禪定三明六
通具八解脫第二第三第四說法時千万億
恒河沙那由他等衆生亦以不受一切法故
而於諸漏心得解脫從是已後諸聲聞衆无
量无邊不可稱數尒時十六王子皆以童子
出家而爲沙弥諸根通利智慧明了已曾供
養百千万億諸佛淨脩梵行求阿耨多羅三
藐三菩提俱白佛言世尊是諸无量千万億
大德聲聞皆已成就世尊亦當爲我等說阿
耨多羅三藐三菩提法我等聞已皆共脩學
世尊我等志願如來知見深心所念佛自證
知尒時轉輪聖王所將衆中八万億人見十
六王子出家亦求出家王即聽許尒時彼佛
受沙弥請過二万劫已乃於四衆之中說是
大乘經名妙法蓮華教菩薩法佛所護念說
是經已十六沙弥爲阿耨多羅三藐三菩提
故皆共受持諷誦通利說是經時十六菩薩
沙弥皆悉信受聲聞衆中亦有信解其餘衆
生千万億種皆生疑惑佛說是經於八千劫
未曾休廢說此經已即入靜室住於禪定八
万四千劫是時十六菩薩沙弥知佛入室寂
然禪定各昇法座亦於八万四千劫爲四部
衆廣說分別妙法華經一一皆度六百万億
那由他恒河沙等衆生示教利喜令發阿耨

BD05875號　妙法蓮華經卷三　（24–17）

未曾休廢說此經已即入靜室住於禪定八
万四千劫是時十六菩薩沙弥知佛入室寂
然禪定各昇法座亦於八万四千劫為四部
衆廣說分別妙法華經一一皆度六百万億
那由他恒河沙等衆生示教利喜令發阿耨
多羅三藐三菩提心大通智勝佛過八万四
千劫已從三昧起往詣法座安詳而坐普告
大衆是十六菩薩沙弥甚為希有諸根通利
智慧明了已曾供養无量千万億數諸佛於
諸佛所常脩梵行受持佛智開示衆生令入
其中汝等皆當數數親近而供養之所以者
何若聲聞辟支佛及諸菩薩能信是十六菩
薩所說經法受持不毀者是人皆當得阿耨
多羅三藐三菩提如來之慧佛告諸比丘是
十六菩薩常樂說是妙法蓮華經一一菩薩
所化六百万億那由他恒河沙等衆生世世
所生與菩薩俱從其聞法悉皆信解以此因
緣得值四万億諸佛世尊于今不盡諸比丘
我今語汝彼佛弟子十六沙弥今皆得阿耨
多羅三藐三菩提於十方國土現在說法有
无量百千万億菩薩聲聞以為眷屬其二沙
弥東方作佛一名阿閦在歡喜國二名須弥
頂東南方二佛一名師子音二名師子相南
方二佛一名虛空住二名常滅西南方二佛

BD05875號　妙法蓮華經卷三　（24–18）

多羅三藐三菩提於十方國土現在說法有
无量百千万億菩薩聲聞以為眷屬其二沙
弥東方作佛一名阿閦在歡喜國二名須弥
頂東南方二佛一名師子音二名師子相南
方二佛一名虛空住二名常滅西南方二佛
一名帝相二名梵相西方二佛一名阿弥陁
二名度一切世間苦惱西北方二佛一名多
摩羅跋栴檀香神通二名須弥相北方二佛
一名雲自在二名雲自在王東北方佛名壞
一切世間怖畏第十六我釋迦牟尼佛於娑
婆國土成阿耨多羅三藐三菩提諸比丘我
等為沙弥時各各教化无量百千万億恒河
沙等衆生從我聞法為阿耨多羅三藐三菩
提此諸衆生于今有住聲聞地者我常教化
阿耨多羅三藐三菩提是諸人等應以是法
漸入佛道所以者何如來智慧難信難解尒
時所化无量恒河沙等衆生者汝等諸比丘
及我滅度後未來世中聲聞弟子是也我滅
度後復有弟子不聞是經不知不覺菩薩所
行自於所得功德生滅度想當入涅槃我於
餘國作佛更有異名是人雖生滅度之想入
於涅槃而於彼土求佛智慧得聞是經唯以
佛乘而得滅度更无餘乘除諸如來方便說
法諸比丘若如來自知涅槃時到衆又清淨
信解堅固了達空法深入禪定便集諸菩薩

BD05875號　妙法蓮華經卷三　（24–19）

餘國作佛更有異名是人雖生滅度之想入
於涅槃而於彼土求佛智慧得聞是經唯以
佛乘而得滅度更无餘乘除諸如来方便說
法諸比丘若如来自知涅槃時到衆又清淨
信解堅固了達空法深入禪定便集諸菩薩
及聲聞衆為說是經世間无有二乘而得滅
度唯一佛乘得滅度耳比丘當知如来方便
深入衆生之性知其志樂小法深著五欲為
是等故說於涅槃是人若聞則便信受譬如
五百由旬險難悪道曠絶无人怖畏之處若
有多衆欲過此道至珎寶處有一導師聰慧
明達善知險道通塞之相將導衆人欲過此
難所將人衆中路懈退白導師言我等疲極
而復怖畏不能復進前路猶遠今欲退還導
師多諸方便而作是念此等可愍云何捨大
珎寶而欲退還作是念已以方便力於險道
中過三百由旬化作一城告衆人言汝等勿
怖莫得退還今是大城可於中止隨意所作
若入是城快得安隱若能前至寶所亦可得
去是時疲極之衆心大歡喜歎未曾有我等
今者免斯悪道快得安隱於是衆人前入化
城生已度想生安隱想尒時導師知此人衆
既得止息无復疲惓即滅化城語衆人言汝
等去来寶處在近向者大城我所化作為止
息耳諸比丘如来亦復如是今為汝等作大

今者免斯悪道快得安隱於是衆人前入化
城生已度想生安隱想尒時導師知此人衆
既得止息无復疲惓即滅化城語衆人言汝
等去来寶處在近向者大城我所化作為止
息耳諸比丘如来亦復如是今為汝等作大
導師知諸生死煩惱悪道險難長遠應去應
度若衆生但聞一佛乘者則不欲見佛不欲
親近便作是念佛道長遠久受勤苦乃可得
成佛知是心怯弱下劣以方便力而於中道
為止息故說二涅槃若衆生住於二地如来
尒時即便為說汝等所作未辦汝所住地近
於佛慧當觀察籌量所得涅槃非真實也
但是如来方便之力於一佛乘分別說三如
彼導師為止息故化作大城既知息已而告
之言寶處在近此城非實我化作耳尒時世
尊欲重宣此義而說偈言
大通智勝佛　十劫坐道場　佛法不現前　不得成佛道
諸天神龍王　阿脩羅衆等　常雨於天華　以供養彼佛
諸天擊天鼓　并作衆伎樂　香風吹萎華　更雨新好者
過十小劫已　乃得成佛道　諸天及世人　心皆懷踊躍
彼佛十六子　皆與其眷屬　千万億圍遶　俱行至佛所
頭面礼佛足　而請轉法輪　聖師子法雨　充我及一切
世尊甚難值　久遠時一現　為覺悟群生　震動於一切
東方諸世界　五百万億國　梵宫殿光曜　昔所未曾有

過十小劫已 乃得成佛道 諸天及世人 心皆懷踊躍
彼佛十六子 皆與其眷屬 千万億圍遶 俱行至佛所
頭面礼佛足 而請轉法輪 聖師子法雨 充我及一切
世尊甚難值 久遠時一現 為覺悟群生 震動於一切
東方諸世界 五百万億國 梵宮殿光曜 昔所未曾有
諸梵見此相 尋來至佛所 散華以供養 并奉上宮殿
請佛轉法輪 以偈而讚歎 佛知時未至 受請嘿然坐
三方及四維 上下亦復尒 散華奉宮殿 請佛轉法輪
世尊甚難值 願以大慈悲 廣開甘露門 轉无上法輪
无量慧世尊 受彼衆人請 為宣種種法 四諦十二緣
无明至老死 皆從生緣有 如是衆過患 汝等應當知
宣暢是法時 六百万億姟 得盡諸苦際 皆成阿羅漢
第二說法時 千万恒沙衆 於諸法不受 亦得阿羅漢
從是後得道 其數无有量 万億劫筭數 不能得其邊
時十六王子 出家作沙弥 皆共請彼佛 演說大乘法
我等及營從 皆當成佛道 願得如世尊 慧眼第一淨
佛智童子心 宿世之所行 以无量因緣 種種諸譬喻
說六波羅蜜 及諸神通事 分別真實法 菩薩所行道
說是法華經 如恒河沙偈 彼佛說經已 靜室入禪定
一心一處坐 八万四千劫 是諸沙弥等 知佛禪未出
為无量億衆 說佛无上慧 各各坐法座 說是大乘經
於佛宴寂後 宣揚助法化 一一沙弥等 所度諸衆生
有六百万億 恒河沙等衆 彼佛滅度後 是諸聞法者
在在諸佛土 常與師俱生 是十六沙弥 具足行佛道

BD05875 號　妙法蓮華經卷三　（24–22）

一心一處坐 八万四千劫 是諸沙弥等 知佛禪未出
為无量億衆 說佛无上慧 各各坐法座 說是大乘經
於佛宴寂後 宣揚助法化 一一沙弥等 所度諸衆生
有六百万億 恒河沙等衆 彼佛滅度後 是諸聞法者
在在諸佛土 常與師俱生 是十六沙弥 具足行佛道
今現在十方 各得成正覺 尒時聞法者 各在諸佛所
其有住聲聞 漸教以佛道 我在十六數 曾亦為汝說
是故以方便 引汝趣佛慧 以是本因緣 今說法華經
令汝入佛道 慎勿懷驚懼 譬如險惡道 迥絶多毒獸
又復无水草 人所怖畏處 无數千万衆 欲過此險道
其路甚曠遠 經五百由旬 時有一導師 強識有智慧
明了心決定 在險濟衆難 衆人皆疲倦 而白導師言
我等今頓乏 於此欲退還 導師作是念 此輩甚可愍
如何欲退還 而失大珎寶 尋時思方便 當設神通力
化作大城郭 莊嚴諸舍宅 周帀有園林 渠流及浴池
重門高樓閣 男女皆充滿 即作是化已 慰衆言勿懼
汝等入此城 各可隨所樂 諸人既入城 心皆大歡喜
皆生安隱想 自謂已得度 導師知息已 集衆而告言
汝等當前進 此是化城耳 我見汝疲極 中路欲退還
故以方便力 權化作此城 汝今勤精進 當共至寶所
我亦復如是 為一切導師 見諸求道者 中路而懈廢
不能度生死 煩惱諸險道 故以方便力 為息說涅槃
言汝等苦滅 所作皆已辦 既知到涅槃 皆得阿羅漢
尒乃集大衆 為說真實法 諸佛方便力 分別說三乘

BD05875 號　妙法蓮華經卷三　（24–23）

我等今頓乏　於此欲退還　導師作是念　此輩甚可愍
如何欲退還　而失大珍寶　尋時思方便　當設神通力
化作大城郭　莊嚴諸舍宅　周帀有園林　渠流及浴池
重門高樓閣　男女皆充滿　即作是化已　慰衆言勿懼
汝等入此城　各可隨所樂　諸人既入城　心皆大歡喜
皆生安隱想　自謂已得度　導師知息已　集衆而告言
汝等當前進　此是化城耳　我見汝疲極　中路欲退還
故以方便力　權化作此城　汝今勤精進　當共至寶所
我亦復如是　為一切導師　見諸求道者　中路而懈廢
不能度生死　煩惱諸險道　故以方便力　為息說涅槃
言汝等苦滅　所作皆已辦　既知到涅槃　皆得阿羅漢
爾乃集大衆　為說真實法　諸佛方便力　分別說三乘
唯有一佛乘　息處故說二　今為汝說實　汝所得非滅
為佛一切智　當發大精進　汝證一切智　十力等佛法
具三十二相　乃是真實滅　諸佛之導師　為息說涅槃
既知是息已　引入於佛慧

妙法蓮華經卷第三

BD05875號　妙法蓮華經卷三　（24–24）

…五分法身皆…
地阿羅漢位梵天位常行三空門觀百千万
三昧具足弘化法藏復次等覺者住无生忍
住中心々寂滅而不相々无身々无知々而用
心乘於群方之方談治住於无住之住在有
常脩空處空常万化雙一照一切法故知是處非是
處乃至一切智十力觀故而能摩訶羅伽位
化一切國土衆生千阿僧祇劫行十力法心
々相應常入見佛三昧復次慧光神變者住
上々无生忍滅心々相法眼見一切法三眼
色空見以大願力常生一切淨土万阿僧祇
劫集无量佛光三昧而能現百万恒河沙諸
佛神力住婆伽梵位之常入佛花三昧復次
觀佛菩薩住寂滅忍者從始發至今逕百万
阿僧祇劫脩百万阿僧祇劫功德故登一切
法解脫住金剛臺善男子從習忍至頂三昧
皆名為伏一切煩惱而无相信滅一切煩惱
生解脫智照第一義諦不名為見所謂見者
是薩婆若是故我從昔以來常說唯佛所知
見覺頂三昧以下至習忍所不知不見不覺
唯佛頓解不名為信漸々伏者慧雖起滅以

BD05876號　仁王般若波羅蜜經卷下　（5–1）

阿僧祇劫脩百万阿僧祇劫功德故登一切
法解脫住金剛臺善男子從習忍至頂三昧
皆名為伏一切煩惱而无相信滅一切煩惱
生解脫智照第一義諦不名為見所謂見者
是薩婆若是故我從昔以來常說唯佛所知
見覺頂三昧以下至習忍所不知不見不覺
唯佛頓解不名為信漸々伏者慧雖起滅以
能无生无滅此心若滅則累无不滅无生无
滅入理盡金剛三昧同真際等法性而未能
等无等々譬如有人登大高臺下觀一切无
不斯了住理盡三昧之後如是常脩一切行
滿功德藏入婆伽度住之後常住佛慧三昧
善男子如是諸菩薩摩訶薩皆能一切十方
諸如來國中化衆生正說正義受持讀誦解
達實相如我今日等无有異
佛告波斯匿王我當滅度後法滅盡時受持
是般若波羅蜜大作佛事一切國土安立万
姓快樂皆由此般若波羅蜜是故付囑諸國
王不付囑比丘々々尼清信男清信女何以
故无王力故不付囑汝等受持讀誦解其義
理大王吾今所化百億須弥百億日月一々
須弥有四天下其南閻浮提有十六大國五
百中國十千小國其國土中有七可難一切
國王為是難故講讀般若波羅蜜七難即滅
七福即生万姓安樂帝王歡喜云何為難日
月失度時節反逆或赤日出黑日出二三日
五日出或日蝕无光或日輪一重二三四五

BD05876 號　仁王般若波羅蜜經卷下　（5–2）

百中國十千小國其國土中有七可難一切
國王為是難故講讀般若波羅蜜七難即滅
七福即生万姓安樂帝王歡喜云何為難日
月失度時節反逆或赤日出黑日出二三日
五日出或日蝕无光或日輪一重二三四五
重輪現當變恠時讀說此經為一難也廿八
宿失度金星彗星輪星鬼星火星水星風星
刀星南斗北斗五鎮大星一切國主星三公
星百官星如是星各々變現亦讀說此經為
二難也大火燒國万姓燒盡或鬼火龍火天
火山神火人火樹木火賊火如是變恠亦讀說此
經為三難也大水漂沒百姓時節反逆冬雨
夏雪冬時雷震霹靂六月雨冰霜雹雨赤
水黑水青水雨土山石山雨沙礫石江河逆流
浮山流石如是變時亦讀說此經為四難也
大風吹殺万姓國土山河樹木一時滅沒非
時大風黑風赤風青風天風地風火風如是
變時亦讀此經為五難也天地國土亢陽炎火
洞燃百草亢旱五穀不登土地赫然万姓滅
盡如是變時亦讀此經為六難也四方賊來
侵國內外賊起火賊水賊風賊鬼賊百姓荒
亂刀兵劫起如是恠時亦讀此經為七難也
大王是般若波羅蜜是諸佛菩薩一切衆生
識之神本也一切國王之父母也亦名神符
亦名辟鬼珠亦名如意珠亦名護國珠亦名
天地鏡亦名龍寶神王佛告大王應作九色幡
長九丈九色華高二丈千支燈高五丈九

BD05876 號　仁王般若波羅蜜經卷下　（5–3）

大王是般若波羅蜜是諸佛菩薩一切衆生
識之神本也一切國王之父母也之名神扶
之名辟鬼珠之名如意珠之名護國珠之名
天地鏡之名龍寶神王佛告大王應作九色幡
長九丈九色華高二丈千支燈高五丈九
玉箱九玉巾亦作七寶案以經置上若王行
時常放其前足一百步是經常放千光明令
千里內七難不起罪過不生若王住時作七
寶帳帳中七寶高坐以經卷置上日日供養
散華燒香如事父母如事帝釋
大王我今五眼明見三世一切國王皆由過
去侍五百佛得王帝主主是為一切聖人羅
漢而為來生彼國作大利益若王福盡時一
切聖人皆為捨去若一切聖人去時七難必起
大王若未來世國王受持三寶者我使五大
力菩薩往護其國一金剛吼菩薩手持千寶
相輪往護彼國二龍王吼菩薩手持金輪燈
往護彼國三無畏十力吼菩薩手持金剛杵
往護彼國四雷電吼菩薩手持千寶羅網往
護彼國五無量力吼菩薩手持五千劍輪往
護彼國五大士五千大神王於汝國中大作
利益當立像形而供養之大王吾今三寶付
囑汝等一切諸王憍薩羅國舍衛國摩竭提
國波羅㮈國迦夷羅衛國鳩尸那國鳩睒彌
國鳩留國罽賓國伽羅乹國乹陁衛國沙陁
國僧伽陁國揵拏掘闍國波提國如是一切
國受持般若波羅蜜

BD05876號　仁王般若波羅蜜經卷下　（5–4）

往護彼國三無畏十力吼菩薩手持金剛杵
往護彼國四雷電吼菩薩手持千寶羅網往
護彼國五無量力吼菩薩手持五千劍輪往
護彼國五大士五千大神王於汝國中大作
利益當立像形而供養之大王吾今三寶付
囑汝等一切諸王憍薩羅國舍衛國摩竭提
國波羅㮈國迦夷羅衛國鳩尸那國鳩睒彌
國鳩留國罽賓國伽羅乹國乹陁衛國沙陁
國僧伽陁國揵拏掘闍國波提國如是一切
國受持般若波羅蜜
時諸大衆阿須輪王聞佛說未來世七可畏
身毛為竪呼嗟大叫而言願不生彼國時十
六國王即以國事付弟出家脩道觀四大四
色賊出相四大四色不用識空入行相廿忍
初地相第一義諦九地相是為大王捨凡夫
身入六住身捨七報身入八法身證一切行
般若波羅蜜十八梵天阿須輪王得三乘觀
同無生境浚散華供養空華法性華聖人華
順華無生華法樂華金剛華緣觀中道華
七品華而散佛上及九百億大菩薩衆
一切衆證道迹果發心空華心樹華六
家華少覺華而散佛上及一切衆十千

BD05876號　仁王般若波羅蜜經卷下　（5–5）

梵音深妙　令人樂聞　各於世界　講說正法
種種因緣　以无量喻　照明佛法　開悟眾生
若人遭苦　猒老病死　為說涅槃　盡諸苦際
若人有福　曾供養佛　志求勝法　為說緣覺
若有佛子　脩種種行　求无上慧　為說淨道
文殊師利　我住於此　見聞若斯　及千億事
如是眾多　今當略說
我見彼土　恒沙菩薩　種種因緣　而求佛道
或有行施　金銀珊瑚　真珠摩尼　車𤦲馬瑙
金剛諸珍　奴婢車乘　寶飾輦轝　歡喜布施
迴向佛道　願得是乘　三界第一　諸佛所歎
或有菩薩　駟馬寶車　欄楯華蓋　軒飾布施
復見菩薩　身肉手足　及妻子施　求无上道
又見菩薩　頭目身體　忻樂施與　求佛智慧
文殊師利　我見諸王　往詣佛所　問无上道
便捨樂土　宮殿臣妾　剃除鬚髮　而被法服
或見菩薩　而作比丘　獨處閑靜　樂誦經典
又見菩薩　勇猛精進　入於深山　思惟佛道
又見離欲　常處空閑　深脩禪定　得五神通
又見菩薩　安禪合掌　以千萬偈　讚諸法王

又見菩薩　頭目身體　忻樂施與　求佛智慧
文殊師利　我見諸王　往詣佛所　問无上道
便捨樂土　宮殿臣妾　剃除鬚髮　而被法服
或見菩薩　而作比丘　獨處閑靜　樂誦經典
又見菩薩　勇猛精進　入於深山　思惟佛道
又見離欲　常處空閑　深脩禪定　得五神通
又見菩薩　安禪合掌　以千萬偈　讚諸法王
復見菩薩　智深志固　能問諸佛　聞悉受持
又見佛子　定慧具足　以无量喻　為眾講法
欣樂說法　化諸菩薩　破魔兵眾　而擊法鼓
又見菩薩　寂然宴默　天龍恭敬　不以為喜
又見菩薩　處林放光　濟地獄苦　令入佛道
又見佛子　未嘗睡眠　經行林中　懃求佛道
又見具戒　威儀无缺　淨如寶珠　以求佛道
又見佛子　住忍辱力　增上慢人　惡罵捶打
皆悉能忍　以求佛道
又見菩薩　離諸戲笑　及癡眷屬　親近智者
一心除亂　攝念山林　億千萬歲　以求佛道
或見菩薩　餚饍飲食　百種湯藥　施佛及僧
名衣上服　價直千萬　或无價衣　施佛及僧
千萬億種　栴檀寶舍　眾妙臥具　施佛及僧
清淨園林　華果茂盛　流泉浴池　施佛及僧
如是等施　種種微妙　歡喜无猒　求无上道
或有菩薩　說寂滅法　種種教詔　无數眾生
或見菩薩　觀諸法性　无有二相　猶如虛空
又見佛子　心无所著　以此妙慧　求无上道

千萬億種 旃檀寶舍 衆妙臥具 施佛及僧
清淨園林 華菓茂盛 流泉浴池 施佛及僧
如是等施 種種微妙 歡喜无猒 求无上道
或有菩薩 說寂滅法 種種教詔 无數衆生
或見菩薩 觀諸法性 无有二相 猶如虛空
又見佛子 心无所著 以此妙慧 求无上道
文殊師利 又有菩薩 佛滅度後 供養舍利
又見佛子 造諸塔廟 无數恒沙 嚴飾國界
寶塔高妙 五千由旬 縱廣正等 二千由旬
一一塔廟 各千幢幡 珠交露幔 寶鈴和鳴
諸天龍神 人及非人 香華伎樂 常以供養
文殊師利 諸佛子等 為供舍利 嚴飾塔廟
國界自然 殊特妙好 如天樹王 其華開敷
佛放一光 我及衆會 見此國界 種種殊妙
諸佛神力 智慧希有 放一淨光 照无量國
我等見此 得未曾有 佛子文殊 願決衆疑
四衆欣仰 瞻仁及我 世尊何故 放斯光明
佛子時荅 決疑令喜 何所饒益 演斯光明
佛坐道場 所得妙法 為欲說此 為當授記
示諸佛土 衆寶嚴淨 及見諸佛 此非小緣
文殊當知 四衆龍神 瞻察仁者 為說何等
是時文殊師利語弥勒菩薩摩訶薩及諸大
士善男子等如我惟忖今佛世尊欲說大法
雨大法雨吹大法螺擊大法鼓演大法義諸
善男子我於過去諸佛曾見此瑞放斯光已
即說大法是故當知今佛現光亦復如是欲

BD05877號　妙法蓮華經卷一　(22-3)

是時文殊師利語弥勒菩薩摩訶薩及諸大
士善男子等如我惟忖今佛世尊欲說大法
雨大法雨吹大法螺擊大法鼓演大法義諸
善男子我於過去諸佛曾見此瑞放斯光已
即說大法是故當知今佛現光亦復如是欲
令衆生咸得聞知一切世間難信之法故現斯
瑞諸善男子如是過去无量无邊不可思議
阿僧祇劫尒時有佛号日月燈明如來應供
正遍知明行足善逝世間解无上士調御丈
夫天人師佛世尊演說正法初善中善後善
其義深遠其語巧妙純一无雜具足清白梵
行之相為求聲聞者說應四諦法度生老病
死究竟涅槃為求辟支佛者說應十二因緣
法為諸菩薩說應六波羅蜜令得阿耨多羅
三藐三菩提成一切種智
次復有佛亦名日月燈明次復有佛亦名日
月燈明如是二萬佛皆同一字号日月燈明
又同一姓姓頗羅墮弥勒當知初佛後佛皆
同一字名日月燈明十号具足所可說法初
中後善其最後佛未出家時有八王子一名
有意二名善意三名无量意四名寶意五名
增意六名除疑意七名響意八名法意是八
王子威德自在各領四天下是諸王子聞父
出家得阿耨多羅三藐三菩提悉捨王位亦
隨出家發大乘意常脩梵行皆為法師已於

BD05877號　妙法蓮華經卷一　(22-4)

增意六名除疑意七名響意八名法意是八
王子威德自在各領四天下是諸王子聞父
出家得阿耨多羅三藐三菩提悉捨王位亦
隨出家發大乘意常脩梵行皆為法師已於
千萬佛所植諸善本是時日月燈明佛說大
乘經名无量義教菩薩法佛所護念說是經
已即於大衆中結加趺坐入於无量義處三
昧身心不動是時天雨曼陁羅華摩訶曼陁
羅華曼殊沙華摩訶曼殊沙華而散佛上
及諸大衆普佛世界六種震動尒時會中比
丘比丘尼優婆塞優婆夷天龍夜叉乾闥婆
阿脩羅迦樓羅緊那羅摩睺羅伽人非人等
及諸小王轉輪聖王等是諸大衆得未曾有
歡喜合掌一心觀佛
尒時如來放眉間白毫相光照于東方萬八
千佛土靡不周遍如今所見是諸佛土弥勒
當知尒時會中有二十億菩薩樂欲聽法是
諸菩薩見此光明普照佛土得未曾有欲知
此光所為因緣時有菩薩名曰妙光有八百
弟子是時日月燈明佛從三昧起因妙光菩
薩說大乘經名妙法蓮華教菩薩法佛所護
念六十小劫不起于座時會聽者亦坐一處
六十小劫身心不動聽佛所說謂如食頃是
時衆中无有一人若身若心而生懈倦日月
燈明佛於六十小劫說是經已即於梵魔沙

BD05877號　妙法蓮華經卷一　（22–5）

薩說大乘經名妙法蓮華教菩薩法佛所護
念六十小劫不起于座時會聽者亦坐一處
六十小劫身心不動聽佛所說謂如食頃是
時衆中无有一人若身若心而生懈倦日月
燈明佛於六十小劫說是經已即於梵魔沙
門婆羅門及天人阿脩羅衆中而宣此言如
來於今日中夜當入无餘涅槃時有菩薩名
曰德藏日月燈明佛即授其記告諸比丘是
德藏菩薩次當作佛号曰淨身多陁阿伽度
阿羅訶三藐三佛陁佛授記已便於中夜入
无餘涅槃
佛滅度後妙光菩薩持妙法蓮華經滿八十
小劫為人演說日月燈明佛八子皆師妙光
妙光教化令其堅固阿耨多羅三藐三菩提
是諸王子供養无量百千萬億佛已皆成佛
道其最後成佛者名曰然燈八百弟子中有
一人号曰求名貪著利養雖復讀誦衆經而
不通利多所忘失故号求名是人亦以種諸
善根因緣故得值无量百千萬億諸佛供養
恭敬尊重讚歎弥勒當知尒時妙光菩薩豈
異人乎我身是也求名菩薩汝身是也今見
此瑞與本无異是故惟忖今日如來當說大
乘經名妙法蓮華教菩薩法佛所護念尒時
文殊師利於大衆中欲重宣此義而說偈言
我念過去世　无量无數劫　有佛人中尊　号日月燈明

BD05877號　妙法蓮華經卷一　（22–6）

異人乎我身是也求名菩薩汝身是也今見
此瑞與本无異是故惟忖今日如來當說大
乘經名妙法蓮華教菩薩法佛所護念尒時
文殊師利於大衆中欲重宣此義而說偈言
我念過去世　无量无數劫　有佛人中尊　号日月燈明
世尊演說法　度无量衆生　无數億菩薩　令入佛智慧
佛未出家時　所生八王子　見大聖出家　亦隨脩梵行
時佛說大乘　經名无量義　於諸大衆中　而為廣分別
佛說此經已　即於法座上　跏趺坐三昧　名无量義處
天雨曼陁華　天鼓自然鳴　諸天龍鬼神　供養人中尊
一切諸佛土　即時大震動　佛放眉間光　現諸希有事
此光照東方　萬八千佛土　示一切衆生　生死業報處
有見諸佛土　以衆寶莊嚴　瑠璃頗梨色　斯由佛光照
及見諸天人　龍神夜叉衆　乾闥緊那羅　各供養其佛
又見諸如來　自然成佛道　身色如金山　端嚴甚微妙
如淨瑠璃中　內現真金像　世尊在大衆　敷演深法義
一一諸佛土　聲聞衆无數　因佛光所照　悉見彼大衆
或有諸比丘　在於山林中　精進持淨戒　猶如護明珠
又見諸菩薩　行施忍辱等　其數如恒沙　斯由佛光照
又見諸菩薩　深入諸禪定　身心寂不動　以求无上道
又見諸菩薩　知法寂滅相　各於其國土　說法求佛道
尒時四部衆　見日月燈佛　現大神通力　其心皆歡喜
各各自相問　是事何因緣
天人所奉尊　適從三昧起　讚妙光菩薩　汝為世間眼
一切所歸信　能奉持法藏　如我所說法　唯汝能證知

BD05877號　妙法蓮華經卷一　（22-7）

又見諸菩薩　知法寂滅相　各於其國土　說法求佛道
尒時四部衆　見日月燈佛　現大神通力　其心皆歡喜
各各自相問　是事何因緣
天人所奉尊　適從三昧起　讚妙光菩薩　汝為世間眼
一切所歸信　能奉持法藏　如我所說法　唯汝能證知
世尊既讚歎　令妙光歡喜　說是法華經　滿六十小劫
不起於此座　所說上妙法　是妙光法師　悉皆能受持
佛說是法華　令衆歡喜已　尋即於是日　告於天人衆
諸法實相義　已為汝等說　我今於中夜　當入於涅槃
汝一心精進　當離於放逸　諸佛甚難值　億劫時一遇
世尊諸子等　聞佛入涅槃　各各懷悲惱　佛滅一何速
聖主法之王　安慰无量衆　我若滅度時　汝等勿憂怖
是德藏菩薩　於无漏實相　心已得通達　其次當作佛
号曰為淨身　亦度无量衆
佛此夜滅度　如薪盡火滅　分布諸舍利　而起无量塔
比丘比丘尼　其數如恒沙　倍復加精進　以求无上道
是妙光法師　奉持佛法藏　八十小劫中　廣宣法華經
是諸八王子　妙光所開化　堅固无上道　當見无數佛
供養諸佛已　隨順行大道　相繼得成佛　轉次而授記
最後天中天　号曰然燈佛　諸仙之導師　度脫无量衆
是妙光法師　時有一弟子　心常懷懈怠　貪著於名利
求名利无猒　多遊族姓家　棄捨所習誦　廢忘不通利
以是因緣故　号之為求名　亦行衆善業　得見无數佛
供養於諸佛　隨順行大道　具六波羅蜜　今見釋師子
其後當作佛　号名曰彌勒　廣度諸衆生　其數无有量
彼佛滅度後　懈怠者汝是　妙光法師者　今則我身是

BD05877號　妙法蓮華經卷一　（22-8）

求名利无猒　多遊族姓家　棄捨所習誦　廢忘不通利
以是因緣故　号之為求名　亦行衆善業　得見无數佛
供養於諸佛　随順行大道　具六波羅蜜　今見釋師子
其後當作佛　号名曰弥勒　廣度諸衆生　其數无有量
彼佛滅度後　懈怠者汝是　妙光法師者　今則我身是
我見燈明佛　本光瑞如此　以是知今佛　欲說法華經
今相如本瑞　是諸佛方便　今佛放光明　助發實相義
諸人今當知　合掌一心待　佛當雨法雨　充足求道者
諸求三乘人　若有疑悔者　佛當為除斷　令盡无有餘

妙法蓮華經方便品第二

尒時世尊從三昧安庠而起告舍利弗諸佛智慧甚深无量其智慧門難解難入一切聲聞辟支佛所不能知所以者何佛曾親近百千萬億无數諸佛盡行諸佛无量道法勇猛精進名稱普聞成就甚深未曾有法随宜所說意趣難解舍利弗吾從成佛已來種種因緣種種譬喻廣演言教无數方便引導衆生令離諸著所以者何如來方便知見波羅蜜皆以具足舍利弗如來知見廣大深遠无量无礙力无所畏禪定解脫三昧深入无際成就一切未曾有法舍利弗如來能種種分別巧說諸法言詞柔軟悅可衆心舍利弗取要言之无量无邊未曾有法佛悉成就止舍利弗不須復說所以者何佛所成就第一希有難解之法唯佛與佛乃能究盡諸法實相所謂

BD05877號　妙法蓮華經卷一　（22–9）

一切未曾有法舍利弗如來能種種分別巧說諸法言詞柔軟悅可衆心舍利弗取要言之无量无邊未曾有法佛悉成就止舍利弗不須復說所以者何佛所成就第一希有難解之法唯佛與佛乃能究盡諸法實相所謂諸法如是相如是性如是體如是力如是作如是因如是緣如是果如是報如是本末究竟等尒時世尊欲重宣此義而說偈言

世雄不可量　諸天及世人　一切衆生類　无能知佛者
佛力无所畏　解脫諸三昧　及佛諸餘法　无能測量者
本從无數佛　具足行諸道　甚深微妙法　難見難可了
於无量億劫　行此諸道已　道場得成果　我已悉知見
如是大果報　種種性相義　我及十方佛　乃能知是事
是法不可示　言詞相寂滅　諸餘衆生類　无有能得解
除諸菩薩衆　信力堅固者　諸佛弟子衆　曾供養諸佛
一切漏已盡　住是最後身　如是諸人等　其力所不堪
假使滿世間　皆如舍利弗　盡思共度量　不能測佛智
正使滿十方　皆如舍利弗　及餘諸弟子　亦滿十方刹
盡思共度量　亦復不能知　辟支佛利智　无漏最後身
亦滿十方界　其數如竹林　斯等共一心　於億无量劫
欲思佛實智　莫能知少分　新發意菩薩　供養无數佛
了達諸義趣　又能善說法　如稻麻竹葦　充滿十方刹
一心以妙智　於恒河沙劫　咸皆共思量　不能知佛智
不退諸菩薩　其數如恒沙　一心共思求　亦復不能知
又告舍利弗　无漏不思議　甚深微妙法　我今已具得

BD05877號　妙法蓮華經卷一　（22–10）

欲思佛實智 莫能知少分 新發意菩薩 供養无數佛
了達諸義趣 又能善說法 如稻麻竹葦 充滿十方剎
一心以妙智 於恒河沙劫 咸皆共思量 不能知佛智
不退諸菩薩 其數如恒沙 一心共思求 亦復不能知
又告舍利弗 无漏不思議 甚深微妙法 我今已具得
唯我知是相 十方佛亦然 舍利弗當知 諸佛語无異
於佛所說法 當生大信力 世尊法久後 要當說真實
告諸聲聞衆 及求緣覺乘 我令脫苦縛 逮得涅槃者
佛以方便力 示以三乘教 衆生處處著 引之令得出
尒時大衆中有諸聲聞漏盡阿羅漢阿若憍
陳如等千二百人及發聲聞辟支佛心比丘比
丘尼優婆塞優婆夷各作是念今者世尊何
故慇懃稱歎方便而作是言佛所得法甚深
難解有所言說意趣難知一切聲聞辟支佛
所不能及佛說一解脫義我等亦得此法到
於涅槃而今不知是義所趣尒時舍利弗知
四衆心疑自亦未了而白佛言世尊何因何
緣慇懃稱歎諸佛第一方便甚深微妙難解
之法我自昔來未曾從佛聞如是說今者四
衆咸皆有疑唯願世尊敷演斯事世尊何故
慇懃稱歎甚深微妙難解之法 尒時舍利弗
欲重宣此義而說偈言
慧日大聖尊 久乃說是法 自說得如是 力无畏三昧
禪定解脫等 不可思議法 道場所得法 无能發問者
我意難可測 亦无能問者 无問而自說 稱歎所行道

BD05877號　妙法蓮華經卷一　（22–11）

欲重宣此義而說偈言
慧日大聖尊 久乃說是法 自說得如是 力无畏三昧
禪定解脫等 不可思議法 道場所得法 无能發問者
我意難可測 亦无能問者 无問而自說 稱歎所行道
智慧甚微妙 諸佛之所得 无漏諸羅漢 及求涅槃者
今皆墮疑網 佛何故說是 其求緣覺者 比丘比丘尼
諸天龍鬼神 及乾闥婆等 相視懷猶豫 瞻仰兩足尊
是事為云何 願佛為解說 於諸聲聞衆 佛說我第一
我今自於智 疑惑不能了 為是究竟法 為是所行道
佛口所生子 合掌瞻仰待 願出微妙音 時為如實說
諸天龍神等 其數如恒沙 求佛諸菩薩 大數有八萬
又諸萬億國 轉輪聖王至 合掌以敬心 欲聞具足道
尒時佛告舍利弗止止不須復說若說是事
一切世間諸天及人皆當驚疑舍利弗重白
佛言世尊唯願說之唯願說之所以者何是
會无數百千萬億阿僧祇衆生曾見諸佛諸
根猛利智慧明了聞佛所說則能敬信尒時
舍利弗欲重宣此義而說偈言
法王无上尊 唯說願勿慮 是會无量衆 有能敬信者
佛復止舍利弗若說是事一切世間天人阿
脩羅皆當驚疑增上慢比丘將墜於大坑尒
時世尊重說偈言
止止不須說 我法妙難思 諸增上慢者 聞必不敬信
尒時舍利弗重白佛言世尊唯願說之唯願
說之今此會中如我等比百千萬億世世已

BD05877號　妙法蓮華經卷一　（22–12）

時世尊重說偈言
止止不須說　我法妙難思　諸增上慢者　聞必不敬信
尒時舍利弗重白佛言世尊惟願
說之今此會中如我等比百千萬億世世已
曾從佛受化如此人等必能敬信長夜安隱
多所饒益尒時舍利弗欲重宣此義而說偈
言
無上兩足尊　願說第一法　我為佛長子　惟垂分別說
是會无量眾　能敬信此法　佛已曾世世　教化如是等
皆一心合掌　欲聽受佛語　我等千二百　及餘求佛者
願為此眾故　惟垂分別說　是等聞此法　則生大歡喜
尒時世尊告舍利弗汝已慇懃三請豈得不
說汝今諦聽善思念之吾當為汝分別解說
說此語時會中有比丘比丘尼優婆塞優婆
夷五千人等即從座起礼佛而退所以者何
此輩罪根深重及增上慢未得謂得未證謂
證有如此失是以不住世尊默然而不制止
尒時佛告舍利弗我今此眾无復枝葉純有
貞實舍利弗如是增上慢人退亦佳矣汝今
善聽當為汝說舍利弗言唯然世尊願樂欲
聞佛告舍利弗如是妙法諸佛如來時乃說
之如優曇鉢華時一現耳舍利弗汝等當信
佛之所說言不虛妄舍利弗諸佛隨宜說法
意趣難解所以者何我以无數方便種種因緣
譬喻言詞演說諸法是法非思量分別之所

BD05877號　妙法蓮華經卷一　（22–13）

善聽當為汝說舍利弗言唯然世尊願樂欲
聞佛告舍利弗如是妙法諸佛如來時乃說
之如優曇鉢華時一現耳舍利弗汝等當信
佛之所說言不虛妄舍利弗諸佛隨宜說法
意趣難解所以者何我以无數方便種種因緣
譬喻言詞演說諸法是法非思量分別之所
能解唯有諸佛乃能知之所以者何諸佛世
尊唯以一大事因緣故出現於世舍利弗云
何名諸佛世尊唯以一大事因緣故出現於
世諸佛世尊欲令眾生開佛知見使得清淨
故出現於世欲示眾生佛之知見故出現於
世欲令眾生悟佛知見故出現於世欲令眾生
入佛知見道故出現於世舍利弗是為諸佛
唯以一大事因緣故出現於世
佛告舍利弗諸佛如來但教化菩薩諸有所
作常為一事唯以佛之知見示悟眾生舍利
弗如來但以一佛乘故為眾生說法无有餘
乘若二若三舍利弗一切十方諸佛法亦如
是舍利弗過去諸佛以无量无數方便種種
因緣譬喻言詞而為眾生演說諸法是法皆
為一佛乘故是諸眾生從諸佛聞法究竟皆
得一切種智舍利弗未來諸佛當出於世亦
以无量无數方便種種因緣譬喻言詞而為
眾生演說諸法是法皆為一佛乘故是諸眾
生從佛聞法究竟皆得一切種智舍利弗現
在十方无量百千萬億佛土中諸佛世尊多

BD05877號　妙法蓮華經卷一　（22–14）

以无量无數方便種種因緣譬喻言詞而為
衆生演說諸法是法皆為一佛乘故是諸衆
生從佛聞法究竟皆得一切種智舍利弗現
在十方无量百千萬億佛土中諸佛世尊多
所饒益安樂衆生是諸佛亦以无量无數方
便種種因緣譬喻言詞而為衆生演說諸法
是法皆為一佛乘故是諸衆生從佛聞法究
竟皆得一切種智舍利弗是諸佛但教化菩
薩欲以佛之知見示衆生故欲以佛之知見
悟衆生故欲令衆生入佛知見道故舍利弗
我今亦復如是知諸衆生有種種欲深心所
著隨其本性以種種因緣譬喻言詞方便力
故而為說法舍利弗如此皆為得一佛乘一
切種智故舍利弗十方世界中尚無二乘何
況有三

舍利弗諸佛出於五濁惡世所謂劫濁煩惱
濁衆生濁見濁命濁如是舍利弗劫濁亂時
衆生垢重慳貪嫉妬成就諸不善根故諸佛
以方便力於一佛乘分別說三舍利弗若我
弟子自謂阿羅漢辟支佛者不聞不知諸佛
如來但教化菩薩事此非佛弟子非阿羅漢
非辟支佛又舍利弗是諸比丘比丘尼自謂
已得阿羅漢是最後身究竟涅槃便不復志
求阿耨多羅三藐三菩提當知此輩皆是增
上慢人所以者何若有比丘實得阿羅漢若不
信此法无有是處除佛滅度後現前无佛所

BD05877 號　妙法蓮華經卷一　（22–15）

非辟支佛又舍利弗是諸比丘比丘尼自謂
已得阿羅漢是最後身究竟涅槃便不復志
求阿耨多羅三藐三菩提當知此輩皆是增
上慢人所以者何若有比丘實得阿羅漢若不
信此法无有是處除佛滅度後現前无佛所
以者何佛滅度後如是等經受持讀誦解其
義者是人難得若遇餘佛於此法中便得決
了舍利弗汝等當一心信解受持佛語諸佛
如來言无虛妄无有餘乘唯一佛乘尒時世
尊欲重宣此義而說偈言

比丘比丘尼　有懷增上慢　優婆塞我慢　優婆夷不信
如是四衆等　其數有五千　不自見其過　於戒有缺漏
護惜其瑕疵　是小智已出　衆中之糟糠　佛威德故去
斯人尠福德　不堪受是法　此衆无枝葉　唯有諸貞實
舍利弗善聽　諸佛所得法　无量方便力　而為衆生說
衆生心所念　種種所行道　若干諸欲性　先世善惡業
佛悉知是已　以諸緣譬喻　言詞方便力　令一切歡喜
或說脩多羅　伽陀及本事　本生未曾有　亦說於因緣
譬喻并祇夜　優婆提舍經　鈍根樂小法　貪著於生死
於諸无量佛　不行深妙道　衆苦所惱亂　為是說涅槃
我設是方便　令得入佛慧　未曾說汝等　當得成佛道
所以未曾說　說時未至故　今正是其時　決定說大乘
我此九部法　隨順衆生說　入大乘為本　以故說是經
有佛子心淨　柔軟亦利根　无量諸佛所　而行深妙道
為此諸佛子　說是大乘經

BD05877 號　妙法蓮華經卷一　（22–16）

我設是方便　令得入佛慧　未曾說汝等　當得成佛道
所以未曾說　說時未至故　今正是其時　決定說大乘
我此九部法　隨順眾生說　入大乘為本　以故說是經
有佛子心淨　柔軟亦利根　无量諸佛所　而行深妙道
為此諸佛子　說是大乘經
我記如是人　來世成佛道　以深心念佛　脩持淨戒故
此等聞得佛　大喜充遍身　佛知彼心行　故為說大乘
聲聞若菩薩　聞我所說法　乃至於一偈　皆成佛无疑
十方佛土中　唯有一乘法　无二亦无三　除佛方便說
但以假名字　引導於眾生　說佛智慧故　諸佛出於世
唯此一事實　餘二則非真　終不以小乘　濟度於眾生
佛自住大乘　如其所得法　定慧力莊嚴　以此度眾生
自證无上道　大乘平等法　若以小乘化　乃至於一人
我則墮慳貪　此事為不可　若人信歸佛　如來不欺誑
亦无貪嫉意　斷諸法中惡　故佛於十方　而獨无所畏
我以相嚴身　光明照世間　无量眾所尊　為說實相印
舍利弗當知　我本立誓願　欲令一切眾　如我等无異
如我昔所願　今者已滿足　化一切眾生　皆令入佛道
若我遇眾生　盡教以佛道　无智者錯亂　迷惑不受教
我知此眾生　未曾脩善本　堅著於五欲　癡愛故生惱
以諸欲因緣　墜墮三惡道　輪迴六趣中　備受諸苦毒
受胎之微形　世世常增長　薄德少福人　眾苦所逼迫
入邪見稠林　若有若无等　依止此諸見　具足六十二
深著虛妄法　堅受不可捨　我慢自矜高　諂曲心不實
於千萬億劫　不聞佛名字　亦不聞正法　如是人難度
是故舍利弗　我為設方便　說諸盡苦道　示之以涅槃

BD05877號　妙法蓮華經卷一　（22–17）

受胎之微形　世世常增長　薄德少福人　眾苦所逼迫
入邪見稠林　若有若无等　依止此諸見　具足六十二
深著虛妄法　堅受不可捨　我慢自矜高　諂曲心不實
於千萬億劫　不聞佛名字　亦不聞正法　如是人難度
是故舍利弗　我為設方便　說諸盡苦道　示之以涅槃
我雖說涅槃　是亦非真滅　諸法從本來　常自寂滅相
佛子行道已　來世得作佛
我有方便力　開示三乘法　一切諸世尊　皆說一乘道
今此諸大眾　皆應除疑惑　諸佛語无異　唯一无二乘
過去无數劫　无量滅度佛　百千萬億種　其數不可量
如是諸世尊　種種緣譬喻　无數方便力　演說諸法相
是諸世尊等　皆說一乘法　化无量眾生　令入於佛道
又諸大聖主　知一切世間　天人群生類　深心之所欲
更以異方便　助顯第一義　若有眾生類　值諸過去佛
若聞法布施　或持戒忍辱　精進禪智等　種種脩福德
如是諸人等　皆已成佛道　諸佛滅度已　若人善軟心
如是諸眾生　皆已成佛道　諸佛滅度已　供養舍利者
起萬億種塔　金銀及頗梨　車璖與馬瑙　玫瑰瑠璃珠
清淨廣嚴飾　莊校於諸塔　或有起石廟　栴檀及沈水
木樒并餘材　甎瓦泥土等　若於曠野中　積土成佛廟
乃至童子戲　聚沙為佛塔　如是諸人等　皆已成佛道
若人為佛故　建立諸形像　刻彫成眾相　皆已成佛道
或以七寶成　鍮石赤白銅　白鑞及鈆錫　鐵木及與泥
或以膠漆布　嚴飾作佛像　如是諸人等　皆已成佛道
綵畫作佛像　百福莊嚴相　自作若使人　皆已成佛道
乃至童子戲　若草木及筆　或以指爪甲　而畫作佛像

BD05877號　妙法蓮華經卷一　（22–18）

或以七寶成 鍮石赤白銅 白鑞及鈆錫 鐵木及與泥
或以膠漆布 嚴飾作佛像 如是諸人等 皆已成佛道
綵畫作佛像 百福莊嚴相 自作若使人 皆已成佛道
乃至童子戲 若草木及筆 或以指爪甲 而畫作佛像
如是諸人等 漸漸積功德 具足大悲心 皆已成佛道
但化諸菩薩 度脫无量衆 若人於塔廟 寶像及畫像
以華香幡蓋 敬心而供養 若使人作樂 擊鼓吹角貝
簫笛琴箜篌 琵琶鐃銅鈸 如是衆妙音 盡持以供養
或以歡喜心 歌唄頌佛德 乃至一小音 皆已成佛道
若人散亂心 乃至以一華 供養於畫像 漸見无數佛
或有人禮拜 或復但合掌 乃至舉一手 或復小低頭
以此供養像 漸見无量佛 自成无上道 廣度无數衆
入无餘涅槃 如薪盡火滅
若人散亂心 入於塔廟中 一稱南无佛 皆已成佛道
於諸過去佛 現世或滅後 若有聞法是 皆已成佛道
未來諸世尊 其數无有量 是諸如來等 亦方便說法
一切諸如來 以无量方便 度脫諸衆生 入佛无漏智
若有聞法者 无一不成佛 諸佛本誓願 我所行佛道
普欲令衆生 亦同得此道 未來世諸佛 雖說百千億
无數諸法門 其實為一乘 諸佛兩足尊 知法常无性
佛種從緣起 是故說一乘 是法住法位 世間相常住
於道場知已 導師方便說 天人所供養 現在十方佛
其數如恒沙 出現於世間 安隱衆生故 亦說如是法
知第一寂滅 以方便力故 雖示種種道 其實為佛乘
知衆生諸行 深心之所念 過去所習業 欲性精進力
及諸根利鈍 以種種因緣 譬喻亦言詞 隨應方便說

BD05877號 妙法蓮華經卷一 (22-19)

其數如恒沙 出現於世間 安隱衆生故 亦說如是法
知第一寂滅 以方便力故 雖示種種道 其實為佛乘
知衆生諸行 深心之所念 過去所習業 欲性精進力
及諸根利鈍 以種種因緣 譬喻亦言詞 隨應方便說
我今亦如是 安隱衆生故 以種種法門 宣示於佛道
我以智慧力 知衆生性欲 方便說諸法 皆令得歡喜
舍利弗當知 我以佛眼觀 見六道衆生 貧窮无福慧
入生死險道 相續苦不斷 深著於五欲 如犛牛愛尾
以貪愛自蔽 盲瞑无所見 不求大勢佛 及與斷苦法
深入諸邪見 以苦欲捨苦 為是衆生故 而起大悲心
我始坐道場 觀樹亦經行 於三七日中 思惟如是事
我所得智慧 微妙最第一 衆生諸根鈍 著樂癡所盲
如斯之等類 云何而可度
尒時諸梵王 及諸天帝釋 護世四天王 及大自在天
并餘諸天衆 眷屬百千萬 恭敬合掌禮 請我轉法輪
我即自思惟 若但讚佛乘 衆生沒在苦 不能信是法
破法不信故 墜於三惡道 我寧不說法 疾入於涅槃
尋念過去佛 所行方便力 我今所得道 亦應說三乘
作是思惟時 十方佛皆現 梵音慰喻我 善哉釋迦文
第一之導師 得是无上法 隨諸一切佛 而用方便力
等亦皆得 最妙第一法 為諸衆生類 分別說三乘
智樂小法 不自信作佛 是故以方便 分別說諸果
雖復說三乘 但為教菩薩
舍利弗當知 我聞聖師子 深淨微妙音 稱南无諸佛
復作如是念 我出濁惡世 如諸佛所說 我亦隨順行
思惟是事已 即趣波羅柰 諸法寂滅相 不可以言宣

BD05877號 妙法蓮華經卷一 (22-20)

智樂小法 不自信作佛 是故以方便 分別說諸果
雖復說三乘 但為教菩薩
舍利弗當知 我聞聖師子 深淨微妙音 稱南无諸佛
復作如是念 我出濁惡世 如諸佛所說 我亦隨順行
思惟是事已 即趣波羅柰 諸法寂滅相 不可以言宣
以方便力故 為五比丘說 是名轉法輪 便有涅槃音
及以阿羅漢 法僧差別名 從久遠劫來 讚示涅槃法
生死苦永盡 我常如是說
利弗當知 我見佛子等 志求佛道者 无量千萬億
恭敬心 皆來至佛所 曾從諸佛聞 方便所說法
我即作是念 如來所以出 為說佛慧故 今正是其時
舍利弗當知 鈍根小智人 著相憍慢者 不能信是法
今我喜无畏 於諸菩薩中 正直捨方便 但說无上道
菩薩聞是法 疑網皆已除 千二百羅漢 悉亦當作佛
如三世諸佛 說法之儀式 我今亦如是 說无分別法
諸佛興出世 懸遠值遇難 正使出于世 說是法復難
无量无數劫 聞是法亦難 能聽是法者 斯人亦復難
譬如優曇華 一切皆愛樂 天人所希有 時時乃一出
歡喜讚 乃至發一言 則為已供養 一切三世佛
是人甚希有 過於優曇花 汝等勿有疑 我為諸法王
普告諸大衆 但以一乘道 教化諸菩薩 无聲聞弟子
汝等舍利弗 聲聞及菩薩 當知是妙法 諸佛之秘要
以五濁惡世 但樂著諸欲 如是等衆生 終不求佛道
當來世惡人 聞佛說一乘 迷惑不信受 破法墮惡道
有慚愧清淨 志求佛道者 當為如是等 廣讚一乘道

BD05877號　妙法蓮華經卷一　（22–21）

普告諸大衆 但以一乘道 教化諸菩薩 无聲聞弟子
汝等舍利弗 聲聞及菩薩 當知是妙法 諸佛之秘要
以五濁惡世 但樂著諸欲 如是等衆生 終不求佛道
當來世惡人 聞佛說一乘 迷惑不信受 破法墮惡道
有慚愧清淨 志求佛道者 當為如是等 廣讚一乘道
舍利弗當知 諸佛法如是 以萬億方便 隨宜而說法
其不習學者 不能曉了此
既已知 諸佛世之師 隨宜方便事 无復諸疑惑
喜 自知當

妙法蓮華經卷第一

BD05877號　妙法蓮華經卷一　（22–22）

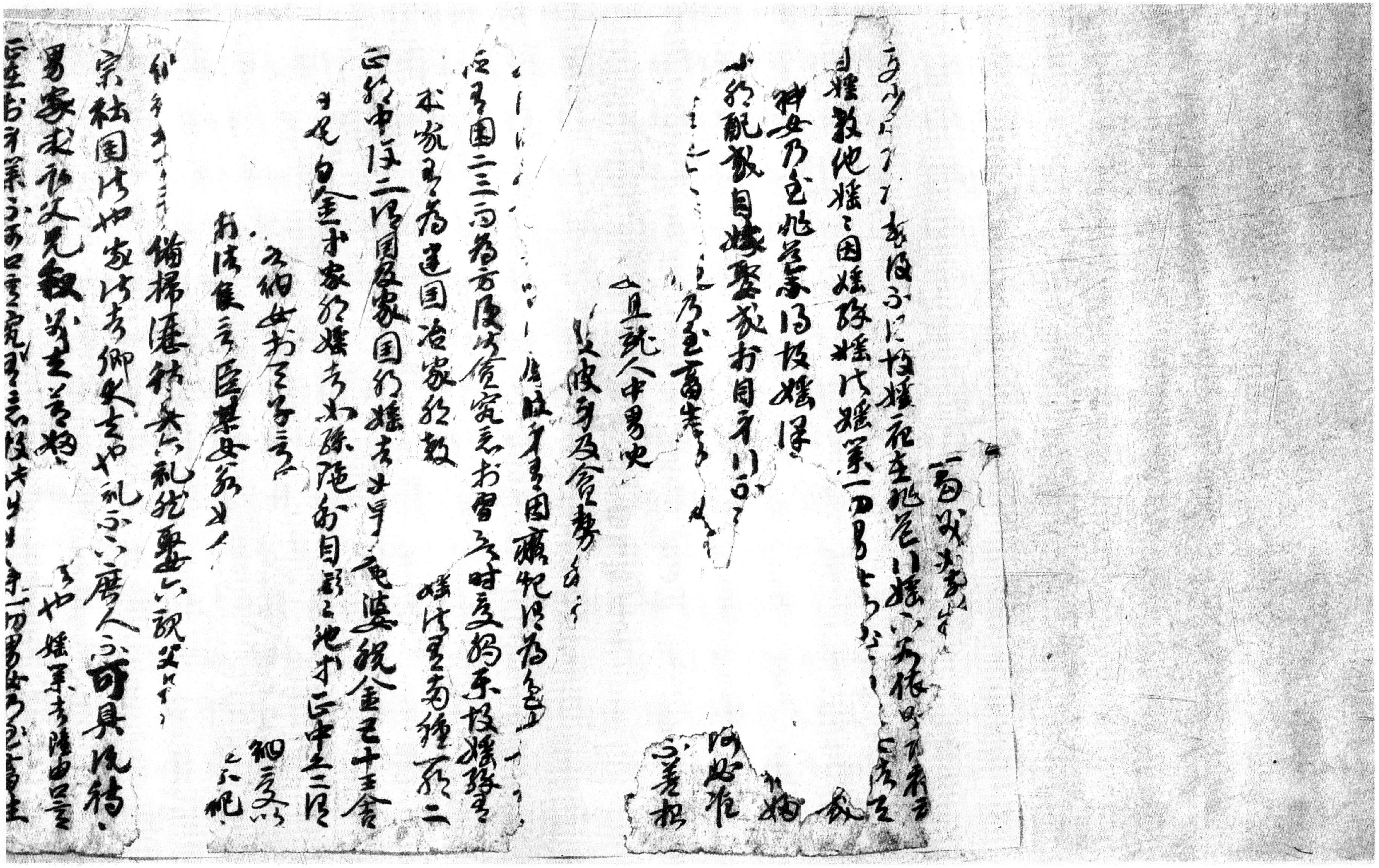

BD05878號　梵網經菩薩戒義疏（擬）　（25–1）

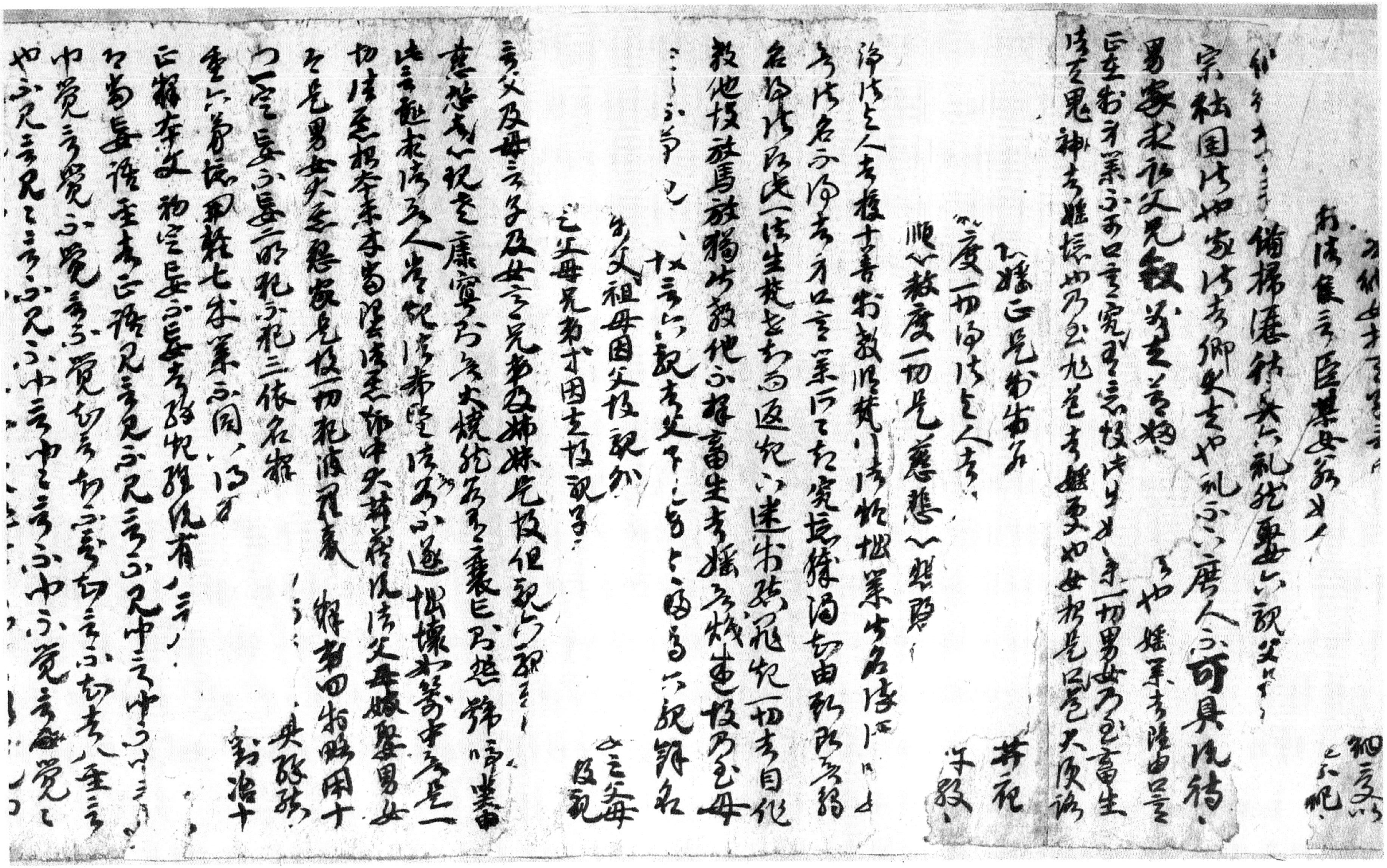

BD05878號　梵網經菩薩戒義疏（擬）　（25–2）

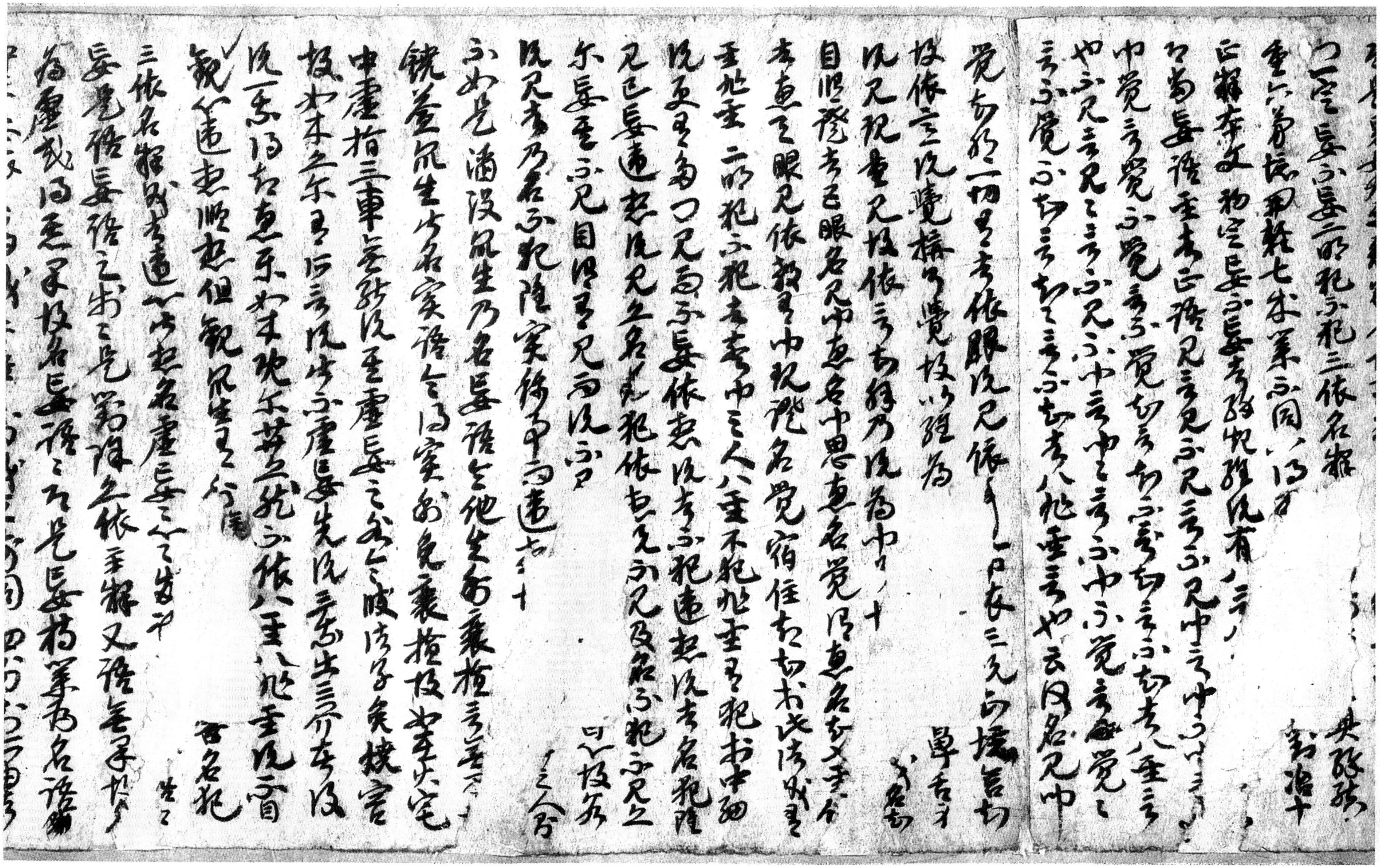

BD05878號　梵網經菩薩戒義疏（擬）　（25–3）

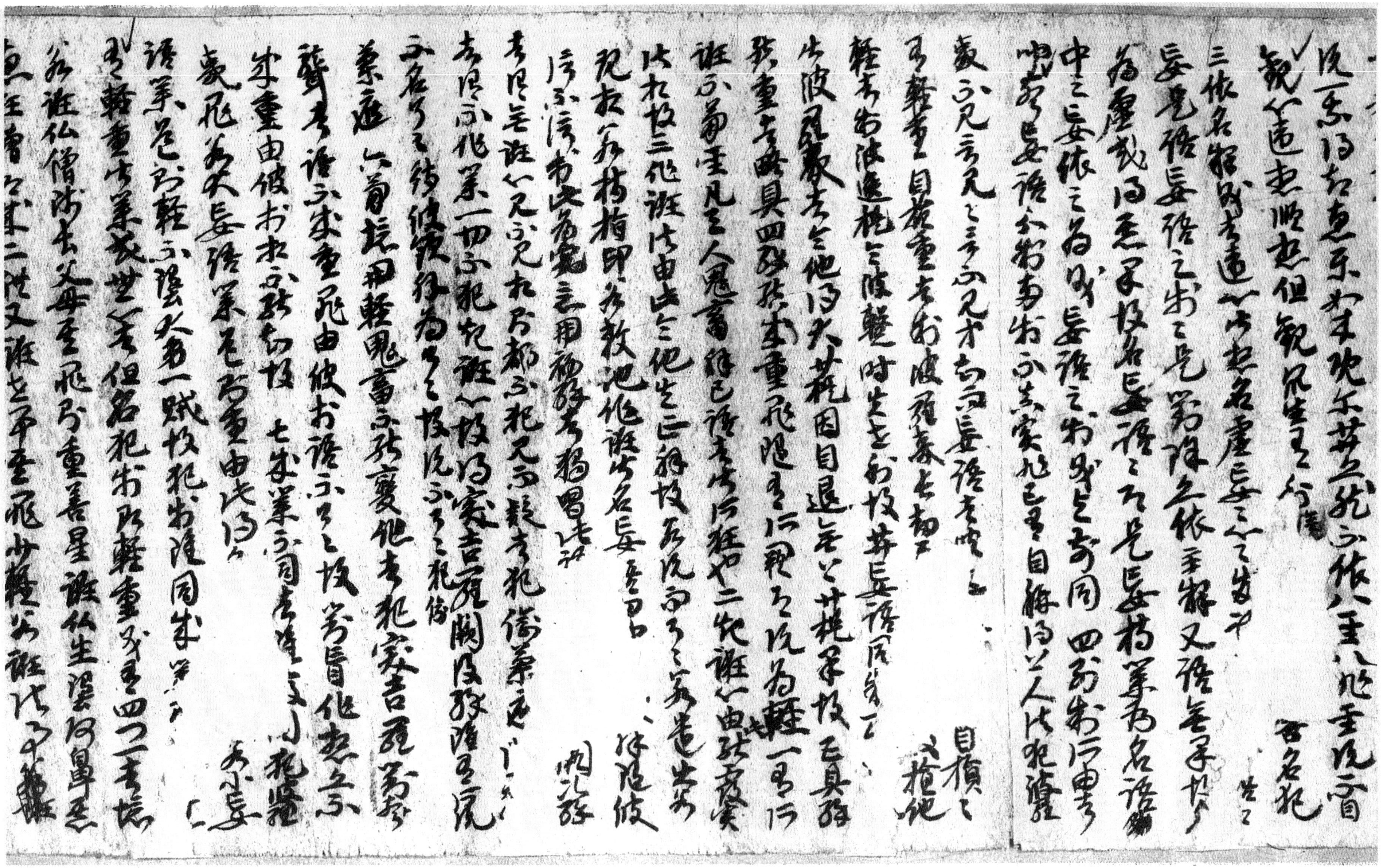

BD05878號　梵網經菩薩戒義疏（擬）　　（25–4）

BD05878號　梵網經菩薩戒義疏（擬）　（25–5）

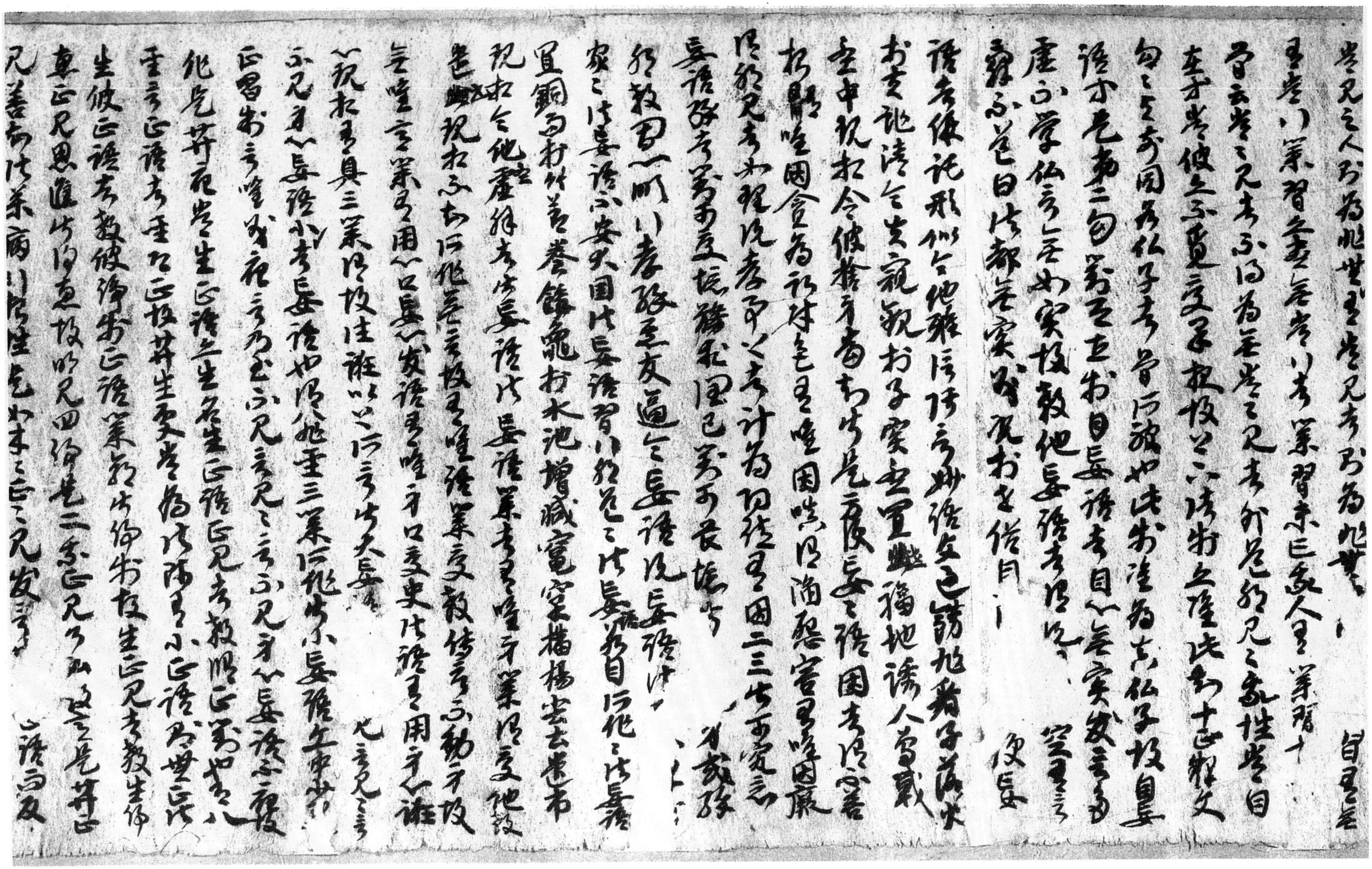

BD05878號　梵網經菩薩戒義疏（擬）

（25-6）

BD05878號　梵網經菩薩戒義疏（擬）

（25–7）

四明損益者，如度論說飲酒有卅六失，如大經明[illegible]
飲有十過：一破善根，二破眾集，強力三，目視不明四，現嗔恚
五失好信中業，六多致疾病，七好鬥諍，八一名流布
九現在隨損，直之業十未遠墮遇癡獄。飲者但自損
損酤者亦犯十失，不可酤。飲當此十損，為十益之依
罪。酤犯者，酤有二種：一者醞已坐酤，二者但修酤醞已
坐酤。四罪成犯：一是求利，二依止醞釀，三是酒，色五四
納酒價，是人須修，酤四罪成犯：一是求利，二得價先
須三持就，餘者四納價後，以酒出手決了。八分罪犯
罪，若為求利故為國家占待賓客，供祭祀隨醞無犯
罪為求利，不醞世罪，醞過亦止，不酤無傷藥邊
小酤罪，隨為不醞，隨不自酤者亦同，漢武帝隨在
九重公行沽賣，今隨教說，此者隨生處沽酒，出家集
自錯思，此是事者，隨於見他未犯，生善惡想，五施
為家者自與人，當行此業，不求等，不俗[illegible]此是隨
多時永作未，名稍為財自勸教不行此業，隨未顯彼，
家不日名稍出，七輕重者比此性罪輕重，不同
與此罪重於性上罪，是犯當出比罪於緣，多佛近
事先設一篇，四性俱犯，化五為甘惑業去，適修生酒地者
家國精食者，能可何罪，性罪過，通論罪比起一三宜其產
坊罪未及一酒坊。八緣觀義罪者，比說正業世見正文雅林
復之云是四罪亦人，眾眠之可識多貪嗜酒，一段如是言邊
轉增不可，不修來多噴，不增之業，能障生惠，不出用，不為
說過癡止寒，蓋業持出業收準事故。九同答所疑者，上四
同為以此出家四性出家，同二眾在家出家犯重
罪近，不生者仍不作中出現，當四不示，說酒是故犯彼

法文六第四眾不入者瞋二不從多貪嫌嗜酒云復如是三過
轉增不可說故求多嗔不增之眾[illegible]降[illegible]惠不生用子為
要愚癡九業盡不捨諸煩惱[illegible]故九句答所疑者是一句
以為第三諸戒諸所答者四性諸戒同云在家出家諸犯重
飛近不生者問云何中成者四不同飲酒是故并非彼
復次又性飛中妄語諸隨長口多於性諸中實語非語
更語紀言語酤酒自犯[illegible]語故諸長已乃未諸之　二句為[illegible]
自時家業者犯為但一酤不名犯諸　答飲者不得醉亂也
一毛端[illegible]不名飲酒醉者不得生業一酤一觴不犯此諸　三句過
多於中成者十業內學[illegible]酤[illegible]長妄語牧養酤[illegible]坊
坊他賊酤酒六第屠賊業乃[illegible]諸無過何為無過賊諸長妄
酤酒諸諸長妄[illegible]　答彼以家業條物為飲此已禁於性遮為
水四不律儀中口說酤酒無乃大多何為十輪經說四十屠坊
飛不及一酒坊　答不律儀中說至語於十輪經內說降以多自坊
重也無之不輕降多人道酤為重此諸并[illegible]於同十依
文[illegible]諸者出四句皆化字者是此第一句者眾學者自酤酒定
第二句業過諸諸自酤者[illegible]自當鐘教人酤者是他求分
此中言人正當至於之神[illegible]生世此業故神降上者飲酒食
內說酤者者不以為[illegible]酤酒因者得不善犯多因食犯為
求於故少因此能為鴆毒故不因癡說非為隱故出覺
隱於[illegible]以[illegible]知隱諸酒肆自得[illegible]之出因癡說酤酒非者
財因不免至子出酤為他所殺[illegible]賴出他酤酒得去亦重犯
子自得家法直諸輪說為是因食家飲酒轉得為免
法酤酒業者手口業語殺[illegible]勒自[illegible]身心口語才業兼
殺生納自善心口第語言業[illegible]中隱義得自[illegible]口身業二得三過
取可為一切酒不得法者以宜出也　以不繫業酒色香味

BD05878號　梵網經菩薩戒義疏（擬）　（25–9）

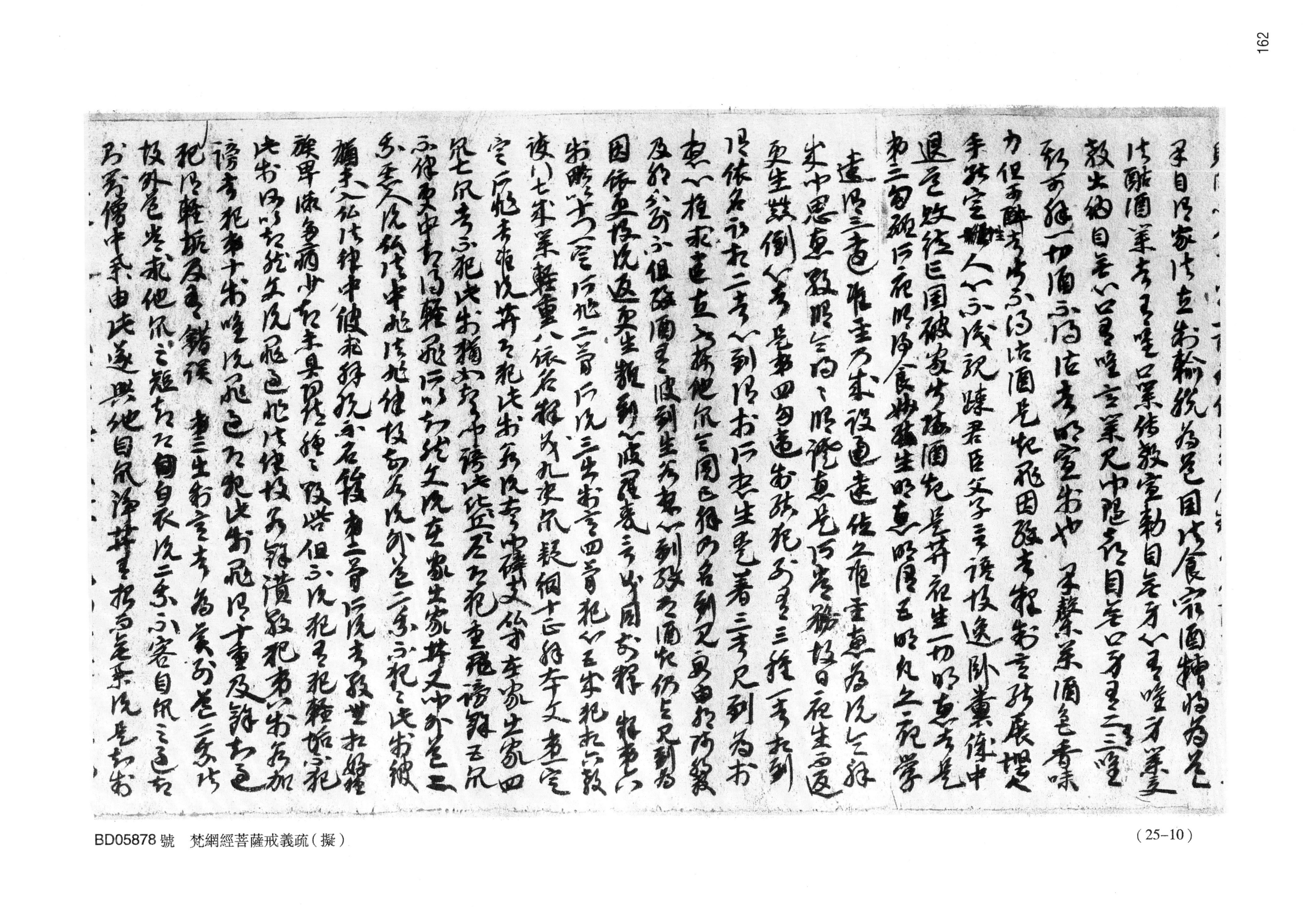

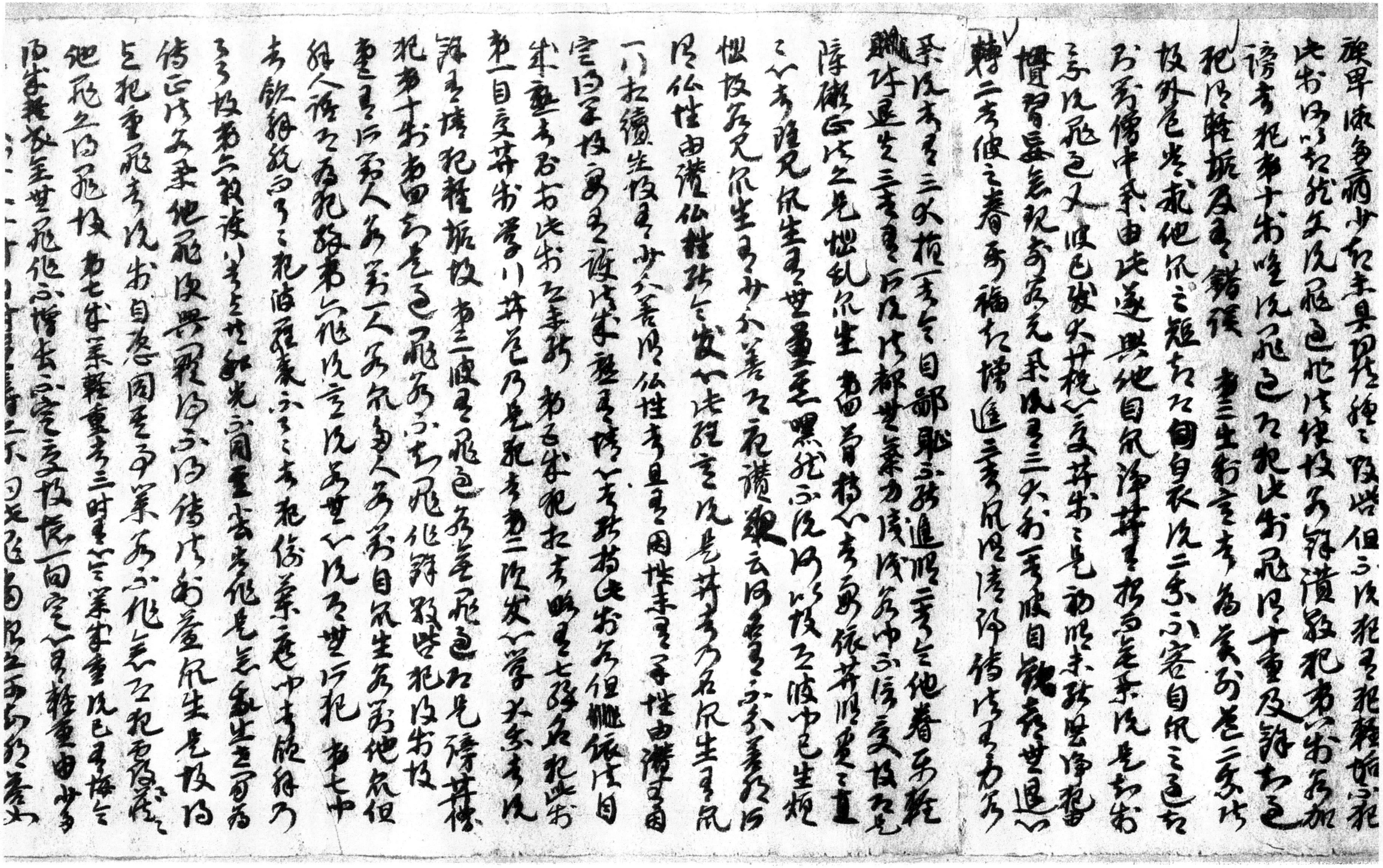

BD05878號　梵網經菩薩戒義疏（擬）　（25–11）

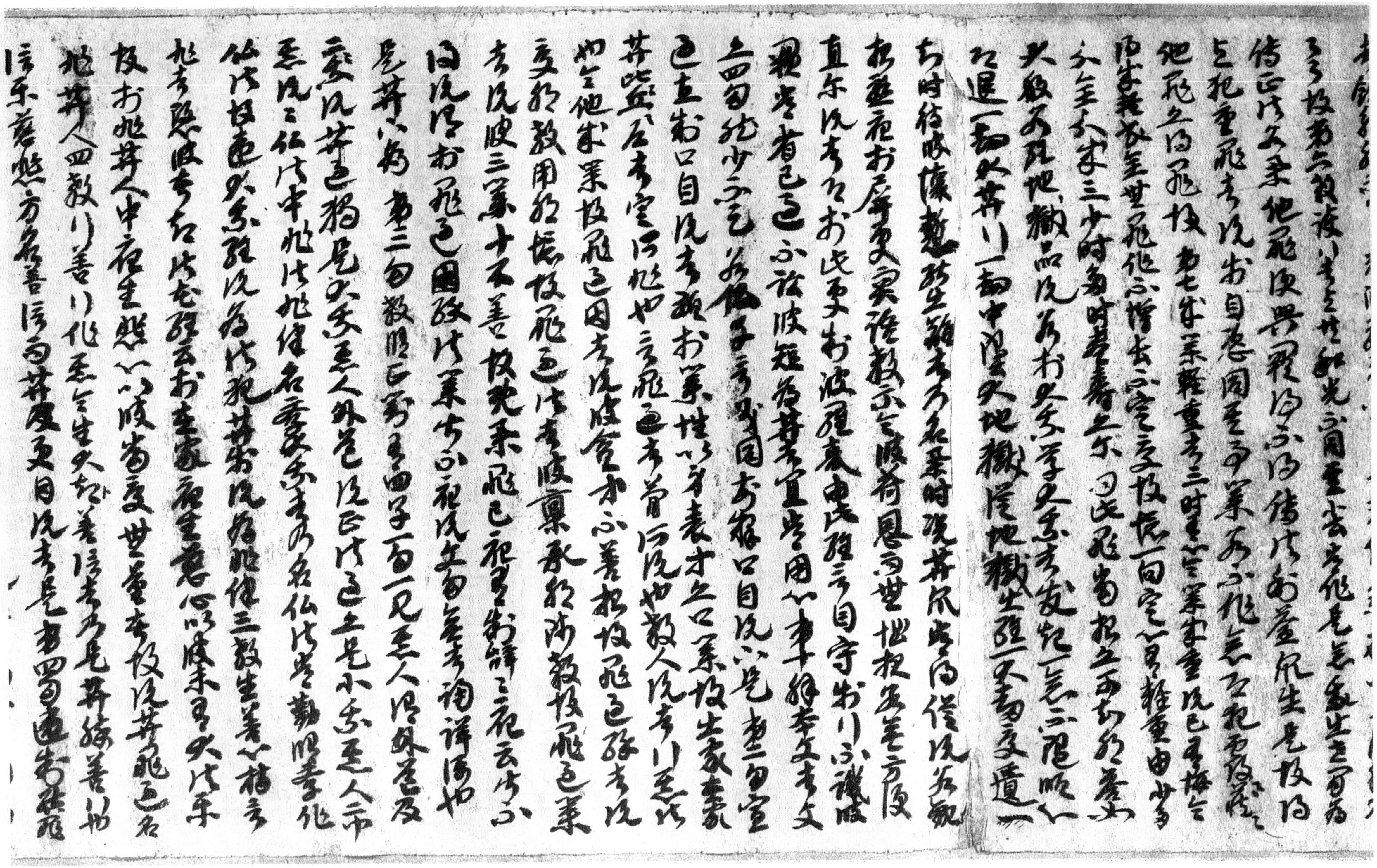

BD05878號　梵網經菩薩戒義疏（擬）　（25–12）

BD05878號　梵網經菩薩戒義疏（擬）

（25–13）

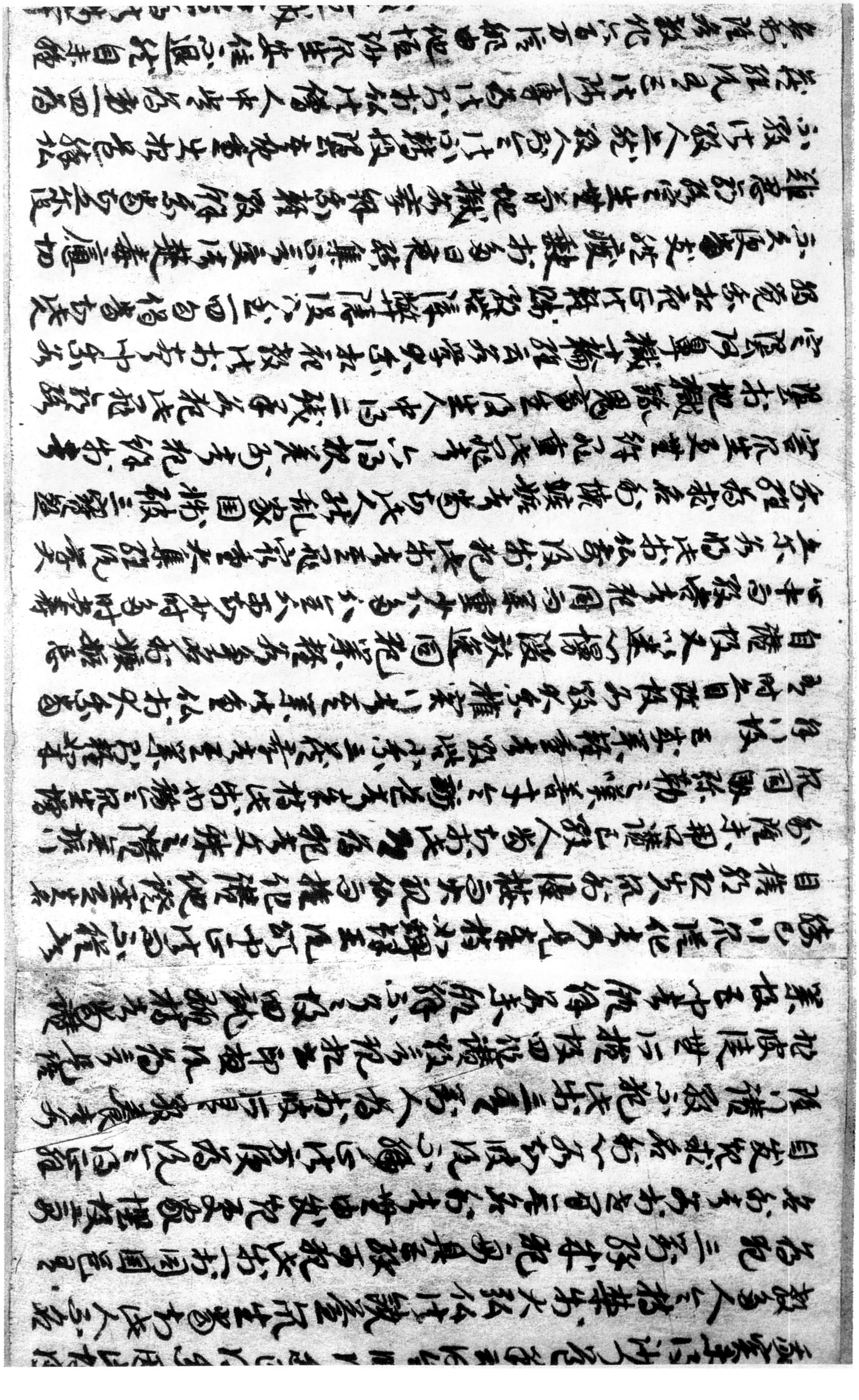

BD05878號　梵網經菩薩戒義疏（擬）　（25–14）

示久受當受饑瘦熱於多日夜殺集五苦受此楚毒痛切
難忍前路受生世常地獄多年飢雨難殺餘亦當亦反復
不殺此殺人之能殺人所以此亦轉被殺害來受重生報是緣故
菩薩凡夫已此隨一事為此亦於他此傳人中無為勇一四名
名於隨緣殺化六方后紀由他恒以依生安住不退能自未離
一念善根前路五道阿鼻地獄從地獄出墮為此隨本事
業重故重習少殺　十頌名稱我本讀誰也以前依已好名
自讚毀他也讚也讚好名中能至於眷屬教重遠
本故名為毀自讚毀他後來兩部公名後能仍也遠如本
出於為之詞所自是自讚毀他之於八部所為經文本大意四
句為化于本句此於口自讚亦是第二句若起於於中為是四
子句為文是二種世於四初句為本名於名之德勢顯讚因
口自讚毀他及教人自讚毀他本二字句為因口化業故也為之第
口自以是業性是口業故但毀他人之口讚毀不毀讚亂起轉擴
第名教毀他人務讚已臨為教毀他者之起此出因緣此業是三
子句不於美於因緣三不善根但為名於之因會他者為實故
之因由於他之見起之因麻他我二我三此方因他緣為發
不善教悔又踐毀以且起是起又踐德於自争緣貫此得後名
句文中於要起口所由家此為剎那於所為因此為此口求所為
宗此業得所動於其言小我故為口自讚殺已是口業為習
意五本中他口業此因言他見喉言業現言不起波羅夷故
起是制言此不起他准此教以文本起行所文世本通譯相
失是并起代一切不是第三句顯所起明是二字句一者起代
生受加毀之辱之者世不生若并他心起拔本故二者是所自向
己之者之故者故三者好為之之他之人者之得業故此所是是四
世量之一切凡是中好於不之不為慈一切凡愚我殺所本拔者
名地一切凡是者中他是中他是更緣自善若施彼其所世

BD05878號　梵網經菩薩戒義疏（擬）　　（25–15）

BD05878號　梵網經菩薩戒義疏（擬）

（25–16）

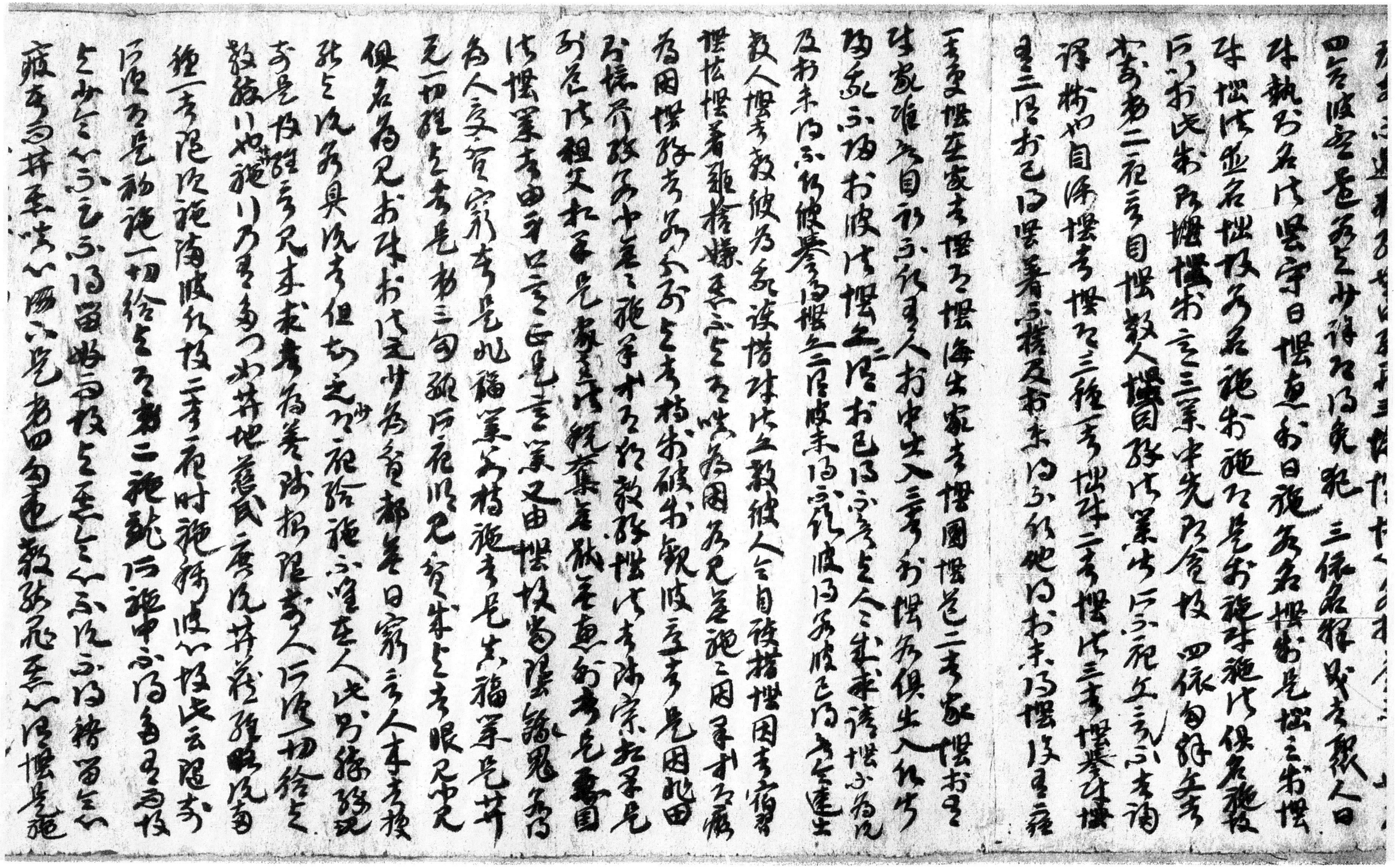

BD05878號　梵網經菩薩戒義疏（擬）　（25–17）

BD05878號　梵網經菩薩戒義疏（擬）

（25–18）

BD05878號　梵網經菩薩戒義疏（擬）　（25–19）

BD05878號　梵網經菩薩戒義疏（擬）

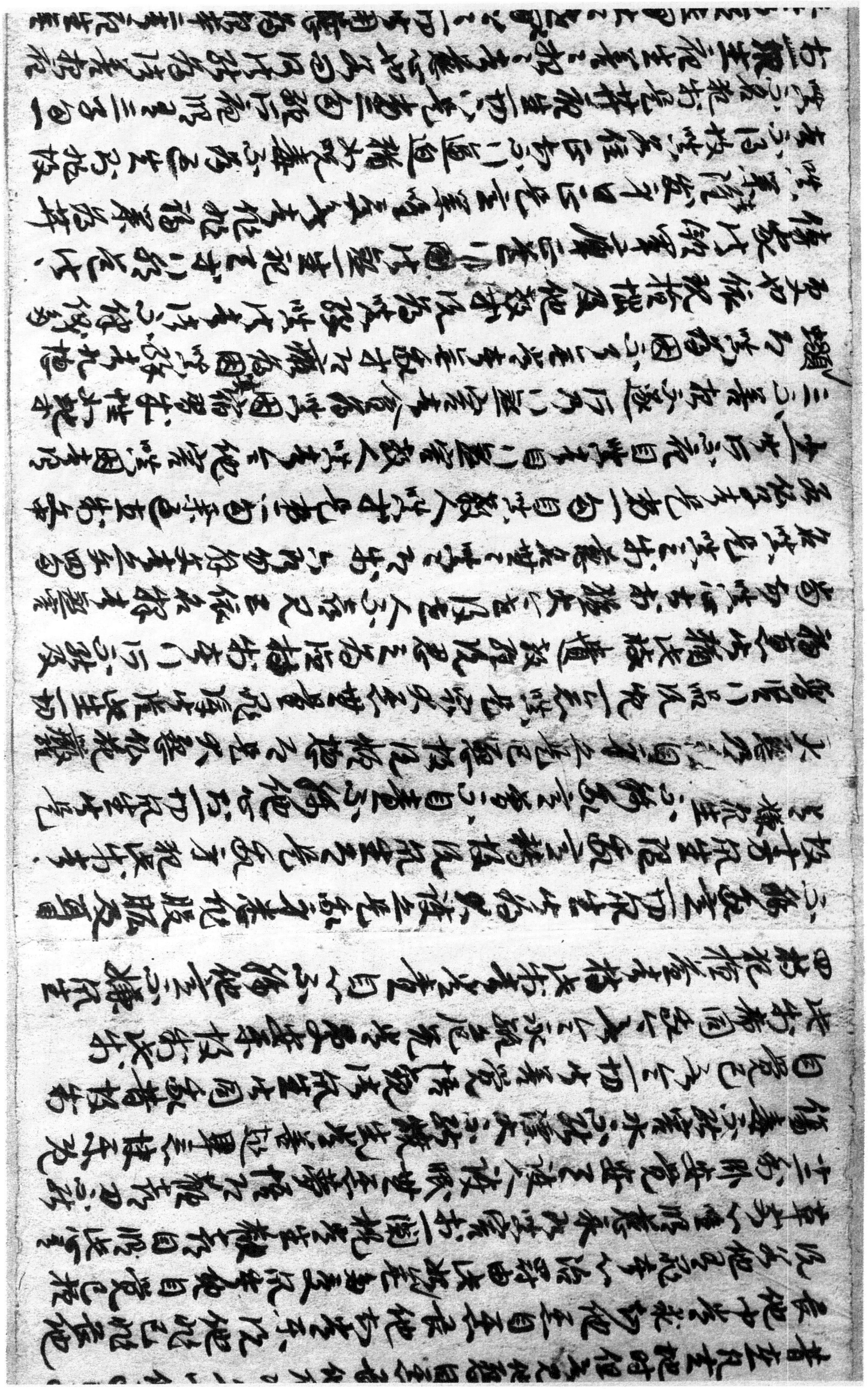

（25–20）

BD05878號　梵網經菩薩戒義疏（擬）

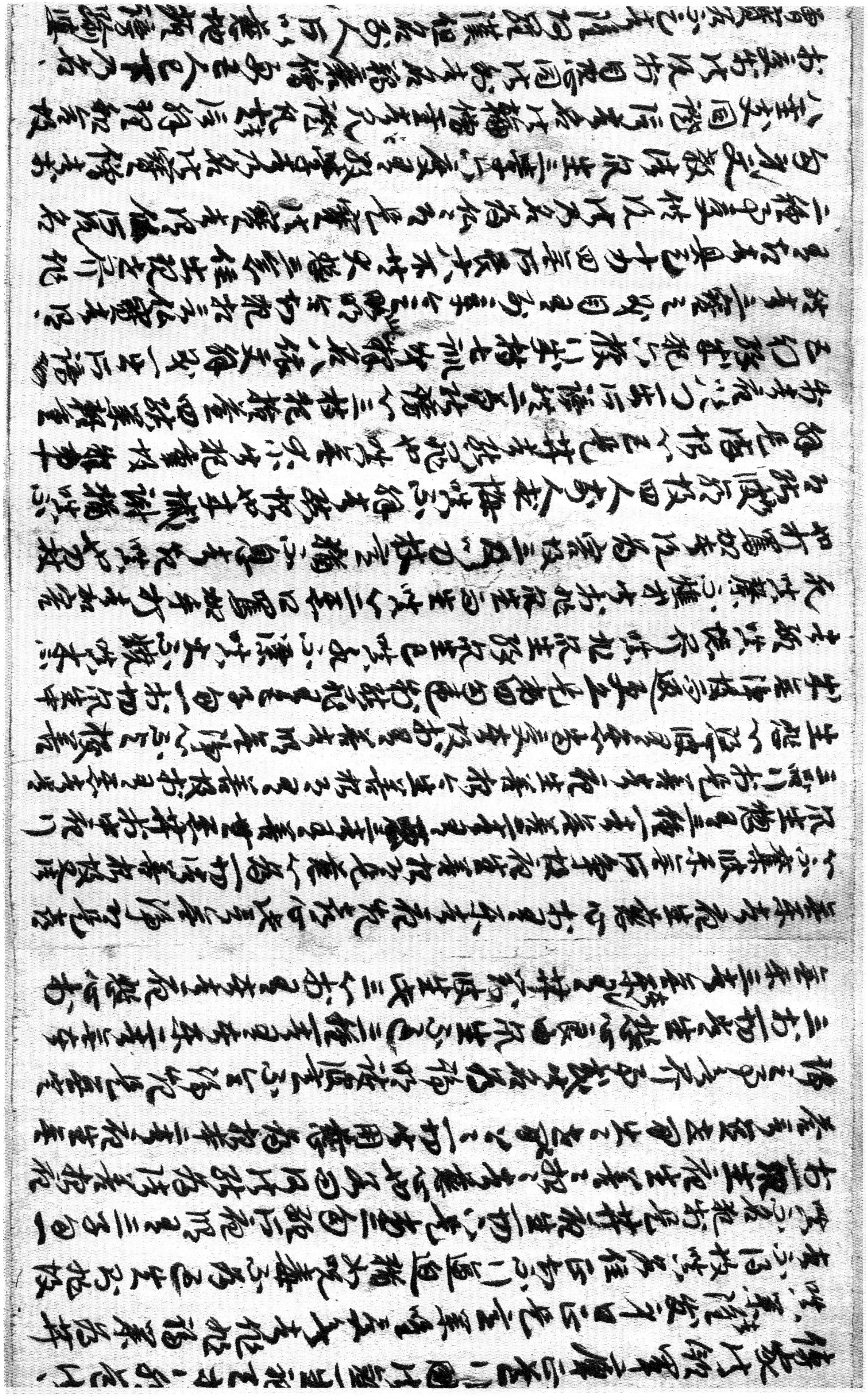

（25–21）

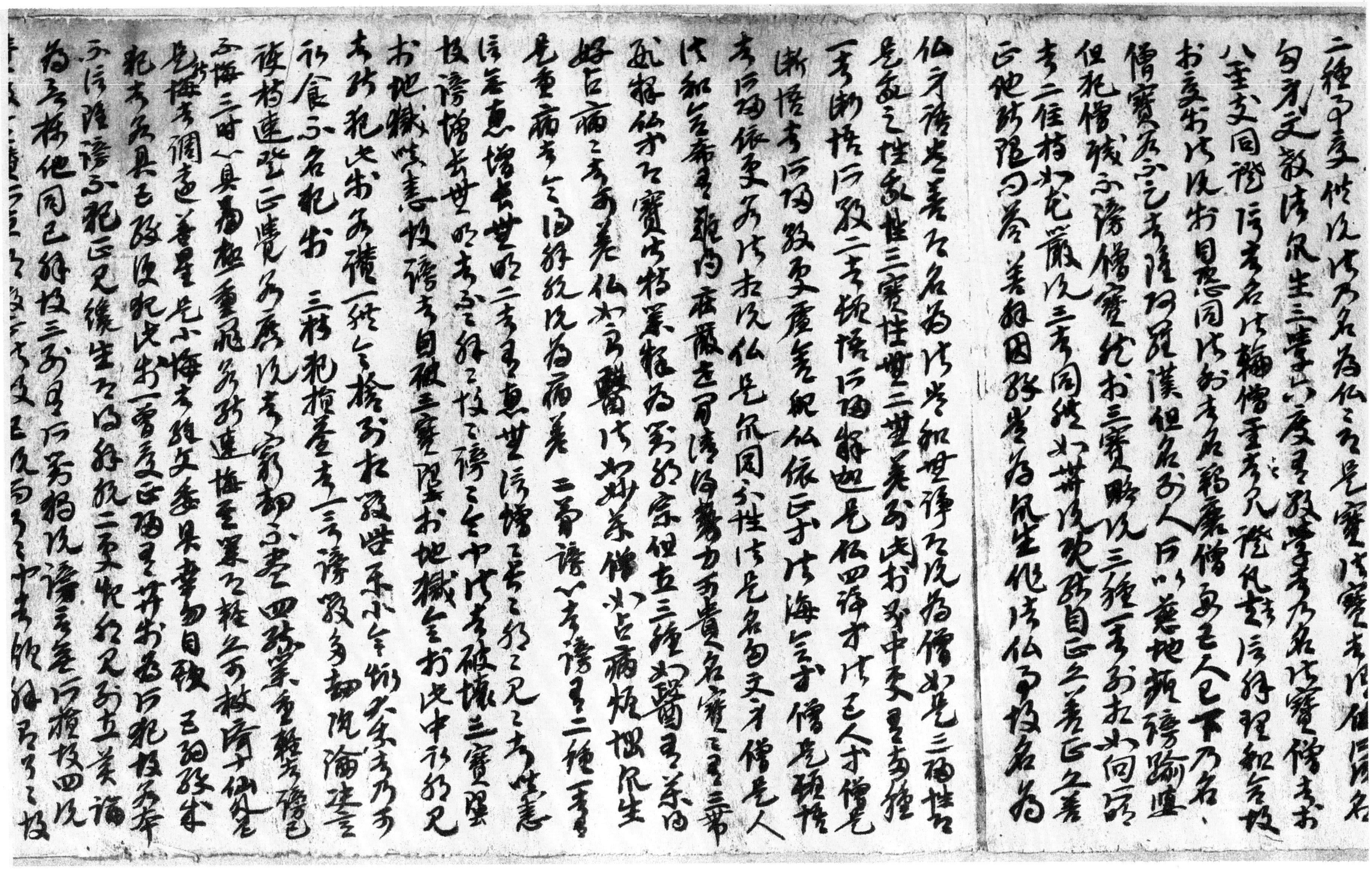

BD05878號　梵網經菩薩戒義疏（擬）　（25–22）

BD05878號　梵網經菩薩戒義疏（擬）

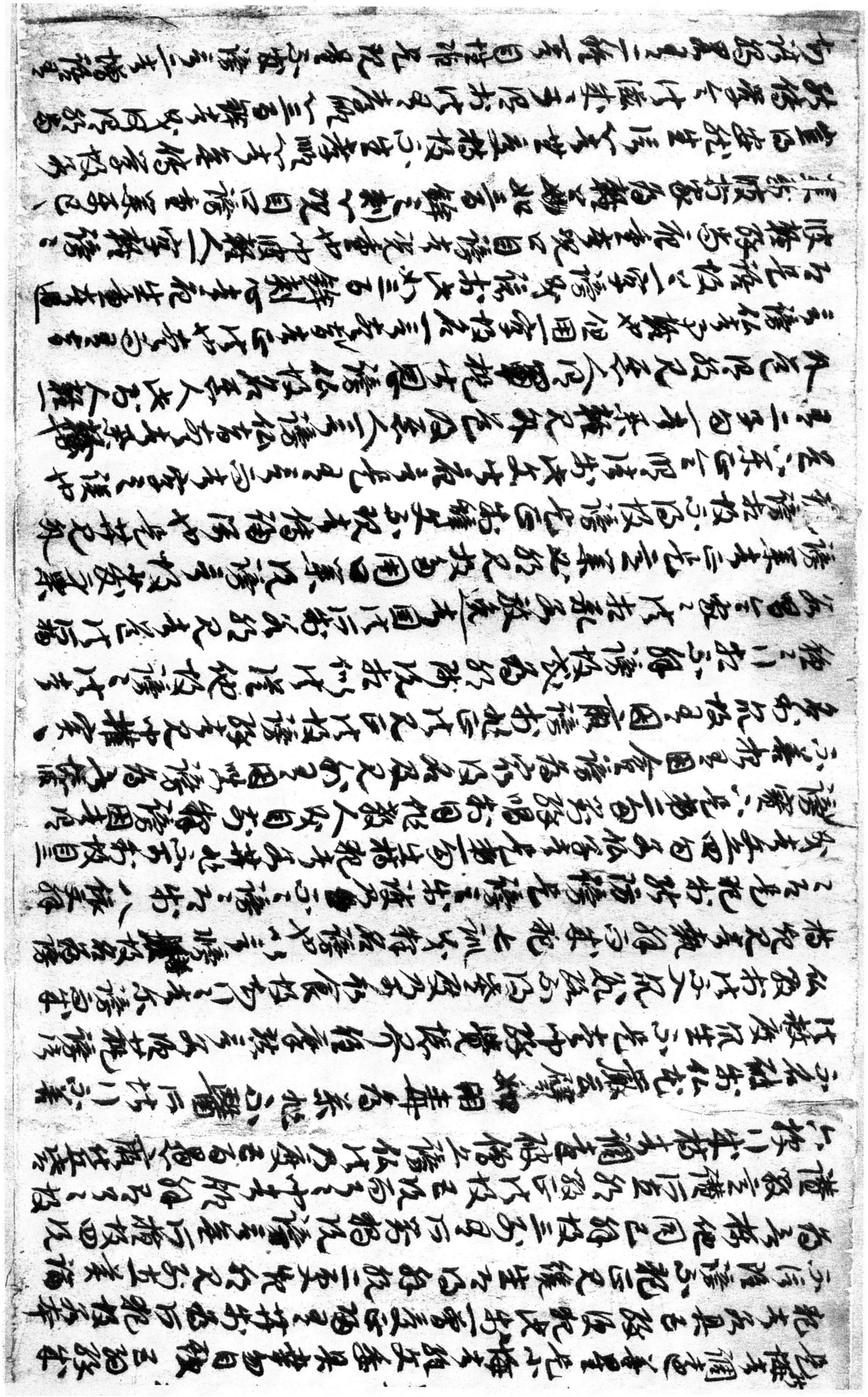

（25–23）

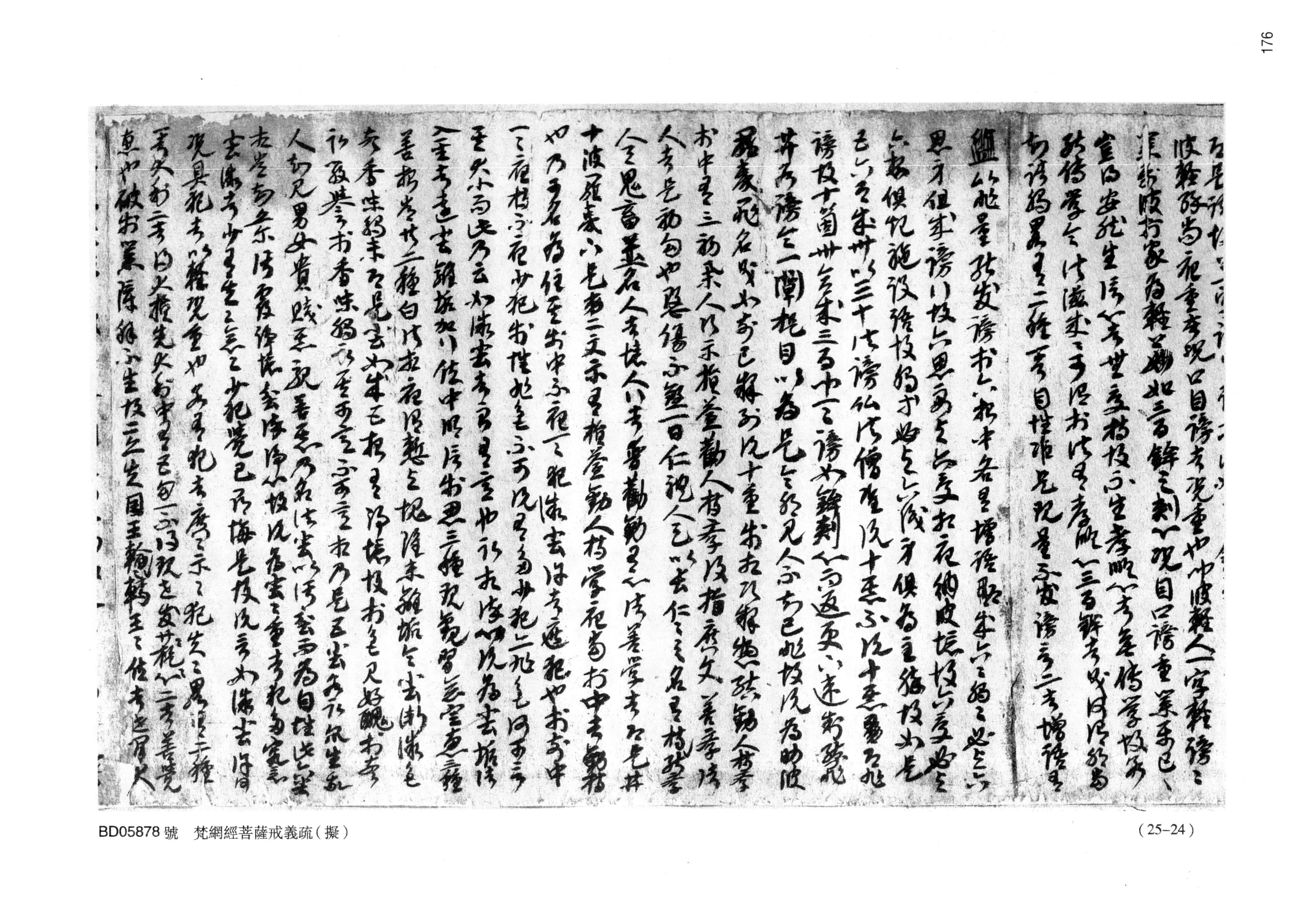

[illegible]

BD05878號　梵網經菩薩戒義疏（擬）

（25–24）

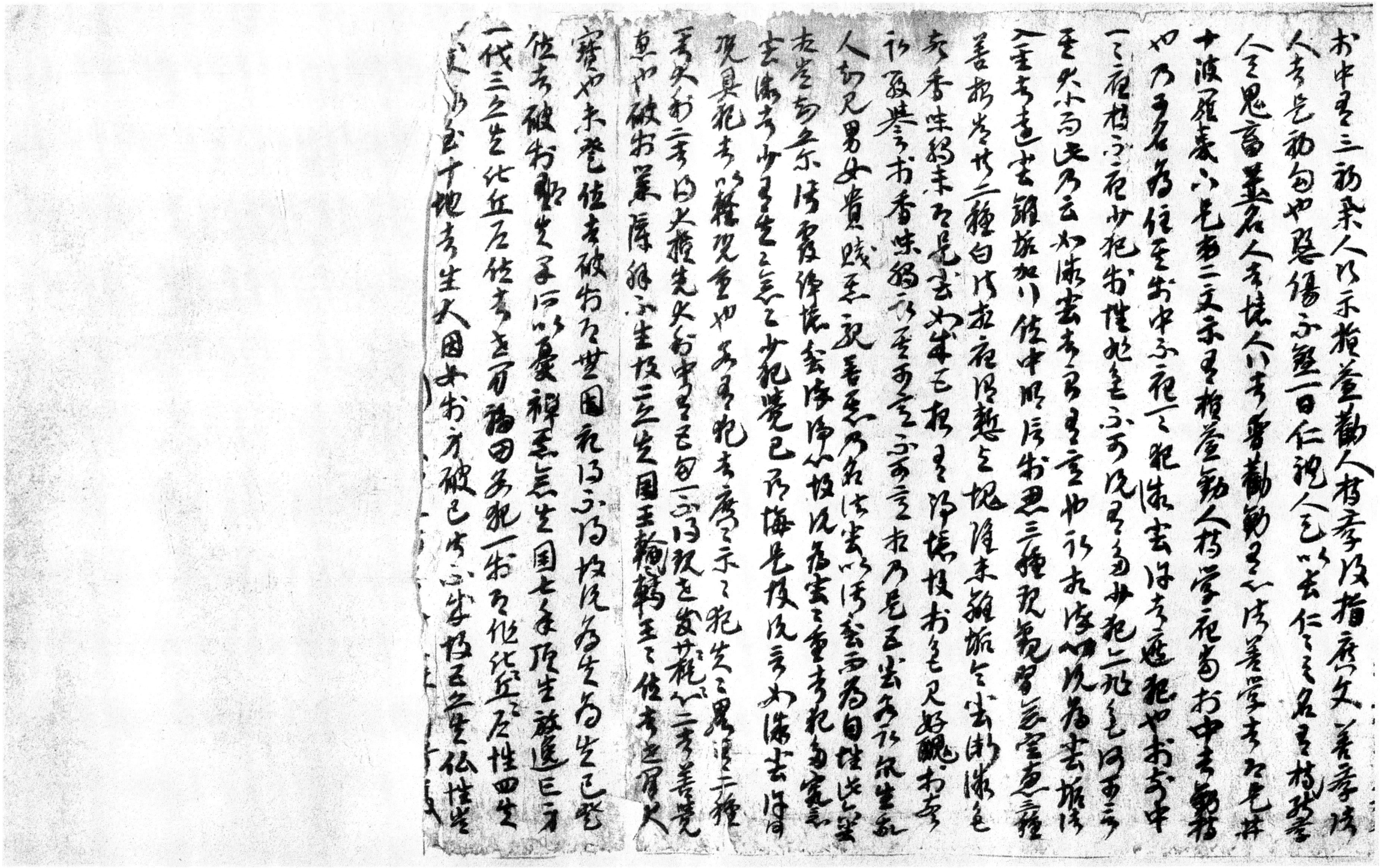

BD05878號　梵網經菩薩戒義疏（擬）　（25–25）

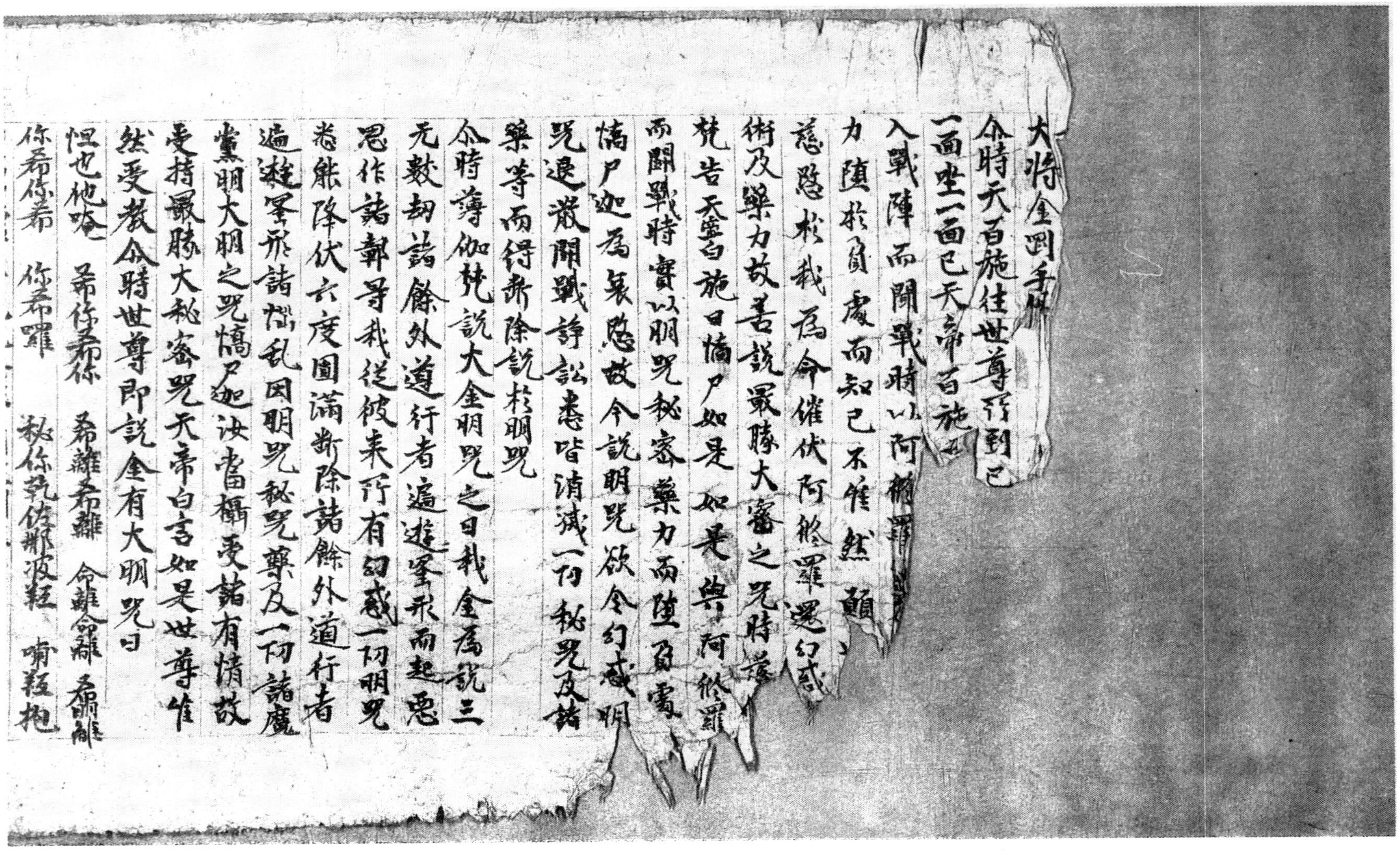

大將金剛手…
尒時天百施往世尊所到已
一面坐一面已天帝百施…
入戰陣而鬪戰時以阿修羅…
力墮於負處而知已不能然 頗…
慈愍於我爲令催伏阿修羅還幻惑
術及藥力故善說最勝大審之呪時憍
梵告天帝百施曰憍尸如是如是與阿修羅
而鬪戰時實以明呪秘密藥力而墮負處
憍尸迦爲哀愍故今說明呪欲令幻惑明
呪退散鬪戰諍訟悉皆消滅一切秘呪及諸
藥等而得斷除說於明呪
尒時薄伽梵說大金明呪之日我金爲說三
无數劫諸餘外道行者遍遊塞形而起惡
思作諸鄣㝵我從彼來所有幻惑一切明呪
悉能降伏六度圓滿斷除諸餘外道行者
遍遊塞形諸惱乱因明呪秘呪藥及一切諸魔
黨明大明之呪憍尸迦汝當攝受諸有情故
受持最勝大秘密呪天帝白言如是世尊唯
然受教尒時世尊即說金有大明呪曰
怛也他唵　希你希你　希離希離　命離命離　希嚕離
你希你希　你希囉　秘你軌佐娜波羅　喃羅抱

BD05879 號　金有陀羅尼經　（4–1）

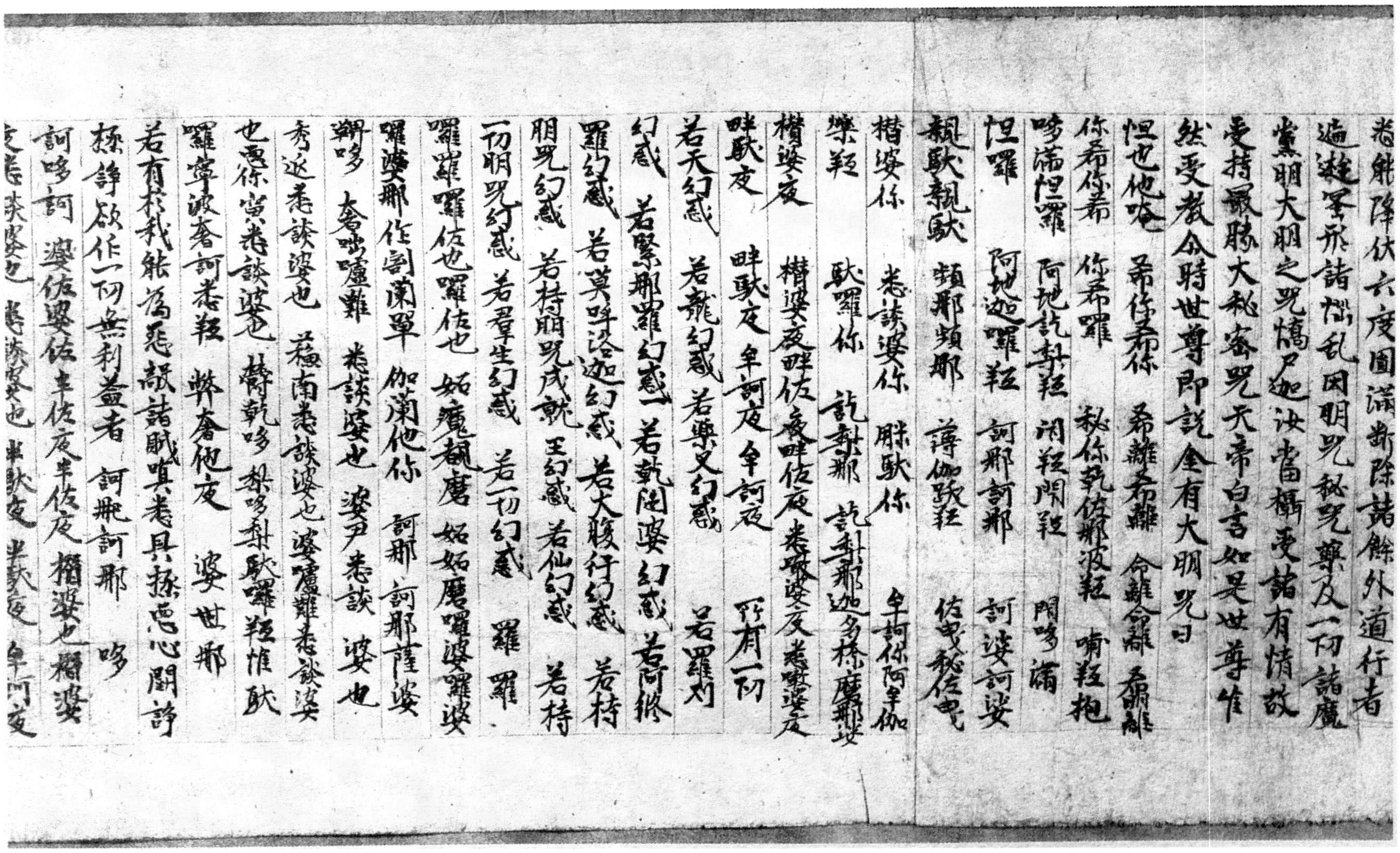

悉能降伏六度圓滿斷除諸餘外道行者
遍遊塞形諸惱乱因明呪秘呪藥及一切諸魔
黨明大明之呪憍尸迦汝當攝受諸有情故
受持最勝大秘密呪天帝白言如是世尊唯
然受教尒時世尊即說金有大明呪曰
怛也他唵　希你希你　希離希離　命離命離　希嚕離
你希你希　你希囉　秘你軌佐娜波羅　喃羅抱
哆滿怛囉　阿地訖刹羅　泪羅閇羅　閇哆滿
怛囉　阿地迦囉羅　訶娜訶娜　訶婆訶婆
親馱親馱　頻娜頻娜　薄伽馱羅　佐電秘佐電
揩婆你　悉誐婆你　朕馱你　牟訶你阿牟伽
藥羅　馱囉你　訖刹娜　訖刹娜迦多㮈魔娜婆
櫕婆夜　櫕婆夜畔佐夜畔佐夜　悉瑳婆夜　悉瑳婆夜
畔馱夜　畔馱夜　牟訶夜　牟訶夜　所有一切
若天幻惑　若龍幻惑　若藥叉幻惑　若羅刹
幻惑　若緊那羅幻惑　若乾闥婆幻惑　若阿修
羅幻惑　若莫呼洛迦幻惑　若大腹行幻惑　若持
明呪幻惑　若持明呪成就王幻惑　若仙幻惑　若持
一切明呪幻惑　若羣生幻惑　若一切幻惑　羅　羅
囉羅囉佐也囉佐也　姤魔覩磨　姤姤磨囉婆囉婆
囉婆娜　作剖蘭單　伽蘭他你　訶娜　訶娜薩婆
娜哆　奢噬嚧難　悉談婆也　婆尸悉談　婆也
秀逆悉談婆也　蘊南悉談婆也　婆嚧難悉談婆
也惡你寅悉談婆也　簪乾哆　梨哆梨馱囉羅惟馱
囉寧波奢訶悉羅　弊奢他夜　婆世娜
若有於我能爲惡敵諸賊嗔悉具㨂惡心鬪諍
㨂諍欲作一切無利益者　訶那訶那　哆
訶哆訶　娑佐娑佐牟佐夜牟佐夜　櫕婆也櫕婆
夜悉㷇婆也　悉㷇婆也　半馱夜　半馱夜　牟訶夜

BD05879 號　金有陀羅尼經　（4–2）

也悪係寅羝談婆也　欝軌哆　棄哆梨馱囉羝惟馱
羅寧波奢訶羝羝　弊奢佗夜　婆世耶
若有於我能為惡獄諸賊嗔恚具㧞惡心鬪諍
㧞諍欲作一切無利益者　訶毗訶耶　哆
訶哆訶　婆佉婆佉半佉夜半佉夜　摺婆也摺婆
夜羝談婆也　羝談婆也　半馱夜　半馱夜　牟訶夜
牟訶夜　磨訶牟訶你薄伽䟦羝　莎訶
於一切怖畏煩惱疾疫顛倒守護我鉢馱　莎訶
憍尸迦若善男子若善女人若王若大臣能憶念
金有明呪者彼无他怖畏於彼部黨他所將軍
不能役惱亦非天龍亦非藥叉亦非乾闥婆亦
非阿修羅亦非緊那羅亦莫呼洛迦亦非持明
呪者亦非飛空母等亦不非時而捨壽命明呪
秘呪一切諸藥不能為害他所敵軍不能役逼他
所敵軍而不傷命力不能害水火毒
藥明呪秘呪一切諸藥而不能役還著於彼自作於他
隨晝造羅彼之處所憍尸迦是故淨信苾芻苾
芻尼優波索迦鄔波斯迦善男子善女人等以此明呪呪水
七遍自洗其身能能護於身若有欲命於一切怖畏一切娆
惱一切疾疫一切明呪一切秘呪一切諸藥一切獸蠱而超過
者當念此金有明呪若王若大臣若欲摧他軍眾伏他軍
眾亦當念此金有明呪若呪線七遍作七結已繫於身上若
呪水七遍能護自身若有書寫於一切怖畏无鄣导馳羅
尼威能受持或繫臂下若置高幢入軍陣者善安得脫
以此明呪威神之力內族眷屬善安超過未成能成若
欲催伏諸明呪者於白線上呪七遍已作七結者能禁
催伏若欲催伏諸幻惑者取楊闍木呪七遍已而擲擲者能催
幻惑論競之時欲禁其口取泰菽蕹呪七遍已而嚼嚼者一切言

眾亦當念此金有明呪若呪線七遍作七結已繫於身上若
呪水七遍能護自身若有書寫於一切怖畏无鄣导馳羅
尼威能受持或繫臂下若置高幢入軍陣者善安得脫
以此明呪威神之力內族眷屬善安超過未成能成若
欲催伏諸明呪者於白線上呪七遍已作七結者能禁
催伏若欲催伏諸幻惑者取楊闍木呪七遍已而擲擲者能催
幻惑論競之時欲禁其口取泰菽蕹呪七遍已而嚼嚼者一切言
論者能對答受持讀誦而稱讚者一切諸罪悉皆消滅
却往於彼造作之者及思惟所惑繫於繩及水白護者
於彼身上一切明呪秘呪諸藥不能為害未成辨者
悉能成辨彼所求事一切順從時薄伽梵說是語已天
帝釋施聞佛所說信受奉行

金有陀羅尼經卷

張令〻

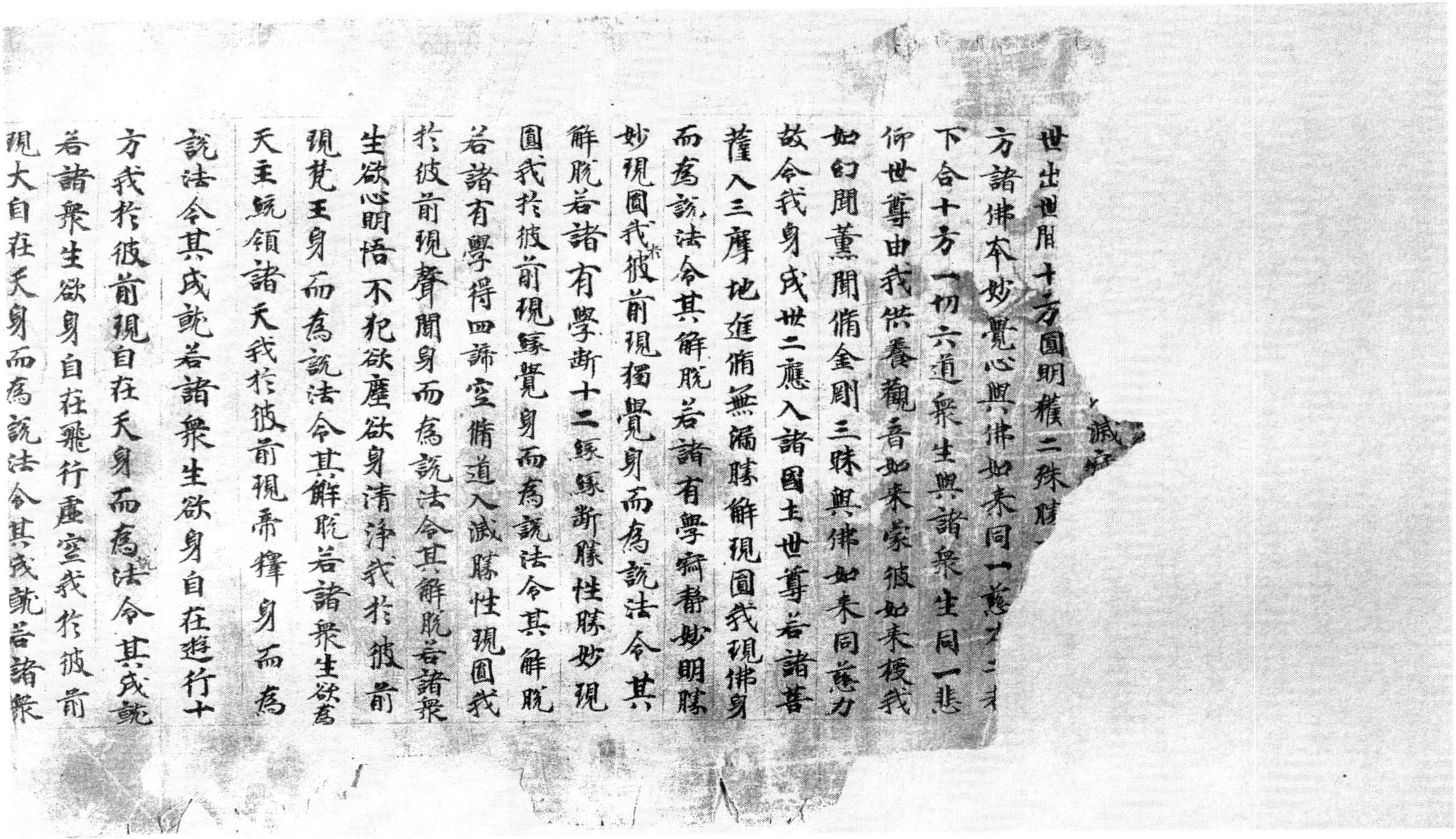

滅寂
世出世間十方圓明獲二殊勝
方諸佛本妙覺心與佛如來同一慈力二者
下合十方一切六道眾生與諸眾生同一悲
仰世尊由我供養觀音如來蒙彼如來授我
如幻聞熏聞脩金剛三昧與佛如來同慈力
故令我身成卅二應入諸國土世尊若諸菩
薩入三摩地進脩無漏勝解現圓我現佛身
而為說法令其解脫若諸有學寂靜妙明勝
妙現圓我於彼前現獨覺身而為說法令其
解脫若諸有學斷十二緣緣斷勝性勝妙現
圓我於彼前現緣覺身而為說法令其解脫
若諸有學得四諦空脩道入滅勝性現圓我
於彼前現聲聞身而為說法令其解脫若諸眾
生欲心明悟不犯欲塵欲身清淨我於彼前
現梵王身而為說法令其解脫若諸眾生欲為
天主統領諸天我於彼前現帝釋身而為
說法令其成就若諸眾生欲身自在遊行十
方我於彼前現自在天身而為說法令其成就
若諸眾生欲身自在飛行虛空我於彼前
現大自在天身而為說法令其成就若諸眾

BD05880號　大佛頂如來密因修證了義諸菩薩萬行首楞嚴經卷六　（13–1）

現梵王身而為說法令其解脫若諸眾生欲為
天主統領諸天我於彼前現帝釋身而為
說法令其成就若諸眾生欲身自在遊行十
方我於彼前現自在天身而為說法令其成就
若諸眾生欲身自在飛行虛空我於彼前
現大自在天身而為說法令其成就若諸眾
生愛統鬼神救護國土我於彼前現天大將
軍身而為說法令其成就若諸眾生愛統世
界保護眾生我於彼前現四天王身而為說
法令其成就若諸眾生愛生天宮驅使鬼神
我於彼前現四天王國太子身而為說法令其
成就若諸眾生樂為人王我於彼前現人
王身而為說法令其成就若諸眾生愛主族
姓世間推讓我於彼前現長者身而為說法
令其成就若諸眾生愛談名言清淨其居我
於彼前現居士身而為說法令其成就若諸
眾生愛治國土剖斷邦邑我於彼前現宰官
身而為說法令其成就若諸眾生愛諸數術
攝衛自居我於彼前現婆羅門身而為說法
令其成就若有男子好學出家持諸戒律我
於彼前現比丘身而為說法令其成就若有
女子好學出家持諸禁戒我於彼前現比丘
尼身而為說法令其成就若有男子樂持五
戒我於彼前現優婆塞身而為說法令其成
就若復女子五戒自居我於彼前現優婆夷
身而為說法令其成就若有女人內政立身
以脩家國我於彼前現女主身及國夫人命

BD05880號　大佛頂如來密因修證了義諸菩薩萬行首楞嚴經卷六　（13–2）

女子好學出家持諸禁戒我於彼前現比丘
尼身而為說法令其成就若有男子樂持五
戒我於彼前現優婆塞身而為說法令其成
就若復女子五戒自居我於彼前現優婆夷
身而為說法令其成就若有女人內政立身
以脩家國我於彼前現女主身及國夫人命
婦大家而為說法令其成就若有眾生不壞
男根我於彼前現童男身而為說法令其成
就若有處女愛樂處身不求侵暴我於彼前
現童女身而為說法令其成就若有諸天樂
出天倫我現天身而為說法令其成就若
有諸龍樂出龍倫我現龍身而為說法令其
成就若有藥叉樂度本倫我於彼前現藥叉
身而為說法令其成就若乾闥婆樂脫其倫我
於彼前現乾闥婆身而為說法令其成就若
阿脩羅樂脫其倫我於彼前現阿脩羅身而
為說法令其成就若緊陁羅樂脫其倫我於
彼前現緊陁羅身而為說法令其成就若摩
呼羅伽樂脫其倫我於彼前現摩呼羅身而
為說法令其成就若諸眾生樂人脩人我現
人身而為說法令其成就若諸非人有形無
形有想無想樂度其倫我於彼前皆現其身
而為說法令其成就是名妙淨卅二應入國
土身皆以三昧聞薰聞脩無作妙力自在
成就
世尊我復以此聞薰聞脩金剛三昧無作妙
力與諸十方三世六道一切眾生同悲仰故令

而為說法令其成就是名妙淨卅二應入國
土身皆以三昧聞薰聞脩無作妙力自在
成就
世尊我復以此聞薰聞脩金剛三昧無作妙
力與諸十方三世六道一切眾生同悲仰故令
諸眾生於我身心獲十四種無畏功德一者
由我不自觀音以觀觀者令彼十方苦惱眾
生觀其音聲即得解脫二者知見旋復令諸
眾生設入大火火不能燒三者觀聽旋復令
諸眾生大水所漂水不能溺四者斷滅妄想
心無煞害令諸眾生入諸鬼國鬼不能害五
者薰聞成聞六根銷復同於聲聽能令眾生
臨當被害刀段段壞使其兵戈猶如割水亦
如吹光性無搖動六者聞薰精明明遍法界
則諸幽暗性不能全能令眾生藥叉羅刹鳩
槃茶鬼及毗舍遮富單那等雖近其傍目
不能視七者音性圓銷觀聽返入離諸塵妄能
令眾生禁繫枷鎖所不能著八者滅音圓聞
遍生慈力能令眾生經過嶮路賊不能劫九
者薰聞離塵色所不劫能令一切多婬眾生
遠離貪欲十者純音無塵根境圓融無對所
對能令一切忿恨眾生離諸嗔恚十一者銷
塵旋明法界身心猶如瑠璃朗徹無礙能令
一切昏鈍性鄣諸阿顛迦永離癡暗十二者
融形復聞不動道場涉入世間不壞世界能
遍十方供養微塵諸佛如來各各佛邊為法

對餘令一切忿恨衆生離諸嗔恚十一者銷
塵旋明法界身心猶如瑠璃朗徹無礙能令
一切昏鈍性鄣諸阿顛迦永離癡暗十二者
融形復聞不動道場涉入世間不壞世界能
遍十方供養微塵諸佛如來各各佛邊爲法
王子能令法界無子衆生欲求男者誕生福
德智慧之男十三者六根圓通明照無二含
十方界立大圓鏡空如來藏承順十方微塵
如來秘密法門受領無失能令法界無子衆
生欲求女者誕生端正福德柔順衆人愛敬
有相之女十四者此三千大千世界百億日
月現住世間諸法王子有六十二恒河沙數
脩法垂範教化衆生隨順衆生方便智慧各
各不同由我所得圓通本根發妙耳門然後
身心微妙含容遍周法界能令衆生持我名
号與彼共持六十二恒河沙諸法王子二人福
德正等無異世尊我一号名與彼衆多名号
無異由我脩習得真圓通是名十四施無畏
力福備衆生
世尊我又獲是圓通脩證無上道故又能善
獲四不思議無作妙德一者由我初獲妙妙
聞心心精遺聞見聞覺知不能分隔成一圓
融清淨寶覺故我能現衆多妙容能說無
邊秘密神呪其中或現一首三首五首七首九
首十一首如是乃至一百八首千首萬首八万
四千爍迦囉首二臂四臂六臂八臂十臂十
二臂十四十六十八廿至廿四如是乃至一百

BD05880 號　大佛頂如來密因修證了義諸菩薩萬行首楞嚴經卷六　（13–5）

融清淨寶覺故我能現衆多妙容能說無
邊秘密神呪其中或現一首三首五首七首九
首十一首如是乃至一百八首千首萬首八万
四千爍迦囉首二臂四臂六臂八臂十臂十
二臂十四十六十八廿至廿四如是乃至一百
八臂千臂万臂八万四千母陀羅臂二目
三目四目九目如是乃至一百八目千目
万目八万四千清淨寶目或慈或威或定或
慧救護衆生得大自在二者由我聞思脫出
六塵如聲度垣不能爲礙故我妙能現一一
形誦一一呪其形其呪能以無畏施諸衆生
是故十方微塵國土皆名我爲施無畏者
三者由我脩習本妙圓通清淨本根所遊世
界皆令衆生捨身珍寶求我哀愍四者我得
佛心證於究竟能以珍寶種種供養十方如
來傍及法界六道衆生求妻得妻求子得子求
三昧得三昧求長壽得長壽如是乃至求大
涅槃得大涅槃佛問圓通我從耳門圓照三
昧緣心自在因入流相得三摩提成就菩
提斯爲第一世尊彼佛如來歎我善得圓通
法門於大會中授記我爲觀世音号由我觀
聽十方圓明故名觀音遍十方界
尒時世尊於師子座從其五體同放寶光遠
灌十方微塵如來及法王子諸菩薩頂彼諸
如來亦於五體同放寶光從微塵方來灌佛
頂并灌會中諸大菩薩及阿羅漢林木池沼
皆演法音交光相羅如寶絲網是諸大衆得

BD05880 號　大佛頂如來密因修證了義諸菩薩萬行首楞嚴經卷六　（13–6）

尒時世尊於師子座從其五體同放寶光遠
灌十方微塵如來及法王子諸菩薩頂彼諸
如來亦於五體同放寶光從微塵方來灌佛
頂并灌會中諸大菩薩及阿羅漢林木池沼
皆演法音交光相羅如寶絲網是諸大衆得
未曾有一切普獲金剛三昧即時天雨百寶
蓮花青黄赤白間錯紛糅十方虚空成七寶
色此娑婆界大地山河俱時不現唯見十方
微塵國土合成一界梵唄詠歌自然敷奏於
是如來告文殊師利法王子汝今觀此廿
五無學諸大菩薩及阿羅漢各說最初成
道方便皆言修習真實圓通彼等修行實
無優劣前後差別我今欲令阿難開悟廿五行
誰當其根兼我滅後此界衆生入菩薩乘求無
上道何方便門得易成就文殊師利法王子
奉佛慈旨即從座起頂礼佛足承佛威神
說偈對佛
覺海性澄圓　圓澄覺無妙　無明照生所　所立照性亡
迷妄有虚空　依空立世界　想澄成國土　知覺乃衆生
空生大覺中　如海一漚發　有漏微塵國　皆從空所生
漚滅空本無　況復諸三有　歸元性無二　方便有多門
聖性無不通　順逆皆方便　初心入三昧　遲速不同倫
色想結成塵　精了不能徹　如何不明徹　於是獲圓通
音聲雜語言　但伊名句味　一非含一切　云何獲圓通
香以合中知　離則元無有　不恒其所覺　云何獲圓通
味性非本然　要以味時有　其覺不恒一　云何獲圓通
觸以所觸明　無所不明觸　合離性非定　云何獲圓通

BD05880號　大佛頂如來密因修證了義諸菩薩萬行首楞嚴經卷六　（13–7）

聖性無不通　順逆皆方便　初心入三昧　遲速不同倫
色想結成塵　精了不能徹　如何不明徹　於是獲圓通
音聲雜語言　但伊名句味　一非含一切　云何獲圓通
香以合中知　離則元無有　不恒其所覺　云何獲圓通
味性非本然　要以味時有　其覺不恒一　云何獲圓通
觸以所觸明　無所不明觸　合離性非定　云何獲圓通
法稱為內塵　憑塵必有所　能所非遍涉　云何獲圓通
見性雖洞然　明前不明後　四維虧一半　云何獲圓通
鼻息出入通　現前無交氣　支離匪涉入　云何獲圓通
舌非入無端　因味生覺了　味亡了無有　云何獲圓通
身與所觸同　各非圓覺觀　涯量不冥會　云何獲圓通
知根雜亂思　湛了終無見　想念不可脫　云何獲圓通
識見雜三和　詰本稱非相　自體先無定　云何獲圓通
心聞洞十方　生于大因力　初心不能入　云何獲圓通
鼻想本權機　秖令攝心住　住成心所住　云何獲圓通
說法弄音文　開悟先成者　名句非無漏　云何獲圓通
持犯但束身　非身無所束　元非遍一切　云何獲圓通
神通本宿因　何關法分別　念緣非離物　云何獲圓通
若以地性觀　堅礙非通達　有為非聖性　云何獲圓通
若以水性觀　想念非真實　如如非覺觀　云何獲圓通
若以火性觀　厭有非真離　非初心方便　云何獲圓通
若以風性觀　動寂非無對　對非無上覺　云何獲圓通
若以空性觀　昏鈍先非覺　無覺異菩提　云何獲圓通
若以識性觀　觀識非常住　存心乃虛妄　云何獲圓通
諸行是無常　念性元生滅　因果今殊感　云何獲圓通
我今白世尊　佛出娑婆界　此方真教體　清淨在音聞
欲取三摩提　實以聞中入　離苦得解脫　良哉觀世音

BD05880號　大佛頂如來密因修證了義諸菩薩萬行首楞嚴經卷六　（13–8）

若以空性觀 昏鈍先非覺 無覺異菩提 云何獲圓通
若以識性觀 觀識非常住 存心乃虛妄 云何獲圓通
諸行是無常 念性元生滅 因果今殊感 云何獲圓通
我今白世尊 佛出娑婆界 此方真教體 清淨在音聞
欲取三摩提 實以聞中入 離苦得解脫 良哉觀世音
於恒沙劫中 入微塵佛國 得大自在力 無畏施眾生
妙音觀世音 梵音海潮音 救世悉安寧 出世獲常住
我今啟如來 如觀音所說 譬如人靜居 十方俱擊鼓
十處一時聞 此則圓真實 目非觀障外 口鼻亦復然
身以合方知 心念紛無緒 隔垣聽音響 遐邇俱可聞
五根所不齊 是則通真實 音聲性動靜 聞中為有無
無聲號無聞 非實聞無性 聲無既無滅 聲有亦非生
生滅二圓離 是則常真實 縱令在夢想 不為不思無
覺觀出思惟 身心不能及 今此娑婆國 聲論得宣明
眾生迷本聞 循聲故流轉 阿難縱強記 不免落邪思
豈非隨所淪 旋流獲無妄 阿難汝諦聽 我承佛威力
宣說金剛王 如幻不思議 佛母真三昧 汝聞微塵佛
一切秘密門 欲漏不先除 畜聞成過誤 將聞持佛佛
何不自聞聞 聞非自然生 因聲有名字 旋聞與聲脫
能脫欲誰名 一根既返源 六根成解脫 見聞如幻翳
三界若空花 聞復翳根除 塵銷覺圓淨 淨極光通達
寂照含虛空 卻來觀世間 猶如夢中事 摩登伽在夢
誰能留汝形 如世巧幻師 幻作諸男女 雖見諸根動
要以一機抽 息機歸寂然 諸幻成無性 六根亦如是
無依一精明 分成六和合 一處成休復 六用皆不成
塵垢應念銷 成圓明淨妙 餘塵尚諸學 明極即如來
大眾及阿難 旋汝倒聞機 反聞聞自性 性成無上道

BD05880號　大佛頂如來密因修證了義諸菩薩萬行首楞嚴經卷六　（13–9）

誰能留汝形 如世巧幻師 幻作諸男女 雖見諸根動
要以一機抽 息機歸寂然 諸幻成無性 六根亦如是
無依一精明 分成六和合 一處成休復 六用皆不成
塵垢應念銷 成圓明淨妙 餘塵尚諸學 明極即如來
大眾及阿難 旋汝倒聞機 反聞聞自性 性成無上道
圓通實如是 此是微塵佛 一路涅槃門 過去諸如來
斯門已成就 現在諸菩薩 今各入圓明 未來修學人
當依如是法 我亦從中證 非唯觀世音 誠如佛世尊
詢我諸方便 以救諸末劫 求出世間人 成就涅槃心
觀世音為最 自餘諸方便 皆是佛威神 即事捨塵勞
非是長修學 淺深同說法 頂禮如來藏 無漏不思議
願加被未來 於此門無惑 方便易成就 堪以教阿難
及末劫沈淪 但以此根修 圓通超餘者 真實心如是
於是阿難及諸大眾身心了然得大開示觀
佛菩提及大涅槃猶如有人因事遠遊未得
歸還明了其家所歸道路普會大眾天龍八
部有學二乘及諸一切新發心菩薩其數凡
有十恒河沙皆得本心遠塵離垢獲法眼
淨性比丘尼聞說偈已成阿羅漢無量眾生
皆發無等等阿耨多羅三藐三菩提心
阿難整衣服於大眾中合掌頂禮心跡圓明
悲欣交集欲益未來諸眾生故稽首白佛大
悲世尊我今已悟成佛法門是中修行得無
疑惑常聞如來說如是言自未得度先度人
者菩薩發心自覺已圓能覺他者如來應世
我雖未度願度末劫一切眾生世尊此諸眾
生去佛漸遠邪師說法如恒河沙欲攝其心

BD05880號　大佛頂如來密因修證了義諸菩薩萬行首楞嚴經卷六　（13–10）

悲世尊我今已悟成佛法門是中脩行得無
疑惑常聞如來說如是言自未得度先度人
者菩薩發心自覺已圓能覺他者如來應世
我雖未度願度末劫一切衆生世尊此諸衆
生去佛漸遠邪師說法如恒河沙欲攝其心
入三摩地云何令其安立道塲遠諸魔事於
菩提心得無退屈
尒時世尊於大衆中稱讚阿難善哉善哉
如汝所問安立道塲救護衆生末劫沉溺汝
今諦聽當為汝說阿難大衆唯然奉教
佛告阿難汝常聞我毗柰耶中宣說脩行三
決定義所謂攝心為戒因戒生定因定發慧
是則名為三無漏學阿難云何攝心我名為
戒若諸世界六道衆生其心不婬則不隨其
生死相續汝脩三昧本出塵勞婬心不除塵
不可出縱有多智禪定現前如不斷婬必落
魔道上品魔王中品魔民下品魔女彼等諸
魔亦有徒衆各各自謂成無上道我滅度後
末法之中多此魔民熾盛世間廣行貪婬為
善知識令諸衆生落愛見坑失菩提路汝教
世人脩三摩地先斷心婬是名如來先佛世
尊第一決定清淨明誨是故阿難若不斷婬
脩禪定者如蒸沙石欲其成飯經百千劫秖
名熱沙何以故此非飯本石沙成故汝以婬身
求佛妙果縱得妙悟皆是婬根根本成婬
輪轉三途必不能出如來涅槃何路脩證必
使婬機身心俱斷斷性亦無於佛菩提斯可

BD05880號　大佛頂如來密因修證了義諸菩薩萬行首楞嚴經卷六　（13–11）

脩禪定者如蒸沙石欲其成飯經百千劫秖
名熱沙何以故此非飯本石沙成故汝以婬身
求佛妙果縱得妙悟皆是婬根根本成婬
輪轉三途必不能出如來涅槃何路脩證必
使婬機身心俱斷斷性亦無於佛菩提斯可
希冀如我此說名為佛說不如此說即波旬
說阿難又諸世界六道衆生其心不煞則不
隨其生死相續汝脩三昧本出塵勞煞心不
除塵不可出縱有多智禪慧現前如不斷煞
必落神道上品之人為大力鬼中品為飛行
夜叉諸鬼師等下品尚為地行羅剎彼諸鬼
神亦有徒衆各各自謂成無上道我滅度後
末法之中多此神鬼熾盛世間自言食宍得
菩提路阿難我令比丘食五淨宍此宍皆我
神力化生本無命根汝婆羅門地多蒸濕加
以沙石草菜不生我以大悲神力所加因大
慈悲假名為宍汝得其味柰何如來滅度之
後食衆生宍名為釋子汝等當知是食宍人
縱得心開似三摩地皆大羅剎報終必沉生
死苦海非佛弟子如是之人相煞相呑相食
未已云何是人得出三界汝教世人脩三摩
地次斷煞生是名如來先佛世尊第二決定
清淨明誨是故阿難若不斷煞脩禪定者
譬如有人自塞其耳高聲大叫求人不聞此
等名為欲隱彌露清淨比丘及諸菩薩於岐路
行不踏生草況以手拔云何大悲取諸衆生
血肉充食若諸比丘不服東方絲綿絹帛及

BD05880號　大佛頂如來密因修證了義諸菩薩萬行首楞嚴經卷六　（13–12）

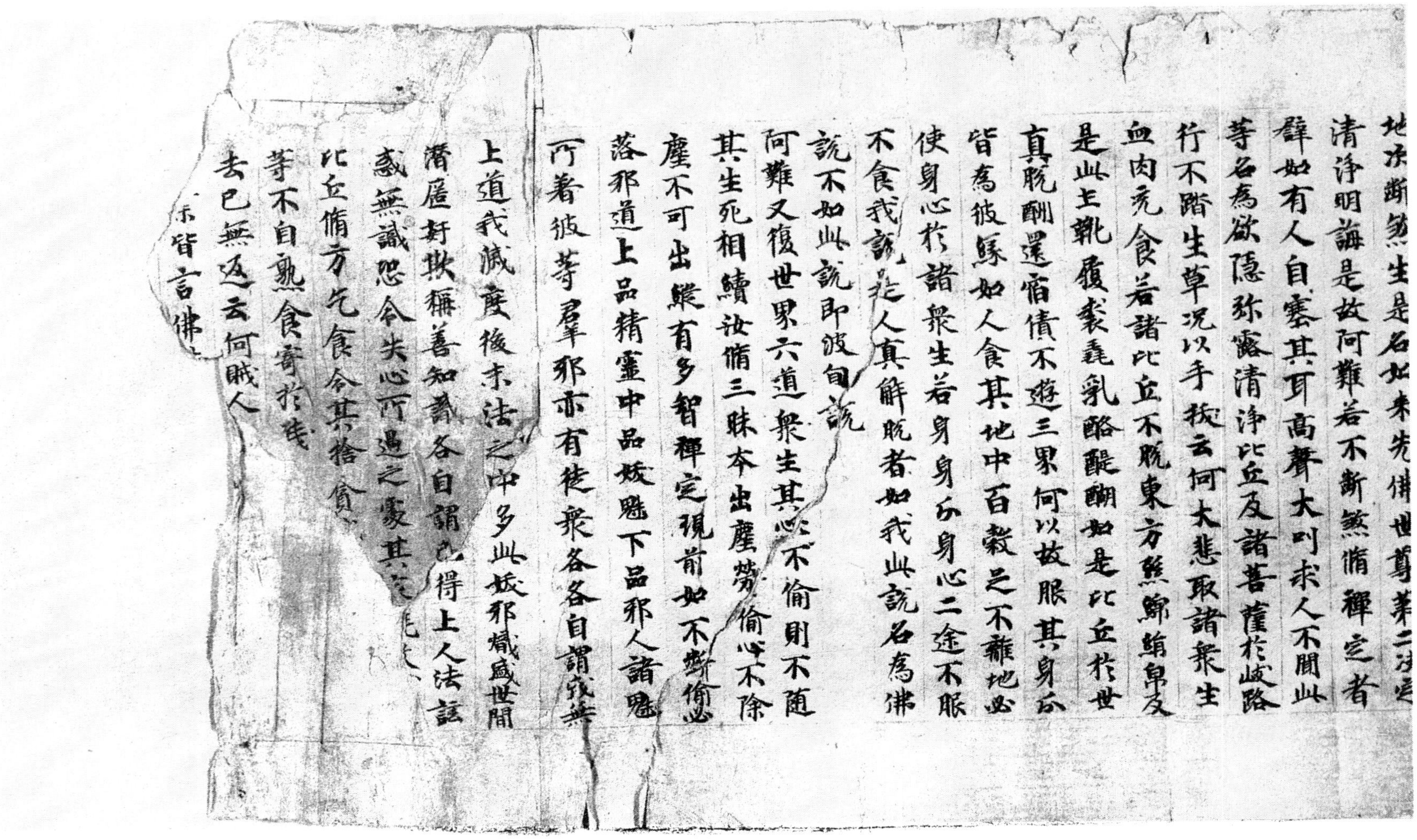

地決斷殺生是名如來先佛世尊第二決定
清淨明誨是故阿難若不斷殺脩禪定者
辟如有人自塞其耳高聲大叫求人不聞此
等名為欲隱弥露清淨比丘及諸菩薩於岐路
行不踏生草況以手拔云何大悲取諸眾生
血肉充食若諸比丘不服東方絲綿絹帛及
是此土靴履裘毳乳酪醍醐如是比丘於世
真脫酬還宿債不遊三界何以故服其身分
皆為彼緣如人食其地中百穀足不離地必
使身心於諸眾生若身身分身心二塗不服
不食我說是人真解脫者如我此說名為佛
說不如此說即波旬說
阿難又復世界六道眾生其心不偷則不隨
其生死相續汝脩三昧本出塵勞偷心不除
塵不可出縱有多智禪定現前如不斷偷必
落邪道上品精靈中品妖魅下品邪人諸魅
所著彼等群邪亦有徒眾各各自謂成無
上道我滅度後末法之中多此妖邪熾盛世間
潛匿姦欺稱善知識各自謂已得上人法詃
惑無識恐令失心所過之處其家耗
比丘脩方乞食令其捨貪
等不自熟食寄於殘
去已無返云何賊人
皆言佛

BD05880號　大佛頂如來密因修證了義諸菩薩萬行首楞嚴經卷六　（13–13）

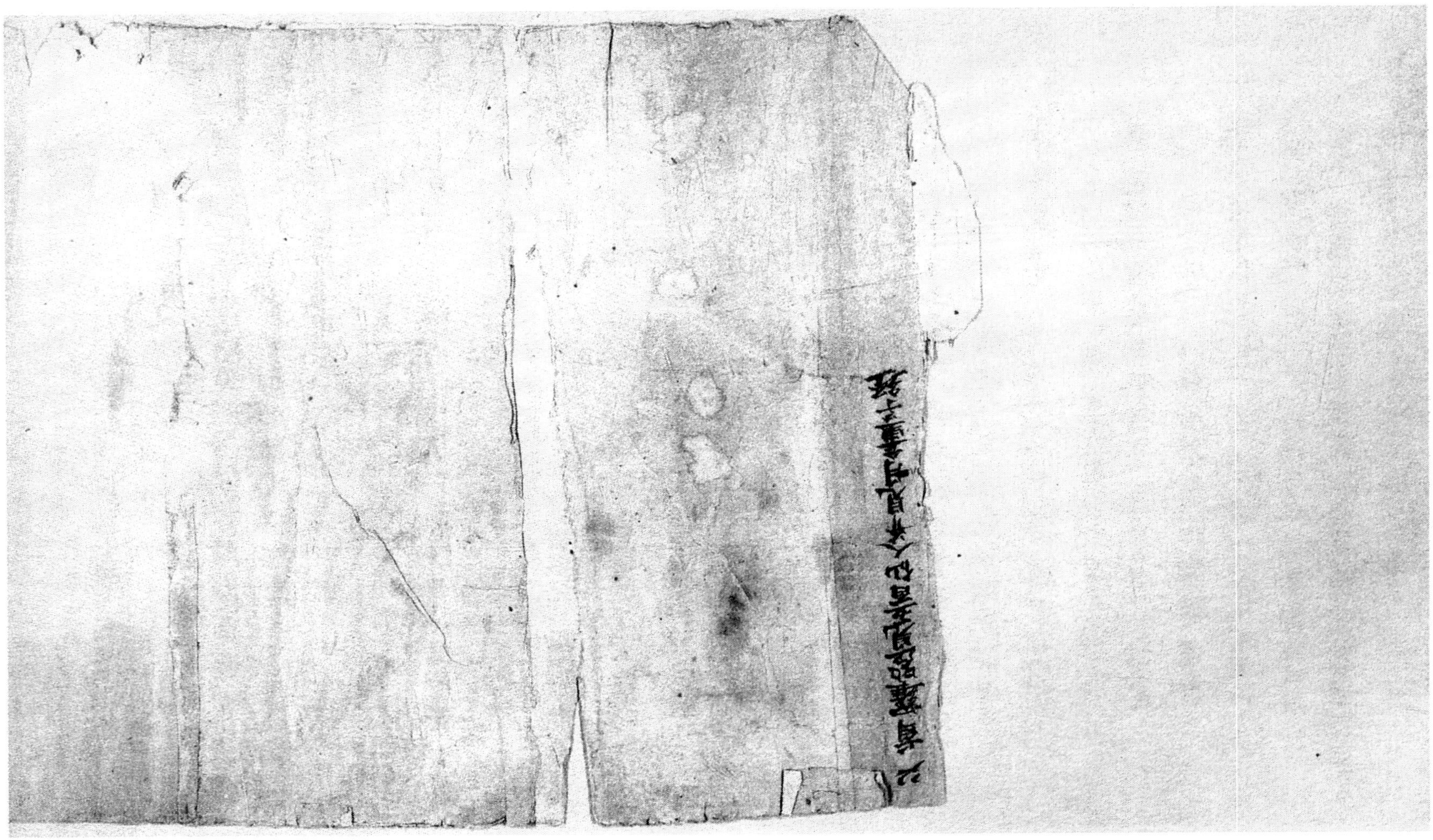

BD05880號背　雜寫　（1–1）

菩提菩薩應如是布施不住於相何以故若
菩薩不住相布施其福德不可思量須菩提
於意云何東方虛空可思量不不也世尊須菩
提南西北方四維上下虛空可思量不不也
世尊須菩提菩薩无住相布施福德亦復如
是不可思量須菩提菩薩但應如所教住
須菩提於意云何可以身相見如來不不也
世尊不可以身相得見如來何以故如來所
說身相即非身相佛告須菩提凡所有相皆
是虛妄若見諸相非相則見如來
須菩提白佛言世尊頗有衆生得聞如是言
說章句生實信不佛告須菩提莫作是說如
來滅後後五百歲有持戒脩福者於此章句
能生信心以此爲實當知是人不於一佛二
佛三四五佛而種善根已於无量千万佛所
種諸善根聞是章句乃至一念生淨信者須
菩提如來悉知悉見是諸衆生得如是无量
福德何以故是諸衆生无復我相人相衆生

BD05881號　金剛般若波羅蜜經　（8–1）

佛三四五佛而種善根已於无量千万佛所
種諸善根聞是章句乃至一念生淨信者須
菩提如來悉知悉見是諸衆生得如是无量
福德何以故是諸衆生无復我相人相衆生
相壽者相无法相亦无非法相何以故是諸
衆生若心取相則爲著我人衆生壽者若取
法相即著我人衆生壽者何以故若取非法
相即著我人衆生壽者是故不應取法不應
取非法以是義故如來常說汝等比丘知我
說法如筏喻者法尚應捨何況非法
須菩提於意云何如來得阿耨多羅三藐三
菩提耶如來有所說法耶須菩提言如我解
佛所說義无有定法名阿耨多羅三藐三菩
提亦无有定法如來可說何以故如來所說
法皆不可取不可說非法非非法所以者何
一切賢聖皆以无爲法而有差別
須菩提於意云何若人滿三千大千世界七
寶以用布施是人所得福德寧爲多不須菩
提言甚多世尊何以故是福德即非福德性
是故如來說福德多須菩提於意云何若
復有人於此經中受持乃至四句偈等爲他
人說其福勝彼何以故須菩提一切諸佛及
諸佛阿耨多羅三藐三菩提法皆從此經出
須菩提所謂佛法者即非佛法
須菩提於意云何須陁洹能作是念我得須

BD05881號　金剛般若波羅蜜經　（8–2）

人說其福勝彼何以故須菩提一切諸佛及
諸佛阿耨多羅三藐三菩提法皆從此經出
須菩提所謂佛法者即非佛法
須菩提於意云何須陁洹能作是念我得須
陁洹果不須菩提言不也世尊何以故須陁
洹名為入流而无所入不入色聲香味觸法
是須陁洹須菩提於意云何斯陁含能作
是念我得斯陁含果不須菩提言不也世尊
何以故斯陁含名一往来而實无往来是名
斯陁含須菩提於意云何阿那含能作是念
我得阿那含果不須菩提言不也世尊何以
故阿那含名為不来而實无来是故名阿那
含須菩提於意云何阿羅漢能作是念我得
阿羅漢道不須菩提言不也世尊何以故實
无有法名阿羅漢世尊若阿羅漢作是念我
无有法名阿羅漢世尊若阿羅漢作是念我
得阿羅漢道即為著我人衆生壽者世尊佛
說我得无諍三昧人中最為第一是第一離
欲阿羅漢我不作是念我是離欲阿羅漢世
尊我若作是念我得阿羅漢道世尊則不說
須菩提是樂阿蘭那行者以須菩提實无所
行而名須菩提是樂阿蘭那行
佛告須菩提於意云何如来昔在然燈佛所
於法有所得不世尊如来在然燈佛所於法
實无所得須菩提於意云何菩薩莊嚴佛土

BD05881 號　金剛般若波羅蜜經

（8–3）

須菩提是樂阿蘭那行者以須菩提實无所
行而名須菩提是樂阿蘭那行
佛告須菩提於意云何如来昔在然燈佛所
於法有所得不世尊如来在然燈佛所於法
實无所得須菩提於意云何菩薩莊嚴佛土
不不也世尊何以故莊嚴佛土者則非莊嚴
是名莊嚴是故須菩提諸菩薩摩訶薩應如
是生清淨心不應住色生心不應住聲香味
觸法生心應无所住而生其心須菩提譬如
有人身如須弥山王於意云何是身為大不
須菩提言甚大世尊何以故佛說非身是名
大身須菩提如恒河中所有沙數如是沙等
恒河於意云何是諸恒河沙寧為多不須菩
提言甚多世尊但諸恒河尚多无數何況其
沙須菩提我今實言告汝若有善男子善女
人以七寶滿尒所恒河沙數三千大千世界
以用布施得福多不須菩提言甚多世尊佛
告須菩提若善男子善女人於此經中乃至
受持四句偈等為他人說而此福德勝前福
德復次須菩提隨說是經乃至四句偈等當
知此處一切世間天人阿脩羅皆應供養如
佛塔廟何況有人盡能受持讀誦須菩提
當知是人成就最上第一希有之法若是經典
所在之處則為有佛若尊重弟子
尒時須菩提白佛言世尊當何名此經我等

BD05881 號　金剛般若波羅蜜經

（8–4）

佛塔廟何況有人盡能受持讀誦須菩提
當知是人成就最上第一希有之法若是經典
所在之處則為有佛若尊重弟子
尒時須菩提白佛言世尊當何名此經我等
云何奉持佛告須菩提是經名為金剛般若
波羅蜜以是名字汝當奉持所以者何須菩
提佛說般若波羅蜜則非般若波羅蜜須菩
提於意云何如來有所說法不須菩提白佛
言世尊如來无所說須菩提於意云何三千
大千世界所有微塵是為多不須菩提言
甚多世尊須菩提諸微塵如來說非微塵是
名微塵如來說世界非世界是名世界須菩提
於意云何可以三十二相見如來不不也世尊
不可以三十二相得見如來何以故如來
說三十二相即是非相是名三十二相須菩
提若有善男子善女人以恒河沙等身命
布施若復有人於此經中乃至受持四句偈等
為他人說其福甚多
尒時須菩提聞說是經深解義趣涕淚悲泣
而白佛言希有世尊佛說如是甚深經典我
從昔來所得慧眼未曾得聞如是之經世尊
若復有人得聞是經信心清淨則生實相當
知是人成就第一希有功德世尊是實相者
則是非相是故如來說名實相世尊我今得
聞如是經典信解受持不足為難若當來世

BD05881號　金剛般若波羅蜜經　（8–5）

從昔來所得慧眼未曾得聞如是之經世尊
若復有人得聞是經信心清淨則生實相當
知是人成就第一希有功德世尊是實相者
則是非相是故如來說名實相世尊我今得
聞如是經典信解受持不足為難若當來世
後五百歲其有眾生得聞是經信解受持是
人則為第一希有何以故此人无我相人相眾
生相壽者相所以者何我相即是非相人相
眾生相壽者相即是非相何以故離一切諸
相則名諸佛
佛告須菩提如是如是若復有人得聞是經
不驚不怖不畏當知是人甚為希有何以故
須菩提如來說第一波羅蜜非第一波羅蜜
是名第一波羅蜜
須菩提忍辱波羅蜜如來說非忍辱波羅
蜜何以故須菩提如我昔為歌利王割截身
體我於尒時无我相无人相无眾生相无壽者
相何以故我於往昔節節支解時若有我
人相眾生相壽者相應生瞋恨須菩提又念
過去於五百世作忍辱仙人於尒所世无我
相无人相无眾生相无壽者相是故須菩
提菩薩應離一切相發阿耨多羅三藐三菩
提心不應住色生心不應住聲香解法心
應生无所住心若心有住則為非住是故佛
說菩薩心不應住色布施須菩提菩薩為利

BD05881號　金剛般若波羅蜜經　（8–6）

相无人相无衆生相无壽者相是故須菩
提菩薩應離一切相發阿耨多羅三藐三菩
提心不應住色生心不應住聲香解法心
應生无所住心若心有住則為非住是故佛
說菩薩心不應住色布施須菩提菩薩為利
益一切衆生應如是布施如來說一切諸相
即是非相又說一切衆生則非衆生須菩提
如來是真語者實語者如語者不誑語者不
異語者須菩提如來所得法此法无實无虛
須菩提若菩薩心住於法而行布施如人入
闇則无所見若菩薩心不住法而行布施如
人有目日光明照見種種色須菩提當來之
世若有善男子善女人能於此經受持讀誦
則為如來以佛智慧悉知是人悉見是人皆
得成就无量无邊功德
須菩提若有善男子善女人初日分以恒河
沙等身布施中日分復以恒河沙等身布施
後日分亦以恒河沙等身布施如是无量百
千萬億劫以身布施若復有人聞此經典
信心不逆其福勝彼何況書寫受持讀誦
為人解說須菩提以要言之是經有不可思議
不可稱量无邊功德如來為發大乘者說為
發最上乘者說若有人能受持讀誦廣為人說
如來悉知是人悉見是人皆得成就不可量
不可稱无有邊不可思議功德如是人等則

BD05881 號　金剛般若波羅蜜經　（8–7）

為人解說須菩提以要言之是經有不可思議
不可稱量无邊功德如來為發大乘者說為
發最上乘者說若有人能受持讀誦廣為人說
如來悉知是人悉見是人皆得成就不可量
不可稱无有邊不可思議功德如是人等則
為荷擔如來阿耨多羅三藐三菩提何以故
須菩提若樂小法者著我見人見衆生見
壽者見則於此經不能聽受讀誦為人解說
須菩提在在處處若有此經一切世間天
人阿脩羅所應供養當知此處則為是塔皆
應恭敬作礼圍繞以諸華香而散其處
復次須菩提善男子善女人受持讀誦此經
若為人輕賤是人先世罪業應墮惡道以今
世人輕賤故先世罪業則為消滅當得阿耨
多羅三藐三菩提須菩提我念過去无量阿
僧祇劫於然燈佛前得值八百四千萬億那
由他諸佛悉皆供養承事无空過者若復有
人於後末世能受持讀誦此經所得功德於
我所供養諸佛功德百分不及一千萬億分
乃至算數譬喻所不能及須菩提若善男
子善女人於後末世有受持讀誦此經所得功
德我若具說者或有人聞心則狂乱狐疑不
不可思議

BD05881 號　金剛般若波羅蜜經　（8–8）

無二分無別無斷故大喜清淨故道相智一
切相智清淨道相智一切相智清淨故一切
智智清淨何以故若大喜清淨若道相智一
切相智清淨若一切智智清淨無二無二分
無別無斷故善現大喜清淨故一切陁羅尼
門清淨一切陁羅尼門清淨故一切智智清
淨何以故若大喜清淨若一切陁羅尼門清
淨若一切智智清淨無二無二分無別無斷
故大喜清淨故一切三摩地門清淨一切三
摩地門清淨故一切智智清淨何以故若大
喜清淨若一切三摩地門清淨若一切智智
清淨無二無二分無別無斷故
善現大喜清淨故預流果清淨預流果清淨
故一切智智清淨何以故若大喜清淨若預
流果清淨若一切智智清淨無二無二分無
別無斷故大喜清淨故一來不還阿羅漢果
清淨一來不還阿羅漢果清淨故一切智智
清淨何以故若大喜清淨若一來不還阿羅

BD05882號　大般若波羅蜜多經卷二三七　（2–1）

故大喜清淨故一切三摩地門清淨一切三
摩地門清淨故一切智智清淨何以故若大
喜清淨若一切三摩地門清淨若一切智智
清淨無二無二分無別無斷故
善現大喜清淨故預流果清淨預流果清淨
故一切智智清淨何以故若大喜清淨若預
流果清淨若一切智智清淨無二無二分無
別無斷故大喜清淨故一來不還阿羅漢果
清淨一來不還阿羅漢果清淨故一切智智
清淨何以故若大喜清淨若一來不還阿羅
漢果清淨若一切智智清淨無二無二分無
別無斷故善現大喜清淨故獨覺菩提清淨
獨覺菩提清淨故一切智智清淨何以故若
大喜清淨若獨覺菩提清淨若一切智智清
淨無二無二分無別無斷故善現大喜清淨
故一切菩薩摩訶薩行清淨一切菩薩摩訶
薩行清淨故一切智智清淨何以故若大喜
清淨若一切菩薩摩訶薩行清淨若一切智
智清淨無二無二分無別無斷故善現大喜
清淨故諸佛無上正等菩提清淨諸佛無上

BD05882號　大般若波羅蜜多經卷二三七　（2–2）

……必須先敬三寶所……
生良友福田若能歸向者則滅無量罪長無量福能
令行者離生死苦得解脫樂是故弟子某甲等歸依十
方盡虛空界一切諸佛歸依十方盡虛空界一切尊法
歸依十方盡虛空界一切菩薩聖僧弟子今日所以懺悔者正
為無始以來在凡夫地莫問貴賤罪自無量或因三業而生
罪或因六根而起或以內心自邪思惟或藉外境起於染
著如是乃至十惡增長八万四千諸塵勞門然其罪相雖
復無量大而為語不出有三何等為三一者煩惱二者是
業三者是果報此三種法能障聖道及以人天勝妙好事故
經中目為三障所以諸佛菩薩教作方便懺悔除滅、
此三滅者則根十惡乃至八万四千諸塵勞門皆悉清淨
是故弟子今日運此增上勝心懺悔三障欲滅此三罪者
當用何等心可令此罪滅除當興七種心以為方便然後此
此罪乃可得滅何等為七一者慚愧二者恐怖三者厭離四
者發菩提心五者怨親平等六者念報佛恩七者觀罪
性空
第一慚愧者自惟我與釋迦如來同為凡夫而今

BD05883號　佛名經（十六卷本）卷一　（3–1）

此三滅者則根十惡乃至八万四千諸塵勞……
是故弟子今日運此增上勝心懺悔三障欲滅此三罪者
當用何等心可令此罪滅除當興七種心以為方便然後此
此罪乃可得滅何等為七一者慚愧二者恐怖三者厭離四
者發菩提心五者怨親平等六者念報佛恩七者觀罪
性空
第一慚愧者自惟我與釋迦如來同為凡夫而今
世尊成道以來已經尒所塵沙劫數而我等相與耽染六塵
流浪生死永無出期此實天下可慚可愧可羞可恥
第二恐怖者既是凡夫身口意業常與罪相應以是因緣命
終之後應墮地獄畜生餓鬼受無量苦如此實為可驚可恐可
怖可懼
第三厭離者相與常觀生死之中唯有無常苦
空無我不淨虛假如水上泡速起速滅往來流轉猶若車輪生
老病死八苦交煎無時暫息眾等相與但觀自身從頭至足其中
但有卅六物髮毛爪齒眵淚涕唾生熟二藏大腸小腸脾腎心
肺肝膽胱胃肪膏腦膜筋脈骨髓大小便利九孔常流是故經
言此身眾苦所集一切皆不淨何有智慧者而當樂此身生死既
有如此種種惡法甚可患厭
第四發菩提心者經言當樂
佛身佛身者即法身也從無量功德智慧生從六波羅蜜生
從慈悲喜捨生從卅七助菩提法生如是等種種功德智慧生
生如來身欲得此身者[redacted]當發菩提心求一切種智常
樂我淨薩婆若果淨佛國土成就眾生於身命財無所悋
惜
第五怨親平等者於一切眾生起慈悲心無彼我想
何以故尒若見怨異親即是分別以分別故起諸相著相
著因緣生諸煩惱煩惱因緣造諸惡業惡業因緣故得苦
果
第六念報佛恩者如來往昔無量劫中捨頭目髓
腦支節手足國城妻子象馬七珍為我等故脩諸苦行此恩
此德實難酬報是故經言若以頂戴兩肩荷負於恒沙

BD05883號　佛名經（十六卷本）卷一　（3–2）

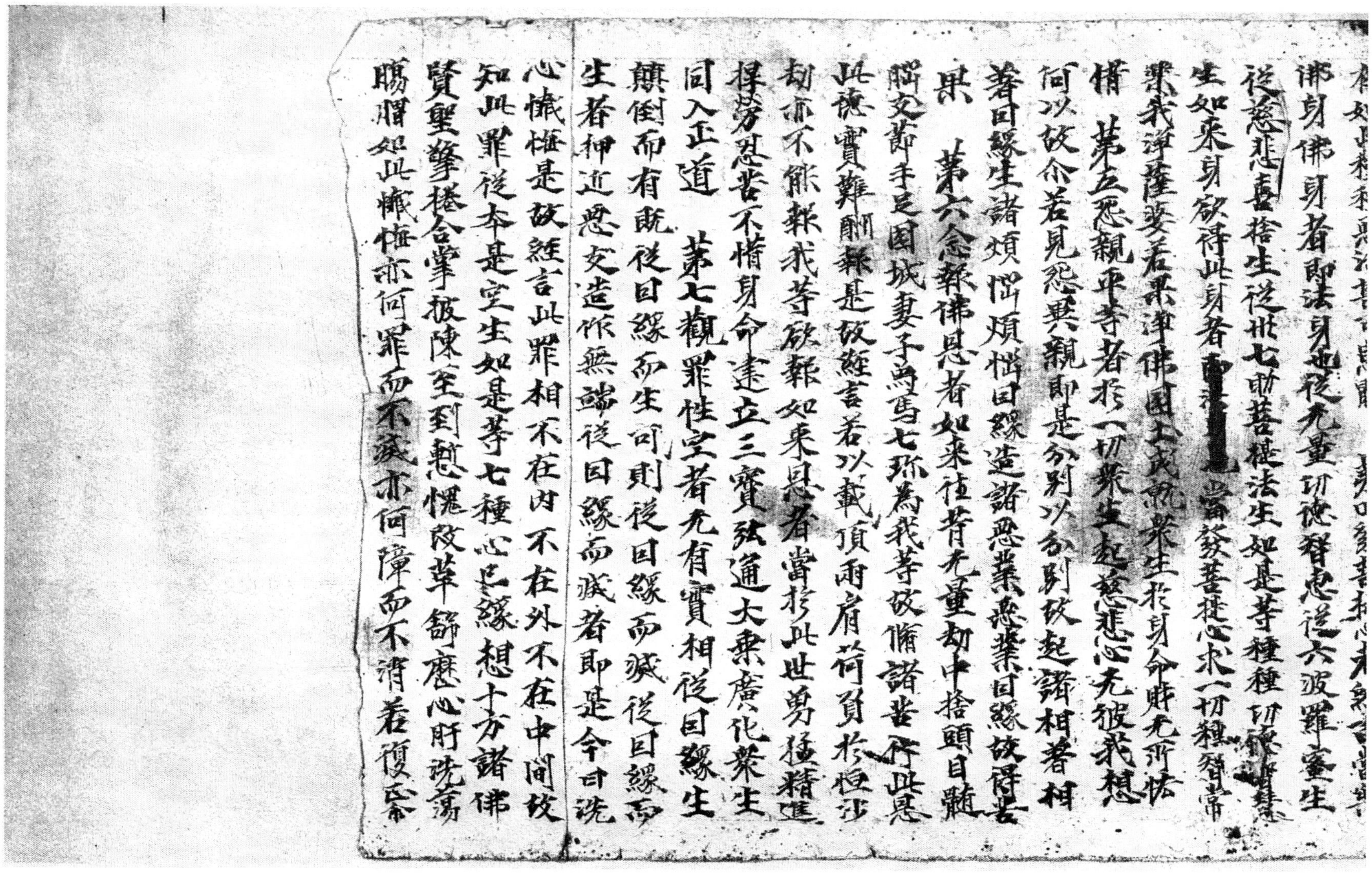

佛身佛身者即法身也從无量功德智慧從六波羅蜜生
從慈悲喜捨生從卅七助菩提法生如是等種種功德智慧
生如來身欲得此身者當發菩提心求一切種智常
樂我淨薩婆若果淨佛國土成就眾生於身命財无所悋
惜　第五怨親平等者於一切眾生起慈悲心无彼我想
何以故尒若見怨異親即是分別以分別故起諸相著相
著因緣生諸煩惱煩惱因緣造諸惡業惡業因緣故得苦
果　第六念報佛恩者如來往昔无量劫中捨頭目髓
腦支節手足國城妻子象馬七珎為我等故脩諸苦行此恩
此德實難酬報是故經言若以頂戴兩肩荷負於恒沙
劫亦不能報我等欲報如來恩者當於此世勇猛精進
捍勞忍苦不惜身命建立三寶弘通大乘廣化眾生
同入正道　第七觀罪性空者无有實相從因緣生
顛倒而有既從因緣而生則可從因緣而滅從因緣而
生者狎近惡友造作無端從因緣而滅者即是今日洗
心懺悔是故經言此罪相不在內不在外不在中間故
知此罪從本是空生如是等七種心已緣想十方諸佛
賢聖擎拳合掌披陳至到慚愧改革舒歷心肝洗蕩
腸胃如此懺悔亦何罪而不滅亦何障而不消若復悠

BD05883號　佛名經（十六卷本）卷一　（3–3）

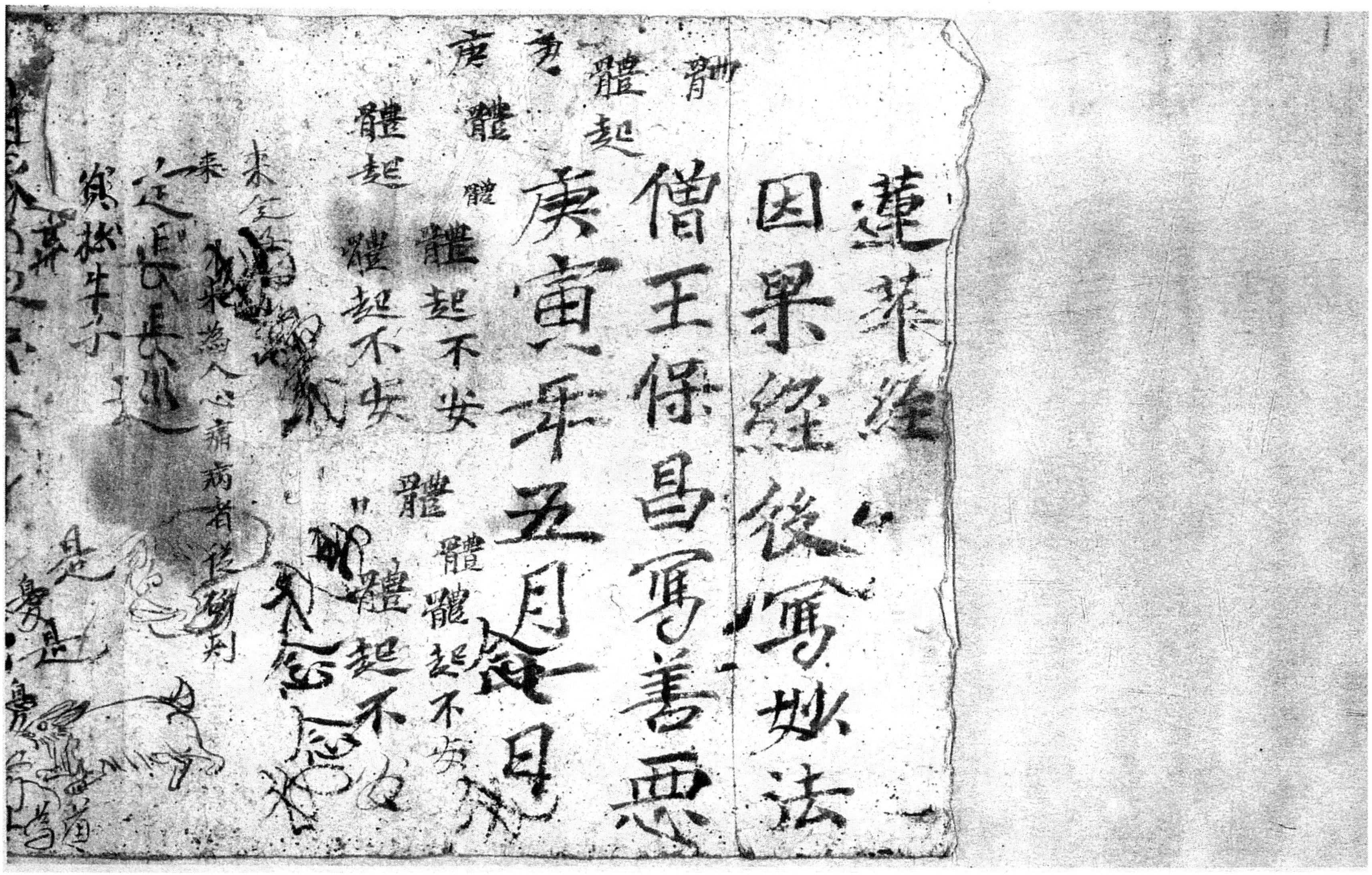

蓮華經
因果經後寫妙法
僧王保昌寫善惡
庚寅年五月廿日
體起不安
體起不安

BD05883號背 1　庚寅年僧王保昌寫經錄（擬）　（3–1）

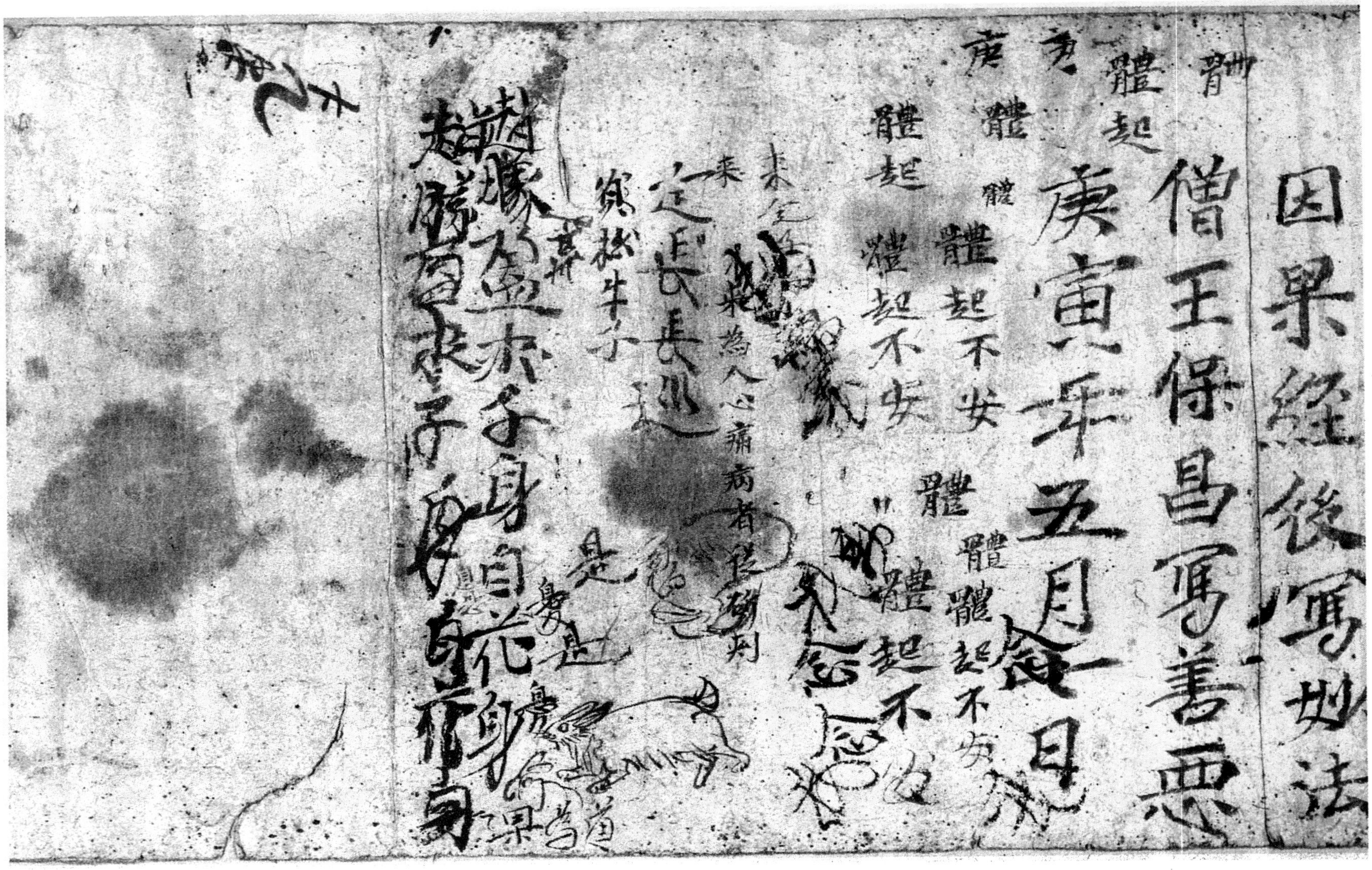

因果經後寫妙法
僧王保昌寫善惡
庚寅年五月合日

BD05883 號背 1　庚寅年僧王保昌寫經錄（擬）　（3–2）
BD05883 號背 2　白畫兔子（擬）、雜寫

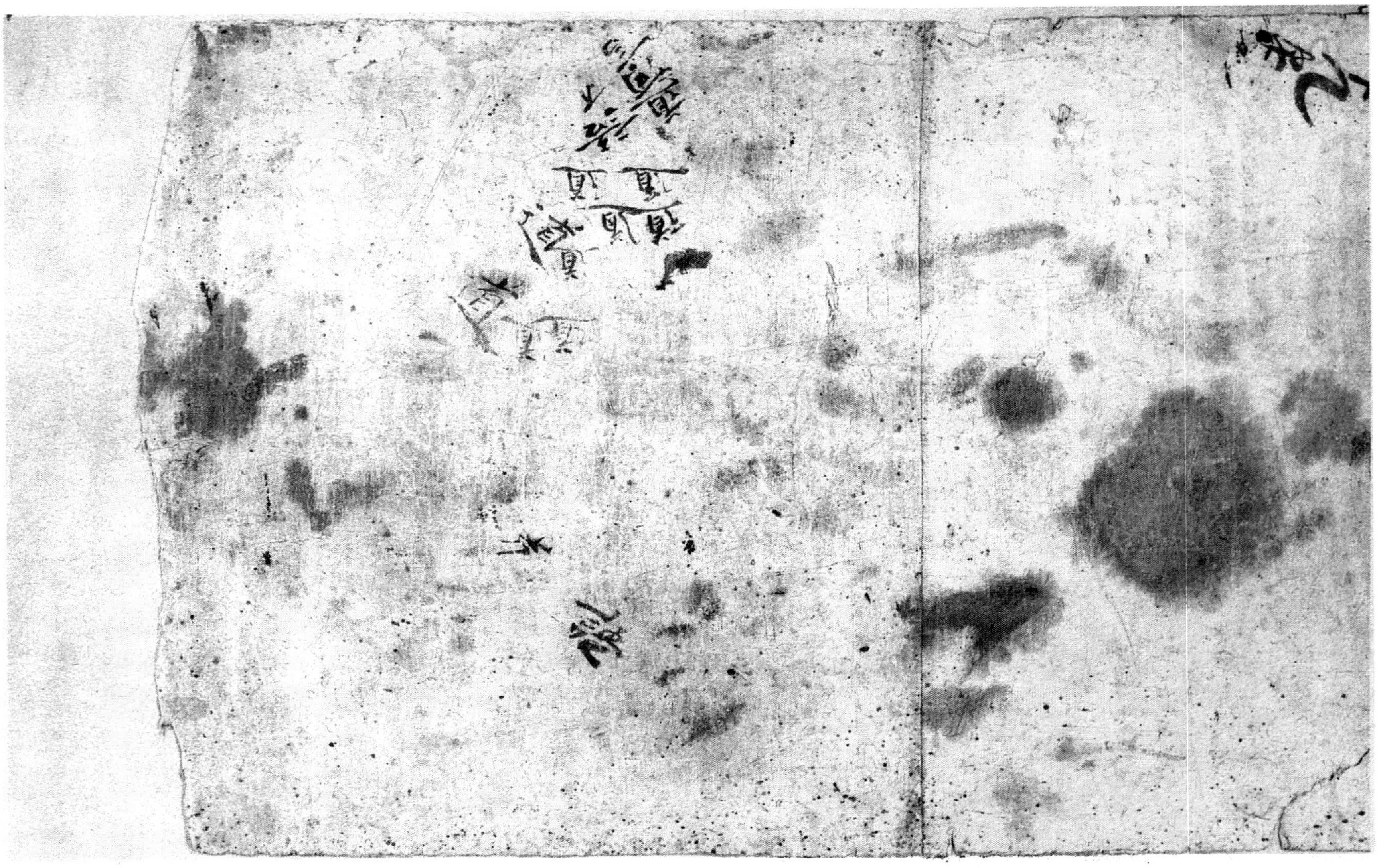

BD05883 號背　雜寫　（3–3）

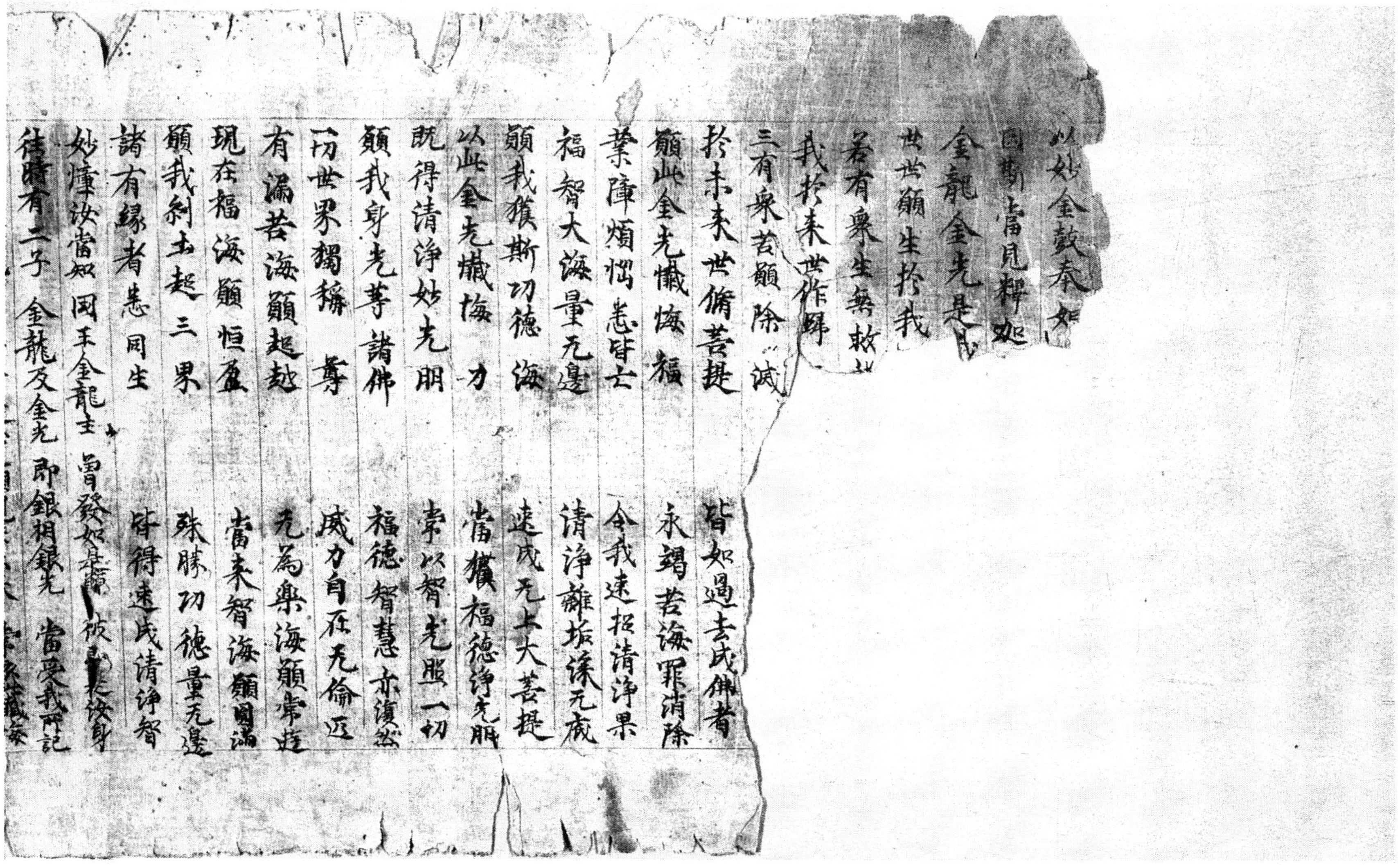
以妙金鼓奏如……
因斯當見釋迦……
金龍金光是汝……
世世願生於我……
若有衆生無救……
我於來世作歸……
三有衆苦願除滅　皆如過去成佛者
於未來世脩菩提　永竭苦海罪消除
願此金光懺悔福　令我速招清淨果
業障煩惱悉皆亡　清淨離垢深无底
福智大海量无邊　速成无上大菩提
願我獲斯功德海　當獲福德淨光明
以此金光懺悔力　常以智光照一切
既得清淨妙光明　福德智慧亦復然
願我身光等諸佛　威力自在无倫匹
一切世界獨稱尊　无爲樂海願常遊
有漏苦海願超越　當來智海願圓滿
現在福海願恒盈　殊勝功德量无邊
願我剎土超三界　皆得速成清淨智
諸有緣者悉同生
妙幢汝當知　國王金龍主　曾發如是願　彼是汝身
往時有二子　金龍及金光　即銀相銀光　當受我所記

BD05884號　金光明最勝王經卷五　（8–1）

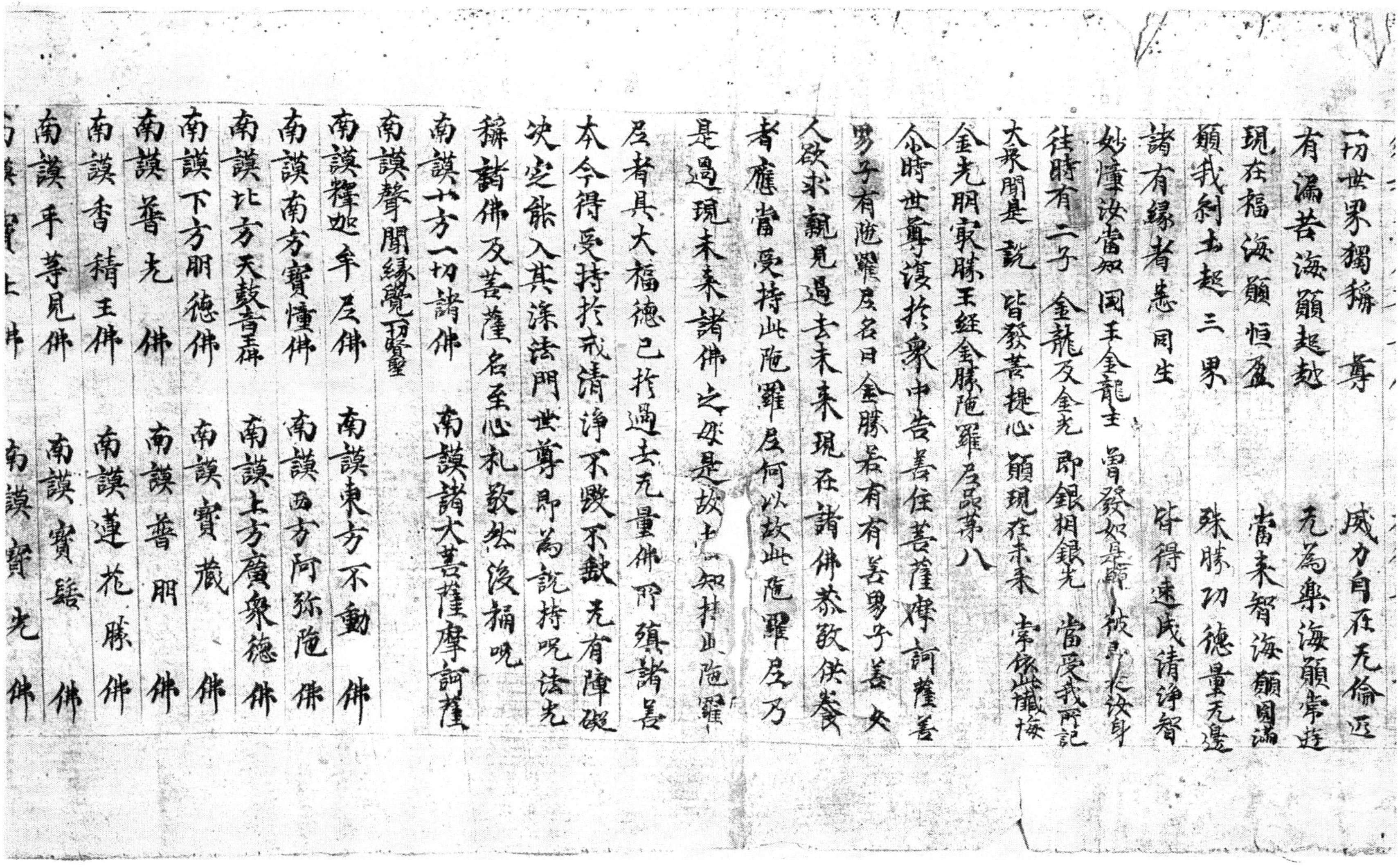
一切世界獨稱尊　威力自在无倫匹
有漏苦海願超越　无爲樂海願常遊
現在福海願恒盈　當來智海願圓滿
願我剎土超三界　殊勝功德量无邊
諸有緣者悉同生　皆得速成清淨智
妙幢汝當知　國王金龍主　曾發如是願　彼是汝身
往時有二子　金龍及金光　即銀相銀光　當受我所記
大衆聞是說　皆發菩提心　願現在未來　常依此懺悔
金光明最勝王經金勝陀羅尼品第八
尒時世尊復於衆中告善住菩薩摩訶薩善
男子有陀羅尼名曰金勝若有善男子善女
人欲求親見過去未來現在諸佛恭敬供養
者應當受持此陀羅尼何以故此陀羅尼乃
是過現未來諸佛之母是故當知持此陀羅
尼者具大福德已於過去无量佛所殖諸善
本今得受持於戒清淨不毀不缺无有障礙
決定能入甚深法門世尊即爲說持呪法先
稱諸佛及菩薩名至心礼敬然後誦呪
南謨十方一切諸佛　南謨諸大菩薩摩訶薩
南謨聲聞緣覺一切賢聖
南謨釋迦牟尼佛　南謨東方不動佛
南謨南方寶幢佛　南謨西方阿弥陀佛
南謨北方天鼓音王佛　南謨上方廣衆德佛
南謨下方明德佛　南謨寶藏佛
南謨普光佛　南謨普明佛
南謨香積王佛　南謨蓮花勝佛
南謨平等見佛　南謨寶髻佛
南謨寶上佛　南謨寶光佛

BD05884號　金光明最勝王經卷五　（8–2）

南謨北方天鼓音王佛　南謨上方廣衆德佛
南謨下方明德佛　南謨寶藏佛
南謨普光佛　南謨普明佛
南謨香積王佛　南謨蓮花勝佛
南謨平等見佛　南謨寶髻佛
南謨寶上佛　南謨寶光佛
南謨无垢光明佛　南謨辯才莊嚴思惟佛
南謨淨月光稱相王佛　南謨花嚴光佛
南謨光明王佛　南謨善光无垢稱王佛
南謨觀察无畏自在王佛　南謨无畏名稱佛
南謨最勝王佛
南謨觀自在菩薩摩訶薩　南謨地藏菩薩摩訶薩
南謨虛空藏菩薩摩訶薩　南謨妙吉祥菩薩摩訶薩
南謨金剛手菩薩摩訶薩　南謨普賢菩薩摩訶薩
南謨无盡意菩薩摩訶薩　南謨大勢至菩薩摩訶薩
南謨慈氏菩薩摩訶薩　南謨善惠菩薩摩訶薩
陁羅尼曰
南謨曷剌怛娜怛剌夜也　怛姪他
君睇　君睇矩折囉　矩折囉
壹窒哩　蜜窒哩　莎訶
佛告善住菩薩此陁羅尼是三世佛母若有
善男子善女人持此呪者能生无量无邊福
德之聚即是供養恭敬尊重讚歎无數諸佛
如是諸佛皆與此人授阿耨多羅三藐三菩提
記善住若有人能持此呪者隨其所欲衣
食財寶多聞聰慧无病長壽獲福甚多隨所
願求无不遂意善住持是呪者乃至未證无
上菩提常與金城山菩薩慈氏菩薩大海菩
薩觀自在菩薩妙吉祥菩薩大氷伽羅菩薩

BD05884號　金光明最勝王經卷五　（8–3）

記善住若有人能持此呪者隨其所欲衣
食財寶多聞聰慧无病長壽獲福甚多隨所
願求无不遂意善住持是呪者乃至未證无
上菩提常與金城山菩薩慈氏菩薩大海菩
薩觀自在菩薩妙吉祥菩薩大氷伽羅菩薩
等而共居止為諸菩薩之所擁護善住當知
持此呪時作如是法先應誦持滿一万八遍
為前方便次於闇室莊嚴道場黑月一日清
淨洗浴著鮮潔衣燒香散花種種供養并諸
飲食入道場中先當稱礼如前所說諸佛菩
薩至心慇重悔先罪已右膝著地可誦前呪
滿一千八遍端坐思惟念其所願日未出時
於道場中食淨黑食日唯一食至十五日方
出道場能令此人福德威力不可思議隨所
願求无不圓滿若不遂意重入道場既稱心
已常持莫忘
金光明最勝王經顯空性品第九
爾時世尊說此呪已為欲利益菩薩摩訶薩
人天大衆令得悟解甚深真實第一義故重
明空性而說頌曰
我已於餘甚深經　廣說真空微妙法
今復於此經王內　略說空法不思議
於諸廣大甚深法　有情无智不能解
故我於斯重敷演　令於空法得開悟
大悲愍念有情故　以善方便勝因緣
我今於此大衆中　演說令彼明空義
當知此身如空聚　六賊依止不相知
六塵諸賊別依根　各不相知亦如是

BD05884號　金光明最勝王經卷五　（8–4）

故我於斯重敷演　令於空法得開悟
大悲哀愍有情故　以善方便勝因緣
我今於此大眾中　演說令彼明空義
當知此身如空聚　六賊依止不相知
六塵諸賊別依根　各不相知亦如是
眼根常觀於色處　耳根聽聲不斷絕
鼻根恒嗅於香境　舌根鎮嘗於美味
身根受於輕耎觸　意根了法不知厭
此等六根隨事起　各於自境生分別
識如幻化非真實　依止根處妄貪求
如人奔走空聚中　六識依根亦如是
心遍馳求隨處轉　託根緣境了諸事
常受色聲香味觸　於法尋思无暫停
隨緣遍行於六根　如鳥飛空无障礙
藉此諸根作依處　方能了別於外境
此身无知无作者　體不堅固託緣成
皆從虛妄分別生　譬如機關由業轉
地水火風共成身　隨彼因緣招異果
同在一處相違害　如四毒蛇居一篋
此四大蛇性各異　雖居一處有昇沉
或上或下遍於身　斯等終歸於滅法
於此四種毒蛇中　地水二蛇多沉下
風火二蛇性輕舉　由此乖違眾病生
心識依止於此身　造作種種善惡業
當往人天三惡趣　隨其業力受身形
遭諸疾病身死後　大小便利悉盈流
膿爛蟲蛆不可樂　棄在屍林如朽木
汝等當觀法如是　云何執有我眾生

風火二蛇性輕舉　由此乖違眾病生
心識依止於此身　造作種種善惡業
當往人天三惡趣　隨其業力受身形
遭諸疾病身死後　大小便利悉盈流
膿爛蟲蛆不可樂　棄在屍林如朽木
汝等當觀法如是　云何執有我眾生
一切諸法盡无常　悉從无明緣力起
彼諸大種咸虛妄　本非實有體无生
故說大種性皆空　知此浮虛非實有
无明自性本是无　藉眾緣力和合有
於一切時失正慧　故我說彼為无明
行識為緣有名色　六處及觸受隨生
愛取有緣生老死　憂悲苦惱恒隨逐
眾苦惡業常纏迫　生死輪迴无息時
本來非有體是空　由不如理生分別
我斷一切諸煩惱　常以正智現前行
了五蘊宅悉皆空　求證菩提真實處
我開甘露大城門　示現甘露微妙器
既得甘露真實味　常以甘露施群生
我擊最勝大法鼓　我吹最勝法螺
我然最勝大明燈　我降最勝大法雨
降伏煩惱諸怨結　建立无上大法幢
於生死海濟群迷　我當關閉三惡趣
煩惱熾火燒眾生　无有救護无依止
清涼甘露充足彼　身心熱惱並皆除
由是我於无量劫　恭敬供養諸如來
堅持禁戒趣菩提　求證法身安樂處
施他眼耳及手足　妻子僕心无悋

於[illegible]遇　我當[illegible]三惡趣
煩惱熾火燒衆生　无有救護无依止
清涼甘露充足彼　身心熱惱並皆除
由是我於无量劫　恭敬供養諸如來
堅持禁戒趣菩提　求證法身安樂處
施他眼耳及手足　妻子僮僕心无悋
財寶七珍莊嚴具　隨來求者咸供給
忍等諸度皆遍修　十地圓滿成正覺
故我得稱一切智　无有衆生能量者
假使三千大千界　盡此土地生長物
所有藂林諸樹木　稻麻竹葦及枝條
此等諸物皆伐取　並悉細末作微塵
隨處積集量難知　乃至充滿虛空界
一切十方諸剎土　所有三千大千界
地土皆悉末為塵　此微塵量不可數
假使一切衆生智　以此智慧與一人
如是智者量无邊　容可知彼微塵數
牟尼世尊一念智　令彼智人共度量
於多俱胝劫數中　不能算知其少分
時諸大衆聞佛說此甚深空性有无量衆
生悉能了達四大五蘊體性俱空六根六境
妄生繫縛願捨輪迴正修出離深心慶喜如
說奉持
金光明最勝王經依空滿願品第十
尒時如意寶光耀天女於大衆中聞說深法
歡喜踊躍從座而起偏袒右肩右膝著地合
掌恭敬白佛言世尊唯願為說於甚深理修
行之法而說頌言

BD05884號　金光明最勝王經卷五　（8–7）

牟尼世尊一念智　令彼智人共度量
於多俱胝劫數中　不能算知其少分
時諸大衆聞佛說此甚深空性有无量衆
生悉能了達四大五蘊體性俱空六根六境
妄生繫縛願捨輪迴正修出離深心慶喜如
說奉持
金光明最勝王經依空滿願品第十
尒時如意寶光耀天女於大衆中聞說深法
歡喜踊躍從座而起偏袒右肩右膝著地合
掌恭敬白佛言世尊唯願為說於甚深理修
行之法而說頌言
我問照世界　兩足最勝尊　菩薩正行法　唯願[illegible]
佛言善女天　若有疑惑者　隨汝意所問　[illegible]
是時天女請世尊曰
云何諸菩薩　行菩提正行　離生死涅槃　饒益自他故
佛告善天女依於法界行菩提法修平等行[illegible]
云何依於法界行菩提[illegible]平等行[illegible]
蘊能現法界法界即是五蘊五蘊不可說非
五蘊亦不可說何以故若法界是五蘊即是
若離五蘊即是[illegible]於二相不著二
邊不可[illegible]

BD05884號　金光明最勝王經卷五　（8–8）

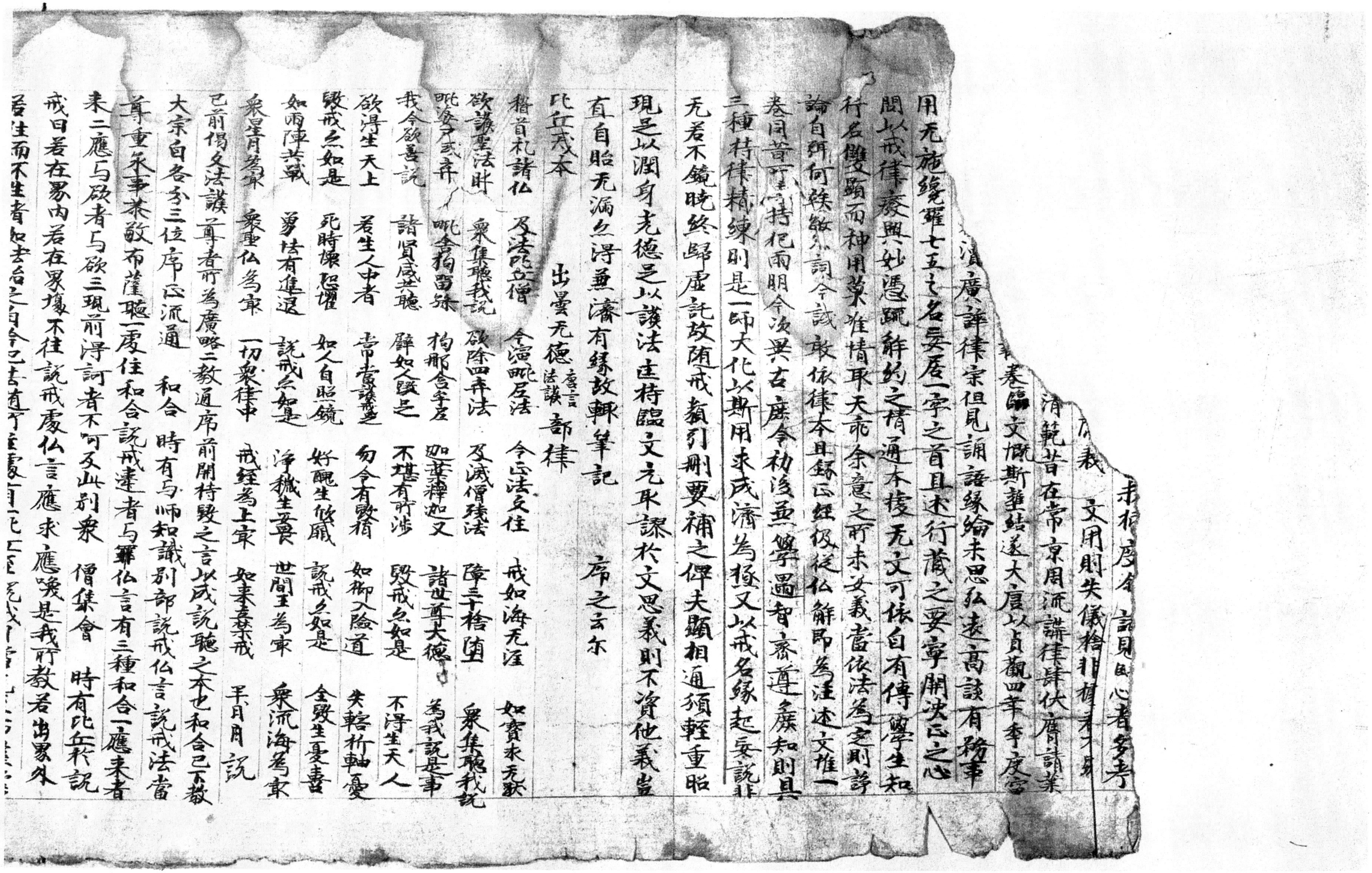

未……度含……誦見……心者多李
文用則失儀檢非……
清範昔在常京周流講肆伏膺請業
義歸文慨斯華結遂大肩以貞觀四年季夏容
潤廣詳律宗但見誦語緣紛未思弘遠高談有務事
用无施縱羅七五之名妄居一字之首且述行藏之要寧開決正之心
間以戒律發興妙憑蹤解約之精通本棱无文可依自有傳學生知
行名雙顯而神用莫准情取天乖余意之所未安義當依法為定則諍
論自拜何殊鉉詞令試敢依律本且錄正經役從仏解即為注述文推一
卷同普……持化而明令沒異古庶令初後無學遍智齊遵廣知則具
三種持律精練則是一師大化以斯用求成濟為極又以戒名緣起妄說非
无若不鏡曉終歸虛託故隨戒顯引刪要補之俾夫顯相通須輕重昭
現是以潤身光德是以讓法達持臨文元取謬於文思義則不資他義旹
直自貽无漏亦得無濟有緣故輙筆記　序之云尔

比丘戒本　出曇无德部律（唐言法護）

稽首礼諸仏　及法比丘僧　今演毗尼法　令正法久住　戒如海无涯　如寶求无猒
欲護聖法財　衆集聽我說　欲除四弃法　及滅僧殘法　障三十捨墮　衆集聽我說
毗婆尸式弃　毗舍拘留孫　拘那含牟尼　迦葉釋迦文　諸世尊大德　為我說是事
我今欲善說　諸賢咸共聽　譬如人毀足　不堪有所涉　毀戒亦如是　不得生天人
欲得生天上　若生人中者　常當護戒足　勿令有毀損　如御入險道　失轄折軸憂
毀戒亦如是　死時懷恐懼　如人自照鏡　好醜生欣戚　說戒亦如是　全毀生憂喜
如兩陣共戰　勇怯有進退　說戒亦如是　淨穢生安畏　世間王為最　衆流海為最
衆星月為最　衆聖仏為最　一切衆律中　戒經為上最　如來立禁戒　半月半月說
已前偈及法讓尊者所為廣略二教通序前開持毀之言以成說聽之本也和合已下教
大衆白名分三位序正流通　和合　時有与師知識別部說戒仏言說戒法當
尊重承事恭敬布薩聽一處住和合說戒違者与罪仏言有三種和合一應來者
來二應与欲者与欲三現前得訶者不訶及此別衆　僧集會　時有比丘於說
戒日若在界內若在界塲不往說戒處仏言應求應喚是我所教若出界外
若往而不生者如去白……

BD05885 號 1　比丘含注戒本序
BD05885 號 2　比丘含注戒本

（9–1）

衆星月爲最　衆聖仏爲最　一切衆律中　戒經爲上最　如來立禁戒　半月半月說
已前偈文法讚尊者所爲廣略二教通序前開持毀之言以成說聽之本也和合已下散
大衆白各令三位序正流通　和合　時有与師知識別部說戒仏言說戒法當
尊重不事恭敬布薩聽一處住和合說戒違者得罪仏言有三種和合一應來者
來二應与欲者与欲三現前得訶者不可又此別衆　僧集會　時有比丘於說
戒日若在界內若在界場不往說戒處仏言應求應喚是我所教若出界外
若往而不至者如法治之白令已去隨所住處有一比丘至說戒日當先至布薩堂
掃灑敷坐具水器然燈弄舍羅等若有客來四人若過作白說戒乃至一人心念
清淨若有非法別衆說戒者如法治之　未受大戒者出　時有比丘令餘六衆
遠說戒事仏言並令至不見不聞處除人未受戒者非人來者聽之　不應在
尼前也　不來諸比丘說欲及清淨　時說戒日有病比丘若看病者及三寶
事不來聽戒仏言應与欲及清淨隨其廣略若不見身相不口說者不成若病重
者舉至僧中恐病增動若出界作以无方次可得別衆羯磨說戒故
誰遣比丘來請教戒　仏言若有者即應起白言比丘尼僧和合礼比丘僧足
廣如刪補羯磨中若无來者若去无尼來請教戒　今僧和合何所作爲
彼應答言　說戒羯磨　仏言若說戒日不得在房比丘坐相檢來不來者
應先白已然後說戒若癡比丘言先不誦戒有妄者不成說戒當依能誦戒
者比丘五夏當誦使通利若諸比丘學誦戒序乃至餘法還至本處次第說
之不應重誦若不得者但說法誦經從座而起不者如法治
大德僧聽今十五日衆僧說戒若僧時到僧忍聽和合說戒白如是
仏言隨當王者若十四日若十五日應作數法若黑若白各有十五隨
月稱之若得四人應作此白三人已下當三語說戒　諸大德我今欲
說波羅提木叉戒　仏言新受戒者未得聞戒不知何學聽集一處
和合說之波羅提木叉者戒也自攝持威儀住處行根面首集衆
善法三昧成就當結當說發起演布開現反覆分別　諸比丘共集
在一處　仏言同羯磨者集在一處乃至應可者不可是名如法若
衆大聲小數妙高座立上而說八難餘緣隨時略說若客舊共集
數有多少說至此序告清淨次聽餘廣如律　汝等諦聽善思念
之　仏言端意專心而聽法也　若自知有犯者即應自懺悔
仏言謂所作犯事未懺悔也有二種智人有罪能見見罪能如法懺悔若欲
悔者當詣清淨比丘說犯名字如法除已方得聞戒乃至於非有疑亦
是說若僧並犯無人可懺不問識疑自懺後說　不犯者默然　默然者知
諸大德清淨　仏言无犯者有二種若本不犯若犯懺　若有他問者亦
如是答　仏言如一比丘相問答也　如是比丘在於衆中乃至三問憶念

數有多少說至此序告清淨次聽餘廣如律　汝等諦聽善思念
之　仏言端意專心而聽法也　若自知有犯者即應自懺悔
仏言謂所作犯事未懺悔也有二種智人有罪能見〻罪能如法懺悔若欲
悔者當詣清淨比丘說犯名字如法除已方得聞戒乃至於非有疑〻
是說若僧並犯無人可懺不問識疑自懺後說　不犯者默〻然〻者知
諸大德清淨　仏言无犯者有二種若本不犯若犯懺　若有他問者亦
如是荅　仏言如比丘相問荅也　如是比丘在於衆中乃至三問憶念
有罪不懺悔者得故妄語罪故妄語者仏說障道法　仏言僧說戒
時默妄語故犯突吉羅言障道者障於四禪三空四果告諸比丘如大
海不受死屍設有漂出我法亦尒不受死屍謂死屍者非沙門梵
行自言沙門梵行犯戒惡法不淨穢汙邪見覆〻善內壞腐爛外現完
淨如空中樹雖在衆坐常離衆遠衆亦遠彼故知懺罪方成聞戒
若彼比丘憶念有罪欲求清淨者應懺悔〻者得安樂　仏言以清淨
戒學故得清淨定慧名得禪果為安樂也　諸大德我已說戒經序
今問諸大德是中清淨不 如是三說　諸大德是中清淨默然故是事如是持
自此已前廣教之別序也後說〻之文即廣教之正宗　諸大德是
四波羅夷法半〻月〻說戒經中來　初婬戒緣　仏在毗舍離國時
須提那子持信出家後還本村与其故耳故行不淨諸比丘察知已告言
嗇於如來清淨法中於欲能斷渴愛破壞巢窟除衆結縛盡滅云
何乃作如是惡事以過白仏即集衆知時義合取自言已可責云汝所為
非〻威儀非沙門非淨行非隨順行所不應為告諸比丘我无數方便
說斷欲法速度愛結說此欲如火如炬乃至如刀如戟如是可已此為
癡人多種有漏最初犯戒今當結戒集十句義一者攝取於僧二令僧歡
喜三令僧安樂四未信者信五已信令增長六難調者調順七慚愧者
安樂八斷現在有漏九斷未來有漏十正法得久住諸戒例尒下並略〻
欲說戒者當如是說　若比丘　仏言若比丘者名字比丘相似比丘
自稱比丘乞求比丘著割截衣比丘破結使比丘善來比丘受大戒白四如
法成就得處所比丘是中比丘者若受戒白四衆如如法成就得處所住比
丘法中是比丘義　共比丘　仏言若共餘比丘受大戒白四羯磨乃至住
比丘法中者是謂共比丘義　同戒　仏言我為諸弟子結此戒已寧死
不犯是中共餘比丘一戒同戒等戒是名同戒義　若不還戒　仏言若
有比丘不樂梵行厭捨戒還家復欲出家於仏法中脩淨行者　度出家
得受大戒云何不名捨戒若自顛狂心乱痛惱癡聾又向如是人前及中
邊人等平捨不成若獨若眠若无知人若自不語若若人前不不解並

BD05885號2　比丘含注戒本　　（9–3）

法成就得處所比丘是中比丘者若受戒白四羯磨如法成就處所住
丘法中是比丘義　共比丘　仏言若共餘比丘受大戒白四羯磨乃至住
比丘法中者是謂共比丘義　同戒　仏言我為諸弟子結此戒已寧死
不犯是中共餘比丘一戒同戒等戒是名同戒義　若不還戒　仏言若
有比丘不樂梵行聽捨戒還家復欲出家於仏法中脩淨行者　度出家
得受大戒云何不名捨戒若自癲狂心乱痛惱瘂聾又向如是人前及中
邊人等　乎捨不成若戲若眠若无知人若自不語若若人前不不解並
不成捨若言我捨仏捨法捨僧和上戒律我受家法等是名捨戒
戒羸不自悔　仏言云何戒羸不捨戒若有比丘常懷愁憂不樂
梵行嫌邑園田家業我欲捨仏乃至學事等是也若作是思我今捨
戒是羸而捨　犯不淨行　仏言是婬欲法也男子則二道女則三道
若從道入道從非道入道若限齊若盡入乃至入如手頭者皆波羅
義　乃至共畜生　仏言所可得行婬處者是也有三種行婬人非人畜
生趣復有五婦僮女二形黃門男子比丘婬心向前境三處初入犯有隔犯若向
睡眠若死未壞若多未於三處二處行婬初入便犯如是廣說若比丘為惡家
將至前所强持令入三處二處始覺樂犯不樂不犯有隔身同上若為惡家强
捉比丘行不淨行覺樂有隔无隔亦如上　是比丘波羅夷　仏言譬如斷
人頭不可復起比丘亦如是犯此法者不復成比丘故名也若方便欲行不淨
成者波羅夷不成者偷蘭遮若教比丘行若作教者偷蘭遮不作突吉羅
除比丘比丘尼餘衆相教作不作盡突吉羅若屍半壞若一切壞若骨間若
地泥孔行不淨者並偷蘭若道想若疑若非道想並波羅夷若非道
道想道疑並偷蘭遮比丘尼波羅夷式叉摩那沙彌沙彌尼突吉羅
滅儐是謂為犯不犯者若睡眠无所覺知不受樂一切无有婬意不犯
又不犯者最初未制戒癡狂心乱痛惱所纏也　不共住　仏言有二共住同一羯
磨同一說戒不得於此二事中住故言不共住　大盜戒　仏在羅閱城有檀
尼迦在閑靜處上一草屋後為人持作薪去持去便作全成赤色瓦屋為仏呵
責勑諸比丘打破便至王守材人所作宣王勑取彼要材持去為王臣人民比丘呵
責世尊曰可制戒　若比丘　其義如上　若在村落　村有四種一者周迊垣墻二
者柵籬三者籬墻不周四者四周有屋　若閑靜地是也處有多若地地上處若
乘處若乘擔若虛空若上若村若阿蘭若處若田若處所若船若水處若稅
處開塞不輸稅若取他寄信物若取水若楊枝若園樹葉華木无是衆生
若二足四足多足若同財業若要若同若守護若邏要等物　他不捨也若他物
想他護想有主想非暫用非同意取　盜心取　賊心取也有五種黑闇心邪心曲戾
心恐怯心常有盜他物心又五種取決定取寄物取見便便取倚託取或依親厚强
力若以言辭說誑或覓取　道下白衣去

若臥具地是也處有多若地〻上處若
乘處若乘擔若虛空若上若村若阿蘭若處若田若處所若船若水處若私
度關塞不輸稅若取他寄信物若取水若楊枝若園樹葉草木无足衆生
若二足四足多足若同財業若要若同若守護若邏要等物　他不捨也若他物
想他護想有主想非暫用非同意故　盜心取　賊心取也有五種黑闇心邪心曲戾
心恐怯心常有盜他物心又五種取決定取寄物取見便〻取倚託取或依親厚強
力若以言辭說誑或而取　隨不与取法　王法若取五錢若直五錢物罪應至死
仏隨制　若為王　得自在不屬人　王大臣　種〻大臣輔佐王也　所捉若殺若縛
若驅出國汝是賊汝癡汝无所知是比丘波羅夷　若方便教人求五錢得者犯減五
錢偷蘭遮若能教所教牙不相應耳犯有主想取五錢若過者犯重有主疑偷
蘭无主〻想若疑一切偷蘭〻遮若減五錢相當心境偷蘭遮不當者突吉羅下
四衆如前犯不犯者与想取已有想糞掃想暫取親厚意是　不共住 如上說
四大妄語戒緣　仏遊毗舍離時世饑貴乞食難得集僧告言當隨同師
親友安居諸在婆求河邊安居者便共稱讚得上人法諸信居士減
食分施与安居竟攝衣持鉢往至仏所為舉慰問二衆發覺呵制
若比丘實无所知　謂實无知見　自稱言我得　自稱說有信戒施問
智惠辯　上人法　人法者除人累入上人法者諸法出要成就若得善果
自言念在身若正憶念若持戒若少欲若不放逸若精進若得定若正受若
有道若有俢若有惠若有見　我已入聖智勝法我知是我見是彼於異時
若問若不問欲自清淨故作是說我實不知不見言知言見虛誑妄語除增
上慢　時有比丘增上慢心自謂得道後便真〻證比丘白仏〻言增上慢人不犯
是比丘波羅夷　若知是虛而向人說前人知者波羅夷不知者偷蘭若遣
手印遣使若書若作知相者亦尔若不能受戒畜生向說得突吉羅若實
得道向不同意比丘說吉羅下四衆如前說不犯者增上慢業報得不言我
得戲咲說疾〻說屏處說欲說此誤說　不共住 如上　諸大德我已說四波羅
夷法若比丘犯一〻波羅夷法不与諸比丘共住如前後亦如是是比丘得波羅
夷罪不應共住今問諸大德是中清淨不 如是三說
諸大得是中清淨默然故是事如是持　諸大得是十三僧伽婆尸沙法半〻月〻
說戒經中來　一故失不淨戒緣　仏遊舍衛城有迦留陁夷比丘欲意熾盛
身色瘦悴獨處一房好麻蓐被施敷具飲食豊足隨念失失諸根悅豫顏色光
澤諸比丘舉過白仏便无數呵責已制此戒也　若比丘故失　貪心故作除
前竟有六若於內色外色若水若風若空隨方便出精犯　出精除夢中　仏言乱意
睡眠有五過失一者惡夢二者諸天不護三者心不入法四者不思惟明相五者於夢中
精失意睡眠有五功得即反上句　僧伽婆尸沙　若方便失不失偷蘭比丘自相
教若失犯偷蘭不失吉羅尼波逸提三衆吉羅不犯者一切不作出精意二過女人

說戒經中来　一故林陰出不淨戒緣　仏遊舍衛城有迦留陁夷比丘欲意熾盛
身色瘦悴獨處一房好麻蓐被施敷具飲食豐足隨念林失諸根悅豫顏色光
澤諸比丘衆過白仏便无數可責已制此戒也　若比丘故林　實心故作陰
前竟有六若於內色外色若水若風若空隨方便出則犯　出精陰夢中　仏言亂意
睡眠有五過失一者惡夢二者諸天不護三者心不入法四者不思惟明相五者於夢中
精善意睡眠有五功得即反上句　僧伽婆尸沙　若方便林不失偷蘭比丘自相
教若失犯偷蘭不失吉羅尼波逸提三衆吉羅不犯者一切不作出精意二觸女人
戒緣　仏在舍衛國時迦留陁夷比丘以制前戒故便在門外伺諸婦女將至房
中手捉捫摸樂者便笑不樂嗔罵呵責諸比丘衆過呵責往白世尊仏便集制
戒　若比丘婬欲意　愛染汙心　與女人謂境有四覺睡斬死及少分壞四種也
身 從髮至足 相觸　若捉摩重摩或牽推或逆摩或順摩或舉或下捉或餘觸
方便　若捉手若捉髮若觸一一身分者僧伽婆尸沙　若比丘往觸四種女但
著犯僧殘　若女来觸比丘動身受樂亦同犯若不動身吉羅若先有染心
偷蘭乎有衣相觸偷蘭俱有衣吉羅若與二形相觸偷蘭若欲心觸男子
或衣鉢坐具乃至自觸身及以畜生一切突吉羅尼波逸提下三衆吉羅不
犯者有所取與戲笑相等是　三與女人麁惡語戒緣　仏在舍衛國時迦留夷
以聞仏制前二戒故便將諸婦女入房中以欲心向彼麁惡語諸比丘衆過白仏
因制此戒　若比丘婬欲意與女人　人女智命根不斷　麁惡婬欲意
麁惡者非梵行也婬欲語者稱說二道好惡若求若教他求若問若荅若解
若說若教若罵求者言與我二道作如如是如是事若復作餘語次第如是解
若隨麁惡婬欲語僧伽婆尸沙　若一反麁語僧殘隨語多少說而了了者了了
僧殘不了了偷蘭若與書印遣使作相令彼女知僧殘不知偷蘭除大小便
道說餘處好惡偷蘭畜生不能變形若向男子麁語一切吉羅尼偷蘭下
三衆吉羅乃至下至不犯者為說不淨觀若說毗尼受經問荅无欲心故也
四嘆身向女人索欲供養戒緣　仏在舍衛國時迦留陁夷以聞仏制前三戒故
便門外伺諸婦女將入房自讚嘆身汝可持欲供養諸女呵嫌比丘衆過白仏
因制此戒　若比丘婬欲意於女人前　女人如上　自嘆身　嘆身端正顏
色我是刹帝利長者居士婆羅門種　言大姊我脩梵行懃修離穢濁也
持戒精進　不缺不穿漏无染汙也　脩善法　樂閑靜處時到乞食著
糞掃衣作餘食法不食一坐食一摶食塚間坐露坐樹下坐常坐隨坐持三衣唄匿
多聞能說法持毗尼坐禪　可持是婬欲法供養我　如是供養第一最僧
伽婆尸沙　若作如上自譽已供養我来不說婬欲者偷蘭餘境離
犯如前戒說不犯者若比丘語女人言此處妙尊最上此比丘精進持戒脩
善法汝等應身口意業慈供養彼女意謂為我故嘆身若說毗尼時
言次及此彼謂嘆身若錯說不犯　五媒人戒緣　仏在羅閱祇有迦羅

多聞能說法持毗尼坐禪　可持是婬欲法供養我如是供養第一最僧
伽婆尸沙　若作如上自譽己供養我來不說婬欲者偷蘭餘境雜
犯如前戒說不犯者若比丘語女人言此處妙尊最上此比丘精進持戒脩
善法汝等應身口意業慈供養彼女意謂為我故嘆身若說毗尼時
言次及此彼謂嘆身若錯說不犯　五媒人戒緣　仏在羅閱祇有迦羅
比丘本是善知俗法城中嫁娶盡往諮問時婚娶者或得好者便願迦羅
受於喜樂諸居士譏呵言欲若結婚者可往沙門釋子中問諸比丘擧
過白仏因此制戒　若比丘往來彼此媒嫁　可應可和合者是　持男意
語女持女意語男女人有廿種母護父母護兄護姊護自護法護
姓護宗親護自樂婢與衣婢與財婢同作業婢水所漂婢不輸稅婢
放去婢客作婢他護婢邊方得婢是也　男子亦有廿種並如上列　若為成婦
事若為私通事乃至須臾頃僧伽婆尸沙　若受彼語處吉羅往彼說不還
報偷蘭若還報僧殘若使書指印見相隨媒嫁多少說而了了一一往返僧
殘若不了偷蘭除二道說餘身處處彼節媒嫁者偷蘭若非人黃門二
根媒偷蘭若畜生及人男吉羅若持他書往不看若為白衣作餘使一切
吉羅比丘尼同犯不犯不犯者若男女先已通而後離別還和合若父母疾
患繫閉看書持往信心精進俗人亦尒仏法比丘使亦尒　六无主自為己過量
房戒緣　仏在羅閱祇諸比丘造私房室有曠野國比丘便造大房乞求煩多
惱亂居士又有比丘自斫神樹彼神白仏仏住曠野城加業以事白仏以種事呵
責又以畜生譬緣喻制戒也　若比丘自求　彼處索作屋　屋者房也
无住　彼无有人若一若兩若眾多　自為己　自求索不為他也　當應量
作是中量者長十二仏搩手內廣七搩手當餘比丘指授處所　彼比丘看无
難无妨處已到僧中既草屣偏露右膝著地合掌白言大得僧聽我某甲
比丘自求作屋无主自為己我從眾僧乞與知无難處无妨處　如是三說
彼比丘當指示處所　尒時眾僧當觀此比丘若可信者即當聽使作若不可
信一切眾僧往看若僧不去遣僧中可信者看若彼處隨有妨難不應与
處分若无者應与處分眾中應差堪能作羯磨者若上座若次座若誦
律若不誦律應作白大得僧聽某甲比丘自乞作屋无主自為己今從眾
僧乞處分无難无妨處若僧時到僧忍聽當与某甲比丘處分无難无妨
處白如是大得僧聽此某甲比丘自求作屋无主自為己今從僧乞處分无難无妨
處僧今与某甲比丘處分无難无妨處誰諸長老忍僧与某甲比丘處分无難
无妨處者嘿然誰不忍者說僧已忍与某甲比丘處分无難无妨處竟僧忍嘿然
故是事如是持作房應知初妄石土若繫泥團乃至家後墨泊訖者是

僧乞處分无難无妨處若僧時到僧忍聽當与某甲比丘處分无難无妨
處白如是大得僧聽此某甲比丘自求作屋无主自為己今從僧乞處分无難无妨
處僧今与某甲比丘處分无難无妨處誰諸長老忍僧与某甲比丘處分无難
无妨處者嘿然誰不忍者說僧已忍与某甲比丘處分无難无妨處竟僧忍嘿然
故是事如是持作房應知初安石土若繫泥團乃至家後塗泊訖者是
无難處　有虎狼師子諸惡獸下至蟻子若比丘不為此諸重獸所惱應循治平地
若有石樹株杌荊棘當人掘出若掐坑灘渠陂處當使填塡若畏水淹漬當預
汲提坊若地為人所認當共斷當无使他有語是謂難處　无妨處　若通箄
車迴轉往來　若比丘有難處妨處自求作屋无主自為己不將餘比丘指示處所
若過量作者僧伽婆尸沙　若妨難二處作者二突吉羅不處分過量殘乎有无
者有者犯使他作成者二偷蘭二吉羅若以繩栰地作受教者過量
作者犯或不還報又問如法者並犯比丘尼偷蘭不犯者如量作減量作僧處分
无難處妨處如法栰作若為僧為仏圖講堂草菴小容身屋若作人住屋如濟
七有主為己不處分造屋戒緣　仏在拘弥國時憂填王為尊者闡陁造屋使
斫路中神樹多人与息者俗人訶己諸比丘舉過白仏〻訶責己若斫神樹吉羅
僧制此戒　若比丘欲作大屋　大者多用財物作屋者屋也　若一若二若衆多
人　為己作　自身為己身自作　當將餘比丘往指受處所　彼比如上知已應
至僧中礼上坐足等已從僧三乞文同於此有主為異　彼比丘應指授處所
衆僧應觀察彼人有信有智惠即信彼与羯磨若不信者如上進止与羯磨文
准前　无難處　師子羆熊等若不為彼所嬈者應如上平治乃至畏識
認應先斷了　无妨處　中間容草車迴轉者　若比丘有難處作大屋
有主為己作不將餘比丘往指受處者僧伽婆尸沙　辯相開通如前戒
唯无量為異　八无根波羅夷謗戒緣　仏在羅閱祇尊者沓婆摩羅子得羅漢已
為僧知事仏讃第一時慈地比丘衆中得惡屋明日若請又得惡食便令妹尼慈地對
仏重謗問取自言已諸比丘訶己舉過白仏因制此戒　若比丘瞋恚所覆故
有十種惡法因緣故瞋十事中以一〻生瞋　非波羅夷比丘已无根波羅夷法謗
根者有三根聞根疑根見根者實見犯梵行見偷蘭五前過五錢見斷人命若他
見從彼聞是謂見根聞者聞犯梵行聞偷五錢聞斷人命聞自言得上人法若彼說
從聞是謂聞根疑根者有二種生疑從見生疑者若見与婦女人入林无出林无
衣裸形男根不淨汙身手捉刀血汙与惡知識為伴從聞生者若在闇地若聞
林聲若聞草褥轉側聲若聞身動聲若聞共語聲若交會語聲若聞犯
梵行聲聞言我偷五錢聲若聞言我煞人若聞我得上人法除此三根已更以餘
法謗者是者无根也　欲壞彼清淨行　謂言衆僧滅殯此人我得安樂住
若於異時若問若不問　仏勅諸比丘問能謗者言此事實不若以无根法謗
他犯大重罪　知此事无根說　彼比丘言沓婆清淨人无如是事　我瞋

為僧知事仏讃弟子時慈地比丘衆中得惡房明日若請又得惡食便令妹尼慈地對
仏重謗問取自言已諸比丘訶已舉過白仏因制此戒　若比丘嗔恚所覆故
有十種惡法因緣故嗔十事中以一一生嗔　非波羅夷比丘已无根波羅夷法謗
根者有三根聞根疑根見根者實見犯梵行見偷蘭五前過五錢見斷人命若他
見從彼聞是謂見根聞者聞犯梵行聞偷五錢聞斷人命聞自言得上人法若彼說
從聞是謂聞根疑根者有二種生疑從見生疑者若見与婦女人入林无出林无
衣裸形男根不淨汙身手捉刀血汙与惡知識為伴從聞生者若在闇地若聞
林聲若聞草蓐轉側聲若聞身動聲若聞共語聲若交會語聲若聞犯
梵行聲聞言我偷五錢聲若聞言我煞人若聞我得上人法除此三根已更以餘
法謗者是者无根也　欲壞彼清淨行　謂言衆僧滅殯此人我得安樂住
若於異時若問若不問　仏勅諸比丘問能謗者言此事實不若以无根法謗
他償大重罪　知此事无根說　彼比丘言沓婆清淨人无如是事　我嗔
恚故作是語　猶前得惡房惡食嗔恨故便謗彼耳　若比丘作是語者
僧伽婆尸沙　若以无根四事謗說而了了偷蘭若書使作知相了了不了了亦
若以十三難事謗者亦尓除此非比丘法更以餘无根法謗隨前所犯若謗比丘尼
亦同僧犯謗下衆者突吉羅尼犯僧殘不犯者三根說實戲咲說若疾疾
說獨說靜處說錯說等也　九假根波羅夷謗戒緣　仏在羅閱祇時慈地
比丘從耆闍崛山下見羝羊共母羊行婬便言此羝羊即是沓婆比丘母羊即
是慈地比丘尼便語諸比丘我今親見諸比丘詰問已便舉過白仏制戒
若比丘以嗔恚故說如上　於分事中取片　異分者若於異罪若異趣異人若本在
家時假微御音　非波羅夷比丘以无根波羅夷法謗欲壞彼清淨行彼
於異時若問若不問知是異分事中取片是比丘自言我嗔恚故作是語
者僧伽婆尸沙　辭相開通並同前戒　十破僧違諫戒緣　仏在弥尼樓
國度八釋子已還詣占波國並得增上地唯提婆達得神足詣仏還羅閱祇時
提婆達教王害父事既發覺惡名流布利養斷絶又便別衆食為仏呵
責因即破僧舉過設諫因制此戒

BD05885 號 2　比丘含注戒本　（9–9）

兌

嚴是名莊嚴是故須菩提諸菩薩摩訶薩
應如是生清淨心不應住色生心不應住聲
香味觸法生心應无所住而生其心須菩提譬
如有人身如須弥山王於意云何是身為大不
須菩提言甚大世尊何以故佛說非身是
是大身
須菩提如恒河中所有沙數如是沙等恒河
於意云何是諸恒河沙寧為多不須菩提
言甚多世尊但諸恒河尚多无數何況其沙須
菩提我今實言告汝若有善男子善女人以
七寶滿尒所恒河沙數三千大千世界以用布
施得福多不須菩提言甚多世尊佛告須
菩提若善男子善女人於此經中乃至受持
四句偈等為他人說而此福德勝前福德
復次須菩提隨說是經乃至四句偈等當知
此處一切世間天人阿脩羅皆應供養如佛

BD05886 號　金剛般若波羅蜜經（兌廢稿）　（2–1）

於意云何是諸恒河沙寧為多不須菩提
言甚多世尊但諸恒河尚多无數何況其沙須
菩提我今實言告汝若有善男子善女人以
七寶滿尒所恒河沙數三千大千世界以用布
施得福多不須菩提言甚多世尊佛告須
菩提若善男子善女人於此經中乃至受持
四句偈等為他人說而此福德勝前福德
復次須菩提隨說是經乃至四句偈等當知
此處一切世間天人阿脩羅皆應供養如佛
塔廟何況有人盡能受持讀誦須菩提當知
是人成就最上第一希有之法若是經典所
在之處則為有佛若尊重弟子
尒時須菩提白佛言世尊當何名此經我等
云何奉持佛告須菩提是經名為金剛般若
波羅蜜以是名字汝當奉持所以者何須菩
提佛說般若波羅蜜則非般若波羅蜜須
菩提佛說般若波羅蜜則非般若波

BD05886 號　金剛般若波羅蜜經（兌廢稿）　（2–2）

布施後日分亦以恒河沙等身布施如是
无量百千万億劫以身布施若復有人聞此經
典信心不逆其福勝彼何況書寫受持讀誦
為人解說須菩提以要言之是經有不可思
議不可稱量无邊功德如來為發大乘者說
為發最上乘者說若有人能受持讀誦廣為
人說如來悉知是人悉見是人皆成就不可量
不可稱无有邊不可思議功德如是人等則
為荷擔如來阿耨多羅三藐三菩提何以故
須菩提若樂小法者著我見人見眾生見壽
者見則於此經不能聽受讀誦為人解說須
菩提在在處處若有此經一切世間天人阿脩
羅所應供養當知此處則為是塔皆應恭
敬作禮圍遶以諸華香而散其處
復次須菩提善男子善女人受持讀誦此經若
為人輕賤是人先世罪業應墮惡道以今世人
輕賤故先世罪業則為消滅當得阿耨多羅
三藐三菩提須菩提我念過去无量阿僧
祇劫於然燈佛前得值八百四千万億那由
他諸佛悉皆供養承事无空過者若復有
人於後末世能受持讀誦此經所得功德於

BD05887 號　金剛般若波羅蜜經　（3–1）

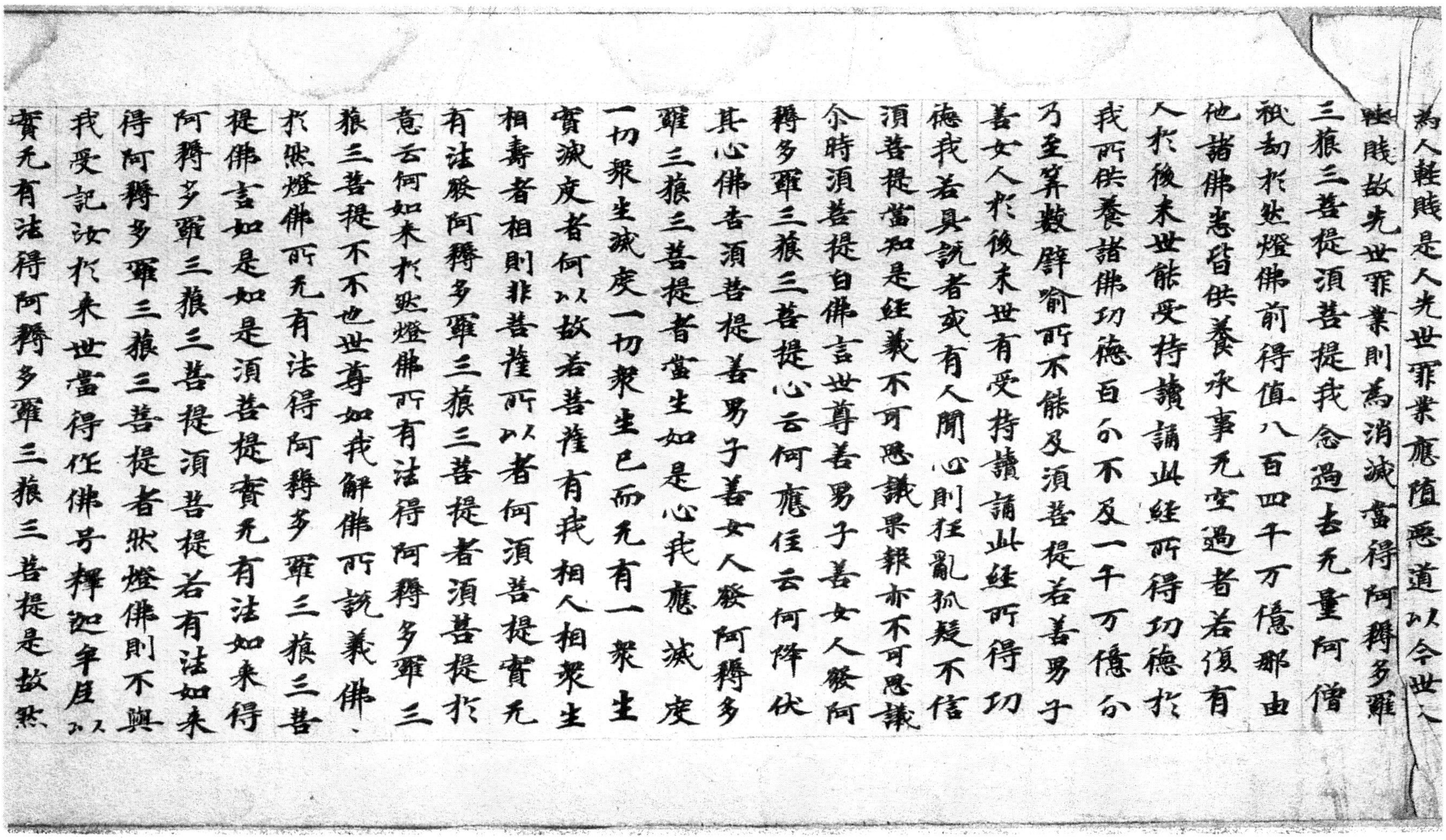
為人輕賤是人先世罪業應墮惡道以今世人
輕賤故先世罪業則為消滅當得阿耨多羅
三藐三菩提須菩提我念過去无量阿僧
祇劫於然燈佛前得值八百四千万億那由
他諸佛悉皆供養承事无空過者若復有
人於後末世能受持讀誦此經所得功德於
我所供養諸佛功德百分不及一千万億分
乃至算數譬喻所不能及須菩提若善男子
善女人於後末世有受持讀誦此經所得功
德我若具說者或有人聞心則狂亂狐疑不信
須菩提當知是經義不可思議果報亦不可思議
尒時須菩提白佛言世尊善男子善女人發阿
耨多羅三藐三菩提心云何應住云何降伏
其心佛告須菩提善男子善女人發阿耨多
羅三藐三菩提者當生如是心我應滅度
一切眾生滅度一切眾生已而无有一眾生
實滅度者何以故若菩薩有我相人相眾生
相壽者相則非菩薩所以者何須菩提實无
有法發阿耨多羅三藐三菩提者須菩提於
意云何如來於然燈佛所有法得阿耨多羅三
藐三菩提不不也世尊如我解佛所說義佛
於然燈佛所无有法得阿耨多羅三藐三菩
提佛言如是如是須菩提實无有法如來得
阿耨多羅三藐三菩提須菩提若有法如來
得阿耨多羅三藐三菩提者然燈佛則不與
我受記汝於來世當得作佛号釋迦牟尼以
實无有法得阿耨多羅三藐三菩提是故然

BD05887 號　金剛般若波羅蜜經　（3–2）

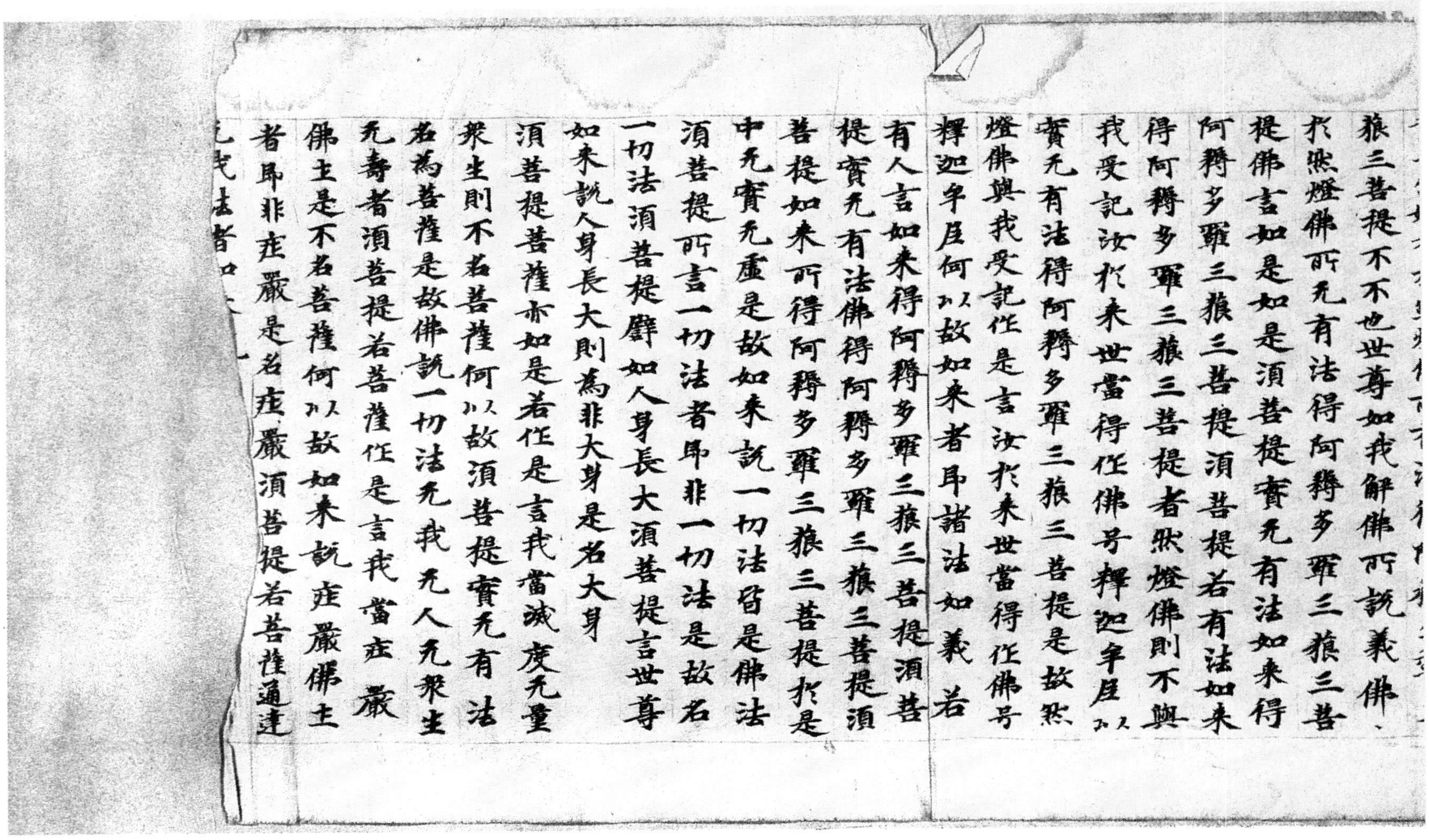

藐三菩提不不也世尊如我解佛所說義佛
於然燈佛所无有法得阿耨多羅三藐三菩
提佛言如是如是須菩提實无有法如來得
阿耨多羅三藐三菩提須菩提若有法如來
得阿耨多羅三藐三菩提者然燈佛則不與
我受記汝於來世當得作佛号釋迦牟尼以
實无有法得阿耨多羅三藐三菩提是故然
燈佛與我受記作是言汝於來世當得作佛号
釋迦牟尼何以故如來者即諸法如義若
有人言如來得阿耨多羅三藐三菩提須菩
提實无有法佛得阿耨多羅三藐三菩提須
菩提如來所得阿耨多羅三藐三菩提於是
中无實无虛是故如來說一切法皆是佛法
須菩提所言一切法者即非一切法是故名
一切法須菩提譬如人身長大須菩提言世尊
如來說人身長大則為非大身是名大身
須菩提菩薩亦如是若作是言我當滅度无量
衆生則不名菩薩何以故須菩提實无有法
名為菩薩是故佛說一切法无我无人无衆生
无壽者須菩提若菩薩作是言我當莊嚴
佛土是不名菩薩何以故如來說莊嚴佛土
者即非莊嚴是名莊嚴須菩提若菩薩通達

BD05887號　金剛般若波羅蜜經　（3–3）

大般若波羅蜜多經卷第四百卌六

BD05888號背　護首　（1–1）

大般若波羅蜜多經卷第四百卌六

三藏法師玄奘奉　詔譯

第二分初業品第五十之二

所以者何善現一切法皆以空無相無願為
趣諸菩薩摩訶薩於如是趣不可超越何以
故空無相無願中趣與非趣不可得故善現
一切法皆以無起無作為趣諸菩薩摩訶薩
於如是趣不可超越何以故無起無作中趣
與非趣不可得故善現一切法皆以無生無

BD05888號　大般若波羅蜜多經卷四四六　（3–1）

大般若波羅蜜多經卷第四百卌六

三藏法師玄奘奉　詔譯

第二分初業品第五十之二

所以者何善現一切法皆以空無相無願為
趣諸菩薩摩訶薩於如是趣不可超越何以
故空無相無願中趣與非趣不可得故善現
一切法皆以無起無作為趣諸菩薩摩訶薩
於如是趣不可超越何以故無起無作中趣
與非趣不可得故善現一切法皆以無生無
滅為趣諸菩薩摩訶薩於如是趣不可超越
何以故無生無滅中趣與非趣不可得故善
現一切法皆以無染無淨為趣諸菩薩摩訶
薩於如是趣不可超越何以故無染無淨中
趣與非趣不可得故善現一切法皆以無所
有為趣諸菩薩摩訶薩於如是趣不可超越
何以故無所有中趣與非趣不可得故善現
一切法皆以幻夢響像光影陽焰變化事尋
香城為趣諸菩薩摩訶薩於如是趣不可超
越何以故幻夢響像光影陽焰變化事尋香
城中趣與非趣不可得故善現一切法皆以
無量無邊為趣諸菩薩摩訶薩於如是趣不
可超越何以故無量無邊中趣與非趣不可
得故善現一切法皆以不與不取為趣諸菩
薩摩訶薩於如是趣不可超越何以故不與
不取中趣與非趣不可得故善現一切法皆
以不舉不下為趣諸菩薩摩訶薩於如是趣
不可超越何以故不舉不下中趣與非趣不

BD05888號　大般若波羅蜜多經卷四四六　（3–2）

於如是趣不可超越何以故無起無住中趣
與非趣不可得故善現一切法皆以無生無
滅為趣諸菩薩摩訶薩於如是趣不可超越
何以故無生無滅中趣與非趣不可得故善
現一切法皆以無染無淨為趣諸菩薩摩訶
薩於如是趣不可超越何以故無染無淨中
趣與非趣不可得故善現一切法皆以無所
有為趣諸菩薩摩訶薩於如是趣不可超越
何以故無所有中趣與非趣不可得故善現
一切法皆以幻夢響像光影陽焰變化事尋
香城為趣諸菩薩摩訶薩於如是趣不可超
越何以故幻夢響像光影陽焰變化事尋香
城中趣與非趣不可得故善現一切法皆以
無量無邊為趣諸菩薩摩訶薩於如是趣不
可超越何以故無量無邊中趣與非趣不可
得故善現一切法皆以不與不取為趣諸菩
薩摩訶薩於如是趣不可超越何以故不與
不取中趣與非趣不可得故善現一切法皆
以不舉不下為趣諸菩薩摩訶薩於如是趣
不可超越何以故不舉不下中趣與非趣不

BD05888號　大般若波羅蜜多經卷四四六　（3–3）

五已信者令增長 若不信心種越常護彼心勿令退轉故名已信者增長 有能令生信

六難調順者令調順 若有比丘剛鑛不調犯五篇罪以法治罰使令調順然後難調順者亦調順

七慚愧者得安樂 本性具罪不造遏非故名為慚羞恥於他不造遏非 慚愧有慚愧者現世當來皆獲安樂故名慚愧者得安[illegible]

八斷現在有漏 煩惱結使黠汙流注名之為漏令不見行故名斷現在[illegible]

九斷未來有漏 隨眠煩惱貪瞋等從細習起令永不生故斷未來[illegible]

十令正法久住 名令正法久住 如是依律學處令人天常樂利益令三藏教法[illegible]

問世間宗見有幾種 答有三種 一外道宗 二小乘宗 三大乘宗 言外道宗者即九十六種外道束為十六宗 執因中有果 頭尾有去來 等是外道者理外起見名為外道

言小乘宗者大師在日同一師學無有差別 仏涅槃後為諸師等情見不同遂分多部本末合說有廿部 束為六宗 如是小乘部執雖多畢竟皆同一見何者是一為執一切法有實體性彼蘊處界體皆實有故 若論實等[illegible]世尊不說諸大論等自相共相但悟人空不悟法空名曰小乘宗 言大乘宗者有其三宗者 有其三宗 一者依經中宗亦名勝義皆空宗 二唯識中宗亦名應理圓實宗 三依論中宗亦名法性圓融宗 言依經中宗者仏滅度後六百歲來部執競興多著有見傷大乘法毀滅真宗 龍猛菩薩出現於世證極地喜為破有見依般若等諸大乘經造中論等 聖提婆等亦造百論等廣闡大義是故同資有此宗起 此宗見云何以三無性為真了義說一切法世俗故有勝義皆空 以為一切法緣生有故名世俗即緣無性名勝義空勝義世俗其體不異非空非有是中道理得中道故不住二邊雖言世俗有

BD05889 號 1　結戒集十句義解（擬）
BD05889 號 2　大乘稻芉經隨聽疏（擬）

（5–1）

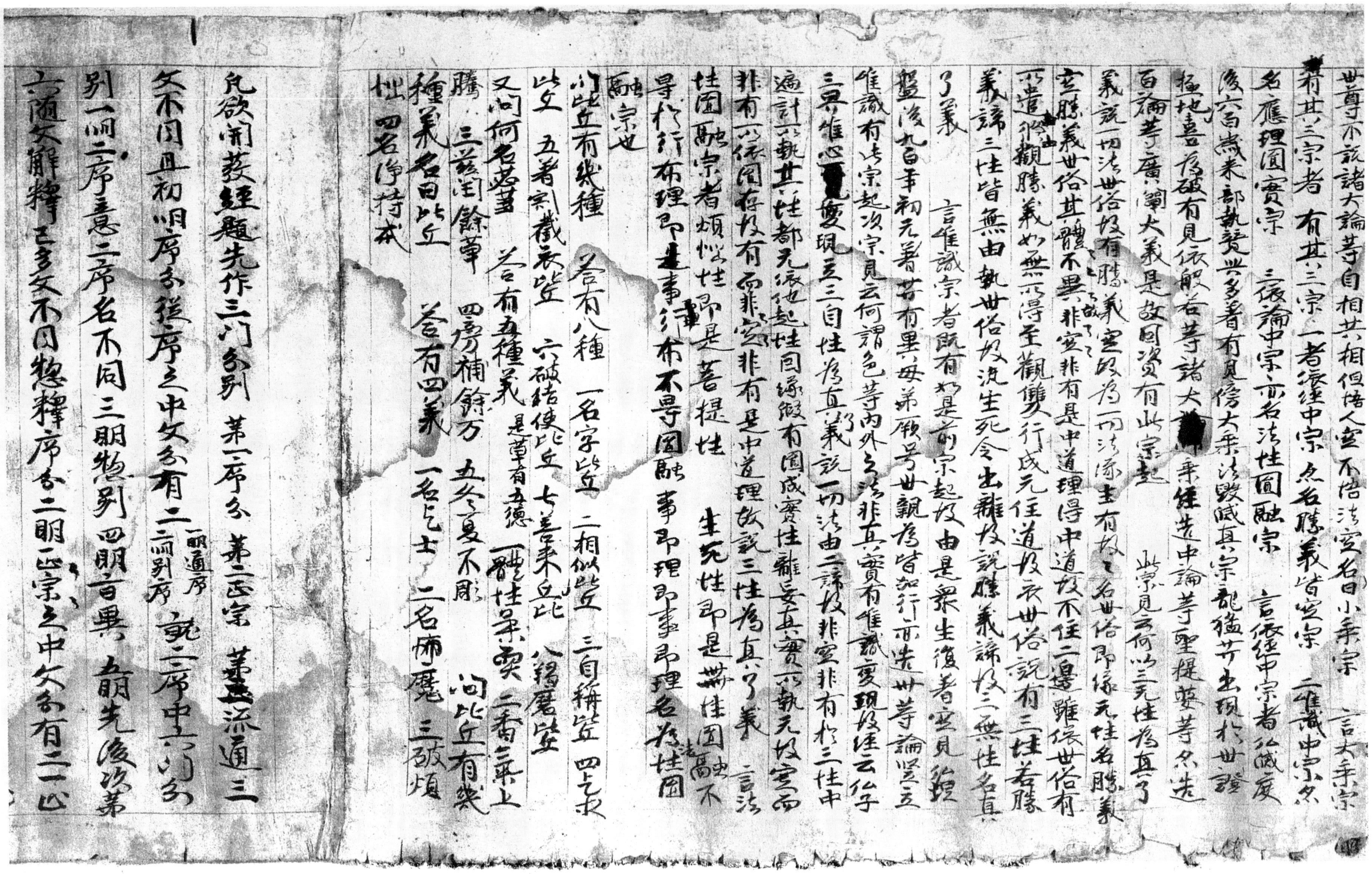

BD05889號2　大乘稻芉經隨聽疏（擬）

BD05889號3　釋比丘義（擬）

(5–2)

凡欲開蔟經題先作三門分別 第一序分 第二正宗 第三流通三
文不同且初明序分從序之中文分有二（一明通序 二明別序）就二序中六門分
別一明二序意二序名不同三明總別四明前異五明先後次第
六隨文解釋 已多文不同總釋序分二明正宗之中文分有二一止
持二作持就二持門中復分為二一總相解釋二別相解釋就
總想門文分有四一明五篇二明七聚三明方便四明持犯就犯別
相中文分有二一總相分別二依文別説就相中十門分別一業
不孤起要因三毒二藉其身口三自作教人四犯境寬狭五
境有自他六并其尅漫七錯悞因果八下衆任運九立
意次第十對治持犯二依文別説中明其五篇七聚之
戒從始及終無問輕重釋一一戒皆具四門一制戒意二釋
名三具緣四闕緣 次明第二篇三門分別初標說儀次陳
本戒後問清淨就次門中文分有二一總相分別二別相解釋
就總相中文分有九一起由三毒二配於身口三自作教人四分遮
性五分種類六分持犯七三部同異八違制不同九下衆任運
就別（相）解釋中文分有四制戒意等四門同上 次明不定不
同四門分別一犯不定二舉不定三自言不定四治罪不定（何以殘下提上者上）
（捉捨戒下攝威儀此二不定尼無者何為尼有伴不制此戒） 次明三十總別兩門（同上）就總門中八門分別
一對下單提捨不捨別二自作教他三身口分別四遮性往分五重
不重犯六捨懺方法七明持犯八任運二隨戒別釋四門同上
次明單提兩門分別初總後別就總門中七門分別一約身口

於於戒下攝無漏山二不定尼無者何為尼有伴不制此戒　次明三十捨別兩門　就捨門中八分別

一對下單提捨不捨別二自作教他三身口分別四遮性往分重

不重犯六捨不懺方法七明持犯八任運二隨戒別釋四門同上

次明單提兩门分別初捻後別就捻门中七门分別一約身口

二約自他三約遮性四就持犯五遣制不同六二部同異七下衆

任運後隨文別說四门同上　次明提捨尼兩門　解釋一捻

二別就捻相中文分有七一明來意二置四所由三次弟四違

制不同五持犯方軌六自分勝進七二部同異就別相中四门

同上　次明衆學兩门分別初捻後別就捻相中文分有三一

釋名并意二約身口分別三就持犯解義後隨文別說四门同

上　次明七滅諍就滅諍中二门分別初明諍事後別除滅

就初分中文分三別一列數二釋名三弁體列數不同有其六

四別一言諍二覓諍三犯諍四事諍釋名者於十八法彼此

飾覺因言起諍等弁體者四諍三性為體已上多文不

同捻是弁七滅諍自此已前明其八门及五種犯輕重不

同捻是明其六宗也　三明流通分七滅諍已後至成佛道已來約通義而論都名流通分約別義而論七滅諍下至終已

來為重序分一重正宗　三重流通

已下半月半月說戒經中來已前是序教流通分若更有餘於法　戒已說四波羅夷

是中皆共和合應當學　是略教序分　從是序道已下從是

已後序分別說已前　是略教正宗　諸比丘三下至當於中學

已前　是教流通分　從明人能護戒下至我弘道已前是序略二教捻

流通分也

制不同　五持犯方軌　六自分勝進　七二部同異　二分別相中四六

同上　次明眾學兩門分別　初總後別　就總相中文分有三　一

釋名并意　二約身口分別　三就持犯解義　後隨文別說　四門同

上　次明七滅諍　就滅諍中二門分別　初明諍事　後別除滅

就初分中文分三別　一列數　二釋名　三弁體　列數不同　有其六

四別　一言諍　二覓諍　三犯諍　四事諍　釋名者　於十八法彼此

緣覺因言起諍等　弁體者　四諍三性為體　已上多文不

同　總是弁七滅諍　自此已前明其八門及五種犯輕重不

同　總是明其正宗也　三明流通分　七滅諍已後至成佛道已

來約通義而論都名流通分　約別義而論七滅諍下至終已

來為重〻序分　一重正宗　三重流通　我已說四波羅夷

已下半月半月說戒經中來已前　是廣教流通分　若更有餘佛法

是中皆共和合應當學　是略教序分　從是廣道已下從是

已後廣分別說已前　是略教正宗　諸比丘已下至當於中學

已前　是教流通分　從明人能護戒下至成佛道已前　是廣略二教總

流通分也

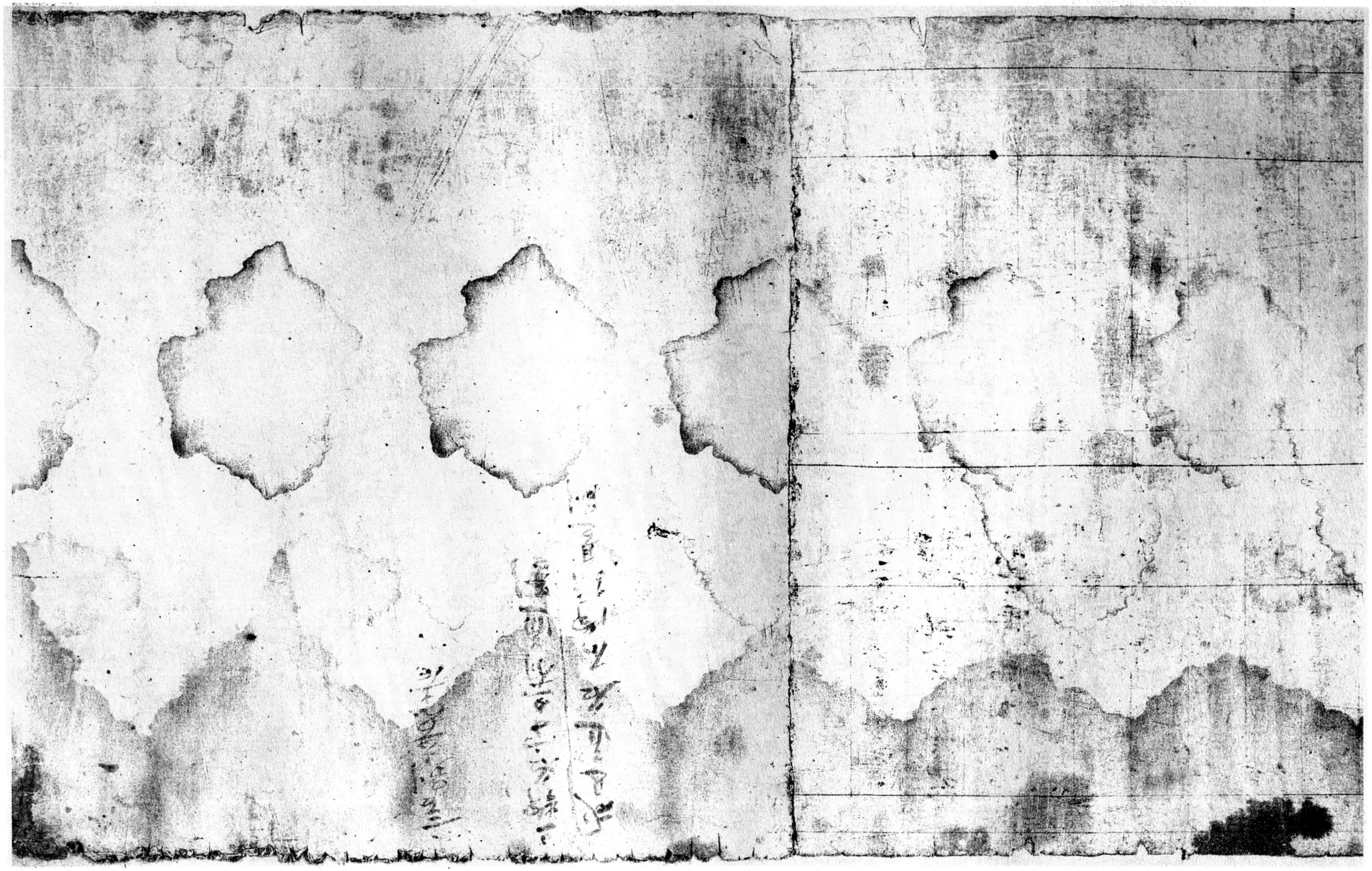

BD05889號背　補充文字

（1–1）

爲說法令其成就若諸衆生欲身自在遊行
十方我於彼前現自在天身而爲說法令其
成就若諸衆生欲身自在飛行虛空我於彼前
現大自在天身而爲說法令其成就若諸衆
生愛統鬼神救護國土我於彼前現天大將
軍身而爲說法令其成就若諸衆生愛統世
界保護衆生我於彼前現四天王身而爲說
法令其成就若諸衆生愛生天宮駈使鬼神
我於彼前現四天王國太子身而爲說法令
其成就若諸衆生樂爲人王我於彼前現人
王身而爲說法令其成就若諸衆生愛主族
姓世間推讓我於彼前現長者身而爲說法
令其成就若諸衆生愛談名言清淨其居我
於彼前現居士身而爲說法令其成就若諸
衆生愛治國土剖斷邦邑我於彼前現宰官
身而爲說法令其成就若諸衆生愛諸數術
[illegible]

BD05890 號　大佛頂如來密因修證了義諸菩薩萬行首楞嚴經卷六　（2–1）

我於彼前現四天王國太子身而爲說法令
其成就若諸衆生樂爲人王我於彼前現人
王身而爲說法令其成就若諸衆生愛主族
姓世間推讓我於彼前現長者身而爲說法
令其成就若諸衆生愛談名言清淨其居我
於彼前現居士身而爲說法令其成就若諸
衆生愛治國土剖斷邦邑我於彼前現宰官
身而爲說法令其成就若諸衆生愛諸數術
攝衛自居我於彼前現婆羅門身而爲說法
令其成就若有男子好學出家持諸戒律我
於彼前現比丘身而爲說法令其成就若有
女子好學出家持諸禁戒我於彼前現比丘
尼身而爲說法令其成就若有男子樂持五
戒我於彼前現優婆塞身而爲說法令其成
就若復女子五戒自居我於彼前現優婆夷
身而爲說法令其成就若有女人內政立身
以脩家國我於彼前現女主身及國夫人命
婦大家而爲說法令其成就若有衆生不壞
男根我於彼前現童男身而爲說法令其成
就若有處女愛樂處身不求侵暴我於彼前

BD05890 號　大佛頂如來密因修證了義諸菩薩萬行首楞嚴經卷六　（2–2）

尒時千二百阿羅漢心自在者作是念我等歡喜得未曾有若世尊各見授記如餘大弟子者不亦快乎佛知此等心之所念告摩訶迦葉是千二百阿羅漢我今當現前次第與授阿耨多羅三藐三菩提記於此衆中我大弟子憍陳如比丘當供養六萬二千億佛然後得成為佛号曰普明如來應供正遍知明行足善逝世間解無上士調御丈夫天人師佛世尊其五百阿羅漢優樓頻螺迦葉伽耶迦葉那提迦葉迦留陀夷優陀夷阿㝹樓馱離婆多劫賓那薄拘羅周陀莎伽陀等皆當得阿耨多羅三藐三菩提盡同一号名曰普明尒時世尊欲重宣此義而說偈言

憍陳如比丘

BD05890 號背　妙法蓮華經（經文雜寫）卷四　（1–1）

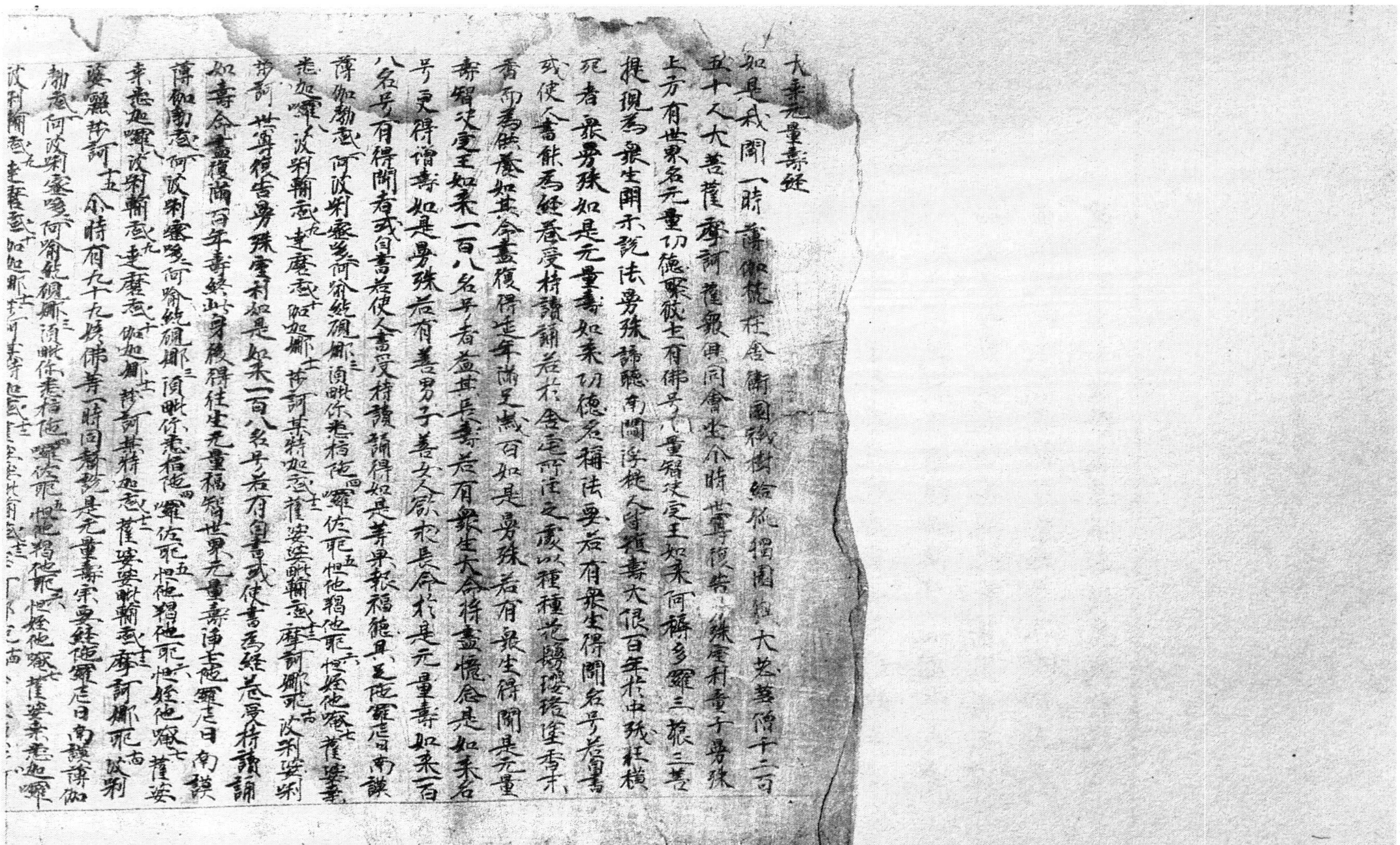
大乘無量壽經

如是我聞一時薄伽梵在舍衛國祇樹給孤獨園與大苾芻僧千二百五十人大菩薩摩訶薩衆俱同會坐尒時世尊告曼殊室利童子曼殊上方有世界名无量功德聚彼土有佛号无量智決定王如來阿耨多羅三藐三菩提現為衆生開示說法曼殊師聽南閻浮提人命短壽大限百年於中殀枉橫死者衆曼殊如是无量壽如來功德名稱法要若有衆生得聞名号若自書或使人書能為經卷受持讀誦若於舍宅所住之處以種種花鬘瓔珞塗香末香而為供養如其命盡復得延年滿足一百如是曼殊若有衆生得聞是无量壽智決定王如來一百八名号者益其長壽若有衆生大命將盡憶念是如來名号更得增壽如是曼殊若有善男子善女人欲求長命於是无量壽如來一百八名号有得聞者或自書若使人書受持讀誦得如是等果報福德具足陁羅尼曰南謨薄伽勃底一阿波唎蜜多二阿喻紇硯那三須毗你悉指陁四囉佐耶五怛他羯他耶六怛姪他七薩婆桑悉迦囉八波唎輸底九達磨底十伽伽那十一莎訶莎特迦底十二薩婆婆毗輸底十三摩訶那耶十四波唎婆唎莎訶十五世尊復告曼殊室利如是如來一百八名号若有自書或使書為經卷受持讀誦如壽命盡復滿百年壽終之後此身捨得往生无量福智世界无量壽淨土陁羅尼曰南謨薄伽勃底一阿波唎蜜多二阿喻紇硯那三須毗你悉指陁四囉佐耶五怛他羯他耶六怛姪他七薩婆桑悉迦囉八波唎輸底九達磨底十伽伽那十一莎訶莎特迦底十二薩婆婆毗輸底十三摩訶那耶十四波唎婆唎莎訶十五尒時有九十九姟佛等一時同聲說是无量壽宗要經陁羅尼曰南謨薄伽勃底一阿波唎蜜多二阿喻紇硯那三須毗你悉指陁四囉佐耶五怛他羯他耶六怛姪他七薩婆桑悉迦囉八波唎輸底九達磨底十伽伽那十一莎訶莎特迦底十二 [illegible]

BD05891 號　無量壽宗要經　（6–1）

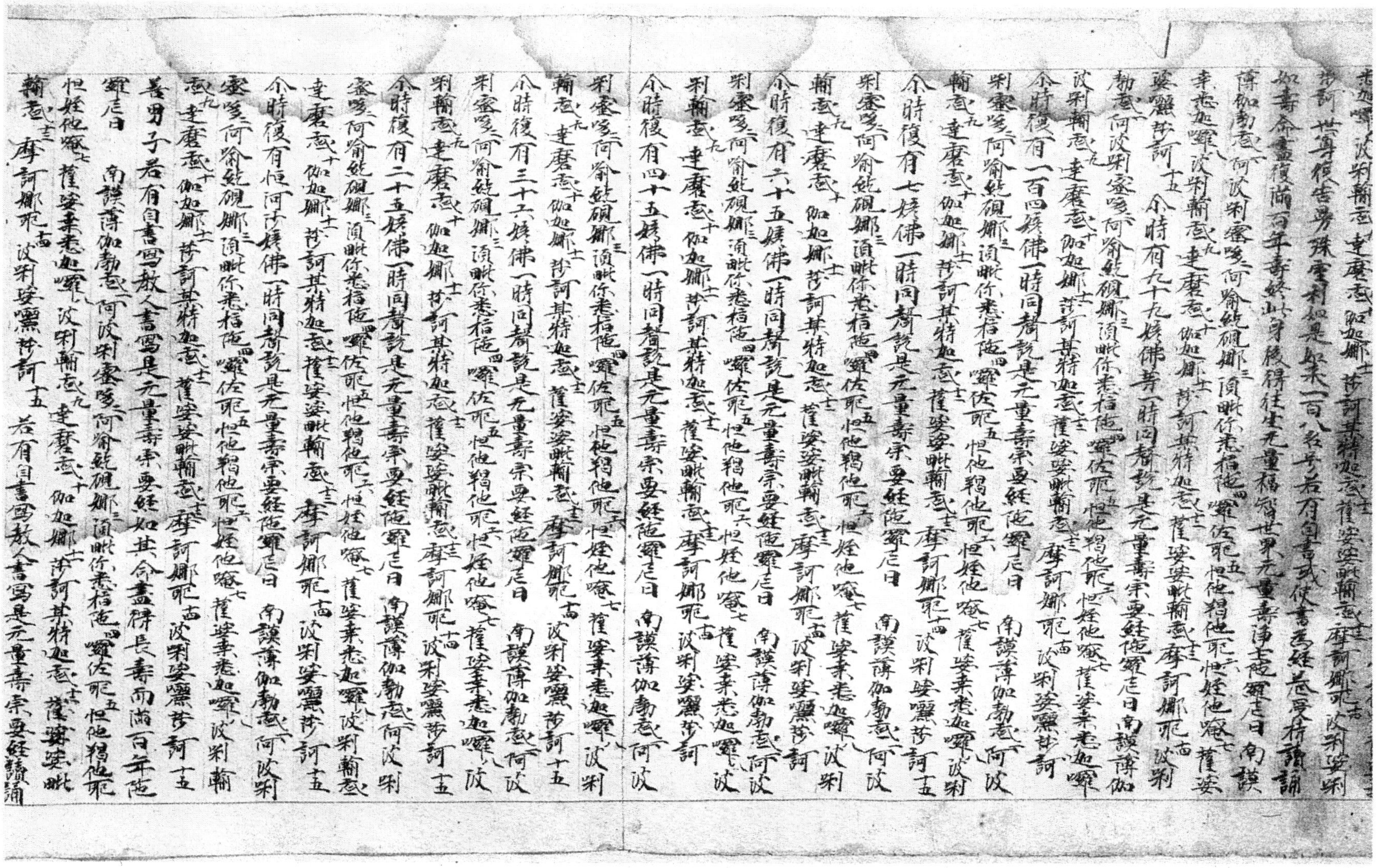

BD05891 號　無量壽宗要經　（6–2）

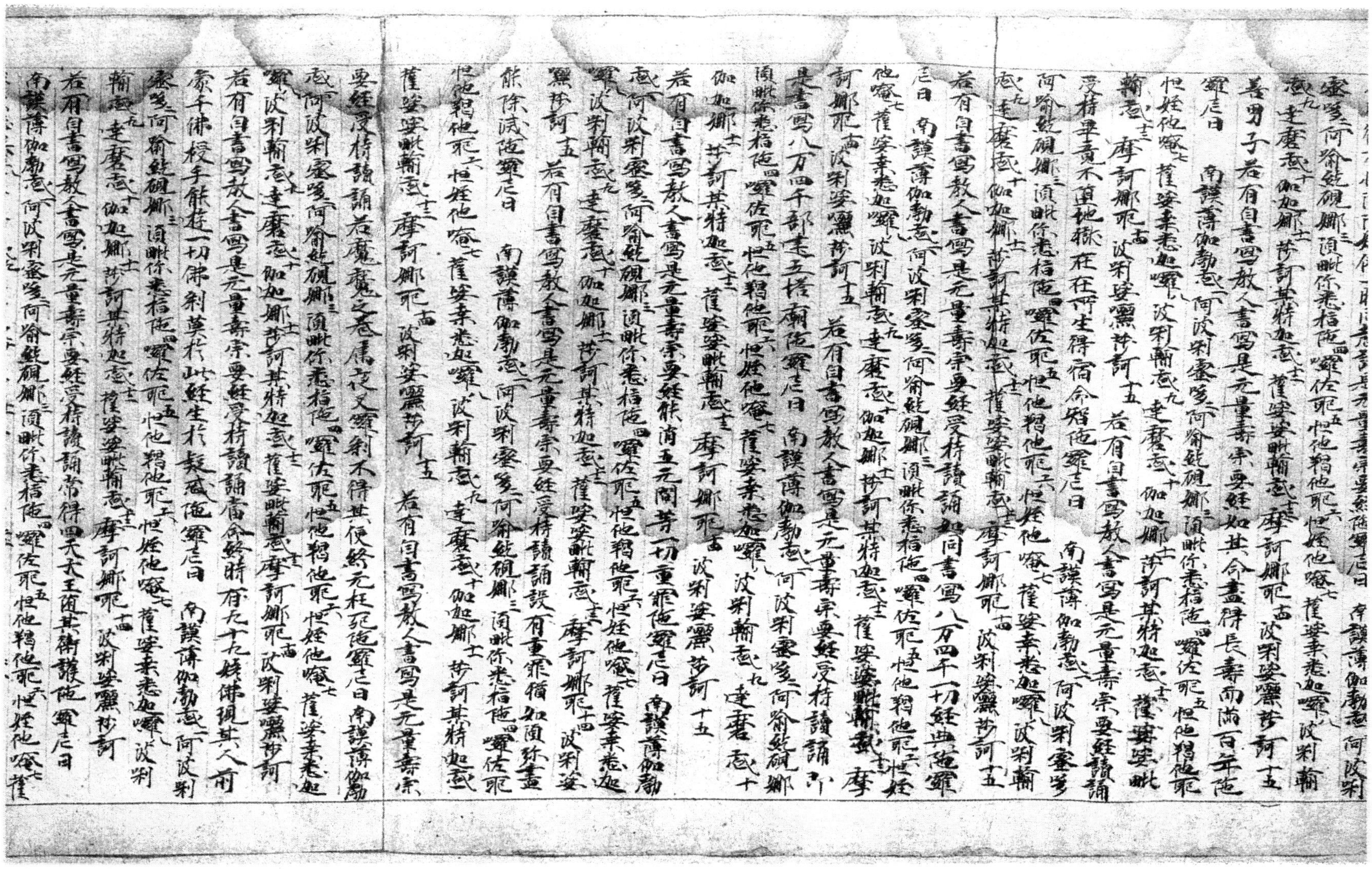

BD05891 號　無量壽宗要經　（6–3）

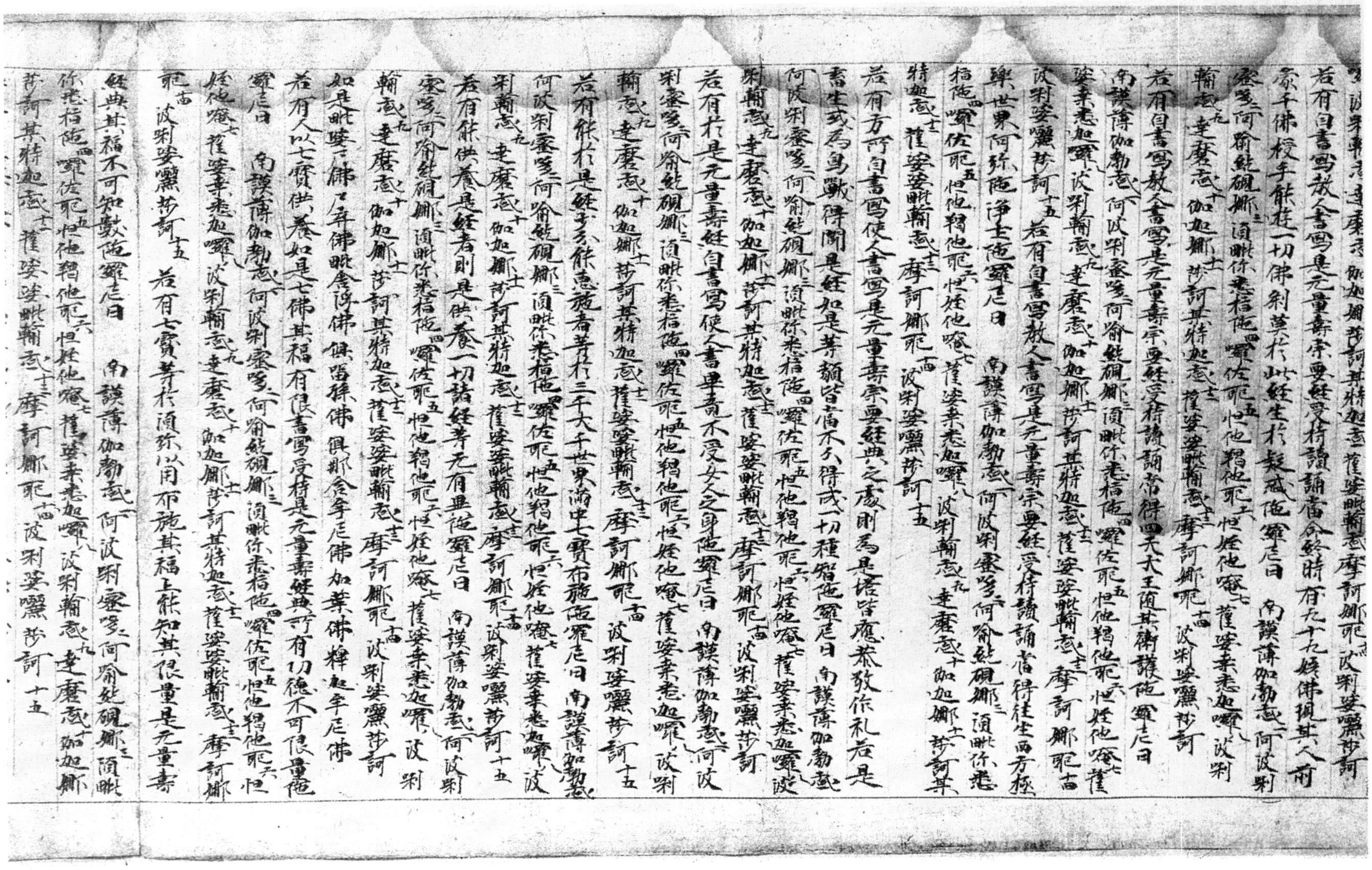

波唎輸底　達磨底　伽伽那　莎訶其特伽底　薩婆毗輸底　摩訶那耶　波唎婆嚩莎訶
若有自書寫教人書寫是无量壽宗要經受持讀誦當命終時有九十九姟佛現其人前
象千佛授手能往一切佛剎莫於此經生於疑惑陀羅尼曰　南謨薄伽勃底一　阿波唎
蜜多二　阿喻紇硯娜三　須毗你悉指陀四　囉佐耶五　怛他羯他耶六　怛姪他唵七　薩婆桑悉迦囉八　波唎
輸底九　達磨底十　伽伽那十一　莎訶其特伽底十二　薩婆毗輸底十三　摩訶那耶十四　波唎婆嚩莎訶
若有自書寫教人書寫是无量壽宗要經受持讀誦常得四天大王隨其衛護陀羅尼曰
南謨薄伽勃底一　阿波唎蜜多二　阿喻紇硯娜三　須毗你悉指陀四　囉佐耶五　怛他羯他耶六　怛姪他唵七　薩
婆桑悉迦囉八　波唎輸底九　達磨底十　伽伽那十一　莎訶其特伽底十二　薩婆毗輸底十三　摩訶那耶十四
波唎婆嚩莎訶十五　若有自書寫教人書寫是无量壽宗要經受持讀誦當得往生西方極
樂世界阿弥陀淨土陀羅尼曰　南謨薄伽勃底一　阿波唎蜜多二　阿喻紇硯娜三　須毗你悉
指陀四　囉佐耶五　怛他羯他耶六　怛姪他唵七　薩婆桑悉迦囉八　波唎輸底九　達磨底十　伽伽那十一　莎訶其
特伽底十二　薩婆毗輸底十三　摩訶那耶十四　波唎婆嚩莎訶十五
若有方所自書寫使人書寫是无量壽宗要經典之處則為是塔皆應恭敬作礼若是
畜生或為鳥獸得聞是經如是等類皆當不久得成一切種智陀羅尼曰　南謨薄伽勃底
一　阿波唎蜜多二　阿喻紇硯娜三　須毗你悉指陀四　囉佐耶五　怛他羯他耶六　怛姪他唵七　薩婆桑悉迦囉八　波
唎輸底九　達磨底十　伽伽那十一　莎訶其特伽底十二　薩婆毗輸底十三　摩訶那耶十四　波唎婆嚩莎訶
若有於是无量壽經自書寫使人書畢竟不受女人之身陀羅尼曰　南謨薄伽勃底一　阿波
唎蜜多二　阿喻紇硯娜三　須毗你悉指陀四　囉佐耶五　怛他羯他耶六　怛姪他唵七　薩婆桑悉迦囉八　波唎
輸底九　達磨底十　伽伽那十一　莎訶其特伽底十二　薩婆毗輸底十三　摩訶那耶十四　波唎婆嚩莎訶十五
若有能於是經少分能惠施者於三千大千世界滿中七寶布施陀羅尼曰　南謨薄伽勃底
一　阿波唎蜜多二　阿喻紇硯娜三　須毗你悉指陀四　囉佐耶五　怛他羯他耶六　怛姪他唵七　薩婆桑悉迦囉八　波
唎輸底九　達磨底十　伽伽那十一　莎訶其特伽底十二　薩婆毗輸底十三　摩訶那耶十四　波唎婆嚩莎訶十五
若有能供養是經者則是供養一切諸經等无有異陀羅尼曰　南謨薄伽勃底一　阿波唎
蜜多二　阿喻紇硯娜三　須毗你悉指陀四　囉佐耶五　怛他羯他耶六　怛姪他唵七　薩婆桑悉迦囉八　波唎
輸底九　達磨底十　伽伽那十一　莎訶其特伽底十二　薩婆毗輸底十三　摩訶那耶十四　波唎婆嚩莎訶
如是毗婆尸佛尸棄佛毗舍浮佛俱留孫佛俱那含牟尼佛迦葉佛釋迦牟尼佛
若有人以七寶供養如是七佛其福有限書寫受持是无量壽經典所有功德不可限量陀
羅尼曰　南謨薄伽勃底一　阿波唎蜜多二　阿喻紇硯娜三　須毗你悉指陀四　囉佐耶五　怛他羯他耶六　怛
姪他唵七　薩婆桑悉迦囉八　波唎輸底九　達磨底十　伽伽那十一　莎訶其特伽底十二　薩婆毗輸底十三　摩訶那
耶十四　波唎婆嚩莎訶十五　若有七寶等於須弥山而布施其福上能知其限量是无量壽
經典其福不可知數陀羅尼曰　南謨薄伽勃底一　阿波唎蜜多二　阿喻紇硯娜三　須毗
你悉指陀四　囉佐耶五　怛他羯他耶六　怛姪他唵七　薩婆桑悉迦囉八　波唎輸底九　達磨底十　伽伽那
莎訶其特伽底十二　薩婆毗輸底十三　摩訶那耶十四　波唎婆嚩莎訶十五

BD05891 號　無量壽宗要經　（6–4）

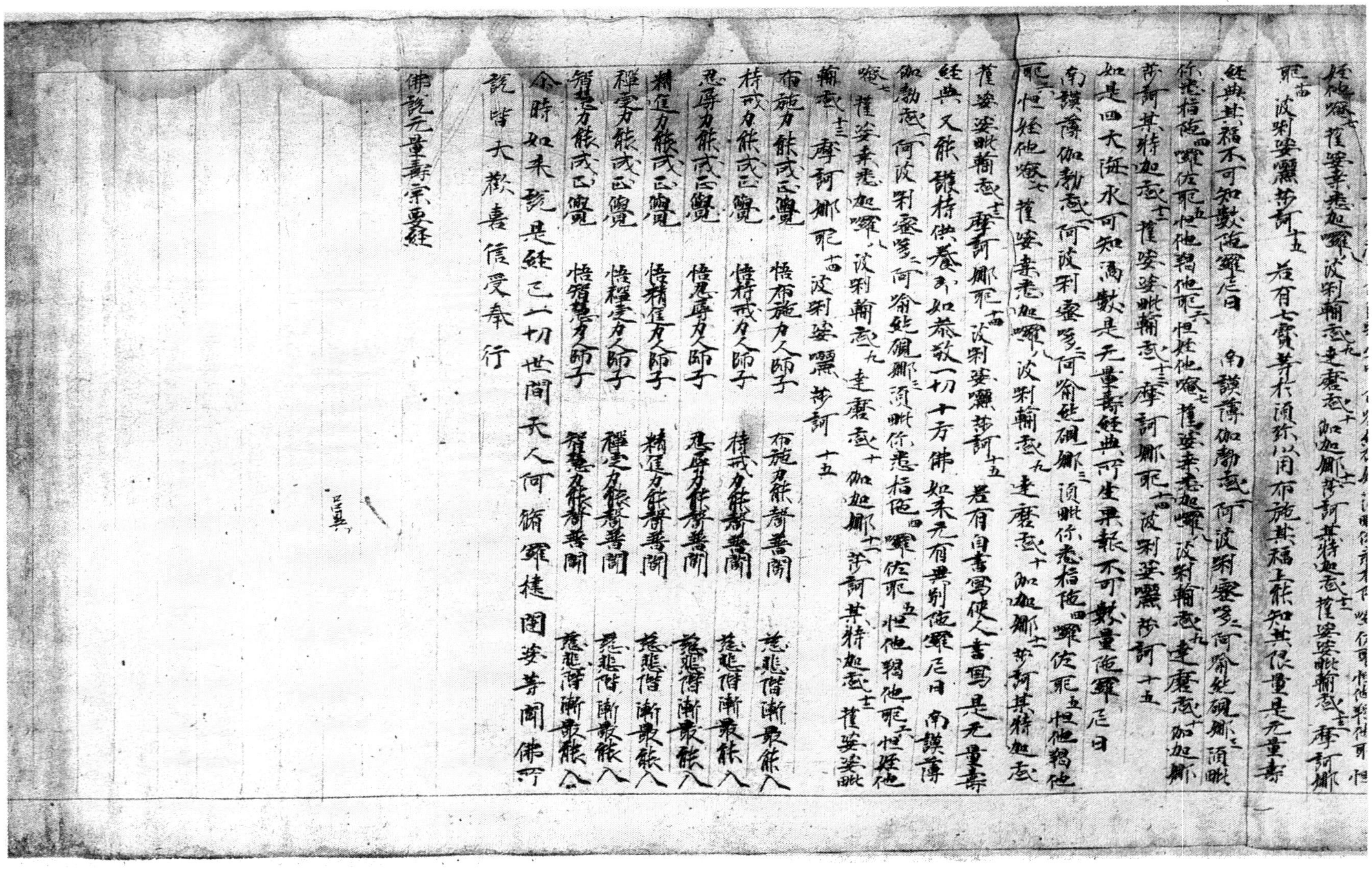

姪他唵七　薩婆桑悉迦囉八　波唎輸底九　達磨底十　伽伽那十一　莎訶其特伽底十二　薩婆毗輸底十三　摩訶那
耶十四　波唎婆嚩莎訶十五　若有七寶等於須弥山而布施其福上能知其限量是无量壽
經典其福不可知數陀羅尼曰　南謨薄伽勃底一　阿波唎蜜多二　阿喻紇硯娜三　須毗
你悉指陀四　囉佐耶五　怛他羯他耶六　怛姪他唵七　薩婆桑悉迦囉八　波唎輸底九　達磨底十　伽伽那
莎訶其特伽底十二　薩婆毗輸底十三　摩訶那耶十四　波唎婆嚩莎訶十五
如是四大海水可知滴數是无量壽經典所生果報不可數量陀羅尼曰
南謨薄伽勃底一　阿波唎蜜多二　阿喻紇硯娜三　須毗你悉指陀四　囉佐耶五　怛他羯他
耶六　怛姪他唵七　薩婆桑悉迦囉八　波唎輸底九　達磨底十　伽伽那十一　莎訶其特伽底
薩婆毗輸底十三　摩訶那耶十四　波唎婆嚩莎訶十五　若有自書寫使人書寫是无量壽
經典又能讚持供養頂礼如恭敬一切十方佛如來无有異別陀羅尼曰　南謨薄
伽勃底一　阿波唎蜜多二　阿喻紇硯娜三　須毗你悉指陀四　囉佐耶五　怛他羯他耶六　怛姪他
唵七　薩婆桑悉迦囉八　波唎輸底九　達磨底十　伽伽那十一　莎訶其特伽底十二　薩婆毗
輸底十三　摩訶那耶十四　波唎婆嚩莎訶十五
布施力能成正覺　悟布施力人師子　布施力能聲善聞　慈悲猶漸最能入
持戒力能成正覺　悟持戒力人師子　持戒力能聲善聞　慈悲猶漸最能入
忍辱力能成正覺　悟忍辱力人師子　忍辱力能聲善聞　慈悲猶漸最能入
精進力能成正覺　悟精進力人師子　精進力能聲善聞　慈悲猶漸最能入
禪定力能成正覺　悟禪定力人師子　禪定力能聲善聞　慈悲猶漸最能入
智慧力能成正覺　悟智慧力人師子　智慧力能聲善聞　慈悲猶漸最能入
尒時如來說是經已一切世間天人阿脩羅揵闥婆等聞佛所
說皆大歡喜信受奉行
佛說无量壽宗要經

BD05891 號　無量壽宗要經　（6–5）

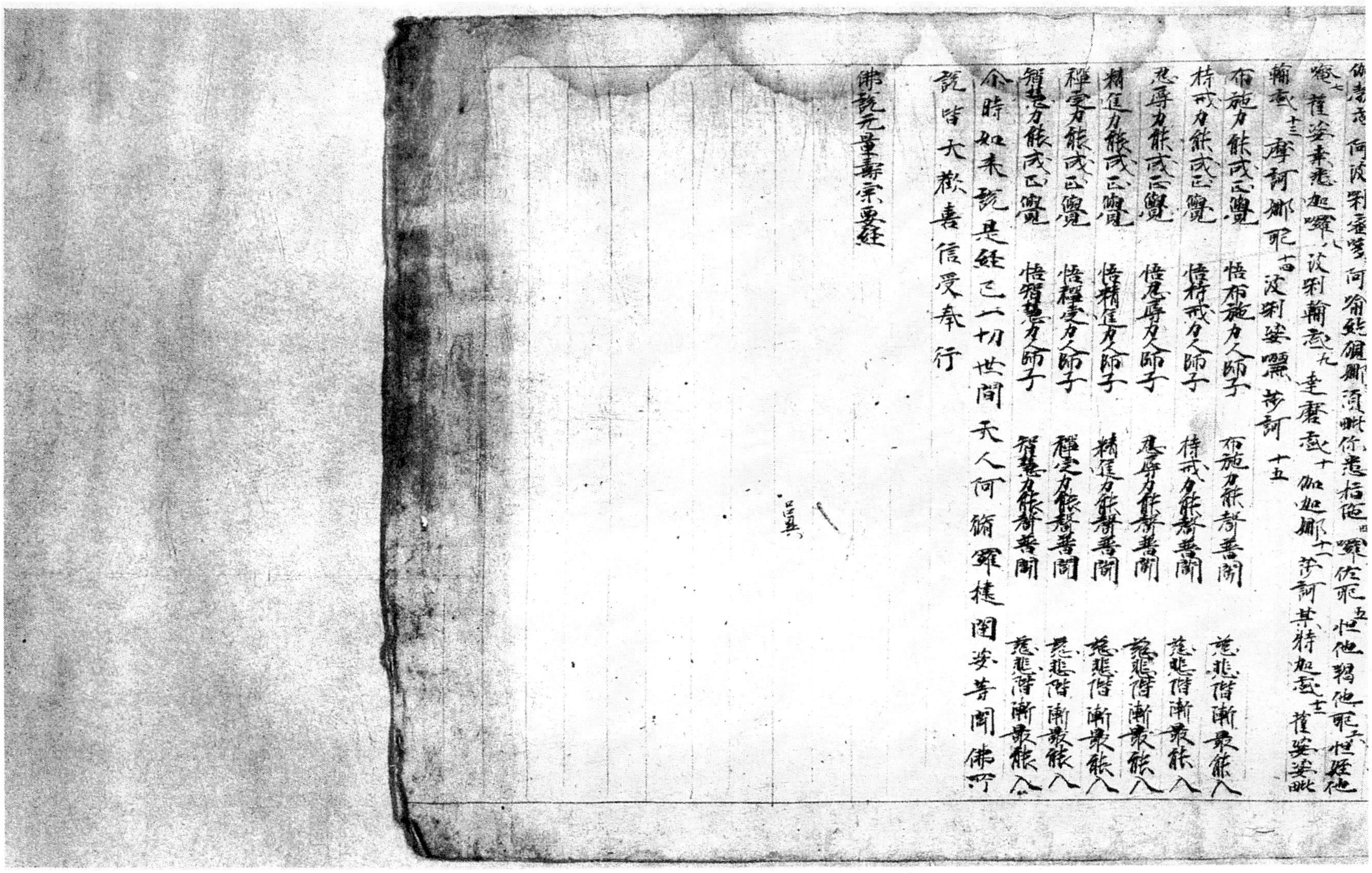
伽耆忞 阿波唎蜜哆 阿喻紇硯娜 須毗你 悉指陁 四 囉佐耶 五 怛他羯他耶 六 怛姪他
唵 七 薩婆桑悉迦囉 八 波唎輸徳 九 達磨徳 十 伽伽娜 十一 莎訶 其特伽徳 十二 薩婆婆毗
輸徳 十三 摩訶娜耶 十四 波唎婆嚧 莎訶 十五
布施力能成正覺 悟布施力人師子 布施力能聲普聞 慈悲階漸最能入
持戒力能成正覺 悟持戒力人師子 持戒力能聲普聞 慈悲階漸最能入
忍辱力能成正覺 悟忍辱力人師子 忍辱力能聲普聞 慈悲階漸最能入
精進力能成正覺 悟精進力人師子 精進力能聲普聞 慈悲階漸最能入
禪定力能成正覺 悟禪定力人師子 禪定力能聲普聞 慈悲階漸最能入
智慧力能成正覺 悟智慧力人師子 智慧力能聲普聞 慈悲階漸最能入
尒時如來說是經已一切世間天人阿脩羅揵闥婆等聞佛所
說皆大歡喜信受奉行
佛說无量壽宗要經

BD05891號　無量壽宗要經　（6–6）

昔佛在舍衛國為天王說法時城中有婆羅門長者財富無數為生
慳貪不好布施食常閉門不喜王客若其食時輒勅門士堅閉門戶
勿令有王妄入門裏乞匂求索沙門梵志不能得與其相見尒時長者
欻思美食便勅其妻令作飯食教敘肥雞薑椒和調煮之令熟飯
食飣餖即時已辦勅外閉門夫妻二王坐一小兒著衆中央便共飲
食父毋取雞肉著兒口中如是數數憂不有慶佛知此長者宿福應度
化作沙門伺其坐食現出坐前呪願曰言乡少布施可得大福長者舉
頭見化沙門即罵之言汝為道士而無羞恥室家坐食何為唐突沙
門荅曰卿自愚癡不知羞恥今我乞士何故羞者長者問曰吾及室家自
共娛樂何故慙羞沙門荅曰卿煞父妻毋供養怨家不知慙恥反謂乞
士何不慙羞於是世尊即說偈言
所生枝不絕　但用食貪欲　養怨益丘家　愚王常汲汲　雖獄有鉤鍱
慧王不謂牢　愚見妻子飾　染著愛甚牢　慧說愛為獄　深固難得出
是故當斷棄　不親欲能安
長者聞偈驚而問之道王何故說此荅曰案上雞者是卿先世時父以慳
貪故常生雞中為卿所食此小兒者往作羅剎卿作估客大王乘船
入海舶輙流墮羅剎國中為羅剎所食如是五百世壽盡來生為卿
作子以卿餘罪未畢故來欲相害耳今是妻者是卿先世時毋以恩
愛深固今還與卿作婦今卿愚癡不識宿命煞父養怨以毋為妻
五道生死輪轉無際周旋五道誰能知者唯有道士見此覩彼愚者不
知豈不慙恥於是長者惱然毛竪如畏怖狀佛現威神令識宿命長

是故昔[illegible]　不親[illegible]
長者聞偈驚而問之道至何故説此荅曰業上雖者是婦先世時父以慳
貪故常生雞中為婦所食此小兒者往作羅刹婦作估客大至乘船
入海舶輙流墮羅刹國中為羅刹所食如是五百世壽盡來生為婦
作子以婦餘罪未畢故來欲相害耳今是妻者是婦先世時世以恩
愛深固今還與婦作婦今婦愚癡不識宿命歛又養怨以世為妻
五道生死輪轉無際周旋五道誰能知者唯有道士見此覩彼愚者不
知豈不慙恥於是長者惕然毛竪如畏怖狀佛現威神令識宿命長
者見佛即識宿命尋則懺悔謝過便受五戒佛為説法即得須陁洹
道
昔私呵隣國中有山名私休遮陁山中有梵志五百餘人各逮神通自相
謂曰吾等所得㠯是泥洹佛始出世廣建法鼓開甘露門此等梵志聞而
不識宿福應度佛往就之獨行無侶到其路口坐一樹下三昧定意放
身光明照其山中化如失火山中盡然梵志怖懅呪水滅之盡其神力
不能使滅佐而捨走從路出山遥見世尊樹下坐禪譬如日出金山之
側相好炳然如星中明佐是何神就而觀之佛令坐問所從來梵
志對曰止此山中脩道來久且欺火出燒山樹木怖而走出佛告梵志
此是福火不傷楨至欲滅卿等癡結之垢梵志師徒顧相謂曰是何道
士九十六種未曾有此師曰曾聞白淨王子名日悉達不樂豐位出家
求佛將無是也徒等啓師可共問佛梵志所行為如法不師徒之等共
起白佛梵志法經名四無礙天文地理王者治國領民之法并九十六種
道術所應行法此經為是泥洹法不願佛解説開化未聞佛告梵志善
聽思之吾從宿命無數劫來常行此經亦得五通移山住流經歷生
死不可計數既不得泥洹亦復不聞有得道者如汝等行非名梵志於是世
尊以偈報曰
截流如度　無欲如梵　知行已盡　是謂梵志
以無二法　清淨度淵　諸欲結解　是謂梵志　非族結髮　名為梵志
誠行法行　清白則賢　飾髮無慧　草衣何施　內不離著　外捨何益
去淫怒癡　憍慢諸惡　如蛇脫皮　是謂梵志　斷絕世事　口無麁言
八道審諦　是謂梵志　以斷恩愛　離家無欲　愛著以盡　是謂梵志
離人聚處　不墮天聚　諸聚不歸　是謂梵志　自知宿命　本所更來
生死得盡　叡通道玄　明如能默　是謂梵志
佛説偈已告諸梵志汝等所脩自以泥洹如少水魚豈有長樂命本無
首梵志聞經五情內發喜悅長跪白佛言願為弟子頭髮自落即作

誠行法行　清白則賢　飾髮無慧　草衣何施　内不離著　外捨何益
去婬怒癡　憍慢諸惡　如蛇脫皮　是謂梵志　斷絕世事　口無麁言
八道審諦　是謂梵志　以斷恩愛　離家無欲　愛著以盡　是謂梵志
離人聚處　不墮天聚　諸聚不歸　是謂梵志　自知宿命　本所更來
生死得盡　叡通道玄　明如能默　是謂梵志
佛說偈已告諸梵志汝等所修自以泥洹如少水魚豈有長樂命本無
有梵志聞經五情内發喜悅長跪白佛言願為弟子頭髮自落即作
沙門本行清淨因而得道為阿羅漢天龍鬼神皆得道迹
昔有國王治行正法臣慕其化無有太子以為憂愁佛來入國
便出覲尊聽經歡喜即受五戒王心奉敬唯願有子晝夜精進三時
不懈有一給使其年十一常為王使忠信奉法不失威儀謙卑忍辱精進
一心學誦經偈如時先起已辦香火數年之中精進如時不以為勞卒
得重病遂致無常其神來還為王作子乳哺長大至年十五立為太子父
王命終習代為王憍慢自恣婬泆欲樂晝夜耽荒不理國事臣寮發調
臣被其患佛知其行不會本識將諸弟子往到其國王聞佛來如先王法大衆
奉迎稽首于坐即坐王位佛言國土人臣群寮百官悉自如常不王曰為
王年少未能綏化皆蒙肇恩國土無他佛告王曰今王自知本所從來
作何功德得此王位王曰不審愚闇不達不知先世所從來佛告大王本以五事
得為國王何等為五一者布施得為國王万民奉獻宮觀殿堂資財
無懸二者興立寺廟供養三尊牀榻幃帳以是為王在於正殿御坐
理國三者親身禮敬三尊及諸長德以是為王一切万民莫不為之作
禮四者忍辱身三口四及意無惡以是為王一切見者莫不歡喜王者學
問常求智慧以是為王決斷國事莫不奉行此五事世世為王於是世尊
以偈頌曰
人知奉其上　君父師道士　信戒施聞慧　終吉所生安
宿命有福慶　生世為人尊　以道安天下　奉法莫不從　王為臣民主
常以慈愛下　身率以法義　示之以休咎　處安不忘危　慮明福轉厚
福德之返報　不問尊以卑
佛告王曰王前世時為大王給使以信
奉僧以敬奉親以孝奉君以忠常行一心精進布施勞身苦體夙不
懈惓是福追身得為王子補王之弟今者富貴而返懈怠夫為國
王當行五事何謂為五一者領理万民無有枉濫二者養育將士隨時
稟與三者念脩本業福德無絕四者當信忠臣正直之諫無受說言

BD05892號　法句譬喻經鈔　（4–3）

奉迎稽首于坐即坐王位佛言國土人民群寮百官悉自如常不王曰為
王年少未能綏化皆蒙聖恩國土無他佛告王曰今王自知本所從來
作何功德得此王位王曰不審愚闇不達不知先世所從來佛告大王本以五事
得為國王何等為五一者布施得為國王万民奉獻宮觀殿堂貲財
無極二者興立寺廟供養三尊牀榻幃帳以是為王在於正殿御坐
理國三者親身礼敬三尊及諸長德以是為王一切万民莫不為之作
礼四者忍辱身三口四及意無惡以是為王一切見者莫不歡喜五者學
問常求智慧以是為王決斷國事莫不奉行此五事世世為王於是世尊
以偈頌曰　人知奉其上　君父師道士　信戒施聞慧　終吉所生安
宿命有福慶　生世為人尊　以道安天下　奉法莫不從　王為臣民主
常以慈愛下　身率以法戒　示之以法各　處安不忘危　慮明福轉厚
福德之返報　不問尊以卑　佛告王曰王前世時為大王給使奉使以信
奉僧以敬奉親以孝奉君以忠常行一心精進布施勞身苦體重不
懈倦是福追身得為王子補王之弟今者富貴而返懈怠夫為國
王當行五事何謂為五一者領理萬民無有枉濫二者養育將士隨時
稟與三者念脩本業福德無絕四者當信忠臣正直之諫無受說言
以傷正直五者節欲貪樂心不放逸行此五事名聞四海福祿自來捨
此五事衆經不舉臣窮則思亂士勞則勢不舉無福鬼神不助自用失
大理忠臣不敢諫心逆國不理臣薄臣則恐若如是者身失令名後則
無福於是世尊重說偈言
夫為世間將　脩正不阿枉　心調勝諸惡　如是為法王　見正能施惠
仁愛好利人　既利以平均　如是衆附親　佛說是時王大歡喜起住
佛前五體布地懺悔謝佛即授五戒佛重說法得須陀洹

大般若波羅蜜多經卷第五百七十
第六分平等品第七　　三藏法師玄奘奉　詔譯
尒時最勝復從座起偏覆左肩右膝著地
合掌恭敬而白佛言如世尊說法性平等何
為平等何法故名為平等佛告最勝天王當
知平等觀諸法自性寂靜不生不滅故名平等
一切煩惱虛妄分別自性寂靜不生不滅故名
平等名相分別自性寂靜不生不滅故名平
等滅諸顛倒不起攀緣故名平等能緣心滅
无明有愛即俱寂靜癡愛滅故不度執著
我及我所故名平等我我所執永滅除故名
色寂靜故名平等色滅故邊見不生故名
平等斷常滅故身見寂靜故名平等天王當
知能執所執一切煩惱障善法者依身見生
若諸菩薩行深般若波羅蜜多方便善巧能
滅身見一切隨眠及諸煩惱皆永寂靜住願
亦息譬如大樹拔除根株枝條華葉等无不枯
死如人无背命根等絕隨眠煩惱亦復如是
若斷身見餘皆永滅若人能觀諸法无我能

BD05893 號　大般若波羅蜜多經卷五七〇　（7–1）

知能執所執一切煩惱障善法者依身見生
若諸菩薩行深般若波羅蜜多方便善巧能
滅身見一切隨眠及諸煩惱皆永寂靜住願
亦息譬如大樹拔除根株枝條華葉等无不枯
死如人无背命根等絕隨眠煩惱亦復如是
若斷身見餘皆永滅若人能觀諸法无我能
執所執皆永寂靜尒時最勝便白佛言云何
我見起障真理佛告最勝天王當知於五取
蘊妄謂有我即起我見真實之法自性平等
无能所執我見相違是故為障天王當知如
是我見不在內不在外不在兩間都无所住
名為寂靜即是平等遠離我見通達平等名
真實空觀察山空无相无願自性寂靜不生
不滅不取不著遠離我見故名平等天王當
知所言我者無來無去無有真實虛妄分別
法從妄生亦是虛妄若諸菩薩行深般若波
羅蜜多方便善巧觀如是法遠離虛妄是故
名為寂靜平等天王當知能執所執名為穢
然離名寂靜諸煩惱障名為穢然離名寂靜
若諸菩薩行深般若波羅蜜多方便善巧能
如實知能執所執諸煩惱滅為增善法斷能
所執及諸煩惱不見可生不見可滅故名平
等修一切種波羅蜜多遠離魔障不見可修
不見可離故名平等菩薩常緣菩提分法不
不起聲聞獨覺作意於菩提分聲聞獨覺
不見異相故名平等緣一切智心不休息常
修空行由大悲力不捨有情故名平等天王當知

BD05893 號　大般若波羅蜜多經卷五七〇　（7–2）

等脩一切種波羅蜜多遠離魔障不見可脩
不見可離故名平等菩薩常緣菩提亦法不
不起聲聞獨覺住意於菩提亦聲聞獨覺
不見異相故名平等緣一切智心不休息常
脩空行由大悲力不捨有情故名平等夫當知
若諸菩薩行深般若波羅蜜多方便善巧於
一切法心緣自在心緣無相而脩菩提不見
無相及菩提異故名平等心緣无願不捨三
界不見无願及三界異故名平等觀身不
淨心住清淨觀行無常心緣生死而不猒捨觀
有情若住涅槃觀法无我於有情類起大
悲心常為有情說不淨樂不見貪病常說
大慈不見瞋病常說緣起不見癡病為等病
者說無常樂不見等病及无常異如是菩薩
行深若波羅蜜多方便善巧於一切法心緣
自在緣離貪法為化聲聞緣離瞋法為化獨
覺緣離癡法為化菩薩緣一切色願得如來
清淨妙色無所得故緣一切聲為得諸佛微
妙音聲無所得故緣一切香願得諸佛清淨
戒香無所得故緣一切味願得如來味中第
一大士夫相無所得故緣一切觸願得如來
柔耎手掌無所得故緣一切法願得如來寂
靜之心無所得故緣諸布施為得成就佛相
如身緣諸淨戒為得圓滿嚴淨佛土緣諸安
忍願得諸佛大梵音聲及得諸佛淨光明身
緣諸精進為度有情常無間斷緣諸靜慮
為欲成就廣大神通緣諸般若為斷一切妄

BD05893 號　大般若波羅蜜多經卷五七〇　（7–3）

靜之心無所得故緣諸布施為得成就佛相
如身緣諸淨戒為得圓滿嚴淨佛土緣諸安
忍願得諸佛大梵音聲及得諸佛淨光明身
緣諸精進為度有情常無間斷緣諸靜慮
為欲成就廣大神通緣諸般若為斷一切妄
見煩惱緣諸大慈平等無礙為諸有情常得
安樂緣諸大悲為護正法救拔有情生死大苦
緣諸大喜為得說法無礙自在恍樂有情緣
諸大捨為不執見有情煩惱結縛隨眠天王
當知若諸菩薩行深般若波羅蜜多方便善
巧不見二事名平等行緣四攝法為化有
情緣慳嫉過為捨資財脩行布施緣破戒失
為住淨戒緣瞋恚失為得安忍緣懈怠失為
成如來大精進力緣散亂失為得如來寂靜
勝定緣惡慧失為成如來無礙智慧緣二乘法
為欲成就無上大乘緣諸惡趣為欲濟拔一
切有情緣諸善趣為欲令知諸人天果皆當敗
壞緣諸有情為令了達都無無堅實唯有靈
妄緣佛隨念為得成就助道勝定緣法隨念
為得通達諸法祕藏緣僧隨念為和合衆心
无退轉緣捨隨念為無愛著緣戒隨念為
得淨戒緣天隨念為成菩提諸天讚歎緣自
身相為得佛身緣自語相為得佛語緣自意相
為得諸佛平等之心緣有為法為成佛智緣
無為法為得寂靜天王當知若諸菩薩行深
般若波羅蜜多方便善巧无有一心一行空
過而不迴向一切智者如是菩薩行深般若

BD05893 號　大般若波羅蜜多經卷五七〇　（7–4）

身相為得佛身緣自語相為得佛語緣自意相
為得諸佛平等之心緣有為法為成佛智緣
無為法為得寂靜天王當知若諸菩薩行深
般若波羅蜜多方便善巧无有一心一行空
過而不迴向一切智者如是菩薩行深般若
波羅蜜多方便善巧雖遍緣法而能不著是
故名為方便善巧觀一切法无不趣向大菩
提者譬如三千大千世界所出諸物无不皆
為有情受用如是菩薩行深般若波羅蜜多
方便善巧所緣境界无不饒益趣向菩提
譬如衆色無有不因四大種者如是菩薩所緣
境界無有一法不趣菩提何以故菩薩修行
皆因外緣而得成立謂諸菩薩因慳嫉者成
就布施波羅蜜多因犯戒者成就淨戒波羅
蜜多因忿恚者成就安忍波羅蜜多因懈怠
者成就精進波羅蜜多因散亂者成就靜慮
波羅蜜多因愚癡者成就般若波羅蜜多若
諸有情損惱菩薩菩薩因彼伏斷瞋恚菩薩
若見修行善法向菩提者生己子心如是菩薩
讃不生喜毀不生瞋見无樂者起大 慈心
見有苦者起大悲心見有樂者起大喜心見
無苦者起大捨心因難化者發奢摩他因易
化者發毗鉢舍那因信行者起知恩智若見
有情外惡緣勝外善緣劣則勤守護 若見
因力有強勝者種種方便令受教法若見智
慧開悟有情則為宣說甚深法要若見有情
廣說乃悟則為次第宣說諸法若諸有情執

BD05893號　大般若波羅蜜多經卷五七〇　（7–5）

化者發毗鉢舍那因信行者起知恩智若見
有情外惡緣勝外善緣劣則勤守護 若見
因力有強勝者種種方便令受教法若見智
慧開悟有情則為宣說甚深法要若見有情
廣說乃悟則為次第宣說諸法若諸有情執
著字句為說句義令得開曉若已學止為
說妙觀若已學觀為說寂止若執持戒為說
地獄持戒無執則不說之若執聞慧為說修
若執等持為說般若若有受樂阿練若者即
為彼說心遠離法若有樂聞佛功德者即為
彼說无上聖智為貪欲者說不淨法為瞋恚
者說慈悲法為愚癡者說緣起法為等分
者說種種法或說不淨或說慈悲或說緣起
已說伏者為說淨戒勝定妙慧應入佛乘而
受化者為次第說波羅蜜多應以柳栍而受
化者先析其詞後為說法應種種言而受化
者即為彼說因緣譬喻令得聞解應以深法
而受化者為說般若波羅蜜多方便善巧无我
無法著諸見者為說法空多尋伺者為說无
相著有為者為說无願著諸蘊者為說如幻
著諸界者為說无住著諸處者為說如夢著
欲界者為說熾然著色界者為說行苦著无
色界者為說行无常難化有情為讚聖種
易化有情為說靜慮及无量心若聞生天而
受化者為說快樂因聲聞法而受化者為說聖
諦因獨覺法而受化者為說緣起因菩薩法
而受化者為說淨心大慈悲法修行菩薩為

BD05893號　大般若波羅蜜多經卷五七〇　（7–6）

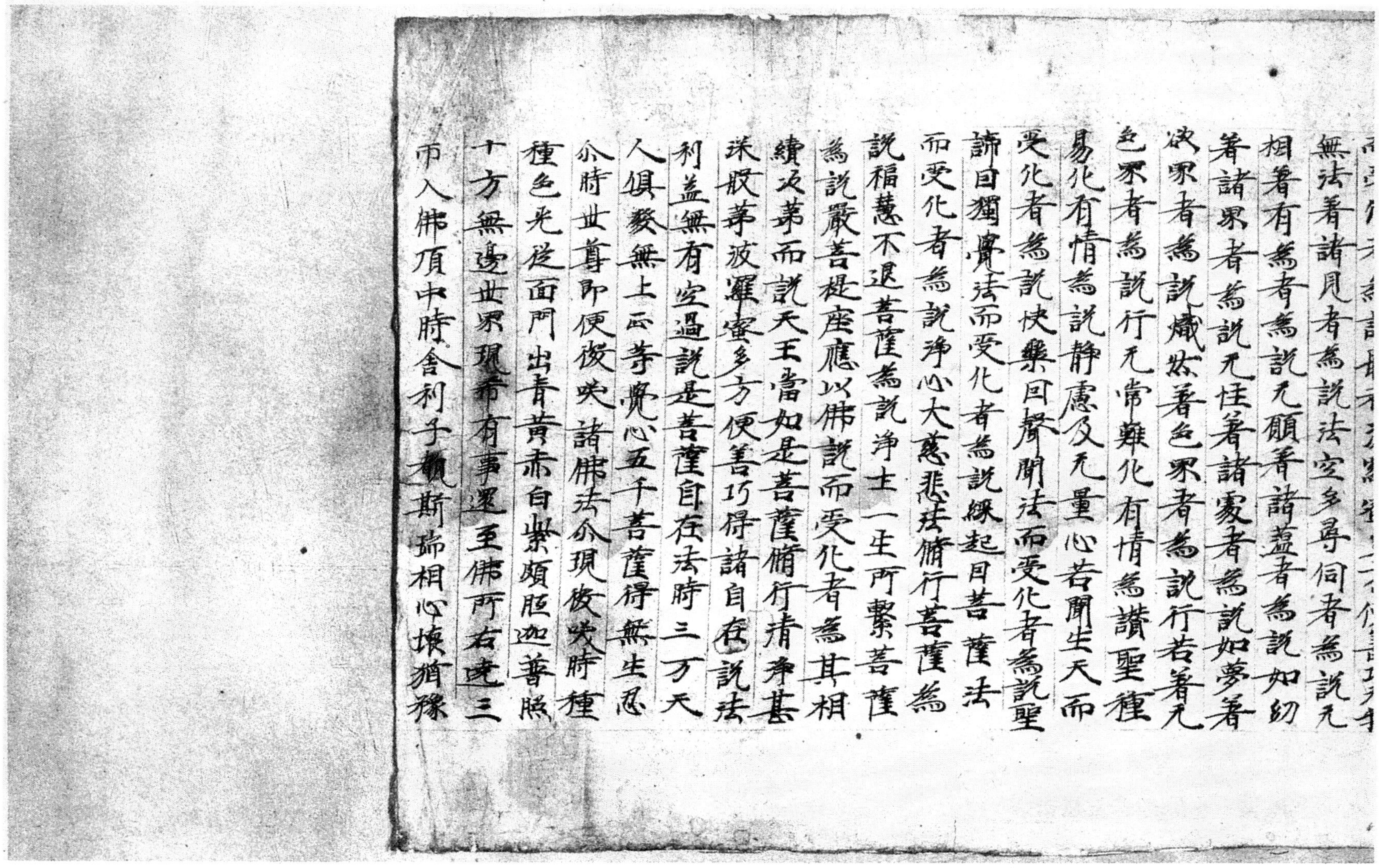

無法著諸見者為說法空多尋伺者為說无
相著有為者為說无願著諸蘊者為說如幻
著諸界者為說无住著諸處者為說如夢著
欲界者為說熾然著色界者為說行苦著无
色界者為說行无常難化有情為讚聖種
易化有情為說靜慮及无量心若聞生天而
受化者為說快樂因聲聞法而受化者為說聖
諦因獨覺法而受化者為說緣起因菩薩法
而受化者為說淨心大慈悲法脩行菩薩為
說福慧不退菩薩為說淨土一生所繫菩薩
為說嚴菩提座應以佛說而受化者為其相
續及第而說天王當如是菩薩脩行清淨甚
深般若波羅蜜多方便善巧得諸自在說法
利益無有空過說是菩薩自在法時三万天
人俱發無上正等覺心五千菩薩得無生忍
尒時世尊即便微笑諸佛法尒現微笑時種
種色光從面門出青黃赤白紫頗胝迦普照
十方無邊世界現希有事還至佛所右遶三
帀入佛頂中時舍利子覩斯瑞相心懷猶豫

BD05893 號　大般若波羅蜜多經卷五七〇　　（7–7）

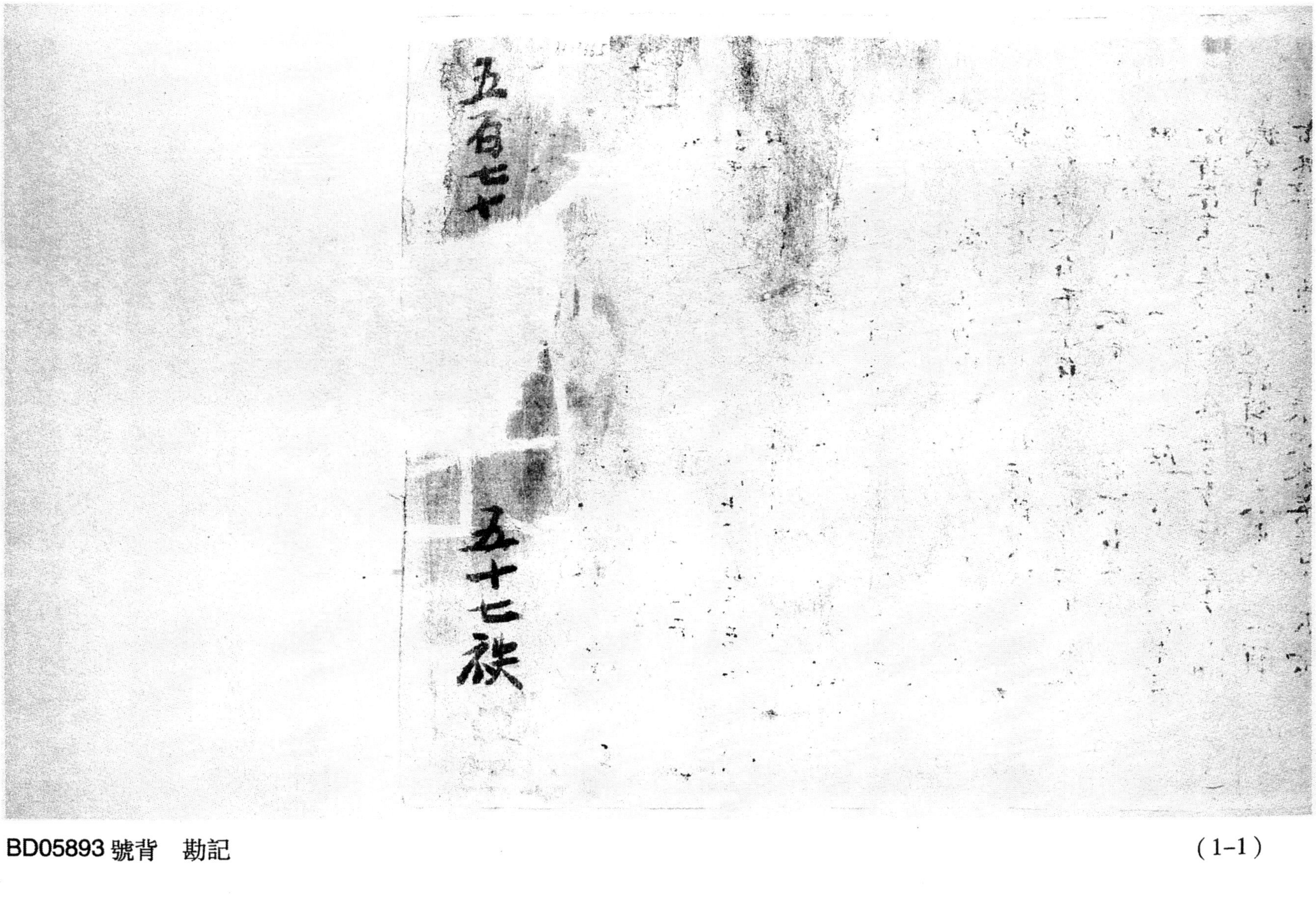

五百七十

五十七袟

BD05893 號背　勘記　　（1–1）

偈等為他人說其
諸佛及諸佛阿耨
多羅三藐三菩提法皆從此經出須菩提所謂
佛法者即非佛法須菩提於意云何須陁洹能
作是念我得須陁洹果不須菩提言不
何以故須陁洹名為入流而无所入不入色聲香
味觸法是名須陁洹須菩提於意云何斯陁含
能作是念我得斯陁含果不須菩提言不也世尊
何以故斯陁含名一往來而實无往來是名斯陁
含須菩提於意云何阿那含能作是念我得
阿那含果不須菩提言不也世尊何以故阿那
含名為不來而實无來是故名阿那含須菩提
於意云何阿羅漢能作是念我得阿羅漢道不
須菩提言不也世尊何以故實无有法名阿羅
漢世尊若阿羅漢作是念我得阿羅漢道即
為著我人眾生壽者世尊佛說我得无諍三昧
人中最為第一是第一離欲阿羅漢我不作是念
我是離欲阿羅漢世尊我若作是念我得阿
羅漢道世尊則不說須菩提是樂阿蘭那

BD05894 號　金剛般若波羅蜜經　（3–1）

[illegible]
為著我人眾生壽者世尊佛說我得无諍三昧
人中最為第一是第一離欲阿羅漢我不作是念
我是離欲阿羅漢世尊我若作是念我得阿
羅漢道世尊則不說須菩提是樂阿蘭那
行者以須菩提實无所行而名須菩提是樂
阿蘭那行
佛告須菩提於意云何如來昔在然燈佛所
於法有所得不世尊如來在然燈佛所
无所得須菩提於意云何菩薩莊嚴佛土不
不也世尊何以故莊嚴佛土者則非莊嚴
莊嚴是故須菩提諸菩薩摩訶薩應如是生
清淨心不應住色生心不應住聲香味觸法生心
應无所住而生其心須菩提譬如有人身如須
彌山王於意云何是身為大不須菩提言甚大
世尊何以故佛說非身是名大身須菩提如恒
河中所有沙數如是沙等恒河於意云何是
諸恒河沙寧為多不須菩提言甚多世尊
但諸恒河尚多无數何況其沙須菩提我
今實言告汝若有善男子善女人以七寶滿
尒所恒河沙數三千大千世界以用布施得福
多不須菩提言甚多世尊
佛告須菩提若善男子善女人於此經中
乃至受持四句偈等為他人說而此福德勝前
福德復次須菩提隨說是經乃至四句偈等
當知此處一切世間天人阿脩羅皆應供養
如佛塔廟何況有人盡能受持讀誦須菩提

BD05894 號　金剛般若波羅蜜經　（3–2）

[illegible]
多不須菩提言甚多世尊
佛告須菩提若善男子善女人於此經中
乃至受持四句偈等為他人說而此福德勝前
福德復次須菩提隨說是經乃至四句偈等
當知此處一切世間天人阿修羅皆應供養
如佛塔廟何況有人盡能受持讀誦須菩提
當知是人成就最上第一希有之法若是經
典所在之處則為有佛若尊重弟子
尒時須菩提白佛言世尊當何名此經我等云
何奉持佛告須菩提是經名為金剛般若波
羅蜜以是名字汝當奉持所以者何須菩提
佛說般若波羅蜜則非般若波羅蜜須菩
提於意云何如来有所說法不須菩提白佛言世
尊如来无所說須菩提於意云何三千大千世
界所有微塵是為多不須菩提言甚多世
尊須菩提諸微塵如来說非微塵是名微
塵如来說世界非世界是名世界須菩提於意
云何可以三十二相見如来不不也世尊不可以三
十二相得見如来何以故如来說三十二相即是

BD05894號　金剛般若波羅蜜經　（3–3）

欲重宣此義而說偈言
欲捨諸懈怠　應當聽此經　是經難得聞　信受者亦難
如人渴須水　穿鑿於高原　猶見乾燥土　知去水尚遠
漸見濕土泥　決定知水近
藥王汝當知　如是諸人等　不聞法華經　去佛智甚遠
若聞是深經　決了聲聞法　是諸經之王　聞已諦思惟
當知此人等　近於佛智慧
若人說此經　應入如來室　著於如來衣　而坐如來座
處衆无所畏　廣為分別說
大慈悲為室　柔和忍辱衣　諸法空為座　處此為說法
若說此經時　有人惡口罵　加刀杖瓦石　念佛故應忍
我千万億土　現淨堅固身　於无量億劫　為衆生說法
若我滅度後　能說此經者　我遣化四衆　比丘比丘尼
及清信士女　供養於法師　引導諸衆生　集之令聽法
若人欲加惡　刀杖及瓦石　則遣變化人　為之作衛護
若說法之人　[illegible]

BD05895號　妙法蓮華經卷四　（9–1）

若說此經時　有人惡口罵　加刀杖瓦石　念佛故當忍
我千万億土　現淨堅固身　於无量億劫　為衆生說法
若我滅度後　能說此經者　我遣化四衆　比丘比丘尼
及清信士女　供養於法師　引導諸衆生　集之令聽法
若人欲加惡　刀杖及瓦石　則遣變化人　為之作衛護
若說法之人　獨在空閑處　寂漠无人聲　讀誦此經典
我尒時為現　清淨光明身　若忘失章句　為說令通利
若人具是德　或為四衆說　空處讀誦經　皆得見我身
若人在空閑　我遣天龍王　夜叉鬼神等　為作聽法衆
是人樂說法　分別无罣㝵　諸佛護念故　能令大衆喜
若親近法師　速得菩薩道　隨順是師學　得見恒沙佛
妙法蓮華經見寶塔品第十一
尒時佛前有七寶塔高五百由旬縱廣二百
五十由旬從地踊出住在空中種種寶物而
莊校之五千欄楯龕室千万无數幢幡以為
嚴飾垂寶瓔珞寶鈴万億而懸其上四面皆
出多摩羅跋栴檀之香充遍世界其諸幡蓋
以金銀瑠璃車𤦲馬瑙真珠玫瑰七寶合成
高至四天王宮卅三天雨天曼陁羅華供養
寶塔餘諸天龍夜叉乾闥婆阿脩羅迦樓羅
緊那羅摩睺羅伽人非人等千万億衆以一
切華香瓔珞幡蓋伎樂供養寶塔恭敬尊重
讚歎尒時寶塔中出大音聲歎言善哉善哉
釋迦牟尼世尊能以平等大慧教菩薩法佛
所護念妙法華經為大衆說如是如是釋迦
牟尼世尊如所說者皆是真實尒時四衆見
大寶塔住在空中又聞塔中所出音聲皆得

BD05895號　妙法蓮華經卷四　（9–2）

釋迦牟尼世尊能以平等大慧教菩薩法佛
所護念妙法華經為大衆說如是如是釋迦
牟尼世尊如所說者皆是真實尒時四衆見
大寶塔住在空中又聞塔中所出音聲皆得
法喜怪未曾有從座而起恭敬合掌却住一
面尒時有菩薩摩訶薩名大樂說知一切世
間天人阿脩羅等心之所疑而白佛言世尊
以何因緣有此寶塔從地踊出又於其中發
是音聲尒時佛告大樂說菩薩此寶塔中有
如來全身乃往過去東方无量千万阿僧祇
世界國名寶淨彼中有佛号曰多寶其佛本
行菩薩道時作大誓願若我成佛滅度之後
於十方國土有說法華經處我之塔廟為聽
是經故踊現其前為作證明讚言善哉彼佛
成道已臨滅度時於天人大衆中告諸比丘
我滅度後欲供養我全身者應起一大塔其
佛神通願力十方世界在在處處若有說法
華經者彼之寶塔皆踊在其前全身在於塔中
讚言善哉善哉大樂說今多寶如來塔聞說
法華經故從地踊出讚言善哉善哉是時大
樂說菩薩以如來神力故白佛言世尊我等
願欲見此佛身佛告大樂說菩薩摩訶薩是
多寶佛有深重願若我寶塔為聽法華經故
出於諸佛前時其有欲以我身示四衆者彼
佛分身諸佛在於十方世界說法盡還集一
處然後我身乃出現耳大樂說我分身諸佛
在於十方世界說法者今應當集大樂說白

BD05895號　妙法蓮華經卷四　（9–3）

多寶佛有深重願若我寶塔爲聽法華經故
出於諸佛前時其有欲以我身示四衆者彼
佛分身諸佛在於十方世界說法盡還集一
處然後我身乃出現耳大樂說我分身諸佛
在於十方世界說法者今應當集大樂說白
佛言世尊我等亦願欲見世尊分身諸佛礼
拜供養尒時佛放白毫一光即見東方五百
万億那由他恒河沙等國土諸佛彼諸國土
皆以頗梨爲地寶樹寶衣以爲莊嚴无數千
万億菩薩充滿其中遍張寶幔寶網羅上彼
國諸佛以大妙音而說諸法及見无量千万
億菩薩遍滿諸國爲衆說法南西北方四維
上下白毫相光所照之處亦復如是尒時十
方諸佛各告衆菩薩言善男子我今應往娑
婆世界釋迦牟尼佛所并供養多寶如來寶
塔時娑婆世界即變清淨瑠璃爲地寶樹莊
嚴黃金爲繩以界八道无諸聚落村營城邑
大海江河山川林藪燒大寶香曼陁羅華香
遍布其地以寶網幔羅覆其上懸諸寶鈴唯
留此會衆移諸天人置於他土是時諸佛各
將一大菩薩以爲侍者至娑婆世界各到寶
樹下一一寶樹高五百由旬枝葉華菓次第
莊嚴諸寶樹下皆有師子之坐高五由旬亦以
大寶而校餝之尒時諸佛各於此坐結跏趺
坐如是展轉遍滿三千大千世界而於釋迦
牟尼佛一方所分之身猶故未盡時釋迦牟
尼佛欲容受所分身諸佛故八方各更變二

BD05895號　妙法蓮華經卷四　（9–4）

莊嚴諸寶樹下皆有師子之坐高五由旬亦以
大寶而校餝之尒時諸佛各於此坐結跏趺
坐如是展轉遍滿三千大千世界而於釋迦
牟尼佛一方所分之身猶故未盡時釋迦牟
尼佛欲容受所分身諸佛故八方各更變二
百万億那由他國皆令清淨无有地獄餓鬼
畜生及阿脩羅又移諸天人置於他土所化
之國亦以瑠璃爲地寶樹莊嚴樹高五百由
旬枝葉華菓次第莊嚴樹下皆有寶師子座
高五由旬種種諸寶以爲莊嚴亦无大海江
河及目真隣陁山摩訶目真隣陁山鐵圍山
大鐵圍山須弥山等諸山王通爲一佛國土
寶地平正寶交露幔遍覆其上懸諸幡蓋燒
大寶香諸天寶華遍布其地釋迦牟尼佛爲
諸佛當來坐故復於八方各變二百万億那
由他國皆令清淨无有地獄餓鬼畜生及阿
脩羅又移諸天人置於他土所化之國亦以瑠
璃爲地寶樹莊嚴樹高五百由旬枝葉華菓
次第莊嚴樹下皆有寶師子坐高五由旬亦
以大寶而校餝之亦无大海江河及目真隣
陁山摩訶目真隣陁山鐵圍山大鐵圍山須
弥山等諸山王通爲一佛國土寶地平正寶
交露幔遍覆其上懸諸幡蓋燒大寶香諸天
寶華遍布其地尒時東方釋迦牟尼所分之
身百千万億那由他恒河沙等國土中諸佛
各各說法來集於此如是次第十方諸佛皆
悉來集坐於八方尒時一一方四百万億那由

BD05895號　妙法蓮華經卷四　（9–5）

文露幔遍覆其上懸諸幡蓋燒大寶香諸天
寶華遍布其地尒時東方釋迦牟尼所分之
身百千万億那由他恒河沙等國土中諸佛
各各說法来集於此如是次第十方諸佛皆
悉来集坐於八方尒時一一方四百万億那由
他國土諸佛如来遍滿其中是時諸佛各在寶
樹下坐師子坐皆遣侍者問訊釋迦牟尼佛
各賷寶華滿掬而告之言善男子汝往詣耆
闍崛山釋迦牟尼佛所如我辭曰少病少惱
氣力安樂及菩薩聲聞衆悉安隱不以此寶
華散佛供養而作是言彼某甲佛與欲開此
寶塔諸佛遣使亦復如是尒時釋迦牟尼佛
見所分身佛悉以来集各各坐於師子之座
皆聞諸佛與欲同開寶塔即從坐起住虛空
中一切四衆起立合掌一心觀佛於是釋迦
牟尼佛以右指開七寶塔戶出大音聲如却
關鑰開大城門即時一切衆會皆見多寶如
来於寶塔中坐師子坐全身不散如入禪定
又聞其言善哉善哉釋迦牟尼佛快說是法
華經我為聽是經故而来至此尒時四衆等
見過去无量千万億劫滅度佛說如是言嘆
未曾有以天寶華聚散多寶佛及釋迦牟尼
佛上尒時多寶佛於寶塔中分半坐與釋迦
牟尼佛而作是言釋迦牟尼佛可就此坐即
時釋迦牟尼佛入其塔中坐其半坐結跏趺
坐尒時大衆見二如来在七寶塔中師子坐
上結跏趺坐各作是念佛坐高遠唯願如来

BD05895號　妙法蓮華經卷四　（9–6）

佛上尒時多寶佛於寶塔中分半坐與釋迦
牟尼佛而作是言釋迦牟尼佛可就此坐即
時釋迦牟尼佛入其塔中坐其半坐結跏趺
坐尒時大衆見二如来在七寶塔中師子坐
上結跏趺坐各作是念佛坐高遠唯願如来
以神通力令我等輩俱處虛空即時釋迦牟
尼佛以神通力接諸大衆皆在虛空以大音
聲普告四衆誰能於此娑婆國土廣說妙法
華經今正是時如来不久當入涅槃佛欲以
此妙法華經付囑有在尒時世尊欲重宣此
義而說偈言
聖主世尊　雖久滅度　在寶塔中　尚為法来
諸人云何　不懃為法
此佛滅度　无央數劫　處處聽法　以難遇故
彼佛本願　我滅度後　在在所往　常為聽法
又我分身　无量諸佛　如恒沙等　来欲聽法
及見滅度　多寶如来
各捨妙土　及弟子衆　天人龍神　諸供養事
令法久住　故来至此
為坐諸佛　以神通力　移无量衆　令國清淨
諸佛各各　詣寶樹下　如清淨池　蓮華莊嚴
其寶樹下　諸師子座　佛坐其上　光明嚴飾
如夜闇中　然大炬火
身出妙香　遍十方國　衆生蒙薰　喜不自勝
譬如大風　吹小樹枝　以是方便　令法久住
告諸大衆　我滅度後　誰能護持　讀說斯經
今於佛前　自說誓言

BD05895號　妙法蓮華經卷四　（9–7）

其寶樹下　諸師子座　佛坐其上　光明嚴飾
如夜暗中　然大炬火
身出妙香　遍十方國　衆生蒙熏　喜不自勝
譬如大風　吹小樹枝　以是方便　令法久住
告諸大衆　我滅度後　誰能護持　讀說斯經
今於佛前　自說誓言
其多寶佛　雖久滅度　以大誓願　而師子吼
多寶如來　及與我身　所集化佛　當知此意
諸佛子等　誰能護法　當發大願　令得久住
其有能護　此經法者　則爲供養　我及多寶
此多寶佛　處於寶塔　常遊十方　爲是經故
亦復供養　諸來化佛　莊嚴光飾　諸世界者
若說此經　則爲見我　多寶如來　及諸化佛
諸善男子　各諦思惟　此爲難事　宜發大願
諸餘經典　數如恒沙　雖說此事　未足爲難
若接須弥　擲置他方　无數佛土　亦未爲難
若以足指　動大千界　遠擲他國　亦未爲難
若立有頂　爲衆演說　无量餘經　亦未爲難
若佛滅後　於惡世中　能說此經　是則爲難
假使有人　手把虛空　而以遊行　亦未爲難
於我滅後　若自書持　若使人書　是則爲難
若以大地　置足甲上　昇於梵天　亦未爲難
佛滅度後　於惡世中　暫讀此經　是則爲難
假使劫燒　擔負乾草　入中不燒　亦未爲難
我滅度後　若持此經　爲一人說　是則爲難
若持八万　四千法藏　十二部經　爲人演說
令諸聽者　得六神通　雖能如是　亦未爲難

BD05895號　妙法蓮華經卷四　（9–8）

假使有人　手把虛空　而以遊行　亦未爲難
於我滅後　若自書持　若使人書　是則爲難
若以大地　置足甲上　昇於梵天　亦未爲難
佛滅度後　於惡世中　暫讀此經　是則爲難
假使劫燒　擔負乾草　入中不燒　亦未爲難
我滅度後　若持此經　爲一人說　是則爲難
若持八万　四千法藏　十二部經　爲人演說
令諸聽者　得六神通　雖能如是　亦未爲難
於我滅後　聽受此經　問其義趣　是則爲難
若人說法　令千万億　无量无數　恒沙衆生
得阿羅漢　具六神通　雖有是益　亦未爲難
於我滅後　若能奉持　如斯經典　是則爲難
我爲佛道　於无量土　從始至今　廣說諸經
而於其中　此經第一　若有能持　則持佛身
諸善男子　於我滅後　誰能受持　讀誦此經
今於佛前　自說誓言
此經難持　若暫持者　我則歡喜　諸佛亦然
如是之人　諸佛所歎　是則勇猛　是則精進
是名持戒　行頭陀者　則爲疾得　无上佛道
能於來世　讀持此經　是真佛子　住淳善地
佛滅度後　能解其義　是諸天人　世間之眼
於恐畏世　能須臾說　一切天人　皆應供養

BD05895號　妙法蓮華經卷四　（9–9）

自他相娩言善哉善哉婆羅門
□我今齋
心佛言汝憍陳如是婆
道今日發是心也憍陳如乃往過去
无量劫有佛世尊名普光明如來應正遍知
明行足善逝世間解无上士調御丈夫天人
師佛世尊是人先已於彼佛所發阿耨多羅
三藐三菩提心此賢劫中當得作佛久已通
達了知法相為衆生故現處外道亦无所作
已是因緣汝憍陳如不應讚言善哉善哉
今能發如是大心爾時世尊知已即告憍陳
如言阿難比丘今為所在憍陳如言世尊阿
難比丘在娑羅林外去此大會十二由旬而
為六万四千億魔之所嬈亂是諸魔衆悉自
變身為如來像或有宣說一切諸法從因緣

BD05896號　大般涅槃經（北本）卷四〇　（13–1）

今能發如是大心爾時世尊知已即告憍陳
如言阿難比丘今為所在憍陳如言世尊阿
難比丘在娑羅林外去此大會十二由旬而
為六万四千億魔之所嬈亂是諸魔衆悉自
變身為如來像或有宣說一切諸法從因緣
生或有說言一切諸法不從因生或有說言
一切因緣皆是常法從緣生者悉是无常或
有說言五陰是實或說虛假入界亦尒或有
說言十二因緣或有說言正有四緣或說諸
法如幻如化如熱時炎或有說言因聞得法
或有說言因思得法或有說言因脩得法或
復有說不淨觀法或復有說出息入息或有
說言四念處觀或復有說三種觀義七種方
便或復有說煖法頂法忍法世第一法學无
學地菩薩初住乃至十住或有說空无相无
作或復有說脩多羅祇夜毗伽羅那伽陀憂
陀那尼陀那阿波陀那伊帝曰多伽闍陀伽
毗佛略阿浮陀達摩優婆提舍或說四念處
四正懃四如意足五根五力七覺八聖道或
說內空外空內外空有為空无為空无始空
性空遠離空散空自相空无相空陰空入空
界空善空不善空无記空菩提空道空涅槃
空行空得空第一義空空空大空或有示現
神通變化身出水火或身上出水身下出火
身下出水身上出火左脇在下右脇出水右
脇在下左脇出水一脇震雷一脇降雨或有
亦現諸佛世界或復亦現菩薩初生行至七
步處在深宮受五欲時初始出家脩苦行
時往菩提樹坐三昧時壞魔軍衆轉法輪時
亦大神通入涅槃時世尊阿難比丘見是事已

BD05896號　大般涅槃經（北本）卷四〇　（13–2）

脇在下左脇出水一脇震雷一脇降雨或有
亦現諸佛世界或復亦現菩薩初生行至七
步處在深宮受五欲時初始出家脩苦行
時住菩提樹坐三昧時壞魔軍衆轉法輪時
亦大神通入涅槃時世尊阿難比丘見是事已
作是念言如是神變昔来未見誰之所作将
非世尊釋迦作耶欲起欲語都不從意阿難
比丘入魔羂故復作是念諸佛所識(説)各各不
同我於今者當受誰語世尊阿難今者極受
大苦雖念如来无能救者以是因縁不来至
此大衆之中尒時文殊師利菩薩摩訶薩白
佛言世尊此大衆中有諸菩薩已於一生發
阿耨多羅三藐三菩提心至无量生發菩提
心已能供養无量諸佛其心堅固具足脩行
檀波羅蜜乃至般若波羅蜜成就功德久已
親近无量諸佛淨脩梵行得不退轉菩提之
心得不退忍不退轉持得如法忍首楞嚴等
无量三昧如是等輩聞大乘經終不生疑善
能分別宣説三寶同一性相常住不變聞不
思議不生驚怖聞種種空心不怖懅了了通
達一切法性能持一切十二部經廣解其義
亦能受持无量諸佛十二部經何憂不能受
持如是大涅槃典何因縁故問憍陳如阿難
所在
尒時世尊告文殊師利諦聽諦聽善男子我
成佛已過三十年住王舍城尒時我告諸比
丘言諸比丘今此衆中誰能為我受持如来
十二部經供給左右所須之事亦使不失自
身善利時憍陳如在彼衆中来白我言我能
受持十二部經供給左右不失所作自利益

BD05896號　大般涅槃經（北本）卷四〇　（13–3）

尒時世尊告文殊師利諦聽諦聽善男子我
成佛已過三十年住王舍城尒時我告諸比
丘言諸比丘今此衆中誰能為我受持如来
十二部經供給左右所須之事亦使不失自
身善利時憍陳如在彼衆中来白我言我能
受持十二部經供給左右不失所作自利益
事我言憍陳如汝已朽邁當須使人云何方
欲為我給使時舍利弗復作是言我能受持
佛一切語供給所須不失所作自利益事我
言舍利弗汝已朽邁當須使人云何方欲為
我給使乃至五百阿羅漢皆亦如是佛悉不
受尒時目連在大衆中作是思惟如来今者
不受五百比丘給使佛意為欲令誰作耶思
惟是已即便入定觀見如来心在阿難如日
初出光照西壁見是事已即從定起語憍陳
如大德我觀如来欲令阿難給事左右尒時
憍陳如與五百阿羅漢往阿難所作如是言
阿難汝今當為如来給使請受是事阿難言
諸大德我實不堪給使如来何以故如来尊
重如師子王如龍如火我今穢弱云何能辦
諸比丘言阿難汝受我語給事如来得大利
益第二第三亦復如是阿難言諸大德我亦
不求大利益事實不堪任奉給左右時目連
揵復作是言阿難汝今未知阿難言大德唯
願説之目揵連言如来先日僧中求使五百
羅漢皆求為之如来不聽我即入定見如来
意欲令汝為汝今云何反更不受阿難聞已
合掌長跪作如是言諸大德若有是事如来
世尊與我三願當順僧命給事左右目揵連

BD05896號　大般涅槃經（北本）卷四〇　（13–4）

願說之目揵連言如來先日僧中求使五百
羅漢皆求爲之如來不聽我即入定見如來
意欲令汝爲汝今云何反更不受阿難聞已
合掌長跪作如是言諸大德若有是事如來
世尊與我三願當順僧命給事左右目揵連
言何等三願阿難言一者如來設以故衣賜
我聽我不受二者設受檀越別請聽我不往
三者聽我出入无有時節如是三事佛若聽
者當順僧命時憍陳如五百比丘還來我所
作如是言我等已勸阿難比丘唯求三願若
佛聽者當順僧命
文殊師利我於今時讚阿難言善哉善哉阿
難比丘具足智慧豫見譏嫌何以故當有人
言汝爲衣食奉給如來是故先求不受故衣
不隨別請憍陳如阿難比丘具足智慧入出
有時則不能得廣作利益四部之衆是故求
欲出入无時憍陳如我爲阿難開是三事隨
其意願時目揵連還阿難所語阿難言吾已
爲汝啓請三事如來大慈皆已聽許阿難言
大德若佛聽者請往給侍文殊師利阿難事
我廿餘年具足八種不可思議何等爲八一
者事我以來廿餘年初不隨我受別請食二
者事我以來初不受我陳故衣服三者自事
我以來至我所時終不非時四者自事我來
具足煩惱隨我入出諸王剎利豪貴大姓見
諸女人及天龍女不生欲心五者自事我來
持我所說十二部經一逕於耳曾不再問如
寫瓶水置之一瓶唯除一問善男子流離太
子煞諸釋氏壞迦毗羅城阿難尒時心懷愁

BD05896號　大般涅槃經（北本）卷四〇

（13–5）

諸女人及天龍女不生欲心五者自事我來
持我所說十二部經一逕於耳曾不再問如
寫瓶水置之一瓶唯除一問善男子流離太
子煞諸釋氏壞迦毗羅城阿難尒時心懷愁
惱發聲大哭來至我所作如是言我與如來
俱生此城同一釋種云何如來光顏如常我
則憔悴我時答言阿難我脩空定故不同汝
過三年已還來問我世尊我往於彼迦毗羅
城曾問如來脩空三昧是事虛實我言阿難
如是如是如汝所說六者自事我來雖未獲
得知他心智常知如來所入諸定七者自事
我來未得願智而能了知如是衆生到如來
所現在能得四沙門果有後得者有得人身
有得天身八者自事我來如來所有祕密之
言悉能了知善男子阿難比丘具足如是八
不思議是故我稱阿難比丘爲多聞藏善男
子阿難比丘具足八法能具足持十二部經
何等爲八一者信根堅固二者其心質直三
者身无病苦四者常懃精進五者具足念心
六者心无憍慢七者成就定慧八者具足從
聞生智文殊師利毗婆尸佛侍者弟子名阿
叔迦亦復具足如是八法尸棄如來侍者弟
子名差摩迦羅毗舍浮佛侍者弟子名憂波
扇陀迦羅鳩村大佛侍者弟子名曰拔提迦
那牟尼佛侍者弟子名曰蘇坻迦葉佛侍者
弟子名葉波蜜多皆亦具足如是八法我今
阿難亦復如是具足八法是故我稱阿難比
丘爲多聞藏善男子如此所說大衆中雖
有无量无邊菩薩是諸菩薩皆有重任所謂
大慈大悲如是慈悲之因緣故各各悉務調

BD05896號　大般涅槃經（北本）卷四〇

（13–6）

那年尼佛侍者弟子名曰耨坻迦葉佛侍者
弟子名葉波蜜多皆亦具足如是八法我今
阿難亦復如是具足八法是故我稱阿難比
丘為多聞藏善男子如此所說此大眾中雖
有无量无邊菩薩是諸菩薩皆有重任所謂
大慈大悲如是慈悲之因緣故各各悤務調
伏眷屬莊嚴自身以是因緣我涅槃後不能
宣通十二部經若有菩薩或時能說人不信
受文殊師利阿難比丘是吾之弟給事我來
廿餘年所可聞法具足受持喻如寫水置之
一器是故我今顧問阿難為何所在欲令受
持大涅槃經善男子我涅槃後阿難比丘
未聞者弘廣菩薩當能流布阿難所聞
宣通文殊師利阿難比丘今在他處
外十二由旬而為六万四千億魔之所惱亂
汝可往彼發大聲言一切諸魔諦聽諦聽如
來今說大陁羅尼一切天龍乾闥婆阿脩羅
迦樓羅緊那羅摩睺羅伽人與非人山神樹
神河神海神舍宅等神聞是持名无不恭敬
受持之者是陁羅尼十恒河沙諸佛世尊所
共宣說能轉女身自識宿命若受五事一者
梵行二者斷肉三者斷酒四者斷辛五者樂
在寂靜受五事已至心信受讀誦書寫是陁
羅尼當知是人則得超越七十七億弊惡之
身尒時世尊即便說之
阿磨隸　毗磨隸　涅磨隸　瞢伽隸醯　摩
羅若羯捭　三曼那拔提婆婆陁　沙檀尼　波
羅磨他沙檀尼　摩那斯　阿拙啼　比羅祇奄
羅賴坻　婆嵐弥　婆嵐摩涉隸　富沮富那摩
奴賴帝

BD05896號　大般涅槃經（北本）卷四〇　（13–7）

羅尼當知是人則得超越七十七億弊惡之
身尒時世尊即便說之
阿磨隸　毗磨隸　涅磨隸　瞢伽隸醯　摩
羅若羯捭　三曼那拔提婆婆陁　沙檀尼　波
羅磨他沙檀尼　摩那斯　阿拙啼　比羅祇奄
羅賴坻　婆嵐弥　婆嵐摩涉隸　富沮富那摩
奴賴帝
尒時文殊師利從佛受是陁羅尼已至阿難
所在魔眾中作如是言諸魔眷屬諦聽我說
所從佛受陁羅尼呪魔王聞是陁羅尼已悉
發阿耨多羅三藐三菩提心捨於魔業即放
阿難文殊師利與阿難俱來至佛所阿難見
佛至心禮敬却住一面佛告阿難是娑羅林
外有一梵志名須拔陁其年極老已百廿雖
得五通未捨憍慢獲得非想非非想定生一
切智起涅槃想汝可往彼語須拔陁言如來
出世如優曇華於今中夜當般涅槃若有所
作可及時作莫於後日而生悔心阿難汝之
所說彼定信受何以故汝曾往昔五百世中
作須拔陁子其人愛心習猶未盡以是因緣
信受汝語尒時阿難受佛勑已往須拔所作
如是言仁者當知如來出世如優曇華於今
中夜當般涅槃欲有所作可及時作莫於後
日生悔心也須拔言善哉阿難我今當往至
如來所尒時阿難與須拔陁還至佛所時須
拔陁到已問訊作如是言瞿曇我今欲問隨
我意荅佛言須拔今正是時隨汝所問我當
方便隨汝意荅瞿曇有諸沙門婆羅門等作
如是言一切眾生受苦樂報皆隨往日本業
因緣是故若有持戒精進受身心苦能壞本

BD05896號　大般涅槃經（北本）卷四〇　（13–8）

如來所今聽問難真須拔陀是至佛所

拔陀到已問訊作如是言瞿曇我今欲問隨
我意答佛言須拔今正是時隨汝所問我當
方便隨汝意答瞿曇有諸沙門婆羅門等作
如是言一切衆生受苦樂報皆隨往日本業
因緣是故若有持戒精進受身心苦能壞本
業本業既盡衆苦盡滅衆苦盡滅即得涅槃
是義云何佛言善男子若有沙門婆羅門等
作是說者我為憐愍常當往來如是人所既
至彼已我當問之仁者實作如是說不彼若
見答我如是說何以故瞿曇我見衆生習行
諸惡多饒財寶身得自在又見脩善貧窮多
之不得自在又見有人多役力用求財不得
又見不求自然得之又見有人慈心不殺反
更中夭又見憙殺終保年壽又見有人淨脩
梵行精進持戒有得解脫有不得者是故我
說一切衆生受苦樂報皆由往日本業因緣
須拔我復當問仁者實見過去業不若有是
業為多少耶現在苦行能破多少耶能知是
業已盡不盡耶是業既盡一切盡耶彼若見
答我實不知我便當為彼人引喻譬如有人
身被毒箭其家眷屬為請醫師令拔是箭既
拔箭已身得安隱其後十年是人猶憶了了
分明是醫為我拔出毒箭以藥塗拊令我得
差安隱受樂仁既不知過去本業云何能知
現在苦行定能破壞過去業耶彼若復言瞿
曇汝今亦有過去本業何故獨責我過去業
瞿曇經中亦作是說若見有人豪富自在當
知是人先世好施如是不名過去業耶我復
答言仁者如是知者名為比知不名真智我

BD05896號　大般涅槃經（北本）卷四〇　（13–9）

現在苦行定能破壞過去業耶彼若復言瞿
曇汝今亦有過去本業何故獨責我過去業
瞿曇經中亦作是說若見有人豪富自在當
知是人先世好施如是不名過去業耶我復
答言仁者如是知者名為比知不名真智我
佛法中或有因知果或有從果知因我佛
法中有過去業有現在業汝則不介唯有過
業无現在業汝法不從方便斷業我法不介
從方便斷汝業盡已則得苦盡我則不介煩
惱盡已業苦則盡是故我今責汝過業彼人
若言瞿曇我實不知從師受之師作是說我
實无咎我言仁者汝師是誰彼若見答是富
蘭那我復答言日汝昔何不一一諮啓大師實
知過去業不汝師若言我不知者汝復云何
受是師語若言我知復應問言下苦因緣受
中上苦不中苦因緣受下上苦不上苦因緣受
受中下苦不若言不者復問應言師云何說
苦樂之報唯過去業非現在耶復應問言是
現在苦過去有不若過去有過去之業悉已
都盡若都盡者云何復受今日之身若過去
无唯現在有云何復言衆生苦樂皆過去業
仁者若知現在苦行能壞過去業現在苦行
復以何破如其不破苦即是常苦若是常云
何說言得苦解脫若更有行壞苦行者過去
已盡云何有苦仁者如是苦行能令樂業受
苦果不復令苦業受樂果不能令无苦无樂
業作不受果不能令現報作生報不能令生
報作現報不令是二報作无報不能令定報
作无報不能令无報作定報不彼若復言瞿

BD05896號　大般涅槃經（北本）卷四〇　（13–10）

已盡云何有苦仁者如是苦行能令樂業受
苦果不復令苦業受樂果不能令无苦无樂
業作不受果不能令現報作生報不能令生
報作現報不令是二報作无報不能令定報
作无報不能令无報作定報不依若復言雖
是不能我復當言仁者如其不能何因緣故
受是苦行仁者當知定有過業現在因緣是
故我言因煩惱生業因業受報仁者當知一
切衆生有過去業有現在因衆生雖有過去
壽業要賴現在飲食因緣仁者若說衆生受
苦受樂定由過去本業因緣是事不然何以
故仁者譬如有人為王除怨以是因緣多得
財寶因是財寶受現在樂如是之人現作樂
因現受樂報譬如有人煞王愛子以是因緣
喪失身命如是之人現作苦因現在苦報仁
者一切衆生現在因於四大時節土地人民
受苦受樂是故我說一切衆生不必盡因過
去本業受苦樂也仁者若以斷業因緣力故
得解脫者一切聖人不得解脫何以故一切
衆生過去本業无始終故是故我說脩聖道
時是道能遮无始終業仁者若受苦行便得
道者一切畜生悉應得道是故先當調伏其
心不調伏身以是因緣我經中說斫伐此林
莫斫伐樹何以故從林生怖不從樹生欲調
伏身先當調心心喻於林身喻於樹須拔陁
言世尊我以先調伏心佛言善男子汝今云
何能先調心須拔陁言世尊我思先惟欲是
无常无樂无淨觀色即是常樂清淨作是觀
已欲界結斷獲得色處是故名為先調伏心
次復觀色色是无常如癰如創如毒如箭見

莫斫伐樹何以故從林生怖不從樹生欲調
伏身先當調心心喻於林身喻於樹須拔陁
言世尊我以先調伏心佛言善男子汝今云
何能先調心須拔陁言世尊我思先惟欲是
无常无樂无淨觀色即是常樂清淨作是觀
已欲界結斷獲得色處是故名為先調伏心
次復觀色色是无常如癰如創如毒如箭見
无色常清淨寂靜如是觀已色界結盡得无
色處是故名為先調伏心次復觀想即是无
常癰創毒箭如是觀已獲得非想非非想處
是非非想處即一切智寂靜清淨无有墮墜
常恒不變是故我能調伏其心佛言善男子
汝云何能調伏心耶汝今所得非想非非想
定猶名為想涅槃无想汝云何言獲得涅槃
善男子汝已先能呵嘖麤想今者云何愛著
細想不知呵嘖如是非想非非想處故名為
想如癰如創如毒如箭善男子汝師欝頭藍
弗利根聰明尚不能斷如是非想非非想處
受於惡身况其餘者世尊云何能斷一切諸
有佛言善男子若觀實相是人能斷一切諸
有須拔陁言世尊云何名為實相善男子无
相之相名為實相世尊云何名為无相
善男子一切法无自相他相及　无
因想无作想无受相无作者相无受者相无
法非法相无男女相无士夫相无微塵相无
時節相无為自相无為他相无為自他相无
有相无无相无生相无生者相无因相无因
因相无果相无果果相无晝夜相无明闇
无見相无見者相无聞相无聞者相无覺
相无覺知者相无菩提相无得菩提者相

時節相无為自相无為他相无為自他相无
有相无无相无生相无生者相无因相无因
因相无果相无果果相无晝夜相无明闇
无見相无見者相无聞相无聞者相无覺
相无覺知者相无菩提相无得菩提者相
業相无業主相无煩惱相无煩惱主相善男
子如是等相隨所滅處名真實相善男子一
切諸法皆是虛假隨其滅處是名為實是名
實相是名法界名畢竟智名第一義諦第一
義空善男子是相法界畢竟智第一義諦第
一義空下智觀故得聲聞菩提中智觀故得
緣覺菩提上智觀故得无上菩提是法
十千菩薩得一生實相万五千菩薩得
法界二万五千菩薩得畢竟智三万五
薩悟第一義諦是第一義諦亦名第一
亦名首楞嚴三昧四万五千菩薩得虛
昧是虛空三昧亦名廣大三昧亦名智
昧五万五千菩薩得不退忍是不退忍亦
如法忍亦名如法界六万五千菩薩得陀
尼是陀羅尼亦名大念心亦名无
五千菩薩得師子吼三昧是師子吼
對三昧亦名五智印三昧八万五千菩薩得
平等三昧是平等三昧亦名大慈大悲无量
恒河

BD05896號　大般涅槃經（北本）卷四〇　（13–13）

舍利弗
高廣衆寶莊校周迊欄楯四面懸鈴又於其
上張設幰蓋亦以珍奇雜寶而嚴餝之寶繩
絞絡垂諸華纓重敷綩綖安置丹枕駕以白
牛膚色充潔形體姝好有大筋力行步平正
其疾如風又多僕從而侍衛之所以者何是
大長者財富无量種種諸藏悉皆充溢而作
是念我財物无極不應以下劣小車與諸子
等今此幼童皆是吾子愛无偏黨我有如是
七寶大車其數无量應當等心各各與之不
宜差別所以者何以我此物周給一國猶尚
不匱何況諸子是時諸子各乘大車得未曾
有非本所望舍利弗於汝意云何是長者等
與諸子珍寶大車寧有虛妄不舍利弗言不也
世尊是長者但令諸子得免火難全其軀命
非為虛妄何以故若全身命便為已得玩好
之具況復方便於彼火宅而拔濟之世尊若
是長者乃至不與最小一車猶不虛妄何以

BD05897號　妙法蓮華經卷二　（23–1）

有非夲所望舍利弗於汝意云何是長者等
與諸子珍寶大車寧有虛妄不舍利弗言不也
世尊是長者但令諸子得免火難全其軀命
非為虛妄何以故若全身命便為已得玩好
之具況復方便於彼火宅而拔濟之世尊若
是長者乃至不與最小一車猶不虛妄何以
故是長者先作是意我以方便令子得出以
是因緣无虛妄也何況長者自知財富无量
欲饒益諸子等與大車
佛告舍利弗善哉善哉如汝所言舍利弗如
來亦復如是則為一切世間之父於諸怖畏
衰惱憂患无明闇蔽永盡无餘而悉成就无
量知見力无所畏有大神力及智慧力具足
方便智慧波羅蜜大慈大悲常无懈惓恒求
善事利益一切而生三界朽故火宅為度衆
生生老病死憂悲苦惱愚癡闇蔽三毒之火
教化令得阿耨多羅三藐三菩提見諸衆生
為生老病死憂悲苦惱之所燒煑亦以五欲
財利故受種種苦又以貪著追求故現受衆
苦後受地獄畜生餓鬼之苦若生天上及在
人間貧窮困苦愛別離苦怨憎會苦如是等
種種諸苦衆生沒在其中歡喜遊戲不覺不
知不驚不怖亦不生猒不求解脫於此三界
火宅東西馳走雖遭大苦不以為患舍利弗
佛見此已便作是念我為衆生之父應拔其
苦難與无量无邊佛智慧樂令其遊戲
舍利弗如來復作是念若我但以神力及智

BD05897號　妙法蓮華經卷二　（23–2）

知不驚不怖亦不生猒不求解脫於此三界
火宅東西馳走雖遭大苦不以為患舍利弗
佛見此已便作是念我為衆生之父應拔其
苦難與无量无邊佛智慧樂令其遊戲
舍利弗如來復作是念若我但以神力及智
慧力捨於方便為諸衆生讚如來知見力无
所畏者衆生不能以是得度所以者何是諸
衆生未免生老病死憂悲苦惱而為三界火
宅所燒何由能解佛之智慧舍利弗如彼長
者雖復身手有力而不用之但以慇懃方便
勉濟諸子火宅之難然後各與珍寶大車如
來亦復如是雖有力无所畏而不用之但以
智慧方便於三界火宅拔濟衆生為說三乘
聲聞辟支佛佛乘而作是言汝等莫得樂住
三界火宅勿貪麁弊色聲香味觸也若貪著
生愛則為所燒汝速出三界當得三乘聲聞
辟支佛佛乘我今為汝保任此事終不虛也
汝等但當勤修精進如來以是方便誘進衆
生復作是言汝等當知此三乘法皆是聖所
稱歎自在无繫无所依求乘此三乘以无漏
根力覺道禪定解脫三昧等而自娛樂便得
无量安隱快樂
舍利弗若有衆生內有智性從佛世尊聞法
信受慇懃精進欲速出三界自求涅槃是名
聲聞乘如彼諸子為求羊車出於火宅若有
衆生從佛世尊聞法信受慇懃精進求自然
慧樂獨善寂深知諸法因緣是名辟支佛乘

BD05897號　妙法蓮華經卷二　（23–3）

无量安隱快樂
舍利弗若有衆生內有智性從佛世尊聞法
信受慇懃精進欲速出三界自求涅槃是名
聲聞乘如彼諸子為求羊車出於火宅若有
衆生從佛世尊聞法信受慇懃精進求自然
慧樂獨善寂深知諸法因緣是名辟支佛乘
如彼諸子為求鹿車出於火宅若有衆生從
佛世尊聞法信受勤脩精進求一切智佛智
自然智无師智如來知見力无所畏愍念安
樂无量衆生利益天人度脫一切是名大乘
菩薩求此乘故名為摩訶薩如彼諸子為求
牛車出於火宅舍利弗如彼長者見諸子等
安隱得出火宅到无畏處自惟財富无量等
以大車而賜諸子如來亦復如是為一切衆
生之父若見无量億千衆生以佛教門出三
界苦怖畏險道得涅槃樂
如來尒時便作是念我有无量无邊智慧力
无畏等諸佛法藏是諸衆生皆是我子等與
大乘不令有人獨得滅度皆以如來滅度而
滅度之是諸衆生脫三界者悉與諸佛禪定
解脫等娛樂之具皆是一相一種聖所稱歎
能生淨妙第一之樂舍利弗如彼長者初以三
車誘引諸子然後但與大車寶物莊嚴安隱
第一然彼長者无虛妄之咎如來亦復如是
无有虛妄初說三乘引導衆生然後但以大
乘而度脫之何以故如來有无量智慧力无
所畏諸法之藏能與一切衆生大乘之法但

能生淨妙第一之樂舍利弗如彼長者初以三
車誘引諸子然後但與大車寶物莊嚴安隱
第一然彼長者无虛妄之咎如來亦復如是
无有虛妄初說三乘引導衆生然後但以大
乘而度脫之何以故如來有无量智慧力无
所畏諸法之藏能與一切衆生大乘之法但
不盡能受舍利弗以是因緣當知諸佛方便
力故於一佛乘分別說三佛欲重宣此義而
說偈言
譬如長者　有一大宅　其宅久故　而復頓弊
堂舍高危　柱根摧朽　梁棟傾斜　基陛頹毀
牆壁圮坼　泥塗褫落　覆苫亂墜　椽梠差脫
周障屈曲　雜穢充遍　有五百人　止住其中
鵄梟鵰鷲　烏鵲鳩鴿　蚖蛇蝮蠍　蜈蚣蚰蜒
守宮百足　狖狸鼷鼠　諸惡虫輩　交橫馳走
屎尿臭處　不淨流溢　蜣蜋諸虫　而集其上
狐狼野干　咀嚼踐蹋　嚌齧死屍　骨肉狼藉
由是群狗　競來搏撮　飢羸慞惶　處處求食
鬬諍齟掣　啀喍嘷吠　其舍恐怖　變狀如是
處處皆有　魑魅魍魎　夜叉惡鬼　食噉人肉
毒虫之屬　諸惡禽獸　孚乳產生　各自藏護
夜叉競來　爭取食之　食之既飽　惡心轉熾
鬬諍之聲　甚可怖畏　鳩槃荼鬼　蹲踞土埵
或時離地　一尺二尺　往返遊行　縱逸嬉戲
捉狗兩足　撲令失聲　以脚加頸　怖狗自落
復有諸鬼　其身長大　裸形黑瘦　常住其中
發大惡聲　叫呼求食　復有諸鬼　其咽如針

鬪諍之聲 甚可怖畏 鳩槃荼鬼 蹲踞土埵
或時離地 一尺二尺 往返遊行 縱逸嬉戲
捉狗兩足 撲令失聲 以脚加頸 怖狗自樂
復有諸鬼 其身長大 裸形黑瘦 常住其中
發大惡聲 叫呼求食 復有諸鬼 其咽如針
復有諸鬼 首如牛頭 或食人肉 或復噉狗
頭髮蓬亂 殘害凶險 飢渴所逼 叫喚馳走
夜叉餓鬼 諸惡鳥獸 飢急四向 窺看窓牖
如是諸難 恐畏无量
是朽故宅 屬于一人 其人近出 未久之間
於後宅舍 忽然火起 四面一時 其炎俱熾
棟梁椽柱 爆聲震裂 摧折墮落 墻壁崩倒
諸鬼神等 揚聲大叫 鵰鷲諸鳥 鳩槃荼等
周章惶怖 不能自出 惡獸毒虫 藏竄孔穴
毗舍闍鬼 亦住其中 薄福德故 為火所逼
共相殘害 飲血噉肉 野干之屬 並已前死
諸大惡獸 競来食噉 臭烟熢㶿 四面充塞
蜈蚣蚰蜒 毒蛇之類 為火所燒 爭走出穴
鳩槃荼鬼 隨取而食 又諸餓鬼 頭上火然
飢渴熱惱 周章悶走 其宅如是 甚可怖畏
毒害火災 衆難非一 是時宅主 在門外立
聞有人言 汝諸子等 先因遊戲 来入此宅
稚小无知 歡娛樂著 長者聞已 驚入火宅
方宜救濟 令无燒害 告喻諸子 說衆患難
惡鬼毒虫 災火蔓延 衆苦次第 相續不斷
毒蛇蚖蝮 及諸夜叉 鳩槃荼鬼 野干狐狗
鵰鷲鵄梟 百足之屬 飢渴惱急 甚可怖畏

BD05897號 妙法蓮華經卷二 (23–6)

稚小无知 歡娛樂著 長者聞已 驚入火宅
方宜救濟 令无燒害 告喻諸子 說衆患難
惡鬼毒虫 災火蔓延 衆苦次第 相續不斷
毒蛇蚖蝮 及諸夜叉 鳩槃荼鬼 野干狐狗
鵰鷲鵄梟 百足之屬 飢渴惱急 甚可怖畏
此苦難處 況復大火 諸子无知 雖聞父誨
遊故樂著 嬉戲不已
是時長者 而作是念 諸子如此 益我愁惱
今此舍宅 无一可樂 而諸子等 耽湎嬉戲
不受我教 將為火害 即便思惟 設諸方便
告諸子等 我有種種 珍玩之具 妙寶好車
羊車鹿車 大牛之車 今在門外 汝等出来
吾為汝等 造作此車 隨意所在 可以遊戲
諸子聞說 如此諸車 即時奔競 馳走而出
到於空地 離諸苦難 長者見子 得出火宅
住於四衢 坐師子坐 而自慶言 我今快樂
此諸子等 生育甚難 愚小无知 而入險宅
多諸毒虫 魑魅可畏 大火猛炎 四面俱起
而此諸子 貪樂嬉戲 我已救之 令得脫難
是故諸子 我今快樂
今時諸子 知父安坐 皆詣父所 而白父言
願賜我等 三種寶車 如前所許 諸子出来
當以三車 隨汝所欲 今正是時 唯垂給與
長者大富 庫藏衆多 金銀瑠璃 車𤦲馬瑙
以衆寶物 造諸大車 莊校嚴飾 周匝欄楯
四面懸鈴 金繩絞絡 真珠羅網 張施其上
金華諸瓔 處處垂下 衆綵雜飾 周匝圍繞

BD05897號 妙法蓮華經卷二 (23–7)

當以三車　隨汝所欲　今正是時　唯垂給與
長者大富　庫藏衆多　金銀琉璃　車𤦲馬瑙
以衆寶物　造諸大車　莊挍嚴飾　周匝欄楯
四面懸鈴　金繩絞絡　真珠羅網　張施其上
金華諸瓔　處處垂下　衆綵雜飾　周匝圍繞
柔濡繒纊　以為茵蓐　上妙細疊　價直千億
鮮白淨潔　以覆其上　有大白牛　肥壯多力
形體姝好　以駕寶車　多諸儐從　而侍衛之
如是妙車　等賜諸子　諸子是時　歡喜踊躍
乘是寶車　遊於四方　嬉戲快樂　自在无导
告舍利弗　我亦如是　衆聖中尊　世間之父
一切衆生　皆是吾子　深著世樂　无有慧心
三界无安　猶如火宅　衆苦充滿　甚可怖畏
常有生老　病死憂患　如是等火　熾然不息
如來以離　三界火宅　寂然閑居　安處林野
今此三界　皆是我有　其中衆生　悉是吾子
而今此處　多諸患難　唯我一人　能為救護
雖復教詔　而不信受　於諸欲染　貪著深故
是以方便　為說三乘　令諸衆生　知三界苦
演示演說　出世間道　是諸子等　若心決定
具之三昧　及六神通　有得緣覺　不退菩薩
汝舍利弗　我為衆生　以此譬喻　說一佛乘
汝等若能　信受是語　一切皆當　得成佛道
是乘微妙　清淨第一　於諸世間　為无有上
佛所悅可　一切衆生　所應稱讚　供養禮拜
无量億千　諸力解脫　禪定智慧　及佛餘法

BD05897號　妙法蓮華經卷二　（23–8）

具之三昧　及六神通　有得緣覺　不退菩薩
汝舍利弗　我為衆生　以此譬喻　說一佛乘
汝等若能　信受是語　一切皆當　得成佛道
是乘微妙　清淨第一　於諸世間　為无有上
佛所悅可　一切衆生　所應稱讚　供養禮拜
无量億千　諸力解脫　禪定智慧　及佛餘法
得如是乘　令諸子等　日夜劫數　常得遊戲
與諸菩薩　及聲聞衆　乘此寶乘　直至道場
以是因緣　十方諦求　更无餘乘　除佛方便
告舍利弗　汝諸人等　皆是吾子　我則是父
汝等累劫　衆苦所燒　我皆濟拔　令出三界
我雖先說　汝等滅度　但盡生死　而實不滅
今所應作　唯佛智慧
若有菩薩　於是衆中　能一心聽　諸佛實法
諸佛世尊　雖以方便　所化衆生　皆是菩薩
若人小智　深著愛欲　為此等故　說於苦諦
衆生心喜　得未曾有　佛說苦諦　真實无異
若有衆生　不知苦本　深著苦因　不能暫捨
為是等故　方便說道　諸苦所因　貪欲為本
若滅貪欲　无所依止　滅盡諸苦　名第三諦
為滅諦故　脩行於道　離諸苦縛　名得解脫
是人於何　而得解脫　但離虛妄　名為解脫
其實未得　一切解脫　佛說是人　未實滅度
斯人未得　无上道故　我意不欲　令至滅度
我為法王　於法自在　安隱衆生　故現於世
汝舍利弗　我此法印　為欲利益　世間故說

BD05897號　妙法蓮華經卷二　（23–9）

是人於何　而得解脫　但離虛妄　名為解脫
其實未得　一切解脫　佛說是人　未實滅度
斯人未得　无上道故　我意不欲　令至滅度
我為法王　於法自在　安隱眾生　故現於世
汝舍利弗　我此法印　為欲利益　世間故說
在所遊方　勿妄宣傳　若有聞者　隨喜頂受
當知是人　阿鞞跋致　若有信受　此經法者
是人已曾　見過去佛　恭敬供養　亦聞是法
若人有能　信汝所說　則為見我　亦見於汝
及比丘僧　并諸菩薩
斯法華經　為深智說　淺識聞之　迷惑不解
一切聲聞　及辟支佛　於此經中　力所不及
汝舍利弗　尚於此經　以信得入　況餘聲聞
其餘聲聞　信佛語故　隨順此經　非己智分
又舍利弗　憍慢懈怠　計我見者　莫說此經
凡人淺識　深著五欲　聞不能解　亦勿為說
若人不信　毀謗此經　則斷一切　世間佛種
或復顰蹙　而懷疑惑　汝當聽說　此人罪報
若佛在世　若滅度後　其有誹謗　如斯經典
見有讀誦　書持經者　輕賤憎嫉　而懷結恨
此人罪報　汝今復聽
其人命終　入阿鼻獄　具足一劫　劫盡更生
如是展轉　至无數劫　從地獄出　當墮畜生
若狗野干　其形頊瘦　黧黮疥癩　人所觸嬈
又復為人　之所惡賤　常困飢渴　骨肉枯竭
生受楚毒　死被瓦石　斷佛種故　受斯罪報
若作駱駝　或生驢中　身常負重　加諸杖捶

BD05897號　妙法蓮華經卷二　（23–10）

如是展轉　至无數劫　從地獄出　當墮畜生
若狗野干　其形頊瘦　黧黮疥癩　人所觸嬈
又復為人　之所惡賤　常困飢渴　骨肉枯竭
生受楚毒　死被瓦石　斷佛種故　受斯罪報
若作駱駝　或生驢中　身常負重　加諸杖捶
但念水草　餘无所知　謗斯經故　獲罪如是
有作野干　來入聚落　身體疥癩　又無一目
為諸童子　之所打擲　受諸苦痛　或時致死
於此死已　更受蟒身　其形長大　五百由旬
聾騃无足　宛轉腹行　為諸小虫　之所唼食
晝夜受苦　无有休息　謗斯經故　獲罪如是
若得為人　諸根闇鈍　矬陋攣躄　盲聾背傴
所有言說　人不信受　口氣常臭　鬼魅所著
貧窮下賤　為人所使　多病痟瘦　无所依怙
雖親附人　人不在意　若有所得　尋復忘失
若脩醫道　順方治病　更增他疾　或復致死
若自有病　无人救療
設服良藥　而復增劇　若他逆逆　抄劫竊盜
如是等罪　橫羅其殃　如斯罪人　永不見佛
眾聖之王　說法教化　如斯罪人　常生難處
狂聾心亂　永不聞法　於无數劫　如恒河沙
生輒聾瘂　諸根不具　常處地獄　如遊園觀
在餘惡道　如己舍宅　駝驢豬狗　是其行處
謗斯經故　獲罪如是　若得為人　聾盲瘖瘂
貧窮諸衰　以自莊嚴　水腫乾痟　疥癩癰疽
如是等病　以為衣服　身常臭處　垢穢不淨

BD05897號　妙法蓮華經卷二　（23–11）

狂聾心亂 永不聞法 於无數劫 如恒河沙
生輙聾瘂 諸根不具 常處地獄 如遊園觀
在餘惡道 如己舍宅 駝驢猪狗 是其行處
謗斯經故 獲罪如是 若得為人 聾盲瘖瘂
貧窮諸衰 以自莊嚴 水腫乾痟 疥癩癰疽
如是等病 以為衣服 身常臭處 垢穢不淨
深著我見 增益瞋恚 婬欲熾盛 不擇禽獸
謗斯經故 獲罪如是 告舍利弗 謗斯經故
若說其罪 窮劫不盡 以是因緣 我故語汝
无智人中 莫說此經 若有利根 智慧明了
多聞強識 求佛道者 如是之人 乃可為說
若人曾見 億百千佛 殖諸善本 深心堅固
如是之人 乃可為說 若人精進 常脩慈心
不惜身命 乃可為說 若人恭敬 无有異心
離諸凡愚 獨處山澤 如是之人 乃可為說
又舍利弗 若見有人 捨惡知識 親近善友
如是之人 乃可為說
若見佛子 持戒清潔 如淨明珠 求大乘經
如是之人 乃可為說 若人无瞋 質直柔濡
常愍一切 恭敬諸佛 如是之人 乃可為說
復有佛子 於大眾中 以清淨心 種種因緣
譬喻言辭 說法无导 如是之人 乃可為說
若有比丘 為一切智 四方求法 合掌頂受
但樂受持 大乘經典 乃至不受 餘經一偈
如是之人 乃可為說 如人至心 求佛舍利
如是求經 得已頂受 其人不復 志求餘經
亦未曾念 外道典籍 如是之人 乃可為說

BD05897號　妙法蓮華經卷二　（23–12）

譬喻言辭 說法无导 如是之人 乃可為說
若有比丘 為一切智 四方求法 合掌頂受
但樂受持 大乘經典 乃至不受 餘經一偈
如是之人 乃可為說 如人至心 求佛舍利
如是求經 得已頂受 其人不復 志求餘經
亦未曾念 外道典籍 如是之人 乃可為說
告舍利弗 我說是相 求佛道者 窮劫不盡
如是等人 則能信解 汝當為說 妙法華經

妙法蓮華經信解品第四

尒時慧命須菩提摩訶迦旃延摩訶迦葉摩
訶目揵連從佛所聞未曾有法世尊授舍利
弗阿耨多羅三藐三菩提記發希有心歡喜
踊躍即從坐起整衣服偏袒右肩右膝著地
一心合掌曲躬恭敬瞻仰尊顏而白佛言我
等居僧之首年並朽邁自謂已得涅槃无所
堪任不復進求阿耨多羅三藐三菩提世尊
往昔說法既久我時在坐身體疲懈但念空
无相无作於菩薩法遊戲神通淨佛國土成
就眾生心不喜樂所以者何世尊令我等出
於三界得涅槃證又今我等年已朽邁於佛
教化菩薩阿耨多羅三藐三菩提不生一念
好樂之心我等今於佛前聞授聲聞阿耨多
羅三藐三菩提記心甚歡喜得未曾有不謂
於今忽然得聞希有之法深自慶幸獲大善
利无量珍寶不求自得
世尊我等今者樂說譬喻以明斯義譬若有
人年既幼稚捨父逃逝久住他國或十二十

BD05897號　妙法蓮華經卷二　（23–13）

好樂之心我等今於佛前聞授聲聞阿耨多
羅三藐三菩提記心甚歡喜得未曾有不謂
於今忽然得聞希有之法深自慶幸獲大善
利无量珎寶不求自得
世尊我等今者樂說譬喻以明斯義譬若有
人年既幼稚捨父逃逝久住他國或十二十
至五十歲年既長大加復窮困馳騁四方以
求衣食漸漸遊行遇向本國其父先來求子
不得中止一城其家大富財寶无量金銀瑠
璃珊瑚虎珀頗梨珠等其諸倉庫悉皆盈溢
多有僮僕臣佐吏民象馬車乘牛羊无數出
入息利乃遍他國商估賈客亦甚衆多時貧
窮子遊諸聚落經歷國邑遂到其父所止之
城父每念子與子離別五十餘年而未曾向
人說如此事但自思惟心懷悔恨自念老朽
多有財物金銀珎寶倉庫盈溢无有子息一
旦終沒財物散失无所委付是以慇懃每憶
其子復作是念我若得子委付財物坦然快
樂无復憂慮世尊尒時窮子傭賃展轉遇到
父舍住立門側遙見其父踞師子床寶机承
足諸婆羅門剎利居士皆恭敬圍遶以真珠
瓔珞價直千万莊嚴其身吏民僮僕手執白
拂侍立左右覆以寶帳垂諸華幡香水灑地
散衆名華羅列寶物出內取與有如是等種
種嚴飾威德特尊窮子見父有大力勢即懷
恐怖悔來至此竊作是念此或是王或是王
等非我傭力得物之處不如往至貧里肆力

BD05897號　妙法蓮華經卷二　(23–14)

瓔珞價直千万莊嚴其身吏民僮僕手執白
拂侍立左右覆以寶帳垂諸華幡香水灑地
散衆名華羅列寶物出內取與有如是等種
種嚴飾威德特尊窮子見父有大力勢即懷
恐怖悔來至此竊作是念此或是王或是王
等非我傭力得物之處不如往至貧里肆力
有地衣食易得若久住此或見逼迫強使我
作作是念已疾走而去時富長者於師子坐
見子便識心大歡喜即作是念我財物庫藏
今有所付我常思念此子无由見之而忽自
來甚適我願我雖年朽猶故貪惜即遣傍人
急追將還
尒時使者疾走往捉窮子驚愕稱怨大喚我
不相犯何為見捉使者執之逾急強牽將還
于時窮子自念无罪而被囚執此必定死轉
更惶怖悶絕躃地父遙見之而語使言不須
此人勿強將來以冷水灑面令得醒悟莫復
與語所以者何父知其子志意下劣自知豪
貴為子所難審知是子而以方便不語他人
云是我子使者語之我今放汝隨意所趣窮
子歡喜得未曾有從地而起往至貧里以求
衣食尒時長者將欲誘引其子而設方便密
遣二人形色憔悴无威德者汝可詣彼徐語
窮子此有作處倍與汝直窮子若許將來使
作若言欲何所作便可語之雇汝除糞我等
二人亦共汝作時二使人即求窮子既已得

BD05897號　妙法蓮華經卷二　(23–15)

衣食尒時長者將欲誘引其子而設方便密
遣二人形色憔悴无威德者汝可詣彼徐語
窮子此有作處倍與汝直窮子若許將来使
作若言欲何所作便可語之雇汝除糞我等
二人亦共汝作時二使人即求窮子既已得
之具陳上事尒時窮子先取其價尋與除糞
其父見子愍而怪之又以他日於窗牖中遙
見子身羸瘦憔悴糞土塵坌汙穢不淨即脫
瓔珞細軟上服嚴飾之具更著麁弊垢膩之
衣塵土坌身右手執持除糞之器狀有所畏
語諸作人汝等勤作勿得懈息以方便故得
近其子又復告言咄男子汝常此作勿復餘
去當加汝價諸有所須瓫器米麵塩酢之屬
莫自疑難亦有老弊使人須者相給好自安
意我如汝父勿復憂慮所以者何我年老大
而汝少壯汝常作時无有欺怠瞋恨怨言都
不見汝有此諸惡如餘作人自今已後如所
生子即時長者更與作字名之為兒
尒時窮子雖欣此遇猶故自謂客作賤人由
是之故於二十年中常令除糞過是已後心
相體信入出无難然其所止猶在本處世尊
尒時長者有疾自知將死不久語窮子言我
今多有金銀珍寶倉庫盈溢其中多少所應
取與汝悉知之我心如是當體此意所以者
何今我與汝便為不異宜加用心无令漏失
尒時窮子即受教勅領知衆物金銀珍寶及
諸庫藏而无悕取一飡之意然其所止故在

BD05897 號　妙法蓮華經卷二　（23–16）

今多有金銀珍寶倉庫盈溢其中多少所應
取與汝悉知之我心如是當體此意所以者
何今我與汝便為不異宜加用心无令漏失
尒時窮子即受教勅領知衆物金銀珍寶及
諸庫藏而无悕取一飡之意然其所止故在
本處下劣之心亦未能捨復經少時父知子
意漸已通泰成就大志自鄙先心臨欲終時
而命其子并會親族國王大臣剎利居士皆
悉已集即自宣言諸君當知此是我子我之
所生於某城中捨吾逃走跉跰辛苦五十餘
年其本字某我名某甲昔在本城懷憂推覓
忽於此間遇會得之此寶我子我寶其父今
吾所有一切財物皆是子有先所出內是子
所知世尊是時窮子聞父此言即大歡喜得
未曾有而作是念我本无心有所悕求今此
寶藏自然而至
世尊大富長者則是如来我等皆似佛子如
来常說我等為子世尊我等以三苦故於生
死中受諸熱惱迷惑无知樂著小法今日世
尊令我等思惟蠲除諸法戲論之糞我等於
中懃加精進得至涅槃一日之價既得此已
心大歡喜自以為足便自謂言於佛法中懃精
進故所得弘多然世尊先知我等心著弊欲
樂於小法便見縱捨不為分別汝等當有如
来知見寶藏之分世尊以方便力說如来智
慧我等從佛得涅槃一日之價以為大得於
此大乘无有志求我等又因如来智慧為諸

BD05897 號　妙法蓮華經卷二　（23–17）

進故所得弥多然世尊先知我等心著弊欲
樂於小法便見縱捨不為分別汝等當有如
来知見寶藏之分世尊以方便力說如来智
慧我等従佛得涅槃一日之價以為大得於
此大乘无有志求我等又因如来智慧為諸
菩薩開示演說而自於此无有志願所以者
何佛知我等心樂小法以方便力隨我等說
而我等不知真是佛子今我等方知世尊於
佛智慧无所悋惜所以者何我等昔来真是
佛子而但樂小法若我等有樂大之心佛則
為我說大乘法此經中唯說一乘而昔於菩
薩前毀呰聲聞樂小法者然佛實以大乘教
化是故我等說本无心有所希求今法王大
寶自然而至如佛子所應得者皆已得之尒
時摩訶迦葉欲重宣此義而說偈言
我等今日　聞佛音教　歡喜踊躍　得未曽有
佛說聲聞　當得作佛　无上寶聚　不求自得
譬如童子　幼稚无識　捨父逃逝　遠到他土
周流諸國　五十餘年　其父憂念　四方推求
求之既疲　頓止一城　造立舍宅　五欲自娛
其家巨富　多諸金銀　車𤦲馬瑙　真珠琉璃
象馬牛羊　輦轝車乘　田業僮僕　人民衆多
出入息利　乃遍他國　商估賈人　无處不有
千万億衆　圍遶恭敬　常為王者　之所愛念
群臣豪族　皆共宗重　以諸緣故　往来者衆
豪富如是　有大力勢　而年朽邁　益憂念子

象馬牛羊　輦轝車乘　田業僮僕　人民衆多
出入息利　乃遍他國　商估賈人　无處不有
千万億衆　圍遶恭敬　常為王者　之所愛念
群臣豪族　皆共宗重　以諸緣故　往来者衆
豪富如是　有大力勢　而年朽邁　益憂念子
夙夜惟念　死時將至　癡子捨我　五十餘年
庫藏諸物　當如之何　尒時窮子　求索衣食
従邑至邑　従國至國　或有所得　或无所得
飢餓羸瘦　體生瘡癬　漸次經歷　到父住城
傭賃展轉　遂至父舍　尒時長者　於其門內
施大寶帳　處師子坐　眷屬圍遶　諸人侍衛
或有計筭　金銀寶物　出內財產　注記券疏
窮子見父　豪貴尊嚴　謂是國王　若是王等
驚怖自恠　何故至此
覆自念言　我若久住　或見逼迫　強駈使作
思惟是已　馳走而去　借問貧里　欲往傭作
長者是時　在師子坐　遥見其子　嘿而識之
即勑使者　追捉將来　窮子驚喚　迷悶躄地
是人執我　必當見殺　何用衣食　使我至此
長者知子　愚癡狹劣　不信我言　不信是父
即以方便　更遣餘人　眇目矬陋　无威德者
汝可語之　云當相雇　除諸糞穢　倍與汝價
窮子聞之　歡喜隨来　為除糞穢　淨諸房舍
長者於牖　常見其子　念子愚劣　樂為鄙事
於是長者　著弊垢衣　執除糞器　往到子所
方便附近　語令懃作

窮子聞之 歡喜隨來 為除糞穢 淨諸房舍
長者於牖 常見其子 念子愚劣 樂為鄙事
於是長者 著弊垢衣 執除糞器 往到子所
方便附近 語令懃作
既益汝價 并塗足油 飲食充足 薦席厚煗
如是苦言 汝當懃作 又以濡語 若如我子
長者有智 漸令入出 逕二十年 執作家事
示其金銀 真珠頗梨 諸物出入 皆使令知
猶處門外 止宿草菴 自念貧土 我无此物
父知子心 漸已廣大 欲與財物 即聚親族
國王大臣 剎利居士 於此大眾 說是我子
捨我他行 逕五十歲 自見子來 已二十年
昔於某城 而失其子 周行求索 遂來至此
凡我所有 舍宅人民 悉以付之 恣其所用
子念昔貧 志意下劣 今於父所 大獲珍寶
并及舍宅 一切財物 甚大歡喜 得未曾有
佛亦如是 知我樂小 未曾說言 汝等作佛
而說我等 得諸无漏 成就小乘 聲聞弟子
佛勅我等 說最上道 脩習此者 當得成佛
我承佛教 為大菩薩 以諸因緣 種種譬喻
若干言辭 說无上道
諸佛子等 從我聞法 日夜思惟 精懃脩習
是時諸佛 即授其記 汝於來世 當得作佛
一切諸佛 祕藏之法 但為菩薩 演其實事
而不為我 說斯真要 如彼窮子 得近其父
雖知諸物 心不悕取 我等雖說 佛法寶藏

諸佛子等 從我聞法 日夜思惟 精懃脩習
是時諸佛 即授其記 汝於來世 當得作佛
一切諸佛 祕藏之法 但為菩薩 演其實事
而不為我 說斯真要 如彼窮子 得近其父
雖知諸物 心不悕取 我等雖說 佛法寶藏
自无志願 亦復如是 我等內滅 自謂為足
唯了此事 更无餘求 我等若聞 淨佛國土
教化眾生 都无欣樂 所以者何 一切諸法
皆悉空寂 无生无滅 无大无小 无漏无為
如是思惟 不生喜樂 我等長夜 於佛智慧
无貪无著 无復志願 而自於法 謂是究竟
我等長夜 脩習空法 得脫三界 苦惱之患
住最後身 有餘涅槃 佛所教化 得道不虛
則為已得 報佛之恩 我等雖為 諸佛子等
說菩薩法 以求佛道 而於是法 永无願樂
導師見捨 觀我心故 初不勸進 說有實利
如富長者 知子志劣 以方便力 柔伏其心
然後乃付 一切財寶
佛亦如是 現希有事 知樂小者 以方便力
調伏其心 乃教大智 我等今日 得未曾有
非先所望 而今自得 如彼窮子 得无量寶
世尊我今 得道得果 於无漏法 得清淨眼
我等長夜 持佛淨戒 始於今日 得其果報
法王法中 久脩梵行 今得无漏 无上大果
我等今者 真是聲聞 以佛道聲 令一切聞
我等今者 真阿羅漢 於諸世間 天人魔梵

我等長夜　持佛淨戒　始於今日　得其果報
法王法中　久脩梵行　今得无漏　无上大果
我等今者　真是聲聞　以佛道聲　令一切聞
我等今者　真阿羅漢　於諸世間　天人魔梵
普於其中　應受供養　世尊大恩　以希有事
憐愍教化　利益我等　无量億劫　誰能報者
手足供給　頭頂禮敬　一切供養　皆不能報
若以頂戴　兩肩荷負　於恒沙劫　盡心恭敬
又以美饍　无量寶衣　及諸臥具　種種湯藥
牛頭栴檀　及諸珍寶　以起塔廟　寶衣布地
如斯等事　以用供養　於恒沙劫　亦不能報
諸佛希有　无量无邊　不可思議　大神通力
无漏无為　諸法之王　能為下劣　忍于斯事
取相凡夫　隨宜為說　諸佛於法　得最自在
知諸衆生　種種欲樂　及其志力　隨所堪任
以无量喻　而為說法　隨諸衆生　宿世善根
又知成熟　未成熟者　種種籌量　分別知已
於一乘道　隨宜說三

妙法蓮華經卷第二

BD05897 號　妙法蓮華經卷二　（23–22）

牛頭栴檀　及諸珍寶　以起塔廟　寶衣布地
如斯等事　以用供養　於恒沙劫　亦不能報
諸佛希有　无量无邊　不可思議　大神通力
无漏无為　諸法之王　能為下劣　忍于斯事
取相凡夫　隨宜為說　諸佛於法　得最自在
知諸衆生　種種欲樂　及其志力　隨所堪任
以无量喻　而為說法　隨諸衆生　宿世善根
又知成熟　未成熟者　種種籌量　分別知已
於一乘道　隨宜說三

妙法蓮華經卷第二

BD05897 號　妙法蓮華經卷二　（23–23）

恭敬供養　亦聞是法　若人有能　信汝所說
則爲見我　亦見於汝　及比丘僧　并諸菩薩
斯法華經　爲深智說　淺識聞之　迷惑不解
一切聲聞　及辟支佛　於此經中　力所不及
汝舍利弗　尚於此經　以信得入　況餘聲聞
其餘聲聞　信佛語故　隨順此經　非己智分
又舍利弗　憍慢懈怠　計我見者　莫說此經
凡夫淺識　深著五欲　聞不能解　亦勿爲說
若人不信　毀謗此經　則斷一切　世間佛種
或復顰蹙　而懷疑惑　汝當聽說　此人罪報
若佛在世　若滅度後　其有誹謗　如斯經典
見有讀誦　書持經者　輕賤憎嫉　而懷結恨
此人罪報　汝今復聽　其人命終　入阿鼻獄
具足一劫　劫盡更生　如是展轉　至无數劫
從地獄出　當墮畜生　若狗野干　其形頋瘦
黧黮疥癩　人所觸嬈　又復爲人　之所惡賤
常困飢渴　骨肉枯竭　生受楚毒　死被瓦石
斷佛種故　受斯罪報　若作駱駝　或生驢中

BD05898號　妙法蓮華經卷二　(5–1)

此人罪報　汝今復聽　其人命終　入阿鼻獄
具足一劫　劫盡更生　如是展轉　至无數劫
從地獄出　當墮畜生　若狗野干　其形頋瘦
黧黮疥癩　人所觸嬈　又復爲人　之所惡賤
常困飢渴　骨肉枯竭　生受楚毒　死被瓦石
斷佛種故　受斯罪報　若作駱駝　或生驢中
身常負重　加諸杖捶　但念水草　餘无所知
謗斯經故　獲罪如是　有作野干　來入聚落
身體疥癩　又无一目　爲諸童子　之所打擲
受諸苦痛　或時致死　於此死已　更受蟒身
其形長大　五百由旬　聾騃无足　蜿轉腹行
爲諸小虫　之所唼食　晝夜受苦　无有休息
謗斯經故　獲罪如是　若得爲人　諸根闇鈍
矬陋攣躄　盲聾背傴　有所言說　人不信受
口氣常臭　鬼魅所著　貧窮下賤　爲人所使
多病痟瘦　无所依怙　雖親附人　人不在意
若有所得　尋復忘失　若脩醫道　順方治病
更增他疾　或復致死　若自有病　无人救療
設服良藥　而復增劇　若他反逆　抄劫竊盜
如是等罪　橫羅其殃　如斯罪人　永不見佛
衆聖之王　說法教化　如斯罪人　常生難處
狂聾心亂　永不聞法　於无數劫　如恒河沙
生輒聾瘂　諸根不具　常處地獄　如遊園觀
在餘惡道　如己舍宅　駝驢猪狗　是其行處
謗斯經故　獲罪如是　若得爲人　聾盲瘖瘂
貧窮諸衰　以自莊嚴　水腫乾痟　疥癩癰疽

BD05898號　妙法蓮華經卷二　(5–2)

狂聾心亂　永不聞法　於无數劫　如恒河沙
生輒聾瘂　諸根不具　常處地獄　如遊園觀
在餘惡道　如己舍宅　駝驢猪狗　是其行處
謗斯經故　獲罪如是　若得為人　聾盲瘖瘂
貧窮諸衰　以自莊嚴　水腫乾消　疥癩癰疽
如是等病　以為衣服　身常臭處　垢穢不淨
深著我見　增益瞋恚　婬欲熾盛　不擇禽獸
謗斯經故　獲罪如是　告舍利弗　謗斯經故
若說其罪　窮劫不盡　以是因緣　我故語汝
无智人中　莫說此經　若有利根　智慧明了
多聞強識　求佛道者　如是之人　乃可為說
若人曾見　億百千佛　殖諸善本　深心堅固
如是之人　乃可為說　若人精進　常脩慈心
不惜身命　乃可為說　若人恭敬　无有異心
離諸凡愚　獨處山澤　如是之人　乃可為說
又舍利弗　若見有人　捨惡知識　親近善友
如是之人　乃可為說　若見佛子　持戒清潔
如淨明珠　求大乘經　如是之人　乃可為說
若人无瞋　質直柔軟　常愍一切　恭敬諸佛
如是之人　乃可為說　復有佛子　於大眾中
以清淨心　種種因緣　譬喻言辭　說法无礙
如是之人　乃可為說　若有比丘　為一切智
四方求法　合掌頂受　但樂受持　大乘經典
乃至不受　餘經一偈　如是之人　乃可為說
如人至心　求佛舍利　如是求經　得已頂受

BD05898號　妙法蓮華經卷二　（5–3）

以清淨心　種種因緣　譬喻言辭　說法无礙
如是之人　乃可為說　若有比丘　為一切智
四方求法　合掌頂受　但樂受持　大乘經典
乃至不受　餘經一偈　如是之人　乃可為說
如人至心　求佛舍利　如是求經　得已頂受
其人不復　志求餘經　亦未曾念　外道典籍
如是之人　乃可為說
告舍利弗　我說是相　求佛道者　窮劫不盡
如是等人　則能信解　汝當為說　妙法華經

妙法蓮華經信解品第四

尒時慧命須菩提摩訶迦旃延摩訶迦葉摩
訶目揵連從佛所聞未曾有法世尊授舍利
弗阿耨多羅三藐三菩提記發希有心歡
喜踊躍即從座起整衣服偏袒右肩右膝著
地一心合掌曲躬恭敬瞻仰尊顏而白佛言我
等居僧之首年並朽邁自謂已得涅槃无
所堪任不復進求阿耨多羅三藐三菩提世
尊往昔說法既久我時在座身體疲懈但念
空无相无作於菩薩法遊戲神通淨佛國土
成就眾生心不喜樂所以者何世尊令我等
出於三界得涅槃證又今我等年已朽邁
於佛教化菩薩阿耨多羅三藐三菩提不生
一念好樂之心我等今於佛前聞授聲聞阿
耨多羅三藐三菩提記心甚歡喜得未曾有
不謂於今忽然得聞希有之法深自慶幸獲

BD05898號　妙法蓮華經卷二　（5–4）

阿耨多羅三藐三菩提記發希有心歡
喜踊躍即從座起整衣服偏袒右肩右膝著
地一心合掌曲躬恭敬瞻仰尊顏而白佛言我
等居僧之首年並朽邁自謂已得涅槃无
所堪任不復進求阿耨多羅三藐三菩提世
尊往昔說法既久我時在座身體疲懈但念
空无相无作於菩薩法遊戲神通淨佛國土
成就眾生心不喜樂所以者何世尊令我等
出於三界得涅槃證又今我等年已朽邁
於佛教化菩薩阿耨多羅三藐三菩提不生
一念好樂之心我等今於佛前聞授聲聞阿
耨多羅三藐三菩提記心甚歡喜得未曾有
不謂於今忽然得聞希有之法深自慶幸獲
大善利无量珍寶不求自得世尊我等今者
樂說譬喻以明斯義譬若有人年既幼稚捨
父逃逝久住他國或十二十至五十歲年既長
大加復窮困馳騁四方以求衣食漸漸遊行
遇向本國其父先來求子不得中心一城其
家大富財寶无量金銀琉璃珊瑚虎珀頗梨

BD05898號　妙法蓮華經卷二　　(5–5)

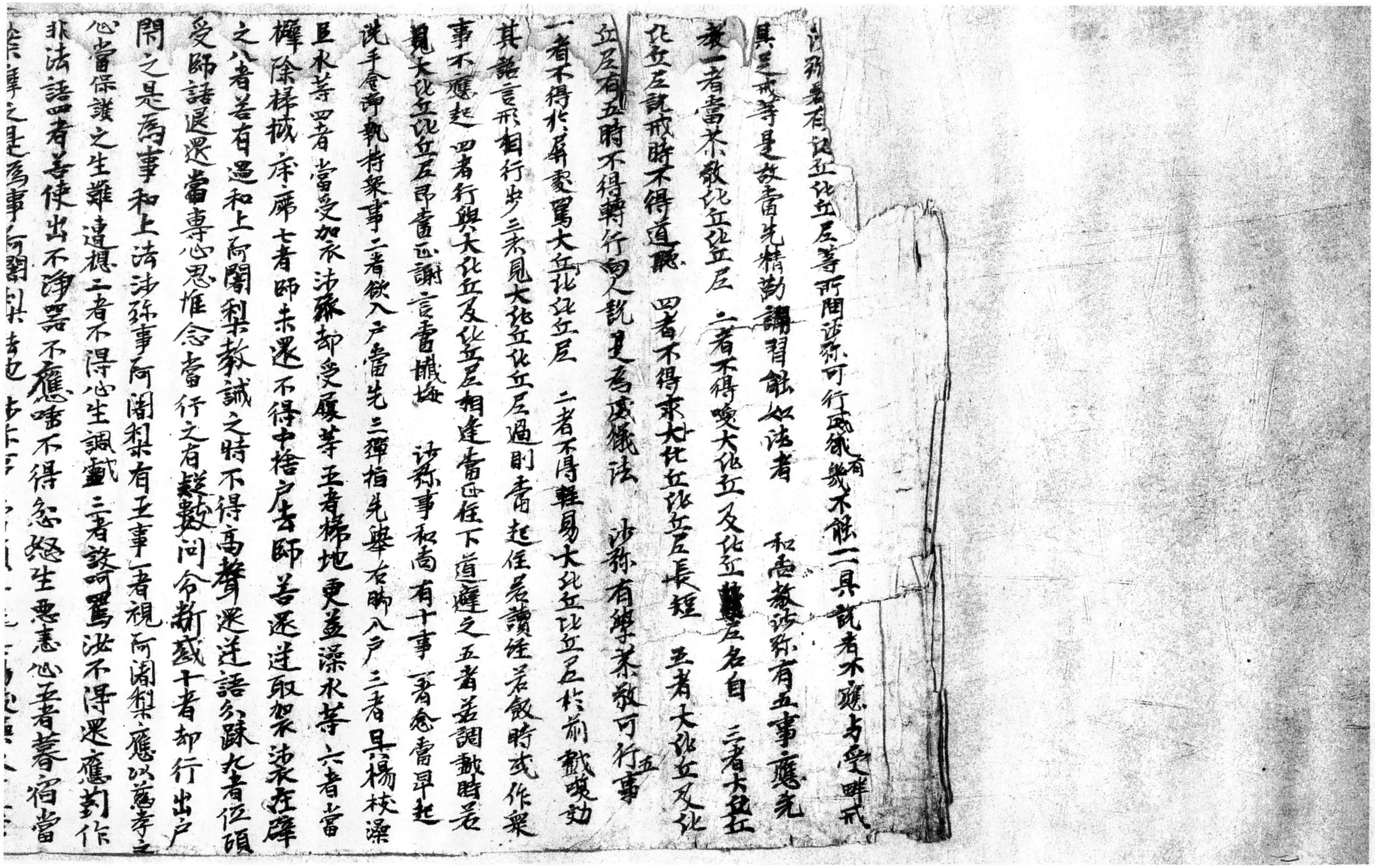
沙彌要有說五比丘比丘尼等所聞沙彌可行威儀有幾不能一一具說者不應与受畔戒
具足戒等是故當先精勤講習能如法者　和尚教沙彌有五事應先
教一者當恭敬比丘比丘尼　二者不得喚大比丘及比丘尼名自　三者大比丘
比丘尼說戒時不得道聽　四者不得求大比丘比丘尼長短　五者大比丘及比
丘尼有五時不得轉行向人說是為威儀法　沙彌有學恭敬可行五事
一者不得於屏處罵大丘比丘比丘尼　二者不得輕易大比丘比丘尼於前戲喚動
其語言形相行步　三者見大比丘比丘尼過則當起住若讀經若飲時式作衆
事不應起　四者行與大比丘及比丘尼相逢當正住下道避之　五者若調戲時若
見大比丘比丘尼即當正謝言當懺悔　沙彌事和尚有十事　一者急當早起
洗手會齊執持衆事　二者欲入戶當先三彈指先舉右腳入戶　三者具楊枝澡
豆水等　四者當受加衣沙彌却受履等　五者掃地更益澡水等　六者當
揮除楊械床席　七者師未還不得中捨戶去師若還迎取袈裟法衣在障
之　八者若有過和上阿闍梨教誡之時不得高聲還逆語多踈　九者位頭
受師語退還當專心思惟念當行之有疑數問令斷截　十者却行出戶
閉之是為事和上法　沙彌事阿闍梨有五事　一者視阿闍梨應以慈孝之
心當保護之生難遣想　二者不得心生調戲　三者談呵罵汝不得還應對作
非法語　四者若使出不淨器不應唾不得忽然生惡意心　五者暮宿當
[illegible]事之是為事阿闍梨法也[illegible]

BD05899號　沙彌五事威儀（擬）　（3–1）

之八者若有過和上阿闍梨教誡之時不得高聲還逆語多踈九者低頭
受師語退還當專心思惟念當行之有疑數問令斷截十者欲行出戶
開之是為事和上法沙弥事阿闍梨有五事一者視阿闍梨應以慈孝之
心當保護之生難遭想二者不得心生調戲三者設呵罵沙弥不得還應對作
非法語四者若使出不淨器不應唾不得忿怒生惡意心五者暮宿當
案摩之是為事阿闍梨法也　沙弥事當須早起具楊枝澡水有六事
一者斷析楊枝當隨度量二者當破一頭三者當洗使淨四者當亦棄宿水
五者當淨澡灌六者當滿中水持入不得使聲是為給楊枝澡水法　沙弥受
袈裟有四事一者當條條手捉下受之二者當次視上下衣三者當正住持
師衣已四者當上著肩是為受袈裟法　沙弥疊袈裟有五事　一者當
視上下齊整二者不得使著地三者當著常處四者以巾覆是為疊袈
裟法　沙弥事師復有五事一者當敬如佛想二者和上前不得調戲語
三者設和上前呵嘖嘿然受之四者和上前不得覆頭五者与和上人等摩
沙弥事和上亦復有五事一者和上若欲入眾落應受僧伽梨二者行時居師
壇三者行時離和上相去一磔手四者還至住處當受常所著衣五者
襞衣僧伽梨應置常處　沙弥復有五事一者不得染汙心借傳衣著二
者不得染汙心共器飲食三者染汙心不得共床坐臥四者不得染汙心作非
法言論五者不得臥時不得並頭若對臥申脚不得過應懃修孝
沙弥復有五事一者不得輕呵大比丘比丘尼二者不得臥比丘床褥三者不得
呼字大比丘僧四者不得在大比丘前行五者見大比丘當應合掌問訊
沙弥復有五事一者若有所造要當白師二者若受經戒亦當白師
三者欲与他受經亦當白師四者若与他作時者共行亦當白師五者若
他請共行亦當白師六者若有發心与他送食亦當白師七者若他請送
食亦當白師八者若自著鉢亦當白師九者若与他著鉢亦當白
師十者自他浣染亦當白師　沙弥復有五事一者与師洗鉢令清淨二者
當与師重鉢三者當与數浣染衣眠四者朝暮二時請受教誡五者
善師疾病當竭力瞻視求藥令差　沙弥入眾有五事一者應以慈心觀諸
大眾二者應自卑下如掃地塵中三者若見上座不應安坐若見下座不
應起立四者僧中有不可意事應可嘿然五者處於眾中普觀大

沙彌復有五事：一者不得輕呵大比丘及比丘尼，二者不得卧比丘床褥，三者不得
字大比丘僧，四者不得在大比丘前行，五者見大比丘當應合掌問許。
沙彌復有五事：一者若有所造要當白師僉知，二者若受經戒亦當白師，
三者欲与他受經亦當白師，四者若与他作時者共行亦當白師，五者若
他請共行亦當白師，六者若自有發心与他送食亦當白師，七者若他請送
食亦當白師，八者若自薰鉢亦當白師，九者若与他薰鉢亦當白
師，十者自他浣染亦當白師。　沙彌復有五事：一者与師洗鉢令清淨，二者
當与師薰鉢，三者當与數浣染衣服，四者朝暮二時請受教誡，五者
若師疾病當竭力瞻視求藥令差。　沙彌入衆有五事：一者應以慈心觀諸
大衆，二者應自卑下如拭塵巾，三者若見上座不應安坐，若見下座不
應起立，四者僧中有不可意事應可嘿然，五者處於衆中普觀大
衆猶如佛想。　沙彌入衆又五事：一者當礼佛，二者當礼比丘及比丘尼
衆等，三者當問訊上座等，四者當留上座坐位處，五者不得諍向
上座處。　沙彌衆中坐復有五事：一者不於會坐上遙相呼喚非法語
戲，二者不得數起，三者若衆僧喚沙彌某甲即當起應，四者不
當隨衆僧教令，五者若知事人喚有所作當還白師令知。　沙彌入衆
復有七事：一者應當偏袒右肩頭面礼僧足，二者大比丘比丘尼上坐
未坐不得先坐，三者應隨次第應如法座，四者不得踑踞大坐，五者
不得高聲語笑嬉戲，六者若上座後來容坐處不得共諍，七者

脩行
種種信解種種
涅槃者復見諸佛般涅槃後
寶塔尒時弥勒菩薩作是念
變相以何因緣而有此瑞今佛
昧是不可思議現希有事當
者復作此念是文殊師利法
近供養過去无量諸佛必
我今當問尒時比丘比丘尼優
及諸天龍鬼神等咸作此念
之相今當問誰尒時弥勒菩
觀四衆比丘比丘尼優婆塞
龍鬼神等衆會之心而問文
因緣而有此瑞神通之相放大
方萬八千土悉見彼佛國界

BD05900號　妙法蓮華經卷一　（12–1）

之相今當問誰尒時弥勒菩
觀四衆比丘比丘尼優婆塞
龍鬼神等衆會之心而問文
因緣而有此瑞神通之相放大
方萬八千土悉見彼佛國界
菩薩欲重宣此義以偈問曰
文殊師利　導師何故　眉間白毫
雨曼陁羅　曼殊沙華　栴檀香風　悅可衆心
以是因緣　地皆嚴淨　而此世界　六種震動
時四部衆　咸皆歡喜　身意快然　得未曾有
眉間光明　照于東方　万八千土　皆如金色
從阿鼻獄　上至有頂　諸世界中　六道衆生
生死所趣　善惡業緣　受報好醜　於此悉見
又覩諸佛　聖主師子　演說經典　微妙第一
其聲清淨　出柔軟音　教諸菩薩　无數億万
梵音深妙　令人樂聞　各於世界　講說正法
種種因緣　以无量喻　照明佛法　開悟衆生
若人遭苦　厭老病死　爲說涅槃　盡諸苦際
若人有福　曾供養佛　志求勝法　爲說緣覺
若有佛子　脩種種行　求无上慧　爲說淨道
文殊師利　我住於此　見聞若斯　及千億事
如是衆多　今當略說　我見彼土　恒沙菩薩
種種因緣　而求佛道　或有行施　金銀珊瑚

BD05900號　妙法蓮華經卷一　（12–2）

若人有福 曾供養佛 志求勝法 為說緣覺
若有佛子 脩種種行 求无上慧 為說淨道
文殊師利 我住於此 見聞若斯 及千億事
如是衆多 今當略說 我見彼土 恒沙菩薩
種種因緣 而求佛道 或有行施 金銀珊瑚
真珠摩尼 車𤦲馬瑙 金剛諸珎 奴婢車乘
寶飾輦轝 歡喜布施 迴向佛道 願得是乘
三界第一 諸佛所嘆 或有菩薩 駟馬寶車
欄楯華蓋 軒飾布施 復見菩薩 身肉手足
及妻子施 求无上道 又見菩薩 頭目身體
欣樂施與 求佛智慧 文殊師利 我見諸王
往詣佛所 問无上道 便捨樂土 宮殿臣妾
剃除鬚髮 而被法服 或見菩薩 而作比丘
獨處閑靜 樂誦經典 又見菩薩 勇猛精進
入於深山 思惟佛道 又見離欲 常處空閑
深脩禪定 得五神通 又見菩薩 安禪合掌
以千万偈 讚諸法王 復見菩薩 智深志固
能問諸佛 聞悉受持 又見佛子 定慧具足
以无量喻 為衆講法 欣樂說法 化諸菩薩
破魔兵衆 而擊法鼓 又見菩薩 寂然宴嘿
天龍恭敬 不以為喜 又見菩薩 處林放光
濟地獄苦 令入佛道 又見佛子 未嘗睡眠
經行林中 懃求佛道 又見具戒 威儀无缺

BD05900號 妙法蓮華經卷一 （12–3）

以千万偈 讚諸法王 復見菩薩 智深志固
能問諸佛 聞悉受持 又見佛子 定慧具足
以无量喻 為衆講法 欣樂說法 化諸菩薩
破魔兵衆 而擊法鼓 又見菩薩 寂然宴嘿
天龍恭敬 不以為喜 又見菩薩 處林放光
濟地獄苦 令入佛道 又見佛子 未嘗睡眠
經行林中 懃求佛道 又見具戒 威儀无缺
淨如寶珠 以求佛道 又見佛子 住忍辱力
增上慢人 惡罵捶打 皆悉能忍 以求佛道
又見菩薩 離諸戲咲 及癡眷屬 親近智者
一心除亂 攝念山林 億千万歲 以求佛道
或見菩薩 餚饍飲食 百種湯藥 施佛及僧
名衣上服 價直千万 或无價衣 施佛及僧
千万億種 栴檀寶舍 衆妙臥具 施佛及僧
清淨園林 華菓茂盛 流泉浴池 施佛及僧
如是等施 種種微妙 歡喜无猒 求无上道
或有菩薩 說寂滅法 種種教詔 无數衆生
或見菩薩 觀諸法性 无有二相 猶如虛空
又見佛子 心无所著 以此妙慧 求无上道
文殊師利 又有菩薩 佛滅度後 供養舍利
又見佛子 造諸塔廟 无數恒沙 嚴飾國界
寶塔高妙 五千由旬 縱廣正等 二千由旬
一一塔廟 各千幢幡 珠交露幔 寶鈴和鳴

BD05900號 妙法蓮華經卷一 （12–4）

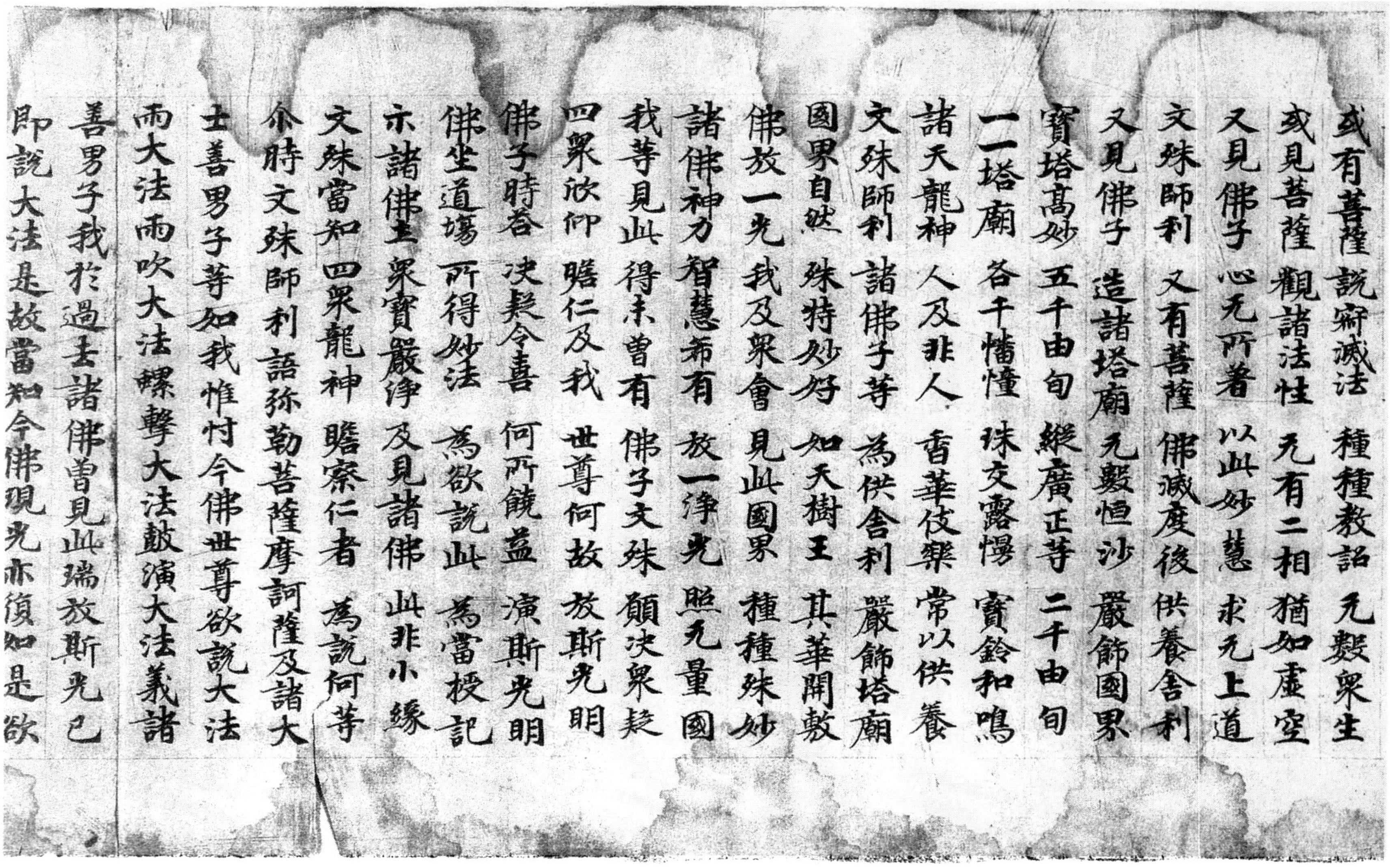
或有菩薩 說寂滅法 種種教詔 无數衆生
或見菩薩 觀諸法性 无有二相 猶如虛空
又見佛子 心无所著 以此妙慧 求无上道
文殊師利 又有菩薩 佛滅度後 供養舍利
又見佛子 造諸塔廟 无數恒沙 嚴飾國界
寶塔高妙 五千由旬 縱廣正等 二千由旬
一一塔廟 各千幢幡 珠交露幔 寶鈴和鳴
諸天龍神 人及非人 香華伎樂 常以供養
文殊師利 諸佛子等 為供舍利 嚴飾塔廟
國界自然 殊特妙好 如天樹王 其華開敷
佛放一光 我及衆會 見此國界 種種殊妙
諸佛神力 智慧希有 放一淨光 照无量國
我等見此 得未曾有 佛子文殊 願決衆疑
四衆欣仰 瞻仁及我 世尊何故 放斯光明
佛子時答 決疑令喜 何所饒益 演斯光明
佛坐道場 所得妙法 為欲說此 為當授記
示諸佛土 衆寶嚴淨 及見諸佛 此非小緣
文殊當知 四衆龍神 瞻察仁者 為說何等
尒時文殊師利語弥勒菩薩摩訶薩及諸大
士善男子等如我惟忖今佛世尊欲說大法
雨大法雨吹大法螺擊大法鼓演大法義諸
善男子我於過去諸佛曾見此瑞放斯光已
即說大法是故當知今佛現光亦復如是欲

BD05900號　妙法蓮華經卷一　（12–5）

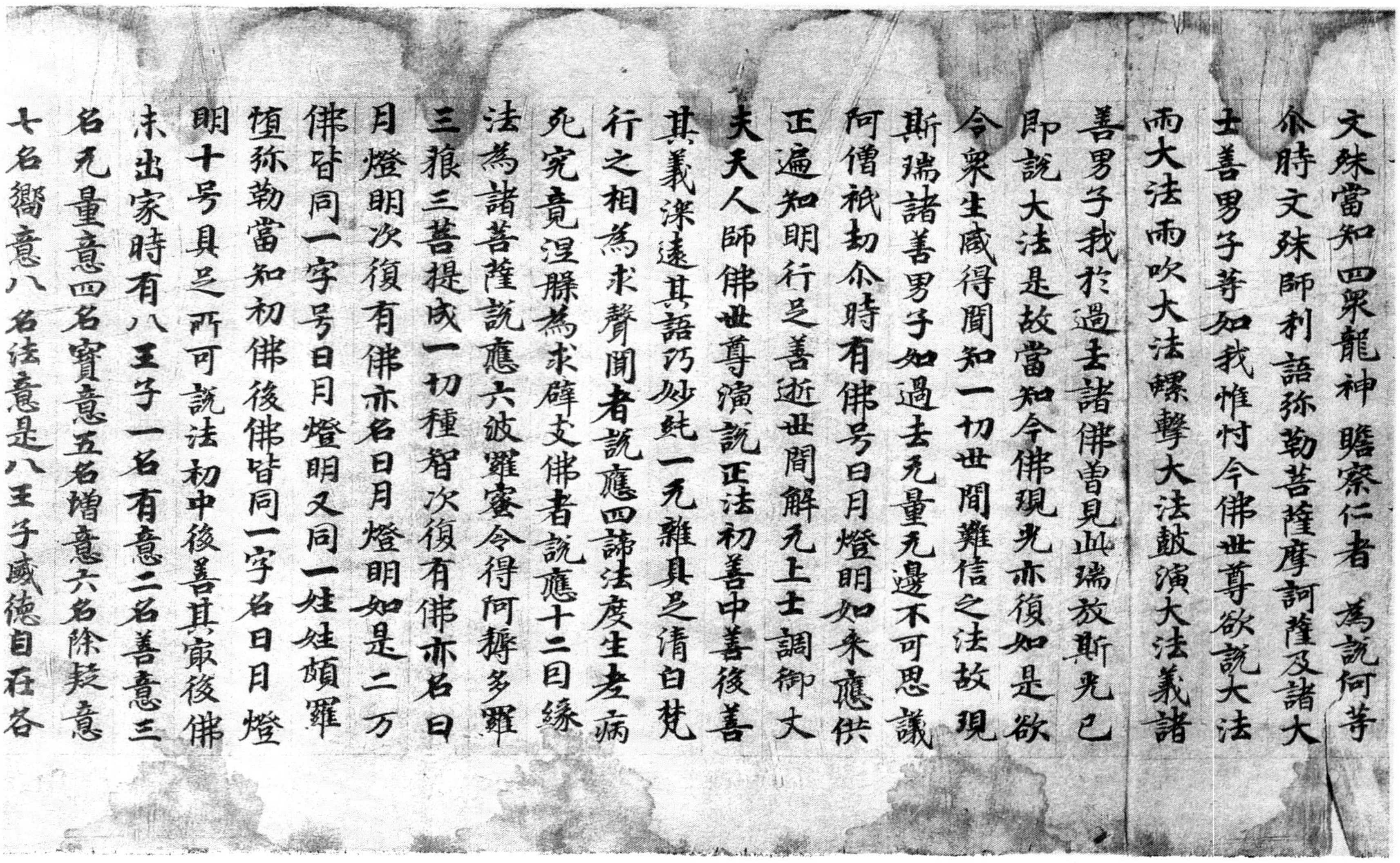
文殊當知 四衆龍神 瞻察仁者 為說何等
尒時文殊師利語弥勒菩薩摩訶薩及諸大
士善男子等如我惟忖今佛世尊欲說大法
雨大法雨吹大法螺擊大法鼓演大法義諸
善男子我於過去諸佛曾見此瑞放斯光已
即說大法是故當知今佛現光亦復如是欲
令衆生咸得聞知一切世間難信之法故現
斯瑞諸善男子如過去无量无邊不可思議
阿僧祇劫尒時有佛号日月燈明如來應供
正遍知明行足善逝世間解无上士調御丈
夫天人師佛世尊演說正法初善中善後善
其義深遠其語巧妙純一无雜具足清白梵
行之相為求聲聞者說應四諦法度生老病
死究竟涅槃為求辟支佛者說應十二因緣
法為諸菩薩說應六波羅蜜令得阿耨多羅
三藐三菩提成一切種智次復有佛亦名日
月燈明次復有佛亦名日月燈明如是二万
佛皆同一字号日月燈明又同一姓姓頗羅
墮弥勒當知初佛後佛皆同一字名日月燈
明十号具足所可說法初中後善其最後佛
未出家時有八王子一名有意二名善意三
名无量意四名寶意五名增意六名除疑意
七名嚮意八名法意是八王子威德自在各

BD05900號　妙法蓮華經卷一　（12–6）

月燈明次復有佛亦名日月燈明如是二万
佛皆同一字号日月燈明又同一姓姓頗羅
墮弥勒當知初佛後佛皆同一字名日月燈
明十号具足所可說法初中後善其最後佛
未出家時有八王子一名有意二名善意三
名无量意四名寶意五名增意六名除疑意
七名嚮意八名法意是八王子威德自在各
領四天下是諸王子聞父出家得阿耨多羅
三藐三菩提悉捨王位亦随出家發大乘意
常脩梵行皆為法師已於千万佛所殖諸善
本是時日月燈明佛說大乘經名无量義教
菩薩法佛所護念說是經已即於大衆中結
跏趺坐入於无量義處三昧身心不動是時
天雨曼陁羅華摩訶曼陁羅華曼殊沙華摩
訶曼殊沙華而散佛上及諸大衆普佛世界
六種震動尒時會中比丘比丘尼優婆塞優
婆夷天龍夜叉乾闥婆阿脩羅迦樓羅緊那
羅摩睺羅伽人非人及諸小王轉輪聖王等
是諸大衆得未曾有歡喜合掌一心觀佛尒
時如来放眉間白豪相光照東方萬八千佛
土靡不周遍如今所見是諸佛土弥勒當知
尒時會中有二十億菩薩樂欲聽法是諸菩
薩見此光明普照佛土得未曾有欲知此光

BD05900號　妙法蓮華經卷一　（12–7）

六種震動尒時會中比丘比丘尼優婆塞優
婆夷天龍夜叉乾闥婆阿脩羅迦樓羅緊那
羅摩睺羅伽人非人及諸小王轉輪聖王等
是諸大衆得未曾有歡喜合掌一心觀佛尒
時如来放眉間白豪相光照東方萬八千佛
土靡不周遍如今所見是諸佛土弥勒當知
尒時會中有二十億菩薩樂欲聽法是諸菩
薩見此光明普照佛土得未曾有欲知此光
所為因緣時有菩薩名曰妙光有八百弟子
是時日月燈明佛從三昧起因妙光菩薩說
大乘經名妙法蓮華教菩薩法佛所護念六
十小劫不起于座時會聽者亦坐一處六十
小劫身心不動聽佛所說謂如食頃是時衆
中无有一人若身若心而生懈惓日月燈明
佛於六十小劫說是經已即於梵魔沙門婆
羅門及天人阿脩羅衆中而宣此言如来於
今日中夜當入无餘涅槃時有菩薩名曰德
藏日月燈明佛即授其記告諸比丘是德藏
菩薩次當作佛号曰淨身多陁阿伽度阿羅
訶三藐三佛陁佛授記已便於中夜入无餘
涅槃佛滅度後妙光菩薩持妙法蓮華經滿
八十小劫為人演說日月燈明佛八子皆師
妙光妙光教化令其堅固阿耨多羅三藐三

BD05900號　妙法蓮華經卷一　（12–8）

今日中夜當入无餘涅槃時有菩薩名曰德
藏日月燈明佛即授其記告諸比丘是德藏
菩薩次當作佛号曰淨身多陁阿伽度阿羅
訶三藐三佛陁佛授記已便於中夜入无餘
涅槃佛滅度後妙光菩薩持妙法蓮華經滿
八十小劫為人演說日月燈明佛八子皆師
妙光妙光教化令其堅固阿耨多羅三藐三
菩提是諸王子供養无量百千万億佛已皆
成佛道其最後成佛者名曰然燈八百弟子
中有一人号曰求名貪著利養雖復讀誦衆
經而不通利多所忘失故号求名是人亦以
種諸善根因緣故得值无量百千万億諸佛
供養恭敬尊重讚嘆弥勒當知尒時妙光菩
薩豈異人乎我身是也求名菩薩汝身是也
今見此瑞與本无異是故惟忖今日如來當
說大乘經名妙法蓮華教菩薩法佛所護念
尒時文殊師利於大衆中欲重宣此義而說
偈言
我念過去世　无量无數劫　有佛人中尊　号日月燈明
世尊演說法　度无量衆生　无數億菩薩　令入佛智慧
佛未出家時　所生八王子　見大聖出家　亦隨脩梵行
時佛說大乘　經名无量義　於諸大衆中　而為廣分別

BD05900號　妙法蓮華經卷一　（12-9）

尒時文殊師利於大衆中欲重宣此義而說
偈言
我念過去世　无量无數劫　有佛人中尊　号日月燈明
世尊演說法　度无量衆生　无數億菩薩　令入佛智慧
佛未出家時　所生八王子　見大聖出家　亦隨脩梵行
時佛說大乘　經名无量義　於諸大衆中　而為廣分別
佛說此經已　即於法座上　跏趺坐三昧　名无量義處
天雨曼陁華　天鼓自然鳴　諸天龍鬼神　供養人中尊
一切諸佛土　即時大震動　佛放眉間光　現諸希有事
此光照東方　万八千佛土　示一切衆生　生死業報處
有見諸佛土　以衆寶莊嚴　瑠璃頗梨色　斯由佛光照
及見諸天人　龍神夜叉衆　乾闥緊那羅　各供養其佛
又見諸如來　自然成佛道　身色如金山　端嚴甚微妙
如淨瑠璃中　內現真金像　世尊在大衆　敷演深法義
一一諸佛土　聲聞衆无數　因佛光所照　悉見彼大衆
或有諸比丘　在於山林中　精進持淨戒　猶如護明珠
又見諸菩薩　行施忍辱等　其數如恒沙　斯由佛光照
又見諸菩薩　深入諸禪定　身心寂不動　以求无上道
又見諸菩薩　知法寂滅相　各於其國土　說法求佛道
尒時四部衆　見日月燈佛　現大神通力　其心皆歡喜
各各自相問　是事何因緣　天人所奉尊　適從三昧起
讚妙光菩薩　汝為世間眼　一切所歸信　能奉持法藏
如我所說法　唯汝能證知　世尊既讚嘆　令妙光歡喜

BD05900號　妙法蓮華經卷一　（12-10）

又見諸菩薩 知法寂滅相 各於其國土 說法求佛道
尒時四部衆 見日月燈佛 現大神通力 其心皆歡喜
各各自相問 是事何因緣 天人所奉尊 適從三昧起
讚妙光菩薩 汝爲世間眼 一切所歸信 能奉持法藏
如我所說法 唯汝能證知 世尊旣讚歎 令妙光歡喜
說是法華經 滿六十小劫 不起於此座 所說上妙法
是妙光法師 悉皆能受持 佛說是法華 令衆歡喜已
尋卽於是日 告於天人衆 諸法實相義 已爲汝等說
我今於中夜 當入於涅槃 汝一心精進 當離於放逸
諸佛甚難值 億劫時一遇 世尊諸子等 聞佛入涅槃
各各懷悲惱 佛滅一何速 聖主法之王 安慰无量衆
我若滅度時 汝等勿憂怖 是德藏菩薩 於无漏實相
心已得通達 其次當作佛 号曰爲淨身 亦度无量衆
佛此夜滅度 如薪盡火滅 分布諸舍利 而起无量塔
比丘比丘尼 其數如恒沙 倍復加精進 以求无上道
是妙光法師 奉持佛法藏 八十小劫中 廣宣法華經
是諸八王子 妙光所開化 堅固无上道 當見无數佛
供養諸佛已 隨順行大道 相繼得成佛 轉次而授記
最後天中天 号曰然燈佛 諸仙之導師 度脫无量衆
是妙光法師 時有一弟子 心常懷懈怠 貪著於名利
求名利无猒 多遊族姓家 棄捨所習誦 廢忘不通利
以是因緣故 号之爲求名 亦行衆善業 得見无數佛
供養於諸佛 隨順行大道 具六波羅蜜 今見釋師子

BD05900號　妙法蓮華經卷一　（12–11）

[illegible]
以是因緣故 号之爲求名 亦行衆善業 得見无數佛
供養於諸佛 隨順行大道 具六波羅蜜 今見釋師子
其後當作佛 号名曰彌勒 廣度諸衆生 其數无有量
彼佛滅度後 懈怠者汝是 妙光法師者 今則我身是
我見燈明佛 本光瑞如此 以是知今佛 欲說法華經
今相如本瑞 是諸佛方便 今佛放光明 助發實相義
諸人今當知 合掌一心待 佛當雨法雨 充足求道者
諸求三乘人 若有疑悔者 佛當爲除斷 令盡无有餘

妙法蓮華經方便品第二

尒時世尊從三昧安詳而起告舍利弗諸佛
智慧甚深无量其智慧門難解難入一切聲
聞辟支佛所不能知所以者何佛曾親近百
千万億无數諸佛盡行諸佛无量道法勇猛
精進名稱普聞成就[illegible]曾有法隨宜所

BD05900號　妙法蓮華經卷一　（12–12）

如来說一切諸
則非衆生須菩提
語者不誑語者不
法此法无實无虛
行布施如人入闇
住法而行布施如人有目日光明
色須菩提當来之世若有善男子善女人能
於此經受持讀誦則為如来以佛智慧悉知
是人悉見是人皆得成就无量无邊功德須
菩提若有善男子善女人初日分以恒河沙
等身布施中日分復以恒河沙等身布施後
日分亦以恒河沙等身布施如是无量百千
万億劫以身布施若復有人聞此經典信心
不逆其福勝彼何況書寫受持讀誦為人解
說須菩提以要言之是經有不可思議不可

BD05901 號　金剛般若波羅蜜經　（9–1）

菩提若有善男子善女人初日分以恒河沙
等身布施中日分復以恒河沙等身布施後
日分亦以恒河沙等身布施如是无量百千
万億劫以身布施若復有人聞此經典信心
不逆其福勝彼何況書寫受持讀誦為人解
說須菩提以要言之是經有不可思議不可
稱量无邊功德如来為發大乘者說為發最
上乘者說若有人能受持讀誦廣為人說如
来悉知是人悉見是人皆得成就不可量不
可稱无有邊不可思議功德如是人等則為
荷擔如来阿耨多羅三藐三菩提何以故須
菩提若樂小法者著我見人見衆生見壽者
見則於此經不能聽受讀誦為人解說須菩
提在在處處若有此經一切世間天人阿脩
羅所應供養當知此處則為是塔皆應恭敬
作礼圍遶以諸華香而散其處
復次須菩提善男子善女人受持讀誦此經
若為人輕賤是人先世罪業應墮惡道以
今世人輕賤故先世罪業則為消滅當得阿耨
多羅三藐三菩提須菩提我念過去无量阿
僧祇劫於然燈佛前得值八百四千万億那
由他諸佛悉皆供養承事无空過者若復有
人於後末世能受持讀誦此經所得功德於我
所供養諸佛功德百分不及一千万億分乃至
筭數辟所不能及須菩提若善男子善女人
於後末世有受持讀誦此經所得功德我若具

BD05901 號　金剛般若波羅蜜經　（9–2）

由他諸佛悉皆供養承事无空過者若復有
人於後末世能受持讀誦此經所得功德於我
所供養諸佛功德百分不及一千万億分乃至
筭數譬喻所不能及須菩提若善男子善女人
於後末世有受持讀誦此經所得功德我若具
說者或有人聞心則狂亂狐疑不信須菩提
當知是經義不可思議果報亦不可思議尒
時須菩提白佛言世尊善男子善女人發阿耨
多羅三藐三菩提心云何應住云何降伏其
心佛告須菩提善男子善女人發阿耨多羅
三藐三菩提者當生如是心我應滅度一切衆
生已而无有一衆生實滅度者何以故若菩薩
有我相人相衆生相壽者相則非菩薩所以者
何須菩提實无有法發阿耨多羅三藐三菩提
者須菩提於意云何如來於然燈佛所有法
得阿耨多羅三藐三菩提不不也世尊如我
解佛所說義佛於然燈佛所无有法得阿耨
多羅三藐三菩提佛言如是如是須菩提實
无有法如來得阿耨多羅三藐三菩提須菩
提若有法如來得阿耨多羅三藐三菩提然
燈佛則不與我受記汝於來世當得作佛号釋
迦牟尼以實无有法得阿耨多羅三藐三菩提
是故然燈佛與我受記作是言汝於來世當
得作佛号釋迦牟尼何以故如來者即諸法
如義若有人言如來得阿耨多羅三藐三菩

BD05901 號　金剛般若波羅蜜經　（9–3）

燈佛則不與我受記汝於來世當得作佛号釋
迦牟尼以實无有法得阿耨多羅三藐三菩提
是故然燈佛與我受記作是言汝於來世當
得作佛号釋迦牟尼何以故如來者即諸法
如義若有人言如來得阿耨多羅三藐三菩
提須菩提實无有法佛得阿耨多羅三藐三
菩提須菩提如來所得阿耨多羅三藐三菩
提於是中无實无虛是故如來說一切法皆
是佛法須菩提所言一切法者即非一切法是
故名一切法須菩提譬如人身長大須菩提
言世尊如來說人身長大則為非大身是名
大身須菩提菩薩亦如是若作是言我當滅
度无量衆生則不名菩薩何以故須菩提實
无有法名為菩薩是故佛說一切法无我无
人无衆生无壽者須菩提若菩薩作是言我
當莊嚴佛土是不名菩薩何以故如來說莊
嚴佛土者即非莊嚴是名莊嚴須菩提若菩
薩通達无我法者如來說名真是菩薩須
菩提於意云何如來有肉眼不如是世尊如
來有肉眼須菩提於意云何如來有天眼不
如是世尊如來有天眼須菩提於意云何如來
有慧眼不如是世尊如來有慧眼須菩提於
意云何如來有法眼不如是世尊如來有法
眼須菩提於意云何如來有佛眼不如是世
尊如來有佛眼須菩提於意云何恒河中所
有沙佛說是沙不如是世尊如來說是沙須

BD05901 號　金剛般若波羅蜜經　（9–4）

如是世尊如来有天眼須菩提於意云何如来
有慧眼不如是世尊如来有慧眼須菩提於
意云何如来有法眼不如是世尊如来有法
眼須菩提於意云何如来有佛眼不如是世
尊如来有佛眼須菩提於意云何恒河中所
有沙佛說是沙不如是世尊如来說是沙須
菩提於意云何如一恒河中所有沙有如是
等恒河是諸恒河所有沙數佛世界如是寧
為多不甚多世尊佛告須菩提尒所國土中
所有衆生若干種心如来悉知何以故如来
說諸心皆為非心是名為心所以者何須菩提
過去心不可得現在心不可得未来心不可得
須菩提於意云何若有人滿三千大千世界
七寶以用布施是人以是因緣得福多不如
是世尊此人以是因緣得福甚多須菩提若
福德有實如来不說得福德多以福德无故
如来說得福德多須菩提於意云何佛可以
具足色身見不不也世尊如来不應以具足
色身見何以故如来說具足色身即非具足
色身是名具足色身須菩提於意云何如来
可以具足諸相見不不也世尊如来不應以
具足諸相見何以故如来說諸相具足即非
具足是名諸相具足須菩提汝勿謂如来作
是念我當有所說法莫作是念何以若人言
如来有所說法即為謗佛不能解我所說義
故須菩提說法者无法可說是名說法須菩
提白佛言世尊佛得阿耨多羅三藐三菩提

BD05901號　金剛般若波羅蜜經　（9–5）

具足諸相見何以故如来說諸相具足即非
具足是名諸相具足須菩提汝勿謂如来作
是念我當有所說法莫作是念何以若人言
如来有所說法即為謗佛不能解我所說義
故須菩提說法者无法可說是名說法須菩
提白佛言世尊佛得阿耨多羅三藐三菩提
為无所得耶如是如是須菩提我於阿耨多
羅三藐三菩提乃至无有少法可得是名阿
耨多羅三藐三菩提復次須菩提是法平等
无有高下是名阿耨多羅三藐三菩提以无
我无人无衆生无壽者脩一切善法則得阿
耨多羅三藐三菩提須菩提所言善法者如来
說非善法是名善法須菩提若三千大千世
界中所有諸須弥山王如是等七寶聚有人
持用布施若人以此般若波羅蜜經乃至四
句偈等受持為他人說於前福德百分不
及一百千万億分乃至筭數譬喻所不能及
須菩提於意云何汝等勿謂如来作是念我
當度衆生須菩提莫作是念何以故實无有
衆生如来度者若有衆生如来度者如来則
有我人衆生壽者須菩提如来說有我者則
非有我而凡夫之人以為有我須菩提凡夫
者如来說則非凡夫須菩提於意云何可以
三十二相觀如来不須菩提言如是如是以
三十二相觀如来佛言須菩提若以三十二
相觀如来者轉輪聖王則是如来須菩提白
佛言世尊如我解佛所說義不應以三十二相

BD05901號　金剛般若波羅蜜經　（9–6）

非有我而凡夫之人以為有我須菩提凡夫
者如來說則非凡夫須菩提於意云何可以
三十二相觀如來不須菩提言如是如是以
三十二相觀如來佛言須菩提若以三十二
相觀如來者轉輪聖王則是如來須菩提白
佛言世尊如我解佛所說義不應以三十二相
觀如來尒時世尊而說偈言
若以色見我　以音聲求我　是人行邪道　不能見如來
須菩提汝若作是念如來不以具足相故得
阿耨多羅三藐三菩提須菩提莫作是念如
來不以具足相故得阿耨多羅三藐三菩提
須菩提汝若作是念發阿耨多羅三藐三
菩提者說諸法斷滅相莫作是念何以故發
阿耨多羅三藐三菩提者於法不說斷滅相
須菩提若菩薩以滿恒河沙等世界七寶布
施若復有人知一切法无我得成於忍此菩
薩勝前菩薩所得功德須菩提以諸菩薩不
受福德故須菩提白佛言世尊云何菩薩不
受福德須菩提菩薩所作福德不應貪著
是故說不受福德須菩提若有人言如來若
來若去若坐若卧是人不解我所說義何以
故如來者无所從來亦无所去故名如來須
菩提若善男子善女人以三千大千世界碎
為微塵於意云何是諸微塵衆寧為多不甚
多世尊何以故若是微塵衆實有者佛則不說
是微塵衆所以者何佛說微塵衆則非微塵

BD05901號　金剛般若波羅蜜經　（9–7）

來若去若坐若卧是人不解我所說義何以
故如來者无所從來亦无所去故名如來須
菩提若善男子善女人以三千大千世界碎
為微塵於意云何是諸微塵衆寧為多不甚
多世尊何以故若是微塵衆實有者佛則不說
是微塵衆所以者何佛說微塵衆則非微塵
衆是名微塵衆世尊如來所說三千大千世
界則非世界是名世界何以故若世界實有
者則是一合相如來說一合相則非一合相
是名一合相須菩提一合相者則是不可說
但凡夫之人貪著其事須菩提若人言佛說
我見人見衆生見壽者見須菩提於意云何
是人解我所說義不世尊是人不解如來所
說義何以故世尊說我見人見衆生見壽者
見即非我見人見衆生見壽者見是名我見
人見衆生見壽者見須菩提發阿耨多羅三
藐三菩提心者於一切法應如是知如是見
如是信解不生法相須菩提所言法相者如
來說即非法相是名法相須菩提若有人以
滿无量阿僧祇世界七寶持用布施若有善
男子善女人發菩薩心者持於此經乃至四
句偈等受持讀誦為人演說其福勝彼云何
為人演說不取於相如如不動何以故
一切有為法　如夢幻泡影　如露亦如電　應作如是觀
佛說是經已長老須菩提及諸比丘比丘尼
優婆塞優婆夷一切世間天人阿脩羅聞佛
所說皆大歡喜信受奉行

BD05901號　金剛般若波羅蜜經　（9–8）

說義何以故世尊說我見人見衆生見壽者
見即非我見人見衆生見壽者見是名我見
人見衆生見壽者見須菩提發阿耨多羅三
藐三菩提心者於一切法應如是知如是見
如是信解不生法相須菩提所言法相者如
來說即非法相是名法相須菩提若有人以
滿无量阿僧祇世界七寶持用布施若有善
男子善女人發菩薩心者持於此經乃至四
句偈等受持讀誦為人演說其福勝彼云何
為人演說不取於相如如不動何以故
一切有為法　如夢幻泡影　如露亦如電　應作如是觀
佛說是經已長老須菩提及諸比丘比丘尼
優婆塞優婆夷一切世間天人阿脩羅聞佛
所說皆大歡喜信受奉行
金剛般若波羅蜜經

BD05901號　金剛般若波羅蜜經　　（9–9）

須
行而名須菩提是樂阿蘭
佛告須菩提於意云何
於法有所得不世尊
實无所得
須菩提於意云何菩薩
尊何以故莊嚴佛土者則非
是故須菩提諸菩薩
心不應住色生心不應
應无所住而生其心須菩
須弥山王於意云何
甚大世尊何以故佛說非身
須菩提如恒河中所有沙數如
於意云何是諸恒河
甚多世尊但諸恒河
菩提我今實言告汝若
七寶滿尒所恒河沙數
布施得福多不須菩提
提若善男子善女人於此
句偈等為他人說而此福
復次須菩提隨說是經
此處一切世間天人阿脩
塔廟何況有人盡能受持讀誦

BD05902號　金剛般若波羅蜜經　　（12–1）

布施得福多不須菩提
提若善男子善女人於此
句偈等為他人說而此福
復次須菩提隨說是經
此處一切世間天人阿脩
塔廟何況有人盡能受持讀誦
是人成就最上第一希有之法若是
之處則為有佛若尊重弟子
尒時須菩提白佛言世尊當何名此經我等
云何奉持佛告須菩提是經名為金剛般若
波羅蜜以是名字汝當奉持所以者何須菩
提佛說般若波羅蜜則非般若波羅蜜須菩
提於意云何如來有所說法不須菩提白佛
言世尊如來无所說須菩提於意云何三千
大千世界所有微塵是為多不須菩提言甚
多世尊須菩提諸微塵如來說非微塵是
名微塵如來說世界非世界是名世界須菩提
於意云何可以三十二相見如來不不也世尊
不可以三十二相得見如來何以故如來說三
十二相即是非相是名三十二相
須菩提若有善男子善女人以恒河沙等身
命布施若復有人於此經中乃至受持四句偈
等為他人說其福甚多
尒時須菩提聞說是經深解義趣涕淚悲泣
而白佛言希有世尊佛說如是甚深經典我
從昔来所得慧眼未曾得聞如是之經世尊
若復有人得聞是經信心清淨則生實相當
知是人成就第一希有功德世尊是實相者

BD05902 號　金剛般若波羅蜜經　（12–2）

等為他人說其福甚多
尒時須菩提聞說是經深解義趣涕淚悲泣
而白佛言希有世尊佛說如是甚深經典我
從昔来所得慧眼未曾得聞如是之經世尊
若復有人得聞是經信心清淨則生實相當
知是人成就第一希有功德世尊是實相者
則是非相是故如来說名實相世尊我今得
聞如是經典信解受持不足為難若當来世
後五百歲其有衆生得聞是經信解受持是
人則為第一希有何以故此人无我相人相衆
生相壽者相所以者何我相即是非相人
相衆生相壽者相即是非相何以故離一切
諸相則名諸佛
佛告須菩提如是如是若復有人得聞是經
不驚不怖不畏當知是人甚為希有何以故
須菩提如来說第一波羅蜜非第一波羅蜜
是名第一波羅蜜
須菩提忍辱波羅蜜如来說非忍辱波羅蜜
何以故須菩提如我昔為歌利王割截身體
我於尒時无我相无人相无衆生相无壽者相
何以故我於往昔節節支解時若有我相
人相衆生相壽者相應生瞋恨須菩提又念
過去於五百世作忍辱仙人於尒所世无我相
无人相无衆生相无壽者相是故須菩提
菩薩應離一切相發阿耨多羅三藐三菩提
心不應住色生心不應住聲香味觸法生心應
生无所住心若心有住則為非住是故佛說
菩薩心不應住色布施須菩提菩薩為利

BD05902 號　金剛般若波羅蜜經　（12–3）

過去於五百世作忍辱仙人於尒所世无我相
无人相无衆生相无壽者相是故須菩提
菩薩應離一切相發阿耨多羅三藐三菩提
心不應住色生心不應住聲香味觸法生心應
生无所住心若心有住則為非住是故佛說
菩薩心不應住色布施須菩提菩薩為利
益一切衆生應如是布施如來說一切諸相
即是非相又說一切衆生則非衆
須菩提如來是真語者實語者如語者不誑
語者不異語者須菩提如來所得法此法无
實无虛
須菩提若菩薩心住於法而行布施如人入
闇則无所見若菩薩心不住法而行布施如
人有目日光明照見種種色
須菩提當來之世若有善男子善女人能於此
經受持讀誦則為如來以佛智慧悉知是人
悉見是人皆得成就无量无邊功德
須菩提若有善男子善女人初日分以恒河
沙等身布施中日分復以恒河沙等身布施
後日分亦以恒河沙等身布施如是无量百
千万億劫以身布施若復有人聞此經典信
心不逆其福勝彼何況書寫受持讀誦為人
解說
須菩提以要言之是經有不可思議不可稱
量无邊功德如來為發大乘者說為發最
上乘者說若有人能受持讀誦廣為人說如來
悉知是人悉見是人皆得成就不可量不可
稱无有邊不可思議功德如是人等則為荷

心不逆其福勝彼何況書寫受持讀誦為人
解說
須菩提以要言之是經有不可思議不可稱
量无邊功德如來為發大乘者說為發最
上乘者說若有人能受持讀誦廣為人說如來
悉知是人悉見是人皆得成就不可量不可
稱无有邊不可思議功德如是人等則為荷
擔如來阿耨多羅三藐三菩提何以故須菩
提若樂小法者著我見人見衆生見壽者見
則於此經不能聽受讀誦為人解說須菩提
在在處處若有此經一切世間天人阿脩羅
所應供養當知此處則為是塔皆應恭敬作
礼圍遶以諸華香而散其處
復次須菩提善男子善女人受持讀誦此經
若為人輕賤是人先世罪業應墮惡道以今世
人輕賤故先世罪業則為消滅當得阿耨多
羅三藐三菩提須菩提我念過去无量阿僧
祇劫於然燈佛前得值八百四千万億那由
他諸佛悉皆供養承事无空過者若復有
人於後末世能受持讀誦此經所得功德於
我所供養諸佛功德百分不及一千万億分
乃至筭數譬喻所不能及須菩提若善男子
善女人於後末世有受持讀誦此經所得功
德我若具說者或有人聞心則狂亂狐疑不
信須菩提當知是經義不可思議果報亦不
可思議
尒時須菩提白佛言世尊善男子善女人發
阿耨多羅三藐三菩提心云何應住云何降

善女人於後末世有受持讀誦此經所得功
德我若具說者或有人聞心則狂亂狐疑不
信須菩提當知是經義不可思議果報亦不
可思議
尒時須菩提白佛言世尊善男子善女人發
阿耨多羅三藐三菩提心云何應住云何降
伏其心佛告須菩提善男子善女人發阿耨
多羅三藐三菩提者當生如是心我應滅度
一切衆生滅度一切衆生已而无有一衆生實
滅度者何以故若菩薩有我相人相衆生
相壽者相則非菩薩所以者何須菩提實无
有法發阿耨多羅三藐三菩提者
須菩提於意云何如来於然燈佛所有法得
阿耨多羅三藐三菩提不不也世尊如我解佛
所說義佛於然燈佛所无有法得阿耨多
羅三藐三菩提佛言如是如是須菩提實无
有法如来得阿耨多羅三藐三菩提須菩提若
有法如来得阿耨多羅三藐三菩提者然燈
佛則不與我受記汝於来世當得作佛号釋
迦牟尼以實无有法得阿耨多羅三藐三
菩提是故然燈佛與我受記作是言汝於来世
當得作佛号釋迦牟尼何以故如来者即諸
法如義若有人言如来得阿耨多羅三藐三
菩提須菩提實无有法佛得阿耨多羅三藐
三菩提須菩提如来所得阿耨多羅三藐三
菩提於是中无實无虛是故如来說一切法
皆是佛法須菩提所言一切法者即非一切
法是故名一切法

BD05902 號　金剛般若波羅蜜經　（12-6）

法如義若有人言如来得阿耨多羅三藐三
菩提須菩提實无有法佛得阿耨多羅三藐
三菩提須菩提如来所得阿耨多羅三藐三
菩提於是中无實无虛是故如来說一切法
皆是佛法須菩提所言一切法者即非一切
法是故名一切法
須菩提譬如人身長大須菩提言世尊如来
說人身長大則為非大身是名大身
須菩提菩薩亦如是若作是言我當滅度
无量衆生則不名菩薩何以故須菩提實无
有法名為菩薩是故佛說一切法无我无人无
衆生无壽者須菩提若菩薩作是言我當莊
嚴佛土是不名菩薩何以故如来說莊嚴佛
土者即非莊嚴是名莊嚴須菩提若菩薩通
達无我法者如来說名真是菩薩
須菩提於意云何如来有肉眼不如是世尊
如来有肉眼須菩提於意云何如来有天眼
不如是世尊如来有天眼須菩提於意云何如
来有慧眼不如是世尊如来有慧眼須菩
提於意云何如来有法眼不如是世尊如来
有法眼須菩提於意云何如来有佛眼不如
是世尊如来有佛眼須菩提於意云何恒河
中所有沙佛說是沙不如是世尊如来說是沙
須菩提於意云何如一恒河中所有沙有如是沙
等恒河是諸恒河所有沙數佛世界如
是寧為多不甚多世尊佛告須菩提尒所國
土中所有衆生若干種心如来悉知何以故
如来說諸心皆為非心是名為心所以者何

BD05902 號　金剛般若波羅蜜經　（12-7）

是世尊如來有佛眼須菩提於意云何恒河
中所有沙佛說是沙不如是世尊如來說是沙
須菩提於意云何如一恒河中所有沙有如是
等恒河是諸恒河所有沙數佛世界如
是寧為多不甚多世尊佛告須菩提尒所國
土中所有衆生若干種心如來悉知何以故
如來說諸心皆為非心是名為心所以者何
須菩提過去心不可得現在心不可得未來
心不可得須菩提於意云何若有人滿三千
大千世界七寶以用布施是人以是因緣得福
多不如是世尊此人以是因緣得福甚多須
菩提若福德有實如來不說得福德多以福
德无故如來說得福德多
須菩提於意云何佛可以具足色身見不不
也世尊如來不應以具足色身見何以故如
來說具足色身即非具足色身是名具足色
身須菩提於意云何如來可以具足諸相見
不不也世尊如來不應以具足諸相見何以
故如來說諸相具足即非具足是名諸相具足
須菩提汝勿謂如來作是念我當有所說法
莫作是念何以故若人言如來有所說法即
為謗佛不能解我所說故須菩提說法者
无法可說是名說法
須菩提白佛言世尊佛得阿耨多羅三藐三
菩提為无所得耶如是如是須菩提我於阿
耨多羅三藐三菩提乃至无有少法可得是
名阿耨多羅三藐三菩提復次須菩提是法
平等无有高下是名阿耨多羅三藐三菩提

BD05902號　金剛般若波羅蜜經　（12–8）

須菩提白佛言世尊佛得阿耨多羅三藐三
菩提為无所得耶如是如是須菩提我於阿
耨多羅三藐三菩提乃至无有少法可得是
名阿耨多羅三藐三菩提復次須菩提是法
平等无有高下是名阿耨多羅三藐三菩提
以无我无人无衆生无壽者脩一切善法則得
阿耨多羅三藐三菩提須菩提所言善法者
如來說非善法是名善法
須菩提若三千大千世界中所有諸須弥山王
如是等七寶聚有人持用布施若人以此般
若波羅蜜經乃至四句偈等受持讀誦為
他人說於前福德百分不及一百千万億分乃
至筭數譬喻所不能及
須菩提於意云何汝等勿謂如來作是念我
當度衆生須菩提莫作是念何以故實无有
衆生如來度者若有衆生如來度者如來則
有我人衆生壽者須菩提如來說有我者則
非有我而凡夫之人以為有我須菩提凡夫者
如來說則非凡夫
須菩提於意云何可以卅二相觀如來不須
菩提言如是如是以卅二相觀如來佛言須
菩提若以卅二相觀如來者轉輪聖王則是
如來須菩提白佛言世尊如我解佛所說
不應以卅二相觀如來尒時世尊而說偈言
若以色見我　以音聲求我　是人行邪道　不能見如來
須菩提汝若作是念如來不以具足相故得阿
耨多羅三藐三菩提須菩提莫作是念如來

BD05902號　金剛般若波羅蜜經　（12–9）

菩提若以卅二相觀如來者轉輪聖王則是
如來須菩提白佛言世尊如我解佛所說
不應以卅二相觀如來尒時世尊而說偈言
若以色見我
以音聲求我　是人行邪道　不能見如來
須菩提汝若作是念如來不以具足相故得阿
耨多羅三藐三菩提須菩提莫作是念如來
不以具足相故得阿耨多羅三藐三菩提須
菩提汝若作是念發阿耨多羅三藐三菩
提者說諸法斷滅莫作是念何以故發阿耨
多羅三藐三菩提者於法不說斷滅相須菩
提若菩薩以滿恒河沙等世界七寶布施若
復有人知一切法无我得成於忍此菩薩勝前
菩薩所得功德須菩提以諸菩薩不受福
德故須菩提白佛言世尊云何菩薩不受福
德須菩提菩薩所作福德不應貪著是故
說不受福德
須菩提若有人言如來若來若去若坐若臥是
人不解我所說義何以故如來者无所從來
亦无所去故名如來
須菩提若善男子善女人以三千大千世界碎
為微塵於意云何是微塵衆寧為多不甚
多世尊何以故若是微塵衆實有者佛則不
說是微塵衆所以者何佛說微塵衆則非微
塵衆是名微塵衆世尊如來所說三千大千
世界則非世界是名世界何以故若世界實
有者則是一合相如來說一合相則非一合相
是名一合相須菩提一合相者則是不可說
但凡夫之人貪著其事須菩提若人言佛說

BD05902號　金剛般若波羅蜜經　（12–10）

說是微塵衆所以者何佛說微塵衆則非微
塵衆是名微塵衆世尊如來所說三千大千
世界則非世界是名世界何以故若世界實
有者則是一合相如來說一合相則非一合相
是名一合相須菩提一合相者則是不可說
但凡夫之人貪著其事須菩提若人言佛說
我見人見衆生見壽者見須菩提於意云何
是人解我所說義不世尊是人不解如來所
說義何以故世尊說我見人見衆生見壽者
見即非我見人見衆生見壽者見是名我見人
見衆生見壽者見須菩提發阿耨多羅三
藐三菩提心者於一切法應如是知如是見
如是信解不生法相須菩提所言法相者如
來說即非法相是名法相須菩提若有人以
滿无量阿僧祇世界七寶持用布施若有善
男子善女人發菩薩心者持於此經乃至四
句偈等受持讀誦為人演說其福勝彼云何
為人演說不取於相如如不動何以故
一切有為法　如夢幻泡影　如露亦如電　應作如是觀
佛說是經已長老須菩提及諸比丘比丘尼
優婆塞優婆夷一切世間天人阿脩羅聞佛
所說皆大歡喜信受奉持

金剛般若波羅蜜經

BD05902號　金剛般若波羅蜜經　（12–11）

如是信解不生法相須菩提所言法相者如
來說即非法相是名法相須菩提若有人以
滿无量阿僧祇世界七寶持用布施若有善
男子善女人發菩薩心者持於此經乃至四
句偈等受持讀誦為人演說其福勝彼云何
為人演說不取於相如如不動何以故
一切有為法　如夢幻泡影　如露亦如電　應作如是觀
佛說是經已長老須菩提及諸比丘比丘尼
優婆塞優婆夷一切世間天人阿脩羅聞佛
所說皆大歡喜信受奉持

金剛般若波羅蜜經

BD05902號　金剛般若波羅蜜經　（12–12）

南[illegible]
南无善寂妙佛　南无善寂行佛
南无善寂去佛　南无善寂彼岸佛
南无善寂勇猛佛　南无住勝佛
南无善寂淨心佛　南无衆上首自在王佛
南无育衆佛　南无衆自在佛
南无衆勝佛　南无清淨聲佛
南无大衆自在佛　南无衆勇猛佛
南无放妙香佛　南无法示佛
南无法難勝佛　南无法行佛
南无法寶佛　南无法力佛
南无法佛　南无善法佛
南无法勇猛佛　南无法樂決定佛
南无寶法決定一劫中八十億同名佛
第二劫中八十億亦同名決定佛
過決定佛　名勝成就佛　亦應一心敬礼
南无安隱佛　南无拘隣佛

BD05903號　佛名經（十六卷本）卷一〇　（14–1）

南无法勇猛佛　南无法樂決定佛
南无寶法決定一劫中八十億同名佛
第二劫中八十億亦同名決定佛
過決定佛　名勝威勳佛　亦應一心敬礼
南无安隱佛　南无拘隣佛
南无善歡喜佛　南无善眼佛
南无頭陁羅吒佛　南无毗留博叉佛
南无善眼佛　南无妙眼佛
南无善見佛　南无善觧佛
南无釋迦牟尼佛　南无妙去佛
南无勝佛　南无旃檀佛
南无慶佛　南无滅惡佛
南无大功德佛　南无摩梨支佛
南无光明佛　南无滿月佛
南无淨台佛　南无淨德佛
南无淨住佛　南无喜勝佛
南无月幢佛　南无寶起佛
南无畏佛　南无然燈佛
南无妙法佛　南无高頂佛
南无稱妙佛　南无次勝釋迦牟尼佛
從此以上七千九百佛十二部經一切賢聖
南无吉沙佛　南无弗沙佛
南无比婆口佛　南无口棄佛

南无妙法佛　南无高頂佛
南无稱妙佛　南无次勝釋迦牟尼佛
從此以上七千九百佛十二部經一切賢聖
南无吉沙佛　南无弗沙佛
南无毗婆尸佛　南无尸棄佛
南无毗舍浮佛　南无拘留孫佛
南无拘那含佛　南无迦葉佛
佛復告舍利弗現東方可樂世中名阿
閦佛應當一心敬礼
南无日藏佛　南无龍自在王佛
南无日作佛　南无龍歡喜佛
南无自在佛　南无稱光明佛
南无城佛　南无普次佛
南无普寶佛　南无稱自在王佛
南无行法行佛　南无初智慧佛
南无智山佛　南无因光明佛
南无生勝佛　南无弥留藏佛
南无智海佛　南无大精進佛
南无高山勝佛　南无功德藏佛
南无智法界佛　南无无畏自在佛
南无大精進成勳佛　南无智成勳佛
南无无导王佛　南无地力精進佛
南无侍佛　南无力王佛

南无高山勝佛　南无功德藏佛
南无智法界佛　南无无畏自在佛
南无大精進成就佛　南无智成就佛
南无无㝵王佛　南无地力精進佛
南无持佛　南无力王佛
南无善見佛　南无法光明王佛
南无降伏魔佛　南无不斷失佛
南无功德山佛　南无智齊佛
南无无障力王佛　南无善思惟佛
南无師子歡喜佛　南无求光明佛
南无快勝王佛　南无盡智藏佛
南无寶面勝佛　南无智波婆佛
南无決定稱佛　南无无邊觀王佛
南无法華雨佛　南无作光明佛
南无高山王佛　南无成就法輪王佛
南无无垢眼佛　南无大名聲德佛
南无无㝵智力王佛　南无无㝵安隱佛
南无寂門佛　南无福德力精進佛
南无智衣王佛　南无法自在王佛
南无无妨安隱佛　南无智成就佛
南无大力彌留藏佛　南无觀功德精進佛
南无得无障不退佛　南无香光明佛
南无功德聚進王佛　南无法去齊底佛

南无智衣王佛　南无法自在王佛
南无无妨安隱佛　南无智成就佛
南无大力彌留藏佛　南无觀功德精進佛
南无得无障不退佛　南无香光明佛
南无功德聚進王佛　南无法齊底佛
南无聲自在王佛　南无讚聲佛
南无種種力精進王佛　南无寶光明勝王佛
南无過一切消彌山王佛　南无寶彌留佛
南无不動佛　南无堅固蓋王佛
南无香功德佛　南无法波羅彌留佛
南无聚集智聲佛　南无智炎華月王佛
南无龍王自在王佛　南无優曇宋華王佛
南无真金色王佛　南无增長法幢王佛
南无旃檀波羅光佛　南无住法功德稱佛
南无堅固意精進佛　南无然塵燈佛
南无精進步佛　南无无邊堅固幢佛
南无寂法稱佛　南无法王佛
南无降伏大衆佛　南无有光炎華高王佛
南无智勝照佛　南无手威德然燈佛
從此以上八千佛十二部經一切賢聖
南无无諍无畏佛　南无智化聲佛
南无二輪成就佛　南无妙身蓋佛

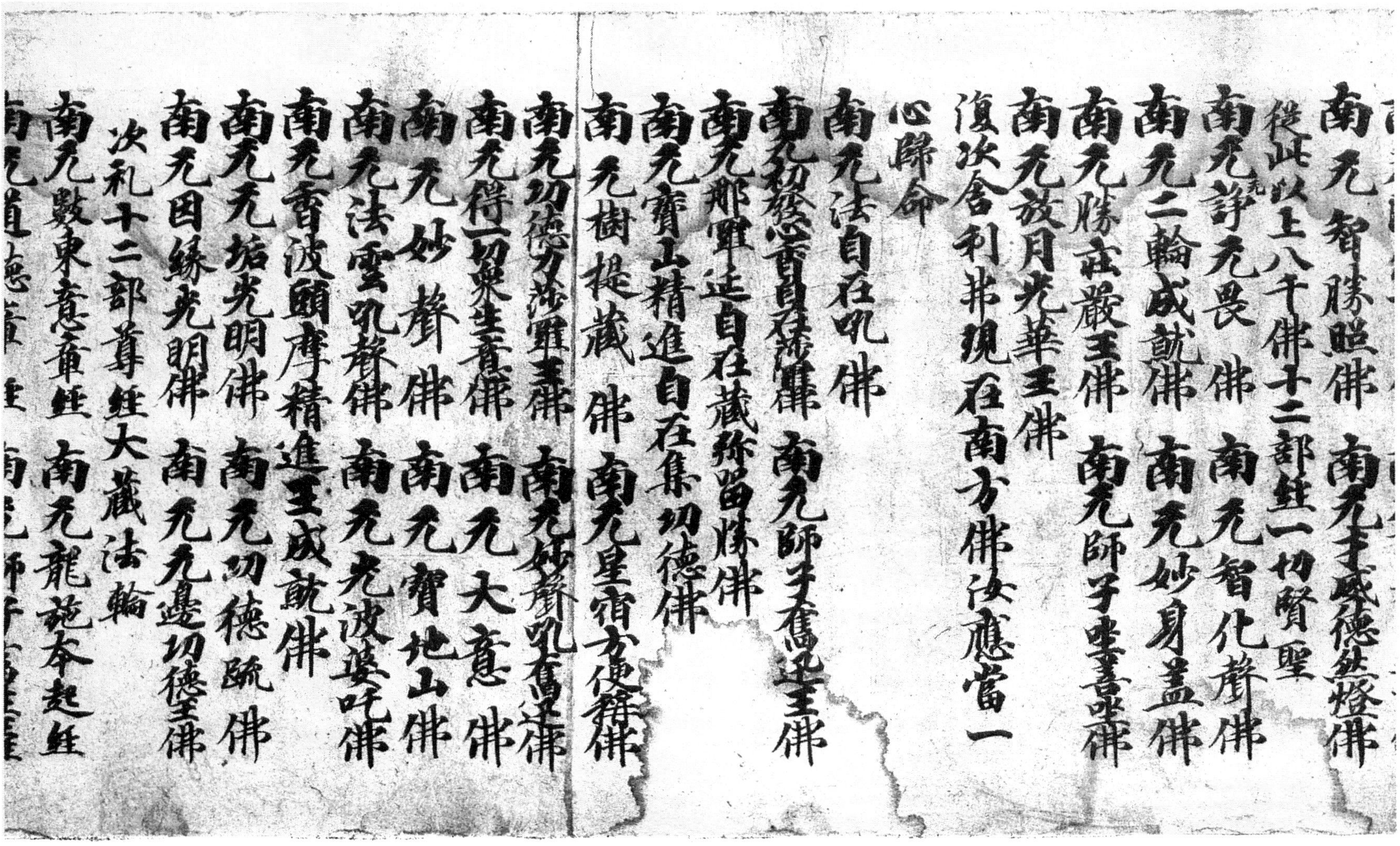
南无智勝照佛　南无大威德然燈佛
從此以上八千佛十二部經一切賢聖
南无靜无畏佛　南无智化聲佛
南无二輪成就佛　南无妙身盡佛
南无勝莊嚴王佛　南无師子坐善坐佛
南无放月光華王佛
復次舍利弗現在南方佛汝應當一
心歸命
南无法自在吼佛
南无初發心香自在稱王佛　南无師子奮迅王佛
南无那羅延自在藏稱留勝佛
南无寶山精進自在集功德佛
南无樹提藏佛　南无星宿方便稱佛
南无功德方海羅王佛　南无妙聲吼奮迅佛
南无得一切衆生喜佛　南无大意佛
南无妙聲佛　南无寶地山佛
南无法雲吼聲佛　南无光波婆吒佛
南无香波頭摩精進王成就佛
南无无垢光明佛　南无功德疏佛
南无因緣光明佛　南无无邊功德王佛
次礼十二部尊經大藏法輪
南无數東意童經　南无龍施本起經
南无道德童經　南无師子

BD05903號　佛名經（十六卷本）卷一〇　（14-6）

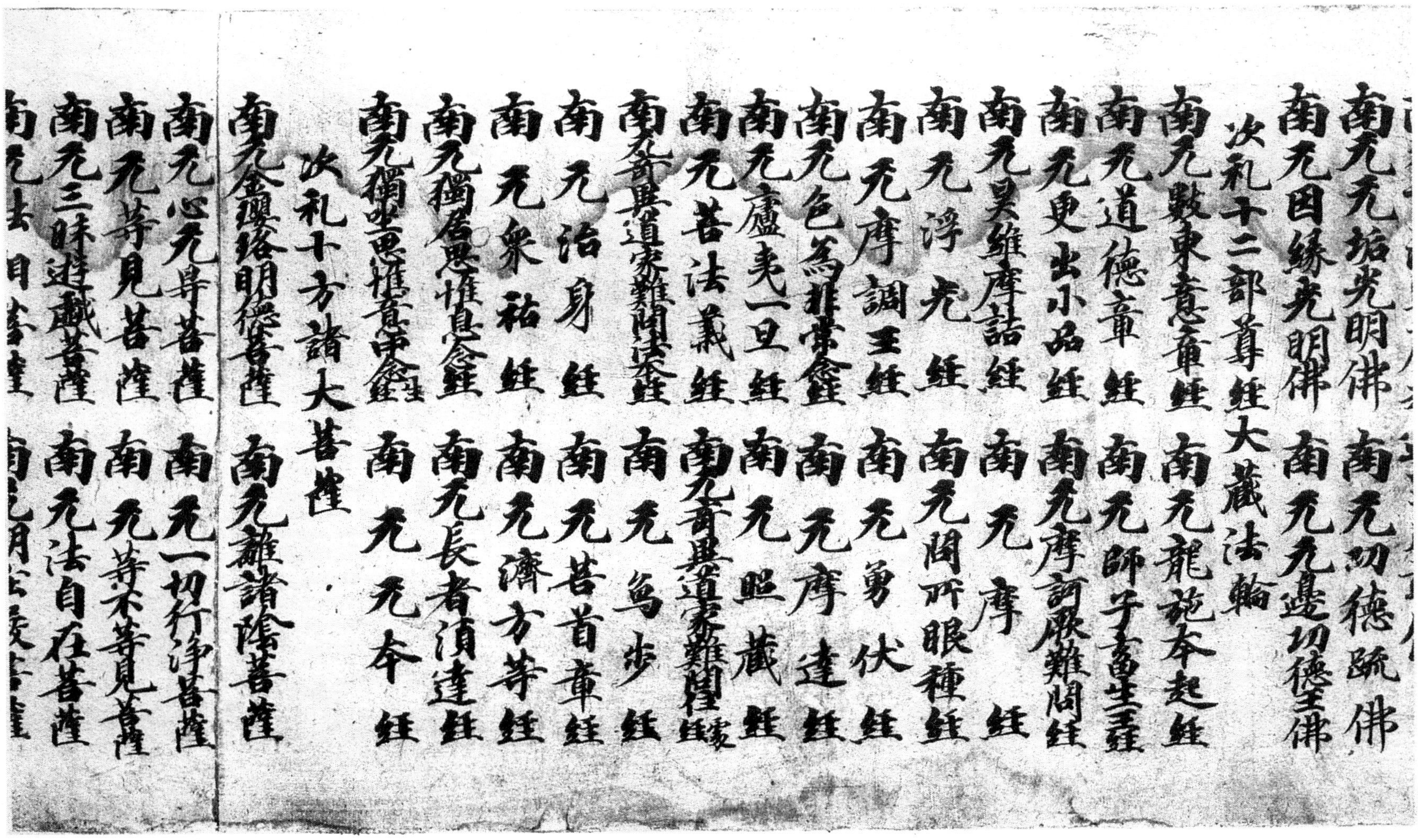
南无无垢光明佛　南无功德疏佛
南无因緣光明佛　南无无邊功德王佛
次礼十二部尊經大藏法輪
南无數東意童經　南无龍施本起經
南无道德章經　南无師子畜生王經
南无更出小品經　南无摩訶厭難問經
南无吳維摩詰經　南无摩　經
南无浮光經　南无閣所眼種經
南无摩調王經　南无勇伏經
南无色爲非常念經　南无摩達經
南无盧夷亘經　南无照藏經
南无菩法義經　南无齊異道家難問經
南无齊異道家難問法念經　南无烏步經
南无治身經　南无菩首童經
南无衆祐經　南无濟方等經
南无獨居思惟自念經　南无長者須達經
南无獨坐思惟意中念經　南无无本經
次礼十方諸大菩薩
南无金瓔珞明德菩薩　南无離諸陰菩薩
南无心无尋菩薩　南无一切行淨菩薩
南无等見菩薩　南无等不等見菩薩
南无三昧遊戲菩薩　南无法自在菩薩
南无法自在菩薩　南无月光菩薩

BD05903號　佛名經（十六卷本）卷一〇　（14-7）

南无金瓔珞明德菩薩 南无離諸陰菩薩
南无心无㝵菩薩 南无一切行淨菩薩
南无等見菩薩 南无等不等見菩薩
南无三昧遊戲菩薩 南无法自在菩薩
南无法相菩薩 南无明莊嚴菩薩
南无大莊嚴菩薩 南无寶頂菩薩
南无寶印首菩薩 南无常舉手菩薩
南无常下手菩薩 南无常慘菩薩
南无常喜菩薩 南无喜王菩薩
南无得辯才音聲菩薩 南无虛空雷音菩薩
南无持寶炬菩薩 南无勇德菩薩
南无帝網菩薩 南无馬光菩薩
南无空无㝵菩薩 南无寶勝菩薩
南无天王菩薩 南无破魔菩薩
南无雷得菩薩 南无自在菩薩
次礼聲聞緣覺一切賢聖
南无阿利多辟支佛 南无婆利多辟支佛
南无多伽樓辟支佛 南无稱辟支佛
南无見辟支佛 南无愛見辟支佛
南无見辟支佛 南无軋陁羅辟支佛
南无无妻辟支佛 南无黎沙婆辟支佛
歸命如是等无量无邊辟支佛
礼三寶已次復懺悔

南无見辟支佛 南无軋陁羅辟支佛
南无无妻辟支佛 南无黎沙婆辟支佛
歸命如是等无量无邊辟支佛
礼三寶已次復懺悔
次懺劫盜之業經中說言若物屬他他
所守護於此物中一草一葉不與不取
何况盜竊但自衆生唯見現在利故以
種種不道而取致使未來受此殃累是
故經言劫盜之罪能令衆生墮於地獄
餓鬼受苦若在畜生則受牛馬驢騾駱
駞等形以其所有身力血肉償他宿債若
生人中為他奴婢衣不蔽形食不充命
貧窮困苦人理殆盡劫盜既有如是苦
報是故弟子今日至到稽首歸依於佛
南无東方壞諸煩惱佛 南无南方妙音自在佛
南无西方大雲光佛 南无北方雲自在王佛
從此以上八千一百佛十二部經一切賢聖
南无東南方无緣莊嚴佛
南无西南方過諸魔界佛
南无西北方見无怨懼佛
南无東北方一切德嚴佛
南无下方妙善住王佛 南无上方蓮華藏光佛
如是十方盡虛空界一切三寶

南无西南方過諸魔界佛
南无西北方見无怨懼佛
南无東北方一切德嚴佛
南无下方妙善住王佛　南无上方蓮華藏嚴佛
如是十方盡虛空界一切三寶
弟子等自從无始以來至於今日或盜
他財寶興刃強奪或自恃身逼迫而
取或恃公威或假勢力高拆大械枉抑良
善吞納姦貨考直爲曲爲此因緣身罹
憲網或任邪治或領他財物侵公益私侵
私益公損彼利此損此利彼割他自饒口
與心恡或竊沒租估偷度關稅匿公課
輸藏隱使役如是等罪今悉懺悔或是
佛法僧物不與而取或經像物或治葺
塔寺或供養常住僧物或擬招提僧物
或盜取用恃勢不還或自借或貸与
人或復換貸漏忘或三寶物混亂雜用或以
衆物穀米樵薪鹽豉醬酢菜茹果實錢
帛竹木繒綵幡蓋香花油燭隨情逐意
或自用或與人或摘佛花菓用僧鬘物因三
寶財私自利已如是等罪无量无邊今日
慚愧皆悉懺悔
又復无始以來至於今日或作周旋朋友

BD05903號　佛名經（十六卷本）卷一〇　（14–10）

帛竹木繒綵幡蓋香花油燭隨情逐意
或自用或與人或摘佛花菓用僧鬘物因三
寶財私自利已如是等罪无量无邊今日
慚愧皆悉懺悔
又復无始以來至於今日或作周旋朋友
師僧同學父母兄弟六親眷屬共住同
止百一所須更相欺罔或於鄉隣比近移離
拓墻侵他田宅改標易相虜略田園因公
託私奪人邸店及以屯野如是等罪今
悉懺悔
又復无始以來或攻城破邑燒村壞柵偷
賣良民誘他奴婢或復枉抑无罪之人
使其形骸血肉身被徒鏁家業破散骨
肉生離分張異域生死隔絕如是等罪无
量无邊今悉懺悔
又復无始以來至於今日或商估博貨邸
店市易輕秤小斗減割尺寸盜竊分銖
欺罔圭合以麤易好以短換長巧欺百端
希望毫利如是等罪今悉懺悔
又復无始以來至於今日穿踰墻壁斷
道抄掠抵捍債息負情違要面欺心口
或非道陵奪鬼神禽獸四生之物或假託
卜相取人財寶如是乃至以利求利惡求

BD05903號　佛名經（十六卷本）卷一〇　（14–11）

无復无始以來至於今日穿踰墻壁斷
道抄掠抂拇債息負情違要面欺心口
或非道陵奪鬼神禽獸四生之物或假託
卜相取人財寶如是乃至以利求利悪求
多求无猒无足如是等罪无量无邊不
可說盡今日至到向十方佛尊法聖衆
皆悉懺悔
願弟子等承是懺悔劫盜等罪所生功
德生生世世得如意寶常雨七珎上妙衣
服百味甘露種種湯藥隨意所須應念
即至一切衆生无劫奪意一切皆能少欲
知足不耽不染常樂惠施行急濟道頭
目髓腦捨身如棄洟唾迴向滿足檀波
羅蜜 禮一拜
南无增長眼佛 南无師子聲奮迅佛
南无天力師子奮迅佛 南无觀法佛
南无法華通佛 南无歡法清淨佛
南无堅精進行奮迅佛 南无自精進佛
南无弥留光佛 南无功德阿尼羅佛
南无淨根佛 南无嘆智佛
南无智慧作佛 南无不破廣慧佛
南无力慧佛 南无憂頭鉢佛
南无法堅固歡喜佛 南无堅固意自在佛

BD05903號 佛名經（十六卷本）卷一〇 （14–12）

南无弥留光佛 南无功德阿尼羅佛
南无淨根佛 南无嘆智佛
南无智慧作佛 南无不破廣慧佛
南无力慧佛 南无憂頭鉢佛
南无法堅固歡喜佛 南无堅固意自在佛
南无千善須弥山面佛 南无發捨成就佛
南无清淨藏佛 南无一切衆生自在佛
南无勝業清淨目佛 南无无障无著精進佛
南无善伏奮迅佛 南无智自在佛
南无世間自在佛 南无廣法行佛
南无功德成就佛 南无不怯弱成就佛
南无城如意通佛 南无如觀法佛
南无旃檀鷄佛 南无歡重成王佛
南无寶名佛 南无龍王自在聲佛
南无大智莊嚴佛 南无孤獨功德佛
南无阿羅摩佛 南无不滅莊嚴佛
南无淨功德莊嚴佛 南无自在相好莊嚴佛
南无行自在王佛 南无法華弥留佛
南无法性莊嚴佛 南无願滿足佛
南无大捨莊嚴佛 南无千法无畏佛
南无有自在成就佛 南无樂法奮迅佛
南无家王佛 南无解脫王佛
南无肩弥留佛 南无如意力電王佛

BD05903號 佛名經（十六卷本）卷一〇 （14–13）

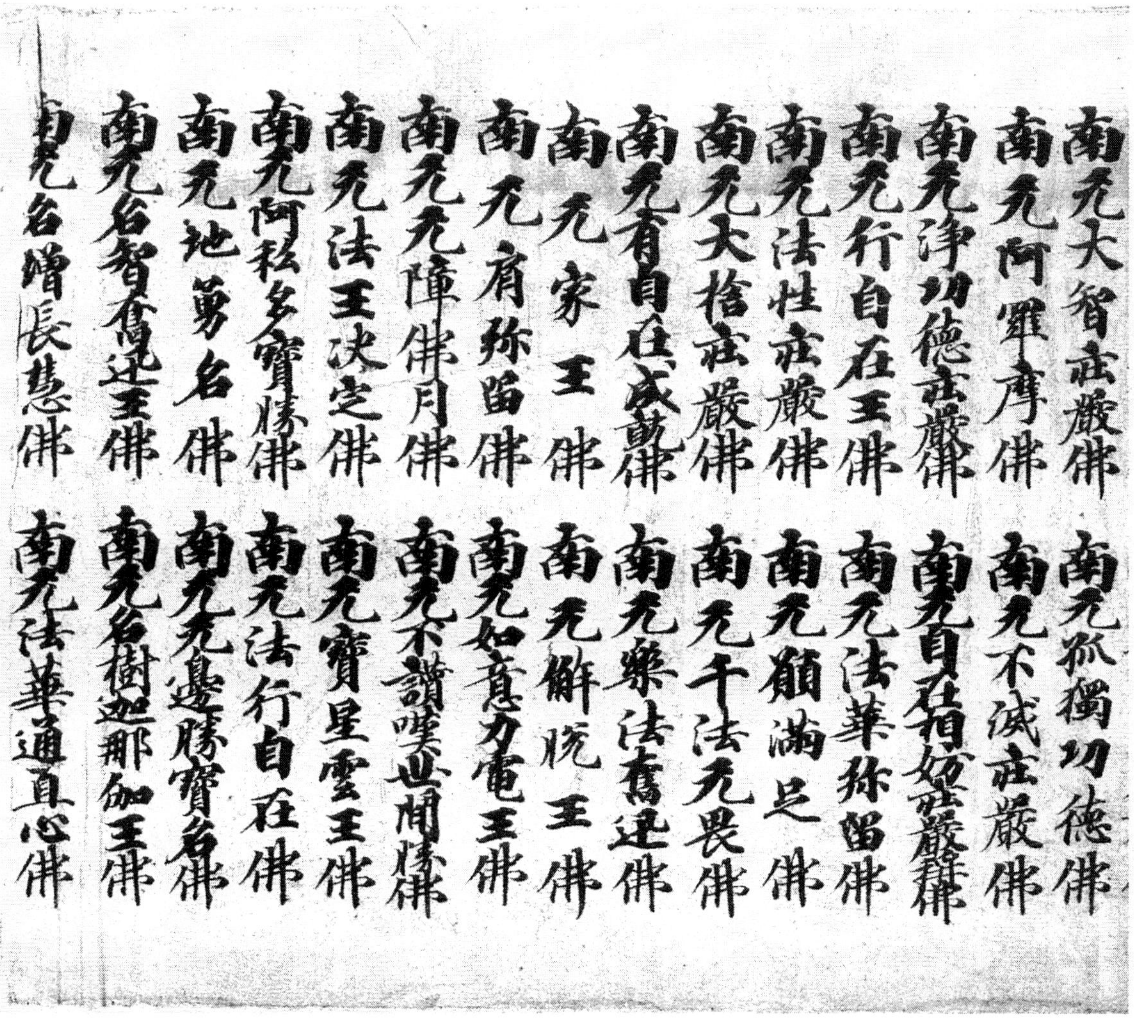

南无大智莊嚴佛 南无孤獨功德佛
南无阿羅摩佛 南无不減莊嚴佛
南无淨功德莊嚴佛 南无自在相好莊嚴佛
南无行自在王佛 南无法華弥留佛
南无法性莊嚴佛 南无願滿足佛
南无大捨莊嚴佛 南无千法无畏佛
南无有自在威德佛 南无樂法奮迅佛
南无家王佛 南无解脫王佛
南无府弥留佛 南无如意力電王佛
南无无障佛月佛 南无不讚嘆世間勝佛
南无法王決定佛 南无寶星雲王佛
南无阿私多寶勝佛 南无法行自在佛
南无地勇名佛 南无无邊勝寶名佛
南无名智奮迅王佛 南无名樹迦那伽王佛
南无名增長慧佛 南无法華通直心佛

BD05903 號　佛名經（十六卷本）卷一〇　（14–14）

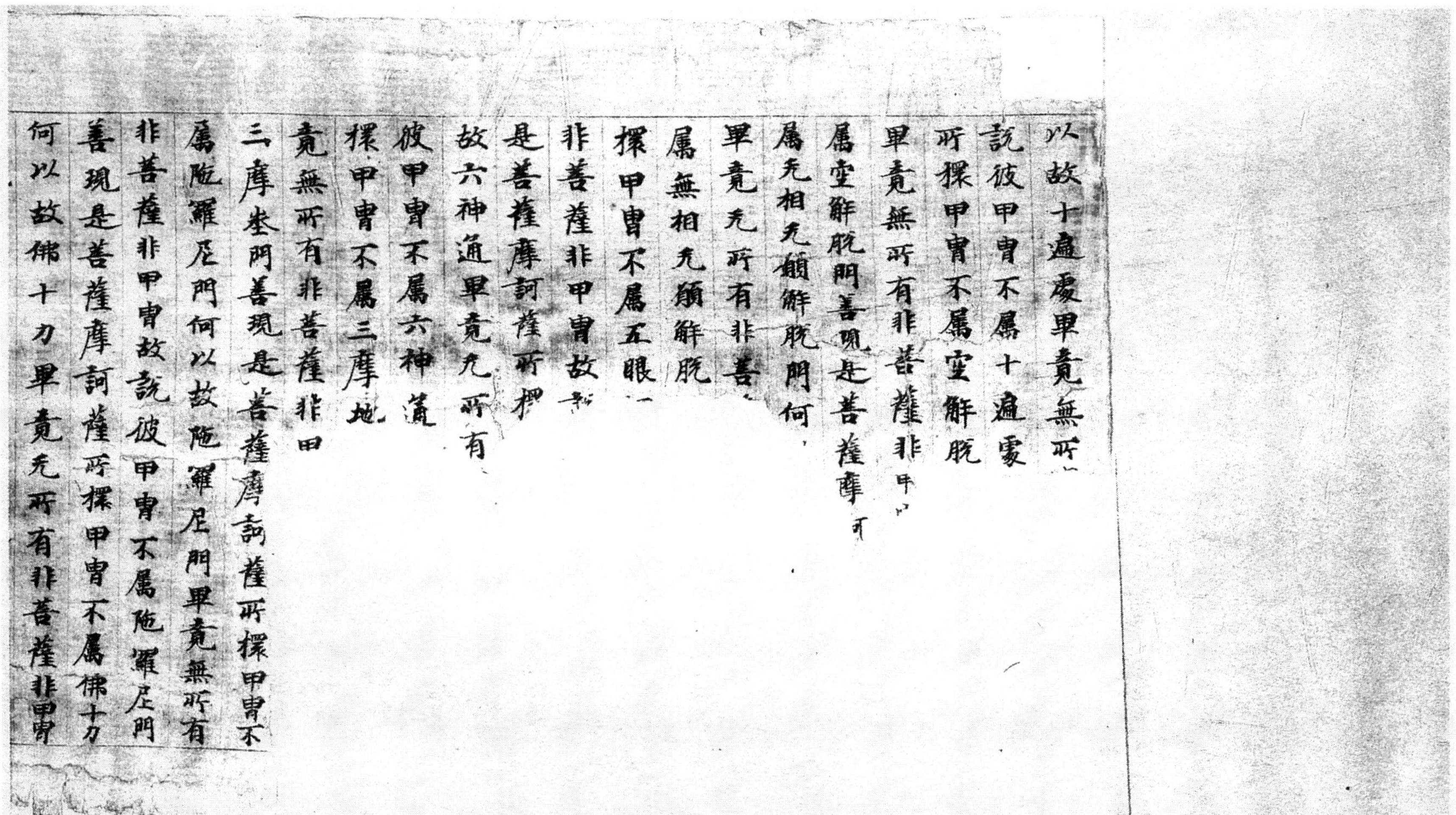

以故十遍處畢竟無所
說彼甲冑不屬十遍處
所擐甲冑不屬空解脫
畢竟無所有非菩薩非甲
屬空解脫門善現是菩薩摩
屬无相无願解脫門何
畢竟无所有非菩
屬無相无願解脫
擐甲冑不屬五眼一
非菩薩非甲冑故
是菩薩摩訶薩所擐
故六神通畢竟无所有
彼甲冑不屬六神通
擐甲冑不屬三摩地
竟無所有非菩薩非甲
三摩地門善現是菩薩摩訶薩所擐甲冑不
屬陀羅尼門何以故陀羅尼門畢竟無所有
非菩薩非甲冑故說彼甲冑不屬陀羅尼門
善現是菩薩摩訶薩所擐甲冑不屬佛十力
何以故佛十力畢竟无所有非菩薩非甲冑

BD05904 號　大般若波羅蜜多經卷三一七　（5–1）

擐甲冑不屬三摩地
竟無所有非菩薩非甲
三摩地門善現是菩薩摩訶薩所擐甲冑不
屬陁羅尼門何以故陁羅尼門畢竟無所有
非菩薩非甲冑故說彼甲冑不屬陁羅尼門
善現是菩薩摩訶薩所擐甲冑不屬佛十力
何以故佛十力畢竟无所有非菩薩非甲冑
故說彼甲冑不屬佛十力是菩薩摩訶薩
所擐甲冑不屬四無所畏四無礙解大慈大悲
大喜大捨十八佛不共法何以故四無所畏
乃至十八佛不共法畢竟無所有非菩薩非
甲冑故說彼甲冑不屬四無所畏乃至十八
佛不共法善現是菩薩摩訶薩所擐甲冑不
屬預流果何以故預流果畢竟無所有非菩
薩非甲冑故說彼甲冑不屬預流果是菩薩
摩訶薩所擐甲冑不屬一來不還阿羅
何以故一來不還阿羅漢果畢竟無所
菩薩非甲冑故說彼甲冑不屬一來不還
羅漢果善現是菩薩摩訶薩所擐甲冑
獨覺菩提何以故獨覺菩提畢竟無所
菩薩非甲冑故說彼甲冑不屬獨覺菩提善
現是菩薩摩訶薩所擐甲冑不屬一切智何
以故一切智畢竟无所有非菩薩非甲冑故
說彼甲冑不屬一切智是菩薩摩訶薩所擐
甲冑不屬道相智一切相智何以故道相智
一切相智畢竟无所有非菩薩非甲冑故說
彼甲冑不屬道相智一切相智善現是菩薩

BD05904 號　大般若波羅蜜多經卷三一七　（5–2）

現是菩薩摩訶薩所擐甲冑不屬一切智何
以故一切智畢竟无所有非菩薩非甲冑故
說彼甲冑不屬一切智是菩薩摩訶薩所擐
甲冑不屬道相智一切相智何以故道相智
一切相智畢竟无所有非菩薩非甲冑故說
彼甲冑不屬道相智一切相智善現是菩薩
摩訶薩所擐甲冑不屬一切法何以故一切
法畢竟无所有非菩薩非甲冑故說彼甲冑
不屬一切法善現是菩薩摩訶薩行深般若
波羅蜜多能擐如是堅固甲冑謂我當度一
切有情皆令證得究竟涅槃具壽善現白佛
言世尊若菩薩摩訶薩能擐如是堅固甲冑
謂我當度一切有情皆令證得般涅槃者不
墮聲聞獨覺二地世尊若菩薩摩訶薩能
擐如是堅固甲冑謂我當度一切有情皆令
證得般涅槃者是菩薩摩訶薩无處无容當
墮二地謂聲聞地及獨覺地所以者何世尊是
菩薩摩訶薩不於有情安立分限而擐如是
堅固甲冑佛言善現汝觀何義而作是說若
菩薩摩訶薩能擐如是堅固甲冑行深般若
波羅蜜多不墮聲聞獨覺二地善現答言世
尊由是菩薩摩訶薩非為度脫少分有情而
擐甲冑亦非為求少分智故而擐甲冑所以者
何世尊是菩薩摩訶薩普為救拔一切有
情令般涅槃而擐甲冑是菩薩摩訶薩但為
求得一切智智而擐甲冑由此因緣不墮聲
聞及獨覺地佛言善現如是如是如汝所說

BD05904 號　大般若波羅蜜多經卷三一七　（5–3）

波羅蜜多不墮聲聞獨覺二地善現答言世
尊由是菩薩摩訶薩非為度脫少分有情而
擐甲冑亦非為求少分智故而擐甲冑所以者
何世尊是菩薩摩訶薩普為救拔一切有
情令般涅槃而擐甲冑由此因緣不墮聲
聞及獨覺地佛言善現如是如是如汝所說
是菩薩摩訶薩非為度脫少分有情而擐甲
冑亦非為求少分智故而擐甲冑是菩薩摩
訶薩然為救拔一切有情令般涅槃而擐甲
冑是菩薩摩訶薩但為求得一切智智而擐
甲冑由此因緣是菩薩摩訶薩不墮聲聞及
獨覺地
尒時具壽善現白佛言世尊如是般若波羅
蜜多最為甚深無能修者無所修法亦無修
處亦无由此而得修習所以者何世尊非此
般若波羅蜜多甚深義中而有少分實法可
得名能修者及所修法若修習處若由此修
世尊若修虛空是修般若波羅蜜多世尊若
修一切法是修般若波羅蜜多世尊若修不
實法是修般若波羅蜜多世尊若修無所有
是修般若波羅蜜多世尊若修無攝受是修
般若波羅蜜多世尊若修除遣是修般若波
羅蜜多佛言善現修何除遣為修般若波羅
蜜多善現答言世尊修除遣色是修般若波
羅蜜多修除遣受想行識是修般若波羅蜜

BD05904號　大般若波羅蜜多經卷三一七　（5–4）

獨覺地
尒時具壽善現白佛言世尊如是般若波羅
蜜多最為甚深無能修者無所修法亦無修
處亦无由此而得修習所以者何世尊非此
般若波羅蜜多甚深義中而有少分實法可
得名能修者及所修法若修習處若由此修
世尊若修虛空是修般若波羅蜜多世尊若
修一切法是修般若波羅蜜多世尊若修不
實法是修般若波羅蜜多世尊若修無所有
是修般若波羅蜜多世尊若修無攝受是修
般若波羅蜜多世尊若修除遣是修般若波
羅蜜多佛言善現修何除遣為修般若波羅
蜜多善現答言世尊修除遣色是修般若波
羅蜜多修除遣受想行識是修般若波羅蜜
多世尊修除遣眼處是修般若波羅蜜多修
除遣耳鼻舌身意處是修般若波羅蜜多世

BD05904號　大般若波羅蜜多經卷三一七　（5–5）

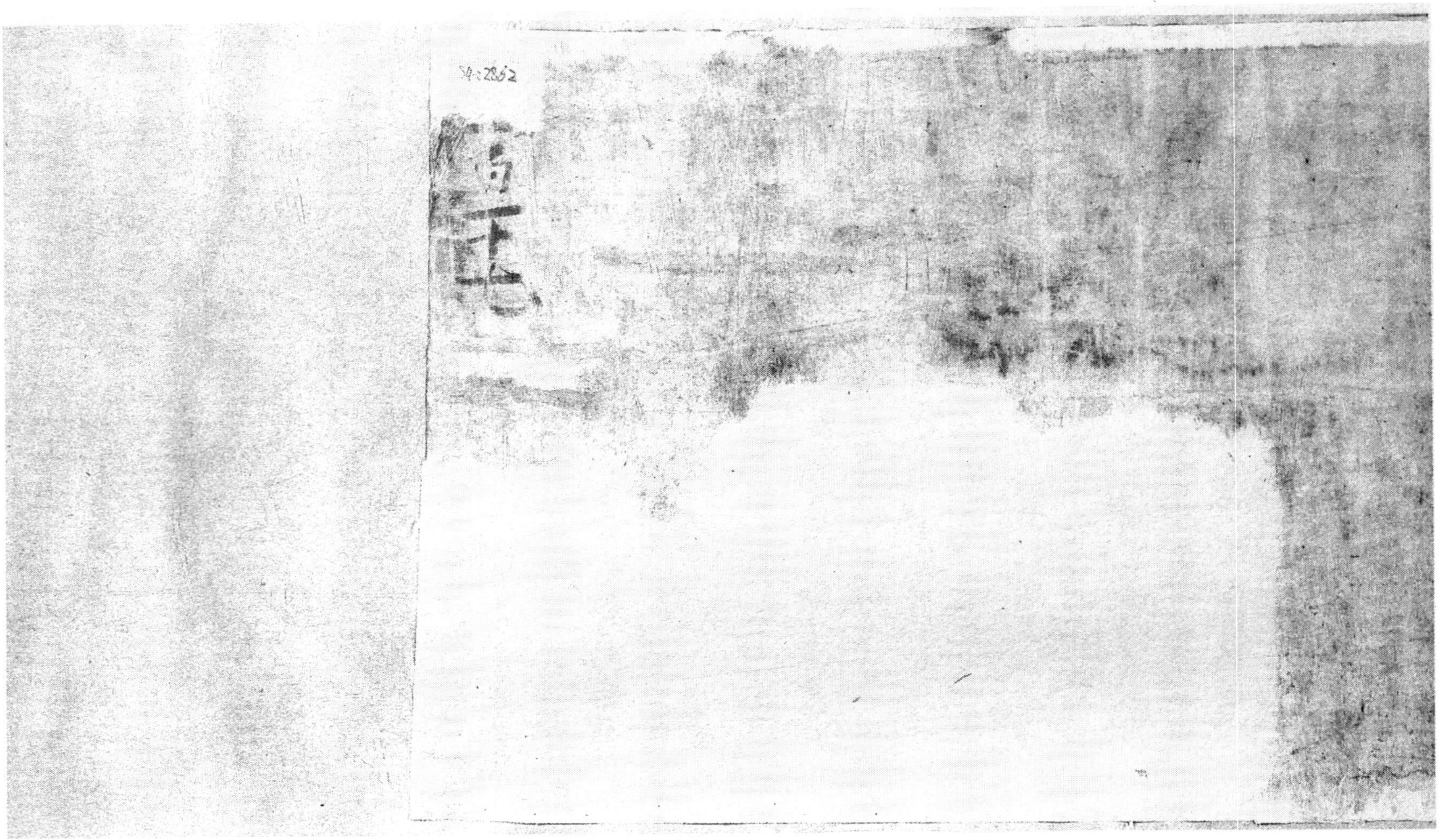

BD05904 號背　勘記　（1–1）

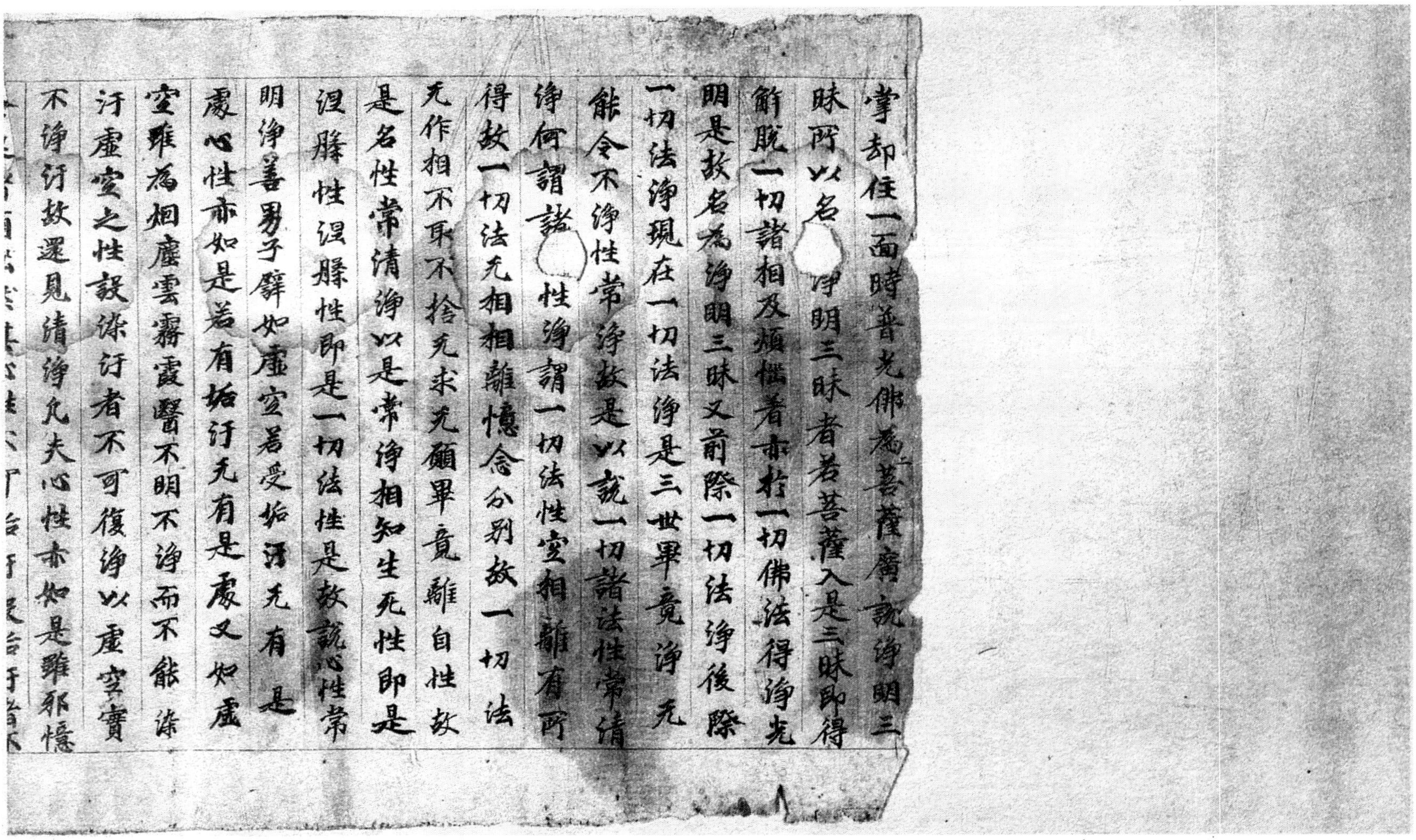

掌劫住一面時普光佛為菩薩廣說淨明三
昧所以名　淨明三昧者若菩薩入是三昧即得
解脫一切諸相及煩惱者亦於一切佛法得淨光
明是故名為淨明三昧又前際一切法淨後際
一切法淨現在一切法淨是三世畢竟淨无
能令不淨性常淨故是以說一切諸法性常清
淨何謂諸　性淨謂一切法性空相離有所
得故一切法无相相離憶念分別故一切法
无作相不取不捨无求无願畢竟離自性故
是名性常清淨以是常淨相知生死性即是
涅槃性涅槃性即是一切法性是故說心性常
明淨善男子譬如虛空若受垢污无有是
處心性亦如是若有垢污无有是處又如虛
空雖為烟塵雲霧霞翳不明不淨而不能染
污虛空之性設染污者不可復淨以虛空實
不淨污故還見清淨凡夫心性亦如是雖邪憶

BD05905 號　思益梵天所問經（異卷）卷三　（10–1）

明淨善男子譬如虛空若受垢汙无有是
處心性亦如是若有垢汙无有是處又如虛
空雖爲烟塵雲霧霞翳不明不淨而不能染
汙虛空之性設染汙者不可復淨以虛空實
不淨汙故還見清淨凡夫心性亦如是雖邪憶
念起諸煩惱然其心性不可垢汙設垢汙者不
可復淨以心相實不垢汙性常明是故心得
解脫善男子是名入淨明三昧門彼二菩薩聞
是三昧於諸法中得不可思議法光明尒時
无盡意菩薩白普光如來言世尊我等已聞
入明三昧門當以何行行此法門佛告无盡意
善男子汝等當行二行若說法若聖嘿然時
二菩薩從佛受教頭面礼佛足右繞三迊而不趣
一國林自以神力化作寶樓於中脩行時有梵
天名曰妙光與七万二千梵俱來至其所頭面
礼足問二菩薩善男子普光如來說言汝等
比丘集會當行二事若說法若聖嘿然善男
子何謂說法何謂聖嘿然二菩薩言汝今善
聽我當少說唯有如來乃通達耳於是二
菩薩以二句義爲諸梵衆廣分別說時七万
二千梵皆得无生法忍妙光梵天得普明三昧
是二菩薩於七万六千歲以无礙辯才荅其所
問不懈不息分別二句牙相問荅而不窮盡
於是普光如來在虛空中作如是言善男子
勿於文字言說而起諍訟凡諸言說皆空如

二千梵皆得无生法忍妙光梵天得普明三昧
是二菩薩於七万六千歲以无礙辯才荅其所
問不懈不息分別二句牙相問荅而不窮盡
於是普光如來在虛空中作如是言善男子
勿於文字言說而起諍訟凡諸言說皆空如
嚮如所問荅亦如是汝等二人皆得无导辯
才及无盡陁羅尼若於一劫若百劫說此
二句辯不可盡善男子佛法是寂滅相苐一
之義此中无有文字不可得說諸所言說皆
无義利是故汝等當隨此義勿隨文字是二
菩薩聞佛教已嘿然而止佛告等行以是
當知菩薩若以辯才說法於百千万劫若過
百千万劫不可窮盡又告等行於汝意云
何彼二菩薩豈異人乎勿造斯觀无盡意者
今文殊師利是益意菩薩者今汝身是妙
光梵天者今思益梵天是
尒時等行菩薩白佛言未曾有也世尊諸
佛菩提爲大饒益如所說行精進衆生世尊
其懈怠不能如說行者雖直百千万諸佛无
能爲也當知從勤精進得出菩提尒時文殊
師利謂等行菩薩善男子汝知菩薩云何行
名勤精進荅言若菩薩能得聖道名勤精
進又問云何行能得聖道荅言若於諸法无所
分別如是行者能得聖道又問云何名得聖道
已荅言若行者於平等中見諸法等是名得

師利謂等行菩薩善男子汝知菩薩云何行
名勤精進答言若菩薩能得聖道名　勤精
進又問云何行能得聖道答言若於諸法无所
分別如是行者能得聖道又問云何名得聖道
已答言若行者於平等中見諸法等是名得
聖道已又問平等可得見耶答言不也所以者
何若平等可見則非平等思益梵天謂文殊
師利若行者於平等中不見諸法是名得聖
道已文殊師利言何故不見思益言離二相故不
見不見即是正見又問誰能正見世間答言不
壞世間相者又問云何為不壞世間相答言色
如无別無異受想行識如无別无異若行者見
五陰平等如相是名正見世間又問何等是世
間相答言滅盡是世間相又問滅盡相可復盡
耶答言滅盡相者不可盡也又問何故說言
世間是盡相答言世間畢竟盡相是相不
可盡所以者何已盡者不可復盡也又問
佛不說一切有為法是盡相耶答言世間是
盡相終不可盡是故佛說一切有為法是盡
相又問何故數名有為法答言以盡相故名有
為法又問有為法者為住何所答言无為性
中住又問有為法无為法有何差別答言有
為法无為法文字言說有差別耳所以者何
以文字言說是有為言是无為若求有
為无為實相則无差別以實相无差別故又

BD05905號　思益梵天所問經（異卷）卷三　（10–4）

為法又問有為法者為住何所答言无為性
中住又問有為法无為法有何差別答言有
為法无為法文字言說有差別耳所以者何
以文字言說是有為言是无為若求有
為无為實相則无差別以實相无差別故又
問何等是諸法實相義答言一切法平等无
有差別是諸法實相義又問何等為義答
言以文字說令人得解故名為義所以者何實
相義者不如文字所說諸佛雖以文字有所言
說而於實法无所增減文殊師利一切言說皆
非言說是故佛語名不可說諸佛不可以言相
說故又問云何得說佛相答言諸佛如來不可
以色身說相不可以三十二相說相不可以諸功
德法說相又問諸佛可離色身卅二相諸功德
法而說相耶答言不也所以者何色身如卅二相
如諸功德法如諸佛不即是如亦不離是如知
是可說佛相不失如故又問諸佛世尊得何等故
号名為佛答言諸佛世尊通達諸法性相知故說
名為佛正遍知者於是等行菩薩白佛言世尊
何謂菩薩發行大乘尒時世尊以偈答曰
菩薩不壞色　發行菩提心　知色即菩提　是名行菩提
如色菩提然　等入於如相　不壞諸法性　是名行菩提
不壞諸法性　則為菩提義　是菩提義中　亦无有菩提
正行第一義　是名行菩提
愚於陰界入　而欲求菩提　陰界入即是　離是无菩提

BD05905號　思益梵天所問經（異卷）卷三　（10–5）

菩薩不壞色　發行菩提心　知色即菩提　是名行菩提
如色菩提然　等入於如相　不壞諸法性　是名行菩提
不壞諸法性　則為菩提義　是菩提義中　亦无有菩提
正行第一義　是名行菩提
愚於陰界入　而欲求菩提　陰界入即是　離是无菩提
若有諸菩薩　於上中下法　不取亦不捨　是名行菩提
若法及非法　不分別為二　亦不得不二　是名行菩提
若二則有為　非二則无為　離是二邊者　是名行菩提
是人愚凡夫　亦不入法位　未得果而聖　是世間福田
行於世間法　處中若蓮花　導備最上道　是名行菩提
世間所行處　迷於是中行　世間所貪著　於中得解脫
菩薩无所畏　不沒生死淵　无憂无疲惓　而行菩提道
斯人能善知　法性真實性　是故不分別　是法是非法
行於佛道時　无法可捨離　亦无法可度　是名行菩提
一切法无相　猶若如虛空　終不作是念　是相是何相
善知世所行　遍知方便力　能充滿一切　眾生之所願
常住於平等　護持佛正法　一切无所念　是則如來法
若有佛无佛　是法常住世　能通達此相　是名護持法
諸法之實相　了達知其義　安住於此中　而為人演說
行於甚深法　魔所不能測　是人於諸法　无所貪著故
願求諸佛慧　亦不著願求　是慧於十方　求之不可得
諸佛慧无㝵　不著法非法　若能不著此　究竟得佛道
其諸樂善人　布施轉高尊　捨一切所有　而心不傾動
諸法不可捨　亦復不可取　一切世間法　根本不可得
能知一切法　非施非捨相　是名大施主　於法无所見

BD05905 號　思益梵天所問經（異卷）卷三　（10–6）

願求諸佛慧　亦不著願求　是慧於十方　求之不可得
諸佛慧无㝵　不著法非法　若能不著此　究竟得佛道
其諸樂善人　布施轉高尊　捨一切所有　而心不傾動
諸法不可捨　亦復不可取　一切世間法　根本不可得
能知一切法　非施非捨相　是名大施主　於法无所見
是等諸菩薩　不計我我所　是故行施者　不生貪惜心
諸所有布施　皆迴向佛道　布施及菩提　不住是二相
无作无起戒　常住於此中　亦不作念言　我住是持戒
智者能戒相　不生亦不住　是故戒清淨　猶若如虛空
觀身如鏡像　言說如響聲　心則如幻化　不以戒自高
其心常柔耎　安住寂滅性　悉滅一切惡　通達於善法
持戒及毀戒　不得此二相　如是見法性　則持无漏戒
已度忍辱岸　能忍一切惡　於諸眾生類　其心常平等
諸法念念滅　其性常不住　於中无罵辱　亦无有恭敬
若節節解身　其心終不動　知心不在內　亦復不在外
身瘡及刀杖　皆從四大起　於地水火風　未曾有傷損
通達於此事　常行忍辱法　菩提行如是　眾生不能動
勇猛勤精進　堅住於大乘　是人於身心　而无所依止
雖知生死本　其際不可得　為諸眾生故　莊嚴大誓願
法无決定生　何許有滅相　本際不可得　為顛倒故說
法性不可議　常住於世間　若能知如是　不生亦不滅
菩薩念眾生　不解是法相　為之勤精進　令得離顛倒
諸佛常不得　眾生決定相　而彼弘本願　常觀精進力
思惟一切法　智皆如幻化　不得堅牢相　觀之如虛空
從虛妄分別　貪著生苦惱　為斯開法門　令得入涅槃
為彼行精進　而不壞於法　離法非法故　常行真精進

BD05905 號　思益梵天所問經（異卷）卷三　（10–7）

菩薩念衆生　不觧是法相　為定勤精進　令得離顛倒
諸佛常不得　衆生决定相　而彼私夲顛　常觀精進力
思惟一切法　智皆如幻化　不得堅牢相　觀之如虛空
從虛妄分別　貪著生苦惱　為斯開法門　令得入涅槃
為彼行精進　而不壞於法　離法非法故　常行真精進
是等行遠離　了達无諍訟　獨處无憒丙　常畏於生死
樂住於閑居　猶如犀一角　遊戲衆禪定　明達諸神通
心常住平等　等空閑聚落　威儀无變異　恒樂於禪定
信觧常定法　及寂滅无漏　其心得觧脫　故說常定者
自住平等法　以此道衆生　不違平等行　故說常定者
志念常堅固　不妄菩提心　亦能化衆生　故說常定者
常念於諸佛　真寶法性生　遠離色身相　故說常定者
常脩念於法　如諸法寶相　亦无有憶念　故說常定者
常脩念於僧　僧即是无為　離數及非數　常入如是定
悉見十方國　一切群生類　而於眼色中　終不生二相
諸佛所說法　一切能聽受　而於耳聲中　亦不生二相
能於一心中　知諸衆生心　自心及彼心　此二不分別
憶念過去世　如恒河沙劫　是先及是後　亦後不分別
能至无量土　現諸神通力　而於身心中　无有疲惓相
分別知諸法　樂說辯无盡　於无數數劫　聞示法性相
智慧度彼圻　善觧陰界入　常為衆生說　无取无戲論
善知因緣法　遠離二邊相　知是煩惱因　亦知是淨因
信觧因緣法　則无諸耶見　法皆屬因緣　无有定根本
我見與佛見　空見生死見　涅槃之見等　皆无是諸見
无量智慧光　知諸法寶相　无闇无鄣㝵　是行菩提道

智慧度彼圻　善觧陰界入　常為衆生說　无取无戲論
善知因緣法　遠離二邊相　知是煩惱因　亦知是淨因
信觧因緣法　則无諸耶見　法皆屬因緣　无有定根本
我見與佛見　空見生死見　涅槃之見等　皆无是諸見
无量智慧光　知諸法寶相　无闇无鄣㝵　是行菩提道
是業名大乘　不可思議乘　悉容諸衆生　猶不盡其量
一切諸乘中　是乘為第一　如此大乘者　能出生死乘
餘乘有限量　不能受一切　唯此无上乘　能悉受衆生
若行此无量　虛空之大乘　於一切衆生　无有慳悋心
虛空无有量　亦无有形色　大乘亦如是　无量无鄣㝵
若一切衆生　乘於此大乘　當觀是乘相　寬博多所容
无量无數劫　說大乘功德　及乘此乘者　不可得窮盡
若人聞是經　及於持一偈　永脫於諸難　得到安隱處
敬念此經者　捨是身已後　終不墮惡道　常生天人等
於後惡世時　若得聞是經　我皆與授記　究竟成佛道
若信此經者　佛法在是人　是人在佛法　亦能轉法輪
若能持是經　能轉无量劫　生死諸往來　得近於佛道
若能持是義　精進大智慧　是名無勇猛　能破魔軍衆
若於燃燈佛　住得忍授記　若有樂是經　我授記亦然
若人於佛後　能觧說是經　佛雖不在世　為能作佛事
佛說是偈時五千天人皆發阿耨多羅三藐
三菩提心二千菩薩得无生法忍五千比丘不
受諸法漏盡心得觧脫三万二千人遠塵
離垢於諸法中得法眼淨

若一切衆生　乘於此大乘　當觀是乘相　寬博多所容
无量无數劫　說大乘功德　及乘此乘者　不可得窮盡
若人聞是經　及於持一偈　永脫於諸難　得到安隱處
敬念此經者　捨是身已後　終不墮惡道　常生天人等
於後惡世時　若得聞是經　我皆與授記　究竟成佛道
若信此經者　佛法在是人　是人在佛法　亦能轉法輪
若能持是經　能轉无量劫　生死諸往來　得近於佛道
若能持是義　精進大智慧　是名勲勇猛　能破魔軍衆
若於燃燈佛　往得忍授記　若有樂是經　我授記亦然
若人於佛後　能解說是經　佛雖不在世　為能作佛事
佛說是偈時五千天人皆發阿耨多羅三藐
三菩提心二千菩薩得无生法忍五千比丘不
受諸法漏盡心得解脫三万二千人遠塵
離垢於諸法中得法眼淨

思益經卷第三

BD05905號　思益梵天所問經（異卷）卷三　（10–10）

尼六法
次說戒相法 佛言應喚來入衆与說六法名字 某甲諦聽如來无
所著等正覺　說六法 ·不得犯不淨行行婬欲
法若式叉摩那行婬欲法非式叉摩那非
釋種女若染汙心男子身相觸缺戒應
更与戒是中盡刑壽不得犯能持不 答言能持
不得偷盜乃至草葉若式摩叉那取人五
錢若過五錢若自取教人取若自斫教人
斫若燒若埋若壞色非式叉摩那非釋種
女若取減五錢缺戒應更与戒是中盡形
壽不得犯能持不 答言能持 ·不得故斷衆生命乃
至蟻子若式叉摩那故自手斷人命求刀
与人教死讚死若与非藥若墮胎若厭
禱呪術自作教人作者非式叉摩那非釋
種女若斷畜生不能變化者命缺戒應
更与戒是中盡形壽不得犯能持不 答言能持
不得妄語乃至戲咲若式叉摩那不真實
非已有自稱言得上人法得禪得解脫三昧正

BD05906號　四分比丘尼羯磨法　（2–1）

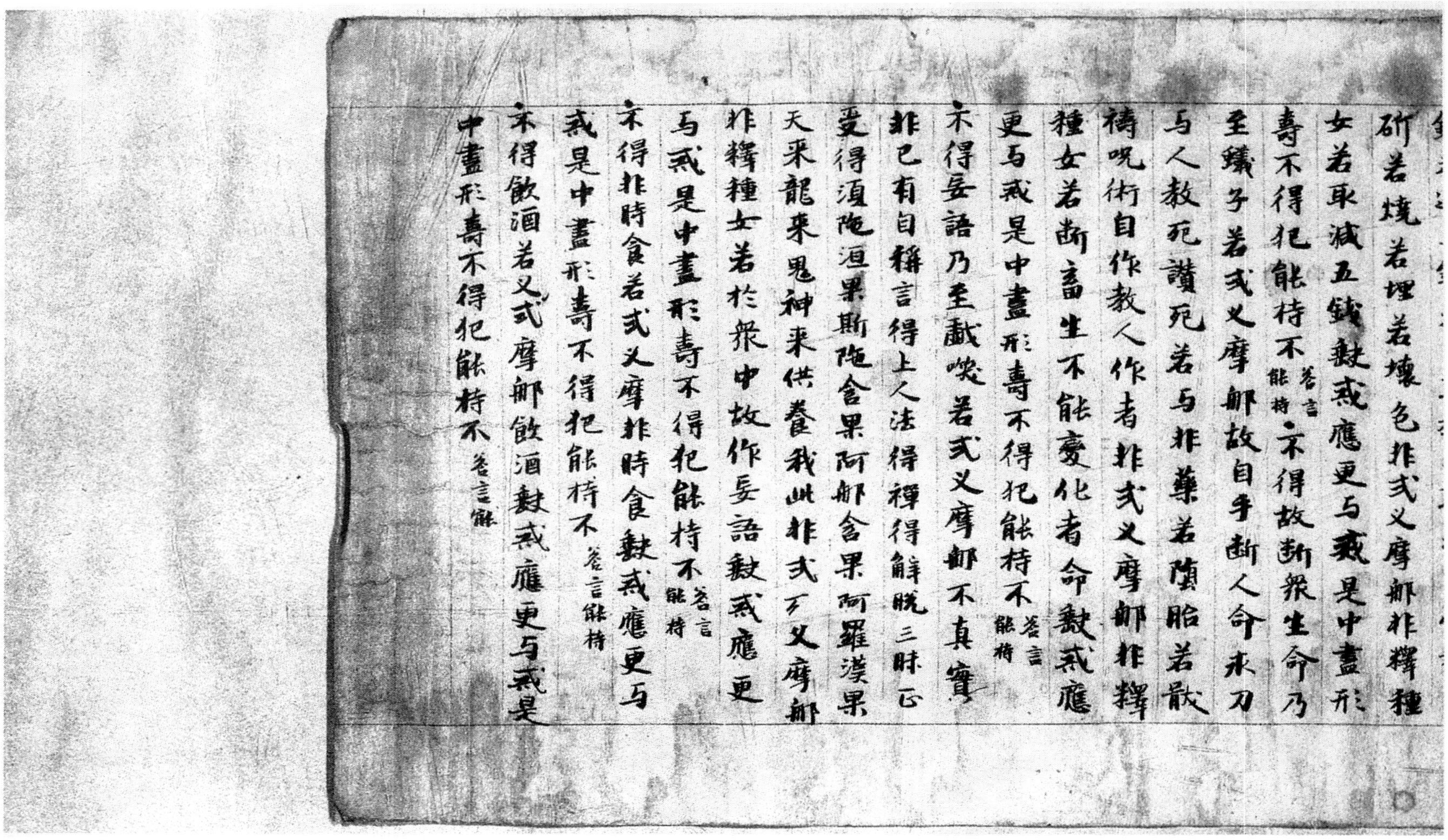

斫若燒若埋若壞色非式叉摩那非釋種
女若取減五錢毀戒應更与戒是中盡形
壽不得犯能持不（答言能持）不得故斷眾生命乃
至蟻子若式叉摩那故自手斷人命求刀
与人教死讚死若与非藥若墮胎若厭
禱呪術自作教人作者非式叉摩那非釋
種女若斷畜生不能變化者命毀戒應
更与戒是中盡形壽不得犯能持不（答言能持）
不得妄語乃至戲笑若式叉摩那不真實
非已有自稱言得上人法得禪得解脫三昧正
受得須陀洹果斯陀含果阿那含果阿羅漢果
天來龍來鬼神來供養我此非式叉摩那
非釋種女若於眾中故作妄語毀戒應更
与戒是中盡形壽不得犯能持不（答言能持）
不得非時食若式叉摩那非時食毀戒應更与
戒是中盡形壽不得犯能持不（答言能持）
不得飲酒若式叉摩那飲酒毀戒應更与戒是
中盡形壽不得犯能持不（答言能）

BD05906 號　四分比丘尼羯磨法　（2–2）

BD05907 號背　護首　（1–1）

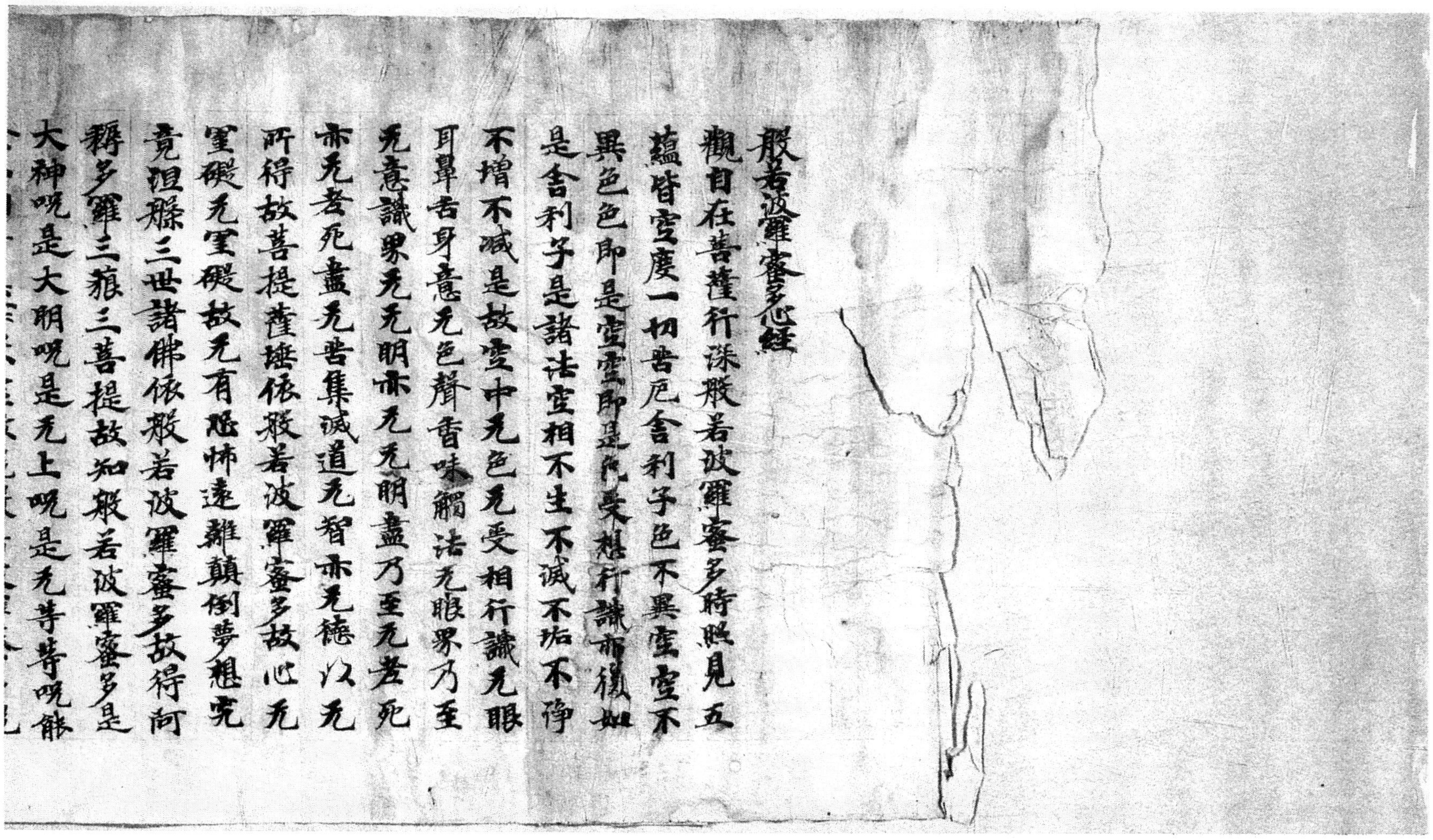
般若波羅蜜多心經
觀自在菩薩行深般若波羅蜜多時照見五
蘊皆空度一切苦厄舍利子色不異空空不
異色色即是空空即是色受想行識亦復如
是舍利子是諸法空相不生不滅不垢不淨
不增不減是故空中无色无受想行識无眼
耳鼻舌身意无色聲香味觸法无眼界乃至
无意識界无无明亦无无明盡乃至无老死
亦无老死盡无苦集滅道无智亦无德以无
所得故菩提薩埵依般若波羅蜜多故心无
罣礙无罣礙故无有恐怖遠離顛倒夢想究
竟涅槃三世諸佛依般若波羅蜜多故得阿
耨多羅三藐三菩提故知般若波羅蜜多是
大神呪是大明呪是无上呪是无等等呪能

BD05907 號　般若波羅蜜多心經　（2–1）

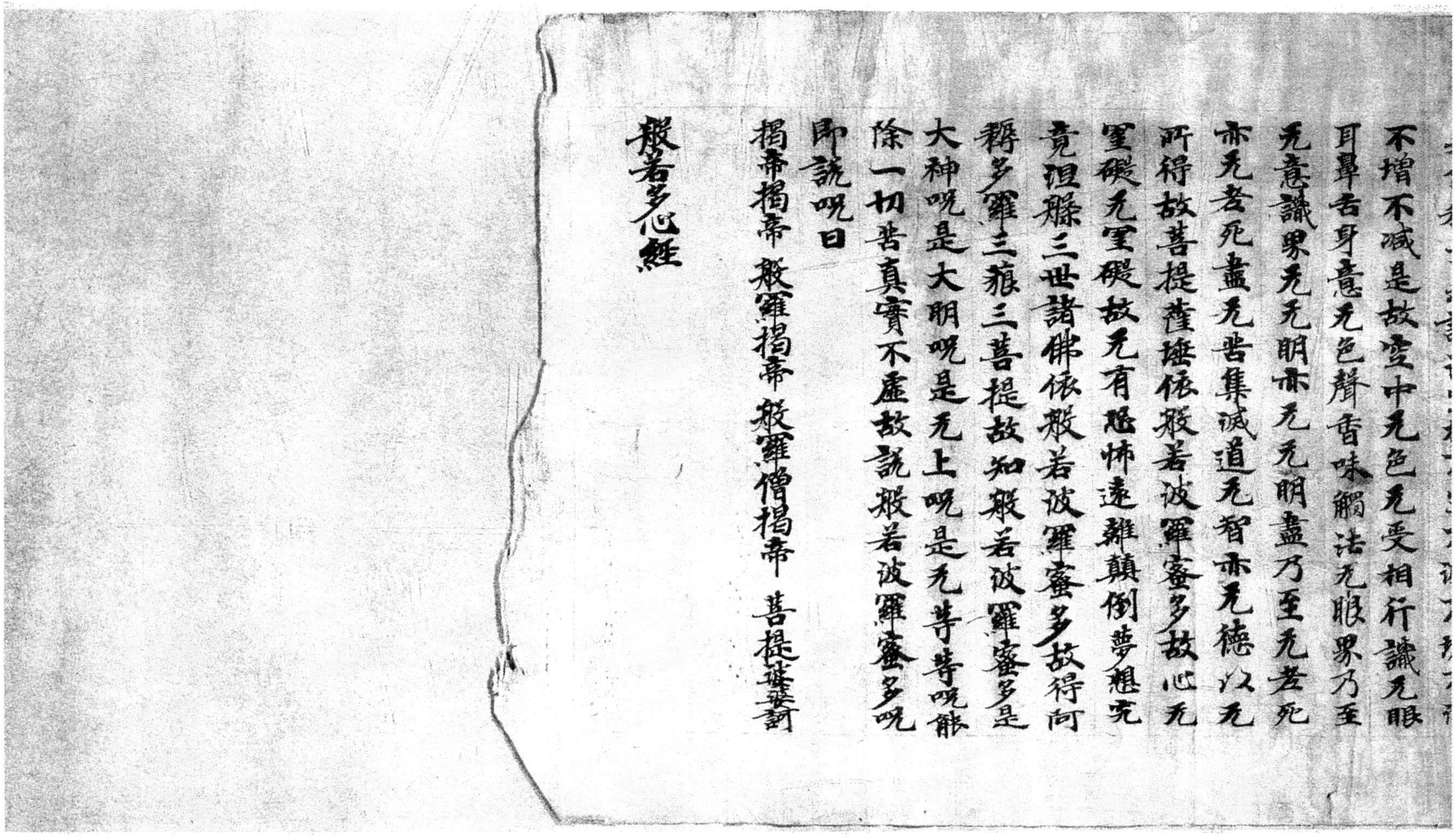
不增不減是故空中无色无受想行識无眼
耳鼻舌身意无色聲香味觸法无眼界乃至
无意識界无无明亦无无明盡乃至无老死
亦无老死盡无苦集滅道无智亦无德以无
所得故菩提薩埵依般若波羅蜜多故心无
罣礙无罣礙故无有恐怖遠離顛倒夢想究
竟涅槃三世諸佛依般若波羅蜜多故得阿
耨多羅三藐三菩提故知般若波羅蜜多是
大神呪是大明呪是无上呪是无等等呪能
除一切苦真實不虛故說般若波羅蜜多呪
即說呪曰
揭帝揭帝　般羅揭帝　般羅僧揭帝　菩提莎婆訶
般若多心經

BD05907 號　般若波羅蜜多心經　（2–2）

初分教誡教授品第七之[illegible]　三藏法師玄奘奉　詔譯

善現汝復觀何義言即四念住若雜染若清
淨增語非菩薩摩訶薩即四正斷乃至八聖
道支若雜染若清淨增語非菩薩摩訶薩耶
世尊若四念住雜染清淨四正斷乃至八聖
道支雜染清淨尚畢竟不可得性非有故
况有四念住雜染清淨增語及四正斷乃至
八聖道支雜染清淨增語此增語既非有如
何可言即四念住若雜染若清淨增語是菩
薩摩訶薩即四正斷乃至八聖道支若雜染
若清淨增語是菩薩摩訶薩善現汝復觀何
義言即四念住若屬生死若屬涅槃增語非
菩薩摩訶薩即四正斷乃至八聖道支若屬
生死若屬涅槃增語非菩薩摩訶薩耶世尊
若四念住屬生死屬涅槃若四正斷乃至八
聖道支屬生死屬涅槃尚畢竟不可得性非
有故况有四念住屬生死屬涅槃增語及四
正斷乃至八聖道支屬生死屬涅槃增語此
增語既非有如何可言即四念住

BD05908號　大般若波羅蜜多經卷三〇　（3-1）

菩薩摩訶薩即四正斷乃至八聖道支若屬
生死若屬涅槃增語非菩薩摩訶薩耶世尊
若四念住屬生死屬涅槃若四正斷乃至八
聖道支屬生死屬涅槃尚畢竟不可得性非
有故况有四念住屬生死屬涅槃增語及四
正斷乃至八聖道支屬生死屬涅槃增語此
增語既非有如何可言即四念住若屬生死
若屬涅槃增語是菩薩摩訶薩即四正斷乃
至八聖道支若屬生死若屬涅槃增語是菩
薩摩訶薩善現汝復觀何義言即四念住若
在內若在外若在兩間增語非菩薩摩訶薩
即四正斷乃至八聖道支若在內若在外若
在兩間增語非菩薩摩訶薩耶世尊若四念
不可得增語及集滅道聖諦可得不可得增
語此增語既非有如何可言即苦聖諦若可得
若不可得增語是菩薩摩訶薩即集滅道
聖諦若可得若不可得增語是菩薩摩訶薩
復次善現汝復觀何義言即四靜慮增語非
菩薩摩訶薩即四无量四无色定增語非菩
薩摩訶薩耶具壽善現答言世尊若四靜慮
若四无量四无色定尚畢竟不可得性非有
故况有四靜慮增語及四无量四无色定增語
此增語既非有如何可言即四靜慮增語是
菩薩摩訶薩即四无量四无色定增語是
菩薩摩訶薩善現汝復觀何義言即四靜慮
若常若无常增語非菩薩摩訶薩即四无量
四无色定若常若无常增語非菩薩摩訶薩

BD05908號　大般若波羅蜜多經卷三〇　（3-2）

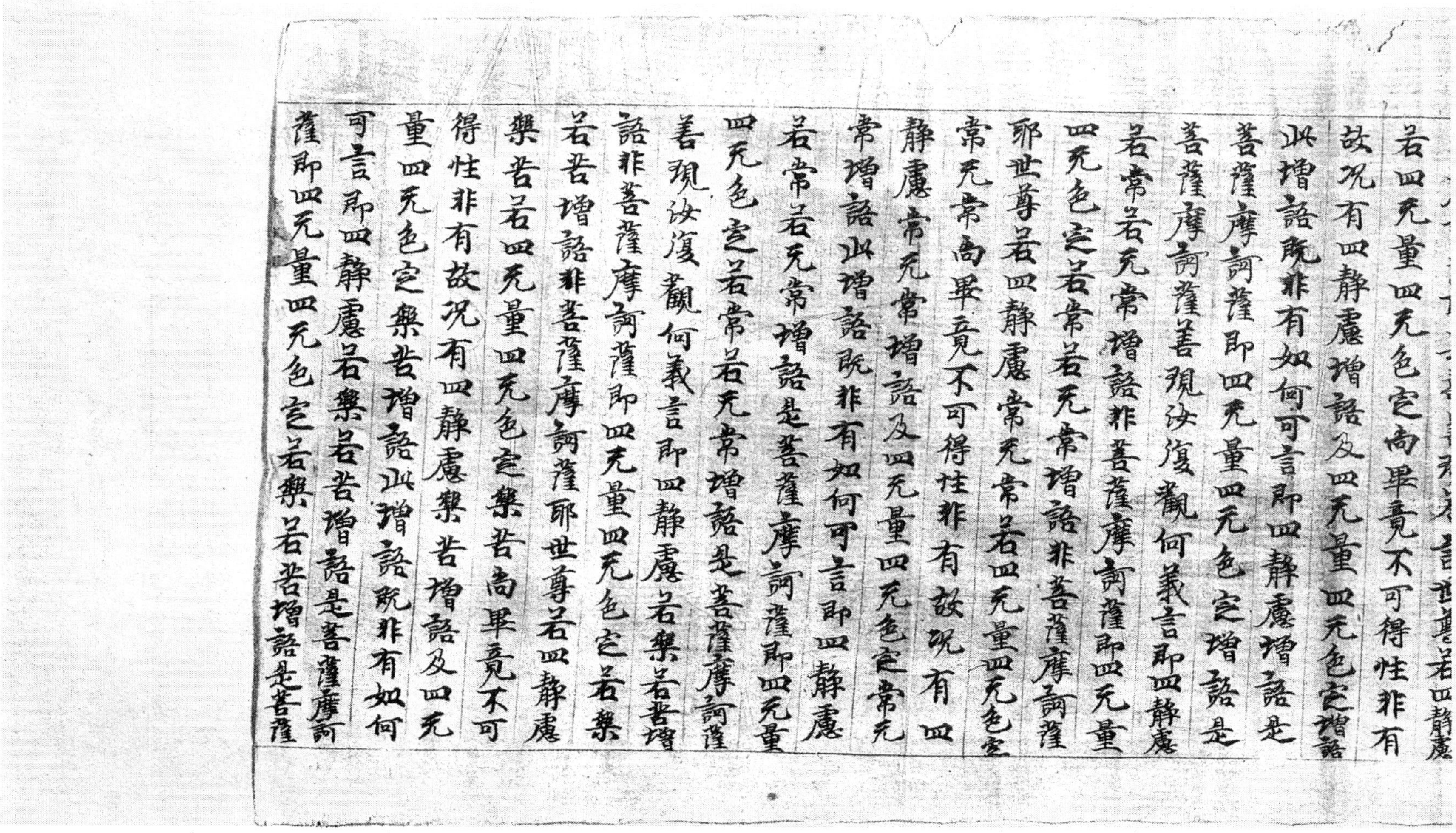
若四无量四无色定尚畢竟不可得性非有
故況有四靜慮增語及四无量四无色定增語
此增語既非有如何可言即四靜慮增語是
菩薩摩訶薩即四无量四无色定增語是
菩薩摩訶薩善現汝復觀何義言即四靜慮
若常若无常增語非菩薩摩訶薩即四无量
四无色定若常若无常增語非菩薩摩訶薩
耶世尊若四靜慮常无常若四无量四无色定
常无常尚畢竟不可得性非有故況有四
靜慮常无常增語及四无量四无色定常无
常增語此增語既非有如何可言即四靜慮
若常若无常增語是菩薩摩訶薩即四无量
四无色定若常若无常增語是菩薩摩訶薩
善現汝復觀何義言即四靜慮若樂若苦增
語非菩薩摩訶薩即四无量四无色定若樂
若苦增語非菩薩摩訶薩耶世尊若四靜慮
樂苦若四无量四无色定樂苦尚畢竟不可
得性非有故況有四靜慮樂苦增語及四无
量四无色定樂苦增語此增語既非有如何
可言即四靜慮若樂若苦增語是菩薩摩訶
薩即四无量四无色定若樂若苦增語是菩薩

BD05908 號　大般若波羅蜜多經卷三〇　（3–3）

薩功德隨喜心得幾許福德未一生補處菩
薩功德隨喜心得幾許福德佛告釋提桓因
憍尸迦四天下國土可稱知斤兩是隨喜福德
不可稱量復次憍尸迦是三千大千國土皆可
稱知斤兩是隨喜心福德不可稱量復次憍
尸迦三千大千國土諸中海水取一髮破為
百分以一分髮渧取海水可知渧數是隨
喜心福德不可數知釋提桓因白佛言世尊
若眾生心不隨喜阿耨多羅三藐三菩提者
皆是魔眷屬諸心不隨喜者從魔中來生何
以故世尊是諸發心菩薩為破魔境界故生是
故欲愛敬三尊者應生隨喜心隨喜已應迴向
阿耨多羅三藐三菩提以不一不二相故佛
言如是如是憍尸迦若有人於菩薩能如是
隨喜迴向者常值諸佛終不見惡色終不聞
惡聲終不嗅惡香終不食惡味終不觸惡觸
終无不隨念終不遠離諸佛從一佛國至一

BD05909 號　摩訶般若波羅蜜經（四十卷本）卷二八　（13–1）

阿耨多羅三藐三菩提以不一不二相故佛
言如是如是憍尸迦若有人於菩薩能如是
隨喜迴向者常值諸佛終不見惡色終不聞
惡聲終不嗅惡香終不食惡味終不觸惡觸
終无不隨念終不遠離諸佛從一佛國至一
佛國親近諸佛種善根何以故善男子善女
人為无量阿僧祇初發意菩薩諸善根隨喜
迴向為无量阿僧祇第二地第三地乃至第十
地一生補處諸菩薩摩訶薩善根隨喜迴向
阿耨多羅三藐三菩提以是善根因緣故疾
近阿耨多羅三藐三菩提是諸菩薩得阿耨
多羅三藐三菩提已度无量无邊阿僧祇衆
生憍尸迦以是因緣故善男子善女人於初
發意菩薩善根應隨喜迴向阿耨多羅三藐
三菩提非心非離心於久發意阿鞞跋致一
生補處善根隨喜迴向阿耨多羅三藐三
菩提非心非離心須菩提白佛言世尊是心
如幻云何能得阿耨多羅三藐三菩提佛告須
菩提於汝意云何汝見是心如幻不不也世
尊我不見幻亦不見心如幻須菩提於汝
意云何若无幻亦无心如幻汝見是心不不
也世尊須菩提於汝意云何離幻離心如幻
汝見更有法得阿耨多羅三藐三菩提不不
也世尊我不見離幻離心如幻更有法得阿
耨多羅三藐三菩提世尊我不見更有法何
等法可說若有若无是法相畢竟離故不隨

BD05909 號　摩訶般若波羅蜜經（四十卷本）卷二八　（13–2）

意云何若无幻亦无心如幻汝見是心不不
也世尊須菩提於汝意云何離幻離心如幻
汝見更有法得阿耨多羅三藐三菩提不不
也世尊我不見離幻離心如幻更有法得阿
耨多羅三藐三菩提世尊我不見更有法何
等法可說若有若无是法相畢竟離故不隨
有不隨无若法畢竟離者不能得阿耨多羅
三藐三菩提无所有法亦不應得阿耨多羅
三藐三菩提何以故世尊一切法无所有是中
无垢者无淨者世尊以是故般若波羅蜜畢
竟離禪波羅蜜毗梨耶波羅蜜羼提波羅蜜
尸羅波羅蜜檀波羅蜜畢竟離乃至阿耨多
羅三藐三菩提亦畢竟離若法畢竟離則不
應脩不應壞行般若波羅蜜亦无有法可得
畢竟離故世尊若般若波羅蜜畢竟離者云
何因般若波羅蜜得阿耨多羅三藐三菩提
阿耨多羅三藐三菩提亦畢竟離二離中云
何能有所得佛告須菩提善哉善哉是般
若波羅蜜畢竟離禪波羅蜜毗梨耶波羅蜜
羼提波羅蜜尸羅波羅蜜檀波羅蜜畢竟
離乃至一切種智畢竟離須菩提若般若
波羅蜜畢竟離乃至一切種智畢竟離以
是故能得阿耨多羅三藐三菩提須菩提若般
若波羅蜜非畢竟離乃至一切種智非畢竟離
是不名般若波羅蜜不名禪波羅蜜乃至一
切種智須菩提若般若波羅蜜畢竟離乃至一

BD05909 號　摩訶般若波羅蜜經（四十卷本）卷二八　（13–3）

波羅蜜畢竟離乃至一切種智畢竟離以
是故能得阿耨多羅三藐三菩提須菩提若般
若波羅蜜非畢竟離乃至一切種智非畢竟離
是不名般若波羅蜜不名禪波羅蜜乃至一
切種智須菩提若般若波羅蜜畢竟離乃至一
切種智畢竟離以是故須菩提非不因般若
波羅蜜得阿耨多羅三藐三菩提亦不以離
得離而得阿耨多羅三藐三菩提非不因般
若波羅蜜須菩提白佛言世尊菩薩摩訶薩
所行義甚深佛言如是須菩提菩薩摩訶薩
所行義甚深須菩提諸菩薩摩訶薩能為難
事所謂行是深義而不證聲聞辟支佛地須
菩提白佛言世尊如我從佛聞義菩薩摩訶
薩所行不為難事何以故是菩薩摩訶薩不
得是義可作證亦不得般若波羅蜜作證亦无
作證者世尊若一切法不可得何等是義可
作證何等是般若波羅蜜作證何等是作證
者作證已得阿耨多羅三藐三菩提世尊是
名菩薩摩訶薩无所得行菩薩行是於一切
法皆得明了世尊若菩薩摩訶薩聞是法心
不驚不沒不怖不畏是名為行般若波羅蜜
是菩薩摩訶薩行般若波羅蜜時不見我行
般若波羅蜜亦不見是般若波羅蜜亦不見
我當得阿耨多羅三藐三菩提何以故菩薩摩
訶薩行般若波羅蜜時不作是念聲聞辟支
佛地去我遠薩婆若去我近世尊譬如虛空不

BD05909號　摩訶般若波羅蜜經（四十卷本）卷二八　（13–4）

是菩薩摩訶薩行般若波羅蜜時不見我行
般若波羅蜜亦不見是般若波羅蜜亦不見
我當得阿耨多羅三藐三菩提何以故菩薩摩
訶薩行般若波羅蜜時不作是念聲聞辟支
佛地去我遠薩婆若去我近世尊譬如虛空不
作是念有法去我遠去我近何以故世尊虛空
无分別故世尊行般若波羅蜜菩薩亦不作是
念聲聞辟支佛地去我遠薩婆若去我近
何以故般若波羅蜜中无分別故世尊譬如
幻人不作是念幻師去我近觀人去我遠何
以故幻人无分別故行般若波羅蜜菩薩不
作是念聲聞辟支佛地去我遠薩婆若去我
近世尊譬如鏡中像不作是念所因者去我
近餘者去我遠何以故像无分別故行般若
波羅蜜菩薩亦不作是念聲聞辟支佛地去
我遠薩婆若去我近何以故般若波羅蜜中
无分別故世尊行般若波羅蜜菩薩无愛无
憎何以故般若波羅蜜自性不可得故世尊
譬如佛无愛无憎行般若波羅蜜菩薩无愛
无憎亦如是何以故般若波羅蜜中无憎无
愛故世尊譬如佛一切分別想斷行般若波
羅蜜菩薩亦如是一切分別想斷畢竟空故
世尊譬如佛所化人不作是念聲聞辟支佛
去我遠阿耨多羅三藐三菩提去我近何以
故佛所化人无分別故行般若波羅蜜菩薩
亦如是不作是念聲聞辟支佛去我遠阿耨

BD05909號　摩訶般若波羅蜜經（四十卷本）卷二八　（13–5）

羅蜜菩薩亦如是一切分別想斷畢竟空故
世尊辟如佛所化人不作是念聲聞辟支佛
去我遠阿耨多羅三藐三菩提去我近何以
故佛所化人无分別故行般若波羅蜜菩薩
亦如是不作是念聲聞辟支佛去我遠阿耨
多羅三藐三菩提去我近世尊辟如有所為
故作化化所作事无分別世尊般若波羅蜜
亦如是有所為事而脩是事成就而般若波
羅蜜亦无分別世尊辟如工匠若工匠弟子
有所為故作木人若男女象馬牛羊是所作
事亦能有所作是亦无分別世尊般若波羅蜜
亦如是有所為故說是事成就而般若波羅
蜜亦无分別舍利弗問須菩提但般若波羅
蜜无分別禪波羅蜜乃至檀波羅蜜亦无分
別須菩提語舍利弗禪波羅蜜无分別乃至
檀波羅蜜亦无分別舍利弗問須菩提色无
分別乃至識亦无分別眼乃至意无分別色乃
至法无分別眼識乃至意識觸无分別眼觸
因緣生受乃至意觸因緣生受四禪四无量心
四无色定四念處乃至八聖道分空无相无
作佛十力四无所畏四无㝵智大慈大悲
十八不共法阿耨多羅三藐三菩提无為性
亦无分別須菩提若色无分別乃至无為性
无分別若一切法无分別云何分別有六道
生死是地獄是餓鬼是畜生是天是人是阿
脩羅云何分別是須陁洹斯陁含阿那含阿

BD05909 號　摩訶般若波羅蜜經（四十卷本）卷二八　（13–6）

亦无分別須菩提若色无分別乃至无為性
无分別若一切法无分別云何分別有六道
生死是地獄是餓鬼是畜生是天是人是阿
脩羅云何分別是須陁洹斯陁含阿那含阿
羅漢辟支佛諸佛須菩提報舍利弗衆生
顛倒因緣故造作身口意業隨欲本業報
受六道身地獄餓鬼畜生天之阿脩羅身汝
言云何分別有須陁洹乃至佛道舍利弗須
陁洹即是无分別故有須陁洹果亦是无分別
故有乃至阿羅漢阿羅漢果辟支佛辟支佛
道佛佛道亦是无分別故有舍利弗過去諸
佛亦是无分別斷分別故有以是故舍利弗
當知一切法无有分別不壞相諸法如法性
實際故舍利弗如是菩薩摩訶薩應行无分
別般若波羅蜜行无分別般若波羅蜜已便
得无分別阿耨多羅三藐三菩提
摩訶般若波羅蜜經稱楊品第六十四
舍利弗語須菩提菩薩摩訶薩行般若波羅
蜜為行真實法為行无真實法須菩提報舍
利弗菩薩摩訶薩行般若波羅蜜為行无真
實法何以故是般若波羅蜜无真實乃至一
切種智无真實故菩薩摩訶薩行般若波羅
蜜无真實不可得何況真實乃至行一切種
智无真實法不可得何況真實尒時欲色界
諸天子作是念諸有善男子善女人發阿耨
多羅三藐三菩提意如深般若波羅蜜所說

BD05909 號　摩訶般若波羅蜜經（四十卷本）卷二八　（13–7）

蜜无真實不可得何況真實乃至行一切種
智无真實法不可得何況真實佘時欲色界
諸天子作是念諸有善男子善女人發阿耨
多羅三藐三菩提意如深般若波羅蜜所說
義行於等法不作實際證不墮聲聞辟支佛
地應當為作礼須菩提語諸天子諸菩薩摩
訶薩於等法不證聲聞辟支佛地不足為難
諸菩薩摩訶薩大莊嚴我當度无量无邊阿
僧祇衆生知衆生畢竟不可得而度衆生是
乃為難諸天子諸菩薩摩訶薩發阿耨多羅
三藐三菩提心作是願我當度一切衆生衆
生實不可得是人欲度衆生為欲度虛空何
以故虛空離故當知衆生亦離虛空空故當知
衆生亦空虛空无堅固故當知衆生亦无堅固
虛空虛誑故當知衆生亦虛誑諸天子以是
因緣故當知菩薩所作為難為利益无所有
衆生故而大莊嚴是人為衆生結誓為欲與
虛空共鬪是菩薩結誓已亦不得衆生而為
衆生結誓何以故衆生離故當知大誓亦離
衆生虛誑故當知大誓亦虛誑若菩薩摩訶
薩聞是法心不驚不沒當知是菩薩摩訶薩
行般若波羅蜜何以故色離即是衆生離
受想行識離即是衆生離色離即是六波羅
蜜離受想行識離即是六波羅蜜離乃至一
切種智離即是六波羅蜜離若菩薩摩訶薩
聞是一切諸法離相心不驚不沒不怖不畏

BD05909 號　摩訶般若波羅蜜經（四十卷本）卷二八　（13–8）

行般若波羅蜜何以故色離即是衆生離
受想行識離即是衆生離色離即是六波羅
蜜離受想行識離即是六波羅蜜離乃至一
切種智離即是六波羅蜜離若菩薩摩訶薩
聞是一切諸法離相心不驚不沒不怖不畏
當知是菩薩摩訶薩行般若波羅蜜佛告須
菩提何因緣故菩薩摩訶薩於深般若波羅
蜜中心不沒須菩提白佛言世尊般若波羅蜜
无所有故不沒般若波羅蜜離故不沒般若
波羅蜜寂滅故不沒世尊以是因緣故菩薩
於深般若波羅蜜中心不沒何以故是菩薩
不得沒者不得沒事不得沒處是一切法皆
不可得故世尊若菩薩摩訶薩聞是法心不
驚不沒不怖不畏當知是菩薩為行般若波
羅蜜何以故沒者沒事沒處是法皆不可得
故菩薩摩訶薩如是行般若波羅蜜諸天子
及釋提桓因天梵天王天及世界主天皆為
作礼佛告須菩提不但釋提桓因諸天梵
王及諸天世界主及諸天礼是菩薩摩訶
薩行般若波羅蜜者過是上光音天遍淨
天廣果天淨居天皆為是菩薩摩訶薩作礼
須菩提今現在十方无量諸佛亦念是行般
若波羅蜜菩薩摩訶薩當知是菩薩為如
佛須菩提若恒河沙等國土中衆生悉使為
魔是一一魔復化作魔如恒河沙等魔是一
切魔不能留難菩薩行般若波羅蜜須菩提

BD05909 號　摩訶般若波羅蜜經（四十卷本）卷二八　（13–9）

須菩提今現在十方无量諸佛亦念是行般
若波羅蜜菩薩摩訶薩當知是菩薩為如
佛須菩提若恒河沙等國土中眾生悉使為
魔是一一魔復化作魔如恒河沙等魔是一
切魔不能留難菩薩行般若波羅蜜須菩提
菩薩摩訶薩成就二法魔不能壞何等二
觀一切法空不捨一切眾生須菩提菩薩成
就此二法魔不能壞復次須菩提菩薩摩訶
薩復有二法成就魔不能壞何等二所作
如所言亦為諸佛所念菩薩成就此二法魔
不能壞須菩提菩薩如是行是諸天皆來到
菩薩所親近諮問勸喻安慰作是言善男子
汝疾得阿耨多羅三藐三菩提不久善男子
汝常當行是空无相无作行何以故善男子
汝行是行无護眾生汝為作護无依眾生為
作依无救眾生為作救无究竟道眾生為作
究竟道无歸眾生為作歸无洲眾生為作洲
冥者為作明盲者為作眼何以故是菩薩摩
訶薩行般若波羅蜜十方現在无量阿僧
祇諸佛在大眾中說法時自讚嘆稱揚是菩
薩摩訶薩名姓言某甲菩薩成就般若波羅
蜜功德須菩提如我今說法時自稱揚寶相
菩薩尸棄菩薩復有諸菩薩摩訶薩在阿閦
佛國中行般若波羅蜜淨脩梵行我亦稱
揚是菩薩名姓須菩提亦如東方現在諸佛
說法時是中有菩薩摩訶薩淨脩梵行佛亦

蜜功德須菩提如我今說法時自稱揚寶相
菩薩尸棄菩薩復有諸菩薩摩訶薩在阿閦
佛國中行般若波羅蜜淨脩梵行我亦稱
揚是菩薩名姓須菩提亦如東方現在諸佛
說法時是中有菩薩摩訶薩淨脩梵行佛亦
歡喜自稱揚讚歎是菩薩南西北方四維上下
亦如是復有菩薩從初發意欲具足佛道乃
至得一切種智諸佛說法時亦歡喜自稱揚讚
歎是菩薩何以故諸菩薩摩訶薩所行甚難
不斷佛種行須菩提白佛言世尊何等菩薩
摩訶薩諸佛說法時自讚歎稱揚佛告須菩提
阿鞞跋致菩薩諸佛說法時自讚歎稱揚須菩
提言何等阿鞞跋致菩薩為佛所讚歎佛言
如阿閦佛為菩薩時所行所學諸菩薩亦如是
學是諸阿鞞跋致菩薩諸佛說法時歡喜讚
歎復次須菩提有菩薩行般若波羅蜜信解
一切法无生未得无生忍法信解一切法空
未得无生忍法信解一切法虛誑不實无
所有不堅固未得无生忍法須菩提如是等
諸菩薩摩訶薩佛說法時歡喜自讚歎稱揚
名姓須菩提若諸菩薩摩訶薩諸佛說法時
歡喜自讚歎者是菩薩滅聲聞辟支佛地當
得阿耨多羅三藐三菩提記須菩提若菩薩
摩訶薩諸佛說法時歡喜自讚歎者是菩薩
當住阿鞞跋致地住是地已當得薩婆若復
次須菩提菩薩摩訶薩聞是深般若波羅蜜

歡喜自讚歎者是菩薩滅聲聞辟支佛地當
得阿耨多羅三藐三菩提記須菩提若菩薩
摩訶薩諸佛說法時歡喜自讚歎者是菩薩
當住阿鞞跋致地住是地已當得薩婆若復
次須菩提菩薩摩訶薩聞是深般若波羅蜜
時其心明利不疑不悔作是念是事如佛所說
是菩薩亦當於阿閦佛及諸菩薩所廣聞是般
若波羅蜜亦信解信解已如佛所說當住阿
鞞跋致地如是須菩提但聞般若波羅蜜得
大利益何況信解信解已如說住如說行如說
行已住一切種智中須菩提白佛言世尊若
佛說菩薩摩訶薩如所說住如所說行住薩婆
若若菩薩摩訶薩无所得法云何住薩婆若
佛告須菩提菩薩摩訶薩住諸法如中住薩
婆若須菩提言世尊除如更无法可得誰住
如中住如中已當得阿耨多羅三藐三菩提
誰住如中當說法如尚不可得何況住如
當得阿耨多羅三藐三菩提誰住如中而說
法无有是處佛告須菩提如汝所言除如更
无有法誰住如中住如中已當得阿耨多羅
三藐三菩提誰住如中當說法如尚不可得
何況住如當得阿耨多羅三藐三菩提誰住
如中而說法无有是處佛言如是如是須菩
提除如更无有法可得誰住如中住如中已
當得阿耨多羅三藐三菩提誰住如中當說
法如尚不可得何況住如中當得阿耨多

BD05909 號　摩訶般若波羅蜜經（四十卷本）卷二八　（13–12）

如中而說法无有是處佛言如是如是須菩
提除如更无有法可得誰住如中住如中已
當得阿耨多羅三藐三菩提誰住如中當說
法如尚不可得何況住如中當得阿耨多
羅三藐三菩提誰住如中而說法何以故是
如生不可得滅不可得住異不可得若法生
滅住異不可得是中誰當住如誰當住如已
得阿耨多羅三藐三菩提誰當住如中而說
法无有是處釋提桓因白佛言世尊諸菩薩
摩訶薩所為甚難深般若波羅蜜中欲得阿
耨多羅三藐三菩提何以故世尊无有如中
住者亦无當得阿耨多羅三藐三菩提者亦
无說法者菩薩摩訶薩於是處心不驚不沒
不怖不畏不疑不悔尒時須菩提語釋提桓
因汝憍尸迦說菩薩摩訶薩所為甚難是甚
深法中心不驚不沒不怖不畏不疑不悔憍
尸迦諸法空中誰驚誰沒誰怖誰畏誰疑誰
悔是時釋提桓因語須菩提須菩提所說但
為空事无所罣㝵譬如仰射空中箭去无㝵
須菩提說法无㝵亦如是

摩訶般若波羅蜜經卷第廿八

BD05909 號　摩訶般若波羅蜜經（四十卷本）卷二八　（13–13）

山林爲
刀鬪戰之
不得畜而菩薩乃
殺一切衆生若故畜
刀仗者犯輕垢罪
如是十戒應當學敬心奉持下六品中廣明
佛言佛子不得爲利養惡心故通國使命軍
陣合會興師相伐殺無量衆生而菩薩不得
入軍中往來况故作國賊若故作者犯輕垢罪
若佛子故販賣良人奴婢六畜市易棺
木盛死之具尚不應自作况教人作若故作
者犯輕垢罪
若佛子以惡心故無事謗他良人善人法師
衆僧國王貴人言犯七逆十重父母兄弟六
親中應生孝順慈悲心而反更加於逆害墮
不如意處者犯輕垢罪
若佛子以惡心故放大火燒山林曠野四月

BD05910 號　梵網經盧舍那佛說菩薩心地戒品第十卷下　（16–1）

者犯輕垢罪
若佛子以惡心故無事謗他良人善人法師
衆僧國王貴人言犯七逆十重父母兄弟六
親中應生孝順慈悲心而反更加於逆害墮
不如意處者犯輕垢罪
若佛子以惡心故放大火燒山林曠野四月
乃至九月放火若燒他人屋宅城邑僧
房田木及鬼神官物一切有主物不得故燒
若故燒者犯輕垢罪
若佛子自佛子及外道惡人六親一切善知識
應一一教受持大乘經律教解義理使發
菩提心十發趣心十長養心十金剛心於三十
心中一一解其次第法用而菩薩以惡心瞋
心橫教他二乘聲聞戒經律外道邪見論
經律者
等犯輕垢罪
若佛子應以好心先學大乘威儀經律廣開
解義味見後新學菩薩有百里千里來求
大乘經律者應如法爲說一切苦行若燒身
燒臂燒指若不燒身臂指供養諸佛非出家
菩薩乃至餓虎狼師子一切餓鬼悉應捨
身肉手足而供養之然後一一次第爲說正
法使心開意解而菩薩爲利養故應答不答
倒說經律文字無前無後謗三寶說者犯輕
垢罪
若佛子自爲飲食錢物利養名譽故親近
國王王子大臣百官恃作形勢乞索打拍牽
挽橫取錢物一切求利名爲惡求多求教

BD05910 號　梵網經盧舍那佛說菩薩心地戒品第十卷下　（16–2）

法使心開意解而菩薩為利養故應答不答
倒說經律文字无前无後謗三寶說者犯輕
垢罪
若佛子自為飲食錢物利養名譽故親近
國王王子大臣百官恃作形勢乞索打拍牽
挽橫取錢物一切求利名為惡求多求教他
人求都无慈心无孝順心者犯輕垢罪
若佛子學誦戒者日日六時持菩薩戒解
義理佛性之性而菩薩不解一句一偈戒
因緣詐言能解者即為自欺誑亦欺誑他人
一一不解一切法不知而為人他作師受戒者犯
輕垢罪
若佛子以惡心故見持戒比丘手捉香爐行
菩薩行而鬪遘兩頭謗欺賢人无惡不造
若故作者犯輕垢罪
若佛子以慈心故行放生業應作是念一切
男子是我父一切女人是我母我生生无不從之
受生故六道衆生皆是我父母而殺而食者即殺
我父母亦殺我故身一切地水是我先身一
切火風是我本體故常行放生業生生受生
若見世人殺畜生時應方便救護解其苦難
常應教化講說菩薩戒救度一切衆生若父母
兄弟死亡之日應請法師講說菩薩經律
福資亡者得見諸佛生人天上若不尒者
犯輕垢罪
如是十戒應當學敬心奉持如滅罪品當廣明

BD05910號　梵網經盧舍那佛說菩薩心地戒品第十卷下　（16–3）

常應教化講說菩薩戒救度一切衆生若父母
兄弟死亡之日應請法師講說菩薩經律
福資亡者得見諸佛生人天上若不尒者
犯輕垢罪
如是十戒應當學敬心奉持如滅罪品當廣明
佛言佛子以瞋報瞋以打報打若殺父母兄弟
六親不得加報若國主為他人殺者亦不得
加報殺生報生不順孝道尚不畜奴婢打
拍罵辱日日起三業口罪无量況故作七逆
之罪而出家菩薩无慈心報讎乃至六親中
若故作報者犯輕垢罪
若佛子初始出家未有所解而自恃聰明有
智或高貴年宿或恃大姓高門大解大富饒
財七寶以此憍慢而不諮受先學法師經律
其法師者或小姓年少卑門貧窮諸根不具
而實有德一切經律盡解而新學菩薩不
得觀法師種姓而不來諮受法師弟一義諦
者犯輕垢罪
若佛子佛滅度後欲以好心受菩薩戒時於
諸佛菩薩形像前自誓受戒當七日佛前懺
悔得見好相便得受戒若不得好相應二七
三七日乃至一年要得好相得好相已便得
佛菩薩形像前自誓受戒若不得好相雖佛
像前受不名得戒若先受菩薩戒法師前受
戒時不須要見好相何以故是法師師師相
授故不須好相是以法師前受戒即得戒以
生至重心故便得戒若千里內无能授戒師得

BD05910號　梵網經盧舍那佛說菩薩心地戒品第十卷下　（16–4）

三七日乃至一年要得好相得好相已便得
佛菩薩形像前自誓受戒若不得好相雖佛
像前受不名得戒若先受菩薩戒法師前受
戒時不須要見好相何以故是法師師師相
授故不須好相是以法師前受戒即得戒以
生至重心故便得戒若千里內无能授戒師得
佛菩薩形像前受得戒而要見好相若法師
自倚解經律大乘學戒與國王太子百官以
為善友而新學菩薩來問若經義律義
輕心惡心慢心一一不好答問者犯輕垢罪
若佛子有佛經律大乘法正見正性正法身
而不能勤學修習而捨七寶反學邪見二乘
外道俗典阿毗曇雜論書記是斷佛性鄣道
因緣非行菩薩道若有故作者犯輕垢罪
若佛子佛滅度後為說法主為行法主為僧
房主教化主坐禪主行來主應生慈心善和
鬪訟善守三寶物莫无度用如自己有而反
亂衆鬪諍恣心用三寶物者犯輕垢罪
若佛子先在僧房中住後見客菩薩比丘來
入僧坊舍宅城邑國王宅舍中乃至夏坐安
居處及大會中而先住僧應迎來送去飲食
供養房舍卧具繩床木床事事給與若无物
應自賣身及男女身供給所須皆悉與之若有
檀越來請衆僧客僧有利養分僧房主應次
第差客僧受請而先住僧獨受請而不差客僧
房主得无量罪畜生無異非沙門非釋種性
犯輕垢罪

應自賣身及男女身供給所須皆悉與之若有
檀越來請衆僧客僧有利養分僧房主應次
第差客僧受請而先住僧獨受請而不差客僧
房主得无量罪畜生無異非沙門非釋種性
犯輕垢罪
若佛子一切不得受別請利養入己而此利
養屬十方僧而別受請即取十方僧物入己
及八福田中諸佛聖人一一師父母病人物自
己用者犯輕垢罪
若佛子有出家菩薩在家菩薩及一切檀越
請僧福田求願之時應入僧房問知事人今
欲次第請者即得十方賢聖僧而世人別請
五百羅漢菩薩僧不如僧次一凡夫僧若別
請僧者是外道法七佛无別請法不順孝道
若故別請者犯輕垢罪
若佛子以惡心故為利養販賣男女色自
手作食自磨自舂占相男女解夢吉凶是男
是女呪術工巧調鷹方法和合百種毒藥千種
毒藥蛇毒生金銀蠱毒都无慈悲心若
故作者犯輕垢罪
若佛子以惡心故自身謗三寶詐現親附口
便說空行在有中為白衣通致男女交會
婬色作諸縛著於六齋日年三長月作殺生
劫賊破齋犯戒者犯輕垢罪
如是十戒應當學敬心奉持制戒品中廣明
若佛子佛滅度後於惡世中若見外道一

便說空行在有中爲白衣通致男女交會
婬色作諸縛著於六齋日年三長月作煞生
劫賊破齋犯戒者犯輕垢罪
如是十戒應當學敬心奉持制戒品中廣明
佛言佛子佛滅度後於惡世中若見外道一
切惡人劫賊賣佛菩薩父母形像販賣經律
販賣比丘比丘尼亦賣發心菩薩道人或爲
官使與一切人作奴婢者而菩薩見是事已
應生慈心方便救護處處教化取物贖佛
菩薩形像及比丘比丘尼一切經律若不贖
者犯輕垢罪
若佛子不得畜刀杖弓箭販賣輕秤小斗因
官形勢取人財物害心繫縛破壞成功長養
猫狸猪狗若故養者犯輕垢罪
若佛子以惡心故觀一切男女等鬪軍陣兵
衆劫賊等鬪亦不得聽吹貝鼓角琴瑟箏
笛箜篌歌叫妓樂之聲不聽樗蒲圍碁波
羅塞戲彈碁六博拍毬擲石投壺八道行成爪鏡
芝草楊枝鉢盂髑髏而作卜筮不得作盜賊
使命一一不得作若故作者犯輕垢罪
若佛子護持禁戒行住坐臥日夜六時讀誦
是戒猶如金剛如帶持浮囊欲渡大海如草
繫比丘常生大乘善信自知我是未成之佛
諸佛是已成之佛發菩提心念念不去心若
起一念二乘外道心者犯輕垢罪

若佛子護持禁戒行住坐臥日夜六時讀誦
是戒猶如金剛如帶持浮囊欲渡大海如草
繫比丘常生大乘善信自知我是未成之佛
諸佛是已成之佛發菩提心念念不去心若
起一念二乘外道心者犯輕垢罪
若佛子常應發一切願孝順父母師僧三
寶常願得好師同學善友知識常教大乘
經律十發趣十長養十金剛十地使我開解如
法修行堅持佛戒寧捨身命念念不去心
若一切菩薩不發是願者犯輕垢罪
若佛子發十大願已持佛禁戒作是願言寧
以此身投於熾然猛火大坑刀山終不毀犯三
世諸佛經律與一切女人作不淨行
復作是願寧以熱鐵羅網千重周帀纏身
終不以破戒之身受信心檀越一切衣服
復作是願寧以此口吞熱鐵丸及大流猛火
經百千劫終不以破戒之口食信心檀越百
味飲食
復作是願寧以此身臥大猛火羅網熱鐵地
上終不以破戒之身受信心檀越百種床座
復作是願寧以此身受三百鉾刺終不以
破戒之身受信心檀越百味醫藥
復作是願寧以此身投熱鐵鑊千劫終不以
破戒之身受信心檀越千種房舍屋宅園林
田地

復作是願寧以此身受三百鉾刺終不以
破戒之身受信心檀越百味醫藥
復作是願寧以此身投熱鐵鑊千劫終不以
破戒之身受信心檀越千種房舍屋宅園林
田地
復作是願寧以鐵槌打碎此身從頭至足令
如微塵終不以破戒之身受信心檀越恭敬
礼拜
復作是願寧以百千熱鐵刀鉾挑其兩目
終不以破戒之心視他好色
復作是願寧以百千鐵錐遍身鑱刺耳根
經一劫二劫終不以破戒之心聽好音聲
復作是願寧以百千刀忍割去其鼻終不以
破戒之心貪嗅諸香
復作是願寧以百千刃刀割斷其舌終不以
破戒之心食人百味淨食
復作是願寧以利斧斬破其身終不以破
戒之心貪著好觸
復作是願願一切眾生悉得成佛菩薩若不
發如是等願者犯輕垢罪
若佛子常應二時頭陁冬夏坐禪結夏安
居常用楊枝澡豆三衣瓶鉢坐具錫杖香爐
漉水囊手巾刀子火燧鑷子繩床經律佛像
菩薩形像而菩薩行頭陁時及遊方時行來
時百里千里此十八種物常隨其身頭陁者從

發如是等願者犯輕垢罪
若佛子常應二時頭陁冬夏坐禪結夏安
居常用楊枝澡豆三衣瓶鉢坐具錫杖香爐
漉水囊手巾刀子火燧鑷子繩床經律佛像
菩薩形像而菩薩行頭陁時及遊方時行來
時百里千里此十八種物常隨其身頭陁者從
正月十五日至三月十五日八月十五日至十月
十五日是二時中此十八種物常隨其身如
鳥二翼若布薩日新菩薩半月半月布
薩應誦十八四十八輕戒於諸佛菩薩形像
前一人布薩即一人誦若二人若三人乃至百千人
亦一人誦誦者高坐聽者下坐各各披九條
七條五條袈裟結夏安居一一如法若頭
陁時莫入難處若國難賊難惡王土地高
下草木深邃師子虎狼水火惡風劫賊道
路毒虵一切難處悉不得入若頭陁行道乃至
夏坐安居是諸難處皆不得入若故入者
犯輕垢罪
若佛子應如法次第坐先受戒者在前坐
後受戒者在後坐不問老少比丘比丘尼貴人
國王王子乃至黃門奴婢皆應先受戒者在
前坐後受戒者次第而坐莫如外道癡人若
老若少无前无後坐无次第兵奴之法我
佛法中先者先坐後者後坐而菩薩一一不
如法次第坐者犯輕垢罪
若佛子常應教化一切眾生建立僧坊山林
園田立作佛塔冬夏安居坐禪處所一切行

老若少无前无後坐无次第兵奴之法我
佛法中先者先坐後者後坐而菩薩一一不
如法次第坐者犯輕垢罪
若佛子常應教化一切衆生建立僧坊山林
園宅立作佛塔冬夏安居坐禪處所一切行
道處皆應立之而菩薩為一切衆生講說
大乘經律若疾病國難賊難父母兄弟和上
阿闍梨亡滅之日及三七日乃至七七日亦應
講說大乘經律而齋會求福行來持生大
火所燒大水所漂黑風所吹船舫江河大海
羅剎之難亦應讀誦講說此大乘經律乃
至一切罪報三惡八難七逆杻械枷鎖繫縛其
身多婬多瞋多愚多疾病皆應講說
經律而新學菩薩若不介者犯輕垢罪
如是九戒應當學敬心奉持梵檀品當廣明
佛言佛子與人受戒時不得簡擇一切國王
王子大臣百官比丘比丘尼信男信女婬男
婬女十八梵六欲天无根二根黃門奴婢一
切鬼神盡得受戒應教身所著袈裟皆使
壞色與道相應皆染使青黃赤黑紫色一
切染衣乃至卧具盡以壞色身所著衣一切
染若一切國土中人所著衣服比丘皆應與
其俗服有異若欲受戒時師應問言汝現身
不作七逆罪耶菩薩法師不得與七逆人現
身受戒七逆者出佛身血殺父母殺和上

BD05910號　梵網經盧舍那佛說菩薩心地戒品第十卷下　（16–11）

染若一切國土中人所著衣服比丘皆應與
其俗服有異若欲受戒時師應問言汝現身
不作七逆罪耶菩薩法師不得與七逆人現
身受戒七逆者出佛身血殺父母殺和上
阿闍梨破羯磨轉法輪僧殺聖人若具七遮
罪即身不得戒餘一切人得受戒出家人法不
向國王禮拜不向父母禮拜六親不敬鬼神不
禮但解法師語有百里千里來求法者而
菩薩法師以惡心瞋心而不即與授一切衆生
戒者犯輕垢罪
若佛子教化人起信心時菩薩與他人作教
戒法師者見欲受戒人應教請二師和上阿
闍梨二師應問言汝有七遮罪不若現身有
七遮師不應與受戒无七遮者得與受戒若有犯
戒者應教懺悔在佛菩薩形像前日日六時
誦十重四十八輕戒若到禮三世千佛得見好
相若一七日二七三七日乃至一年要見好相
好相者佛來摩頂見光見華種種異相便得
滅罪若无好相雖懺无益是人現身亦不得
戒而得增受戒若犯四十八輕者對手懺悔罪
滅不同七遮而教戒師於是法中一一好解
若不解大乘經律若輕若重是非之相不解
第一義諦習種性長養性不可壞性道種性
正性其中多少觀行出入十禪支一切行法
一一不得此法中意而菩薩為利養故為名

BD05910號　梵網經盧舍那佛說菩薩心地戒品第十卷下　（16–12）

滅不[illegible]中一一[illegible]
若不解大乘經律若輕若重是非之相不解
第一義諦習種性長養性不可壞性道種性
正性其中多少觀行出入十禪支一切行法
一一不得此法中意而菩薩為利養故為名
聞故惡求貪利弟子而詐現解一切經律是
自欺詐亦欺詐他人故與人受戒者犯輕垢罪
若佛子不得為利養於未受菩薩戒者前
外道惡人前說此千佛大乘戒邪見人前亦不
得說除國王餘一切人不得說是惡人輩不受
佛戒名為畜生生生不見三寶如木石无心
名為外道邪見人輩木頭无異而菩薩於
是惡人前說七佛教戒者犯輕垢罪
若佛子信心出家受佛禁戒故起心毀犯
聖戒者不得受一切檀越供養亦得國王
地上不得飲國王水五千大鬼常遮其前鬼
言大賊入房舍城邑宅中鬼復常掃其腳
跡一切人罵言佛法中賊一切衆生眼不欲
見犯戒之人畜生无異木頭无異若毀正
戒者犯輕垢罪
若佛子常應一心受持讀誦大乘經律剝
皮為紙刺血為墨以髓為水析骨為筆
書寫佛戒木皮角紙綃素竹帛亦應書持
常以七寶无價香華一切雜寶為箱盛經
律卷若不如法供養者犯輕垢罪
若佛子常起大悲心若入一切城邑舍宅見

皮為紙刺血為墨以髓為水析骨為筆
書寫佛戒木皮角紙綃素竹帛亦應書持
常以七寶无價香華一切雜寶為箱盛經
律卷若不如法供養者犯輕垢罪
若佛子常起大悲心若入一切城邑舍宅見
一切衆生唱言汝等衆生盡應受三歸十戒
若見牛馬豬羊一切畜生應心念口言汝等
畜生發菩提心而菩薩入一切處山林川野
皆使一切衆生發菩提心是菩薩若不發
教化衆生心者犯輕垢罪
若佛子常行教化起大悲心入檀越貴人
家一切衆中不得立為白衣說法應白衣衆
前高座上坐法師比丘不得地立為四衆白衣說
法若說法時法師高坐香華供養四衆聽者
下坐如孝順父母敬順師教如事火婆羅
門其說法者若不如法說者犯輕垢罪
若佛子皆以信心受戒者若國王太子百官
四部弟子自恃高貴破滅佛法戒律明作
制法制我四部弟子不聽出家行道亦復不
聽造立形像佛塔經律破三寶之罪若故
作者犯輕垢罪
若佛子以好心出家而為名聞利養於國王
百官前說七佛戒橫與比丘比丘尼菩薩戒
弟子繫縛如師子身中虫自食師子宍非
餘外道天魔能破若受佛戒者應護佛戒

作者犯輕垢罪
若佛子以好心出家而爲名聞利養於國王
百官前說七佛戒橫與比丘比丘尼菩薩戒
弟子繫縛如師子身中虫自食師子肉非
餘外道天魔能破若受佛戒者應護佛戒
如念一子如事父母而聞外道惡人以惡言誹
謗佛戒時如三百鉾刺心千刀万杖打拍其身
等无有異寧自入地獄百劫而不一聞惡言破
佛戒之聲而況自破佛戒教人破法因緣
亦无孝順之心若故作者犯輕垢罪
如是九戒應當學敬心奉持
諸佛子是四十八輕戒汝等受持過去諸菩
薩已誦現在諸菩薩今誦未來諸菩薩當
誦諸佛子諦聽是十重四十八輕戒三世諸
佛已誦今誦當誦我亦如是誦汝等一切大
衆若國王王子百官比丘比丘尼信男信女受
持菩薩戒者應受持讀誦解說書寫佛性常
住戒卷流通三世一切衆生化化不絕得見千
佛佛佛授手世世不墮三惡八難常生人道天
中我今在此樹下略開七佛法戒汝等當一心學
波羅提木叉歡喜奉行如无相天王品勸學
中一一廣明三千學士時座者聽聞佛自誦心
心頂戴喜躍受持
書是典也張寺戒
菩薩戒經一卷

BD05910號　梵網經盧舍那佛說菩薩心地戒品第十卷下　（16–15）

薩已誦現在諸菩薩今誦未來諸菩薩當
誦諸佛子諦聽是十重四十八輕戒三世諸
佛已誦今誦當誦我亦如是誦汝等一切大
衆若國王王子百官比丘比丘尼信男信女受
持菩薩戒者應受持讀誦解說書寫佛性常
住戒卷流通三世一切衆生化化不絕得見千
佛佛佛授手世世不墮三惡八難常生人道天
中我今在此樹下略開七佛法戒汝等當一心學
波羅提木叉歡喜奉行如无相天王品勸學
中一一廣明三千學士時座者聽聞佛自誦心
心頂戴喜躍受持
書是典也張寺戒
菩薩戒經一卷

BD05910號　梵網經盧舍那佛說菩薩心地戒品第十卷下　（16–16）

BD05910 號背 1　菩薩戒略序　　　　（11–1）

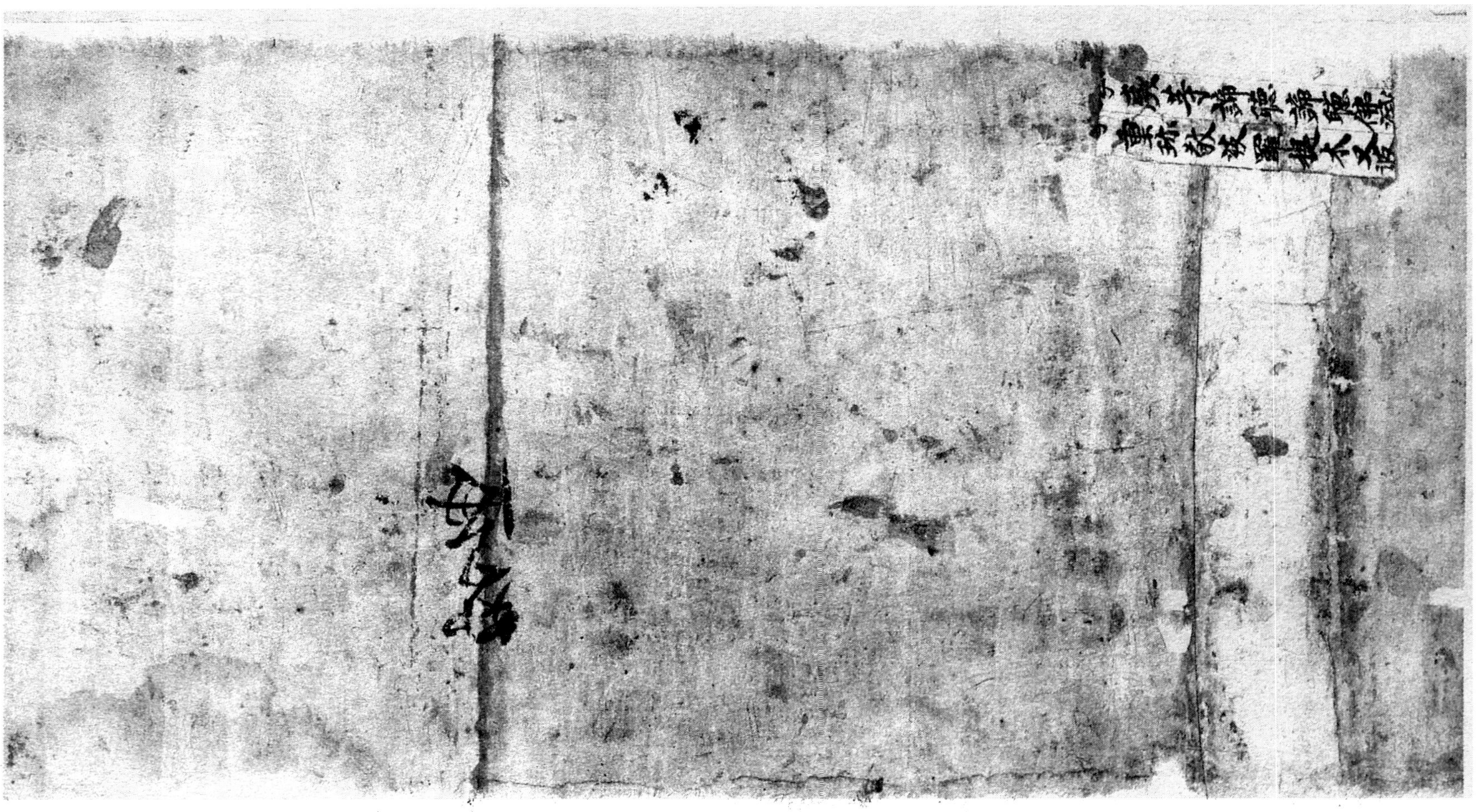

BD05910 號背 1　菩薩戒略序　　　　（11–2）

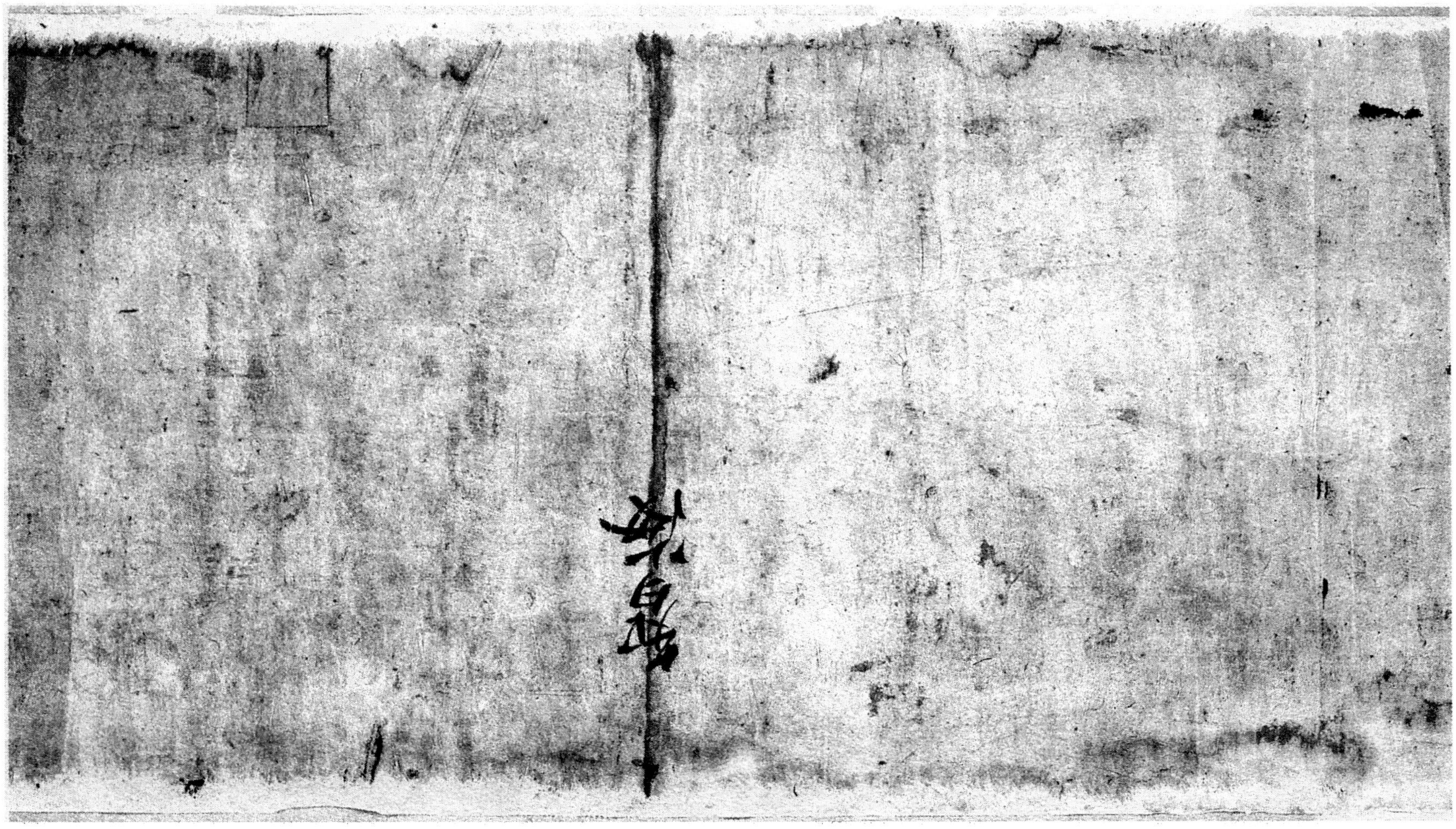

BD05910 號背　僧名騎縫押　（11–3）

BD05910 號背　僧名騎縫押　（11–4）

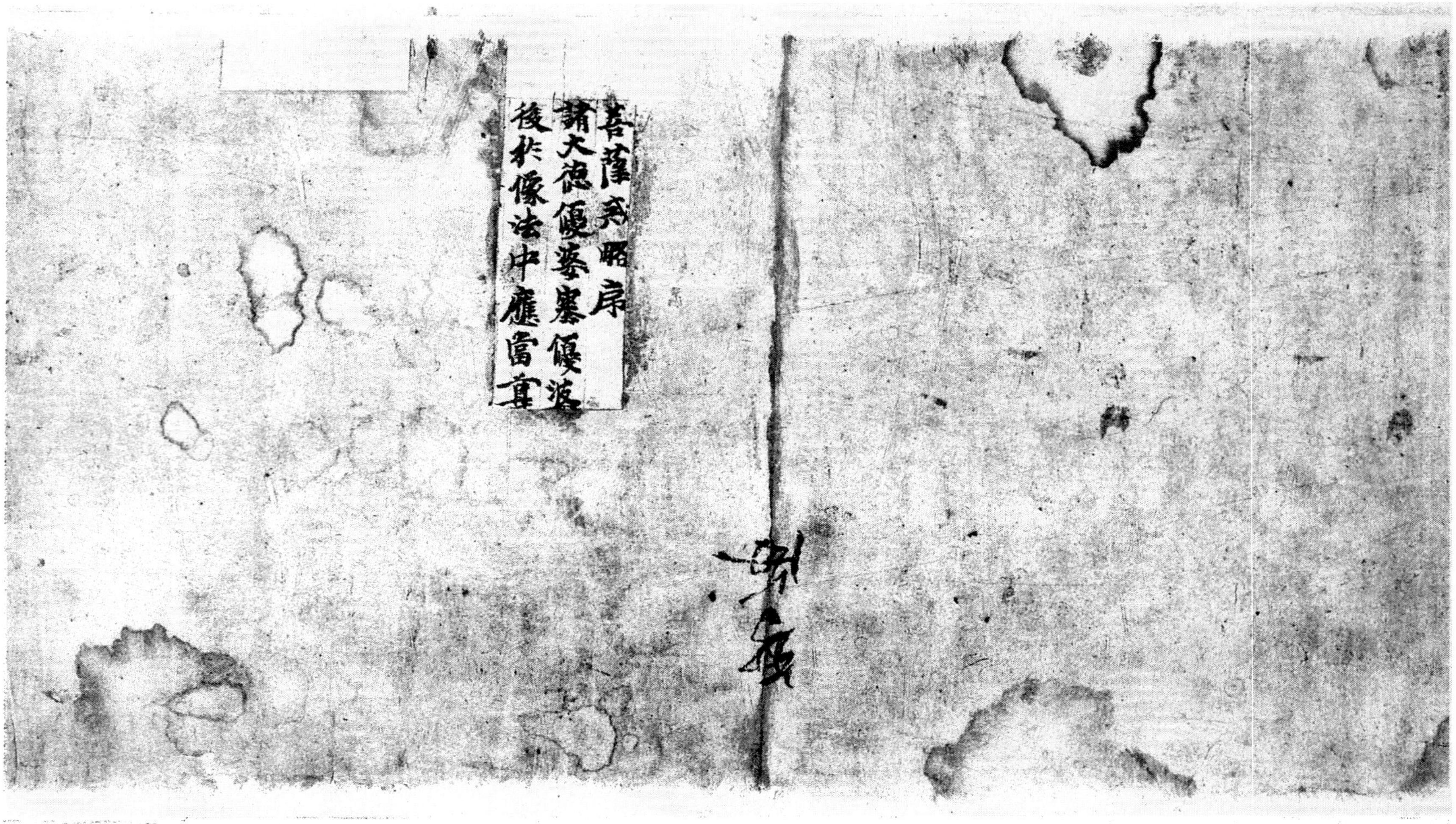

BD05910 號背 1　菩薩戒略序　（11–5）
BD05910 號背　僧名騎縫押

BD05910 號背　僧名騎縫押　（11–6）

BD05910 號背　僧名騎縫押　　（11-7）

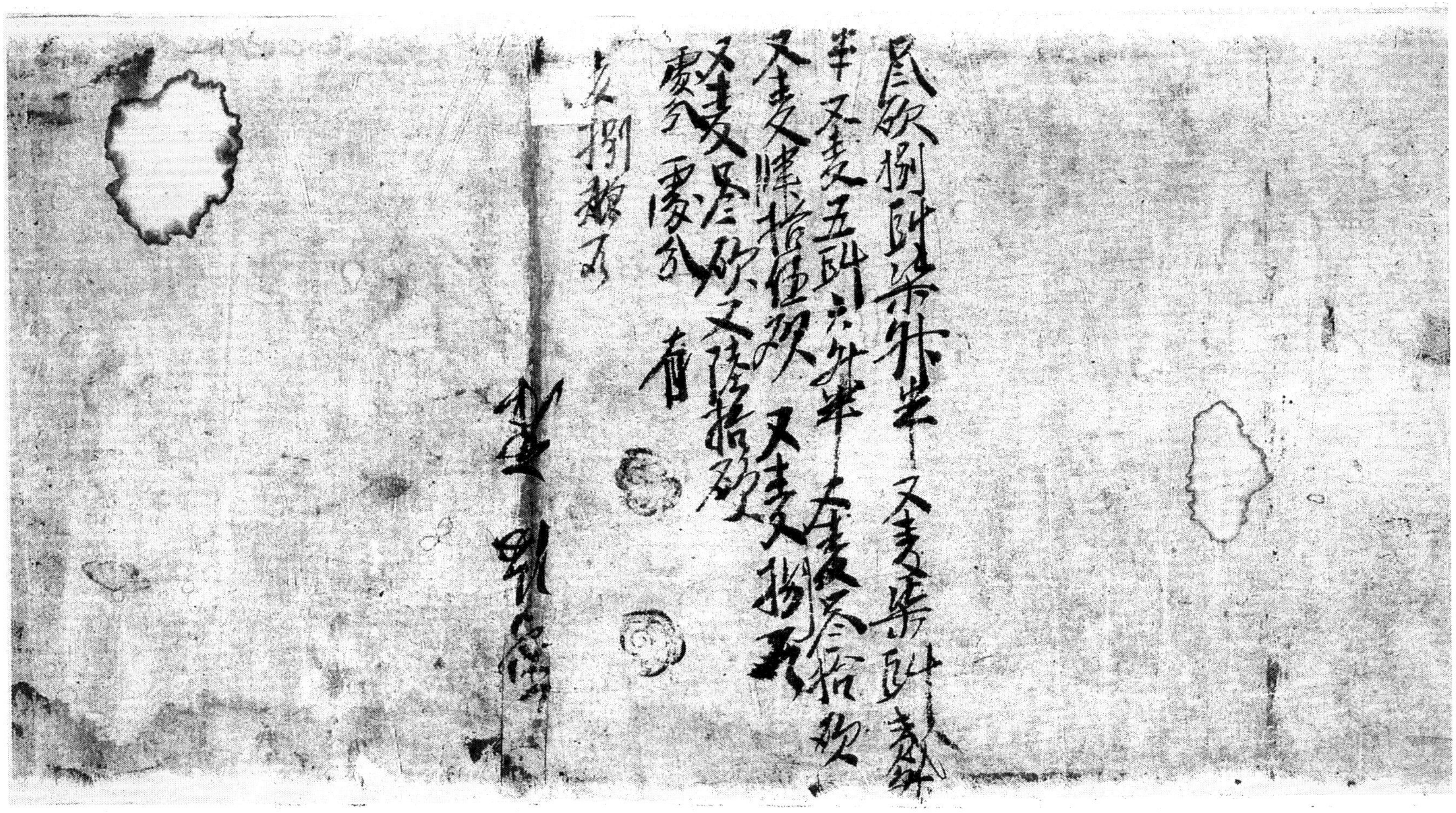

BD05910 號背 2　糧食出破歷（擬）　　（11-8）
BD05910 號背　僧名騎縫押

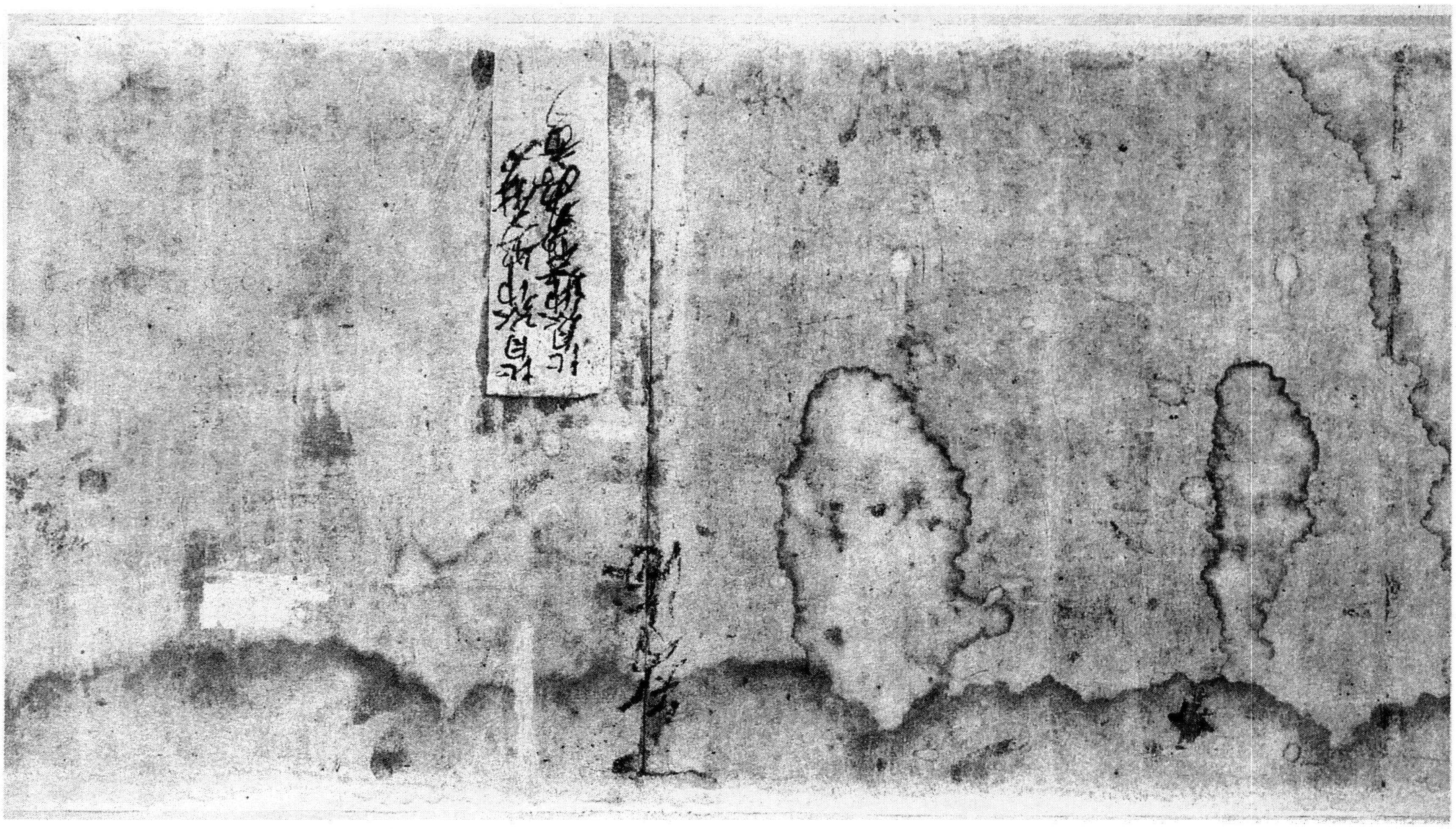

BD05910 號背　雜寫　僧名騎縫押　（11–9）

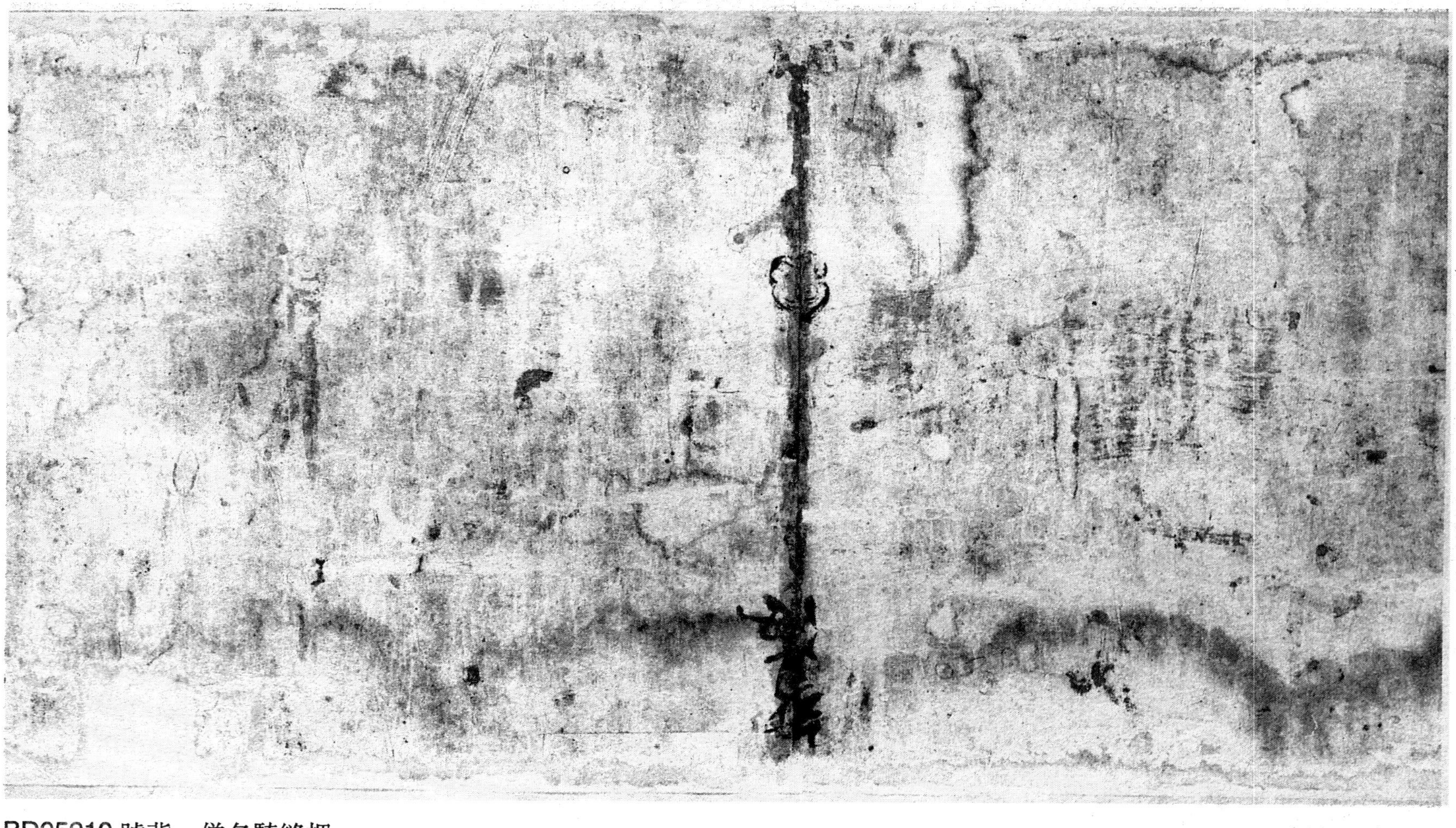

BD05910 號背　僧名騎縫押　（11–10）

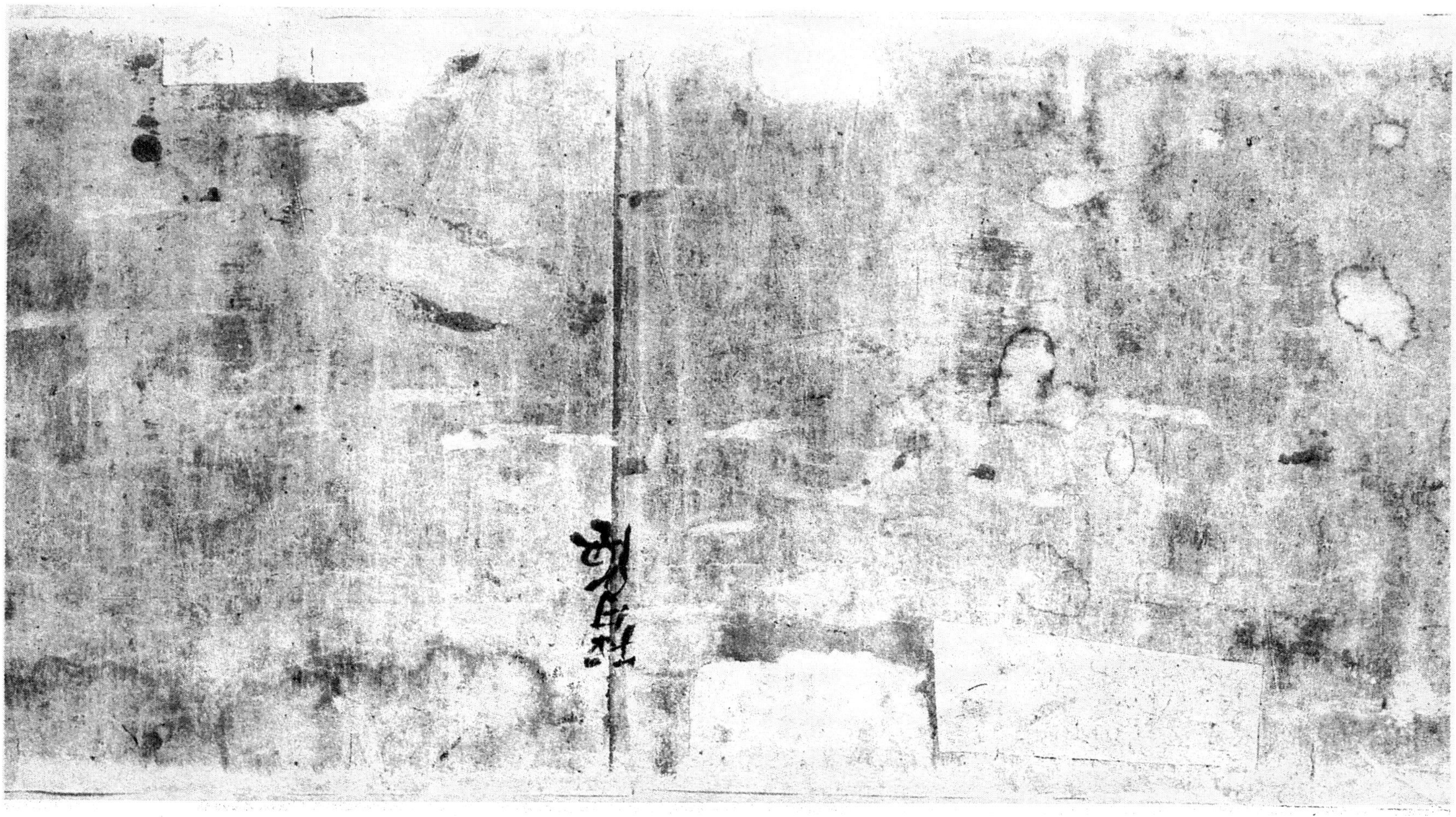

BD05910 號背　僧名騎縫押　　（11–11）

名日妙音久已殖衆徳本供養親近无量百
千万億諸佛而悉成就甚深智慧得妙幢相
三昧法華三昧淨徳三昧宿王戲三昧无緣
三昧智印三昧解一切衆生語言三昧集一
一切徳三昧清淨三昧神通遊戲三昧慧炬
三昧荘嚴王三昧淨光明三昧淨藏三昧不
共三昧日旋三昧得如是百千万億恒河沙
等諸大三昧釋迦牟尼佛光照其身即白淨
華宿王智佛言世尊我當往詣娑婆世界礼
拜親近供養釋迦牟尼佛及見文殊師利法
王子菩薩藥王菩薩勇施菩薩宿王華菩薩
上行意菩薩荘嚴王菩薩藥上菩薩尒時淨
華宿王智佛告妙音菩薩汝莫軽彼國生下
劣想善男子彼娑婆世界高下不平土石諸
山穢惡充滿佛身卑小諸菩薩衆其形亦小
而汝身四万二千由旬我身六百八十万由
旬汝身第一端正百千万福光明殊妙是故
汝往莫軽彼國若佛菩薩及國土生下劣想

BD05911 號　妙法蓮華經卷七　　（6–1）

華宿王智佛告妙音菩薩汝莫輕彼國生下
劣想善男子彼娑婆世界高下不平土石諸
山穢惡充滿佛身卑小諸菩薩衆其形亦小
而汝身四万二千由旬我身六百八十万由
旬汝身第一端正百千万福光明殊妙是故
汝往莫輕彼國若佛菩薩及國土生下劣想
妙音菩薩白其佛言世尊今詣娑婆世界
皆是如來之力如來神通遊戲如來功德智
慧莊嚴於是妙音菩薩不起于座身不動
搖而入三昧以三昧力於耆闍崛山去法座不
遠化作八万四千衆寶蓮華閻浮檀金為莖
白銀為葉金剛為鬚甄叔迦寶以為其臺尒
時文殊師利法王子見是蓮華而白佛言世
尊是何因緣先現此瑞有若干千万蓮華閻
浮檀金為莖白銀為葉金剛為鬚甄叔迦寶
以為其臺尒時釋迦牟尼佛告文殊師利是
妙音菩薩摩訶薩欲從淨華宿王智佛國與
八万四千菩薩圍繞而來至此娑婆世界供
養親近礼拜於我亦欲供養聽法華經文殊
師利白佛言世尊是菩薩種何善本脩何功
德而能有是大神通力行何三昧願為我等
說是三昧名字我等亦欲勤脩行之行此三
昧乃能見是菩薩色相大小威儀進止唯願
世尊以神通力彼菩薩來令我得見尒時釋
迦牟尼佛告文殊師利此久滅度多寶如來
當為汝等而現其相時多寶佛告彼菩薩善

BD05911號　妙法蓮華經卷七　（6–2）

德而能有是大神通力行何三昧願為我等
說是三昧名字我等亦欲勤脩行之行此三
昧乃能見是菩薩色相大小威儀進止唯願
世尊以神通力彼菩薩來令我得見尒時釋
迦牟尼佛告文殊師利此久滅度多寶如來
當為汝等而現其相時多寶佛告彼菩薩善
男子來文殊師利法王子欲見汝身于時妙
音菩薩於彼國沒與八万四千菩薩俱共發
來所經諸國六種震動皆悉雨於七寶蓮華
百千天樂不鼓自鳴是菩薩目如廣大青蓮
華葉正使和合百千万月其面貌端正復過
於此身真金色无量百千功德莊嚴威德熾
盛光明照曜諸相具足如那羅延堅固之身
入七寶臺上昇虛空去地七多羅樹諸菩薩
衆恭敬圍繞而來詣此娑婆世界耆闍崛山
到已下七寶臺以價直百千瓔珞持至釋迦
牟尼佛所頭面礼足奉上瓔珞而白佛言世
尊淨華宿王智佛問訊世尊少病少惱起居
輕利安樂行不四大調和不世事可忍不衆
生易度不无多貪欲瞋恚愚癡嫉妬慳慢不
无不孝父母不敬沙門耶見不善心不攝五
情不世尊衆生能降伏諸魔怨不久滅度多
寶如來在七寶塔中來聽法不又問訊多寶
如來安隱少惱堪忍久住不世尊我今欲見
多寶佛身唯願世尊示我令見尒時釋迦牟
尼佛語多寶佛是妙音菩薩欲得相見時

BD05911號　妙法蓮華經卷七　（6–3）

无不孝父母不敬沙門耶見不善心不攝五
情不世尊衆生能降伏諸魔怨不久滅度多
寶如來在七寶塔中來聽法不又問訊多寶
如來安隱少惱堪忍久住不世尊我今欲見
多寶佛身唯願世尊示我令見尒時釋迦牟
尼佛語多寶佛是妙音菩薩欲得相見時多
寶佛告妙音言善哉善哉汝能爲供養釋
迦牟尼佛及聽法華經并見文殊師利等故
來至此尒時華德菩薩白佛言世尊是妙音菩
薩種何善根脩何功德有是神力佛告華
德菩薩過去有佛名雲雷音王多陁阿伽度阿
羅呵三藐三佛陁國名現一切世間劫名憙
見妙音菩薩於万二千歲以十万種伎樂供
養雲雷音王佛并奉上八万四千七寶鉢以
是因緣果報今生淨華宿王智佛國有是神
力華德於汝意云何尒時雲雷音王佛所妙
音菩薩伎樂供養奉上寶器者豈異人乎今
此妙音菩薩摩訶薩是華德是妙音菩薩
已曾供養親近无量諸佛久殖德本又值恒
河沙等百千万億那由他佛華德汝但見妙音
菩薩其身在此而是菩薩現種種身處處爲
諸衆生說是經典或現梵王身或現帝釋身
或現自在天身或現大自在天身或現天大將軍
身或現毗沙門天王身或現轉輪聖王身或
現諸小王身或現長者身或現居士身或現
宰官身或現婆羅門身或現比丘比丘尼優婆

諸衆生說是經典或現梵王身或現帝釋身
或現自在天身或現大自在天身或現天大將軍
身或現毗沙門天王身或現轉輪聖王身或
現諸小王身或現長者身或現居士身或現
宰官身或現婆羅門身或現比丘比丘尼優
婆塞優婆夷身或現長者居士婦女身或現
宰官婦女身或現婆羅門婦女身或現童男
童女身或現天龍夜叉乾闥婆阿脩羅迦樓
羅緊那羅摩睺羅伽人非人等身而說是經
諸有地獄餓鬼畜生及衆難處皆能救濟乃
至於王後宮變爲女身而說是經華德是妙
音菩薩能救護娑婆世界諸衆生者是妙音
菩薩如是種種變化現身在此娑婆國土爲
諸衆生說是經典於神通變化智慧无所損
減是菩薩以若干智慧明照娑婆世界令一
切衆生各得所知於十方恒河沙世界中亦
復如是若應以聲聞形得度者現聲聞形而
爲說法應以辟支佛形得度者現辟支佛形
而爲說法應以菩薩形得度者現菩薩形而
爲說法應以佛形得度者即現佛形而爲說
法如是種種隨所應度而爲現形乃至應以
滅度而得度者示現滅度華德妙音菩薩摩
訶薩成就大神通智慧之力其事如是尒時
華德菩薩白佛言世尊是妙音菩薩深種善
根世尊是菩薩住何三昧而能如是在所變

滅度而得度者示現滅度華德妙音菩薩摩
訶薩成就大神通智慧之力其事如是尒時
華德菩薩白佛言世尊是妙音菩薩深種善
根世尊是菩薩住何三昧而能如是在所變
現度脫衆生佛告華德菩薩善男子其三昧
名現一切色身妙音菩薩住是三昧中能如
是饒益无量衆生說是妙音菩薩品時與妙
音菩薩俱來者八万四千人皆得現一切色
身三昧此娑婆世界无量菩薩亦得是三昧
及陁羅尼尒時妙音菩薩摩訶薩供養釋
迦牟尼佛及多寶佛塔已還歸本土所經諸國
六種震動雨寶蓮華作百千万億種種伎樂
旣到本國與八万四千菩薩圍遶至淨華宿
王智佛所白佛言世尊我到娑婆世界饒益
衆生見釋迦牟尼佛及見多寶佛塔礼拜供
養又見文殊師利法王子菩薩及見藥王菩
薩得勤精進力菩薩勇施菩薩等亦令八万
四千菩薩得現一切色身三昧說是妙音菩
薩來往品時四万二千天子得无生法忍華
德菩薩得法華三昧

BD05911號　妙法蓮華經卷七　（6–6）

瞋恚報是
恚報是愚癡是
犯戒是應作是不應作是
得罪是離罪是淨是垢是有漏是无漏是邪
道是正道是有為是无為是世間是涅槃以
難化之人心如猨猴故以若干種法制御其
心乃可調伏譬如象馬儱悷不調加諸楚毒
乃至徹骨然後調伏如是剛強難化衆生故
以一切苦切之言乃可入律彼諸菩薩聞說
是已皆曰未曾有也如世尊釋迦牟尼佛隱
其无量自在之力乃以貧所樂法度脫衆生
斯諸菩薩亦能勞謙以无量大悲生是佛土
維摩詰言此土菩薩於諸衆生大悲堅固誠
如所言然其一世饒益衆生多於彼國百千劫
行所以者何此娑婆世界有十事善法諸餘
淨土之所无有何等為十以布施攝貧窮以
淨戒攝毀禁以忍辱攝瞋恚以精進攝懈怠
以禪定攝亂意以智慧攝愚癡說除難法度
八難者以大乘法度樂小乘者以諸善根濟
无德者常以四攝成就衆生是為十彼菩薩
曰菩薩成就幾法於此世界行无瘡疣生于
淨土維摩詰言菩薩成就八法於此世界行
无瘡疣生于淨土何等為八饒益衆生而不
望報代一切衆生受諸苦惱所作功德盡以

BD05912號　維摩詰所說經卷下　（7–1）

八難者以大乘法度樂小乘者以諸善根濟
无德者常以四攝成就衆生是為十彼菩薩
曰菩薩成就幾法於此世界行无瘡疣生于
淨土維摩詰言菩薩成就八法於此世界行
无瘡疣生于淨土何等為八饒益衆生而不
不望報代一切衆生受諸苦惱所作功德盡以
施之等心衆生謙下无閡於諸菩薩視之如
佛所未聞經聞之不疑不與聲聞而相違背
不嫉彼供不高己利而於其中調伏其心常
省己過不訟彼短恒以一心求諸功德是為
八維摩詰文殊師利於大衆中說是法時
百千天人皆發阿耨多羅三藐三菩提心十
千菩薩得无生法忍

菩薩行品第十一

是時佛說法於菴羅樹園其地忽然廣博嚴
事一切衆會皆作金色阿難白佛言世尊以
何因緣有此瑞應是處忽然廣博嚴事一切
衆會皆作金色佛告阿難是維摩詰文殊師
利與諸大衆恭敬圍遶發意欲來故先為此
瑞應於是維摩詰語文殊師利可共見佛與
諸菩薩礼事供養文殊師利言善哉行矣今
正是時維摩詰即以神力持諸大衆并師子
坐置於右掌往詣佛所到已著地稽首佛足
右繞七匝一心合掌在一面立其諸菩薩即
皆避坐稽首佛足亦繞七匝於一面立諸大
弟子釋梵四天王等亦皆避坐稽首佛足在
一面立於是世尊如法慰問諸菩薩已各令

BD05912號　維摩詰所說經卷下　（7–2）

坐置於右掌往詣佛所到已著地稽首佛足
右繞七匝一心合掌在一面立其諸菩薩即
皆避坐稽首佛足亦繞七匝於一面立諸大
弟子釋梵四天王等亦皆避坐稽首佛足在
一面立於是世尊如法慰問諸菩薩已各令
復坐即皆受教衆坐已定佛語舍利弗汝見
菩薩大士自在神力之所為乎唯然已見於
汝意云何世尊我覩其為不可思議非意所
圖非度所測尒時阿難白佛言世尊今所聞
香自昔未有是為何香佛告阿難是彼菩薩
毛孔之香於是舍利弗語阿難言我等毛孔
亦出是香阿難言此所從來曰是長者維摩
詰從衆香國取佛餘飯於舍食者一切毛孔
皆香若此阿難問維摩詰是香氣住當久如
維摩詰言至此飯消曰此飯久如當消曰此
飯勢力至于七日然後乃消又阿難若聲聞
人未入正位食此飯者得入正位然後乃消
已入正位食此飯者得心解脫然後乃消若
未發大乘意食此飯者至發意乃消已發意
食此飯者得无生忍然後乃消已得无生忍
食此飯者至一生補處然後乃消譬如有藥
名曰上味其有服者身諸毒滅然後乃消此
飯如是滅除一切諸煩惱毒然後乃消阿難
白佛言未曾有也世尊如此香飯能作佛事
佛言如是如是阿難或有佛土以佛光
明而作佛事有以諸菩薩而作佛事有以佛
所化人而作佛事有以菩提樹而作佛事有

BD05912號　維摩詰所說經卷下　（7–3）

名曰上味其有服者身諸毒滅然後乃消
飯如是滅除一切諸煩惱毒然後乃消阿難
白佛言未曾有也世尊如此香飯能作佛事
佛言如是如是阿難或有佛土以佛光
明而作佛事有以諸菩薩而作佛事有以佛
所化人而作佛事有以菩提樹而作佛事有
以佛衣服卧具而作佛事有以飯食而作佛
事有以園林臺觀而作佛事有以卅二相八
十隨形好而作佛事有以佛身而作佛事有
以虛空而作佛事衆生應以此緣得入律行
有以夢幻影響鏡中像水中月熱時炎如是
等喻而作佛事有以音聲語言文字而作佛
事或有清淨佛土寂寞无言无說无示无識
无作无為而作佛事如是阿難諸佛威儀進
止諸所施為无非佛事阿難有此四魔八万
四千諸煩惱門而諸衆生為之疲勞諸佛即
以此法而作佛事是名入一切諸佛法門菩
薩入此門者若見一切淨妙佛土不以為喜
不貪不高若見一切不淨佛土不以為憂不
閡不沒但於諸佛生清淨心歡喜恭敬未曾
有也諸佛如來功德平等為教化衆生故而
現佛土不同阿難汝見諸佛國土地有若干
而虛空无若干也如是見諸佛色身有若干
耳其无閡慧无若干也阿難諸佛色身威相
種姓戒定智慧解脫解脫知見力无所畏不
共之法大慈大悲威儀所行及其壽命說法
教化成就衆生淨佛國土具諸佛法悉皆同

BD05912號　維摩詰所說經卷下　　(7–4)

而虛空无若干也如是見諸佛色身有若干
耳其无閡慧无若干也阿難諸佛色身威相
種姓戒定智慧解脫解脫知見力无所畏不
共之法大慈大悲威儀所行及其壽命說法
教化成就衆生淨佛國土具諸佛法悉皆同
等是故名為三藐三佛陁名為多陁阿伽度
名為佛陁阿難若我廣說此三句義汝以劫
壽不能盡受正使三千大千世界滿中衆生
皆如阿難多聞第一得念總持此諸人等以
劫之壽亦不能受如是阿難諸佛阿耨多羅
三藐三菩提无有限量智慧辯才不可思議
阿難白佛我從今已往不敢自謂以為多聞
佛告阿難勿起退意所以者何我說汝於聲
聞中為最多聞非謂菩薩且止阿難其有智
者不應限度諸菩薩也一切海淵尚可測量
菩薩禪定智慧總持辯才一切功德不可量
也阿難汝等捨置菩薩所行是維摩詰一時
所現神通之力一切聲聞辟支佛於百千劫
盡力變化所不能作
尒時衆香世界菩薩來者合掌白佛言世尊
我等初見此土生下劣想今自悔責捨離是
心所以者何諸佛方便不可思議為度衆生
故隨其所應現佛國異唯然世尊願賜少法
還於彼土當念如來佛告諸菩薩有盡无盡
解脫法門汝等當學何謂為盡謂有為法何
謂无盡謂无為法如菩薩者不盡有為不住
无為何謂不盡有為謂不離大慈不捨大悲

BD05912號　維摩詰所說經卷下　　(7–5)

還於彼土當念如來佛告諸菩薩有盡无盡
解脫法門汝等當學何謂爲盡謂有爲法何
謂无盡謂无爲法如菩薩者不盡有爲不住
无爲何謂不盡有爲謂不離大慈不捨大悲
深發一切智心而不忽忘教化衆生終不猒
惓於四攝法常念順行護持正法不惜軀命
種諸善根无有疲猒志常安住方便迴向求
法不懈說法无恡勤供諸佛故入生死而无
所畏於諸榮辱心无憂喜不輕未學敬學如
佛墮煩惱者令發正念於遠離樂不以爲貴
不著己樂慶於彼樂在諸禪定如地獄想於
生死中如園觀想見來求者爲善師想捨諸
所有具一切智想見毀戒人起救護想諸波
羅蜜爲父母想道品之法爲眷屬想發行善
根无有齊限以諸淨國嚴飾之事成己佛土
行不限施具足相好除一切惡淨身口意生死
无數劫意而有勇聞佛无量德志而不惓以
智慧劒破煩惱賊出陰界入荷負衆生永使
解脫以大精進摧伏魔軍常求无念實相智
慧於世間法少欲知足於出世間法求之无
猒不壞威儀而能隨俗起神通慧引導衆生
得念總持所聞不忘善別諸根斷衆生疑以
樂說辯演法无閡淨十善道受天人福脩四无
量開梵天道勸請說法隨喜讚善得佛音聲
身口意善得佛威儀深脩善法所行轉勝以
大乘教成菩薩僧心无放逸不失衆善行如
此法是名菩薩不盡有爲何謂菩薩不住无
[illegible]

BD05912號　維摩詰所說經卷下　（7–6）

所有具一切智想見毀戒人起救護想諸波
羅蜜爲父母想道品之法爲眷屬想發行善
根无有齊限以諸淨國嚴飾之事成己佛土
行不限施具足相好除一切惡淨身口意生死
无數劫意而有勇聞佛无量德志而不惓以
智慧劒破煩惱賊出陰界入荷負衆生永使
解脫以大精進摧伏魔軍常求无念實相智
慧於世間法少欲知足於出世間法求之无
猒不壞威儀而能隨俗起神通慧引導衆生
得念總持所聞不忘善別諸根斷衆生疑以
樂說辯演法无閡淨十善道受天人福脩四无
量開梵天道勸請說法隨喜讚善得佛音聲
身口意善得佛威儀深脩善法所行轉勝以
大乘教成菩薩僧心无放逸不失衆善行如
此法是名菩薩不盡有爲何謂菩薩不住无
爲謂脩學空不以空爲證脩學无相无作不
以无相无作爲證脩學无起不以无起爲證
觀於无常而不猒善本觀世間苦而不惡生
死觀於无我而誨人不惓觀於寂滅而不
永寂滅觀於遠離而身心脩善觀

BD05912號　維摩詰所說經卷下　（7–7）

阿羅漢是最後身
耨多羅三藐三菩提當知此□皆是增
人所以者何若有比丘實得阿羅漢若不信
此法无有是處除佛滅度後現前无佛所以
者何佛滅度後如是等經受持讀誦解義者
是人難得若遇餘佛於此法中便得決了舍
利弗汝等當一心信解受持佛語諸佛如來言
无虛妄无有餘乘唯一佛乘尒時世尊欲重
宣此義而說偈言
比丘比丘尼 有懷增上慢 優婆塞我慢 優婆夷不信
如是四衆等 其數有五千 不自見其過 於戒有缺漏
護惜其瑕疵 是小智已出 衆中之糟糠 佛威德故去
斯人尠福德 不堪受是法 此衆无枝葉 唯有諸貞實
舍利弗善聽 諸佛所得法 无量方便力 而為衆生說
衆生心所念 種種所行道 若干諸欲性 先世善惡業
佛悉知是已 以諸緣譬喻 言辭方便力 令一切歡喜
或說修多羅 伽陀及本事 本生未曾有 亦說於因緣
譬喻并祇夜 優波提舍經 鈍根樂小法 貪著於生死
於諸无量佛 不行深妙道 衆苦所惱亂 為是說涅槃

BD05913 號　妙法蓮華經卷一　（7–1）

舍利弗善聽 諸佛所得法 无量方便力 而為衆生說
衆生心所念 種種所行道 若干諸欲性 先世善惡業
佛悉知是已 以諸緣譬喻 言辭方便力 令一切歡喜
或說修多羅 伽陀及本事 本生未曾有 亦說於因緣
譬喻并祇夜 優波提舍經 鈍根樂小法 貪著於生死
於諸无量佛 不行深妙道 衆苦所惱亂 為是說涅槃
我設是方便 令得入佛慧 未曾說汝等 當得成佛道
所以未曾說 說時未至故 今正是其時 決定說大乘
我此九部法 隨順衆生說 入大乘為本 以故說是經
有佛子心淨 柔軟亦利根 无量諸佛所 而行深妙道
為此諸佛子 說是大乘經 我記如是人 來世成佛道
以深心念佛 修持淨戒故 此等聞得佛 大喜充遍身
佛知彼心行 故為說大乘 聲聞若菩薩 聞我所說法
乃至於一偈 皆成佛无疑 十方佛土中 唯有一乘法
无二亦无三 除佛方便說 但以假名字 引導於衆生
說佛智慧故 諸佛出於世 唯此一事實 餘二則非真
終不以小乘 濟度於衆生 佛自住大乘 如其所得法
定慧力莊嚴 以此度衆生 自證无上道 大乘平等法
若以小乘化 乃至於一人 我則墮慳貪 此事為不可
若人信歸佛 如來不欺誑 亦无貪嫉意 斷諸法中惡
故佛於十方 而獨无所畏 我以相嚴身 光明照世間
无量衆所尊 為說實相印 舍利弗當知 我本立誓願
欲令一切衆 如我等无異 如我昔所願 今者已滿足
化一切衆生 皆令入佛道 若我遇衆生 盡教以佛道
无智者錯亂 迷惑不受教 我知此衆生 未曾修善本
堅著於五欲 癡愛故生惱 以諸欲因緣 墜墮三惡道

BD05913 號　妙法蓮華經卷一　（7–2）

无量衆所尊　為説實相印　舍利弗當知　我本立誓願
欲令一切衆　如我等无異　如我昔所願　今者已滿足
化一切衆生　皆令入佛道　若我遇衆生　盡教以佛道
无智者錯亂　迷惑不受教　我知此衆生　未曾脩善本
堅著於五欲　癡愛故生惱　以諸欲因緣　墜墮三惡道
輪迴六趣中　備受諸苦毒　受胎之微形　世世常增長
薄德少福人　衆苦所逼迫　入邪見稠林　若有若无等
依止此諸見　具足六十二　深著虛妄法　堅受不可捨
我慢自矜高　諂曲心不實　於千万億劫　不聞佛名字
亦不聞正法　如是人難度　是故舍利弗　我為設方便
説諸盡苦道　示之以涅槃　我雖説涅槃　是亦非真滅
諸法從本來　常自寂滅相　佛子行道已　來世得作佛
我有方便力　開示三乘法　一切諸世尊　皆説一乘道
今此諸大衆　皆應除疑惑　諸佛語无異　唯一无二乘
過去无數劫　无量滅度佛　百千万億衆　其數不可量
如是諸世尊　種種緣譬喻　无數方便力　演説諸法相
是諸世尊等　皆説一乘法　化无量衆生　令入於佛道
又諸大聖主　知一切世間　天人群生類　深心之所欲
更以異方便　助顯第一義　若有衆生類　值諸過去佛
若聞法布施　或持戒忍辱　精進禪智等　種種脩福德
如是諸人等　皆已成佛道　諸佛滅度已　若人善軟心
如是諸衆生　皆已成佛道　諸佛滅度已　供養舍利者
起万億種塔　金銀及頗梨　車𤦲與馬瑙　玫瑰瑠璃珠
清淨廣嚴飾　莊校於諸塔　或有起石廟　栴檀及沈水
木櫁并餘材　塼瓦泥土等　若於曠野中　積土成佛廟

BD05913號　妙法蓮華經卷一　（7–3）

如是諸衆生　皆已成佛道　諸佛滅度已　供養舍利者
起万億種塔　金銀及頗梨　車𤦲與馬瑙　玫瑰瑠璃珠
清淨廣嚴飾　莊校於諸塔　或有起石廟　栴檀及沈水
木櫁并餘材　塼瓦泥土等　若於曠野中　積土成佛廟
乃至童子戲　聚沙為佛塔　如是諸人等　皆已成佛道
若人為佛故　建立諸形像　刻彫成衆相　皆已成佛道
或以七寶成　鍮石赤白銅　白鑞及鉛錫　鐵木及與泥
或以膠漆布　嚴飾作佛像　如是諸人等　皆已成佛道
綵畫作佛像　百福莊嚴相　自作若使人　皆已成佛道
乃至童子戲　若草木及筆　或以指爪甲　而畫作佛像
如是諸人等　漸漸積功德　具足大悲心　皆已成佛道
但化諸菩薩　度脫无量衆　若人於塔廟　寶像及畫像
以華香幡蓋　敬心而供養　若使人作樂　擊鼓吹角貝
簫笛琴箜篌　琵琶鐃銅鈸　如是衆妙音　盡持以供養
或以歡喜心　歌唄頌佛德　乃至一小音　皆已成佛道
若人散亂心　乃至以一華　供養於畫像　漸見无數佛
或有人禮拜　或復但合掌　乃至舉一手　或復小低頭
以此供養像　漸見无量佛　自成无上道　廣度无數衆
入无餘涅槃　如薪盡火滅　若人散亂心　入於塔廟中
一稱南无佛　皆已成佛道　於諸過去佛　在世或滅後
若有聞是法　皆已成佛道　未來諸世尊　其數无有量
是諸如來等　亦方便説法　一切諸如來　以无量方便
度脫諸衆生　入佛无漏智　若有聞法者　无一不成佛
諸佛本誓願　我所行佛道　普欲令衆生　亦同得此道
未來世諸佛　雖説百千億　无數諸法門　其實為一乘

BD05913號　妙法蓮華經卷一　（7–4）

皆已成佛道　未来諸世尊　其數无有量
是諸如来等　亦方便說法　一切諸如来　以无量方便
度脫諸衆生　入佛无漏智　若有聞法者　无一不成佛
諸佛本誓願　我所行佛道　普欲令衆生　亦同得此道
未来世諸佛　雖說百千億　无數諸法門　其實為一乘
諸佛兩足尊　知法常无性　佛種從緣起　是故說一乘
是法住法位　世間相常住　於道場知已　導師方便說
天人所供養　現在十方佛　其數如恒沙　出現於世間
安隱衆生故　亦說如是法　知苐一寂滅　以方便力故
雖示種種道　其實為佛乘　知衆生諸行　深心之所念
過去所習業　欲性精進力　及諸根利鈍　以種種因緣
譬喻亦言辭　隨應方便說　今我亦如是　安隱衆生故
以種種法門　宣示於佛道　我以智慧力　知衆生性欲
方便說諸法　皆令得歡喜　舍利弗當知　我以佛眼觀
見六道衆生　貧窮无福慧　入生死險道　相續苦不斷
深著於五欲　如犛牛愛尾　以貪愛自蔽　盲瞑无所見
不求大勢佛　及與斷苦法　深入諸邪見　以苦欲捨苦
為是衆生故　而起大悲心　我始坐道場　觀樹亦經行
於三七日中　思惟如是事　我所得智慧　微妙最苐一
衆生諸根鈍　著樂癡所盲　如斯之等類　云何而可度
尒時諸梵王　及諸天帝釋　護世四天王　及大自在天
并餘諸天衆　眷屬百千万　恭敬合掌礼　請我轉法輪
我即自思惟　若但讚佛乘　衆生沒在苦　不能信是法
破法不信故　墜於三惡道　我寧不說法　疾入於涅槃
尋念過去佛　所行方便力　我今所得道　亦應說三乘
作是思惟時　十方佛皆現　梵音慰喻我　善哉釋迦文

BD05913號　妙法蓮華經卷一

（7–5）

我即自思惟　若但讚佛乘　衆生沒在苦　不能信是法
破法不信故　墜於三惡道　我寧不說法　疾入於涅槃
尋念過去佛　所行方便力　我今所得道　亦應說三乘
作是思惟時　十方佛皆現　梵音慰喻我　善哉釋迦文
苐一之導師　得是无上法　隨諸一切佛　而用方便力
我等亦皆得　最妙苐一法　為諸衆生類　分別說三乘
少智樂小法　不自信作佛　是故以方便　分別說諸果
雖復說三乘　但為教菩薩　舍利弗當知　我聞聖師子
深淨微妙音　喜稱南无佛　復作如是念　我出濁惡世
如諸佛所說　我亦隨順行　思惟是事已　即趣波羅㮈
諸法寂滅相　不可以言宣　以方便力故　為五比丘說
是名轉法輪　便有涅槃音　及以阿羅漢　法僧差別名
從久遠劫来　讚示涅槃法　生死苦永盡　我常如是說
舍利弗當知　我見佛子等　志求佛道者　无量千万億
咸以恭敬心　皆来至佛所　曾從諸佛聞　方便所說法
我即作是念　如来所以出　為說佛慧故　今正是其時
舍利弗當知　鈍根小智人　著相憍慢者　不能信是法
今我喜无畏　於諸菩薩中　正直捨方便　但說无上道
菩薩聞是法　疑網皆已除　千二百羅漢　悉亦當作佛
如三世諸佛　說法之儀式　我今亦如是　說无分別法
諸佛興出世　懸遠值遇難　正使出于世　說是法復難
无量无數劫　聞是法亦難　能聽是法者　斯人亦復難
譬如優曇華　一切皆愛樂　天人所希有　時時乃一出
聞法歡喜讚　乃至發一言　則為已供養　一切三世佛
是人甚希有　過於優曇華　汝等勿有疑　我為諸法王

BD05913號　妙法蓮華經卷一

（7–6）

今我喜无畏　於諸菩薩中　正直捨方便　但說无上道
菩薩聞是法　疑網皆已除　千二百羅漢　悉亦當作佛
如三世諸佛　說法之儀式　我今亦如是　說无分別法
諸佛興出世　懸遠值遇難　正使出于世　說是法復難
无量无數劫　聞是法亦難　能聽是法者　斯人亦復難
譬如優曇華　一切皆愛樂　天人所希有　時時乃一出
聞法歡喜讚　乃至發一言　則為已供養　一切三世佛
是人甚希有　過於優曇華　汝等勿有疑　我為諸法王
普告諸大衆　但以一乘法　教化諸菩薩　无聲聞弟子
汝等舍利弗　聲聞及菩薩　當知是妙法　諸佛之秘要
以五濁惡世　但樂著諸欲　如是等衆生　終不求佛道
當來世惡人　聞佛說一乘　迷惑不信受　破法墮惡道
有慚愧清淨　志求佛道者　當為如是等　廣讚一乘道
舍利弗當知　諸佛法如是　以万億方便　隨宜而說法
其不習學者　不能曉了此　汝等既已知　諸佛世之師
隨宜方便事　无復諸疑惑　生心大歡喜　自知當作佛

妙法蓮華經卷第一

BD05913 號　妙法蓮華經卷一　（7–7）

…是人皆得成就不可量
不可稱无有邊不可思議功德如是人等則
為荷擔如來阿耨多羅三藐三菩提何以故
須菩提若樂小法者著我見人見衆生見壽
者見則於此經不能聽受讀誦為人解說須
菩提在在處處若有此經一切世間天人阿
脩羅所應供養當知此處則為是塔皆應恭
敬作禮圍繞以諸華香而散其處
復次須菩提善男子善女人受持讀誦此經
若為人輕賤是人先世罪業應墮惡道以今
世人輕賤故先世罪業則為消滅當得阿耨
多羅三藐三菩提須菩提我念過去无量阿
僧祇劫於然燈佛前得值八百四千萬億那
由他諸佛悉皆供養承事无空過者若復有
人於後末世能受持讀誦此經所得功德於
我所供養諸佛功德百分不及一千萬億分
乃至筭數譬喻所不能及須菩提若善男子
善女人於後末世有受持讀誦此經所得功
德我若具說者或有人聞心則狂亂狐疑不
信須菩提當知是經義不可思議果報亦不
可思議
爾時須菩提白佛言世尊善男子善女人發

BD05914 號　金剛般若波羅蜜經　（7–1）

乃至筭數譬喻所不能及須菩提若善男子
善女人於後末世有受持讀誦此經所得功
德我若具說者或有人聞心則狂亂狐疑不
信須菩提當知是經義不可思議果報亦不
可思議
尒時須菩提白佛言世尊善男子善女人發
阿耨多羅三藐三菩提心云何應住云何降
伏其心佛告須菩提善男子善女人發阿耨
多羅三藐三菩提者當生如是心我應滅度
一切衆生滅度一切衆生已而无有一衆生
實滅度者何以故若菩薩有我相人相衆生
相壽者相則非菩薩所以者何須菩提實无
有法發阿耨多羅三藐三菩提者須菩提於
意云何如来於然燈佛所有法得阿耨多羅
三藐三菩提不不也世尊如我解佛所說義
佛於然燈佛所无有法得阿耨多羅三藐三
菩提佛言如是如是須菩提實无有法如来
得阿耨多羅三藐三菩提須菩提若有法如
来得阿耨多羅三藐三菩提者然燈佛則不
與我受記汝於来世當得作佛号釋迦牟尼
以實无有法得阿耨多羅三藐三菩提是故
然燈佛與我受記作是言汝於来世當得作
佛号釋迦牟尼何以故如来者即諸法如義
若有人言如来得阿耨多羅三藐三菩提須
菩提實无有法佛得阿耨多羅三藐三菩提
須菩提如来所得阿耨多羅三藐三菩提於
是中无實无虛是故如来說一切法皆是佛
法須菩提所言一切法者即非一切法是故

佛号釋迦牟尼何以故如来者即諸法如義
若有人言如来得阿耨多羅三藐三菩提須
菩提實无有法佛得阿耨多羅三藐三菩提
須菩提如来所得阿耨多羅三藐三菩提於
是中无實无虛是故如来說一切法皆是佛
法須菩提所言一切法者即非一切法是故
名一切法須菩提譬如人身長大須菩提言
世尊如来說人身長大則為非大身是名大
身須菩提菩薩亦如是若作是言我當滅度
无量衆生則不名菩薩何以故須菩提實无
有法名為菩薩是故佛說一切法无我无人
无衆生无壽者須菩提若菩薩作是言我當
莊嚴佛土是不名菩薩何以故如来說莊嚴
佛土者即非莊嚴是名莊嚴須菩提若菩薩
通達无我法者如来說名真是菩薩
須菩提於意云何如来有肉眼不如是世尊
如来有肉眼須菩提於意云何如来有天眼
不如是世尊如来有天眼須菩提於意云何
如来有慧眼不如是世尊如来有慧眼須菩
提於意云何如来有法眼不如是世尊如来
有法眼須菩提於意云何如来有佛眼不如
是世尊如来有佛眼須菩提於意云何恒河
中所有沙佛說是沙不如是世尊如来說是
沙須菩提於意云何如一恒河中所有沙有
如是等恒河是諸恒河所有沙數佛世界如
是寧為多不甚多世尊佛告須菩提尒所國
土中所有衆生若干種心如来悉知何以故
如来說諸心皆為非心是名為心所以者何

如是等恒河是諸恒河所有沙數佛世界如
是寧為多不甚多世尊佛告須菩提尒所國
土中所有衆生若干種心如来悉知何以故
如来說諸心皆為非心是名為心所以者何
須菩提過去心不可得現在心不可得未来
心不可得須菩提於意云何若有人滿三千
大千世界七寶以用布施是人以是因緣得
福多不如是世尊此人以是因緣得福甚
多須菩提若福德有實如来不說得福德
多以福德无故如来說得福德多
須菩提於意云何佛可以具足色身見不不
世世尊如来不應以具足色身見何以故如来
說具足色身即非具足色身是名具足色身
須菩提於意云何如来可以具足諸相見不不
世世尊如来不應以具足諸相見何以故如
来說諸相具足即非具足是名諸相具足須
菩提汝勿謂如来作是念我當有所說法莫
作是念何以故若人言如来有所說法即為
謗佛不能解我所說故須菩提說法者无
法可說是名說法須菩提白佛言世尊佛得
阿耨多羅三藐三菩提為无所得耶如是如是
須菩提我於阿耨多羅三藐三菩提乃至
无有少法可得是名阿耨多羅三藐三菩提
復次須菩提是法平等无有高下是名阿耨
多羅三藐三菩提以无我无人无衆生无壽
者脩一切善法則得阿耨多羅三藐三菩提
須菩提所言善法者如来說非善法是名善

无有少法可得是名阿耨多羅三藐三菩提
復次須菩提是法平等无有高下是名阿耨
多羅三藐三菩提以无我无人无衆生无壽
者脩一切善法則得阿耨多羅三藐三菩提
須菩提所言善法者如来說非善法是名善
法須菩提若三千大千世界中所有諸須
弥山王如是等七寶聚有人持用布施若人
以此般若波羅蜜乃至四句偈等受持讀誦為
他人說於前福德百分不及一百千萬億分
乃至筭數譬喻所不能及
須菩提於意云何汝等勿謂如来作是念我
當度衆生須菩提莫作是念何以故實无有
衆生如来度者若有衆生如来度者如来則
有我人衆生壽者須菩提如来說有我者則
非有我而凡夫之人以為有我須菩提凡夫
者如来說則非凡夫須菩提於意云何可以
三十二相觀如来不須菩提言如是如是
以三十二相觀如来佛言須菩提若以三十
二相觀如来者轉輪聖王則是如来須菩提
白佛言世尊如我解佛所說義不應以三十二
相觀如来尒時世尊而說偈言
若以色見我　以音聲求我　是人行邪道　不能見如来
須菩提汝若作是念如来不以具足相故得阿
耨多羅三藐三菩提須菩提莫作是念如
来不以具足相故得阿耨多羅三藐三菩提
須菩提汝若作是念發阿耨多羅三藐三菩
提者說諸法斷滅相莫作是念何以故發阿
耨多羅三藐三菩提者

耨多羅三藐三菩提須菩提莫作是念 如
来不以具足相故得阿耨多羅三藐三菩提
須菩提汝若作是念發阿耨多羅三藐三菩
提者說諸法斷滅相莫作是念何以故發阿
耨多羅三藐三菩提者於法不說斷滅相須
菩提若菩薩以滿恒河沙等世界七寶布施
若復有人知一切法无我得成於忍此菩薩
勝前菩薩所得功德須菩提以諸菩薩不受
福德故須菩提白佛言世尊云何菩薩不受
福德須菩提菩薩所作福德不應貪著是故
說不受福德須菩提若有人言如来若来若去
若坐若卧是人不解我所說義何以故如来
者无所從来亦无所去故名如来
須菩提若善男子善女人以三千大千世界
碎為微塵於意云何是微塵衆寧為多不甚
多世尊何以故若是微塵衆實有者佛則不
說是微塵衆所以者何佛說微塵衆則非微
塵衆是名微塵衆世尊如来所說三千大千
世界則非世界是名世界何以故若世界實
有者則是一合相如来說一合相則非一合
相是名一合相須菩提一合相者則是不可
說但凡夫之人貪著其事須菩提若人言佛
說我見人見衆生見壽者見須菩提於意云
何是人解我所說義不世尊是人不解如来
所說義何以故世尊說我見人見衆生見壽
者見即非我見人見衆生見壽者見是名我
見人見衆生見壽者見須菩提發阿耨多羅
[illegible]應[illegible]是知如是

BD05914 號　金剛般若波羅蜜經　（7–6）

相是名一合相須菩提一合相者則是不可
說但凡夫之人貪著其事須菩提若人言佛
說我見人見衆生見壽者見須菩提於意云
何是人解我所說義不世尊是人不解如来
所說義何以故世尊說我見人見衆生見壽
者見即非我見人見衆生見壽者見是名我
見人見衆生見壽者見須菩提發阿耨多羅
三藐三菩提心者於一切法應如是知如是
見如是信解不生法相須菩提所言法相者
如来說即非法相是名法相須菩提若有人
以滿无量阿僧祇世界七寶持用布施若有
善男子善女人發菩薩心者持於此經乃至
四句偈等受持讀誦為人演說其福勝彼云
何為人演說不取於相如如不動何以故
一切有為法　如夢幻泡影　如露亦如電　應作如是觀
佛說是經已長老須菩提及諸比丘比丘尼
優婆塞優婆夷一切世間天人阿脩羅聞佛
所說皆大歡喜信受奉行

金剛般若波羅蜜經

BD05914 號　金剛般若波羅蜜經　（7–7）

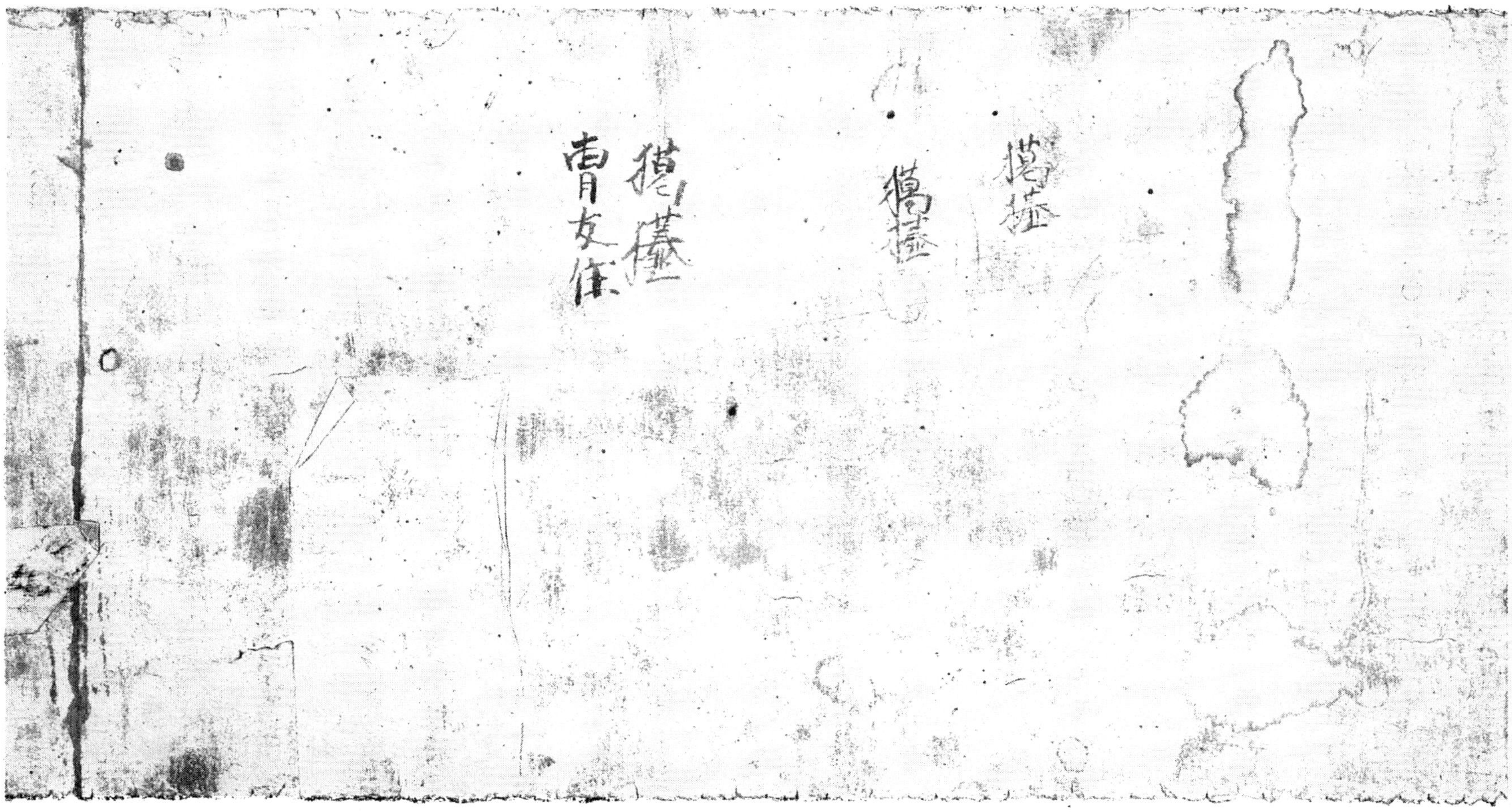

BD05914 號背　雜寫　　　　（1–1）

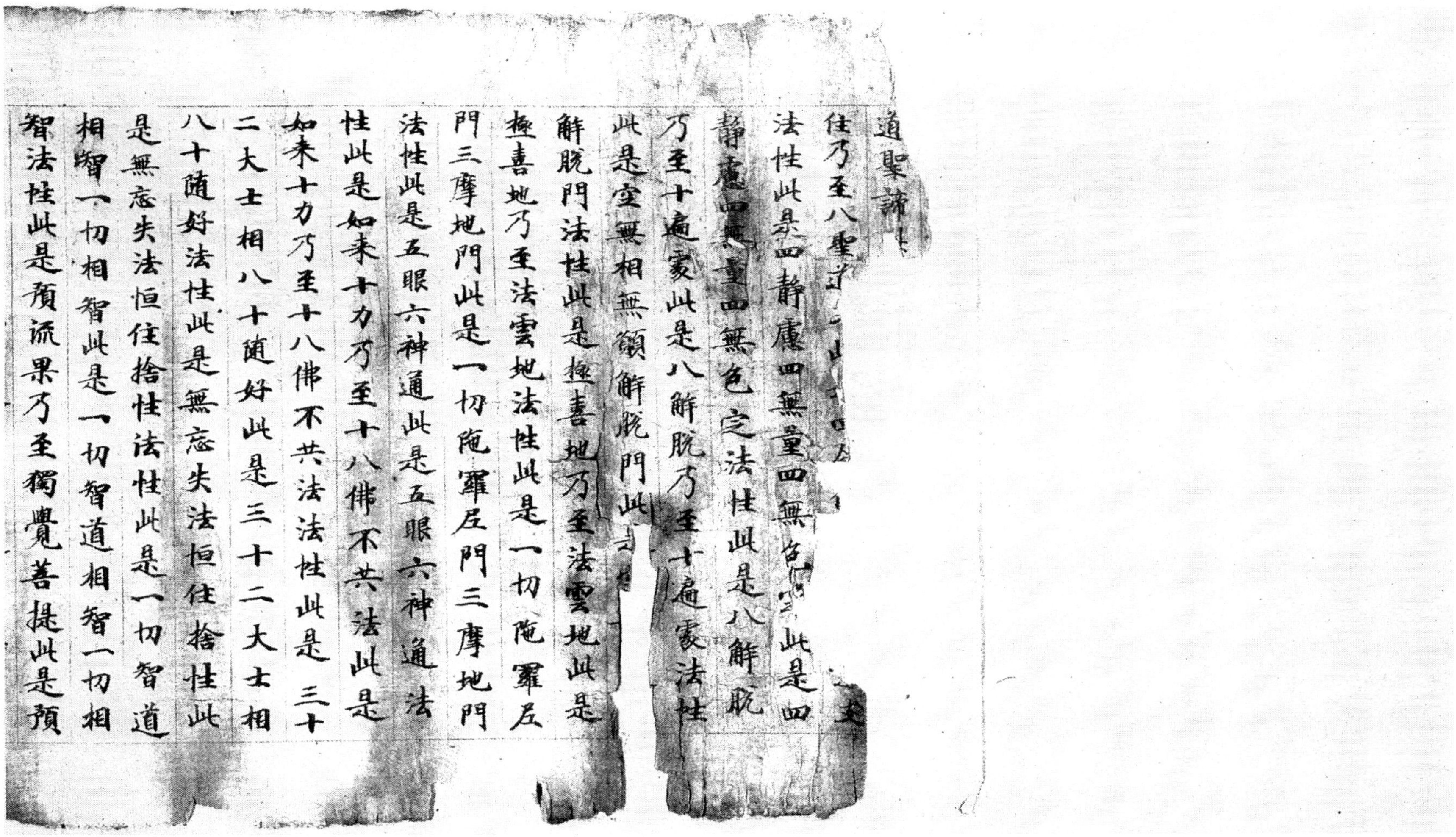

道聖諦[...]
住乃至八聖道[...]
法性此是四靜慮四無量四無色[...]此是四
靜慮四無量四無色定法性此是八解脫
乃至十遍處此是八解脫乃至十遍處法性
此是空無相無願解脫門此[...]
解脫門法性此是極喜地乃至法雲地此是
極喜地乃至法雲地法性此是一切陀羅尼
門三摩地門此是一切陀羅尼門三摩地門
法性此是五眼六神通此是五眼六神通法
性此是如來十力乃至十八佛不共法此是
如來十力乃至十八佛不共法法性此是三十
二大士相八十隨好此是三十二大士相
八十隨好法性此是無忘失法恒住捨性此
是無忘失法恒住捨性法性此是一切智道
相智一切相智此是一切智道相智一切相
智法性此是預流果乃至獨覺菩提此是預

BD05915 號　大般若波羅蜜多經卷四六二　　　　（3–1）

性此是如來十力乃至十八佛不共法此是
如來十力乃至十八佛不共法法性此是三十
二大士相八十隨好此是三十二大士相
八十隨好法性此是無忘失法恒住捨性此
是無忘失法恒住捨性法性此是一切智道
相智一切相智此是一切智道相智一切相
智法性此是預流果乃至獨覺菩提此是預
流果乃至獨覺菩提法性此是一切菩薩摩
訶薩行此是一切菩薩摩訶薩行法性此是
諸佛無上正等菩提此是諸佛無上正等菩
提法性此是一切智智此是一切智智法性
善現諸菩薩摩訶薩行深般若波羅蜜多不
應如是分別諸法法性差別而壞法性具壽善
現白言世尊若菩薩摩訶薩行深般若
波羅蜜多不應分別諸法法性壞法性者云何
世尊自說諸法法性差別而壞法性謂世尊
說此是色此是受想行識此是眼處乃至意
處此是色處乃至法處此是眼界乃至意界
此是色界乃至法界此是眼識界乃至意識
界此是眼觸乃至意觸此是眼觸為緣所生
諸受乃至意觸為緣所生諸受此是地界乃
至識界此是因緣乃至增上緣此是無明乃
至老死此是內法此是外法此是善法此是
非善法此是有記法此是無記法此是有漏
法此是無漏法此是世間法此是出世間法
此是共法此是不共法此是有諍法此是無

BD05915號　大般若波羅蜜多經卷四六二　（3–2）

諸受乃至意觸為緣所生諸受此是地界乃
至識界此是因緣乃至增上緣此是無明乃
至老死此是內法此是外法此是善法此是
非善法此是有記法此是無記法此是有漏
法此是無漏法此是世間法此是出世間法
此是共法此是不共法此是有諍法此是無
諍法此是有為法此是無為法世尊既說如
是等法種種差別將無世尊自壞法性佛言
善現我不自壞諸法法性但以名相方便假
說令諸有情悟入諸法法性平等出離生死
證得涅槃是故善現一切如來應正等覺雖
說諸法種種名相而能不壞諸法實性具壽
善現復白佛言若佛但以名相假說諸法法
性令諸有情方便悟入法性平等出離生死
證得涅槃云何佛於無名相法以名相說而
言不壞佛告善現我隨世俗於一切法假立
名相為諸有情方便宣說而無執著故無所
壞善現如諸愚夫聞說苦等執著名相不了
假說非諸如來及佛弟子聞說苦等執著名
相然如實知隨世俗說無有真實諸法名相
善現若諸聖者於名著名於相著相則亦
應於空著空於無相著無相於無願著無願

BD05915號　大般若波羅蜜多經卷四六二　（3–3）

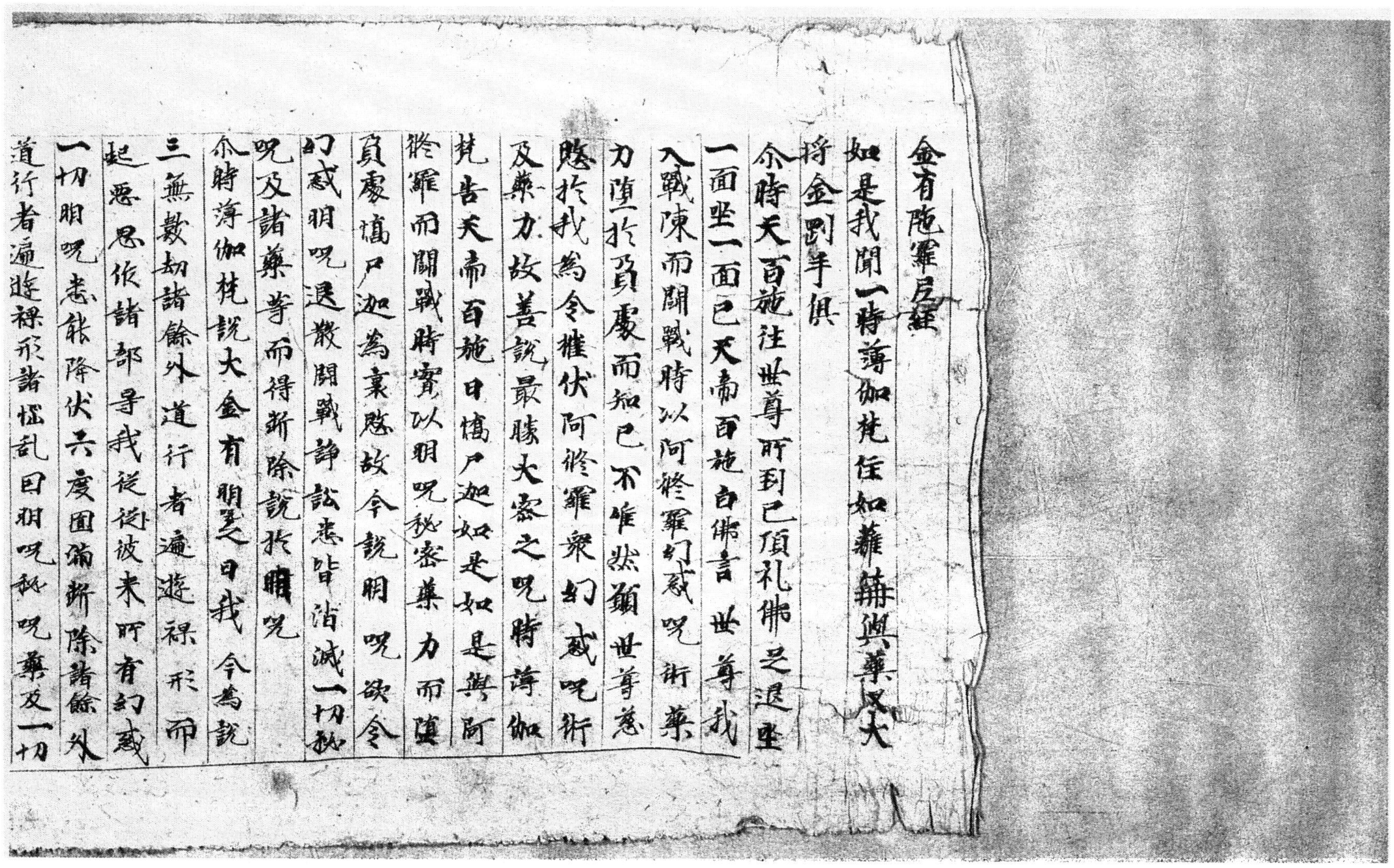

金有陁羅尼經
如是我聞一時薄伽梵住如難難與藥叉大
将金剛手俱
尒時天百施往世尊所到已頂礼佛足退坐
一面坐一面已天帝百施白佛言世尊我
入戰陳而鬪戰時以阿修羅幻惑呪術藥
力墮於負處而知已不唯然願世尊慈
愍於我為令摧伏阿修羅衆幻惑呪術
及藥力故善說最勝大密之呪時薄伽
梵告天帝百施曰憍尸迦如是如是與阿
修羅而鬪戰時實以明呪秘密藥力而墮
負處憍尸迦為衰愍故今說明呪欲令
幻惑明呪退散鬪戰諍訟悉皆消滅一切秘
呪及諸藥等而得断除說於明呪
尒時薄伽梵說大金有明呪之曰我今為說
三無數劫諸餘外道行者遍遊裸形而
起惡思依諸部导我從彼来所有幻惑
一切明呪悉能降伏六度圍滿断除諸餘外
道行者遍遊裸形諸惱乱曰明呪秘呪藥及一切

BD05916 號　金有陀羅尼經　（4–1）

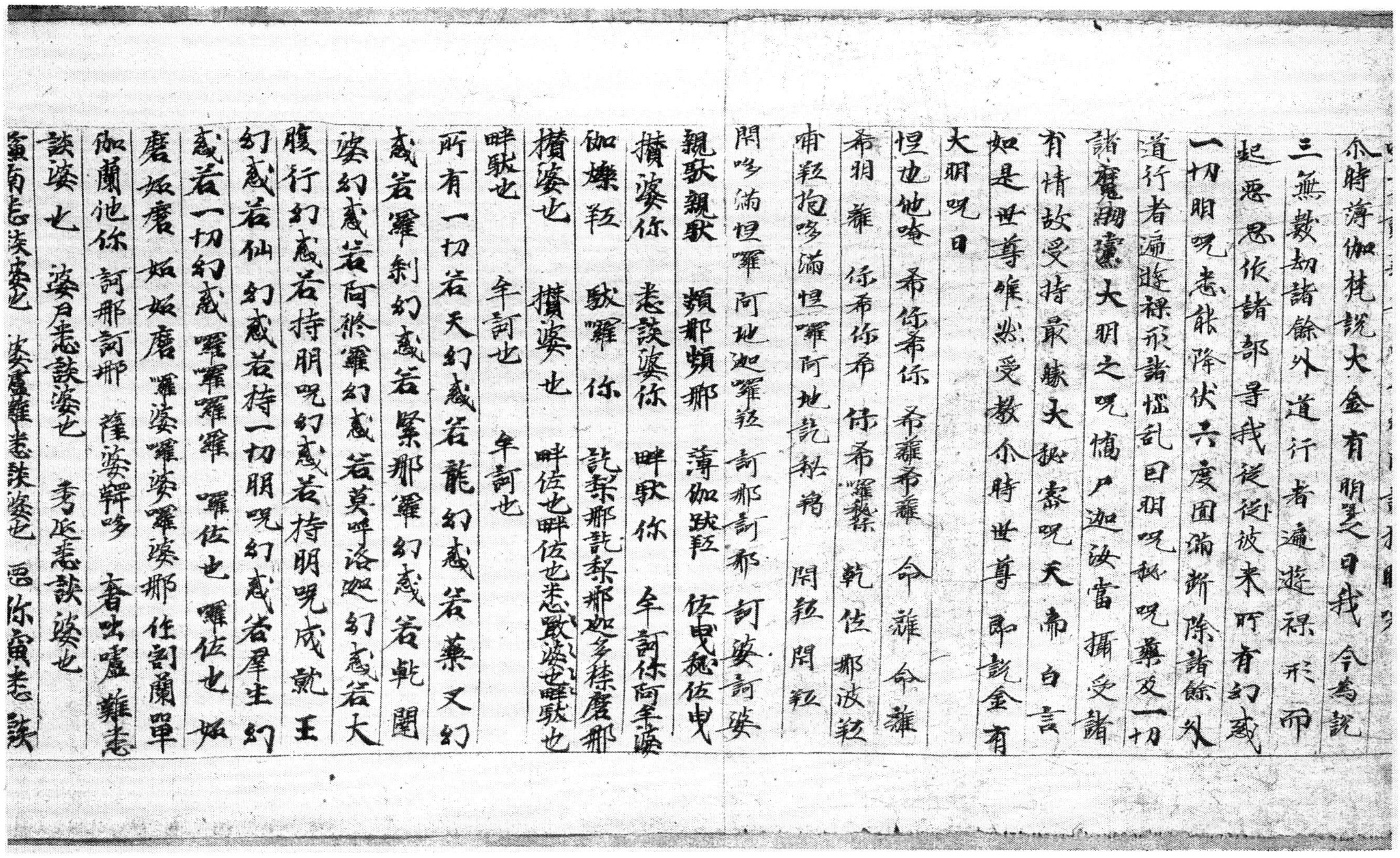

BD05916 號　金有陀羅尼經　（4–2）

惑若一切幻惑 囉囉囉囉 囉佐也 囉佐也 姤
磨姤磨 姤姤磨 囉婆囉婆囉婆耶 佐割蘭單
伽蘭池你 訶那訶那 薩婆𨇾哆 奢叱盧 難悉
談婆也 婆尸悉談婆也 秀底悉談婆也
蘊南悉談婆也 婆盧難悉談婆也 悪你賓悉談
婆也 攢乾哆棃哆 棃䭾囉羝惟 䭾囉 寧波奢
訶悉羝 幹奢他也婆世耶 若有於我能爲
悪鬾諸賊嗔恚 具極 悪心鬭諍 極諍欲作
一切无利益者 訶耶訶耶哆訶哆訶波佐 波
佐 半佐也半佐也 攢婆也攢婆也 悉談婆也悉
談婆也半䭾也 半䭾也 牟訶也 牟訶也 摩訶
牟訶你 薄伽跋羝莎婆訶
於一切怖畏嬈惱疾疫願守護我叭䭾莎婆訶
憍尸迦若善男子若善女人若王若王大臣能
憶此金有明呪者彼无他怖畏於彼部黨他所
敵軍不能很惱亦非天亦非龍亦非藥叉亦
非乾闥婆亦非阿修羅亦非緊那羅亦非莫
呼洛迦亦非持明呪者亦非飛空妄等亦不
非時而捨壽命明呪秘呪一切諸藥不能爲害
他所敵軍不能很遠他所敵軍而不傷命刀
不能害水火毒藥明呪秘呪一切諸藥而不
能很還善於彼自依教他隨書造 罪彼之
處所憍尸迦是淨故信芻芻芻尼烏波
索迦烏波斯迦善男子善女人等以此明呪
呪水七遍自洗其身能護於身若有欲令於
一切怖畏一切嬈惱一切疾疫一切明呪一切秘
呪一切諸藥一切獸蠱而超過者當念此金有

BD05916號　金有陀羅尼經　（4–3）

能很還善於彼自依教他隨書造 罪彼之
處所憍尸迦是淨故信芻芻芻尼烏波
索迦烏波斯迦善男子善女人等以此明呪
呪水七遍自洗其身能護於身若有欲令於
一切怖畏一切嬈惱一切疾疫一切明呪一切秘
呪一切諸藥一切獸蠱而超過者當念此金有
明呪若王若王大臣若欲催他軍衆伏他軍
衆亦當念此金有明呪若呪線七遍作七結已
繫於身上若呪水七遍能護自身若 有書
寫於一切怖畏无鄣㝵陁羅尼惑能受持惑
繫脛下若著高幢入軍陣者善安得脫以此
明呪威神之力內族眷屬善安超過未成能成
若欲摧伏諸明呪者於白線上呪七遍已作
七結者能繫摧伏若欲催伏諸幻惑者取塚
間土呪七遍已而散擲者能催幻惑論贊之
時欲禁其口取桼藜藜呪七遍已而齒嚼
者一切言論悉能對答受持讀誦而稱讚者
一切諸罪悉皆消滅却往於彼造作之者及
思惟所惑繫於繩及水自讓者於彼身上
一切明呪秘呪諸藥不能爲害未成辦者悉能
成辦彼所求事一切順從時薄伽梵說是語已
天帝百施聞佛所說信受奉行

金有陁羅尼經一卷

BD05916號　金有陀羅尼經　（4–4）

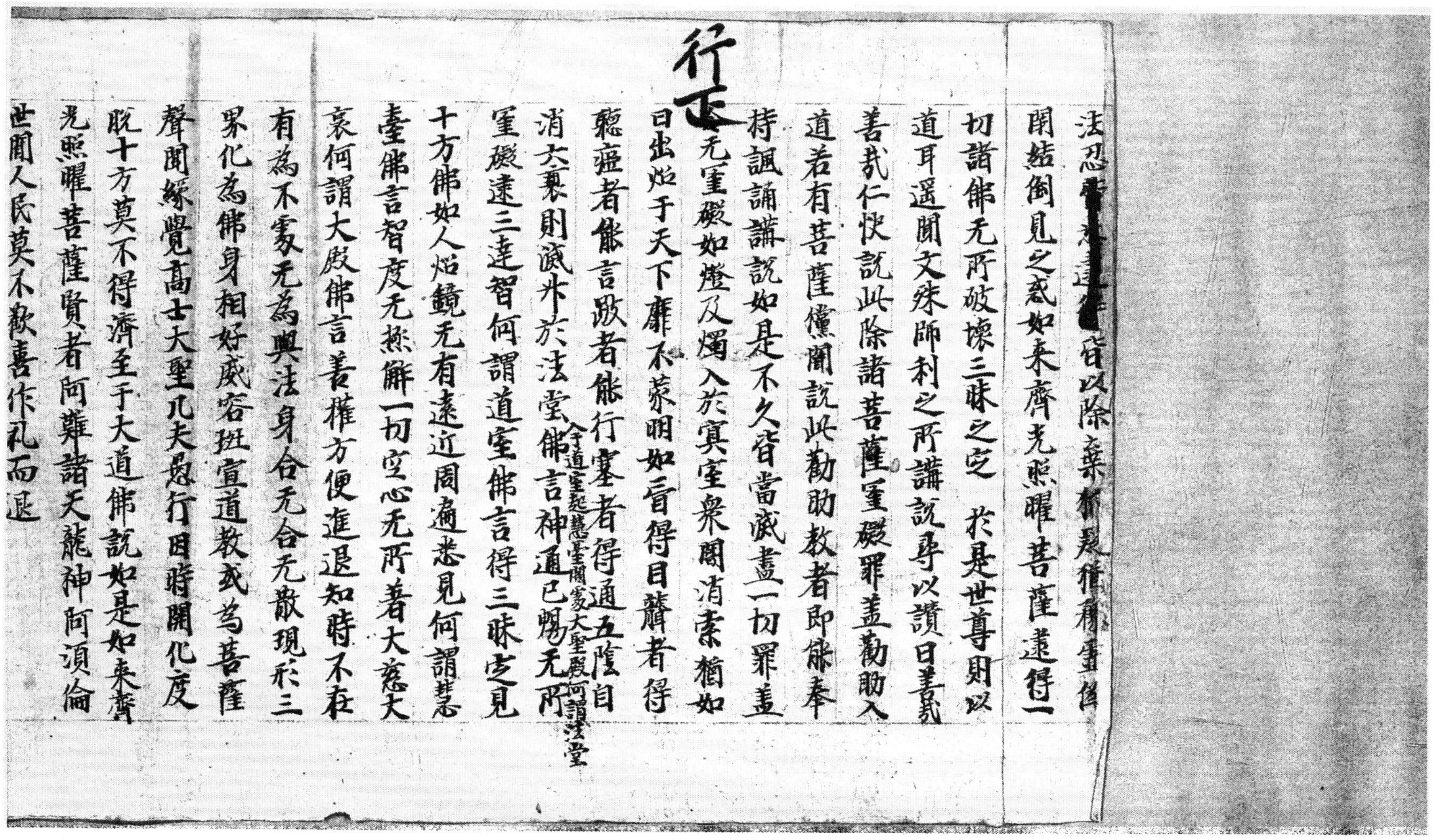

法忍[illegible]音以除棄[illegible]
閉結倒見之惑如來齊光照曜菩薩遠得一
切諸佛无所破壞三昧之定　於是世尊則以
道耳遥聞文殊師利之所講說尋以讚曰善哉
善哉仁快說此除諸菩薩罣礙罪蓋勸助入
道若有菩薩儻聞說此勸助教者即能奉
持諷誦講說如是不久皆當滅盡一切罪蓋
（行正）
无罣礙如燈及燭入於冥室衆闇消索猶如
日出炤于天下靡不蒙明如盲得目聾者得
聽瘂者能言跛者能行塞者得通五陰自
消六衰則滅外於法堂佛言神通已暢无所
（今道室起慧臺閣處大聖殿何謂法堂）
罣礙遠三達智何謂道室佛言得三昧定見
十方佛如人炤鏡无有遠近周遍悉見何謂慧
臺佛言智度无極解一切空心无所著大慈大
哀何謂大殿佛言善權方便進退知時不在
有為不處无為與法身合无合无散現於三
界化為佛身相好威容斑宣道教或為菩薩
聲聞緣覺高士大聖凡夫愚行因時開化度
脫十方莫不得濟至于大道佛說如是如來齊
光照曜菩薩賢者阿難諸天龍神阿須倫
世間人民莫不歡喜作礼而退

BD05917號　諸經兌廢綴稿（擬）　（5–1）

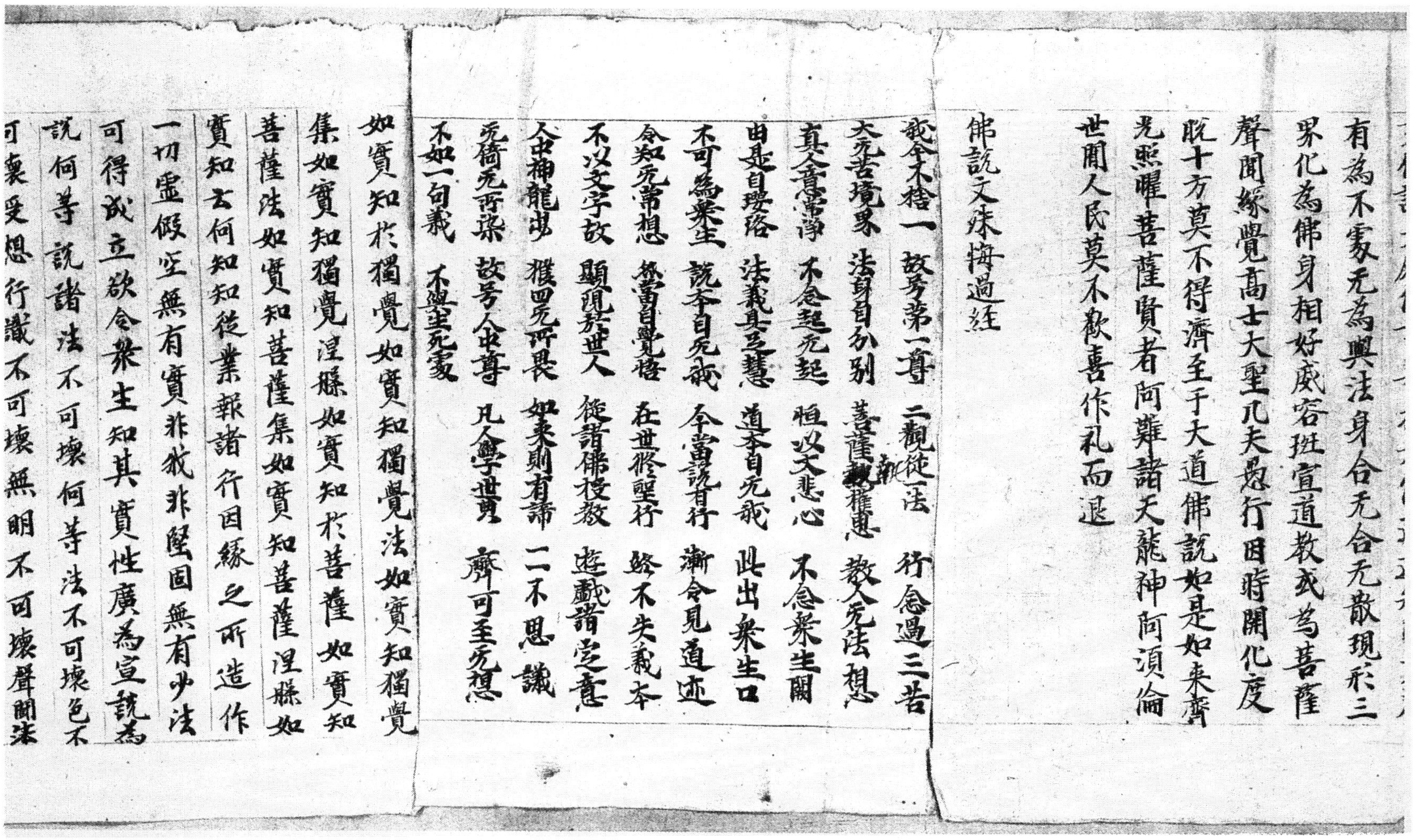

[illegible]
有為不處无為與法身合无合无散現於三
界化為佛身相好威容斑宣道教或為菩薩
聲聞緣覺高士大聖凡夫愚行因時開化度
脫十方莫不得濟至于大道佛說如是如來齊
光照曜菩薩賢者阿難諸天龍神阿須倫
世間人民莫不歡喜作礼而退

佛說文殊悔過經

敬念不捨一　故号第一尊　二觀從法　行念過三苦
大无苦境界　法身自分別　菩薩勸權惠　教人无法想
真人意常淨　不念起无起　恒以大悲心　不念衆生閑
由是自瓔珞　法義具足慧　道本自无我　此出衆生口
不可為衆生　說本自无我　今當說有行　漸令見道迹
令知无常想　然當自覺悟　在世修聖行　終不失義本
不以文字故　顯現於世人　從諸佛授教　遊戲諸定意
人中神龍步　獲四无所畏　如來則有諦　一一不思議
无倚无所染　故号人中尊　凡人學世典　齊可至无想
不如一句義　不與生死處

如實知於獨覺如實知獨覺法如實知獨覺
集如實知獨覺涅槃如實知於菩薩如實知
菩薩法如實知菩薩集如實知菩薩涅槃如
實知云何知知從業報諸行因緣之所造作
一切虛假空無有實非我非堅固無有少法
可得我立欲令衆生知其實性廣為宣說為
說何等說諸法不可壞何等法不可壞色不
可壞受想行識不可壞無明不可壞聲聞法

BD05917號　諸經兌廢綴稿（擬）　（5–2）

福光

實知云何知知從業報諸行因緣之所造作
一切盡假空無有實非我非堅固無有少法
可得㲋立欲令衆生知其實性廣為宣說為
說何等說諸法不可壞何等法不可壞色不
可壞受想行識不可壞無明不可壞聲聞法
獨覺法菩薩法不可壞何以故一切法無作
無作者無言說無處所不生不起不與不取
無動轉無作用菩薩㲋就如是等無量慧藏
以少方便了一切法自然明達不由他悟此
慧無盡藏有十種不可盡故說為無盡何等
為十所謂多聞善巧不可盡故親近善知識
不可盡故以一味智莊嚴不可盡故集一切
福德心無疲倦不可盡故入一切陀羅尼門
不可盡故能分別一切衆生語言音聲不可
盡故能斷一切衆生疑惑不可盡故為一切
衆生現一切佛神力教化調伏令修不斷不
可盡故是為十是為菩薩摩訶薩第七慧
藏住此藏者得無盡智慧普能開悟一切衆
生
佛子何等為菩薩摩訶薩念藏此菩薩捨
離癡惑得具足念憶念過去一生二生乃至
十生百生千生百千生無量百千生㲋劫壞劫
㲋壞劫非一㲋劫非一壞劫非一㲋壞劫百
劫千劫百千億那由他乃至無數無量無邊

尒時世尊說此偈已云何族姓子審解

BD05917號　諸經兑廢綴稿（擬）　　（5-3）

離癡惑得具足念憶念過去一生二生乃至
十生百生千生百千生無量百千生㲋劫壞劫
㲋壞劫非一㲋劫非一壞劫非一㲋壞劫百
劫千劫百千億那由他乃至無數無量無邊

絡交　光

尒時世尊說此偈已云何族姓子審解
此義有情无情不乎荅曰如是世尊實
无等倫若有善男子善女人諷誦受持有
情於无情　无情於有情義者便能具足一
切諸法何以故諸佛世尊一切賢聖皆由此
義而得㲋佛自今已後我等善男子善女人
皆當擁護是善男子善女人受持諷誦有
情於无情无情於有情者何以故如我所
觀如來所說過去當來今現在佛皆由此
義而得㲋就我等亦當達此法義尒時有
菩薩名曰无觀即從座起偏露右膊叉手
長跪白佛言世尊我等八人於此賢劫中
當權護是善男子善女人受持諷誦是
句義者便當獲十功德福云何為十一者
无形相法二者深入法藏三者辯才第一
四者得无量法五者獲極爽智六者不
捨和誓心七心定意自在八者逢知衆生
念九者立无生心十者行本自然若善男

時无學脩九清淨道不乎荅曰不也世尊
佛言如是如是族姓子是謂无情於有情
佛復問云何族姓子如今八位善薩得佛

BD05917號　諸經兑廢綴稿（擬）　　（5-4）

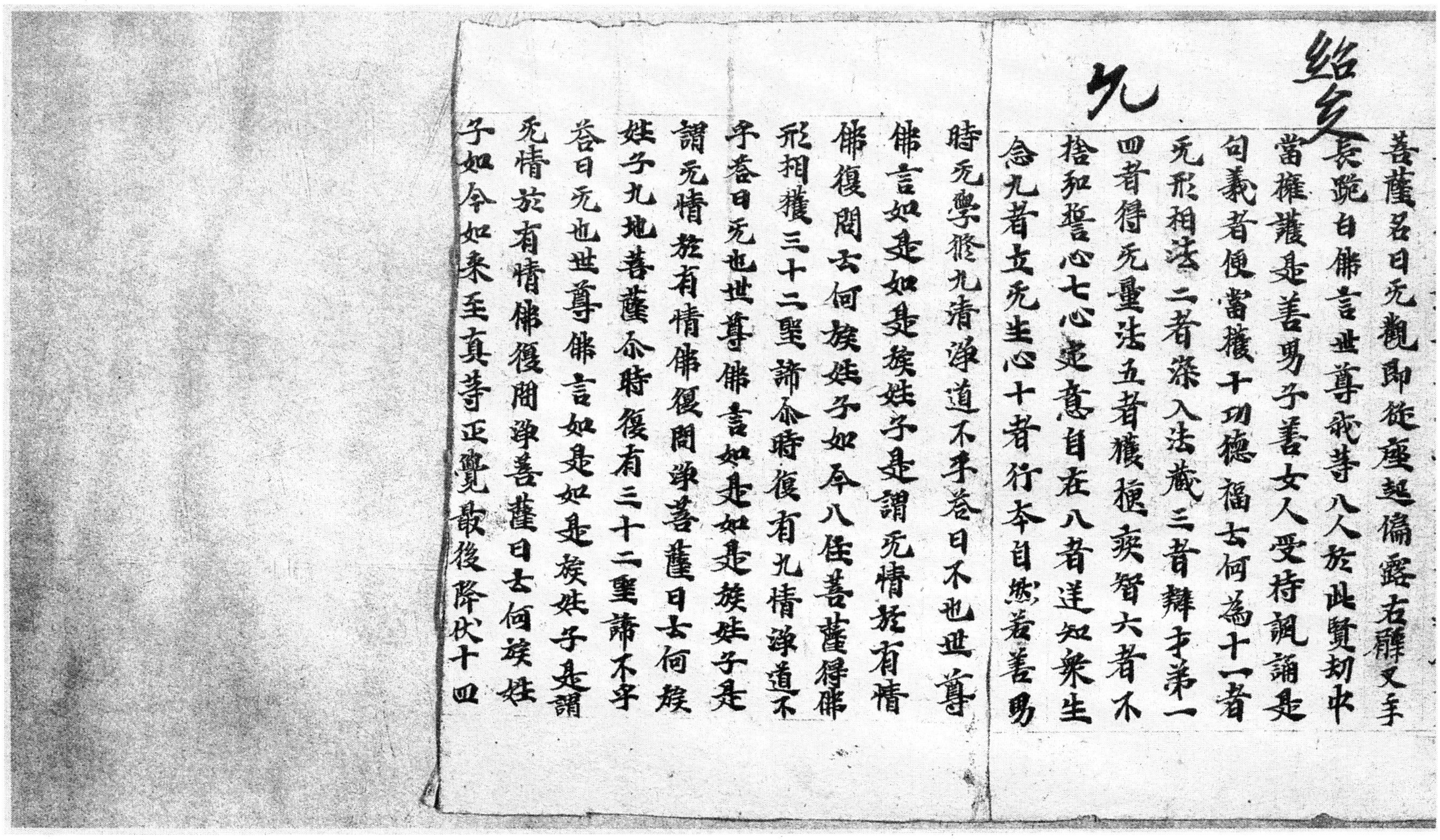

絡交　九

菩薩名曰无觀即從座起偏露右髆叉手
長跪白佛言世尊我等八人於此賢劫中
當擁護是善男子善女人受持諷誦是
句義者便當獲十功德福云何為十一者
无形相法二者深入法藏三者辯才第一
四者得无量法五者獲極爽智六者不
捨弘誓心七心走意自在八者逢知衆生
念九者去无生心十者行本自然着善男

時无學發九清淨道不乎答曰不也世尊
佛言如是如是族姓子是謂无情於有情
佛復問云何族姓子如今八住菩薩得佛
形相獲三十二聖諦尒時復有九情淨道不
乎答曰无也世尊佛言如是如是族姓子是
謂无情於有情佛復問淨菩薩曰云何族
姓子九地菩薩尒時復有三十二聖諦不乎
答曰无也世尊佛言如是如是族姓子是謂
无情於有情佛復問淨菩薩曰云何族姓
子如今如来至真等正覺最後降伏十四

BD05917號　諸經兌廢綴稿（擬）　（5–5）

光經傳正

光經傳正

BD05917號背　雜寫　（2–1）

BD05917號背　雜寫　　（2–2）

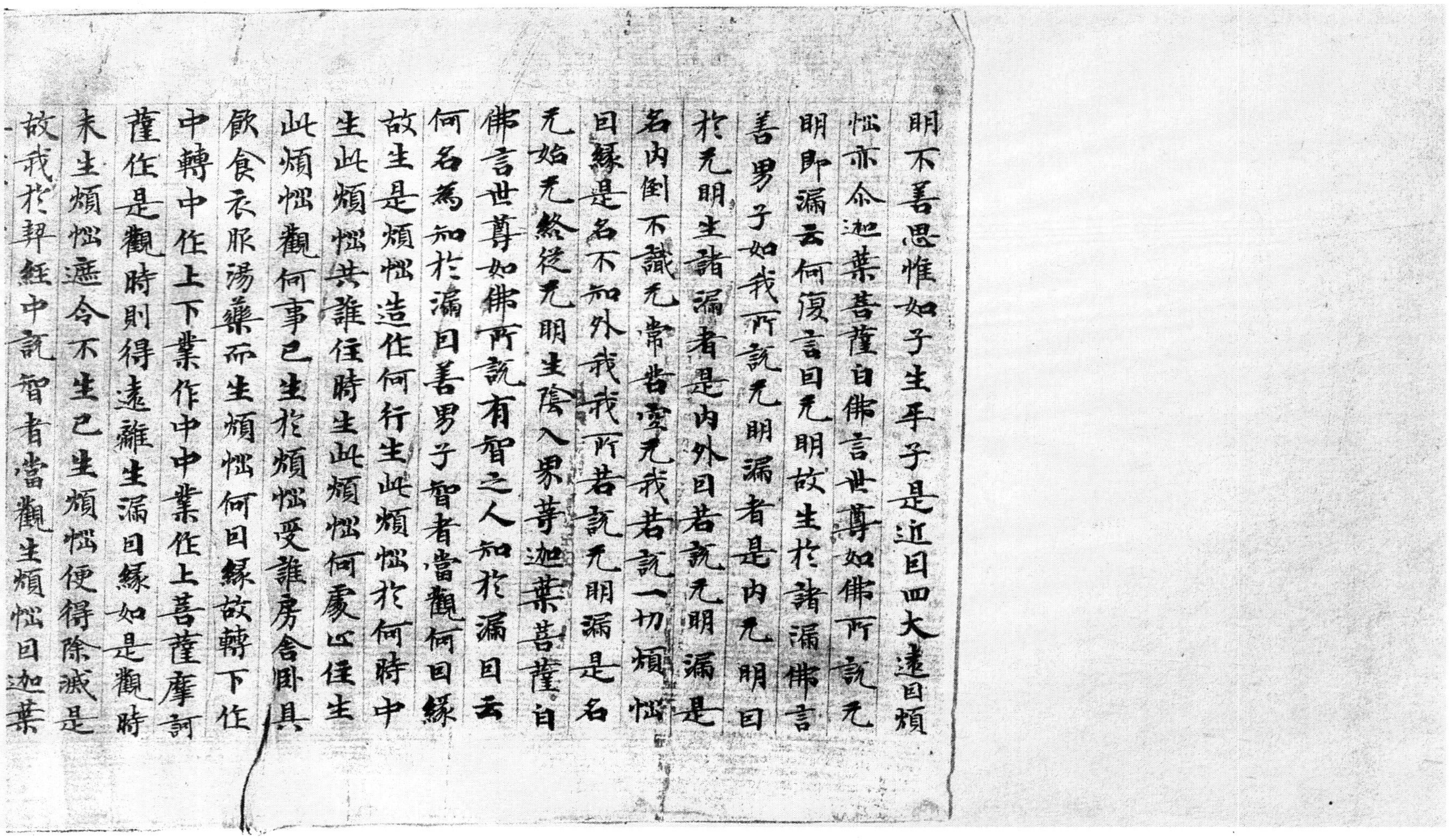

明不善思惟如子生乎子是近因四大違因煩
惱亦尒迦葉菩薩白佛言世尊如佛所說无
明即漏云何復言因无明故生於諸漏佛言
善男子如我所說无明漏者是内无明因
於无明生諸漏者是内外因若說无明漏是
名内倒不識无常苦空无我若說一切煩惱
因緣是名不知外我我所若說无明漏是名
无始无終從无明生陰入界等迦葉菩薩白
佛言世尊如佛所說有智之人知於漏因云
何名為知於漏因善男子智者當觀何因緣
故生是煩惱造作何行生此煩惱於何時中
生此煩惱共誰住時生此煩惱何處止住生
此煩惱觀何事已生於煩惱受誰房舍卧具
飲食衣服湯藥而生煩惱何因緣故轉下作
中轉中作上下業作中中業作上菩薩摩訶
薩作是觀時則得遠離生漏因緣如是觀時
未生煩惱遮令不生已生煩惱便得除滅是
故我於契經中說智者當觀生煩惱因迦葉

BD05918號　大般涅槃經（北本）卷三七　　（2–1）

佛言世尊如佛所說有智之人知於漏因云
何名為知於漏因善男子智者當觀何因緣
故生是煩惱造作何行生此煩惱於何時中
生此煩惱共誰住時生此煩惱何處止住生
此煩惱觀何事已生於煩惱受誰房舍卧具
飲食衣服湯藥而生煩惱何因緣故轉下作
中轉中作上下業作中中業作上菩薩摩訶
薩作是觀時則得遠離生漏因緣如是觀時
未生煩惱遮令不生已生煩惱便得除滅是
故我於异經中說智者當觀生煩惱因迦葉
菩薩白佛言世尊眾生一身云何能起種種
煩惱佛言善男子如一器中有種種子得水
雨已各各自生眾生亦尒器雖是一愛因緣
故而能生長種種煩惱迦葉菩薩言世尊智
者云何觀於果報善男子智者當觀諸漏因
緣能生地獄餓鬼畜生是漏因緣得人天身
即是无常苦空无我是身器中得三種苦三
種无常是漏因緣能令眾生作五逆罪受諸
惡報能斷善根犯四重禁誹謗三寶智者當
觀我既受得如是之身不應生起如是煩惱

BD05918號　大般涅槃經（北本）卷三七　（2–2）

或時說言正定為道如告大德摩訶迦葉夫
正定者真實是道非不正定而是道也若入
禪定乃能思惟五陰生滅非不入定能思惟
也或說一法若有脩集能淨眾生滅除一切
憂愁苦惱逮得正法所謂念佛三昧或復說
言脩无常想是名為道如告比丘有能多脩
无常想者能得阿耨多羅三藐三菩提或說
空寂阿蘭若處獨坐思惟能得速成阿耨多
羅三藐三菩提或時說言為人演法是名為
道若聞法已疑網即斷疑網斷已則得阿耨
多羅三藐三菩提或時說言持戒是道如告
阿難若有精勤脩持禁戒是人則度生死大
苦或時說言親近善友是名為道如告阿難
若有親近善知識者則具淨戒若有眾生能
親近我則得發於阿耨多羅三藐三菩提心
或時說言脩慈是道脩學慈者斷諸煩惱得
不動處或時說言智惠是道如佛昔為波闍
波提比丘尼說姊妹如諸聲聞以智惠刀能
斷諸流諸漏煩惱或時如來說施是道如佛
[illegible]

BD05919號　大般涅槃經（北本）卷一三　（2–1）

羅三藐三菩提或時說言為人演法是名為
道若聞法已疑網即斷疑網斷已則得阿耨
多羅三藐三菩提或時說言持戒是道如昔
阿難若有精勤脩持禁戒是人則度生死大
苦或時說言親近善友是名為道如昔阿難
若有親近善知識者則具淨戒若有衆生能
親近我則得發於阿耨多羅三藐三菩提心
或時說言脩慈是道脩學慈者斷諸煩惱得
不動處或時說言智慧是道如佛昔為波闍
波提比丘尼說姊妹如諸聲聞以智慧力能
斷諸流諸漏煩惱或時如來說施是道如佛
往昔告波斯匿王大王當知我於往昔多行
惠施以是因緣今日得成阿耨多羅三藐三
菩提世尊若八聖道是道諦者如是等經豈
非虛妄若彼諸經非虛妄者彼中何緣不說
八道為道聖諦若彼不說如來往昔何故錯
謬然我定知諸佛如來久離錯謬
爾時世尊讚迦葉菩薩善哉善哉善男子汝
今欲知菩薩大乘微妙經典所有祕密故作
是問善男子如是諸經悉入道諦善男子如

BD05919 號　大般涅槃經（北本）卷一三　（2–2）

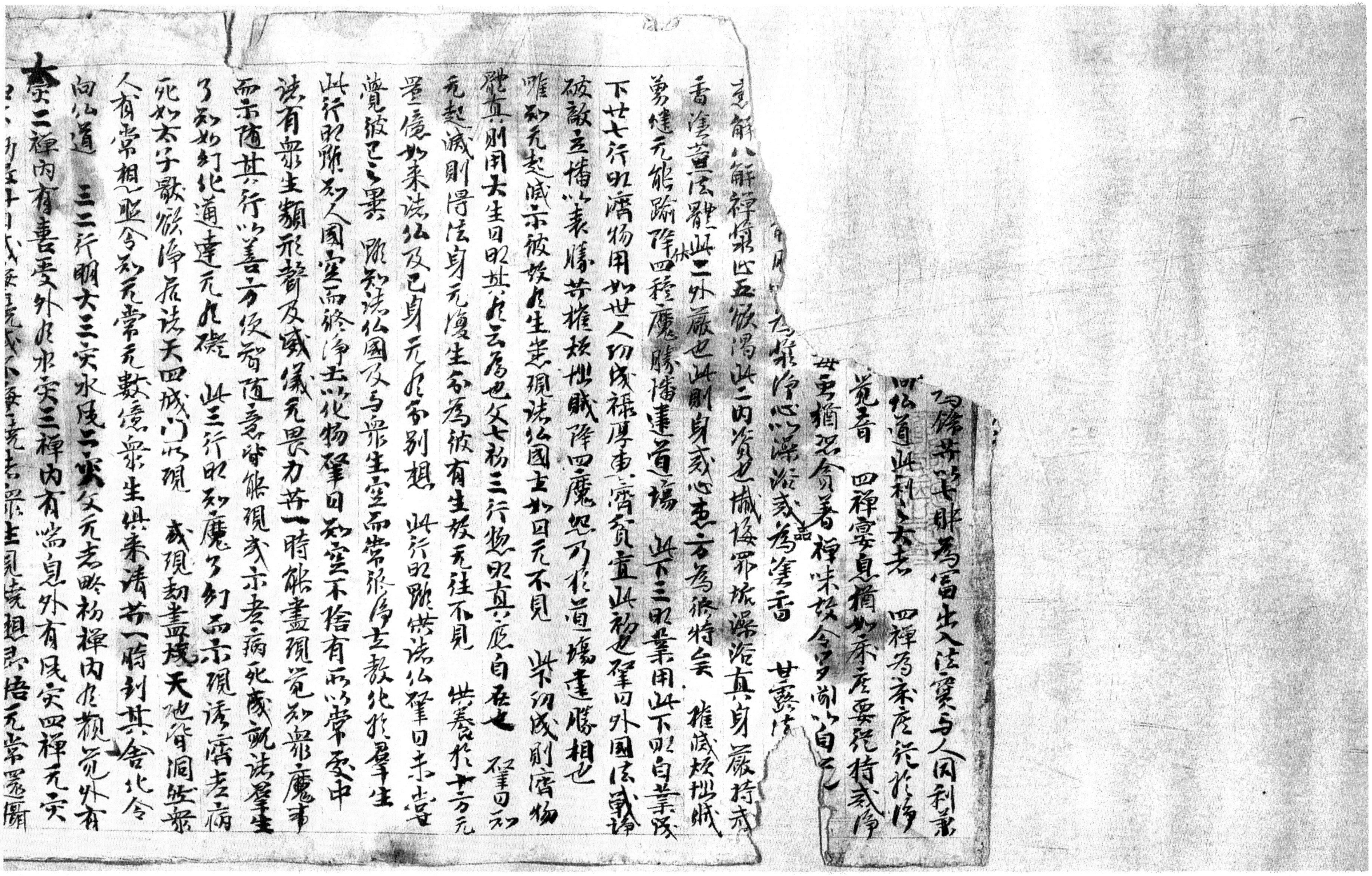

BD05920 號 A　淨名經集解關中疏卷下　（2–1）

此行明隨知人國空而終淨土以化物 肇曰知空不捨有所以常處中
諸有眾生類形聲及威儀無畏力菩薩一時能盡現覺知眾魔事
而示隨其行以善方便智隨意皆能現或示老病死成就諸群生
了知如幻化通達無有礙 此三行明知魔了幻而示現誘濟老病
死如太子厭欲淨居諸天四城門所現 或現劫盡燒天地皆洞然眾
人有常想照令知無常無數億眾生俱來請菩薩一時到其舍化令
向佛道 三二行明大三災水風二災火災無者明初禪內有覺觀外有
大災二禪內有喜受外有水災三禪內有喘息外有風災四禪無災
由不動故 什曰或安或燒或不安燒者眾生見燒想起悟無常還備
不燒也 經書禁咒術工巧諸伎藝盡現行此事饒益諸群生
四三行明世智也 什曰以同習相感先同而後乖也 世間眾道法悉於
中出家因以解人惑而不墮邪見 肇曰九十六種皆出家於道隨其
出家欲解其惑不同其見 或作日月天梵王世界主或時作地水或
復作風火 肇曰遇海漂人則變身為地水大風皆隨彼所須而自
變形也 劫中有疾疫現作諸藥草若有服之者除病消眾毒劫
中有飢饉現身作飲食先救彼飢渴卻以法語人劫中有刀兵為
之起慈悲化彼諸眾生令住無諍地若有大戰陣立之以等力菩薩現威
勢降伏使和安 五四行明小三災 肇曰菩薩法身於何不為或藥草
兩除或為飲食令飢者飽刀兵七日疾疫七月七日飢饉七年
三所有以非正謂嗔增盛身力羸劣等數加飢渴等
則刀兵可見 一切國土中諸有地獄處輒往到于彼
中畜生相食噉皆現生於彼為之作利益
鬼趣文無者明 什曰如過去世時人無禮義
長者令人興善咸相和順如大智論
令魔心憒亂不能得其便火中生蓮花
可謂如是 七十行明同事攝物 肇曰欲
共利其處而以憒亂也自非靜
記學後令入

弟七卅八帋

无相礼　南无清淨法身毗盧遮那佛　南无圓滿寶身盧舍那佛
南无千百億化身同名釋迦牟尼佛　清涼山中有大聖文殊師
利菩薩端坐正看心心亦不可得敬礼无所觀　至心歸命礼真如法
身佛　无色无形相　无根无住處　不生不滅故　敬礼无所觀　不住亦
不去　不取亦不捨　遠離六入故　敬礼无所觀　出過於三界　等同於
虛空　諸欲不染故　敬礼无所觀　於諸威儀中　去來及睡寤　常在寂
靜故　礼敬无所觀　去來悉平等　以住於平等　不壞平等故　敬礼无所
觀　入諸无相定　見諸法寂靜　常在寂靜故　敬礼无所觀　諸佛虛空相
虛空亦无相　離諸因果故　敬礼无所觀　虛空无中邊　諸佛身亦然
心同虛空故　敬礼无所觀　佛常在世間　而不染世法　不分別世間
敬礼无所觀　諸法由如幻　如幻不可得　離諸幻法故　敬礼无所觀
志心懺悔　我於三時求罪性　內外中間心實无　已无心故諸法寂
三毒四倒悉皆如　懺悔已歸命礼三寶　志心勸請　一切諸法不自生
以无生故何有滅　不生不滅性常住　唯願諸佛莫涅槃　勸請已
歸命礼三寶　志心隨喜　法本不貪不亦恚　彼我不一亦不異同觀
一實悟无生　无緣等觀盡隨喜　隨喜已歸命礼三寶　志心迴向迷於一
實隨名名相相執故我塵生今照我塵无自性迴向不住涅槃域　迴
向已歸命礼三寶　志心發願　願諸衆生防六賊　悲智二照見前行
不斷不常如理量　非空非有非行行　發願已歸命礼三寶

靜故 礼敬无所觀 去來悉平等 不壞平等故 敬礼无所
觀 入諸无相定 見諸法寂靜 常在寂靜故 敬礼无所觀 諸佛虛空相
虛空亦无相 離諸因果故 敬礼无所觀 虛空无中邊 諸佛身亦然
心同虛空故 敬礼无所觀 佛常在世間 而不染世法 不分別世間
敬礼无所觀 諸法由如幻 如幻不可得 離諸幻法故 敬礼无所觀
志心懺悔 我於三時求罪性 內外中間心實无 已无心故諸法寂
三志四倒悉皆如 懺悔已歸命礼三寶 志心勸請一切諸法不自生
以无生故何有滅 不生不滅性常住 唯願諸佛莫涅槃 勸請已
歸命礼三寶 志心隨喜法本不貪不亦恚 勿我不一亦不異同觀
一實悟无生 无緣等觀盡隨喜 隨喜已歸命礼三寶 志心迴向迷於一
實隨在〻相〻執故我塵生 今照我塵无自性 迴向不住涅槃城 [illegible] 迴
向已歸命礼三寶 志心發願 願諸衆生防六賊 悲智二照見前行
不斷不常如理量 非空非有非行行 發願已歸命礼三寶

BD05920號B 無相禮

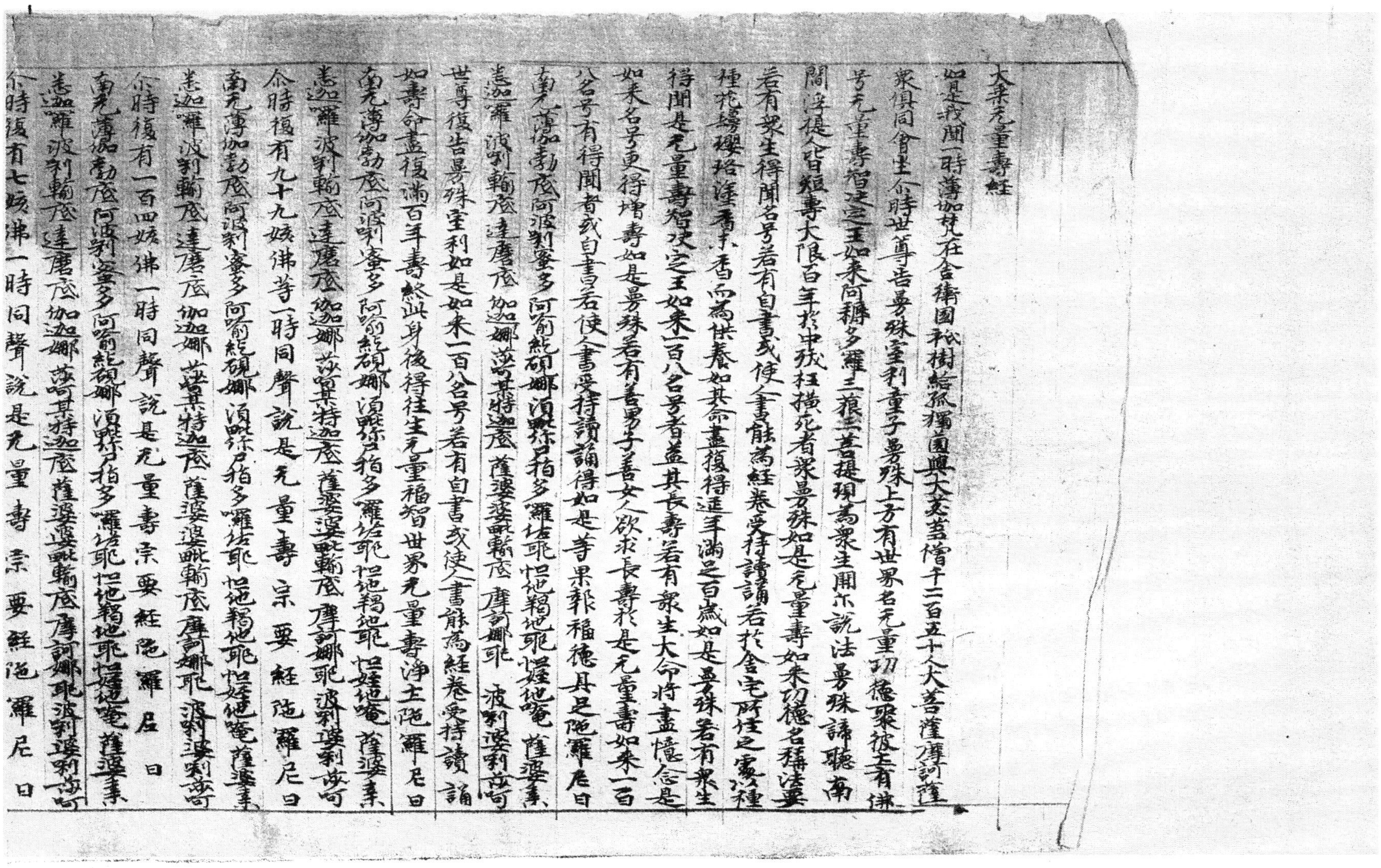
大乘无量壽經
如是我聞一時薄伽梵在舍衛國祇樹給孤獨園與大苾芻僧千二百五十人大菩薩摩訶薩
衆俱同會坐尒時世尊告曼殊室利童子曼殊上方有世界名无量功德聚彼土有佛
号无量壽智决定王如来阿耨多羅三藐三菩提現爲衆生開示說法曼殊諦聽南
閻浮提人皆短壽大限百年於中殀枉横死者衆曼殊如是无量壽如来功德名稱法要
若有衆生得聞名号若有自書或使人書能爲經卷受持讀誦若於舍宅所住之處以種
種花鬘瓔珞塗香末香而爲供養如其命盡復得延年滿足百歲如是曼殊若有衆生
得聞是无量壽智决定王如来一百八名号者益其長壽若有衆生大命将盡憶念是
如来名号更得增壽如是曼殊若有善男子善女人欲求長壽於是无量壽如来一百
八名号有得聞者或自書若使人書受持讀誦得如是等果報福德具足陀羅尼曰
南无薄伽勃底阿波唎蜜多阿喻紇硯娜須毗你尸栺多羅佐耶怛他羯他耶怛姪他唵薩婆桑
悉迦羅波唎輸底達磨底伽伽娜莎嗢某特迦底薩婆婆毗輸底摩訶娜耶波唎婆唎莎訶
世尊復告曼殊室利如是如来一百八名号若有自書或使人書能爲經卷受持讀誦
如壽命盡復滿百年壽終此身後得往生无量福智世界无量壽淨土陀羅尼曰
南无薄伽勃底阿波唎蜜多阿喻紇硯娜須毗你尸栺多羅佐耶怛他羯他耶怛姪他唵薩婆桑
悉迦囉波唎輸底達磨底伽伽娜莎嗢某特迦底薩婆婆毗輸底摩訶娜耶波唎婆唎莎訶
尒時復有九十九姟佛等一時同聲說是无量壽宗要經陀羅尼曰
南无薄伽勃底阿波唎蜜多阿喻紇硯娜須毗你尸栺多囉佐耶怛他羯他耶怛姪他唵薩婆桑
悉迦囉波唎輸底達磨底伽伽娜莎嗢某特迦底薩婆婆毗輸底摩訶娜耶波唎婆唎莎訶
尒時復有一百四姟佛一時同聲說是无量壽宗要經陀羅尼曰
南无薄伽勃底阿波唎蜜多阿喻紇硯娜須毗你尸栺多囉佐耶怛他羯他耶怛姪他唵薩婆桑
悉迦囉波唎輸底達磨底伽伽娜莎嗢某特迦底薩婆婆毗輸底摩訶娜耶波唎婆唎莎訶
尒時復有七姟佛一時同聲說是无量壽宗要經陀羅尼曰

BD05921 號　無量壽宗要經　（5–1）

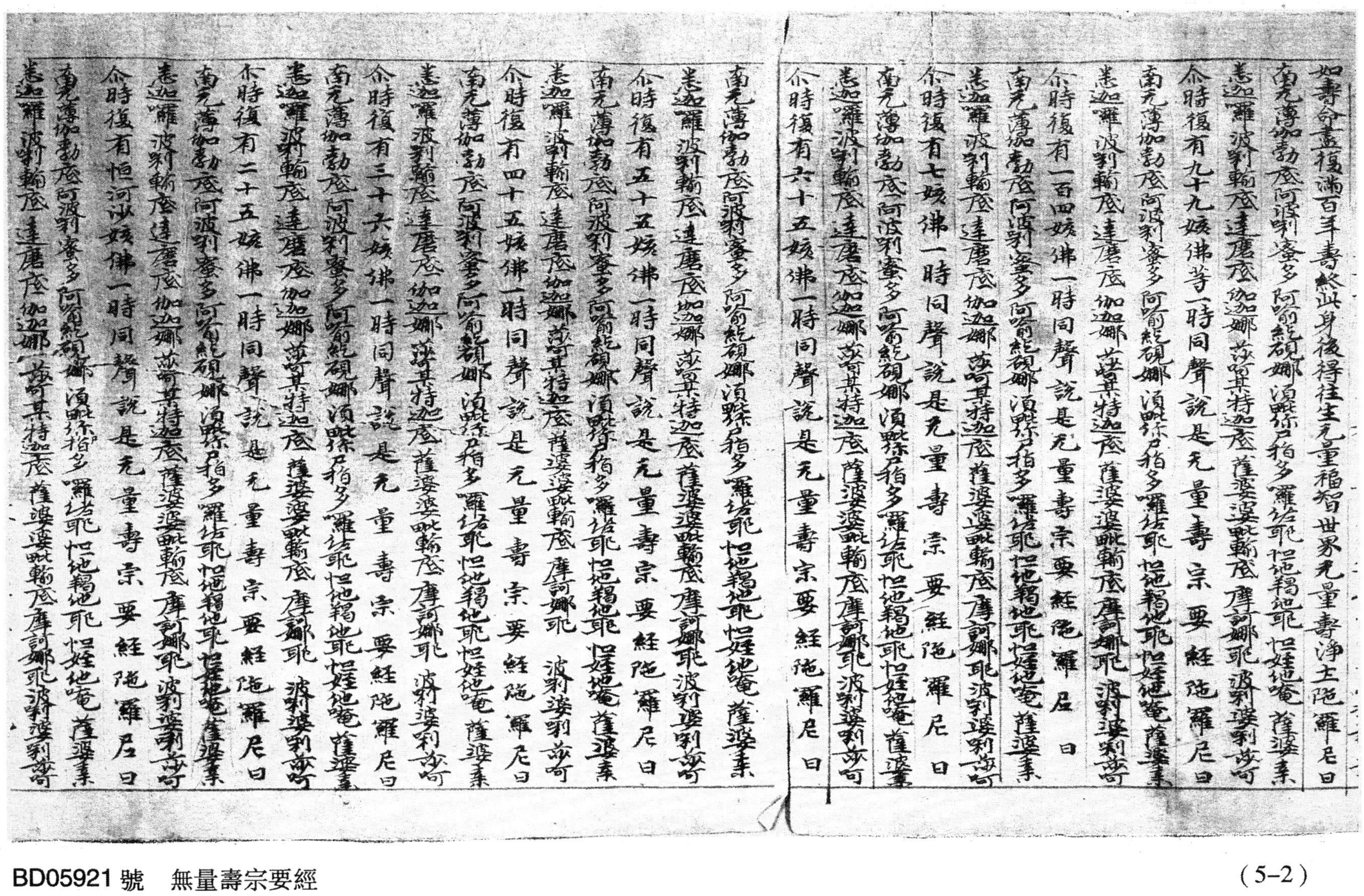
如壽命盡復滿百年壽終此身後得往生无量福智世界无量壽淨土陀羅尼曰
南无薄伽勃底阿波唎蜜多阿喻紇硯娜須毗你尸栺多囉佐耶怛他羯他耶怛姪他唵薩婆桑
悉迦囉波唎輸底達磨底伽伽娜莎嗢某特迦底薩婆婆毗輸底摩訶娜耶波唎婆唎莎訶
尒時復有九十九姟佛等一時同聲說是无量壽宗要經陀羅尼曰
南无薄伽勃底阿波唎蜜多阿喻紇硯娜須毗你尸栺多囉佐耶怛他羯他耶怛姪他唵薩婆桑
悉迦囉波唎輸底達磨底伽伽娜莎嗢某特迦底薩婆婆毗輸底摩訶娜耶波唎婆唎莎訶
尒時復有一百四姟佛一時同聲說是无量壽宗要經陀羅尼曰
南无薄伽勃底阿波唎蜜多阿喻紇硯娜須毗你尸栺多囉佐耶怛他羯他耶怛姪他唵薩婆桑
悉迦囉波唎輸底達磨底伽伽娜莎嗢某特迦底薩婆婆毗輸底摩訶娜耶波唎婆唎莎訶
尒時復有七姟佛一時同聲說是无量壽宗要經陀羅尼曰
南无薄伽勃底阿波唎蜜多阿喻紇硯娜須毗你尸栺多囉佐耶怛他羯他耶怛姪他唵薩婆桑
悉迦囉波唎輸底達磨底伽伽娜莎嗢某特迦底薩婆婆毗輸底摩訶娜耶波唎婆唎莎訶
尒時復有六十五姟佛一時同聲說是无量壽宗要經陀羅尼曰
南无薄伽勃底阿波唎蜜多阿喻紇硯娜須毗你尸栺多囉佐耶怛他羯他耶怛姪他唵薩婆桑
悉迦囉波唎輸底達磨底伽伽娜莎嗢某特迦底薩婆婆毗輸底摩訶娜耶波唎婆唎莎訶
尒時復有五十五姟佛一時同聲說是无量壽宗要經陀羅尼曰
南无薄伽勃底阿波唎蜜多阿喻紇硯娜須毗你尸栺多囉佐耶怛他羯他耶怛姪他唵薩婆桑
悉迦囉波唎輸底達磨底伽伽娜莎嗢某特迦底薩婆婆毗輸底摩訶娜耶波唎婆唎莎訶
尒時復有四十五姟佛一時同聲說是无量壽宗要經陀羅尼曰
南无薄伽勃底阿波唎蜜多阿喻紇硯娜須毗你尸栺多囉佐耶怛他羯他耶怛姪他唵薩婆桑
悉迦囉波唎輸底達磨底伽伽娜莎嗢某特迦底薩婆婆毗輸底摩訶娜耶波唎婆唎莎訶
尒時復有三十六姟佛一時同聲說是无量壽宗要經陀羅尼曰
南无薄伽勃底阿波唎蜜多阿喻紇硯娜須毗你尸栺多囉佐耶怛他羯他耶怛姪他唵薩婆桑
悉迦囉波唎輸底達磨底伽伽娜莎嗢某特迦底薩婆婆毗輸底摩訶娜耶波唎婆唎莎訶
尒時復有二十五姟佛一時同聲說是无量壽宗要經陀羅尼曰
南无薄伽勃底阿波唎蜜多阿喻紇硯娜須毗你尸栺多囉佐耶怛他羯他耶怛姪他唵薩婆桑
悉迦囉波唎輸底達磨底伽伽娜莎嗢某特迦底薩婆婆毗輸底摩訶娜耶波唎婆唎莎訶
尒時復有恒河沙姟佛一時同聲說是无量壽宗要經陀羅尼曰
南无薄伽勃底阿波唎蜜多阿喻紇硯娜須毗你尸栺多囉佐耶怛他羯他耶怛姪他唵薩婆桑
悉迦囉波唎輸底達磨底伽伽娜莎嗢某特迦底薩婆婆毗輸底摩訶娜耶波唎婆唎莎訶

BD05921 號　無量壽宗要經　（5–2）

[illegible]

南无薄伽勃底阿波唎蜜多阿喻紇硯那須毗你悉指多羅佐耶怛他羯他耶怛姪他唵薩婆桑

悉迦囉波唎輸底達磨底伽迦那莎訶其持迦底薩婆婆毗輸底摩訶娜耶波唎婆唎莎訶

尒時復有二十五姟佛一時同聲說是无量壽宗要經陀羅尼曰

南无薄伽勃底阿波唎蜜多阿喻紇硯那須毗你悉指多羅佐耶怛他羯他耶怛姪他唵薩婆桑

悉迦囉波唎輸底達磨底伽迦那莎訶其持迦底薩婆婆毗輸底摩訶娜耶波唎婆唎莎訶

尒時復有恒河沙姟佛一時同聲說是无量壽宗要經陀羅尼曰

南无薄伽勃底阿波唎蜜多阿喻紇硯那須毗你悉指多羅佐耶怛他羯他耶怛姪他唵薩婆桑

悉迦囉波唎輸底達磨底伽迦那莎訶其持迦底薩婆婆毗輸底摩訶娜耶波唎婆唎莎訶

善男子若有自書寫教人書寫是无量壽宗要經如其命盡復得長壽命滿百年陀羅尼曰

南无薄伽勃底阿波唎蜜多阿喻紇硯那須毗你悉指多羅佐耶怛他羯他耶怛姪他唵薩婆桑

悉迦囉波唎輸底達磨底伽迦那莎訶其持迦底薩婆婆毗輸底摩訶娜耶波唎婆唎莎訶

若有自書寫教人書寫是无量壽宗要經讀誦受持畢竟不墮地獄在在所生得宿命智陀羅尼曰

南无薄伽勃底阿波唎蜜多阿喻紇硯那須毗你悉指多羅佐耶怛他羯他耶怛姪他唵薩婆桑

悉迦囉波唎輸底達磨底伽迦那莎訶其持迦底薩婆婆毗輸底摩訶娜耶波唎婆唎莎訶

若有自書寫教人書寫是无量壽宗要經受持讀誦如同書寫八万四千一切經典陀羅尼曰

南无薄伽勃底阿波唎蜜多阿喻紇硯那須毗你悉指多羅佐耶怛他羯他耶怛姪他唵薩婆桑

悉迦囉波唎輸底達磨底伽迦那莎訶其持迦底薩婆婆毗輸底摩訶娜耶波唎婆唎莎訶

若有自書寫教人書寫是无量壽宗要經即是書寫八万四千部建立塔廟陀羅尼曰

南无薄伽勃底阿波唎蜜多阿喻紇硯那須毗你悉指多羅佐耶怛他羯他耶怛姪他唵薩婆桑

悉迦囉波唎輸底達磨底伽迦那莎訶其持迦底薩婆婆毗輸底摩訶娜耶波唎婆唎莎訶

若有自書寫教人書寫是无量壽宗要經能消五无間等一切重罪陀羅尼曰

南无薄伽勃底阿波唎蜜多阿喻紇硯那須毗你悉指多羅佐耶怛他羯他耶怛姪他唵薩婆桑悉

迦囉波唎輸底達磨底伽迦那莎訶其持迦底薩婆婆毗輸底摩訶娜耶波唎婆唎莎訶

若有自書寫教人書寫是无量壽宗要經受持讀誦設有重罪猶如須弥盡能除滅陀羅尼曰

南无薄伽勃底阿波唎蜜多阿喻紇硯那須毗你悉指多羅佐耶怛他羯他耶怛姪他唵薩婆桑

悉迦囉波唎輸底達磨底伽迦那莎訶其持迦底薩婆婆毗輸底摩訶娜耶波唎婆唎莎訶

若有自書寫教人書寫是无量壽宗要經受持讀誦若魔魔之眷屬夜叉羅剎不

得其便終无枉死陀羅尼曰

南无薄伽勃底阿波唎蜜多阿喻紇硯那須毗你悉指多羅佐耶怛他羯他耶怛姪他唵薩婆桑

悉迦囉波唎輸底達磨底伽迦那莎訶其持迦底薩婆婆毗輸底摩訶娜耶波唎婆唎莎訶

[illegible]

BD05921 號　無量壽宗要經　（5–3）

[illegible]

南无薄伽勃底阿波唎蜜多阿喻紇硯那須毗你悉指多羅佐耶怛他羯他耶怛姪他唵薩婆桑

悉迦囉波唎輸底達磨底伽迦那莎訶其持迦底薩婆婆毗輸底摩訶娜耶波唎婆唎莎訶

若有自書寫教人書寫是无量壽宗要經受持讀誦若魔魔之眷屬夜叉羅剎不

得其便終无枉死陀羅尼曰

南无薄伽勃底阿波唎蜜多阿喻紇硯那須毗你悉指多羅佐耶怛他羯他耶怛姪他唵薩婆桑

悉迦囉波唎輸底達磨底伽迦那莎訶其持迦底薩婆婆毗輸底摩訶娜耶波唎婆唎莎訶

若有自書寫教人書寫是无量壽宗要經受持讀誦當命終時有九十九姟佛現

其人前來千佛授手能遊一切佛剎莫於此經生於疑惑陀羅尼曰

南无薄伽勃底阿波唎蜜多阿喻紇硯那須毗你悉指多羅佐耶怛他羯他耶怛姪他唵薩婆桑

悉迦囉波唎輸底達磨底伽迦那莎訶其持迦底薩婆婆毗輸底摩訶娜耶波唎婆唎莎訶

若有自書寫教人書寫是无量壽宗要經受持讀誦當得四大天王隨其衛護陀羅尼曰

南无薄伽勃底阿波唎蜜多阿喻紇硯那須毗你悉指多羅佐耶怛他羯他耶怛姪他唵薩婆桑

悉迦囉波唎輸底達磨底伽迦那莎訶其持迦底薩婆婆毗輸底摩訶娜耶波唎婆唎莎訶

若有自書寫教人書寫是无量壽宗要經受持讀誦當得往生西方極樂世界阿弥陀淨土陀羅尼曰

南无薄伽勃底阿波唎蜜多阿喻紇硯那須毗你悉指多羅佐耶怛他羯他耶怛姪他唵薩婆桑

悉迦囉波唎輸底達磨底伽迦那莎訶其持迦底薩婆婆毗輸底摩訶娜耶波唎婆唎莎訶

若有方所自書寫使人書寫是无量壽經典之處則為是塔皆應恭敬作礼

若是畜生或為鳥獸得聞是經如是等類皆當不久得成一切種智陀羅尼曰

南无薄伽勃底阿波唎蜜多阿喻紇硯那須毗你悉指多羅佐耶怛他羯他耶怛姪他唵薩婆桑

悉迦囉波唎輸底達磨底伽迦那莎訶其持迦底薩婆婆毗輸底摩訶娜耶波唎婆唎莎訶

若有於是无量壽經自書使人書畢竟不受女人之身陀羅尼曰

南无薄伽勃底阿波唎蜜多阿喻紇硯那須毗你悉指多羅佐耶怛他羯他耶怛姪他唵薩婆桑

悉迦囉波唎輸底達磨底伽迦那莎訶其持迦底薩婆婆毗輸底摩訶娜耶波唎婆唎莎訶

若有能於是經少分能惠施者等於三千大千世界滿中七寶布施陀羅尼曰

南无薄伽勃底阿波唎蜜多阿喻紇硯那須毗你悉指多羅佐耶怛他羯他耶怛姪他唵薩婆桑

悉迦囉波唎輸底達磨底伽迦那莎訶其持迦底薩婆婆毗輸底摩訶娜耶波唎婆唎莎訶

若有能供養是經者則是供養一切諸經等无有異陀羅尼曰

南无薄伽勃底阿波唎蜜多阿喻紇硯那須毗你悉指多羅佐耶怛他羯他耶怛姪他唵薩婆桑

悉迦囉波唎輸底達磨底伽迦那莎訶其持迦底薩婆婆毗輸底摩訶娜耶波唎婆唎莎訶

如是毗婆尸佛　尸弃佛　毗舍浮佛　俱留孫佛　俱那含牟尼佛　迦葉佛　釋迦牟尼佛

若有人以七寶供養如是七佛其福有限書寫受持是无量壽經典所有功德不可限量陀羅尼曰

BD05921 號　無量壽宗要經　（5–4）

悉迦囉 波唎輸底 達摩底 伽迦娜 莎訶其特迦底 薩婆婆毗輸底 摩訶娜耶 波唎婆唎莎訶
若有能供養是經者 則是供養一切諸經 等无有異 陁羅尼曰
南无薄伽勃底 阿波唎蜜多 阿喻紇硯娜 須毗你只指多 囉佐耶 怛他羯他耶 怛姪他唵 薩婆桑
悉迦囉 波唎輸底 達摩底 伽迦娜 莎訶其特迦底 薩婆婆毗輸底 摩訶娜耶 波唎婆唎莎訶
如是毗婆尸佛 尸弃佛 毗舍浮佛 俱留孫佛 俱那含牟尼佛 迦葉佛 釋迦牟尼佛
若有以七寶供養如是七佛 其福有限 書寫受持是无量壽經典所有功德不可限量 陁羅尼曰
南无薄伽勃底 阿波唎蜜多 阿喻紇硯娜 須毗你只指多 囉佐耶 怛他羯他耶 怛姪他唵 薩婆桑
悉迦囉 波唎輸底 達摩底 伽迦娜 莎訶其特迦底 薩婆婆毗輸底 摩訶娜耶 波唎婆唎莎訶
若有七寶等於須弥以用布施 其福上能知其限量 是无量壽經典其福不可知數 陁羅尼曰
南无薄伽勃底 阿波唎蜜多 阿喻紇硯娜 須毗你只指多 囉佐耶 怛他羯他耶 怛姪他唵 薩婆桑
悉迦囉 波唎輸底 達摩底 伽迦娜 莎訶其特迦底 薩婆婆毗輸底 摩訶娜耶 波唎婆唎莎訶
如是四大海水可知滴數 是无量壽經典所生果報不可數量 陁羅尼曰
南无薄伽勃底 阿波唎蜜多 阿喻紇硯娜 須毗你只指多 囉佐耶 怛他羯他耶 怛姪他唵 薩婆桑
悉迦囉 波唎輸底 達摩底 伽迦娜 莎訶其特迦底 薩婆婆毗輸底 摩訶娜耶 波唎婆唎莎訶
若有自書寫使人書寫是无量壽經典 又能護持供養 即如恭敬供養一切十方
佛土如來 无有別異 陁羅尼曰
南无薄伽勃底 阿波唎蜜多 阿喻紇硯娜 須毗你只指多 囉佐耶 怛他羯他耶 怛姪他唵 薩婆桑悉
迦囉 波唎輸底 達摩底 伽迦娜 莎訶其特迦底 薩婆婆毗輸底 摩訶娜耶 波唎婆唎莎訶
布施力能成正覺 悟布施力人師子 布施力能聲普聞 慈悲階漸最能入
持戒力能成正覺 悟持戒力人師子 持戒力能聲普聞 慈悲階漸最能入
忍辱力能成正覺 悟忍辱力人師子 忍辱力能聲普聞 慈悲階漸最能入
精進力能成正覺 悟精進力人師子 精進力能聲普聞 慈悲階漸最能入
禪定力能成正覺 悟禪定力人師子 禪定力能聲普聞 慈悲階漸最能入
智慧力能成正覺 悟智慧力人師子 智慧力能聲普聞 慈悲階漸最能入
尒時如來說是經已 一切世間天人阿脩羅揵闥婆等 聞佛所說 皆大歡喜 信受奉行
佛說无量壽宗要經

南无釋迦牟尼佛　南无金剛不壞佛
南无寶光佛　南无龍尊王佛
南无精進軍佛　南无精進喜佛
南无寶火佛　南无寶月光佛
南无現无愚佛　南无寶月佛
南无无垢佛　南无離垢佛
南无勇施佛　南无清淨佛
南无清淨施佛　南无娑留那佛
南无水天佛　南无堅德佛
南无旃檀功德佛　南无无量掬光佛
南无光德佛　南无无憂德佛
南无那羅延佛　南无功德華佛
南无蓮華光遊戲神通佛
南无財功德佛　南无德念佛
南无善名稱功德佛　南无紅炎幢王佛
南无善遊步功德佛　南无鬪戰勝佛
南无善遊步佛　南无周帀莊嚴功德佛
南无寶華遊步佛

南无那羅延佛　南无功德華佛
南无蓮華光遊戲神通佛
南无財功德佛　南无德念佛
南无善名稱功德佛　南无紅炎幢王佛
南无善遊步功德佛　南无鬪戰勝佛
南无善遊步佛　南无周帀莊嚴功德佛
南无寶華遊步佛
南无寶蓮華善住娑羅樹王佛 藥王藥上經空有其目而无名号
此三十五佛名出決定毗尼經
南无東方阿閦如來十方无量佛等一切諸佛
此上七階佛依藥王藥上經文
次弟已下別依餘經等類出
南无寶集如來二十五佛等一切諸佛
南无寶集佛　南无寶勝佛
南无成就盧舍那佛　南无盧舍那鏡像佛
南无盧舍那光明佛　南无不動佛
南无大光明佛　南无无量聲如來 三唱三礼
南无阿彌陀劬沙佛　南无大稱佛
南无寶光明佛　南无得大无畏佛
南无然燈火佛　南无寶聲佛
南无无邊无垢佛　南无月聲佛
南无无邊稱佛　南无日月光明世尊 三唱三礼
南无无垢光明佛　南无清淨光明佛
南无日光明佛　南无无邊寶佛
南无華勝佛　南无妙身佛
南无法光明清淨開敷蓮華佛 此二十五佛名出佛名經第八卷

南无无垢光明佛　　南无清淨光明佛
南无日光明佛　　南无无邊寶佛
南无華勝佛　　南无妙身佛
南无法光明清淨開敷蓮華佛　此二十五佛名出佛名經第八卷
南无虛空功德清淨微塵等目端正功德相光
明華波頭摩琉璃光寶體香最上香供養訖種
種莊嚴頂髻无量无邊日月光明願力莊嚴
變化莊嚴法界出生无鄣礙王如來　若善男子善女人犯
四重五逆誹謗三寶及犯四波羅夷是人罪重假使如閻浮履地
變爲微塵一一微塵成於一刼是人有若干刼罪錄是一佛名号
礼一拜者悉得滅除況復晝夜受持讀誦
憶念不忘者是人功德不可思議
南无寶相日月光明華寶蓮華堅如金剛身
毗盧遮那无鄣礙眼圓滿十方放光照一切佛
刹相王如來　此二佛名出十二佛名神呪校量功德除鄣滅罪經
南无過現未來十方三世一切諸佛歸懺悔
如是等一切世界諸佛世尊常住在世是諸
世尊當慈念我當憶念我證知我若我此生
若我前生從无始生死已來所作衆罪若自作
若教他作見作隨喜若塔若僧若四方僧物若
自取若教人取見取隨喜或作五逆无間重
罪若自作若教他作見作隨喜十不善道自
作教他作見作隨喜所有罪障或有覆藏或
不覆藏應墮地獄餓鬼畜生及諸惡趣邊
地下賤及弥戾車如是等處所作罪鄣今
皆懺悔
今諸佛世尊當證知我當憶念我我復於

作教作見作隨喜所有罪障或有覆藏或
不覆藏應墮地獄餓鬼畜生及諸惡趣邊
地下賤及彌戾車如是等處所作罪鄣今
皆懺悔
今諸佛世尊當證知我當憶念我我復於
諸佛世尊前作如是言若我此生若於餘
生曾行布施或守淨戒乃至施與畜生一摶
之食或修淨行所有善根成就衆生所有
善根修行菩提所有善根及无上智所
有善根一切合集校計籌量皆悉迴向向
耨多羅三藐三菩提如過去未來現在諸佛
所作迴向我亦如是迴向
衆罪皆懺悔　諸福盡隨喜　及請佛功德　願成无上智
去來現在佛　於衆生最勝　无量功德海　歸依合掌礼
一切誦
如來妙色身　世間无與等　无比不思議　是故今敬礼
如來色无盡　智慧亦復然　一切法常住　是故我歸依
降伏心過惡　及與身四種　已到難伏地　是故礼法王
知一切尒炎　智慧身自在　攝持一切法　是故今敬礼
敬礼過稱量　敬礼无譬類　敬礼无邊法　敬礼難思議
哀愍覆護我　令法種增長　此世及後生　願佛常攝受
南无摩訶般若波羅蜜　是大神呪　是大明呪
无上明呪　无等等明呪
處世界　如虛空　如蓮華　不着水
心清淨　超於彼　稽首礼　无上尊

南无摩訶般若波羅蜜 是大神呪 是大明呪
无上明呪 无等等明呪
處世界 如虛空 如蓮華 不着水
心清淨 超於彼 稽首礼 无上尊

偈誦文
願以功德 普及於一切 我等與衆生 皆共成佛道
一切恭敬
自歸於佛 當願衆生 體解大道 發无上意
自歸於法 當願衆生 深入經藏 智慧如海
自歸於僧 當願衆生 統理大衆 一切无礙
願諸衆生諸惡莫作諸善奉行自淨其意
是諸佛教和南一切賢聖
无常偈文
諸行无常 是生滅法 生滅滅已 寂滅為樂
晝夜六時發願法
十方三世諸佛當證知弟子某甲等為一切衆
生觀一切三寶為一切衆生礼一切三寶為一
切衆生供養一切三寶為一切衆生於一切
三寶前行道為一切衆生於一切三寶前
懺悔為一切衆生作佛像轉經供養衆僧供
養一切衆生行六波羅蜜四攝四无量等
一切行已集當集現集一切善根以此善
根願令一切三塗衆生一切貧窮衆生一切
生老病死衆生一切獄囚繫閉衆生一切破
亡流徙衆生一切不自在衆生一切耶見顛

懺悔為一切衆生作佛像轉經供養衆僧供
養一切衆生行六波羅蜜四攝四无量等
一切行已集當集現集一切善根以此善
根願令一切三塗衆生一切貧窮衆生一切
生老病死衆生一切繫閉衆生一切破
亡流從衆生一切不自在衆生一切耶見顛
倒衆生等悉得離苦解脫捨耶歸正發菩
提心永除三鄣常見一切諸佛菩薩及善知識
恒聞正法福智具足一時作佛
又以此善根願令一切衆生皆悉上品往生
一切淨土先證无生忍然後度衆生
又以此善根願令一切三寶一切國土常得安
隱不破不壞四方寧靜兵甲休息龍王歡
喜風調雨順五穀熟成万民安樂
六時礼拜佛法大綱晝三夜三各嚴香華入
塔觀像供養行道礼佛平旦及與午時並
別唱五十三佛餘皆惣唱日暮初夜並別唱三
十五佛餘皆惣唱半夜後夜並別唱三十五佛
餘皆惣唱觀此七階佛如在目前思惟如來
所有功德應作如是清淨懺悔
人集錄依諸大乘經中略發願法 第一或明為主起行斷惡脩善願
十方三世諸佛當證知弟子某甲等為一切
衆生晝夜六時觀一切三寶為一切衆生晝
夜六時礼一切三寶為一切衆生晝夜六時

人集錄依諸大乘經中略發願法 第一或明為主起行斷惡修善願
十方三世諸佛當證知弟子某甲等為一切
衆生晝夜六時觀一切三寶為一切衆生晝
夜六時礼一切三寶為一切衆生晝夜六時
供養一切三寶為一切衆生晝夜六時於
一切三寶前行道為一切衆生晝夜六時於
一切三寶前懺悔為一切衆生作佛像轉
經供養衆僧供養一切衆生行六波羅蜜
四攝四无量等一切行已集當集現集一切
善根以此善根願令一切衆生從无始已來
及以今身所作一切煩惱鄣業鄣報鄣耶見鄣
自作教人見作隨喜皆悉消滅
又願一切衆生從今身盡未來際不起一切
煩惱鄣業鄣報鄣耶見不自作不教他作不
作隨喜又以此懺悔善根願皆迴向向耨多
羅三藐三菩提如過去未來現在諸佛所作
迴向我亦如是迴向
又以迴向善根願令一切衆生衆罪皆懺悔
諸福盡隨喜及請佛功德願成无上智去
來現在佛於衆生最勝无量功德海歸依合
掌礼 自此已下第二或明防生難處願
又以此礼佛善根願不受世間上上果報願
我不得法忍已來於其中間願莫受身莫
作輔相大臣乃至令長村邑聚落等主不作國

来現在佛於衆生寂勝无量功德海歸依合
掌礼自此已下第二或明防生難處願
又以此礼佛善根願不受世間上上果報願
我不得法忍已來於其中間願莫受身莫
作輔相大臣乃至令長村邑聚落等主不作國
師軍幢將師長宿之處不作祠祀主佑容商
人處不作居士處不作庶人處不作斷事
處若不得法忍不於衆生居自在處若作
是等則於佛法名重回緣必當墮於阿鼻
地獄自此已下第三或明請乞護願
又以此礼佛善根已集當集現集一切善根
及救護衆生離衆生相迴向善根以此善根
願令一切三塗衆生一切貧窮衆生一切生老
病死衆生一切獄囚繫閉衆生一切破亡流
從衆生一切不自在衆生一切耶見顛倒
衆生等皆得滅除无量苦惱悉得一切諸佛
一切十二部經一切菩薩一切聲聞緣覺一
切諸善神王之所衛護自此已下第四或明救護衆生拔苦与樂迴轉增長願
又以此礼佛願令一切衆生悉得一切三世諸
佛清淨法身盡虛空遍法界普為一切衆
生作舍普為一切衆生作護普為一切衆
生作歸普為一切衆生作趣普為一切衆
生作安隱普為一切衆生作大明普為
一切衆生作炬普為一切衆生作燈普為
一切衆生作導普為一切衆生作主寶藏

生作舍普為一切衆生作護普為一切衆
生作歸普為一切衆生作趣普為一切衆
生作安隱普為一切衆生作大明普為
一切衆生作炬普為一切衆生作燈普為
一切衆生作導普為一切衆生作主寶藏
曰守護一切衆生
又以此善根願代一切衆生受一切苦一切
顛倒一切耶見盡又願一切三塗衆生一切
貧窮衆生一切生老病死衆生一切獄囚繫
閉衆生一切破亡流從衆生一切不自在衆生
一切耶見顛倒衆生等悉得離苦解脫捨
耶歸正發菩提心永除三鄣常見一切諸佛
菩薩及善知識恒聞正法福智具足一時作
佛 又以此善根願令一切衆生法界行德深
信牢固不破不壞
又以此善根願令一切衆生一切善根悉與
三世諸佛等
又以此善根願令一切衆生一切善根悉至
一切處與无名相法一種
又以此善根願令一切衆生一切善根悉皆
无窮无盡
又以此善根願令一切衆生一切善根皆悉
牢固不退不轉
又以此善根願令一切衆生一切善根悉皆
充滿一切法界度脫一切衆生

无窮无盡
又以此善根願令一切衆生一切善根皆悉
牢固不退不轉
又以此善根願令一切衆生一切善根悉皆
充滿一切法界度脱一切衆生
又以此善根願令一切衆生一切善根悉與
如如相應平等无二
又以此善根願令一切衆生一切善根悉與
普賢菩薩等一切菩薩同
又以此善根願令一切衆生一切善根悉與
法界等无增无減（自此已下第五或明發菩薩心境盡行同願）
又以此善根願共一切衆生供養一切佛盡
受持一切法盡於一切諸佛菩薩所住一
切請法上首身盡以一切菩薩行增長一
切衆生心行盡知一切衆生果盡知一切
世界盡莊嚴一切淨土盡與一切菩薩同
心同行盡種種所住不相捨離乘不退輪
行菩薩行盡
又以此善根願令一切衆生聞我名者得深
智慧見我形者必定佛法心喜恭敬即斷煩
惱又於一切法界願住一切真佛應佛身盡
廣大如法界究竟如虛空盡未來際无有休
息（自此已下第六或明隨此別迴願）
又以此善根願令一切衆生乃至燒一丸香時
充滿十方一切法界供養一切如來及其眷

惱又於一切法界願住一切真佛應佛身盡
廣大如法界究竟如虛空盡未來際无有休
息 自此已下第六或明隨此別迴願
又以此善根願令一切衆生乃至燒一丸香時
充滿十方一切法界供養一切如來及其眷
屬香帳莊嚴一切法界香宮殿香垣牆香
樓閣香欄楯香却敵香牕牖香半月香蓋
香幢香幡香網香形像香光明香莊嚴具
香雲雨莊嚴十方一切法界供養一切如來
及其眷屬
又以此善根願令一切衆生聞斯妙香皆悉
具足德藏三昧法界行德自然成滿
又以此善根願令一切衆生悉得一切法界
微塵數身口意業執持一切法界微塵數
華香供養一切佛盡皆无有餘 自此已下第七或明攝心所為願
又以此善根
願諸衆生等　悉發菩提心　繫心常思念　十方一切佛
復願諸衆生　永破諸煩惱　了了見佛性　猶如妙德等
自此已下第八或明防心不退願
云何復名不退之心有人聞佛能度衆生生
老病死不從師諮自然脩集得阿耨多羅三
藐三菩提若菩提道是可得者我當脩集
必令得之以是因緣發菩提心所住功德若
多若少悉以迴向阿耨多羅三藐三菩提
住是誓願願我常得親近諸佛及佛弟

藐三菩提若菩提道是可得者我當修集
心令得之以是因緣發菩提心所任功德若
多若少悉以迴向阿耨多羅三藐三菩提
任是擔願願我常得親近諸佛及佛弟
子常聞深法五情完具若遇苦難不失是心
復願諸佛及諸弟子常於我所生歡喜
心具五善根若諸衆生斫伐我身斬截手
足頭目支節當於是人生大慈心深自欣
慶如是諸人為我增長菩提因緣若无是
者我當何緣而得成就阿耨多羅三藐三
菩提復發是願莫令我等无根二根女人
之身不繫屬人不逢惡主不屬惡王不生
惡國若得好身種姓真正多饒財寶不生
憍慢令我常聞十二部經受持讀誦書寫
解說若為衆生有所演說願令受持者
敬信无疑常於我所不生惡心寧為少聞
多解義味不願多聞於義不了願作心師不
師於心身口意業不與惡交能施一切衆生
安樂身戒心慧不動如山為欲受持无上
正法於身命財不生慳悋不淨之物不
為福業正命自活心无邪諂受恩常念小
恩大報善知世中所有事藝善解衆生方
俗之言讀誦書寫十二部經不生懈怠懶
墮之心若諸衆生不樂聽聞方便引接令
彼樂聞言常柔爽口不宣惡不和合衆能

正法於身命財不生慳悋不淨之物不
為福業正命自活心无耶諂受恩常念小
恩大報善知世中所有事藝善解衆生方
俗之言讀誦書寫十二部經不生懈怠懶
墮之心若諸衆生不樂聽聞方便引接令
彼樂聞言常柔耎口不宣惡不和合衆能
令和合有憂怖者令離憂怖飢饉之世令
得豐足疫病之世在大醫王病藥所須財
寶自在令疾病者悉得除愈刀兵之劫有
大力勢斷其殘害令无遺餘能斷衆生種
種怖畏所謂若死閉繫打擲水火王賊貧
窮破戒惡名惡道如是等畏悉當斷之父
母師長深生恭敬怨憎之中生大慈心常
修六念空三昧門十二因緣生滅等觀出
息入息天行梵行及以聖行金剛三昧首楞
嚴定无三寶處令我自得寂靜之心若其
身心受大苦時莫失无上菩提之心莫以
聲聞辟支佛心而生知足无三寶處常
在外道法中出家為破耶見不習其道得
法自在得心自在於有為法了了見過令
我怖畏二乘道果如惜命者怖畏捨身為
衆生故樂處三惡如諸衆生樂忉利天為
一一人於无量劫受地獄苦心不生悔見他
得利不生妒心常生歡喜如自得樂若值
三寶當以衣服飲食卧具房舍醫藥燈
明華香伎樂幡蓋七寶供養若受佛戒

我怖畏二乘道果如惜命者怖畏捨身為
衆生故樂處三惡如諸衆生樂悕利天為
一一人於无量劫受地獄苦心不生悔見他
得利不生妬心常生歡喜如自得樂若值
三寶當以衣服飲食臥具房舍醫藥燈
明華香伎樂幡蓋七寶供養若受佛戒
堅固護持終不生於毀犯之想若聞菩薩
難行苦行其心歡喜不生悔恨自識注世
宿命之事終不造作貪瞋癡業不為果報而
集因緣於現在樂不生貪著善男子若有
能發如是願者是名菩薩終不退失菩提
之心亦名施主能見如來明了佛性能調
衆生度脫生死善能護持无上正法能得
具足六波羅蜜善男子以是義故不退之
心不名佛性（自此已下第九或明任故自在願）
又願身口意業所有善根已集當集現集
一切善根速得增長充滿十方一切法界利
益一切衆生以此三業度衆生善根願令一
切衆生應見諸佛菩薩身得度者願任諸
佛菩薩身普遍法界度脫衆生應見聲
聞緣覺身得度者願任聲聞緣覺身
普遍法界度脫衆生應見師僧父母身得
度者願任師僧父母身普遍法界度脫衆
生應見兄弟夫妻男女身得度者願任兄
弟姊妹夫妻男女身普遍法界度脫衆

聞緣覺身得度者願作聲聞緣覺身
普遍法界度脫衆生應見師僧父母身得
度者願作師僧父母身普遍法界度脫衆
生應見兄弟夫妻男女身得度者願作兄
弟姊妹夫妻男女身普遍法界度脫衆
生應見僮僕身得度者願作僮僕身普
遍法界度脫衆生應見魔身道士身得度
者願作魔身道士身普遍法界度脫衆生
應見天身人身得度者願作天身人身普遍
法界度脫衆生應見地獄餓鬼畜生修羅
身得度者願作地獄餓鬼畜生修羅身
普遍法界度脫衆生 自此已下第十套明放同光跡願
又以此善根願令一切衆生一切善根悉與
三世諸佛等五眼具足知一切苦斷一切集
證一切滅脩一切道无增无減

發願法

讚礼地藏菩薩懺悔發願法

至心歸命稽首礼　釋迦牟尼佛所讚
地藏菩薩摩訶薩　五濁惡時救苦者
久脩堅固大願悲　勇猛精進超衆聖
每日晨朝從定起　盡形六趣化十方
願救諸衆生　離苦得解脫
昔在佉羅帝耶山　諸牟尼仙所住處
從南方來現五瑞　香華寶飾衣雲雨
演出百千妙法音　衆身堅重如大地

BD05922 號 2　人集錄依諸大乘經中略發願法
BD05922 號 3　讚禮地藏菩薩懺悔發願法

每日晨朝從定起　盡形六趣化十方
願救諸衆生　離苦得解脫
昔在佉羅帝耶山　諸仚仙所住處
從南方來現五瑞　香華寶飾衣雲雨
演出百千妙法音　衆身堅重如大地
香𨫼寶衣自嚴餝　兩手各現如意珠
光照十方諸佛國　見聞三障永清淨
故我稽首大慈悲　地藏菩薩摩訶薩
願救諸衆生　離苦得解脫
曾於過去无數劫　刀兵疫病飢饉時
復於當來過是數　救度无間惡衆生
八十百千那庾多　頻跋羅數菩薩衆
眷屬悲現聲聞像　照臨大集礼世尊
讚佛散華成寶蓋　大衆咸伏唱善哉
故我稽首大慈悲　地藏菩薩摩訶薩
願救諸衆生　離苦得解脫
首楞伽摩三摩地　善能悟入佛境界
已能寂滕无生忍　於諸佛法得自在
已能堪忍一切智　已能超度遍智海
故我稽首大慈悲　地藏菩薩摩訶薩
願救諸衆生　離苦得解脫
師子奮迅幢三昧　善登一切智山王
能伏外道諸耶論　為欲成熟諸有情
所在佛國皆現住　發起无量勝功德
故我稽首大慈悲　地藏菩薩摩訶薩

願救諸衆生　離苦得解脱
師子奮迅幢三昧　善登一切智山王
能伏外道諸耶論　為欲成熟諸有情
所在佛國皆現住　發起无量勝功德
故我稽首大慈悲　地藏菩薩摩訶薩
願救諸衆生　離苦得解脱
敬礼現作諸天身　色界梵王大自在
欲界他化自在天　樂變化天覩史多
夜摩帝釋四天王　地藏菩薩摩訶薩
願說正法救衆生　離苦得解脱
敬礼現作聖人身　大乘佛身菩薩身
二乘獨覺聲聞身　地藏菩薩摩訶薩
願說正法救衆生　離苦得解脱
敬礼現作凡人身　轉輪王身刹帝利
婆羅門身茂舍身（茂字吠音）　戍達羅身丈夫身
婦女童男童女身　地藏菩薩摩訶薩
願說正法救衆生　離苦得解脱
敬礼現作鬼神身　捷達縛身阿素洛
緊捺洛身大蟒身　龍身藥叉羅刹身
鳩槃荼身畢舍遮　餓鬼羯吒布怛那
奧闍訶洛諸鬼身　地藏菩薩摩訶薩
願說正法救衆生　離苦得解脱
敬礼現作畜生身　師子香象馬牛身
種種異類禽獸身　地藏菩薩摩訶薩
願說正法救衆生　離苦得解脱

奧閣訶洛諸鬼身　地藏菩薩摩訶薩
願説正法救衆生　離苦得解脱
敬礼現住畜生身　師子香象馬牛身
種種異類禽獸身　地藏菩薩摩訶薩
願説正法救衆生　離苦得解脱
敬礼現住地獄身　刹魔王身獄卒身
地獄有情異類身　地藏菩薩摩訶薩
願説正法救衆生　離苦得解脱
敬礼善説陁羅尼　地藏菩薩摩訶薩
願救諸衆生　離苦得解脱
敬礼滿願如意珠　地藏菩薩摩訶薩
願救諸衆生　離苦得解脱
敬礼富德如寶渚　地藏菩薩摩訶薩
願救諸衆生　離苦得解脱
敬礼莊嚴如天樹　地藏菩薩摩訶薩
願救諸衆生　離苦得解脱
敬礼无畏如師子　地藏菩薩摩訶薩
願救諸衆生　離苦得解脱
敬礼破闇如朗日　地藏菩薩摩訶薩
願救諸衆生　離苦得解脱
敬礼示道如明月　地藏菩薩摩訶薩
願救諸衆生　離苦得解脱
敬礼依止如大地　地藏菩薩摩訶薩
願救諸衆生　離苦得解脱
敬礼堅住如高山　地藏菩薩摩訶薩

願拔諸衆生　離苦得解脫

敬礼亦道如明月　地藏菩薩摩訶薩

願救諸衆生　離苦得解脫

敬礼依心如大地　地藏菩薩摩訶薩

願救諸衆生　離苦得解脫

敬礼堅住如高山　地藏菩薩摩訶薩

願救諸衆生　離苦得解脫

敬礼攝受如虛空　地藏菩薩摩訶薩

願救諸衆生　離苦得解脫

至心懺悔

歸命釋迦牟尼佛　地藏菩薩摩訶薩

我從无始生死來　愚癡憍慢毀三寶

身語意業種種惡　自作教他見隨喜

今對佛前皆發露　慚愧懺悔願除滅

從今已往永不作　防護當來諸罪咎

懺悔已歸命三寶

至心發願

我今至誠發誓願　從今生死盡後際

常願不逢惡知識　亦願不遇惡因緣

設當逢遇願不隨　決定不謗佛正法

亦不惱亂出家人　切令我受長夜苦

唯願慈尊哀攝受　我等所發真誓願

發願已歸命三寶

讚礼地藏菩薩懺悔願法

身語意業種種惡　自作教他見隨喜
今對佛前皆發露　慚愧懺悔願除滅
從今已往永不作　防護當來諸罪咎
懺悔已歸命三寶

至心發願

我今至誠發誓願　從今生死盡後際
常願不逢惡知識　亦願不遇惡因緣
設當逢遇願不隨　決定不謗佛正法
亦不惱亂出家人　勿令我受長夜苦
唯願慈尊哀攝受　我等所發真誓願
發願已歸命三寶

讚礼地藏菩薩懺悔願法

著　錄　凡　例

本目錄採用條目式著錄法。諸條目意義如下：

1.1　著錄編號。用漢語拼音首字“BD”表示，意為“北京圖書館藏敦煌遺書”，簡稱“北敦號”。文獻寫在背面者，標註為“背”。一件遺書上抄有多個文獻者，用數字 1、2、3 等標示小號。一號中包括幾件遺書，且遺書形態各自獨立者，用字母 A、B、C 等區別。

1.2　著錄分類號。本條記目錄暫不分類，該項空缺。

1.3　著錄文獻的名稱、卷本、卷次。

1.4　著錄千字文編號。

1.5　著錄縮微膠卷號。

2.1　著錄遺書的總體數據。包括長度、寬度、紙數、正面抄寫總行數與每行字數、背面抄寫總行數與每行字數。如該遺書首尾有殘破，則對殘破部分單獨度量，用加號加在總長度上。凡屬這種情況，長度用括弧標註。

2.2　著錄每紙數據。包括每紙長度及抄寫行數或界欄數。

2.3　著錄遺書的外觀。包括：（1）裝幀形式。（2）首尾存況。（3）護首、軸、軸頭、天竿、縹帶，經名是書寫還是貼簽，有無經名號，扉頁、扉畫。（4）卷面殘破情況及其位置。（5）尾部情況。（6）有無附加物（蟲繭、油污、線繩及其他）。（7）有無裱補及其年代。（8）界欄。（9）修整。（10）其他需要交待的問題。

2.4　著錄一件遺書抄寫多個文獻的情況。

3.1　著錄文獻首部文字與對照本核對的結果。

3.2　著錄文獻尾部文字與對照本核對的結果。

3.3　著錄錄文。

3.4　著錄對文獻的說明。

4.1　著錄文獻首題。

4.2　著錄文獻尾題。

5　著錄本文獻與對照本的不同之處。

6.1　著錄本遺書首部可與另一遺書綴接的編號。

6.2　著錄本遺書尾部可與另一遺書綴接的編號。

7.1　著錄題記、題名、勘記等。

7.2　著錄印章。

7.3　著錄雜寫。

7.4　著錄護首及扉頁的內容。

8　著錄年代。

9.1　著錄字體。如有武周新字、合體字、避諱字等，予以說明。

9.2　著錄卷面二次加工的情況。包括句讀、點標、科分、間隔號、行間加行、行間加字、硃筆、墨塗、倒乙、刪除、兑廢等。

10　著錄敦煌遺書發現後，近現代人所加內容，裝裱、題記、印章等。

11　備註。著錄揭裱互見、圖版本出處及其他需要說明的問題。

上述諸條，有則著錄，無則空缺。

為避文繁，上述著錄中出現的各種參考、對照文獻，暫且不列版本說明。全目結束時，將統一編制本條記目錄出現的各種參考書目。

本條記目錄為農曆年份標註其公曆紀年時，未進行歲頭年末之換算，請讀者使用時注意自行換算。

條 記 目 錄

BD05853—BD05922

1.1 BD05853 號 1
1.3 比丘含注戒本序
1.4 菜 053
1.5 165:6996
2.1 (3.5+593)×32 厘米；14 紙；396 行，行 25 字。
2.2 01：3.5+40.5，29； 02：44.5，30； 03：45.0，30；
04：44.5，30； 05：44.5，30； 06：44.5，30；
07：45.0，30； 08：45.0，30； 09：45.0，30；
10：44.5，30； 11：45.0，30； 12：45.0，30；
13：45.0，30； 14：15.0，07。
2.3 卷軸裝。首全尾殘。首紙中部有殘洞。尾有餘空。有烏絲欄。
2.4 本遺書包括 2 個文獻：（一）《比丘含注戒本序》，25 行，今編為 BD05853 號 1。（二）《比丘含注戒本》，371 行，今編為 BD05853 號 2。
3.1 首殘→《敦煌寫本〈比丘含注戒本〉釋文》，第 83 頁第 2 行。
3.2 尾殘→《敦煌寫本〈比丘含注戒本〉釋文》，第 84 頁第 33 行。
4.1 □...□門釋道宣述（首）。
8 8～9 世紀。吐蕃統治時期寫本。
9.1 楷書。
9.2 有重文號。上邊有行間校加字。
11 圖版：《敦煌寶藏》，103/309A～316B。

1.1 BD05853 號 2
1.3 比丘含注戒本
1.4 菜 053
1.5 165:6996
2.4 本遺書由 2 個文獻組成，本號為第 2 個，371 行。餘參見 BD05853 號之第 2 項、第 11 項。
3.1 首全→《敦煌寫本〈比丘含注戒本〉釋文》，第 85 頁第 34 行。
3.2 尾殘→《敦煌寫本〈比丘含注戒本〉釋文》，第 119 頁第 381 行。
4.1 戒本含注一卷，出曇無德部唐言法護言部律（首）。
8 8～9 世紀。吐蕃統治時期寫本。
9.1 楷書。

1.1 BD05854 號
1.3 大般若波羅蜜多經（兌廢稿）卷四〇七
1.4 菜 054
1.5 084:2050
2.1 35.5×25.5 厘米；1 紙；21 行，行 17 字。
2.3 卷軸裝。首尾均脫。卷面有殘洞。有烏絲欄。
3.1 首殘→大正 220，7/34C14。
3.2 尾殘→7/35A7。
5 與《大正藏》本對照，本件第 14 行“世尊”二字下漏抄“色不遠離增語……受想行識不遠離增語……”兩句。缺文參見大正 220，7/34C27 至 29。且本件加行所抄經文爲多餘的。
7.1 上邊有“兌”字。
7.3 背面有兩行經文雜寫。
8 8～9 世紀。吐蕃統治時期寫本。
9.1 楷書。
9.2 有刮改。有行間加行。
11 圖版：《敦煌寶藏》，71/484A。

1.1 BD05855 號
1.3 金剛般若波羅蜜經
1.4 菜 055
1.5 094:3838
2.1 (4+154.1+6.2)×27.5 厘米；4 紙；113 行，行 17 字。
2.2 01：4+36.9，28； 02：41.2，28； 03：41.8，29；
04：34.2+6.2，28。
2.3 卷軸裝。首尾均殘。卷面有殘洞及破裂，第 3、4 紙間接縫處開裂。有烏絲欄。

3.1　首3行上殘→大正235，8/749B22～23。
3.2　尾4行下殘→8/750C22～24。
8　9～10世紀。歸義軍時期寫本。
9.1　楷書。
11　圖版：《敦煌寶藏》，80/525A～527A。

1.1　BD05856號
1.3　大般若波羅蜜多經卷四二九
1.4　菜056
1.5　084:3112
2.1　140.2×27.7厘米；3紙；82行，行17字。
2.2　01：46.9，26；　02：46.6，28；　03：46.7，28。
2.3　卷軸裝。首全尾脱。首尾2紙有殘洞。卷背有鳥糞。有烏絲欄。
3.1　首全→大正220，7/155A20。
3.2　尾殘→7/156A17。
4.1　大般若波羅蜜多經卷□□，/第二分福生品第卅一，三藏法師玄奘奉詔譯/（首）。
8　9～10世紀。歸義軍時期寫本。
9.1　楷書。
11　圖版：《敦煌寶藏》，76/409B～411A。

1.1　BD05857號
1.3　妙法蓮華經卷二
1.4　菜057
1.5　105:4726
2.1　（3.3+989.7）×24.5厘米；17紙；567行，行17字。
2.2　01：3.3+19.6，13；　02：73.3，43；　03：36.6，21；
04：76.3，44；　05：43.7，25；　06：24.1，14；
07：76.3，44；　08：76.6，44；　09：34.7，20；
10：40.3，23；　11：76.4，44；　12：76.3，44；
13：76.5，44；　14：76.4，44；　15：76.0，44；
16：76.2，44；　17：30.4，12。
2.3　卷軸裝。首殘尾全。前2紙多殘裂、有殘洞，第5、6紙接縫處上方開裂，卷尾殘破，多水漬。卷上下有蟲繭。有烏絲欄。
3.1　首2行中殘→大正262，9/11A9～12。
3.2　尾全→9/19A12。
4.2　妙法蓮華經卷第二（尾）。
8　8世紀。唐寫本。
9.1　楷書。
11　圖版：《敦煌寶藏》，85/630A～643B。

1.1　BD05858號
1.3　金剛般若波羅蜜經
1.4　菜058
1.5　094:3526
2.1　（189.7+9.5）×26.5厘米；6紙；128行，行17字。
2.2　01：08.0，護首；　02：39.0，26；　03：37.0，25；
04：42.5，28；　05：38.2，26；　06：25+9.5，23。
2.3　卷軸裝。首全尾殘。有護首。尾紙殘破較重。背有古代裱補。有烏絲欄。已修整。
3.1　首全→大正235，8/748C17。
3.2　尾6行上下殘→8/750B3～9。
4.1　金剛般若波羅蜜經（首）。
8　9～10世紀。歸義軍時期寫本。
9.1　楷書。
11　圖版：《敦煌寶藏》，78/430B～433A。

1.1　BD05859號
1.3　妙法蓮華經（八卷本）卷五
1.4　菜059
1.5　105:5398
2.1　（23.5+893.3）×28厘米；20紙；534行，行17字。
2.2　01：23.5+23.5，27；　02：47.5，28；　03：47.8，28；
04：47.8，28；　05：47.8，28；　06：48.3，28；
07：48.0，28；　08：47.8，28；　09：47.8，28；
10：48.0，28；　11：48.0，28；　12：48.0，28；
13：48.0，28；　14：48.0，28；　15：48.0，28；
16：48.0，28；　17：47.8，28；　18：48.0，28；
19：48.0，28；　20：07.2，03。
2.3　卷軸裝。首尾均全。卷首右下殘缺，油污嚴重。有烏絲欄。
3.1　首13行上下殘→大正262，9/34B23～C8。
3.2　尾全→9/42A28。
4.1　□…□品第十二，五（首）。
4.2　妙法蓮華經卷第五（尾）。
5　與《大正藏》本對照，分卷不同，相當於卷四提婆達多品第十二全文至卷五從地踊出品第十五全文。屬於八卷本
8　8～9世紀。吐蕃統治時期寫本。
9.1　楷書。
11　圖版：《敦煌寶藏》，91/292A～305B。

1.1　BD05860號
1.3　維摩詰所說經卷上
1.4　菜060
1.5　070:1048
2.1　102×25.5厘米；3紙；59行，行17字。
2.2　01：47.5，28；　02：47.5，28；　03：07.0，03。
2.3　卷軸裝。首脱尾全。首紙下邊有破裂，第2、3紙接縫處有開裂，卷面有水漬。有烏絲欄。
3.1　首殘→大正475，14/543B15。
3.2　尾全→14/544A19。
4.2　維摩詰經卷上（尾）。
8　8～9世紀。吐蕃統治時期寫本。
9.1　楷書。有武周新字“正”。

11　圖版:《敦煌寶藏》, 64/466A ~ 467A。

1.1　BD05861 號
1.3　梵網經盧舍那佛說菩薩心地戒品第十卷下
1.4　菜 061
1.5　143:6699
2.1　76.7×25.2 厘米; 2 紙; 45 行, 行 17 字。
2.2　01: 42.7, 25;　02: 34.0, 20。
2.3　卷軸裝。首全尾斷。卷面多水漬, 多有破裂殘損。背有古代裱補。有烏絲欄。
3.1　首全→大正 1484, 24/1003B6。
3.2　尾殘→24/1003C28。
4.1　梵網經□…□品第十(首)。
8　9 ~ 10 世紀。歸義軍時期寫本。
9.1　楷書。
11　圖版:《敦煌寶藏》, 101/236A ~ 237A。

1.1　BD05862 號
1.3　無量壽宗要經
1.4　菜 062
1.5　275:8046
2.1　(3.5 + 103)×31 厘米; 3 紙; 66 行, 行 30 餘字。
2.2　01: 3.5 + 19, 14;　02: 42.0, 28;　03: 42.0, 24。
2.3　卷軸裝。首殘尾全。有烏絲欄。
3.1　首 2 中下殘→大正 936, 19/82A18 ~ 23。
3.2　尾全→19/84C29。
4.2　佛說無量壽宗要經(尾)。
7.1　尾紙有題名"曹興朝"。
8　8 ~ 9 世紀。吐蕃統治時期寫本。
9.1　行楷。
11　圖版:《敦煌寶藏》, 108/602A ~ 603A。

1.1　BD05863 號
1.3　金光明經卷四
1.4　菜 063
1.5　081:1407
2.1　(5 + 755.7)×26 厘米; 14 紙; 438 行, 行 17 字。
2.2　01: 5 + 40.5, 26;　02: 47.8, 28;　03: 47.7, 28;
04: 47.5, 28;　05: 48.0, 28;　06: 48.0, 28;
07: 48.0, 28;　08: 48.0, 28;　09: 48.2, 28;
10: 47.5, 28;　11: 48.0, 28;　12: 48.0, 28;
13: 48.0, 28;　14: 44.5, 20。
2.3　卷軸裝。首尾均全。卷首右上殘缺, 卷面有油污, 有脫落殘片。卷尾有蟲繭。有烏絲欄。
3.1　首 2 行中殘→大正 663, 16/352B12 ~ 16。
3.2　尾全→16/358A29。
4.1　□…□六, 四(首)。
4.2　金光明經卷第四(尾)。
8　8 世紀。唐寫本。
9.1　楷書。
11　圖版:《敦煌寶藏》, 67/374A ~ 383B。

1.1　BD05864 號
1.3　摩訶般若波羅蜜經卷二三
1.4　菜 064
1.5　088:3460
2.1　(5.9 + 39.8 + 14.1)×25.3 厘米; 3 紙; 33 行, 行 17 字。
2.2　01: 05.9, 03;　02: 39.8 + 8, 27;　03: 06.1, 03。
2.3　卷軸裝。首尾均殘。卷上邊有等距離火燒殘缺。有烏絲欄。
3.1　首 3 行上下殘→大正 223, 8/389C24 ~ 28。
3.2　尾 7 行上下殘→8/390A22 ~ 28。
5　與《大正藏》本對照, 品名、品次不同。
8　6 世紀。隋寫本。
9.1　楷書。
11　圖版:《敦煌寶藏》, 78/88B ~ 89A。

1.1　BD05865 號
1.3　金剛般若波羅蜜經
1.4　菜 065
1.5　094:4303
2.1　144.6×25.3 厘米; 3 紙; 84 行, 行 17 字。
2.2　01: 47.3, 28;　02: 49.6, 28;　03: 47.7, 28。
2.3　卷軸裝。首尾均脫。經黄紙。有烏絲欄。
3.1　首殘→大正 235, 8/751B21。
3.2　尾全→8/752C2。
5　與《大正藏》本相比, 本卷經文無冥司偈, 參見《大正藏》, 8/751C16 ~ 19。
8　7 ~ 8 世紀。唐寫本。
9.1　楷書。
11　圖版:《敦煌寶藏》, 82/618A ~ 619B。

1.1　BD05866 號
1.3　妙法蓮華經卷七
1.4　菜 066
1.5　105:5957
2.1　(9 + 177)×25.5 厘米; 5 紙; 正面 103 行, 背面 4 行, 行 17 字。
2.2　01: 9 + 31, 23;　02: 49.5, 28;　03: 49.8, 28;
04: 41.0, 24;　05: 05.7, 拖尾。
2.3　卷軸裝。首殘尾斷。前 2 紙下邊有殘缺, 第 2、3 紙接縫上邊開裂, 第 3 紙上邊有破裂, 卷面有殘洞。背有古代裱補。有烏絲欄。拖尾紙質與前不同。
2.4　本遺書包括 2 個文獻:(一)《妙法蓮華經》卷七, 103 行, 抄寫在正面, 今編為 BD05866 號。(二)《乾德六年陰存祐為母

追念三周年請僧疏》（擬），抄寫在背面，4 行，今編為 BD05866 號背。
3.1 首 6 行上下殘→大正 262，9/56C23～29。
3.2 尾殘→9/58B13。
8 9～10 世紀。歸義軍時期寫本。
9.1 楷書。
11 圖版：《敦煌寶藏》，96/205B～208A。

1.1 BD05866 號背
1.3 乾德六年陰存祐為母追念三周年請僧疏（擬）
1.4 菜 066
1.5 105:5957
2.4 本遺書由 2 個文獻組成，本號為第 2 個，抄寫在背面，4 行。餘參見 BD05866 號之第 2 項、第 11 項。
3.3 錄文：
張僧正和尚、董僧正和尚、楊禪、米禪/
□月廿九日就弊居奉爲故慈母小娘子三年周（?）追念。伏乞/
□依時早赴。謹疏/
乾德六年九月□［日］弟子都頭陰存祐疏/
（錄文完）
8 968 年。歸義軍時期寫本。
9.1 楷書。

1.1 BD05867 號
1.3 大般若波羅蜜多經卷二四
1.4 菜 067
1.5 084:2069
2.1 （8＋648.9）×26.4 厘米；16 紙；401 行，行 17 字。
2.2 01：08.0，04； 02：47.5，28； 03：47.5，28；
04：45.5，28； 05：45.5，28； 06：45.5，28；
07：45.5，28； 08：45.5，28； 09：45.3，28；
10：45.5，28； 11：45.3，28； 12：45.0，28；
13：45.5，28； 14：45.3，28； 15：45.0，28；
16：09.5，05。
2.3 卷軸裝。首殘尾全。卷面多水漬，第 2 紙有殘洞。有烏絲欄。
3.1 首 4 行上殘→大正 220，5/132A12～15。
3.2 尾全→5/136C3。
4.2 大般若波羅蜜多經卷第廿四（尾）。
8 8～9 世紀。吐蕃統治時期寫本。
9.1 楷書。
11 圖版：《敦煌寶藏》，71/555B～564A。

1.1 BD05868 號
1.3 大佛頂如來密因修證了義諸菩薩萬行首楞嚴經卷六
1.4 菜 068
1.5 237:7412
2.1 （6.3＋529.7）×25 厘米；12 紙；317 行，行 17 字。
2.2 01：6.3＋19.9，15； 02：46.0，28； 03：46.5，28；
04：46.5，28； 05：46.2，28； 06：46.3，28；
07：46.3，28； 08：46.6，28； 09：46.6，28；
10：46.6，28； 11：46.4，28； 12：45.8，22。
2.3 卷軸裝。首殘尾全。經黃紙。卷面有水漬，前 2 紙接縫處下開裂，第 7 紙下邊有殘損。有燕尾。有烏絲欄。
3.1 首 3 行下殘→大正 945，19/128B24～27。
3.2 尾全→19/132C26。
4.2 大佛頂萬行首楞嚴經卷第六（尾）。
8 7～8 世紀。唐寫本。
9.1 楷書。
9.2 有刮改。有硃筆行間校加字。
11 圖版：《敦煌寶藏》，106/134A～141A。

1.1 BD05869 號
1.3 維摩詰所說經卷上
1.4 菜 069
1.5 070:0864
2.1 （16.5＋1003.5）×27 厘米；22 紙；589 行，行 17 字。
2.2 01：16.5＋29.5，27； 02：47.5，28； 03：48.0，28；
04：48.0，28； 05：48.0，28； 06：48.0，28；
07：48.0，28； 08：48.0，28； 09：48.0，28；
10：48.0，28； 11：48.0，28； 12：48.0，28；
13：48.0，28； 14：48.0，28； 15：48.0，28；
16：48.0，28； 17：48.0，28； 18：48.0，28；
19：48.0，28； 20：48.0，28； 21：47.5，28；
22：15.0，02。
2.3 卷軸裝。首尾均全。卷首右下殘缺，卷面有水漬，卷前部上下邊有破裂殘損，尾紙有破裂。背有古代裱補。有烏絲欄。已修整。
3.1 首 9 行中下殘→大正 475，14/537A3～14。
3.2 尾全→14/544A19。
4.1 維摩詰所說經，一名不□…□（首）。
4.2 維摩詰經卷上（尾）。
7.2 尾紙下方有長方形陽文墨印“淨土寺藏經”，6.5×1.8 厘米。
7.1 首紙背有勘記“維摩經上卷”。
8 9～10 世紀。歸義軍時期寫本。
9.1 楷書。
9.2 有硃筆點標。
11 圖版：《敦煌寶藏》，63/206B～220B。

1.1 BD05870 號 1
1.3 梵網經菩薩戒序
1.4 菜 070

1.5　143:6693
2.1　(2+252.3+27)×26 厘米；7 紙；正面 162 行，行 17 字；背面 19 行，行字不等。
2.2　01：2+23，15；　02：19.2，11；　03：47.5，27；
　　04：46.8，27；　05：47.5，28；　06：47.0，27；
　　07：21.3+27，27。
2.3　卷軸裝。首全尾殘。通卷殘破嚴重。首紙為歸義軍時代後補。背有古代裱補，現存 6 塊裱補紙上抄有 3 個殘存文書。有烏絲欄。已修整。
2.4　本遺書包括 6 個文獻：(一)《梵網經菩薩戒序》，15 行，抄寫在正面，今編為 BD05870 號 1。(二)《梵網經盧舍那佛説菩薩心地戒品第十》卷下，147 行，抄寫在正面，今編為 BD05870 號 2。(三)《信狀》(擬)，12 行，抄寫在背面 3 塊裱補紙上，今編為 BD05870 號背 1。(四)《齋文》(擬)，2 行，抄寫在背面 2 塊裱補紙上，可綴接，今編為 BD05870 號背 2。(五)《社司轉帖》，3 行，抄寫在背面裱補紙上，今編為 BD05870 號背 3。(六)《燃燈文》，2 行，抄寫在背面裱補紙上，今編為 BD05870 號背 4。
3.1　首全→大正 1484，24/1003A19。
3.2　尾全→24/1003B2。
4.1　梵（網）經盧舍那佛説菩薩心地□…□（首）。
5　與《大正藏》對照，缺序首 4 行，文字有不同。
7.3　卷背有雜寫習字 5 行。
8　9～10 世紀。歸義軍時期寫本。
9.1　楷書。
11　圖版：《敦煌寶藏》，101/219A～224B。
　　從該件背揭下古代裱補紙 1 塊，今編爲 BD16181 號。

1.1　BD05870 號 2
1.3　梵網經盧舍那佛説菩薩心地戒品第十卷下
1.4　菜 070
1.5　143:6693
2.4　本遺書由 6 個文獻組成，本號為第 2 個，147 行，抄寫在正面。餘參見 BD05870 號 1 之第 2 項、第 11 項。
3.1　首全→大正 1484，24/1003B6。
3.2　尾 15 行下殘→24/1005A14～B1。
4.1　梵網經盧舍那佛説菩薩心地法門戒品（首）。
8　8 世紀。唐寫本。
9.1　楷書。

1.1　BD05870 號背 1
1.3　信狀（擬）
1.4　菜 070
1.5　143:6693
2.4　本遺書由 6 個文獻組成，本號為第 3 個，抄寫在背面 3 塊裱補紙上，共 12 行。餘參見 BD05870 號 1 之第 2 項、第 11 項。
3.3　錄文：
　　本文獻抄在 3 塊古代裱補紙上，現不能綴接，分別錄文如下：
　　(一)
　　伏唯，/
　　妹三娘□…□/
　　□…□義（？）信神達兄通信之□…□/
　　(二)
　　□…□季冬極寒□…□/
　　□…□阿娘弟□…□/
　　(三)
　　□…□旁兄弟合/
　　□…□押衙良信/
　　□…□合有重信/
　　□…□云其阿婆善/
　　□…□戒信神定莫在/
　　□…□好也又小大三人/
　　□…□問平善到沙/
　　□…□/
　　(錄文完)
8　9～10 世紀。歸義軍時期寫本。
9.1　楷書。

1.1　BD05870 號背 2
1.3　齋文（擬）
1.4　菜 070
1.5　143:6693
2.4　本遺書由 6 個文獻組成，本號為第 4 個，抄寫在背面裱補紙上，2 行。餘參見 BD05870 號 1 之第 2 項、第 11 項。
3.3　錄文：
　　該文獻抄在 2 塊古代裱補紙上，可以上下綴接。綴接處用“‖”表示。
　　□…□惠鏡揚輝朗三明者‖志炬勝場流濁摧八/
　　□…□是廣照慈光諒/
　　(錄文完)
8　9～10 世紀。歸義軍時期寫本。
9.1　楷書。

1.1　BD05870 號背 3
1.3　社司轉帖
1.4　菜 070
1.5　143:6693
2.4　本遺書由 6 個文獻組成，本號為第 5 個，抄寫在背面裱補紙上，3 行。餘參見 BD05870 號 1 之第 2 項、第 11 項。
3.3　錄文：
　　社司轉帖，右□…□/
　　粟，粟二□…□/
　　油半升，粟□…□/

（錄文完）
8　9～10世紀。歸義軍時期寫本。
9.1　楷書。

1.1　BD05870號背4
1.3　燃燈文
1.4　菜070
1.5　143:6693
2.4　本遺書由6個文獻組成，本號為第6個，抄寫在背面裱補紙上，2行。餘參見BD05870號1之第2項、第11項。
3.3　錄文：
□…□燃燈文，竊以□…□/
□…□難者法輪於□…□。/
（錄文完）
8　9～10世紀。歸義軍時期寫本。
9.1　楷書。

1.1　BD05871號
1.3　無量壽宗要經
1.4　菜071
1.5　275:7852
2.1　215×31厘米；5紙；140行，行30餘字。
2.2　01：43.0，27；　02：43.0，28；　03：43.0，28；
04：43.0，29；　05：43.0，28。
2.3　卷軸裝。首尾均全。有烏絲欄。
3.1　首全→大正936，19/82A3。
3.2　尾全→19/84C29。
4.1　大乘無量壽經（首）。
4.2　佛說無量壽宗要經（尾）。
7.1　尾紙有題名“田廣談”。
8　8～9世紀。吐蕃統治時期寫本。
9.1　楷書。
11　圖版：《敦煌寶藏》，108/128A～130B。

1.1　BD05872號
1.3　梵網經盧舍那佛說菩薩心地戒品第十卷下
1.4　菜072
1.5　143:6751
2.1　(3+253)×23.8厘米；7紙；147行，行17字。
2.2　01：3+9，07；　02：23.0，13；　03：27.0，15；
04：51.0，28；　05：51.0，28；　06：51.0，28；
07：51.0，28。
2.3　卷軸裝。首殘尾脫。經黃紙。前3紙破損嚴重，有等距離水漬及油污，第6、7紙接縫中下方開裂，尾紙上方破裂。背有古代裱補，紙上有殘文獻。有烏絲欄。
3.1　首2行中下殘→大正1484，24/1007B11～13。
3.2　尾殘→24/1009B13。
8　7～8世紀。唐寫本。
9.1　楷書。
9.2　有行間校加字。
11　圖版：《敦煌寶藏》，101/475B～479A。
從本件背面揭下裱補紙1塊，今編為BD16503號。

1.1　BD05873號
1.3　金光明最勝王經卷七
1.4　菜073
1.5　083:1032
2.1　182.5×26.4厘米；5紙；110行，行17字。
2.2　01：05.0，護首；　02：44.2，26；　03：44.3，28；
04：44.5，28；　05：44.5，28。
2.3　卷軸裝。首全尾脫。首紙有油污及殘洞。有烏絲欄。
3.1　首全尾殘→大正665，16/432C13。
3.2　尾殘→16/434A19。
4.1　金光明最勝王經無染著陀羅尼品第十三，七，三藏法師義淨奉制譯（首）。
7.3　有經題雜寫。
8　8～9世紀。吐蕃統治時期寫本。
9.1　楷書。
9.2　有刮改。
11　圖版：《敦煌寶藏》，70/271A～273A。

1.1　BD05874號
1.3　無量壽宗要經
1.4　菜074
1.5　275:7853
2.1　211×31厘米；5紙；136行，行30餘字。
2.2　01：42.0，27；　02：42.0，28；　03：42.0，28；
04：43.0，29；　05：42.0，24。
2.3　卷軸裝。首尾均全。接縫處多有開裂，卷下邊有殘破，尾紙有破裂。有烏絲欄。
3.1　首全→大正936，19/82A3。
3.2　尾全→19/84C29。
4.1　大乘無量壽經（首）。
4.2　佛說無量壽宗要經（尾）。
8　8～9世紀。吐蕃統治時期寫本。
9.1　楷書。
11　圖版：《敦煌寶藏》，108/131A～133B。

1.1　BD05875號
1.3　妙法蓮華經卷三
1.4　菜075
1.5　105:5079
2.1　825.1×25.9厘米；16紙；447行，行17字。
2.2　01：51.7，28；　02：51.9，28；　03：51.5，28；

04：51.5，28；　05：51.8，28；　06：51.6，28；
07：51.6，28；　08：50.4，28；　09：51.4，28；
10：51.7，28；　11：51.6，28；　12：51.6，28；
13：51.7，28；　14：51.7，28；　15：51.8，28；
16：51.6，27。
2.3　卷軸裝。首脱尾全。經黄紙。第 3、4 紙接縫處上開裂，第 6、7 紙接縫處脱開。有烏絲欄。
3.1　首殘→大正 262，9/20C3。
3.2　尾全→9/27B9。
4.2　妙法蓮華經卷第三（尾）。
8　7～8 世紀。唐寫本。
9.1　楷書。
11　圖版：《敦煌寶藏》，88/486B～498B。

1.1　BD05876 號
1.3　仁王般若波羅蜜經卷下
1.4　菜 076
1.5　090:3483
2.1　(2.8＋151＋8.7)×26 厘米；5 紙；97 行，行 17 字。
2.2　01：2.8＋25.1，17；　02：36.9，22；　03：36.8，22；
04：37.1，22；　05：15.1＋8.7，14。
2.3　卷軸裝。首尾均殘。前 2 紙有破裂，第 3、4 紙接縫處上開裂。有烏絲欄，甚淡。有劃界欄針孔。
3.1　首 2 行殘→大正 245，8/832A18～19。
3.2　尾 5 行下殘→8/833B1～6。
8　5～6 世紀。南北朝寫本。
9.1　隸楷。
9.2　有行間校加字。有重文號。
11　圖版：《敦煌寶藏》，78/212A～214A。

1.1　BD05877 號
1.3　妙法蓮華經卷一
1.4　菜 077
1.5　105:4549
2.1　785.8×25.2 厘米；16 紙；436 行，行 17 字。
2.2　01：49.1，28；　02：49.2，28；　03：49.3，28；
04：49.2，28；　05：49.2，28；　06：49.2，28；
07：49.2，28；　08：49.1，28；　09：49.2，28；
10：49.3，28；　11：49.3，28；　12：49.2，28；
13：49.2，28；　14：49.3，28；　15：49.2，28；
16：47.6，16。
2.3　卷軸裝。首脱尾全。卷面有紅色水漬，上下邊有蟲繭及等距離殘缺，接縫處有開裂，卷尾殘破。有燕尾。有烏絲欄。
3.1　首殘→大正 262，9/2C21。
3.2　尾全 3 行上下殘→9/10B18～21。
4.2　妙法蓮華經卷第一（尾）。
8　8 世紀。唐寫本。
9.1　楷書。
11　圖版：《敦煌寶藏》，84/343A～353B。

1.1　BD05878 號
1.3　梵網經菩薩戒義疏（擬）
1.4　菜 078
1.5　144:6775
2.1　(3.5＋863)×27.5 厘米；25 紙；530 行，行 20 餘字。
2.2　01：3.5＋31，20；　02：35.5，22；　03：36.0，21；
04：36.0，21；　05：36.0，22；　06：36.0，23；
07：36.0，22；　08：36.0，21；　09：36.0，22；
10：36.0，23；　11：36.0，23；　12：36.0，21；
13：36.0，21；　14：36.0，22；　15：36.0，22；
16：36.0，21；　17：36.0，22；　18：36.0，22；
19：36.0，21；　20：36.0，22；　21：36.0，23；
22：36.0，22；　23：34.0，23；　24：36.0，24；
25：06.5，04。
2.3　卷軸裝。首殘尾斷。前 3 紙均有殘缺。已修整。
3.4　説明：
本文獻首 2 行上下殘，尾殘。疏釋《梵網經》義。未為歷代大藏經所收。
8　7～8 世紀。唐寫本。
9.1　章草。有合體字“菩薩”。
9.2　有校改、倒乙及重文號。有行間校加字。
11　圖版：《敦煌寶藏》，101/535B～547A。

1.1　BD05879 號
1.3　金有陀羅尼經
1.4　菜 079
1.5　254:7595
2.1　(10.5＋117.4)×26.3 厘米；3 紙；72 行，行 18～24 字。
2.2　01：10.5＋28.5，25；　02：44.5，28；
03：44.4，19。
2.3　卷軸裝。首殘尾全。卷尾有藏文，有烏絲欄。
3.1　首 7 行下殘→大正 2910，85/1455C19～25。
3.2　尾全→85/1456C10。
4.2　金有陀羅尼經一卷（尾）。
7.1　卷尾上部有題名“張今今”。卷尾有藏文題記“cang－kim－kim－bris（張今今寫）”。
8　8～9 世紀。吐蕃統治時期寫本。
9.1　楷書。
11　圖版：《敦煌寶藏》，107/68B～70A。

1.1　BD05880 號
1.3　大佛頂如來密因修證了義諸菩薩萬行首楞嚴經卷六
1.4　菜 080
1.5　237:7411

2.1 （5.3＋450.8）×25.6 厘米；11 紙；277 行，行 17 字。
2.2 01：5.3＋25.4，18； 02：47.0，28； 03：47.1，28；
04：46.7，28； 05：46.8，28； 06：46.7，28；
07：46.7，28； 08：46.7，28； 09：46.7，28；
10：47.3，28； 11：3.7＋8.3，07。
2.3 卷軸裝。首尾均殘。紙張上蠟。卷面有油污，上下邊有殘損破裂，第 2、3 紙接縫處上開裂，尾 2 紙有破裂殘損。背有古代托裱。有烏絲欄。
3.1 首 3 行上下殘→大正 945，19/128B21～23。
3.2 尾 5 行上下殘→19/132B8～12。
7.3 卷尾背裱補紙上有經名雜寫"首羅比丘見五百仙人並見月童子經"。
8 8 世紀。唐寫本。
9.1 楷書。
9.2 有刮改。有行間校加字。
11 圖版：《敦煌寶藏》，106/127A～133B。

1.1 BD05881 號
1.3 金剛般若波羅蜜經
1.4 菜 081
1.5 094:3642
2.1 （282.6＋1.5）×25 厘米；8 紙；159 行，行 17 字。
2.2 01：12.2，07； 02：49.8，28； 03：25.7，15；
04：20.4，11； 05：50.5，28； 06：50.5，28；
07：50.5，28； 08：23＋1.5，14。
2.3 卷軸裝。首尾均殘。卷面多水漬，第 2 紙下邊有破損。有烏絲欄。自第 4 紙起與前紙紙質不同。
3.1 首殘→大正 235，8/749A14。
3.2 尾 1 行上下殘→8/751A6～7。
8 7～8 世紀。唐寫本。
9.1 楷書。
11 圖版：《敦煌寶藏》，79/306B～310A。

1.1 BD05882 號
1.3 大般若波羅蜜多經卷二三七
1.4 菜 082
1.5 084:2614
2.1 47.5×25.6 厘米；1 紙；28 行，行 17 字。
2.3 卷軸裝。首尾均脫。有烏絲欄。
3.1 首殘→大正 220，6/193C9。
3.2 尾殘→6/194A7。
8 8～9 世紀。吐蕃統治時期寫本。
9.1 楷書。
11 圖版：《敦煌寶藏》，74/242A。

1.1 BD05883 號
1.3 佛名經（十六卷本）卷一
1.4 菜 083
1.5 061:0549
2.1 （1＋77.5）×31.6 厘米；3 紙；正面 47 行，行 23 字；背面 12 行，行字不等。
2.2 01：1＋25，16； 02：45.5，27； 03：07.0，04。
2.3 卷軸裝。首殘尾斷。卷面有油污及殘洞。有烏絲欄。
2.4 本遺書包括 3 個文獻：（一）《佛名經》卷一，47 行，今編為 BD05883 號。（二）《庚寅年僧王保昌寫經錄》（擬），12 行，抄寫在背面，今編為 BD05883 號背 1。（三）《白畫兔子》（擬），畫在背面，今編為 BD05883 號背 2。
3.1 首 1 行上下殘→《七寺古逸經典研究叢書》，3/27 頁第 276 行～277 行。
3.2 尾殘→《七寺古逸經典研究叢書》，3/32 頁第 339 行。
8 9～10 世紀。歸義軍時期寫本。
9.1 楷書。
9.2 有塗抹。
11 圖版：《敦煌寶藏》，60/11B～13A。

1.1 BD05883 號背 1
1.3 庚寅年僧王保昌寫經錄（擬）
1.4 菜 083
1.5 061:0549
2.4 本遺書由 3 個文獻組成，本號為第 2 個，抄寫在背面，12 行。餘參見 BD05883 號之第 2 項、第 11 項。
3.3 錄文：
庚寅年五月七日/僧王保昌寫《善惡/因果經》，後寫《妙法/蓮華經》。/
（錄文完）
7.1 有 8 行雜寫，文多雜亂。有"體起不安"、"不來為人心痛病者從斫剌"等。
8 9～10 世紀。歸義軍時期寫本。
9.1 楷書。

1.1 BD05883 號背 2
1.3 白畫兔子（擬）
1.4 菜 083
1.5 061:0549
2.4 本遺書由 3 個文獻組成，本號為第 3 個，畫在背面。餘參見 BD05883 號之第 2 項、第 11 項。
3.4 說明：
有白畫兔子兩隻。
8 9～10 世紀。歸義軍時期寫本。

1.1 BD05884 號
1.3 金光明最勝王經卷五
1.4 菜 084
1.5 083:1727

2.1 (11.6+256)×27.5 厘米；6 紙；168 行，行 17 字。
2.2 01：11.6+33.5，28； 02：44.5，28； 03：44.5，28；
04：44.5，28； 05：44.5，28； 06：44.5，28。
2.3 卷軸裝。首殘尾脫。卷面有紅色水漬及等距離黴爛殘洞，卷尾油污變脆。有烏絲欄。
3.1 首 7 行下殘→大正 665，16/423A26～B3。
3.2 尾殘→16/425A26。
8 9～10 世紀。歸義軍時期寫本。
9.1 楷書。
11 圖版：《敦煌寶藏》，69/486A～489A。

1.1 BD05885 號 1
1.3 比丘含注戒本序
1.4 菜 085
1.5 165:6999
2.1 (5.5+306)×31.5 厘米；8 紙；236 行，行 31 字。
2.2 01：5.5+9.5，12； 02：46.0，35； 03：46.5，35；
04：46.0，35； 05：46.5，35； 06：46.5，35；
07：46.5，35； 08：18.5，14。
2.3 卷軸裝。首尾均殘。首紙殘缺，上部有殘洞，卷上邊有等距離水漬。有烏絲欄。
2.4 本遺書包括 2 個文獻：(一)《比丘含注戒本序》，14 行，今編為 BD05885 號 1。(二)《比丘含注戒本》，222 行，今編為 BD05885 號 2。
3.1 首 5 行上中殘→《敦煌寫本〈比丘含注戒本〉釋文》，第 84 頁第 16 行～21。
3.2 尾全→《敦煌寫本〈比丘含注戒本〉釋文》，第 84 頁第 33 行。
8 9～10 世紀。歸義軍時期寫本。
9.1 楷書。
11 圖版：《敦煌寶藏》，103/324A～327B。

1.1 BD05885 號 2
1.3 比丘含注戒本
1.4 菜 085
1.5 165:6999
2.4 本遺書由 2 個文獻組成，本號為第 2 個，222 行。餘參見 BD05885 號 1 之第 2 項、第 11 項。
3.1 首全→《敦煌寫本〈比丘含注戒本〉釋文》，第 85 頁第 34 行。
3.2 尾殘→《敦煌寫本〈比丘含注戒本〉釋文》，第 101 頁第 205 行。
4.1 比丘戒本，出曇無德（唐言法護）部律（首）。
8 9～10 世紀。歸義軍時期寫本。
9.1 楷書。

1.1 BD05886 號
1.3 金剛般若波羅蜜經（兌廢稿）
1.4 菜 086
1.5 094:3936
2.1 48.5×28.5 厘米；1 紙；24 行，行 17 字。
2.3 卷軸裝。首尾均脫。卷端下邊有破裂。有烏絲欄。
3.1 首殘→大正 235，8/749C20。
3.2 尾闕→8/750A15。
5 與《大正藏》本對照，尾行經文與前行經文抄重。
7.1 卷首上部有一“兌”字。
8 8 世紀。唐寫本。
9.1 楷書。
11 圖版：《敦煌寶藏》，81/259B。

1.1 BD05887 號
1.3 金剛般若波羅蜜經
1.4 菜 087
1.5 094:4154
2.1 (2+93+1.5)×25.5 厘米；3 紙；59 行，行 17 字。
2.2 01：2+25，17； 02：47.0，28； 03：21.0，14。
2.3 卷軸裝。首尾均殘。上下邊殘破。有烏絲欄。
3.1 首殘→大正 235，8/750C9。
3.2 尾行殘→8/751B12。
8 7～8 世紀。唐寫本。
9.1 楷書。
11 圖版：《敦煌寶藏》，82/255A～256A。

1.1 BD05888 號
1.3 大般若波羅蜜多經卷四四六
1.4 菜 088
1.5 084:3142
2.1 65.9×25.5 厘米；2 紙；26 行，行 17 字。
2.2 01：20.6，護首； 02：45.3，26。
2.3 卷軸裝。首全尾脫。有護首，下部殘破，護首有竹製天竿，已折斷，連同護首脫落 1 小段，護首上方有古代裱補。有烏絲欄。
3.1 首全→大正 220，7/247C16。
3.2 尾殘→7/248A16。
4.1 大般若波羅蜜多經卷第四百卌六，/第二分初業品第五十之二，三藏法師玄奘奉詔譯/（首）。
7.4 護首有經名卷次及所屬袟次“大般若波羅蜜多經卷第四百卌六，卌五”。
8 8～9 世紀。吐蕃統治時期寫本。
9.1 楷書。
11 圖版：《敦煌寶藏》，76/477B～478A。

1.1 BD05889 號 1
1.3 結戒集十句義解（擬）

1.4　菜089
1.5　059∶0499
2.1　(1.5＋145.9)×31厘米；4紙；75行，行字不等。
2.2　01：1.5＋16.8，06；　02：41.8，30；　03：44.0，20；　04：43.3，19。
2.3　卷軸裝。首殘尾脱。第1紙大字6行，小字注雙行。有烏絲欄。卷背亦有烏絲欄。
2.4　本遺書包括4個文獻：(一)《結戒集十句義解》(擬)，6行，今編為BD05889號1。(二)《大乘稻芉經隨聽疏》(擬)，23行，今編為BD05889號2。(三)《釋比丘義》(擬)，6行，今編為BD05889號3。(四)《四分戒本疏》(擬)，40行，今編為BD05889號4。
3.4　説明：
本文獻乃對《四分律》卷第二十二《八波羅夷法》中，佛與諸比丘尼結戒集十句義的解釋。參見《大正藏》1428，22/0714A09～13。
8　9～10世紀。歸義軍時期寫本。
9.1　楷書。
11　圖版：《敦煌寶藏》，59/361B～363A。

1.1　BD05889號2
1.3　大乘稻芉經隨聽疏(擬)
1.4　菜089
1.5　059∶0499
2.4　本遺書由4個文獻組成，本號為第2個，23行。餘參見BD05889號1之第2項、第11項。
3.4　説明：
本文獻相當於《大乘稻芉經隨聽手鏡記》立所宗中的内容，文句有差異，較簡略。參見《大正藏》2782。應是不同弟子聽講時所記錄的筆記。
8　9～10世紀。歸義軍時期寫本。
9.1　行書。
9.2　有塗抹。

1.1　BD05889號3
1.3　釋比丘義(擬)
1.4　菜089
1.5　059∶0499
2.4　本遺書由4個文獻組成，本號為第3個，6行。餘參見BD05889號1之第2項、第11項。
3.4　説明：
本文獻分別從“八種比丘”，“五德苾蒭”、“比丘四義”等四個角度來解釋“比丘”一詞的含義。
8　9～10世紀。歸義軍時期寫本。
9.1　行楷。
9.2　有校改。

1.1　BD05889號4
1.3　四分戒本疏(擬)
1.4　菜089
1.5　059∶0499
2.4　本遺書由4個文獻組成，本號為第4個，40行。餘參見BD05889號1之第2項、第11項。
3.4　説明：
本文獻為對《四分戒本》的疏釋，未為歷代大藏經所收。
紙背有：“言别意者/，二釋名字，亦有通别。/戒是通名，不淨行是别。”應為對正面疏文的補充。
8　9～10世紀。歸義軍時期寫本。
9.1　行楷。
9.2　有行間校加字及行間加行。

1.1　BD05890號
1.3　大佛頂如來密因修證了義諸菩薩萬行首楞嚴經卷六
1.4　菜090
1.5　237∶7413
2.1　51.9×25.3厘米；1紙；正面28行，行17字；背面11行，行字不等。
2.3　卷軸裝。首尾均脱。經黄紙。有烏絲欄。
2.4　本遺書包括2個文獻：(一)《大佛頂如來密因修證了義諸菩薩萬行首楞嚴經》卷六，28行，抄寫在正面，今編為BD05890號。(二)《妙法蓮華經(經文雜寫)》卷四，抄寫在背面，11行，今編為BD05890號背。
3.1　首殘→大正945，19/128C10。
3.2　尾殘→19/129A9。
8　7～8世紀。唐寫本。
9.1　楷書。
11　圖版：《敦煌寶藏》，106/141B～142B。

1.1　BD05890號背
1.3　妙法蓮華經(經文雜寫)卷四
1.4　菜090
1.5　237∶7413
2.4　本遺書由2個文獻組成，本號為第2個，11行，抄寫在背面。餘參見BD05890號之第2項、第11項。
3.1　首殘→大正262，9/28B23。
3.2　尾缺→9/28C8。
8　9～10世紀。歸義軍時期寫本。
9.1　楷書。

1.1　BD05891號
1.3　無量壽宗要經
1.4　菜091
1.5　275∶7854
2.1　173.5×31厘米；4紙；115行，行30餘字。

2.2 01：42.0，30； 02：44.0，32； 03：44.0，32；
04：43.5，21。
2.3 卷軸裝。首尾均全。首紙上邊有殘缺，卷面有水漬。有烏絲欄。
3.1 首全→大正 936，19/82A3。
3.2 尾全→19/84C29。
4.1 大乘無量壽經（首）。
4.2 佛説無量壽宗要經（尾）。
7.1 尾紙有題名"呂日興"。
8 8～9 世紀。吐蕃統治時期寫本。
9.1 行楷。
11 圖版：《敦煌寶藏》，108/134A～136A。

1.1 BD05892 號
1.3 法句譬喻經鈔
1.4 菜 092
1.5 440:8637
2.1 109.5×30.5 厘米；3 紙；77 行，行 26～28 字。
2.2 01：42.5，30； 02：41.5，29； 03：25.5，18。
2.3 卷軸裝。首全尾斷。有烏絲欄。
3.4 説明：
本件為《法句譬喻經》的節抄，所抄三段經文均屬卷四，分别如下：
第 1～23：大正 211，4/601C29～6021B7；
第 24～47 行：4/604C11～605B4；
第 48～77 行：4/606B16～607A15。
8 7～8 世紀。唐寫本。
9.1 楷書。有武周新字"人"、"初"、"國"、"月"、"聖"、"地"、"正"、"年"。其中"國"字使用不周遍，"臣"字未用武周新字。避"民"字諱。
9.2 有刪除號。有行間校加字。
11 圖版：《敦煌寶藏》，111/68B～69B。

1.1 BD05893 號
1.3 大般若波羅蜜多經卷五七〇
1.4 菜 093
1.5 084:3365
2.1 (5.6+228)×27.3 厘米；5 紙；138 行，行 17 字。
2.2 01：5.6+41.1，26； 02：46.8，28； 03：46.7，28；
04：46.9，28； 05：46.5，28。
2.3 卷軸裝。首全尾脱。卷首有殘缺及殘洞，卷面有水漬，有破裂殘損。有烏絲欄。
3.1 首行中殘→大正 220，7/942B2～3。
3.2 尾殘→7/943C26。
4.1 大般若波羅蜜多經卷第五百七十，/第六分平等品第七，三藏法師玄奘奉詔譯/（首）。
6.2 尾→BD00200 號。
7.1 卷首背有勘記"五百七十"（本文獻卷次），下有"五十七袟"（本文獻所屬袟次）。
8 8～9 世紀。吐蕃統治時期寫本。
9.1 楷書。硬筆。
11 圖版：《敦煌寶藏》，77/411A～414A。

1.1 BD05894 號
1.3 金剛般若波羅蜜經
1.4 菜 094
1.5 094:3864
2.1 (12+82.5)×25.5 厘米；2 紙；54 行，行 19～20 字。
2.2 01：12+36.5，28； 02：46.0，26。
2.3 卷軸裝。首尾均殘。經黄紙。通卷墨污嚴重，字迹難辨。首紙多破裂。有烏絲欄。
3.1 首 7 行上下殘→大正 235，8/749B22～C1。
3.2 尾殘→8/750A23。
8 7～8 世紀。唐寫本。
9.1 楷書。
11 圖版：《敦煌寶藏》，80/649A～650A。

1.1 BD05895 號
1.3 妙法蓮華經卷四
1.4 菜 095
1.5 105:5344
2.1 305.3×26.5 厘米；7 紙；183 行，行 17 字。
2.2 01：46.8，28； 02：46.7，28； 03：46.7，28；
04：46.7，28； 05：46.7，28； 06：46.7，28；
07：25.0，15。
2.3 卷軸裝。首脱尾斷。經黄紙。有烏絲欄。
3.1 首殘→大正 262，9/32A6。
3.2 尾殘→9/34B22。
8 7～8 世紀。唐寫本。
9.1 楷書。
11 圖版：《敦煌寶藏》，91/101A～105A。

1.1 BD05896 號
1.3 大般涅槃經（北本）卷四〇
1.4 菜 096
1.5 115:6534
2.1 (22+391.5+51)×26.5 厘米；10 紙；299 行，行 17 字。
2.2 01：08.0，05； 02：14+38.5，34； 03：53.0，34；
04：53.0，34； 05：53.0，34； 06：53.0，34；
07：53.0，34； 08：53.0，34； 09：35+17，34；
10：34.0，22。
2.3 卷軸裝。首尾均殘。通卷上下多有殘損破裂，卷尾下部殘破嚴重。背有古代裱補。有烏絲欄。已修整。
3.1 首 14 行下殘→大正 374，12/600B13。

3.2　尾 35 行下殘→12/603C20。
8　5～6 世紀。南北朝寫本。
9.1　隸楷。
9.2　有刪除、倒乙符號。
11　圖版:《敦煌寶藏》，100/194A～199B。

1.1　BD05897 號
1.3　妙法蓮華經卷二
1.4　菜 097
1.5　105:4759
2.1　(3.1＋786.8)×25.3 厘米；17 紙；458 行，行 17 字。
2.2　01：3.1＋28.9，19；　02：47.4，28；　03：47.6，28；
04：47.5，28；　05：47.5，28；　06：47.5，28；
07：47.6，28；　08：47.5，28；　09：47.4，28；
10：47.6，28；　11：47.4，28；　12：47.5，28；
13：47.5，28；　14：47.4，28；　15：47.4，28；
16：47.5，28；　17：45.6，19。
2.3　卷軸裝。首殘尾全。卷面有水漬及黴爛。有燕尾。有烏絲欄。
3.1　首 2 行下殘→大正 262，9/12C18～20。
3.2　尾全→9/19A12。
4.2　妙法蓮華經卷第二（尾）。
8　7～8 世紀。唐寫本。
9.1　楷書。
9.2　有刮改。
11　圖版:《敦煌寶藏》，86/360B～370B。

1.1　BD05898 號
1.3　妙法蓮華經卷二
1.4　菜 098
1.5　105:4782
2.1　148.4×25.9 厘米；3 紙；84 行，行 17 字。
2.2　01：49.6，28；　02：49.5，28；　03：49.3，28。
2.3　卷軸裝。首尾均脱。經黄紙。有烏絲欄。
3.1　首殘→大正 262，9/15B12。
3.2　尾殘→9/16C1。
8　7～8 世紀。唐寫本。
9.1　楷書。
11　圖版:《敦煌寶藏》，86/559A～561A。

1.1　BD05899 號
1.3　沙彌五事威儀（擬）
1.4　菜 099
1.5　193:7142
2.1　(4＋75.5)×27.5 厘米；2 紙；49 行，行 31 字。
2.2　01：4＋36，24；　02：39.5，25。
2.3　卷軸裝。首全尾殘。卷首上部殘缺，中部破裂。無上下邊。
3.4　説明：
本文獻論述沙彌威儀。未為歷代大藏經所收。其中僅兩段文字載於《沙彌十戒法并威儀》中：
第 2 行下～24 行上：相當於大正 1471，24/927B18～C20；
第 42 行～46 行：相當於 24/928B24～29。
8　9～10 世紀。歸義軍時期寫本。
9.1　楷書。
9.2　有校改。有行間校加字。有重文號。
11　圖版:《敦煌寶藏》，104/288B～289B。

1.1　BD05900 號
1.3　妙法蓮華經卷一
1.4　菜 100
1.5　105:4545
2.1　(30＋317.3)×25.7 厘米；7 紙；193 行，行 17 字。
2.2　01：30＋14.8，25；　02：50.1，28；　03：50.6，28；
04：50.5，28；　05：50.5，28；　06：50.5，28；
07：50.3，28。
2.3　卷軸裝。首尾均殘。經黄紙，研光上蠟。卷首右下殘缺，卷面有水漬。背有古代裱補。有烏絲欄。
3.1　首 17 行下殘→大正 262，9/2B21～C10。
3.2　尾殘→9/5C1。
8　7～8 世紀。唐寫本。
9.1　楷書。
11　圖版:《敦煌寶藏》，84/308A～312B。

1.1　BD05901 號
1.3　金剛般若波羅蜜經
1.4　重 001
1.5　094:4142
2.1　(8.5＋274.8)×26.5 厘米；8 紙；160 行，行 17 字。
2.2　01：08.5，05；　02：42.3，24；　03：42.3，24；
04：42.3，25；　05：42.3，25；　06：42.3，24；
07：42.3，25；　08：21.0，08。
2.3　卷軸裝。首殘尾全。卷面黴爛，有殘洞，多殘損。卷尾有蟲繭。有燕尾。有烏絲欄。
3.1　首 6 行下殘→大正 0235，08/0750B25～C03。
3.2　尾全→08/0752C03。
4.2　金剛般若波羅蜜經（尾）。
5　與《大正藏》本相比，本卷經文無冥司偈，參見《大正藏》，8/751C16～19。個別文字略有差異。
8　7～8 世紀。唐寫本。
9.1　楷書。
11　圖版:《敦煌寶藏》，82/217B～221A。

1.1　BD05902 號
1.3　金剛般若波羅蜜經

1.4 重 002
1.5 094:3984
2.1 (37+352.7)×24.5 厘米；10 紙；235 行，行 17 字。
2.2 01：37+5.5，26； 02：41.7，26； 03：41.5，26；
04：41.8，26； 05：42.0，26； 06：42.0，26；
07：42.0，26； 08：41.9，26； 09：41.8，26；
10：12.5，01。
2.3 卷軸裝。首殘尾全。經黄紙。卷首右下殘缺，卷面殘碎。有燕尾。背有古代裱補。有烏絲欄。
3.1 首 23 行下殘→大正 0235，08/0749C15～0750A10。
3.2 尾全→08/0752C03。
4.2 金剛般若波羅蜜經（尾）。
5 與《大正藏》本相比，本卷經文無冥司偈，參見《大正藏》，8/751C16～19。
8 7～8 世紀。唐寫本。
9.1 楷書。
11 圖版：《敦煌寶藏》，81/403B～408A。

1.1 BD05903 號
1.3 佛名經（十六卷本）卷一〇
1.4 重 003
1.5 063:0706
2.1 471×26.6 厘米；10 紙；240 行，行 15 字。
2.2 01：47.5，24； 02：47.2，24； 03：47.2，24；
04：47.2，24； 05：47.2，24； 06：47.2，24；
07：47.0，24； 08：47.0，24； 09：47.0，24；
10：46.5，24。
2.3 卷軸裝。首尾均殘。前 2 紙上下有破裂。有烏絲欄。
3.1 首殘→《七寺古逸經典研究叢書》，3/第 492 頁第 132 行。
3.2 尾殘→《七寺古逸經典研究叢書》，3/第 511 頁第 378 行。
8 9～10 世紀。歸義軍時期寫本。
9.1 楷書。
9.2 有行間校加字。有硃筆校改。
11 圖版：《敦煌寶藏》，61/427B～434A。

1.1 BD05904 號
1.3 大般若波羅蜜多經卷三一七
1.4 重 004
1.5 084:2862
2.1 (27+112.7)×25.6 厘米；3 紙；82 行，行 17 字。
2.2 01：27+21.7，28； 02：47.5，28； 03：43.5，26。
2.3 卷軸裝。首脱尾殘。卷面多有破裂，有殘缺。有烏絲欄。已修整。
3.1 首 16 行中下殘→大正 0220，06/0616A20～B06。
3.2 尾殘→06/0617A15。
7.1 首紙背有本文獻卷次勘記“□百一十七”。
8 8～9 世紀。吐蕃統治時期寫本。
9.1 楷書。
11 圖版：《敦煌寶藏》，75/278B～280A。

1.1 BD05905 號
1.3 思益梵天所問經（異卷）卷三
1.4 重 005
1.5 043:0429
2.1 314.8×26.5 厘米；8 紙；177 行，行 17 字。
2.2 01：42.5，24； 02：42.7，24； 03：42.5，24；
04：42.5，24； 05：35.7，20； 06：42.2，24；
07：42.7，24； 08：24.0，13。
2.3 卷軸裝。首脱尾全。卷面有等距離殘洞。有烏絲欄。
3.1 首脱→大正 0586，15/0051B07。
3.2 尾全→15/0054B11。
4.2 思益經卷第三（尾）。
5 與《大正藏》本對照，本遺書分卷不同，相當於“論寂品第八”後部至“志大乘品第十”末。
8 9～10 世紀。歸義軍時期寫本。
9.1 楷書。
9.2 有刮改。
11 圖版：《敦煌寶藏》，59/97A～101A。

1.1 BD05906 號
1.3 四分比丘尼羯磨法
1.4 重 006
1.5 426:8610
2.1 48×25.4 厘米；1 紙；26 行，行 16～18 字。
2.3 卷軸裝。首尾均脱。經黄紙。上邊下邊殘破。尾有餘空。有烏絲欄。
3.1 首殘→大正 1434，22/1066A29。
3.2 尾缺→22/1066B27。
5 與《大正藏》本對照，首 2 行經文不同。
7.1 首部有勘記“尼六法”，勘記與原文筆跡不同，乃後人所題。
8 7～8 世紀。唐寫本。
9.1 楷書。
11 圖版：《敦煌寶藏》，111/10A～B。

1.1 BD05907 號
1.3 般若波羅蜜多心經
1.4 重 007
1.5 102:4451
2.1 (4.5+43.5)×25.7 厘米；1 紙；18 行，行 17 字。
2.3 卷軸裝。首尾均全。有護首。卷首有破裂。背有古代裱補。有烏絲欄。
3.1 首全→大正 0251，08/0848C04。
3.2 尾全→08/0848C24。

4.1　般若波羅蜜多心經（首）。
4.2　般若多心經（尾）。
7.4　護首有經名“般若波羅蜜多心經”。上有經名號。
8　7～8世紀。唐寫本。
9.1　楷書。
11　圖版:《敦煌寶藏》，83/291A。

1.1　BD05908號
1.3　大般若波羅蜜多經卷三〇
1.4　重008
1.5　084:2083
2.1　(6.7+88.8)×25.2厘米；2紙；53行，行17字。
2.2　01：6.7+41，25；　02：47.8，28。
2.3　卷軸裝。首全尾脫。卷首右上殘缺。有烏絲欄。
3.1　首行殘→大正0220，05/0165A09～10。
3.2　尾殘→05/0167C23。
4.1　初分教誡教授□...□，三藏法師玄奘奉詔譯/（首）。
5　與《大正藏》本對照，第1紙末行與第2紙首行之間缺文，缺文見《大正藏》220，5/165B5起至5/167B24止。
8　8～9世紀。吐蕃統治時期寫本。
9.1　楷書。
11　圖版:《敦煌寶藏》，71/598B～599B。

1.1　BD05909號
1.3　摩訶般若波羅蜜經（四十卷本）卷二八
1.4　重009
1.5　088:3448
2.1　463.8×26.4厘米；10紙；266行，行17字。
2.2　01：44.9，26；　02：48.6，28；　03：48.5，28；
04：48.7，28；　05：48.5，28；　06：48.5，28；
07：48.6，28；　08：48.6，28；　09：48.6，28；
10：30.3，16。
2.3　卷軸裝。首殘尾全。經黃紙。卷面多水漬。有烏絲欄。
3.1　首殘→大正0223，08/0358C12。
3.2　尾全→08/0362A04。
4.2　摩訶般若波羅蜜經卷第廿八（尾）。
5　與《大正藏》本對照，卷次、品次、品名不同。應屬四十卷本。
8　7～8世紀。唐寫本。
9.1　楷書。
11　圖版:《敦煌寶藏》，77/31B～37B。

1.1　BD05910號
1.3　梵網經盧舍那佛說菩薩心地戒品第十卷下
1.4　重010
1.5　143:6735
2.1　(8+521)×24.6厘米；11紙；正面304行，行17字；背面12行，行字不等。
2.2　01：8+33，23；　02：48.5，28；　03：49.0，29；
04：48.5，28；　05：49.0，28；　06：49.0，28；
07：48.5，28；　08：49.0，28；　09：49.0，28；
10：49.0，28；　11：48.5，28。
2.3　卷軸裝。首殘尾全。卷面多殘破。背有古代裱補。有烏絲欄。已修整。
2.4　本遺書包括3個文獻:（一）《梵網經盧舍那佛說菩薩心地戒品第十》卷下，304行，今編為BD05910號。（二）《菩薩戒略序》，6行，抄寫在背面裱補紙上，今編為BD05910號背1。（三）《糧食出破歷》（擬），抄寫在背面，6行，今編為BD05910號背2。
3.1　首4行上中殘→大正1484，24/1005C11～17。
3.2　尾全→24/1009C08。
4.2　菩薩戒經一卷（尾）。
5　與《大正藏》對照，卷尾缺少最後一段經文及偈誦。
7.1　尾題前有題記“者（這）是靈修寺戒”。卷背各紙接縫處有僧名“智海”、“智海，戒”、“智海，重”、“智海，衆（?）”等騎縫押，其中一處接縫處“智海”下有黑色雲狀押印。
7.3　背面有一塊裱補紙，上有雜寫兩行，文字相同，似為“皆紙好麻多”云云。
8　8～9世紀。吐蕃統治時期寫本。
9.1　楷書。有合體字“菩薩”。
9.2　有行間校加字。
11　圖版:《敦煌寶藏》，101/409A～421A。

1.1　BD05910號背1
1.3　菩薩戒略序
1.4　重010
1.5　143:6735
2.4　本遺書由3個文獻組成，本號為第2個，抄寫在背面3塊可以相互綴接的裱補紙上，綴接後共6行。餘參見BD05910號之第2項、第11項。
3.4　說明:

3塊裱補紙中，兩塊可上下綴接，另一塊接續綴接在左邊，綴接後文字如下:

菩薩戒略序
諸大德優婆塞優婆‖夷等諦聽諦聽。佛滅
後於像法中應當尊‖敬波羅提木叉。波
＝＝＝＝＝＝＝＝
即是此戒。持此戒時
者得差如囚繫
則是衆等大師

“‖”、“＝”為殘紙綴接處。上述文字可參見大正1484，24/1003A19～23。

4.1　菩薩戒略序（首）。
5　與原《梵網經菩薩戒序》相比，本文獻文字有省略增補，故稱爲“略序”。
8　8～9世紀。吐蕃統治時期寫本。
9.1　楷書。

1.1　BD05910號背2
1.3　糧食出破歷（擬）
1.4　重010
1.5　143:6735
2.4　本遺書由3個文獻組成，本號為第3個，抄寫在背面，6行。餘參見BD05910號之第2項、第11項。
3.3　錄文：
三碩捌斗柒升半，又麥柒斗貳升/
半，又麥五斗六升半，又麥三拾碩，/
又麥肆拾伍碩，又麥捌碩（?），/
又麥三碩，又陸拾碩，/
處分，處分，有/
麥捌◇◇/
（錄文完）
下有黑色雲狀押印兩個。
8　8～9世紀。吐蕃統治時期寫本。
9.1　楷書。

1.1　BD05911號
1.3　妙法蓮華經卷七
1.4　重011
1.5　105:5911
2.1　201.7×26厘米；5紙；114行，行17字。
2.2　01：32.5，18；　02：49.5，28；　03：49.5，28；
04：49.5，28；　05：20.7，12。
2.3　卷軸裝。首殘尾斷。卷面有等距離黴斑，尾紙有破裂。有烏絲欄。
3.1　首殘→大正0262，09/0055A25。
3.2　尾殘→09/0056C01。
8　8世紀。唐寫本。
9.1　楷書。
11　圖版：《敦煌寶藏》，96/26A～28B。

1.1　BD05912號
1.3　維摩詰所說經卷下
1.4　重012
1.5　070:1252
2.1　(5+219.5+4)×24.4厘米；5紙；138行，行17字。
2.2　01：5+37.5，26；　02：46.5，28；　03：46.5，28；
04：46.5，28；　05：42.5+4，28。
2.3　卷軸裝。首殘尾脫。經黄紙。卷面殘破，多水漬。卷背有鳥糞。有烏絲欄。
3.1　首3行上下殘→大正0475，14/0553A07～10。
3.2　尾2行下殘→14/0554C08～09。
8　7～8世紀。唐寫本。
9.1　楷書。
11　圖版：《敦煌寶藏》，66/328B～331A。

1.1　BD05913號
1.3　妙法蓮華經卷一
1.4　重013
1.5　105:4678
2.1　(3.8+231.3)×26.1厘米；6紙；131行，行17字。
2.2　01：3.8+21.5，14；　02：49.9，28；　03：49.7，28；
04：49.9，28；　05：49.9，28；　06：10.4，05。
2.3　卷軸裝。首殘尾全。卷面有殘洞。有烏絲欄。
3.1　首2行下殘→大正0262，09/0007C01～03。
3.2　尾全→09/0010B21。
4.2　妙法蓮華經卷第一（尾）。
8　9～10世紀。歸義軍時期寫本。
9.1　楷書。
9.2　有倒乙。
11　圖版：《敦煌寶藏》，85/257A～260A。

1.1　BD05914號
1.3　金剛般若波羅蜜經
1.4　重014
1.5　094:4164
2.1　(2+242)×24厘米；6紙；146行，行17字。
2.2　01：2+41.5，27；　02：43.5，27；　03：43.5，27；
04：43.5，27；　05：43.0，27；　06：27.0，11。
2.3　卷軸裝。首殘尾全。卷面殘破，有火燒殘洞。背有多處古代裱補，有烏絲欄。
3.1　首行上殘→大正0235，08/0750C15。
3.2　尾全→08/0752C03。
4.2　金剛般若波羅蜜經（尾）。
5　與《大正藏》本相比，本卷經文無冥司偈，參見《大正藏》，8/751C16～19。
7.3　第2紙背有雜寫：“曹友住”一處、“撝撝”三處。
8　7～8世紀。唐寫本。
9.1　楷書。
11　圖版：《敦煌寶藏》，82/282B～285B。

1.1　BD05915號
1.3　大般若波羅蜜多經卷四六二
1.4　重015
1.5　084:3168
2.1　(5.2+83.8)×25.9厘米；2紙；52行，行17字。

2.2　01：5.2+35.6，24；　02：48.2，28。
2.3　卷軸裝。首殘尾脫。首紙前部有破裂殘損，卷面污穢變色，下邊有殘損，尾紙有1個殘洞。背有古代裱補。有烏絲欄。
3.1　首3行中下殘→大正0220，07/0336B17~20。
3.2　尾殘→07/0337A10。
8　8~9世紀。吐蕃統治時期寫本。
9.1　楷書。
11　圖版：《敦煌寶藏》，76/540A~541A。

1.1　BD05916號
1.3　金有陀羅尼經
1.4　重016
1.5　254:7581
2.1　134×26.6厘米；3紙；81行，行16~17字。
2.2　01：44.7，27；　02：44.5，28；　03：44.8，26。
2.3　卷軸裝。首尾均全。有烏絲欄。
3.1　首全→大正2910，85/1455C16。
3.2　尾全→85/1456C10。
4.1　金有陀羅尼經（首）。
4.2　金有陀羅尼經一卷（尾）。
8　8~9世紀。吐蕃統治時期寫本。
9.1　楷書。
9.2　有校改。
11　圖版：《敦煌寶藏》，107/42B~44A。

1.1　BD05917號
1.3　諸經兌廢綴稿（擬）
1.4　重017
1.5　147:6783
2.1　151.4×25.5厘米；6紙；87行，行17字。
2.2　01：03.3，02；　02：36.6，20；　03：16.8，10；
04：47.3，27；　05：30.4，18；　06：17.0，10。
2.3　卷軸裝。首尾均脫。有烏絲欄。
3.4　說明：

本遺書用6張兌廢稿綴接而成，包括三部錯抄的經典，綴接時次序有顛倒。詳情如下：

第一紙、第二紙，共計22行，抄寫《文殊悔過經》，經文可參見大正0459，14/0447C27~0448A21。有尾題“佛說文殊悔過經”。

第三紙10行，抄寫《菩薩瓔珞經》卷六，經文可參見大正0656，16/0053A17~B06。

第四紙27行，抄寫《大方廣佛華嚴經》（唐譯八十卷本）卷二一，經文可參見大正0279，10/0113C24~0114A23。

第五紙18行，抄寫《菩薩瓔珞經》卷六，經文可參見大正0656，16/0053B07~24。此紙首部經文可與第三紙尾部經文綴接。

第六紙10行，抄寫《菩薩瓔珞經》卷六，經文可參見大正0656，16/0050C02~11。

7.1　諸紙上邊依次有勘記“行正”、“福兌”、“紹員、兌”。
7.3　卷背有雜寫“光張僧正”，並再次寫成空心字。有墨筆塗抹。
8　8世紀。唐寫本。
9.1　楷書。
9.2　有行間加行。有塗抹。有行間校加字。
11　圖版：《敦煌寶藏》，101/586A~588B。

1.1　BD05918號
1.3　大般涅槃經（北本）卷三七
1.4　重018
1.5　117:6594
2.1　45×25.7厘米；1紙；28行，行17字。
2.3　卷軸裝。首尾均脫。卷面殘破。有烏絲欄。
3.1　首殘→大正0374，12/0583A14。
3.2　尾殘→12/0583B13。
8　8世紀。唐寫本。
9.1　楷書。
11　圖版：《敦煌寶藏》，100/430B~431A。

1.1　BD05919號
1.3　大般涅槃經（北本）卷一三
1.4　重019
1.5　117:6569
2.1　48.5×26厘米；1紙；28行，行17字。
2.3　卷軸裝。首尾均脫。卷上方有破裂。有烏絲欄。
3.1　首殘→大正0374，12/0441B14。
3.2　尾殘→12/0441C13。
8　8世紀。唐寫本。
9.1　楷書。
11　圖版：《敦煌寶藏》，100/372A~B。

1.1　BD05920號A
1.3　淨名經集解関中疏卷下
1.4　重020
1.5　078:1346
2.1　(8.8+35.8+14)×28厘米；2紙；43行，行25~26字。
2.2　01：8.8+34.5，31；　02：1.3+14，12。
2.3　卷軸裝。首脫尾殘。卷首右上殘缺。有烏絲欄。
3.1　首6行上下殘→《藏外佛教文獻》，3/第147頁第18行~148頁第6行。
3.2　尾11行上殘→《藏外佛教文獻》，3/第150頁第4行~151頁第1行。
8　8~9世紀。吐蕃統治時期寫本。
9.1　行書。
9.2　有行間校加字。

10　卷首尾各有 1 枚長方形陽文硃印“京師圖書館收藏之印”，2×5 厘米。
11　圖版：《敦煌寶藏》，67/65。

1.1　BD05920 號 B
1.3　無相禮
1.4　重 020
1.5　320:8372
2.1　44.5×31 厘米；1 紙；20 行，行 26 字。
2.3　卷軸裝。首尾均全。有折疊欄。
3.4　說明：
本文獻首尾均全，為當時的禮懺文。未為歷代大藏經所收。本文獻的部分内容可見於《集諸經禮懺儀》，參見大正 1982，47/0459B10 ~ C01。
4.1　無相禮（首）。
7.1　卷首首題前有勘記“第七，卌八紙”。
8　9 ~ 10 世紀。歸義軍時期寫本。
9.1　楷書。
10　卷首上方及卷尾下方各有 1 枚陽文硃印：2×5 厘米；印文為“京師圖書館收藏之印”。
11　圖版：《敦煌寶藏》，110/92B。

1.1　BD05921 號
1.3　無量壽宗要經
1.4　重 021
1.5　275:7855
2.1　166.5×31.5 厘米；4 紙；111 行，行 30 餘字。
2.2　01：41.5，26；　02：42.0，28；　03：41.5，29；
04：41.5，28。
2.3　卷軸裝。首尾均全。卷面有破裂，上部油污，第 1、2 紙接縫處脱開，第 2、3 紙接縫處開裂。有烏絲欄。
3.1　首全→大正 0936，19/0082A03。
3.2　尾全→19/0084C29。
4.1　大乘無量壽經（首）。
4.2　佛說無量壽宗要經（尾）。
7.1　尾紙有題記“解晟子寫”。
8　8 ~ 9 世紀。吐蕃統治時期寫本。
9.1　楷書。
11　圖版：《敦煌寶藏》，108/136B ~ 138B。

1.1　BD05922 號 1
1.3　七階佛名經
1.4　重 022
1.5　356:8422
2.1　(1 + 683.5) ×26 厘米；14 紙；374 行，行 16 字。
2.2　01：1 + 38，21；　02：50.0，28；　03：50.0，28；
04：50.0，28；　05：50.0，27；　06：50.5，28；
07：50.0，28；　08：50.0，28；　09：50.0，28；
10：50.0，28；　11：50.0，28；　12：50.0，28；
13：50.0，28；　14：45.0，18。
2.3　卷軸裝。首殘尾全。經黄紙。首紙上下邊有破裂，卷面有黴斑。有烏絲欄。
2.4　本遺書包括 3 個文獻：（一）《七階佛名經》，112 行，今編為 BD05922 號 1。（二）《人集錄依諸大乘經中略發願法》，165 行，今編為 BD05922 號 2。（三）《讚禮地藏菩薩懺悔發願法》，97 行，今編為 BD05922 號 3。
3.4　說明：
本文獻為敦煌當地甚爲流行的禮懺文。形態校為複雜。本號内容大致相當於大正 1982，47/0464A18 ~ 0465C08。有缺文：0465A07 ~ 10、0465B29 ~ C02。詳情有待進一步研究。
8　7 ~ 8 世紀。唐寫本。
9.1　楷書。
11　圖版：《敦煌寶藏》，110/270A ~ 279B。

1.1　BD05922 號 2
1.3　人集錄依諸大乘經中略發願法
1.4　重 022
1.5　356:8422
2.4　本遺書由 3 個文獻組成，本號為第 2 個，165 行。餘參見 BD05922 號 1 之第 2 項、第 11 項。
3.4　說明：
本文獻首尾均全。為三階教禮懺發願文。未為歷代大藏經所收。
4.1　人集錄依諸大乘經中略發願法（首）。
4.2　發願法（尾）。
8　7 ~ 8 世紀。唐寫本。
9.1　楷書。

1.1　BD05922 號 3
1.3　讚禮地藏菩薩懺悔發願法
1.4　重 022
1.5　356:8422
2.4　本遺書由 3 個文獻組成，本號為第 3 個，97 行。餘參見 BD05922 號 1 之第 2 項、第 11 項。
3.4　說明：
本文獻首尾均全。為中國地藏信仰的重要資料。未為歷代大藏經所收。
4.1　讚禮地藏菩薩懺悔發願法（首）。
4.2　讚禮地藏菩薩懺悔［發］願法（尾）。
8　7 ~ 8 世紀。唐寫本。
9.1　楷書。

新舊編號對照表

一、千字文號與北敦號、縮微膠卷號對照表

千字文號	北敦號	縮微膠卷號
菜 053	BD05853 號 1	165：6996
菜 053	BD05853 號 2	165：6996
菜 054	BD05854 號	084：2050
菜 055	BD05855 號	094：3838
菜 056	BD05856 號	084：3112
菜 057	BD05857 號	105：4726
菜 058	BD05858 號	094：3526
菜 059	BD05859 號	105：5398
菜 060	BD05860 號	070：1048
菜 061	BD05861 號	143：6699
菜 062	BD05862 號	275：8046
菜 063	BD05863 號	081：1407
菜 064	BD05864 號	088：3460
菜 065	BD05865 號	094：4303
菜 066	BD05866 號	105：5957
菜 066	BD05866 號背	105：5957
菜 067	BD05867 號	084：2069
菜 068	BD05868 號	237：7412
菜 069	BD05869 號	070：0864
菜 070	BD05870 號 1	143：6693
菜 070	BD05870 號 2	143：6693
菜 070	BD05870 號背 1	143：6693
菜 070	BD05870 號背 2	143：6693
菜 070	BD05870 號背 3	143：6693
菜 070	BD05870 號背 4	143：6693
菜 071	BD05871 號	275：7852
菜 072	BD05872 號	143：6751
菜 073	BD05873 號	083：1032
菜 074	BD05874 號	275：7853
菜 075	BD05875 號	105：5079
菜 076	BD05876 號	090：3483
菜 077	BD05877 號	105：4549
菜 078	BD05878 號	144：6775
菜 079	BD05879 號	254：7595
菜 080	BD05880 號	237：7411
菜 081	BD05881 號	094：3642
菜 082	BD05882 號	084：2614
菜 083	BD05883 號	061：0549
菜 083	BD05883 號背 1	061：0549
菜 083	BD05883 號背 2	061：0549
菜 084	BD05884 號	083：1727
菜 085	BD05885 號 1	165：6999
菜 085	BD05885 號 2	165：6999
菜 086	BD05886 號	094：3936
菜 087	BD05887 號	094：4154
菜 088	BD05888 號	084：3142
菜 089	BD05889 號 1	059：0499
菜 089	BD05889 號 2	059：0499
菜 089	BD05889 號 3	059：0499
菜 089	BD05889 號 4	059：0499
菜 090	BD05890 號	237：7413
菜 090	BD05890 號背	237：7413
菜 091	BD05891 號	275：7854
菜 092	BD05892 號	440：8637
菜 093	BD05893 號	084：3365
菜 094	BD05894 號	094：3864
菜 095	BD05895 號	105：5344
菜 096	BD05896 號	115：6534
菜 097	BD05897 號	105：4759
菜 098	BD05898 號	105：4782
菜 099	BD05899 號	193：7142
菜 100	BD05900 號	105：4545
重 001	BD05901 號	094：4142
重 002	BD05902 號	094：3984
重 003	BD05903 號	063：0706
重 004	BD05904 號	084：2862
重 005	BD05905 號	043：0429
重 006	BD05906 號	426：8610

重 007	BD05907 號	102：4451	重 016	BD05916 號	254：7581
重 008	BD05908 號	084：2083	重 017	BD05917 號	147：6783
重 009	BD05909 號	088：3448	重 018	BD05918 號	117：6594
重 010	BD05910 號	143：6735	重 019	BD05919 號	117：6569
重 010	BD05910 號背 1	143：6735	重 020	BD05920 號 A	078：1346
重 010	BD05910 號背 2	143：6735	重 020	BD05920 號 B	320：8372
重 011	BD05911 號	105：5911	重 021	BD05921 號	275：7855
重 012	BD05912 號	070：1252	重 022	BD05922 號 1	356：8422
重 013	BD05913 號	105：4678	重 022	BD05922 號 2	356：8422
重 014	BD05914 號	094：4164	重 022	BD05922 號 3	356：8422
重 015	BD05915 號	084：3168			

二、縮微膠卷號與北敦號、千字文號對照表

縮微膠卷號	北敦號	千字文號	縮微膠卷號	北敦號	千字文號
043：0429	BD05905 號	重 005	094：3838	BD05855 號	菜 055
059：0499	BD05889 號 1	菜 089	094：3864	BD05894 號	菜 094
059：0499	BD05889 號 2	菜 089	094：3936	BD05886 號	菜 086
059：0499	BD05889 號 3	菜 089	094：3984	BD05902 號	重 002
059：0499	BD05889 號 4	菜 089	094：4142	BD05901 號	重 001
061：0549	BD05883 號	菜 083	094：4154	BD05887 號	菜 087
061：0549	BD05883 號背 1	菜 083	094：4164	BD05914 號	重 014
061：0549	BD05883 號背 2	菜 083	094：4303	BD05865 號	菜 065
063：0706	BD05903 號	重 003	102：4451	BD05907 號	重 007
070：0864	BD05869 號	菜 069	105：4545	BD05900 號	菜 100
070：1048	BD05860 號	菜 060	105：4549	BD05877 號	菜 077
070：1252	BD05912 號	重 012	105：4678	BD05913 號	重 013
078：1346	BD05920 號 A	重 020	105：4726	BD05857 號	菜 057
081：1407	BD05863 號	菜 063	105：4759	BD05897 號	菜 097
083：1032	BD05873 號	菜 073	105：4782	BD05898 號	菜 098
083：1727	BD05884 號	菜 084	105：5079	BD05875 號	菜 075
084：2050	BD05854 號	菜 054	105：5344	BD05895 號	菜 095
084：2069	BD05867 號	菜 067	105：5398	BD05859 號	菜 059
084：2083	BD05908 號	重 008	105：5911	BD05911 號	重 011
084：2614	BD05882 號	菜 082	105：5957	BD05866 號	菜 066
084：2862	BD05904 號	重 004	105：5957	BD05866 號背	菜 066
084：3112	BD05856 號	菜 056	115：6534	BD05896 號	菜 096
084：3142	BD05888 號	菜 088	117：6569	BD05919 號	重 019
084：3168	BD05915 號	重 015	117：6594	BD05918 號	重 018
084：3365	BD05893 號	菜 093	143：6693	BD05870 號 1	菜 070
088：3448	BD05909 號	重 009	143：6693	BD05870 號 2	菜 070
088：3460	BD05864 號	菜 064	143：6693	BD05870 號背 1	菜 070
090：3483	BD05876 號	菜 076	143：6693	BD05870 號背 2	菜 070
094：3526	BD05858 號	菜 058	143：6693	BD05870 號背 3	菜 070
094：3642	BD05881 號	菜 081	143：6693	BD05870 號背 4	菜 070

143：6699	BD05861 號	菜 061
143：6735	BD05910 號	重 010
143：6735	BD05910 號背 1	重 010
143：6735	BD05910 號背 2	重 010
143：6751	BD05872 號	菜 072
144：6775	BD05878 號	菜 078
147：6783	BD05917 號	重 017
165：6996	BD05853 號 1	菜 053
165：6996	BD05853 號 2	菜 053
165：6999	BD05885 號 1	菜 085
165：6999	BD05885 號 2	菜 085
193：7142	BD05899 號	菜 099
237：7411	BD05880 號	菜 080
237：7412	BD05868 號	菜 068
237：7413	BD05890 號	菜 090
237：7413	BD05890 號背	菜 090
254：7581	BD05916 號	重 016
254：7595	BD05879 號	菜 079
275：7852	BD05871 號	菜 071
275：7853	BD05874 號	菜 074
275：7854	BD05891 號	菜 091
275：7855	BD05921 號	重 021
275：8046	BD05862 號	菜 062
320：8372	BD05920 號 B	重 020
356：8422	BD05922 號 1	重 022
356：8422	BD05922 號 2	重 022
356：8422	BD05922 號 3	重 022
426：8610	BD05906 號	重 006
440：8637	BD05892 號	菜 092